■2025年度高等学校受験用

常総学院高等学校

収録内容一

★この問題集は以下の収録内容となっています。また、編集の都合上、解説、解答用紙を省略させていただいている場合もございますのでご了承ください。

（○印は収録、一印は未収録）

入試問題と解説・解答の収録内容			解答用紙
2024年度	推薦	英語・数学・国語	○
	一般	英語・数学・社会・理科・国語	○
2023年度	推薦	英語・数学・国語	○
	一般	英語・数学・社会・理科・国語	○
2022年度	推薦	英語・数学・国語	○
	一般	英語・数学・社会・理科・国語	○
2021年度	推薦	英語・数学・国語	○
	一般	英語・数学・社会・理科・国語	○

★当問題集のバックナンバーは在庫がございません。あらかじめご了承ください。

●凡例●

【英語】

≪解答≫

〔　〕　①別解
②置き換え可能な語句（なお下線は置き換える箇所が2語以上の場合）
(例) I am〔I'm〕glad〔happy〕to ~

(　)　省略可能な言葉

≪解説≫

1, **2**…　本文の段落（ただし本文が会話文の場合は話者の1つの発言）

〔　〕　置き換え可能な語句（なお〔　〕の前の下線は置き換える箇所が 2 語以上の場合）

(　)　①省略が可能な言葉
(例)「(数が) いくつかの」
②単語・代名詞の意味
(例)「彼 (=警察官) が叫んだ」
③言い換え可能な言葉
(例)「いやなにおいがするなべにはふたをするべきだ (=くさいものにはふたをしろ)」

//　訳文と解説の区切り

cf.　比較・参照

≒　ほぼ同じ意味

【数学】

≪解答≫

〔　〕　別解

≪解説≫

(　)　補足的指示
(例) (右図1参照) など

〔　〕　①公式の文字部分
(例)〔長方形の面積〕=〔縦〕×〔横〕
②面積・体積を表す場合
(例)〔立方体 ABCDEFGH〕

∴　ゆえに

≒　約、およそ

【社会】

≪解答≫

〔　〕　別解

(　)　省略可能な語

＿＿　使用を指示された語句

≪解説≫

〔　〕　別称・略称
(例) 政府開発援助〔ODA〕

(　)　①年号
(例) 壬申の乱が起きた (672年)。
②意味・補足的説明
(例) 資本収支 (海外への投資など)

【理科】

≪解答≫

〔　〕　別解

(　)　省略可能な語

＿＿　使用を指示された語句

≪解説≫

〔　〕　公式の文字部分

(　)　①単位
②補足的説明
③同義・言い換え可能な言葉
(例) カエルの子 (オタマジャクシ)

≒　約、およそ

【国語】

≪解答≫

〔　〕　別解

(　)　省略してもよい言葉

＿＿　使用を指示された語句

≪解説≫

〈　〉　課題文中の空所部分（現代語訳・通釈・書き下し文）

(　)　①引用文の指示語の内容
(例)「それ (=過去の経験) が ～」
②選択肢の正誤を示す場合
(例) (ア, ウ…×)
③現代語訳で主語などを補った部分
(例) (女は) 出てきた。

／　漢詩の書き下し文・現代語訳の改行部分

常総学院高等学校

所在地	〒300-0849 茨城県土浦市中村西根1010
電　話	029-842-8771（代）／029-843-3193（入試広報部直通）
ホームページ	https://www.joso.ac.jp/high/
交通案内	JR常磐線 土浦駅よりバス JR常磐線 荒川沖駅，TX線 つくば駅などよりスクールバス計11路線

普通科

男女共学

くわしい情報は
ホームページへ

応募状況

年度	募集数	受験数	合格数	倍率
2024	推薦 290名 一般 310名	190名 3132名	188名 2824名	1.0倍 1.1倍
2023	推薦 290名 一般 310名	147名 3136名	145名 2830名	1.0倍 1.1倍
2022	推薦 290名 一般 310名	216名 3330名	213名 2961名	1.0倍 1.1倍

＊推薦の募集数は内進生を含む。一般は千葉生対象の併願型推薦を含む。

試験科目（参考用：2024年度入試）

［推薦］国語・数学・英語(記述式)・面接

［一般・併願型推薦］国語・数学・英語・社会・理科(記述式)

※英語はリスニングあり

沿　革

明治38年10月１日に創立された旧制常総学院中学校が前身で，第二次世界大戦中(昭和18年)に閉鎖される。その精神を受け継ぎ，昭和58年に常総学院高等学校が，平成８年に常総学院中学校が開校。

コース制

生徒の目的に合わせて４コースを設置。入学試験の成績上位者による**特進選抜コースEx（エクセレント）クラス**は東大や医学部医学科，早慶上智など超難関大学合格が目標。少人数クラス編成によるきめ細かな指導を行い，ハイレベルな授業と特別講座で早期から難関大学受験に対応する。**特進選抜コース特進クラス**は旧帝大をはじめとする難関国公立大学合格をめざす。主要５教科をバランスよく配置した授業と特別講座により，高校の学習範囲を早期に終えて徹底した対策指導を展開する。**進学選抜コースプログレス**は発展的なカリキュラムで難関私立大学や国公立大学進学をめざす。３年次には進路に応じて３教科型・５教科型のカリキュラムを選択できる。**進学選抜コースフロンティア**は２年次より文系・理系に分かれ，部活動と両立させながら有名大学進学をめざす。

特色ある取り組み

・オンライン英会話の導入，海外留学生との交流。
・ICT教育の積極的活用。
・生徒８人に対しメンター１人がつく個人研究プログラム「テーマハッカソン」。
・土曜日も含めて，完全給食制を実施。

主な学校行事

５月　TRACK＆FIELD FESTA
７月　野球応援
８月　林間学校(１年)
９月　クラスマッチ
11月　常友祭(文化祭)
２月　芸術鑑賞会
３月　修学旅行(２年)，
　　　カナダホームステイ(１年希望者)

進　路

東京大学２名，北海道大３名，大阪大学１名，筑波大学11名，茨城大学31名など国公立大合格計98名，早慶上理38名，G-MARCH91名など多数合格。

（2024年３月28日現在）

編集部注―本書の内容は2024年3月現在のものであり，変更されている場合があります。正確な情報は，学校のホームページ等で必ずご確認ください。

出題傾向と今後への対策 英語

出題内容

	2024		2023		2022	
	推薦	一般	推薦	一般	推薦	一般
大問数	6	6	6	6	6	6
小問数	40	40	40	36	37	36
リスニング	○	○	○	○	×	○

◎大問は６題，小問数は40問程度である。2023年度からは推薦でも放送問題が出題されている。放送問題の配点は約30点。近年は公立入試の問題形式に準じた難易度，内容になっている。

2024年度の出題状況

《推　薦》

1 放送問題
2 会話文完成
3 長文読解総合
4 対話文完成—表を見て答える問題
5 長文読解総合—スピーチ
6 会話文完成—整序結合

《一　般》

1 放送問題
2 対話文完成
3 長文読解総合
4 対話文完成—図を見て答える問題
5 長文読解総合—スピーチ
6 対話文完成—整序結合

解答形式

《推　薦》	記　述／マーク／併　用
《一　般》	記　述／マーク／併　用

出題傾向

英語の基本的な総合力を幅広く問うているのが特徴である。長文読解問題は長さは短めではあるものの，読解力や理解度を試す問題である。内容は物語，エッセー，会話文などで，身近なテーマが多い。英作文はあるテーマについて条件にしたがって記述する問題。推薦・一般ともに放送問題が課されている。

今後への対策

教科書を中心とした基本事項を徹底的に復習し，基礎を固めなおそう。教科書の英文を何度も繰り返し音読し，重要構文を手書きしてノートにまとめよう。教科書を終えたら，問題集を１冊決めて何度も解こう。仕上げに過去問を解き，問題形式や時間配分を確認しておこう。放送問題はラジオ講座などを利用し毎日聞こう。

◆◆◆◆◆ 英語出題分野一覧表 ◆◆◆◆◆

分野		年度	2022		2023		2024		2025予想※	
			推薦	一般	推薦	一般	推薦	一般	推薦	一般
音声	放送問題			★	★	★	★	★	◎	◎
	単語の発音・アクセント									
	文の区切り・強勢・抑揚									
語彙・文法	単語の意味・綴り・関連知識									
	適語(句)選択・補充		●	●	●	●			◎	◎
	書き換え・同意文完成		●						△	
	語形変化		●	●	●	●	●	●	◎	◎
	用法選択									
	正誤問題・誤文訂正									
	その他									
作文	整序結合		■		●	●	●	●	◎	◎
	日本語英訳	適語(句)・適文選択								
		部分・完全記述								
	条件作文			●		●				△
	テーマ作文			●		●				△
会話文	適文選択			●	●	●	●	●	◎	◎
	適語(句)選択・補充			●	●	●	■	■	◎	◎
	その他（英問英答・要旨把握）		■						△	
長文読解	内容把握	主題・表題								
		内容真偽	●	●	●	●	●	●	◎	◎
		内容一致・要約文完成	●			●	●	●	◎	◎
		文脈・要旨把握	●	●	●	●	●	●	◎	◎
		英問英答	●	●		●	●	●	◎	◎
	適語(句)選択・補充		●		●	●			◎	△
	適文選択・補充									
	文(章)整序			●	●	●	●	●	◎	◎
	英文・語句解釈（指示語など）				●		●	●	◎	△
	その他（適所選択）		●	●	●	●	●	●	◎	◎

●印：１～５問出題，■印：６～10問出題，★印：11問以上出題。
※予想欄　◎印：出題されると思われるもの。　△印：出題されるかもしれないもの。

出題傾向と今後への対策　数学

出題内容

2024年度

《推　薦》　証

[1]は計算を主とする問題５問。[2]は，データの活用，方程式など計４問。[3]は，さいころを利用した確率。[4]は平面図形で，穴埋め形式の証明問題もある。[5]は関数で，放物線と直線に関するもの。[6]は空間図形で正四角錐について問うもの。

《一　般》　証

出題構成は，推薦とほぼ同じ。[4]の平面図形は，おうぎ形を利用したもの。相似な図形の性質などの理解が問われる。[5]の関数では，平行線の性質など，図形の知識を要するものもある。[6]の空間図形は，三角柱を利用したもの。

2023年度

《推　薦》　証

[1]，[2]は小問集合で，計９問。[1]は計算を主とするもの，[2]は方程式の応用，平面図形，確率，関数の出題。[3]は平面図形で，平行四辺形を利用した問題。証明問題もある。[4]は関数，[5]はデータの活用，[6]は空間図形からの出題。

《一　般》　証

出題構成は推薦とほぼ同じ。[3]の平面図形は，相似であることを示す証明問題もある。[4]は関数の利用に関する問題で，時間と水そうの中の水の量の関係について問うもの。[5]はデータの活用で，ヒストグラムや箱ひげ図を利用した問題。

作…作図問題　証…証明問題　グ…グラフ作成問題

解答形式

《推　薦》　記　述／マーク／併　用

《一　般》　記　述／マーク／併　用

出題傾向

推薦，一般とも，茨城の公立の試験を意識したつくりになっている。ともに証明問題が出題され，2021年度，2022年度は，作図問題も出題された。中学で学習した内容の定着度を見るもの中心の出題であるが，少し難度の高いものも含まれている。

今後への対策

教科書を使って，基礎事項をしっかり身につけ，標準レベルの問題で，演習を積むようにしよう。難問に挑戦するよりは，できるだけ多くの問題に接し，いろいろな考え方や解法をマスターしていくのがよい。関数，図形は出題比率も高いので，重点的に行うとよいだろう。計算練習もおろそかにしないように。

◆◆◆◆◆ 数学出題分野一覧表 ◆◆◆◆◆

分野	年度	2022 推薦	2022 一般	2023 推薦	2023 一般	2024 推薦	2024 一般	2025予想※ 推薦	2025予想※ 一般
数と式	計算，因数分解	●		★	★	★	★	◎	◎
	数の性質，数の表し方					●	●	△	△
	文字式の利用，等式変形	■	■					△	△
	方程式の解法，解の利用			●	■	●	●	◎	◎
	方程式の応用	●	★	●	●	●	●	◎	◎
関　数	比例・反比例，一次関数								
	関数 $y=ax^2$ とその他の関数	●	●	●	●	★	★	◎	◎
	関数の利用，図形の移動と関数	★	★	★	★			△	◎
図　形	（平面）計　量	★	■	★	■	■	■	◎	◎
	（平面）証明，作図	■	■	●	●	●	●	◎	◎
	（平面）その他								
	（空間）計　量	★	●	■	★	■	■	◎	◎
	（空間）頂点・辺・面，展開図，切り口など		■	●		●		△	△
	（空間）その他						●		
データの活用	場合の数，確率	★	★	●	●	★	★	◎	◎
	データの分析・活用，標本調査	●	●	★	★	●	●	◎	◎
その他	不等式								
	特殊・新傾向問題など								
	融合問題								

●印：１問出題，■印：２問出題，★印：３問以上出題。
※予想欄　◎印：出題されると思われるもの。　△印：出題されるかもしれないもの。

出題傾向と今後への対策　社会

論…論述問題

出題内容

2024年度

地理・日本と世界の地形や気候，産業，貿易等に関する資料を用いた問題。

歴史・古代から近代までの写真や資料を用いた政治や外交，戦争等に関する問題。

公民・政治や経済，日本国憲法に関する問題。

総合・自然災害とエネルギー問題をテーマにした三分野総合問題。

2023年度

地理・日本と世界の地形や気候，貿易，産業等に関する資料を用いた問題。
論
・地形図の読み取り問題。

歴史・古代から現代まで年表や資料を用いた，政治や社会，文化に関する問題。
論

公民・人権，政治，経済に関する問題。
論

総合・貨幣をテーマにした三分野総合問題。

2022年度

地理・日本と世界の地形や気候，貿易，産業等に関する資料を用いた問題。
論
・地形図の読み取り問題。

歴史・古代から近代まで年表や資料を用いた，政治や社会，文化に関する問題。
論

公民・政治や経済に関する資料を用いた問題。
論

総合・日本の港町をテーマにした三分野総合問題。

解答形式

2024年度	記　述／マーク／併　用

出題傾向

小問数は35～40問程度。2024年は論述問題が出題されなかった。地理はグラフや統計表，地形図の読み取り問題が必出である。歴史は古代から近現代の政治や文化，社会に関して，資料や年表を用いた問題が出題されている。公民は人権，日本国憲法，政治，経済の問題が多く見られる。また，三分野総合問題が毎年出題されている。

今後への対策

三分野とも基礎的な事項についての問題が中心である。しかし，資料を読み取る問題が多く，効率よく問題を解く必要がある。そこで，まずは教科書や資料集を見直し，グラフや写真，資料を使い慣れておきたい。

論述形式の問題が出されないとしても，ただ用語を暗記するのではなく，原因や結果を常に意識して知識を整理しておこう。

◆◆◆◆◆ 社会出題分野一覧表 ◆◆◆◆◆

分野	年度	2022	2023	2024	2025 予想※
地理的分野	地形図	●	●	●	◎
	アジア	産		総	◎
	アフリカ				△
	オセアニア				△
	ヨーロッパ・ロシア		総	地	◎
	北アメリカ		産		△
	中・南アメリカ		地	地 人総	◎
	世界全般	総	産	地産	◎
	九州・四国	地		地	◎
	中国・近畿	地産			△
	中部・関東	産	総		◎
	東北・北海道		地産		△
	日本全般	地産人総	産	産	◎
歴史的分野	旧石器～平安	●	●	●	◎
	鎌倉		●		◎
	室町～安土桃山	●	●	●	◎
	江戸	●	●	●	◎
	明治	●	●	●	◎
	大正～第二次世界大戦終結	●	●	●	◎
	第二次世界大戦後		●	●	◎
公民的分野	生活と文化	●			△
	人権と憲法	●	●	●	◎
	政治	●	●	●	◎
	経済	●	●	●	◎
	労働と福祉			●	△
	国際社会と環境問題				△
時事問題					

※予想欄　◎印：出題されると思われるもの。　△印：出題されるかもしれないもの。
地理的分野については，各地域ごとに出題内容を以下の記号で分類しました。
地…地形・気候・時差，　産…産業・貿易・交通，　人…人口・文化・歴史・環境，　総…総合

出題傾向と今後への対策　理科

出題内容

2024年度　作　記

1は小問集合で，小問数が８問。静電気，電解質，血液の成分，空気中の水蒸気，電流，電気分解，動物の分類，天体の動きに関する問題。いずれも基礎～標準レベル。　2は浮力に関する問題。グラフを作成する問題も出された。　3は酸化銅と炭素の反応に関する問題。　4は分解者のはたらきに関する問題。　5は地層に関する問題。　6は小問集合で，有性生殖，植物の分類，蒸留について問われた。

	2024	2023	2022
大問数	6	6	6
作図問題	1	0	0

2023年度　~~作~~　記

1は小問集合で，小問数が12問。光の性質，状態変化，植物の体のつくり，日本の気象，等速直線運動，化学変化と熱，発生，堆積岩に関する問題。いずれも基礎～標準レベル。　2は電流と磁界に関する問題。　3は光合成と呼吸のしくみに関する問題。　4は気象と天気の変化に関する問題。　5は化学変化とイオンに関する問題。　6は融合題で，エネルギーの変換，仕事，水中の微生物，食物連鎖などについて問われた。

作…作図・グラフ作成問題　記…文章記述問題

解答形式

2024年度	記　述／マーク／併　用

出題傾向

大問は６題，そのうち１，２題は各分野からの小問集合。他は，物理・化学・生物・地学の４分野から１題ずつの出題で，大問１題当たり小問が４，５問付き，総小問数は30～38問。複数の分野からなる融合題が出題されることもある。教科書の実験・観察を題材として，実験操作や結果，考察を確認する問題が中心。

今後への対策

教科書の実験・観察の手順や結果・考察についてまとめることからはじめよう。その後，正確な知識が身についているか，基礎的な問題集を用いて確認しよう。できない問題は，教科書を見直しておくこと。

次に，本校や公立高校の過去問題で実践的な練習をし，総合問題に慣れ，記述問題に対応できる力を身につけたい。

◆◆◆◆◆ 理科出題分野一覧表 ◆◆◆◆◆

分野	年度	2022	2023	2024	2025予想※
身近な物理現象	光と音		●		◎
	力のはたらき(力のつり合い)			●	◎
物質のすがた	気体の発生と性質	●			◎
	物質の性質と状態変化		●	●	◎
	水溶液				◎
電流とその利用	電流と回路	●			◎
	電流と磁界(電流の正体)	●	●	●	◎
化学変化と原子・分子	いろいろな化学変化(化学反応式)	●	●	●	◎
	化学変化と物質の質量	●		●	◎
運動とエネルギー	力の合成と分解(浮力・水圧)			●	◎
	物体の運動		●		◎
	仕事とエネルギー	●	●		◎
化学変化とイオン	水溶液とイオン(電池)		●	●	◎
	酸・アルカリとイオン	●			◎
生物の世界	植物のなかま	●		●	◎
	動物のなかま	●		●	◎
大地の変化	火山・地震	●			◎
	地層・大地の変動(自然の恵み)	●	●	●	◎
生物の体のつくりとはたらき	生物をつくる細胞				△
	植物の体のつくりとはたらき		●		◎
	動物の体のつくりとはたらき			●	◎
気象と天気の変化	気象観察・気圧と風(圧力)		●		◎
	天気の変化・日本の気象		●	●	◎
生命・自然界のつながり	生物の成長とふえ方	●	●	●	◎
	遺伝の規則性と遺伝子(進化)				◎
	生物どうしのつながり		●	●	◎
地球と宇宙	天体の動き	●		●	◎
	宇宙の中の地球				
自然環境・科学技術と人間					
総合	実験の操作と実験器具の使い方	●	●	●	◎

※予想欄　◎印：出題されると思われるもの。　△印：出題されるかもしれないもの。
分野のカッコ内は主な小項目

出題傾向と今後への対策

国語

出題内容

2024年度

《推薦》

一 小説　二 古文　三 論説文　四 国語の知識

課題文
一 中村　航『あのとき始まったことのすべて』
二『十訓抄』
三 藤原智美『スマホ断食』／阿辻哲次『漢字のはなし』

《一般》

一 小説　二 古文　三 論説文　四 国語の知識

課題文
一 工藤純子『てのひらに未来』
二『宇治拾遺物語』
三 高階秀爾『日本人にとって美しさとは何か』／池谷裕二『脳はすこぶる快楽主義』

2023年度

《推薦》

一 小説　二 古文　三 論説文　四 国語の知識

課題文
一 川端裕人『風に乗って，跳べ』
二『落栗物語』
三 落合信彦『無知との遭遇』／平野啓一郎『私とは何か』

《一般》

一 小説　二 古文　三 論説文　四 国語の知識

課題文
一 長野まゆみ『鳩の栖』
二 安楽庵策伝『醒睡笑』
三 小原二郎『木の文化をさぐる』／河合隼雄『「日本人」という病』

解答形式

《推薦》	記述／マーク／併用
《一般》	記述／マーク／併用

出題傾向

課題文については，現代文も古文も，分量・内容ともに標準的である。また，論説文は著名な学者や評論家の作品から，小説は比較的新しい作家の作品から出題されることが多いようである。古文の課題文は，時代・ジャンルともに年によって変動がある。近年，推薦・一般入試ともに，茨城県公立の試験に準じた内容になっている。

今後への対策

全体として標準的な国語の試験問題なので，日頃から問題集で練習を積んでいけば，大きな問題はないだろう。記述の練習もしておくこと。古文については，対訳付きの参考書などを使って，文体に慣れておくとよい。国語の知識については，自分で知識を整理し，最後に確認のため問題集をやっておこう。

◆◆◆◆◆ 国語出題分野一覧表 ◆◆◆◆◆

分野		年度	2022		2023		2024		2025予想※	
			推薦	一般	推薦	一般	推薦	一般	推薦	一般
現代文	論説文 説明文	主題・要旨					●	●	△	△
		文脈・接続語・指示語・段落関係	●	●	●	●	●	●	◎	◎
		文章内容	●	●	●	●	●	●	◎	◎
		表現	●	●	●	●	●	●	◎	◎
	随筆 日記 手紙	主題・要旨								
		文脈・接続語・指示語・段落関係								
		文章内容								
		表現								
		心情								
	小説	主題・要旨								
		文脈・接続語・指示語・段落関係								
		文章内容	●	●	●	●	●	●	◎	◎
		表現	●	●	●	●	●	●	◎	◎
		心情			●		●	●	◎	△
		状況・情景								
韻文	詩	内容理解								
		形式・技法								
	俳句 和歌 短歌	内容理解								
		技法								
古典	古文	古語・内容理解・現代語訳	●	●	●	●	●	●	◎	◎
		古典の知識・古典文法	●		●	●	●	●	◎	◎
	漢文	(漢詩を含む)					●	●	△	△
国語の知識	漢字 語句	漢字	●	●	●	●	●	●	◎	◎
		語句・四字熟語								
		慣用句・ことわざ・故事成語		●						△
		熟語の構成・漢字の知識	●	●			●	●	◎	◎
	文法	品詞	●	●					△	△
		ことばの単位・文の組み立て		●	●	●	●	●	◎	◎
		敬語・表現技法			●	●			△	△
	文学史									
作文・文章の構成・資料				●						△
その他										

※予想欄　◎印：出題されると思われるもの。　△印：出題されるかもしれないもの。

2024年度 常総学院高等学校（推薦）

【英　語】（50分）〈満点：100点〉

1　次の(1)～(4)は，放送による問題です。それぞれの放送の指示にしたがって答えなさい。

(1)　これから，No. 1からNo. 5まで，５つの英文を放送します。放送される英文を聞いて，その内容に合うものを選ぶ問題です。それぞれの英文の内容に最もよく合うものを，ア，イ，ウ，エの中から１つ選んで，その記号を書きなさい。

No. 1

No. 2

No. 3

No. 4

ア　月間入場者数

1位	ひばり公園
2位	かえで公園
3位	やよい公園

イ　月間入場者数

1位	かえで公園
2位	ひばり公園
3位	やよい公園

ウ　月間入場者数

1位	やよい公園
2位	ひばり公園
3位	かえで公園

エ　月間入場者数

1位	かえで公園
2位	やよい公園
3位	ひばり公園

No. 5

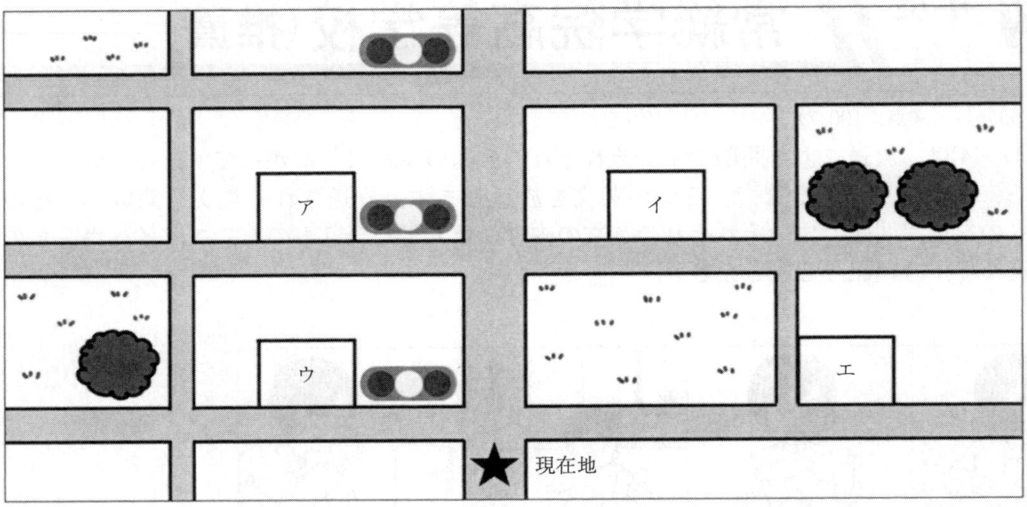

(2)　これから，No. 1 から No. 4 まで，４つの対話を放送します。それぞれの対話のあとで，その対話について１つずつ質問します。それぞれの質問に対して，最も適切な答えを，ア，イ，ウ，エの中から１つ選んで，その記号を書きなさい。

No. 1

ア　It's 2:30.
イ　It's 3:30.
ウ　It's 4:00.
エ　It's 6:30.

No. 2

ア　He is going to go to Animal Park.
イ　He is going to visit Meg.
ウ　He is going to take Sunday classes.
エ　He is going to see some classes with his parents.

No. 3

ア　Ben's father.
イ　Ben's brother.
ウ　Ben's grandfather.
エ　Ben's uncle.

No. 4

ア　Because she practiced volleyball this morning.
イ　Because it's difficult for her to write in Japanese.
ウ　Because she has a lot of Japanese homework.
エ　Because it's hard to send an email.

(3)　これから，アンディ(Andy)と真帆(Maho)の対話を放送します。そのあとで，その内容について，Question No. 1 と Question No. 2 の２つの質問をします。それぞれの質問に対して，最も適切な答えを，ア，イ，ウ，エの中から１つ選んで，その記号を書きなさい。

No. 1

No. 2

ア　Because he has to watch a soccer game.
イ　Because he wants to thank the soccer players.
ウ　Because he has to buy and read a local newspaper.
エ　Because he is thinking of becoming a member of a soccer team.

(4)　外国人の留学生に，添乗員が市内観光の説明会を開いています。これからその説明を放送します。その内容について，次の①，②の問いに答えなさい。

①　この市内観光で訪れる場所を，訪れる順に並べかえて，記号で答えなさい。

②　次の質問の答えになるように，(　)に適切な英語１語を書きなさい。

How long are the students going to stay in Mirai-land?

— They are going to stay there for (　　　) minutes.

これで，放送による聞き取りテストを終わります。続いて，問題 **2** に進みなさい。

※**＜放送による問題台本＞**は英語の問題の終わりに付けてあります。

2　中学校のハラ先生(Mr. Hara)が留学生のジェーン(Jane)，生徒のリュウタ(Ryuta)と，趣味について話をしています。次の会話文を読んで，下の(1)，(2)の問いに答えなさい。

Mr. Hara : Jane, what do you like to do when you have time?

Jane : I like to visit Blue Ocean *Aquarium. It was ①(build) three years ago. I love watching many kinds of fish that are ②(swim) in the *huge tanks. But now the prices for everything are going up. It is ③(expensive) to visit the aquarium than before, so I decided to have some small and beautiful fish at home.

Mr. Hara : I like watching fish, too. How about you, Ryuta? What are you ④(i　　　) in?

Ryuta : I love music. I'm going to ⑤(j　　　) the music club in high school. My sister has a guitar. I want to play it, but she never lets me play it. She thinks I may *break it. I don't know how to change her *mind.

Mr. Hara : I ⑥(u　　　) why she worries. I hope someday you can have your own guitar.

＊ aquarium　水族館　　huge tank　巨大な水槽　　break ～　～を壊す　　mind　考え，気持ち

(1)　会話文が完成するように，文中の①～③の（　）の中の語を，それぞれ適切な形に直して書きなさい。ただし，1語とは限りません。

(2)　会話文が完成するように，文中の④～⑥の（　）内に，最も適切な英語を，それぞれ1語ずつ書きなさい。なお，答えはすべて，（　）に示されている文字で書き始めるものとします。

3　次の(1)，(2)の問いに答えなさい。

(1)　次の英文は，新聞記事の一部です。この記事が伝えている内容として最も適切なものを，下のア～エの中から1つ選んで，その記号を書きなさい。

Rick's Family Restaurant is famous for its *efforts to support *customers with children. There are a lot of tables for families with children only, so they can relax. Children can eat everything for *half price on the 5th of every month. However, it will not be easy for Rick's to increase their *sales. The dishes on the menu and their prices are almost the same as other family restaurants'.

＊ effort 努力　customer 客　half 半分の　sale 売り上げ

ア　Rick's Family Restaurant supports their staff who have children.

イ　Rick's is a restaurant for families with children only.

ウ　Children who eat at Rick's on the 5th of the month will pay 50 percent of the price.

エ　Rick's is popular because its menu is as cheap as those of other family restaurants.

(2)　次の英文中の□には，下のア～ウの3つの文が入ります。意味の通る英文になるように，ア～ウの文を並べかえて，記号で答えなさい。

You can learn things in many ways. Long ago, people went to libraries or bookstores to learn things. □ What will people stop doing next when science gets better ?

ア　But maybe people will not look for things by themselves in the future.

イ　Now, people use the Internet and see things on websites.

ウ　They may not do that because asking AI will be easier.

4　中学生のミク(Miku)と留学生のジョシュ(Josh)が，ポスターを見ながら話をしています。次の対話文を読んで，(1)，(2)の問いに答えなさい。

Josh　:　What are you doing ?

Miku　:　I'm making a poster. I've just finished it.

Josh　:　Show it to me. What's Kids Park Spring Festival ?

Miku　:　It's an event that Kids Park started five years ago. It has a different *theme each year, and the theme of this year is *flowers*. Talk shows by popular actors will be held, and *craft classes, too.

Josh　:　Oh, Charlie Oka will come ! I like him. I want to listen to his talk show.

Miku　:　He is one of the most popular actors among young people.

Josh　:　When will the festival be held ?

Miku　:　On (　①　) weekend of May. Many kinds of flowers in Kids Park *bloom in the *middle of May.

Josh　:　I didn't know that.

Miku　:　The event needs people to help. Some (　②　) support this event. Last year, I picked up trash in the park. This year, I'm making a poster.

Josh : Is there anything I can do for you ?
Miku : Yes. I need your advice. Can you look at my poster and give me some comments ?
Josh : All right. Are there any rules for this event ?
Miku : Of course there are. Bara-kun is telling about one of them.
Josh : You *drew a dog on the poster. Is it OK to bring animals ?
Miku : No.
Josh : Then (③).
Miku : Oh, you're right ! Thanks. Anything else about the picture ?
Josh : Yes. Look at the two people (④).
Miku : The parents watching their daughter ?
Josh : Yes. [If they are ( ) ( ) ( )], the poster will be better, I think.
Miku : Good idea. People will easily find that there is a *free coupon for it. Thank you, Josh. I'll make a new poster.
Josh : I'm glad I could help you. I'll be at Kids Park Spring Festival on (⑤).
Miku : You'll be there to listen to the talk show of your favorite actor, right ? Let's go together.

* theme テーマ　craft class 工芸教室　bloom （花が）咲く　middle 中頃
drew draw（～を描く）の過去形　free coupon 無料クーポン

Kids Park Spring Festival

Saturday, May 11, Sunday, May 12
9:00 a.m. — 5:00 p.m.

Visit Kids Park and enjoy your weekend!
Hana-chan

What	Who	When		How much
Talk show	Charlie Oka	May 11	11:00 a.m. - 11:30 a.m.	――
	Kasumi Iwata	May 12	1:30 p.m. - 2:00 p.m.	――
Craft class	Jun Okada	May 11, 12	3:00 p.m. - 3:30 p.m.	300 yen

Please don't pick any flowers.
Bara-kun

Junior high school students are helping with this festival.

The first 1,000 visitors each day will receive a free coupon for ice cream.

(1) 対話文中の(①)～(⑤)に入る最も適切なものを，ア～エの中から１つ選んで，その記号を書きなさい。

① ア the first　イ the second　ウ the third　エ the fourth

② ア high school students　イ parents
　ウ junior high school students　エ teachers

③ ア you must leave them at home　イ you can bring cats instead
　ウ you can walk with them　エ you should not draw them on the poster

④ ア taking a picture　イ sitting on the bench
　ウ singing songs　エ walking a dog

⑤ ア the morning of May 11　イ the afternoon of May 11
　ウ the morning of May 12　エ the afternoon of May 12

(2) 対話の流れに合うように，文中の［　　］の（　）に適切な英語を１語ずつ入れ，英文を完成させなさい。

5 次の英文は，カオル（Kaoru）が書いたスピーチの原稿です。この英文を読んで，(1)～(5)の問いに答えなさい。

Today, I'm going to talk about eggs. I like eggs, and I eat them almost every day. A lot of people like them, too. They are delicious. There are various kinds of egg dishes. My favorite dish is an omelet. Eggs can also be used to make cakes, ice cream, and other desserts. ［　ア　］ We can say that eggs are very useful.

Do you know how many eggs are *produced in Japan? According to *statistics, about 2.6 *million tons of eggs are produced every year, and about eight percent of them are produced in Ibaraki. That is the largest *percentage in Japan. Japan is one of the countries that *consume eggs the most. Each person in Japan consumes about 340 eggs a year. In 2021, more than 2 million tons of eggs were produced and consumed in Japan. That means about 97 percent of the eggs consumed in Japan came from our own country. ［　イ　］ Japan *imports most of the food for its *chickens. If we don't import it, the chickens cannot live and we won't have enough eggs. We need more eggs, so Japan also imports a lot of eggs from other countries like Italy, *the Netherlands, India, and the United States every year. In 2021, about 115 thousand tons were imported.

On the other hand, Japan sells eggs abroad, and *Hong Kong buys most of them. In 2022, 28.3 thousand tons of eggs went there. ［　ウ　］ In Hong Kong, Japanese food is becoming more popular. "A lot of people became fans of Japanese food after visiting Japan, and they wanted to eat it at home." I learned this from a book. In the book, a Japanese person in Hong Kong said, "People here can buy Japanese eggs at local supermarkets. Many of them like to eat *raw eggs." I was surprised to hear <u>that</u>. They think Japanese eggs are the safest to eat raw.

People can learn more about eggs at various events. For example, the second Friday of October is World Egg Day. In Japan, June 2 is Omelet Day, and the fifth of every month is Egg Day! ［　エ　］ Have you ever heard of them? I didn't know *any of them. I asked AI the question, "Which came first, the chicken or the egg?" It gave me an answer. Try it if you want to know the answer. Everyone knows about eggs, but there are a lot of things we don't know about them. When you eat eggs next time, please enjoy thinking about them.

* produce ～　～を生産する　statistics　統計　million　百万　percentage　割合
　consume ～　～を消費する　import ～　～を輸入する

chicken （鶏卵用の）にわとり　the Netherlands　オランダ　Hong Kong　香港
raw　生の（で）　any ～　（否定文で）１つも～ない

(1) 本文の内容に合う文を，次のア～クの中から３つ選んで，その記号を書きなさい。

ア　Kaoru eats eggs almost every day and likes omelets.
イ　Almost all the eggs produced in Japan come from Ibaraki.
ウ　Japan has to import around 100 thousand tons of food for chickens.
エ　Every year, Japan buys eggs from Italy and the Netherlands.
オ　In 2021, Japan didn't produce enough eggs for people in Hong Kong.
カ　The number of people who want to eat Japanese food is increasing in Hong Kong.
キ　A Japanese in Hong Kong started a supermarket for Japanese people there.
ク　Kaoru wants AI to tell her how to cook egg dishes for egg events.

(2) 次の文は，文中の［ア］～［エ］のどこに入るのが最も適切か，記号で答えなさい。

However, there is one thing we must not forget.

(3) 次の①，②の文を，本文の内容と合うように完成させるには，［　　］の中に，それぞれ下のア～エのどれを入れるのが最も適切か，記号で答えなさい。

① Japanese people ［　　　　　　］.

ア　consume more eggs than people in many other countries
イ　know that 97 percent of eggs are produced in Ibaraki
ウ　don't like to eat eggs from other countries
エ　believe that eggs produced in Japan are safe

② In 2022, ［　　　　　　］.

ア　Hong Kong sold and imported more eggs than Japan
イ　about 115 thousand tons of eggs were imported to Japan
ウ　28.3 thousand tons of eggs from Japan were sold to Hong Kong
エ　local supermarkets in Hong Kong started selling raw eggs

(4) 下線部の内容を次の［　　］内のように表したとき，（　）に入る適切な英語を，本文から３語で抜き出して書きなさい。

there are people who (　　　　　　) raw eggs in Hong Kong

(5) 次の質問の答えとなるように，（　）内に適切な英語を，本文の語句を使って１語ずつ書きなさい。

① What does Kaoru think of eggs?
They are (　　　) because they can (　　　) (　　　) in various kinds of foods.

② When is World Egg Day?
It's the (　　　) (　　　) of (　　　).

6　留学生のアビー（Abby）が，クラスメイトのカイ（Kai）とミウ（Miu）に次の２つのウェブサイトを見せながら連休に遊びに行くところについて相談しています。会話の流れに合うように，①～④の（　）内の英語を並べかえて，記号で答えなさい。ただし，それぞれ**不要な語（句）が１つずつ**あります。

ひめの野外シアターイベント

初夏の夜に巨大スクリーンに映し出される映画は格別です。今年は胸躍る名作 The Young Lion の上映が決定しました。関連グッズも多数販売しています。
＊中学生以下は保護者の同伴が必要です。

屋外ミュージックフェス

3年ぶりのミュージカル音楽特集です。ブラスバンドによるライブパフォーマンスをお届けします。人気のミュージカルの劇中歌をお楽しみください。
きぼう広場で楽しい午後のひと時をお過ごしください。

Abby : Look at these two websites. They are outdoor events that I found. *Both sound fun and are not far from our homes. Which would you like to go to ?

Kai : **The Young Lion* ①(ア I イ it ウ seen エ is オ haven't カ a movie) yet. I'd like to go to Himeno.

Miu : I saw it last year. The story is good and there are many beautiful scenes. I want to see it again, but it's a night event and we can't go there without our parents.

Abby : Don't worry. ②(ア ask イ to ウ I'll エ for オ take カ my father) us there. And he can take you back to your homes after the event.

Kai : I'm glad to hear that. The outdoor theater at ③(ア more イ night ウ than エ make オ will カ the movie) exciting. I want to buy a T-shirt there.

Miu : I don't think my mother will let me go to a night event.

Abby : Then let's go to the music festival. Are you OK with that, Kai ?

Kai : I usually don't watch musicals, but I can try. Do you know ④(ア songs イ will ウ the brass band エ when オ what カ play) ?

Abby : No. Maybe famous songs from **Pretty Cats* and others.

Kai : That sounds fun.

* both 両方　*The Young Lion* 架空の映画名　*Pretty Cats* 架空のミュージカル名

＜放送による問題台本＞

ただいまから 1 の，放送による聞き取りテストを行います。問題は，(1)～(4)までの４つです。放送中メモを取ってもかまいません。

それでは(1)の問題から始めます。

(1) これから，No.1からNo.5まで，５つの英文を放送します。放送される英文を聞いて，その内容に合うものを選ぶ問題です。それぞれの英文の内容に最もよく合うものを，ア，イ，ウ，エの中から１つ選んで，その記号を書きなさい。

それぞれの英文は，２回放送します。

では，はじめます。

No. 1 My brother is washing his face. （３秒）以下，３秒空けることを③，２秒空けることを②などと表します。

繰り返します。②

No. 2 You use this when you find a word that you don't know. ③

繰り返します。②

No. 3　We've just arrived at this station.　We'll leave in five minutes.　③
繰り返します。②
No. 4　The largest number of people visited Kaede Park last month.　Hibari Park was more popular than Yayoi Park.　③
繰り返します。②
No. 5　Are you looking for the post office？　OK.　Go straight and turn left at the second traffic light.　It's on your right.　③
繰り返します。②
これで，(1)の問題を終わります。
次に，(2)の問題に移ります。

(2)　これから，No. 1からNo. 4まで，4つの対話を放送します。それぞれの対話のあとで，その対話について1つずつ質問します。それぞれの質問に対して，最も適切な答えを，ア，イ，ウ，エの中から1つ選んで，その記号を書きなさい。
対話と質問は，2回放送します。
では，はじめます。

No. 1　A：Miyuki, let's leave now and take the 3:45 bus.
B：So soon？　The *rakugo* show starts at 6:30.
A：We should eat something first.
B：But we have three hours before the show.　It's too early.
Question：What time is it now？　③
繰り返します。②

No. 2　A：Haruto, would you like to go to Animal Park next Sunday？
B：I wish I could, Meg, but I have to go to school.　I have two classes in the morning.
A：Why do you have classes on Sunday？
B：Our parents will come to see the class.　We have a few days like this every year.
Question：What is Haruto going to do next Sunday？　③
繰り返します。②

No. 3　A：Hi, Ben.　Is your mother at home？
B：No, Ms. Sato.　She went to see her brother Mike.
A：What time will she come home？
B：I'm sure she will be back by four o'clock.
Question：Who is Mike？　③
繰り返します。②

No. 4　A：You look tired, Ellen.　Did you practice volleyball this morning？
B：No.　I'm writing an email in Japanese now.　It's difficult for me.
A：How long have you studied Japanese？
B：For two years, but writing messages in Japanese is not easy.
Question：Why is Ellen tired？　③
繰り返します。②
これで(2)の問題を終わります。
次に，(3)の問題に移ります。

(3)　これから，アンディ(Andy)と真帆(Maho)の対話を放送します。そのあとで，その内容について，

Question No. 1 と Question No. 2 の２つの質問をします。それぞれの質問に対して，最も適切な答えを，ア，イ，ウ，エの中から１つ選んで，その記号を書きなさい。

対話と質問は，２回放送します。

では，はじめます。

Andy : Hey, listen! I won first place in my photo club's contest.

Maho : Great. Did you take photos of birds, animals, or plants?

Andy : I often take photos of those things, but this time I took photos of soccer players in Mito. Next Sunday I'm going to visit them to say "thank you."

Maho : They will be happy, too. Could you show me the photo?

Andy : You will see it in the local newspaper tomorrow. The players look cool in the photo.

Maho : I can't wait to see the photo.

Questions :

No. 1 Which picture did Andy take for the contest? ③

No. 2 Why is Andy going to go to Mito next Sunday? ③

繰り返します。(対話と質問を繰り返す。) ②

これで(3)の問題を終わります。

次に，(4)の問題に移ります。

(4) 外国人の留学生に，添乗員が市内観光の説明会を開いています。これからその説明を放送します。その内容について，次の①，②の問いに答えなさい。

では，はじめます。

Please come to the front of the city hall by 8:00 a.m. and show me your bus ticket. We will leave the city hall at 8:30 and arrive at the science museum 30 minutes later. There you can talk with AI and make music with computers. Next, we will go to Momiji-dera and see the beautiful trees there. We will also have traditional food called *shojin ryori*. We will leave the temple at 1:00 p.m. and spend from 2 o'clock to 3:30 at Mirai-land. You can enjoy short movies, light music, local food, and shopping there. We will come back to the city hall before 4:40. ④

繰り返します。②

これで，放送による聞き取りテストを終わります。続いて問題 **2** に進みなさい。

【数　学】（50分）〈満点：100点〉

1　次の問いに答えなさい。

(1)　次の①～④の計算をしなさい。

①　$-7+3$

②　$3(x+y)-(2x-5y)$

③　$6a^2b \div 8b^2 \times 4ab$

④　$\sqrt{8}+\sqrt{6}\times\sqrt{3}$

(2)　x^2+9x+8 を因数分解しなさい。

2　次の問いに答えなさい。

(1)　右の図は，Ａ組25人とＢ組25人の生徒が，ある期間中に図書室から借りた本の冊数についてのデータを箱ひげ図で表したものである。

　このとき，右の箱ひげ図から読み取れることを説明したものとして**間違っているもの**を，次のア～エの中から１つ選んで，その記号を書きなさい。

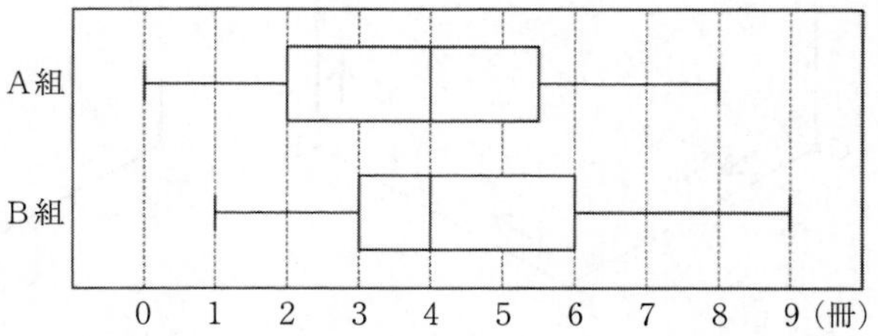

図

ア　Ａ組とＢ組の範囲は同じである。

イ　Ａ組とＢ組の中央値は同じである。

ウ　Ａ組とＢ組の四分位範囲を比べると，Ｂ組の方が大きい。

エ　Ａ組もＢ組も，６冊以上借りた生徒が６人以上いる。

(2)　1764は自然数 n を２乗した数である。このとき，n の値を求めなさい。

(3)　x についての１次方程式 $3x-a=5x+1$ と $6-\dfrac{x}{2}=7$ がある。この２つの方程式の解が同じであるとき，a の値を求めなさい。

(4)　大人１人と中学生４人が博物館に入館したとき，入館料の合計は3300円になった。大人１人の入館料は，中学生１人の入館料の３倍より150円高い。

　このとき，この博物館における大人１人と中学生１人の入館料をそれぞれ求めるために，大人１人の入館料を x 円，中学生１人の入館料を y 円として連立方程式をつくると，次のようになる。

$$\begin{cases} \boxed{\quad \text{ア} \quad} = 3300 \\ \boxed{\quad \text{イ} \quad} = 150 \end{cases}$$

　このとき，上の $\boxed{\text{ア}}$，$\boxed{\text{イ}}$ に当てはまる式をそれぞれ書きなさい。

3　下の図１のような正六角形ABCDEFの点Aにコマ P がある。１つのさいころを１回投げて出た目の数を a とする。正六角形の辺上を点Aから矢印の向きに出た目の数 a だけコマを動かし，コマが止まった位置にある点を P とする。

例えば，投げたさいころの出た目の数が４のとき，図２のように点 P をとる。

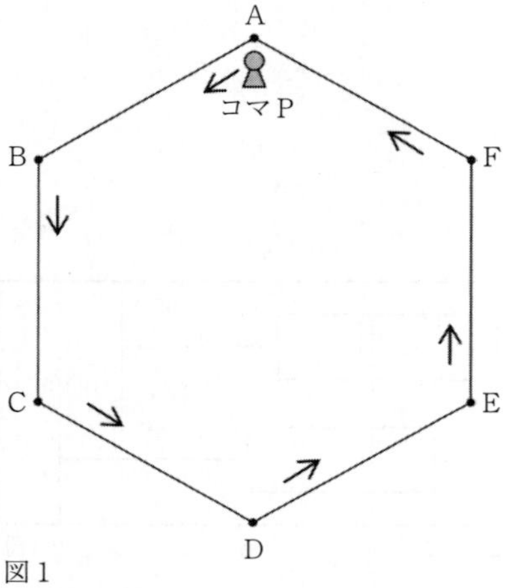

図１

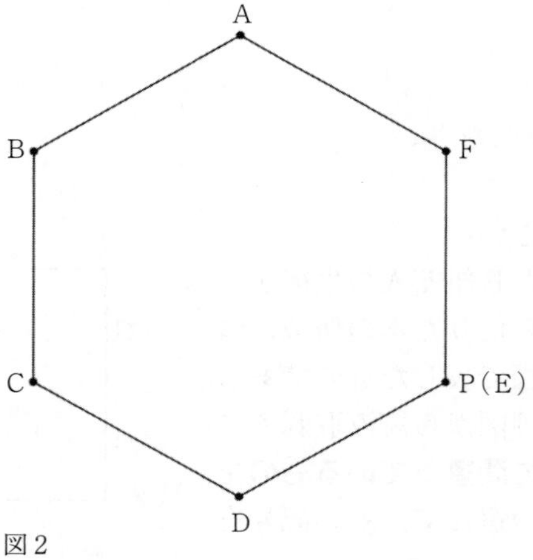

図２

このとき，次の(1)～(3)の問いに答えなさい。

ただし，さいころは各面に１から６までの目が１つずつかかれており，どの目が出ることも同様に確からしいとする。

(1)　点 P が点Aの位置にある確率を求めなさい。

次に，点 P の位置を変えずに，図３のように点Dにコマ Q をおく。再び１つのさいころを１回投げて出た目の数を b とする。正六角形の辺上を点Dから矢印の向きに出た目の数 b だけコマを動かし，コマ Q が止まった位置にある点を Q とする。

例えば，最初に投げたさいころの出た目の数が１で，再び投げたさいころの出た目の数が２のとき，図４のように点 P と点 Q をとる。

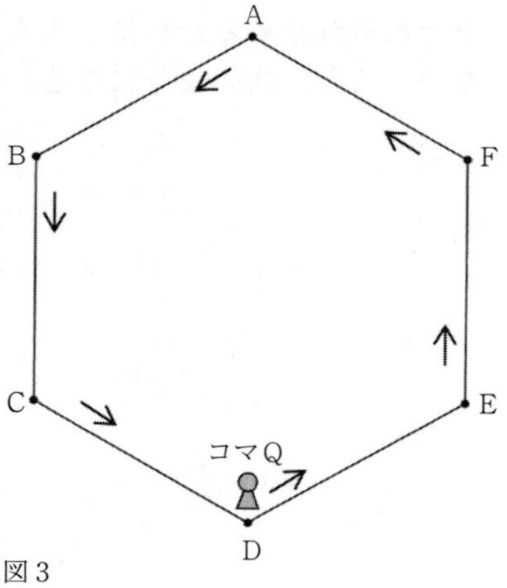

図３

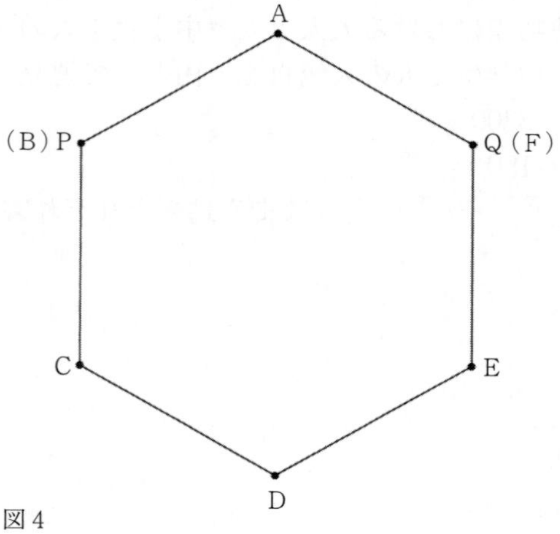

図４

(2)　△APQ が正三角形になる確率を求めなさい。

(3)　点 P と点 Q がとなり合う確率を求めなさい。

4　右の図1のように，タブレット端末の画面に，長さが 9 cm の線分 AB と，2点A，Bを通る円Oが表示されている。さらに，$\overset{\frown}{AB}$上にあり$\overset{\frown}{AC}=\overset{\frown}{BC}$となる点C，点Cを含まない$\overset{\frown}{AB}$上の点P，線分 AB と線分 CP との交点Dが表示されている。点Pは$\overset{\frown}{AB}$上を動かすことができ，太郎さんと花子さんは点Pを動かしながら，図形の性質や関係について調べている。

このとき，次の(1)，(2)の問いに答えなさい。

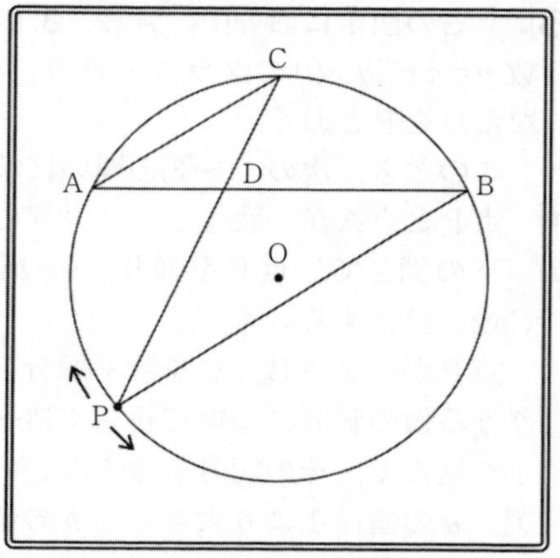

図1

(1)　太郎さんは，線分 CA と線分 BP が平行になるように点Pを動かした。このとき，線分 AD と線分 PD の長さの和を求めなさい。

(2)　花子さんは，下の図2のように，CP＝BP となるように点Pを動かし，点Aと点Pを結んだ。

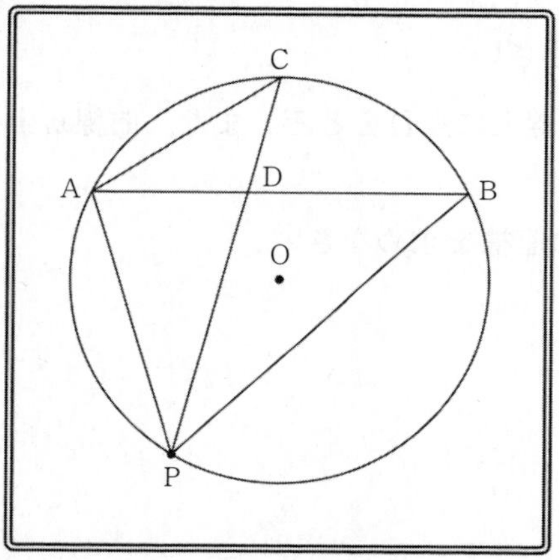

図2

①　花子さんは，△CAP≡△BDP であることに気づき，次のように証明した。[ア]～[オ]に当てはまる最も適切なことがらを答え，証明を完成させなさい。ただし，同じ記号には，同じことがらが入る。

〈証明〉
△CAP と△BDP において，
仮定から，CP＝BP　…①
$\overset{\frown}{AC}=\overset{\frown}{BC}$　…②
②より，長さの等しい弧に対する[ア]は等しいから，
∠APC＝[イ]　…③
$\overset{\frown}{AP}$に対する[ア]は等しいから，[ウ]＝[エ]　…④
①，③，④より，[オ]がそれぞれ等しいので，
△CAP≡△BDP

②　AD＝4 cm のとき，△APB の面積は△CAD の面積の何倍になるか求めなさい。

5 右の図1において，A(2, 8)，B(2, 0)である。曲線mは関数$y=ax^2(a>0)$のグラフであり，曲線m上の点でx座標が2となる点をPとおく。

このとき，次の(1)～(3)の問いに答えなさい。

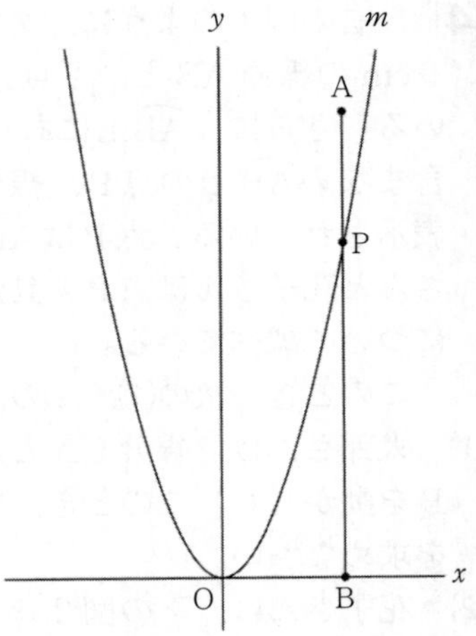

図1

(1) 点Pと点Aが一致するとき，aの値を求めなさい。

(2) 下の図2で，点Pを通り，$y=bx+4$で表される直線をlとし，C(2, 4)とする。

点Pが，2点B，Cを除く線分BC上にあるとき，a，bのとりうる値の範囲について正しく述べた文を，次のア～エの中から1つ選んで，その記号を書きなさい。

ア　aの値は1より大きく，bの値は0より大きく2より小さい。

イ　aの値は1より大きく，bの値は-2より大きく0より小さい。

ウ　aの値は1より小さく，bの値は0より大きく2より小さい。

エ　aの値は1より小さく，bの値は-2より大きく0より小さい。

(3) $a=\frac{3}{2}$とする。下の図3で，点Aを通り，x軸に平行な直線上に点Dをとる。また，曲線m上に，x座標が負となるような点Eをとる。

このとき，四角形BPDEが平行四辺形となるような点Eの座標を求めなさい。

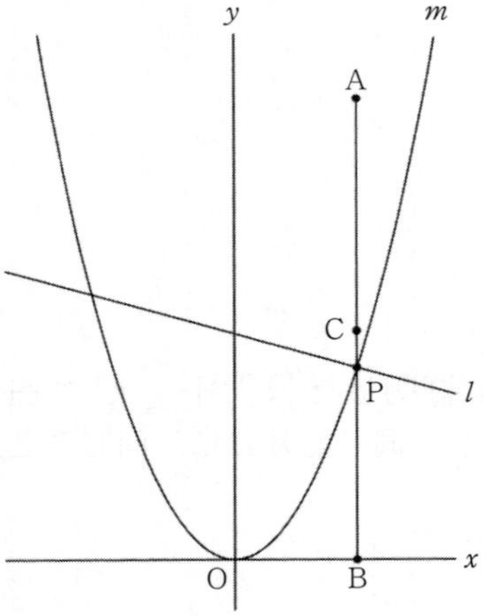

図2

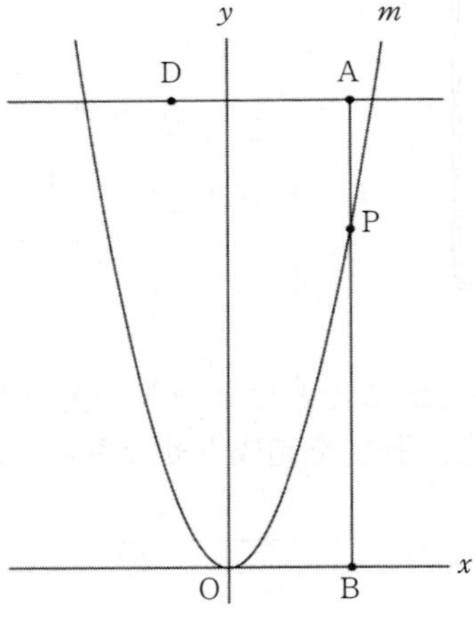

図3

6　右の図のような，1辺の長さが4 cmの正方形ABCDを底面とし，高さが$2\sqrt{7}$ cm，OA＝OB＝OC＝OD＝6cmである正四角すいOABCDがある。辺OC，OD，BCの中点をそれぞれE，F，Gとする。

このとき，次の(1)～(3)の問いに答えなさい。

(1)　この正四角すいを3点E，F，Gを通る平面で切るとき，その切り口はどんな図形か。最も適切なものを，次のア～エの中から1つ選んで，その記号を書きなさい。

ア　三角形　　イ　長方形

ウ　台形　　　エ　平行四辺形

(2)　線分EGの長さを求めなさい。

(3)　この正四角すいを3点E，F，Gを通る平面で切ってできる2つの立体のうち，点Cをふくむ方の立体の体積を求めなさい。

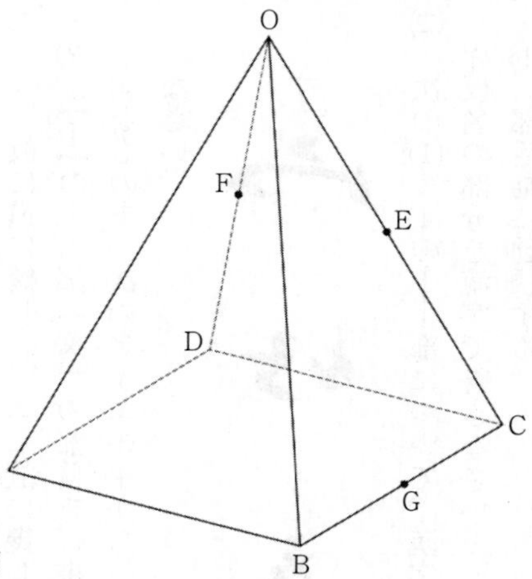

図

き出して書きなさい。

四

㈠ 次の【Ⅰ】～【Ⅲ】を読んで、後の⑴と⑵の問いに答えなさい。

【Ⅰ】 書き下し文

上善は水のごとし。水善《よ》く萬物《ばんぷつ》を利して争はず。衆人の悪《にく》む所に処《を》る。［　　］。

【Ⅱ】 訓読文（訓読するための文）

上善ハ若レシ水ノ。水善ク利二シテ萬物一ヲ而不《ず》レ争ハ。処二ル衆人之《の》所ニレ悪ム。故ニ幾《ちかシ》二於道一ニ。

【Ⅲ】 現代語訳

最上の善は水のようだ。水は万物に利益を与えて決して他と争わない。そして人々がいやがる低い位置に流れつく。だから、水こそ道に近い存在だと言える。

⑴ 【Ⅰ】の［　］に入る語句として最も適切なものを、次のア～エの中から一つ選んで、その記号を書きなさい。

ア 道に幾し故に　イ 道に故に幾し

ウ 故に道に幾し　エ 故に幾し道に

⑵ 【Ⅰ】の――部「萬」の部首を行書で書いたものとして最も適切なものを、次のア～エの中から一つ選んで、その記号を書きなさい。

ア

イ

ウ

エ

㈡ 次の⑴～⑷の――部について、漢字の部分の読みを平仮名で、片仮名の部分を漢字で書きなさい。

⑴ 部活動に勧誘する。

⑵ 参加者を募る。

⑶ 駅前に支店をモウける。

⑷ キケンな場所を避ける。

㈢ 「削除」という熟語の構成の説明として最も適切なものを、次のア～オの中から一つ選んで、その記号を書きなさい。

ア 二字が似た意味の漢字を重ねたもの。

イ 二字が対になる漢字を組み合わせたもの。

ウ 上の漢字が下の漢字を修飾しているもの。

エ 下の漢字が上の漢字の目的や対象を示すもの。

オ 主語と述語の関係にあるもの。

す。あと、「紙に記された言葉」を後に示すほうが、最後の結論につながると思います。

千絵　ありがとうございました。発表の流れが見えてきましたね。発表するのが楽しみですね。

㈣　【Ⅲ】の［E］に入る言葉を、【Ⅱ】の言葉を使い、二十五字以上、三十五字以内で書きなさい。（読点を含む。）

㈤　【Ⅲ】の——部の千絵さんの発言は、話し合いの中でどのような役割を果たしているか。最も適切なものを、次のア～エの中から一つ選んで、その記号を書きなさい。

ア　話し合いの方向性を転換する役割
イ　相手の発言の根拠を確認する役割
ウ　相手の発言内容を整理する役割
エ　話し合いの目的を意識させる役割

【Ⅳ】　千絵さんのグループの発表のスライド

ア

○ デジタル化された言葉
教養が廃れた情報社会を
駆動している

イ

○ 本を読もう！
紙に記された言葉、紙の本
人間と世界を理解しようとする態度
を支えている

ウ

○ “文字以前”のコミュニケーション
・言葉がすぐに［F］する
・伝達の範囲に［G］がある

エ

○ 紙に記された言葉
教養の象徴
例）筆者の家の百科事典

オ

○ 文字の役割
・文明が発展するきっかけ
・文明を伝播させる乗り物
人類の歴史におけるもっとも偉大な発明

㈥　【Ⅳ】のスライドは、【Ⅲ】の話し合いをもとに作成したものである。**発表の順番になるように**、ア～オの記号を並べ替えて書きなさい。

㈦　【Ⅳ】の［F］と［G］に入る言葉を、【Ⅱ】からそれぞれ二字で抜よって、口から発せられ、瞬間的に消えてしまう音声による言葉を、「記録」という形で、目に見えるものに定着することができました。こうして記録された言葉は、その文字に関する約束ごとを知っている人ならば、記録された内容を読むことで、そこに書かれている情報や知識を共有することが可能です。

さらにありがたいことには、文字が記録された素材はほとんどの場合、それほどかさばることがありません。ビルの壁面や山の岩肌などに記された文章、あるいは大きな石碑というようなケースでもない限り、記録を遠いところへ運ぶことも困難ではありませんでした。

だからこそ文字は、人類の文明を伝播《でんぱ》させる乗り物として機能することとなったのです。世界の古代文明はほとんどの場合、独自の文字をもっており、それを使って大量の記録を残してきました。

文字は、同時代において空間を飛びこえることができる乗り物であるだけでなく、さらにはそれを時間軸にそって運行することも可能でした。記録された文字が伝承されれば知識を後世に伝えることができますし、逆に後世の歴史家たちは、古代の遺跡などから発見された文字を読むことによって、過去の時代の詳しい状況を知ることができます。文字こそは、人類の歴史におけるもっとも偉大な発明であったといってよいでしょう。

（阿辻哲次「漢字のはなし」による。）

【Ⅲ】グループでの話し合いの一部

千絵　【Ⅰ】では、「紙に記された言葉」と「デジタル化された言葉」の違いが論じられていました。

次郎　【Ⅱ】では、文字の果たす役割が論じられています。「人類の歴史におけるもっとも偉大な発明」という表現が印象的です。

千絵　【Ⅰ】と【Ⅱ】の内容をうまく組み合わせて、発表のスライドの構成を考えていきましょう。

良太　【Ⅰ】からは、紙の本を読もうという主張が読み取れます。それを一番目のスライドにするのはどうでしょう。

秋子　よいと思います。結論の根拠となる内容として、「紙に記された言葉」と「デジタル化された言葉」の違いにも触れるべきですね。

千絵　【Ⅱ】の内容は、どのように取り入れていくのがよいでしょうか。

良太　【Ⅰ】と【Ⅱ】では、言葉の「記録」に対する筆者の捉え方に違いがあります。【Ⅰ】では、思考の役には立たないものとして否定的に捉えられていますが、【Ⅱ】では、［　E　］として、肯定的に捉えられています。

秋子　私もその点が気になったのですが、【Ⅰ】と【Ⅱ】は前提となる時代がまったく異なるので、気にしなくてよいと思います。

千絵　そうですね。発表全体の流れを考えると、最初に文字の話に触れて、その次に言葉や本の話に移るほうがよいように思えませんか。

次郎　なるほど。確かにそうですね。一番目のスライドでは文字の役割を示して、その後に「紙に記された言葉」と「デジタル化された言葉」に関するスライドを示して、最後に結論を示すほうがよさそうです。

良太　文字が発明される前のことをまとめたスライドを二番目に示すと、文字の役割をより強調できると思います。

千絵　それはよい案ですね。「紙に記された言葉」と「デジタル化された言葉」については、一枚のスライドにまとめますか？

次郎　結論の根拠となる部分なので、二枚に分けたいで

※2　コミック＝ここでは「漫画」という意味。
※3　反知性主義＝知識人や知的活動に対して敵意を抱くこと。

(一)　【Ⅰ】の A ～ C に入る言葉の組み合わせとして最も適切なものを、次のア～エの中から一つ選んで、その記号を書きなさい。

ア　A　要するに　B　さらに　C　もはや
イ　A　しかし　B　だから　C　まるで
ウ　A　あるいは　B　ただし　C　確かに
エ　A　なぜなら　B　また　C　あたかも

(二)　【Ⅰ】における筆者の考えと合っているものとして最も適切なものを、次のア～エの中から一つ選んで、その記号を書きなさい。

ア　紙の辞書や事典で調べる場合とは異なり、前後にならぶ言葉に気を取られて学習効率が低下する恐れがなくなるという点が、スマホなどの情報端末で言葉を調べることの利点である。
イ　手の平にのるサイズのスマホという情報端末が表現する世界は、表面上は液晶板と同じように薄っぺらであるが、その画面のサイズとは裏腹に膨大な言葉と世界を常に使用する人に意識させる。
ウ　「私は三〇〇〇冊の本を持っている。だから頭がいい」と威張るのは愚かな人であるので、本を何冊持っているかではなく、どのような内容の本を読むかにこだわって読書に取り組むべきである。
エ　言葉の世界の広大さを教えてくれる紙の本とは違い、電子書籍などデジタル化された断片的な文字列にすぎない言葉に触れ続けると、人間は言葉や知性に対して尊大で傲慢な態度をとるようになっていく。

(三)　千絵さんは【Ⅰ】を読んで、「紙の本を手にしたときに抱く思い」を次のようにまとめた。 D に入る最も適切な言葉を、【Ⅰ】から二十二字で抜き出して、その初めと終わりの三字を書きなさい。

○　紙の本を手にしたときに抱く思い
・世界の「知」への畏怖
・世界の「知」を少しでも解読したいという意欲
・ D と思う謙虚さ

【Ⅱ】（＊設問の都合上、表記を変更した箇所がある）

ヒトが類人猿から進化するきっかけとなったのが、まっすぐに立って歩くことと手で道具を使えたこと、それに火を管理する能力を備えたことであったとすれば、文明が成立し、それが発展する契機となったのは文字の発明だった、といっても言いすぎではないでしょう。

人はだれでも、自分の言語をもっています。たとえ言語をつかさどる身体的機能や器官になにかの障害があって、日常生活で言葉をうまく話すことができない人にも、もって生まれた母国語はあります。だからこそその人は好きな本や雑誌を読んだり、あるいは友だちに手紙を書くことができるのです。

しかし言葉というものは、もともとノドの声帯が空気をふるわせて発生した音声の連続ですから、口から発せられた次の瞬間にはもう消滅してしまい、テープレコーダーのような機械でも使わない限り、それを保存することはできません。また人間はどんなに大きな声を出しても、その声が届く範囲にはかならず限界があります。それはメガフォンやマイクロフォンを使っても、やはり同じことです。

口から発せられる言葉だけでは、声が届かないほど遠いところにいる人になにかを伝えることができません。だから人類は、文字が発明されるまでの長い間、人と人とが直接に顔をあわせる場か、あるいは声が届く範囲内で、さらに発せられた音声をリアルタイムで聞ける場合にしか、おたがいのコミュニケーションがとれないという状況にありました。

ここに文字の大きな役割があります。文字とはある特定の言語を書き表すために開発された符号システムであり、これを使うことに怖があります。これを少しでも解読したいという意欲が「教養」に通じるのだと考えています。

[B]私たちは、紙の本を手放してはいけないのです。

言葉のネット化が進んだ現代では、紙に書かれた言葉を読むという学習方法は、効率が悪いと切り捨てられようとしています。

今では、言葉は「記憶」するより「記録」して利用するものになりました。記録するのは自分の外部にあるハードディスクなどの記憶媒体の中。ここには一生かかっても使えない数の言葉を記録することができる。

しかし、いくら記録しても自分の中に記憶されていない言葉は、物事を発想したり考えたりするときには役立ちません。それは「私は三〇〇〇冊の本を持っている。だから頭がいい」と威張っている愚かな人にたとえられるでしょう。読んでもいない、理解もしていない本をいくらたくさん持っていても、宝の持ち腐れでしかありません。

ネットの発達によって「言葉を理解し記憶する」という人間の能力そのものが衰退しようとしているのかもしれません。端末画面を操作し表示項目の情報処理をしても、言葉を理解し思考することにはならない。

ときどき私は画面に「情報」を表示しただけで、それを理解した気になっている自分に気づいて慌てることがあります。そのときの言葉の理解は液晶板と同じように薄っぺらです。デジタル化された言葉は一画面にはぎ取られコピーされて、他の画面に流用される。それは[C]言葉が人を素通りして、勝手に漂っているかのようです。

以前、私は電子書籍を読んでみたことがあります。しかし、すぐに紙の本に戻った。理由は本の断片が切りとられ画面表示されるという、そのあり方に違和感がぬぐえないからでした。

いくら読み進めても手応えがない。灰色の画面に浮かぶ本の全体から切り離された断片的な文字の羅列では、作品世界に没入できないのです。

※2コミックであれば作品ごとに絵が異なり、表示される画面の印象がまったく違ってきます。作品の個性が画面に視覚化されるのです。電子書籍の多くがコミックだというのも、そこに理由があるのかもしれません。

私はずっしりと重い事典のページをめくるたびに、その言葉の量に圧倒されます。いまだに知らないことがたくさんあり、自分は世界の何をも理解していないのではないかという思いを持つ。それはかつて少年時代の私が応接間の百科事典を開いたときと、同じ感覚です。紙の本である事典は、手に持って開くだけで、言葉の世界の広大さを視覚的にも身体的にも教えてくれる。この感覚はすべての本に通じるものです。本を手にするたびに私は、言葉というものと、それによって構成される知性というものに謙虚な気持ちになります。

しかし電子書籍などデジタル化された言葉には、まったく正反対の気持ちを持ちます。画面に表示された文字列は指先の操作でどのようにでも処理できる記号で、それを使い続けると、人は言葉に対する謙虚さを失っていく気がします。デジタル化した言葉にばかり取り巻かれていると、言葉や知性への態度が尊大に傲慢になっていくようです。

かつて教養という言葉が生活の中に生きていました。わが家の百科事典もその教養を象徴していました。やがて教養は廃れて、今は※3反知性主義が横行しています。教養、知性に代わって主役を務めるのが情報となり、その情報社会を駆動しているのがデジタル化した言葉です。教養や知性とは、人間と世界を理解しようとする態度そのもののことですが、それを支えるのはそんなデジタル化された言葉ではなく、やはり紙に記された言葉なのです。

（藤原智美「スマホ断食　コロナ禍のネットの功罪」による。）

※1　タグ情報＝検索を行うための目印となる情報。

(五) 次郎さんは、【Ⅰ】とテーマが似ている話「漱石枕流《そうせきちんりゅう》」を見つけ、【Ⅱ】のように、あらすじと感想をノートにまとめた。しかし、感想を読み返した際に、昔の文章は、題材を言い間違いとしている文章が書かれたものが昔にはある　の箇所の表現が適切ではないと思い、書き直すことにした。「ことが分かった。」につながるように、＝＝部の言葉を使い、二十字以上、二十五字以内で書きなさい。（読点を含む。）

【Ⅱ】 次郎さんのノートの一部

〈「漱石枕流」のあらすじ〉

孫子荊《そんしけい》という人物が、世を捨てて隠れ住もうとしていた。

↓

孫子荊は、王武子《おうぶし》に「石を枕にして、川の流れで口を漱《すす》ぎたい」と言おうとした。

↓

ところが孫子荊は間違えて「石で口を漱ぎ、川の流れを枕にしたい」と言った。

↓

王武子は、「川の流れは枕にできないし、石では口は漱げないだろう」と言った。

↓

すると孫子荊は、「川の流れを枕にするのは、俗事を聞いた耳を洗い清めるためだ。石で口を漱ぐのは、俗世の食べ物で汚れた歯をきれいにするためだ」ととっさに言った。

〈感想〉

・言い間違いをこじつけで正しく思わせようとする話だったが、うまいこじつけだと思った。

・昔の文章は、題材を言い間違いとしている文章が書かれたものが昔にはあることが分かった。

・興味をもって調べようと思った。

三 千絵さんたちは、国語の授業で、【Ⅰ】と【Ⅱ】の文章を読み、グループごとに分かったことをスライドで発表することになりました。そのために【Ⅲ】の話し合いをして、【Ⅳ】のようにまとめました。後の(一)〜(七)の問いに答えなさい。

【Ⅰ】

辞書引き学習でよく耳にするのは「調べる言葉の前後にならぶ言葉にも注意がいって、それらもついでに調べてしまう」という副次的な効果です。デジタル化した辞書では、こうした効果はなかなか期待できない。目当ての項目だけがたちどころに表示されてしまうからです。

一方、スマホやタブレットの利点を指摘する声もあります。スマホなど情報端末から言葉を検索閲覧すれば、たちどころにすべてのことが分かってしまう。スマホは世界最大の辞書であり、最新の知性が詰まった魔法の玉手箱なのだ、という意見を耳にします。だから人間は、記憶をスマホにまかせて、思考に徹すればいい。

[A] 記憶されなかった言葉を使って思考することは不可能です。情報端末で検索するにも、その検索ワード、※1タグ情報が必要なのです。記憶が貧弱では何を検索していいか分からない。

手の平にのるスマホという情報端末画面が表現する世界は、そのサイズ分の狭いものです。それは世界というより、極小の「部分」でしかない。一方、事典は開いたページの背後に隠れた膨大な言葉と世界を常に意識させます。私は辞書を開いて調べるとき、自分が今見ているのは、膨大な世界のわずかな部分、塵《ちり》のようなものにすぎないと、いつも思います。大げさにいうと、世界の「知」への畏

エ　人の顔色をうかがってばかりいた自分をみんなが受け入れてくれた経験を通じて、それまで何も楽しいと思えなかった自分を変えることができたと確信する気持ち。

(五)　【Ⅰ】の内容や表現の説明として最も適切なものを、次のア～エの中から一つ選んで、その記号を書きなさい。

ア　複数の登場人物の視点から描くことで、微妙に揺れ動く気持ちを表現している。

イ　全体を第三者の視点から描くことで、登場人物の性格を明確に表現している。

ウ　会話のやりとりを詳細に描くことで、登場人物の人間関係の変化を表現している。

エ　登場人物の心の中を丁寧に描くことで、主人公の変化する気持ちを表現している。

二

次郎さんは、国語の授業で【Ⅰ】の古典の文章を読みました。後の(一)～(五)の問いに答えなさい。

【Ⅰ】　古典の文章

楊梅大納言《やまもものだいなごん》顕雅《あきまさ》卿《きやう》は、若くよりいみじく言失《ごんしつ》(言い間違い)をぞし給《たま》ひける。神無月《かんなづき》(十月)のころ、ある※1宮腹《みやばら》に参りて、御簾《みす》(すだれ)の外《と》にて、女房たちとアものがたりせられけるに、時雨《しぐれ》のさとしければ(通り雨がさあっと降ってきたので)、供なる※2雑色《ざふしき》をイ呼びて、「車の降るに、時雨さし入れよ」と①のたまひけるを、「※3車軸とかやにや(車軸でも降ってくるのかしら)、おそろしや」とて、②御簾の内、笑ひあはれけり。

さて、ある女房の、「御いひたがへ、つねにありと聞こゆれば、まことにや(本当ですか、お祈りをなさるというのは)、③御祈りのあるぞや」とウいはれければ、「そのために、※4三尺のねずみをつくり、供養《くやう》せむとエ思ひ侍《はべ》る(思っています)」といはれたりける。をりふし(ちょうどその時)、ねずみの御簾のきは(はし)を、走り通りけるをオ見て、観音に思ひまがへて、のたまひけるなり。「時雨さし入れよ」には、まさりてをかしかりけり。

※1　宮腹＝天皇の子である女性が産んだ子。

※2　雑色＝雑事を行う者。

※3　車軸＝車輪をつなぐ心棒。

※4　三尺＝約九〇センチメートル。

(一)　アものがたりせられける・イ呼びて・ウいはれければ・エ思ひ侍る・オ見て　の中で、主語が異なるものを一つ選んで、その記号を書きなさい。

(二)　①のたまひける　を現代仮名遣《づか》いに直して、すべて平仮名で書きなさい。

(三)　②御簾の内、笑ひあはれけり　とあるが、この時の女房たちの様子として最も適切なものを、次のア～エの中から一つ選んで、その記号を書きなさい。

ア　顕雅卿が言い間違いをごまかそうとしたことにあきれている。

イ　顕雅卿が言い間違いをして笑わせてくれたことに感謝している。

ウ　顕雅卿がわざと言い間違いをしたことに感心している。

エ　顕雅卿が奇妙な言い間違いをしたので滑稽に感じている。

(四)　③御祈り　とあるが、顕雅卿が行おうと考えているその具体的な方法として最も適切なものを、次のア～エの中から一つ選んで、その記号を書きなさい。

ア　三尺の観音像を作って大切にする方法。

イ　三尺のねずみの像を作って丁寧に扱う方法。

ウ　三尺の観音像を時雨の中にさらす方法。

エ　三尺のねずみを捕らえて観音に捧《ささ》げる方法。

【Ⅱ】感想の交流の一部

次郎　東大寺の大仏殿の柱の穴くぐりを題材にした話だね。
千絵　小説の題材としては独特なもののように思います。
良太　ほんとだよね。でも修学旅行でよくある光景が、登場人物の気持ちとつながって、すごく素敵な話になっていると思いました。
千絵　そうだね。私は、石井さんの「……白原さん、大丈夫なの?」「白原さん、凄いねー!」という二つの言葉から読み取ることができる心情の変化が印象に残ったな。
次郎　僕もだよ。石井さんの、「私」の人物像に対する考えが変わったことがうかがえるね。
良太　僕は、「②うわー、と声が出そうになる」という部分に注目したいな。
千絵　苦しい体勢にあるなかで、思わず声が出てしまいそうになる様子から「私」の気持ちがよく分かりますね。
次郎　ここで表されている「私」の気持ちが、文章後半の表現をより印象的にしているように思います。

(一)【Ⅰ】に①私たちは顔を見合わせた　とあるが、その理由として最も適切なものを、次のア～エの中から一つ選んで、その記号を書きなさい。

ア　柱の穴を間近で見て、他校の修学旅行生が何事もなく穴をくぐり抜けたことに驚いたから。
イ　柱の穴を間近で見て、自分たちもくぐり抜けに挑戦するべきだろうかと判断に迷ったから。
ウ　柱の穴を間近で見て、穴をくぐり抜ければどんな御利益があるのだろうかと想像したから。
エ　柱の穴を間近で見て、自分たちの中にくぐり抜けができる人がいるだろうかと考えたから。

(二)【Ⅱ】に石井さんの「……白原さん、大丈夫なの?」「白原さん、凄いねー!」という二つの言葉から読み取ることができる心情の変化　とあるが、それはどのようなものか。「と思った。」につながるように、四十字以上、五十字以内で書きなさい。(読点を含む。)

(三)【Ⅰ】と【Ⅱ】に②うわー、と声が出そうになる　とあるが、この時の「私」の気持ちとして最も適切なものを、次のア～エの中から一つ選んで、その記号を書きなさい。

ア　グループを代表して穴をくぐり抜けようと思うが、「私」を黙って見ているだけの三人にいらだつ気持ち。
イ　想像していた以上に狭い穴の中の圧迫感によって、くぐり抜けることは不可能だと諦めかける気持ち。
ウ　思っていた以上のせまさに恐怖心が生まれ、自ら願い出て穴をくぐりはじめたことを後悔する気持ち。
エ　穴をくぐり抜ければ皆に福を分けることができると聞いたが、それは迷信ではないかと不審に思う気持ち。

(四)【Ⅰ】に③私はそのとき、確かに何かをくぐり抜けたんだと思う　とあるが、この時の「私」の気持ちとして最も適切なものを、次のア～エの中から一つ選んで、その記号を書きなさい。

ア　グループ内の揉めごとを解決するために積極的に行動を起こしたことで、他者との関わりを避けてきたそれまでの自分を変えることができたと確信する気持ち。
イ　柱の穴をくぐり抜けることは自分には無理だと思いながらも最後までやりきったことで、何事も途中で諦めていたそれまでの自分を変えることができたと確信する気持ち。
ウ　中学入学後、初めて自ら挑戦すると決めたことを成し遂げた経験を通じて、内気で何事にも消極的だったそれまでの自分を変えることができたと確信する気持ち。

しれない。
猫、と思った。猫はヒゲが通るところなら、全身すり抜けることができる。私はこのグループを代表する猫になって、この穴をくぐり抜ける。無口な私を受け入れてくれる石井さんや柳くんや、私のことを好きと言ってくれた岡田くんの代わりに、この穴をくぐり抜ける。

穴に手を伸ばしたら、中の空気を少し冷たいと感じた。そのまま頭を差し込めば、閉所の圧迫感に、こめかみの辺りがぞわわあとする。

肘をつき、肩を押し込むようにした。左右にかかる圧力が思っていたよりも強くて、②うわー、と声が出そうになる。ちょっと無理かもしれない、と私は急に焦《あせ》ってしまう。これはちょっと、諦めて戻ったほうがいいのかもしれない。

四角い穴の底を舐《な》めるような体勢だった。穴の中は想像よりもずっと暗くて、ずっとずっと狭い。だけど目を上にあげれば、先に光が見える。

前に手を伸ばし、尺取り虫のように少し進んだ。もう戻れない、と思った。私はもう、戻りたくない。

脚の力を使って自分を押しだせば、ところてんになった気分だった。光へ――。少しずつ少しずつ、私は光を目指して進む。

柱の先に腕と頭が出たときは、ちょうど亀みたいな感じだったと思う。体の半分を外に出したとき、ああ、と変な声が出てしまった。光に晒《さら》されて急に恥ずかしくなって、私はもがくように外の世界に出る。

柱の先にいた石井さんが、私の手をとって、立ち上がるのを助けてくれた。

「凄い、凄い！」

石井さんはまん丸な目で私を見て、手を握ってぶんぶんと振った。そのまま私を、ぎゅーってして、背中をぱんぱんってする。

「白原さん、凄いねー！」

満面笑みの石井さんは、また私の手を握り、ぶんぶんぶんと振った。

「さわると福がもらえるよ」

石井さんが上気した声で言った。

近付いてきた柳くんが私の頭に手を伸ばし、ぽんと叩《たた》く。岡田くんも、とんとん、と私の肩にタッチする。

遠巻きに眺めていた他校の修学旅行生が、私たちに拍手をしてくれていた。私たちはそちらにむけて、ぺこりと頭を下げる。彼らは笑い、また拍手をしてくれる。

岡田くんの好意に、言葉も何も返せなくて、ごめんね、ごめんね、って思っていた。思うだけで何もできなかった私だけど、ようやく今日、笑顔を返すことができた。

ぱんぱんぱん。石井さんは私のスカートについたほこりを払ってくれる。

「白原さん、凄いねー」

ぱんぱんぱん。

「ねえ、中を通り抜けるのって、どんな感じだった？」

「んー」と、私は考える。

「ところてんみたいだった」

石井さんは一瞬私を見つめ、それから爆笑した。後ろで柳くんと岡田くんも笑っている。

中学に入って初めて私は、自分から何かをくぐり抜けようとした。その先にはこんなに嬉《うれ》しいことが待っていた。

ぱんぱんぱんぱん。

石井さんはまた、私のお尻のあたりを払ってくれる。

嬉しかった。こんなことで、そんなことを思うのはおかしなことなのかもしれない。

だけど③私はそのとき、確かに何かをくぐり抜けたんだと思う。

（中村　航「あのとき始まったことのすべて」による。）

二〇二四年度　常総学院高等学校（推薦）

【国　語】（五〇分）〈満点：一〇〇点〉

一　次郎さんたちは、国語の授業で【Ⅰ】の文章を読み、【Ⅱ】のように感想の交流を行いました。後の㈠～㈤の問いに答えなさい。

【Ⅰ】　授業で読んだ文章

中学三年生の白原奈津子《しらはらなつこ》（私）は、修学旅行で奈良県を訪れている。次の場面は、石井《いしい》さん、岡田《おかだ》くん、柳《やなぎ》くんと、東大寺の大仏殿の中を見学しているところである。

殿内を見学し、そのまま右のほうに移動していくと、最後に穴のあいた柱があった。

柱の脇では他校の修学旅行生が騒いでいた。柱の穴は大仏の鼻の穴と同じ大きさで、そこをくぐると無病息災とか、家内安全とか、とにかく何か御利益《ごりやく》があるらしい。

誰がくぐるのかでその人たちは揉《も》めていて、だけどみんな恥ずかしがって、嫌がっている。

最終的には、彼らの中で一番背の低い男子がくぐった。頭を出したところで、彼は少しバタバタして、それでもなんとか抜けだした。その後、その子を囲んで、彼らはぎゃあぎゃあ騒いでいる。その子に触れれば、他の人にも御利益があるらしい。

しばらくして柱に近付き、①私たちは顔を見合わせた。

「……おれには無理だな」

と、岡田くんは言った。

「おれも」

と、柳くんが言う。

「ここは石井しかいないだろ」

みんなの期待を集めた石井さんは、無理、と言った。

「ゼッタイ嫌だ。ゼッタイ無理」

石井さんは太っているわけではないし、くぐれるんじゃないかと思うんだけど、本人は頑《かたく》なにそれを拒む。無理無理無理、と何度も繰り返す。

「大丈夫だって」

「ゼッタイ嫌だ」

二人は珍しく、しつこく揉めている。私は少しかがんで、柱の穴を眺めてみる。穴は角がとれてつるんとしている。

「い、や、だ」

「大丈夫だって。くぐれるよ」

目の前にすると、その穴は余計に小さく感じられた。だけどその向こうには光が見える。何人もの人がくぐり抜けてきた四角い穴の向こうに、何かの象徴みたいに光が見える。

「何でだよ。くぐれるって」

「無理」

「私が」

立ち上がって私は言った。

「くぐってみる」

そのとき時間が止まったような気がした。三人が驚いた顔で私を見つめている。私の大好きな三人――。

この三日間、三人のおかげでとても楽しかった。中学三年になってから、この三人のおかげで、楽しいとか嬉しいとかそういうことを、いっぱい感じることができた。

「……白原さん、大丈夫なの？」

「うん、やってみる」

柱に向かい、私は膝をついた。四角くて小さな穴にゆっくりと手を当てる。三人が息を呑《の》むような感じに、私を見守っている。もしかしたら今、私は中学生になって初めて自分から何かをするのかも

英語解答

1 (1) No.1 エ No.2 ア No.3 ウ
No.4 イ No.5 ア
(2) No.1 イ No.2 ウ No.3 エ
No.4 イ
(3) No.1 エ No.2 イ
(4) ① エ→ウ→ア→イ ② ninety

2 (1) ① built ② swimming
③ more expensive
(2) ④ interested ⑤ join
⑥ understand

3 (1) ウ (2) イ→ア→ウ

4 (1) ①…イ ②…ウ ③…エ ④…イ
⑤…ア
(2) eating〔having〕ice cream

5 (1) ア，エ，カ (2) イ
(3) ①…ア ②…ウ (4) like to eat
(5) ① useful, be used
② second Friday, October

6 ① エ→カ→ア→オ→ウ
② ウ→ア→カ→イ→オ
③ イ→オ→エ→カ→ア
④ オ→ア→ウ→イ→カ

1〔放送問題〕解説省略

2〔会話文完成〕

≪全訳≫**1**ハラ先生(Mr)：ジェーン，時間があるときは何をするのが好き？**2**ジェーン：ブルーオーシャン水族館を訪れるのが好きです。それは3年前に建てられました。巨大な水槽で泳いでいるたくさんの種類の魚を見るのが大好きなんです。でも，今は何でも値段が上がっています。水族館を訪れるのに以前よりお金がかかるようになったので，小さくてきれいな魚を家で飼うことにしました。**3**Mr：私も魚を見るのは好きだよ。君はどう，リュウタ？　君は何に興味があるの？**4**リュウタ：僕は音楽が大好きです。高校では音楽部に入るつもりです。姉がギターを持っているんです。僕はそれを弾きたいんですが，彼女は決して弾かせてくれません。彼女は僕がそれを壊すかもしれないと思っているんです。彼女の気持ちを変える方法がわかりません。**5**Mr：私は彼女がなぜ心配するのかわかるよ。君もいつか自分のギターを持てるといいね。

(1)＜語形変化＞①主語 It は Blue Ocean Aquarium を指すので，受け身形（'be動詞＋過去分詞'）で「建てられた」とする。　build－built－built　②前にある that は主格の関係代名詞。先行詞は many kinds of fish なので，am/are/is ～ing の現在進行形で「泳いでいる」とする。　③後ろに than ～「～よりも」があるので比較級にする。expensive の比較級は more expensive。

(2)＜適語補充＞④be interested in ～「～に興味がある」　⑤「音楽部に入る」と考えて，join「～に参加する」を入れる。　⑥リュウタの話を聞いたハラ先生は，弟にギターを貸したがらない姉の気持ちに共感を示していると考えられる。

3〔長文読解総合〕

(1)＜要旨把握—新聞記事＞≪全訳≫リックのファミリーレストランは，子ども連れの客を支援する努力で有名だ。子ども連れの家族専用のテーブルがたくさんあるので，くつろげる。毎月5日は，子どもたちは全てを半額で食べることができる。しかし，リックのレストランが売り上げを伸ばすのは容易ではないだろう。メニューの料理もその値段も，他のファミリーレストランのものとほとんど変わらないのだ。

＜解説＞ウ．「毎月5日にリックのレストランで食事をする子どもは，料金の50％を支払う」は，第3文の内容に一致する。　ア．「リックのファミリーレストランは，子どもを持つスタッフを支援している」　イ．「リックのレストランは，子ども連れの家族専用のレストランだ」　エ．

「リックのレストランは，他のファミリーレストランと同じくらいメニューが安いので，人気がある」

(2)＜**文整序**＞≪**全訳**≫あなたは多くの方法で物事を学ぶことができる。昔，人々は物事を学ぶのに図書館や本屋に行った。／→イ．現在，人々はインターネットを使い，ウェブサイトで物事を調べる。／→ア．しかし，たぶん人々は将来，物事を自分で調べなくなるだろう。／→ウ．AIにきく方が簡単なので，そういったことはしなくなるかもしれない。／科学がさらに進歩したら，人々は次に何をしなくなるのだろう。

＜解説＞直前の，昔の人々が物事について学ぶ方法に続けて，現在の人々が物事を学ぶ方法を述べたイを最初に置く。次に，人々の将来を予測したアを置くと，最後にそう考える理由を述べたウがつながる。ウの do that はアの look for things by themselves を指す。

4〔**対話文完成―表を見て答える問題**〕

≪**全訳**≫**1**ジョシュ(J)：何してるの？**2**ミク(M)：ポスターをつくっているの。ちょうど終わったところよ。**3**J：僕にそれを見せて。「キッズパーク春祭り」って何？**4**M：キッズパークが5年前に始めたイベントなの。毎年異なるテーマがあって，今年のテーマは「花」よ。人気俳優のトークショーや工作教室も開催されるの。**5**J：わあ，チャーリー・オカが来るんだ！　僕は彼が好きなんだ。彼のトークショーを聞きたいな。**6**M：彼は若者の間で最も人気のある俳優の1人だよね。**7**J：お祭りはいつ開催されるの？**8**M：5月の①2週目の週末よ。キッズパークの多くの種類の花は，5月の中旬に咲くの。**9**J：それは知らなかったよ。**10**M：このイベントは手伝ってくれる人を必要としているわ。このイベントを支援する②中学生もいるの。去年，私は公園でごみを拾ったわ。今年はポスターをつくっているの。**11**J：君のために何か僕ができることはある？**12**M：ええ。あなたのアドバイスが必要だわ。私のポスターを見て，コメントをもらえるかな？**13**J：いいよ。このイベントに何かルールはあるの？**14**M：もちろんあるわ。バラくんがそのうちの1つを教えているわ。**15**J：ポスターに犬を描いたんだね。動物を連れてきてもいいの？**16**M：いいえ。**17**J：じゃあ，③それらはポスターに描かない方がいいね。**18**M：あっ，そのとおりね！　ありがとう。絵について他に何かある？**19**J：うん。④ベンチに座っている2人の人を見て。**20**M：娘を見ている両親のこと？**21**J：うん。彼らがアイスクリームを食べていたら，ポスターはもっとよくなるだろうと思うな。**22**M：いいアイデアね。人々はその無料クーポンがあることが容易にわかるものね。ありがとう，ジョシュ。新しいポスターをつくるわ。**23**J：お役に立ててうれしいよ。僕は⑤5月11日の朝，「キッズパーク春祭り」に行くよ。**24**M：大好きな俳優のトークショーを聞きに行くのね。一緒に行きましょう。

キッズパーク春祭り／5月11日(土)・12日(日)／午前9時～午後5時／ハナちゃん「キッズパークを訪れて，週末を楽しんで！」／何／誰が／いつ／いくら／トークショー／チャーリー・オカ／5月11日 午前11時～11時30分／イワタカスミ／5月12日 午後1時30分～2時／工芸教室／オカダジュン／5月11日・12日 午後3時～3時30分／300円／バラくん「花は摘まないでね」「中学生がこのお祭りのお手伝いをしているよ」／各日先着1000名様はアイスクリームの無料クーポンを受け取れます。

(1)＜**適語(句)・適文選択**＞①ポスター参照。お祭りの開催日である5月11日(土)と12日(日)は，5月の2週目の週末に当たる。　②ポスターのバラくんの発言参照。 ‘help with＋物事’「〈物事〉を手伝う」　③直前のやり取りから，お祭りには動物を連れてきてはいけないことがわかる。ジョシュは犬の絵を入れないよう，アドバイスしたのである。　④これを聞いたミクが「娘を見ている両親？」と尋ねている。ポスターの絵で，娘を見ているのはベンチに座っている男女2人組である。the two people sitting on the bench は，現在分詞 sitting で始まる語句が前の名詞 the two people を修飾する ‘名詞＋現在分詞＋語句’ の形。　⑤直後のミクの発言から，ジョシュの好きな俳優のトークショーが開催される日時を選ぶ。第5段落より，ジョシュはチャーリー・オカが好きだとわかる。

(2)＜**適語句補充**＞空所前の they はベンチに座っている男女２人組を指す。このジョシュの発言を聞いてミクが People will easily find that there is a free coupon for it.「人々はその無料クーポンがあることが容易にわかる」と言っていることが解答部分の手がかりとなる。ポスターの最後の２行より，無料クーポンでもらえるのはアイスクリームだとわかるので，it が指すのは ice cream となる。よって，「彼らがアイスクリームを食べていたら」とすればよい。

5〔**長文読解総合―スピーチ**〕

≪**全訳**≫❶今日は卵についてお話しします。私は卵が好きで，ほとんど毎日食べています。多くの人も卵が好きです。卵はおいしいです。さまざまな種類の卵料理があります。私の一番好きな料理はオムレツです。卵はケーキやアイスクリームなどのデザートをつくるのにも使えます。卵はとても便利だといえます。❷日本でいくつの卵が生産されているかご存じですか。統計によると，毎年約260万トンの卵が生産され，その約８パーセントが茨城県で生産されています。これは日本最大の割合です。日本は最も卵を消費する国の１つです。日本では一人当たり年間約340個の卵を消費しています。2021年には，日本で200万トン以上の卵が生産され，消費されました。日本で消費された卵の約97％は国産であったということです。しかし，忘れてはいけないことが１つあります。日本はニワトリのエサのほとんどを輸入しています。もしそれを輸入しなければ，ニワトリは生きていくことができず，十分な卵を得られないでしょう。必要な卵の量が増えているので，日本はイタリア，オランダ，インド，アメリカのような他の国からも毎年たくさんの卵を輸入しています。2021年には約11万5000トンが輸入されました。❸一方で，日本は卵を海外に販売しており，香港がそのほとんどを購入しています。2022年には２万8300トンの卵が香港へ渡りました。香港では，日本食の人気が高まっています。「多くの人が日本を訪れた後，日本食のファンになり，家でそれを食べたいと思いました」　私はこのことを本で知りました。その本の中で，香港にいる日本人が「ここの人々は，地元のスーパーで日本の卵を買うことができます。彼らの多くは生卵を食べるのが好きなのです」と語っていました。私はそれを聞いて驚きました。日本の卵は生で食べるのに一番安全だと，彼らは考えているのです。❹人々はさまざまなイベントで卵についてもっと学ぶことができます。例えば，10月の第２金曜日は「世界卵の日」です。日本では，６月２日は「オムレツの日」，毎月５日は「卵の日」です！　それらについて聞いたことがあるでしょうか。私はどれも知りませんでした。私はAIに「ニワトリと卵はどちらが先か」という質問をしました。AIは答えをくれました。もしその答えを知りたければ，試してみてください。誰もが卵について知っていますが，卵について私たちが知らないことはたくさんあります。今度卵を食べるときは，それらについて考えるのを楽しんでください。

(1)＜**内容真偽**＞ア．「カオルはほとんど毎日卵を食べ，オムレツが好きだ」…○　第１段落第２，６文の内容に一致する。　イ．「日本で生産されるほとんど全ての卵が茨城県産である」…×　第２段落第２文参照。茨城県産は全体の約８パーセント。　ウ．「日本は約10万トンのニワトリのエサを輸入しなければならない」…×　輸入されるエサの量についての記述はない。　エ．「毎年，日本はイタリアとオランダから卵を買っている」…○　第２段落最後から２文目の内容に一致する。　オ．「2021年，日本は香港の人々のために十分な卵を生産しなかった」…×　このような記述はない。　カ．「香港では日本食を食べたいと考える人の数が増えている」…○　第３段落第３，４文の内容に一致する。　キ．「香港にいる日本人が香港で日本人向けのスーパーを始めた」…×　このような記述はない。　ク．「カオルはAIに，卵のイベントのための卵料理のつくり方を教えてもらいたいと思っている」…×　このような記述はない。

(2)＜**適所選択**＞脱落文の文頭に‘逆接’を表す However「しかし」があるので，その前後は相反する内容になる。イの直前では卵の自給率が高いことが述べられているのに対し，直後ではニワトリのエサはほとんど輸入に頼っているという対照的な状況が述べられている。直後の内容は，脱落文の「私たちが忘れてはいけないこと」の具体的な内容である。

(3)＜**内容一致**＞①「日本人は(　　)」―ア.「他の多くの国の人々より多くの卵を消費する」　第２段落第４文参照。　②「2022年，(　　)」―ウ.「２万8300トンの卵が日本から香港へ販売された」第３段落第１，２文参照。

(4)＜**指示語**＞下線部を含む文は「それを聞いて驚いた」という意味。文脈からこの that が指すのは直前の文の内容だとわかる。与えられた文の who は主格の関係代名詞。この関係代名詞節を完成させて，「香港には生卵を食べるのが好きな人がいる」という文にする。

(5)＜**英問英答**＞①「カオルは卵についてどう考えているか」―「それらはさまざまな種類の料理に使えるから便利だ」　第１段落第５文および最終文参照。　②「世界卵の日はいつか」―「それは10月の第２金曜日だ」　最終段落第２文参照。

6　**〔会話文完成―整序結合〕**

≪**全訳**≫❶アビー(A)：これら２つのウェブサイトを見て。私が見つけた野外イベントなの。どちらも楽しそうだし，私たちの家から遠くないわ。どっちに行きたい？❷カイ(K)：『The Young Lion』は①僕がまだ見たことのない映画なんだ。僕はひめのに行きたいな。❸ミウ(M)：私はそれを去年見たわ。お話もいいし，きれいなシーンもたくさんあるわ。もう一度見たいけど，夜のイベントだから親がいないと行けないわ。❹A：心配しないで。②お父さんにそこへ連れていってくれるように頼むつもり。それにイベントが終わったら，お父さんがあなたたちを家まで送れるわ。❺K：それを聞いてうれしいよ。③夜の野外劇場は映画をよりわくわくさせてくれるだろうね。僕はそこでＴシャツを買いたいな。❻M：私のお母さんは夜のイベントには行かせてくれないと思う。❼A：じゃあ，ミュージックフェスに行こう。それでいい，カイ？❽K：ふだんミュージカルは見ないんだけど，見てみるよ。④ブラスバンドがどんな曲を演奏するか知ってる？❾A：ううん。たぶん『Pretty Cats』の有名な曲とかでしょうね。❿K：それは楽しそうだ。

＜**解説**＞①主語 *The Young Lion* に合う動詞は is のみ。*The Young Lion* is a movie「『The Young Lion』は映画だ」とし，残りは I haven't seen yet「私がまだ見たことのない」とまとめ，a movie を後ろから修飾する。a movie I haven't seen yet は movie の後に目的格の関係代名詞が省略された‘名詞＋主語＋動詞…’の形。不要語は it。　*The Young Lion* is a movie I haven't seen yet.　②‘ask＋人＋to ～’「〈人〉に～するように頼む」の形をつくる。‘take＋人＋to＋場所’で「〈人〉を〈場所〉へ連れていく」という意味を表すが，to がないのは，副詞 there「そこに」に to の意味が含まれているからである。不要語は for.　I'll ask my father to take us there.　③まず at night とまとめ The outdoor theater at night「夜の野外劇場」という主語をつくる。この後‘make＋目的語＋形容詞’「～を…(の状態)にする」の形をつくる。ここでは‘形容詞’が more exciting という比較級になる。不要語は than。　The outdoor theater at night will make the movie more exciting.　④know の目的語となる部分。直後でアビーが演奏曲について話していることから，カイは「ブラスバンドは何の曲を演奏するか」をきいたと考え，‘疑問詞(＋名詞)＋主語＋動詞…’の間接疑問の語順に並べる。不要語は when。　Do you know what songs the brass band will play ?

数学解答

1 (1) ①　-4　②　$x+8y$　③　$3a^3$

④　$5\sqrt{2}$

(2)　$(x+1)(x+8)$

2 (1)　ウ　(2)　42　(3)　3

(4)　ア…$x+4y$　イ…$x-3y$

3 (1)　$\dfrac{1}{6}$　(2)　$\dfrac{1}{18}$　(3)　$\dfrac{1}{3}$

4 (1)　9 cm

(2)　①　ア…円周角　イ…∠DPB

ウ…∠ACP　エ…∠DBP

オ…１組の辺とその両端の角

②　9倍

5 (1)　2　(2)　エ

(3)　$\left(-\dfrac{2\sqrt{3}}{3},\ 2\right)$

6 (1)　ウ　(2)　3 cm

(3)　$\dfrac{10\sqrt{7}}{3}$ cm^3

1〔独立小問集合題〕

(1)＜数・式の計算＞①$-7+3=-4$　②与式$=3x+3y-2x+5y=x+8y$　③与式$=\dfrac{6a^2b\times4ab}{8b^2}=3a^3$

④与式$=\sqrt{2^2\times2}+\sqrt{6\times3}=2\sqrt{2}+\sqrt{3^2\times2}=2\sqrt{2}+3\sqrt{2}=5\sqrt{2}$

(2)＜式の計算—因数分解＞与式$=x^2+(1+8)x+1\times8=(x+1)(x+8)$

2〔独立小問集合題〕

(1)＜データの活用—正誤問題＞ア…正。範囲は，〔最大値〕−〔最小値〕である。A組は，最小値が0冊，最大値が8冊だから，$8-0=8$(冊)である。B組は，最小値が1冊，最大値が9冊だから，$9-1=8$(冊)である。よって，範囲はともに8冊で同じである。　イ…正。中央値は，箱の中の線が示す値である。A組，B組ともに4冊であるから，中央値は同じである。　ウ…誤。四分位範囲は，〔第3四分位数〕−〔第1四分位数〕である。また，第1四分位数は箱の左端が示す値，第3四分位数は箱の右端が示す値である。A組は，第1四分位数が2冊，第3四分位数が5.5冊だから，$5.5-2=3.5$(冊)となる。B組は，第1四分位数が3冊，第3四分位数が6冊だから，$6-3=3$(冊)である。よって，四分位範囲はA組の方が大きい。　エ…正。$25=12+1+12$より，第3四分位数は，大きい方の12人の中央値だから，大きい方から6番目と7番目の平均値である。A組は，第3四分位数が5.5冊より，大きい方から6番目は6冊以上，7番目は5冊以下となる。B組は，第3四分位数が6冊より，大きい方から6番目と7番目がともに6冊か，6番目が6冊より大きく7番目が6冊より小さい。よって，A組，B組とも6冊以上借りた生徒は6人以上いる。

(2)＜数の性質＞nは自然数で，$1764=n^2$であり，$1764=2\times882=2\times2\times441=2^2\times3\times147=2^2\times3\times3\times49=2^2\times3^2\times7^2=(2\times3\times7)^2=42^2$だから，$n=42$である。

(3)＜一次方程式—解の利用＞一次方程式$6-\dfrac{x}{2}=7$を解くと，$-\dfrac{x}{2}=1$，$x=-2$となる。2つの一次方程式$3x-a=5x+1$，$6-\dfrac{x}{2}=7$の解が同じなので，一次方程式$3x-a=5x+1$の解は$x=-2$である。解を$3x-a=5x+1$に代入して，$3\times(-2)-a=5\times(-2)+1$，$-6-a=-10+1$，$-a=-3$，$a=3$となる。

(4)＜連立方程式の応用—立式＞大人1人の入館料はx円，中学生1人の入館料はy円だから，大人1人と中学生4人の入館料の合計が3300円より，$x+4y=3300$となる。また，大人1人の入館料が中学生1人の入館料の3倍より150円高いことより，大人1人の入館料と中学生1人の入館料の3倍との差は150円だから，$x-3y=150$である。

3〔データの活用—確率—さいころ〕

≪**基本方針の決定**≫(2)　△ACE と重なるときである。　(3)　a の値で場合分けをして考える。

(1)＜**確率**＞さいころの目の出方は6通りあるので，a の値は6通りある。このうち，コマPが点Aの位置にあるのは，$a=6$ のときの1通りだから，求める確率は $\frac{1}{6}$ である。

(2)＜**確率**＞さいころを2回投げるときの目の出方は，全部で $6\times6=36$(通り)あるので，a，b の組は36通りある。このうち，△APQ が正三角形になるのは，点P，点Qの一方が点C，もう一方が点Eの位置にあるときである。このようになるのは，$(a,\ b)=(2,\ 1)$，$(4,\ 5)$ の2通りあるから，求める確率は $\frac{2}{36}=\frac{1}{18}$ である。

(3)＜**確率**＞36通りの a，b の組のうち，点Pと点Qが隣り合うのは，$a=1$ のとき，点Pは点Bの位置にあるので，$b=3$，5の2通りある。$a=2$ のとき，点Pは点Cの位置にあるので，$b=4$，6の2通りある。以下同様に，$a=3$，4，5，6のときもそれぞれ2通りある。よって，点Pと点Qが隣り合うのは $2\times6=12$(通り)あるから，求める確率は $\frac{12}{36}=\frac{1}{3}$ である。

4 〔平面図形―円〕

≪**基本方針の決定**≫(1)　△BDP の形を考える。　(2)②　△APD：△APB＝AD：AB である。

図1

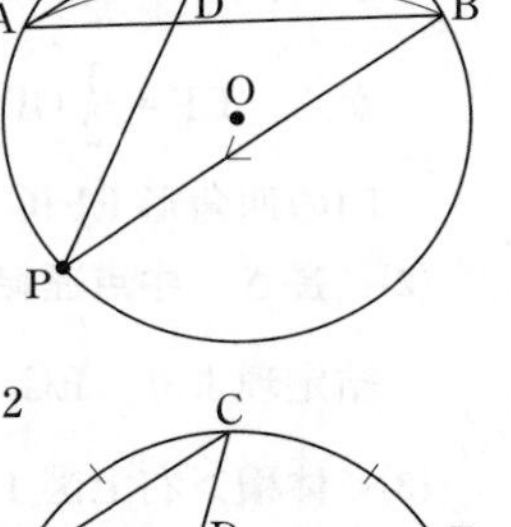

(1)＜**長さ**＞右図1で，CA∥BP より，錯角は等しいから，∠ACP＝∠DPB である。また，$\overset{\frown}{AP}$ に対する円周角だから，∠ACP＝∠DBP である。よって，∠DPB＝∠DBP となるから，△BDP は二等辺三角形であり，PD＝BD である。これより，AD＋PD＝AD＋BD＝AB＝9(cm)である。

(2)＜**証明，面積比**＞①右下図2の△CAP と△BDP で，②の $\overset{\frown}{AC}=\overset{\frown}{BC}$ より，長さの等しい弧に対する円周角は等しいから，③は，∠APC＝∠DPB である。また，$\overset{\frown}{AP}$ に対する円周角は等しいから，④は，∠ACP＝∠DBP となる。①の CP＝BP と，③，④より，1組の辺とその両端の角がそれぞれ等しいから，△CAP≡△BDP である。　②図2で，△APD と△APB は，底辺をそれぞれ AD，AB と見ると高さは等しいから，△APD：△APB＝AD：AB＝4：9となり，△APB＝$\frac{9}{4}$△APD と表せる。また，①より△CAP≡△BDP だから，△CAP＝△BDP＝△APB－△APD＝$\frac{9}{4}$△APD－△APD＝$\frac{5}{4}$△APD となり，△CAD＝△CAP－△APD＝$\frac{5}{4}$△APD－△APD＝$\frac{1}{4}$△APD と表せる。よって，△APB÷△CAD＝$\frac{9}{4}$△APD÷$\frac{1}{4}$△APD＝9より，△APB の面積は△CAD の面積の9倍である。

図2

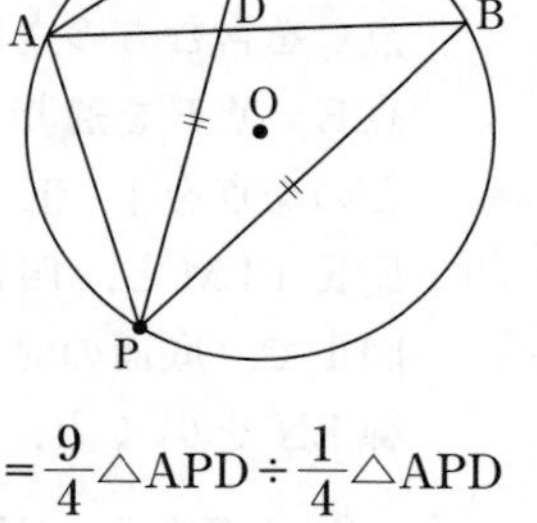

5 〔関数―関数 $y=ax^2$ と一次関数のグラフ〕

図1

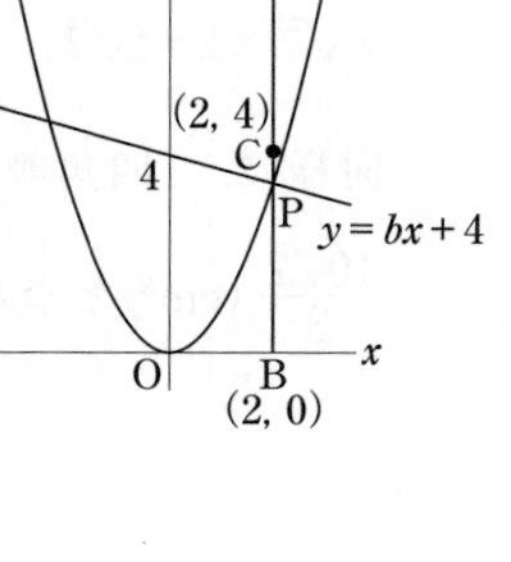

(1)＜**比例定数**＞点Pと点Aが一致するとき，関数 $y=ax^2$ のグラフは A(2，8)を通るから，$8=a\times2^2$ が成り立ち，$a=2$ となる。

(2)＜a，b **の範囲**＞右図1で，関数 $y=ax^2$ のグラフが C(2，4)を通るとすると，$4=a\times2^2$ より，$a=1$ となる。点Pは，2点B，Cを除く線分 BC 上にあるので，$0<a<1$ となる。また，直線 $y=bx+4$ が B(2，0)を通るとすると，$0=b\times2+4$ より，$b=-2$ となり，C(2，4)を通るとすると，$4=b\times2+4$ より，$b=0$ となる。よって，$-2<b<0$ となる。以上より，正しく述べた文は，エとなる。

(3)＜**座標**＞右図2で，$a=\frac{3}{2}$ より，点Pは関数 $y=\frac{3}{2}x^2$ のグラフ上の点となる。x 座標は2だから，$y=\frac{3}{2}\times 2^2=6$ より，P(2, 6)となり，PB＝6である。四角形BPDEが平行四辺形となるとき，DE∥PB，DE＝PB＝6である。A(2, 8)であり，ADは x 軸に平行だから，点Dの y 座標は点Aの y 座標と等しく8であり，点Eの y 座標は8－6＝2となる。点Eは関数 $y=\frac{3}{2}x^2$ のグラフ上の点であるから，$2=\frac{3}{2}x^2$，$x^2=\frac{4}{3}$，$x=\pm\frac{2\sqrt{3}}{3}$ となり，点Eの x 座標は負だから，$x=-\frac{2\sqrt{3}}{3}$ である。よって，$\mathrm{E}\left(-\frac{2\sqrt{3}}{3},\ 2\right)$ である。

図2

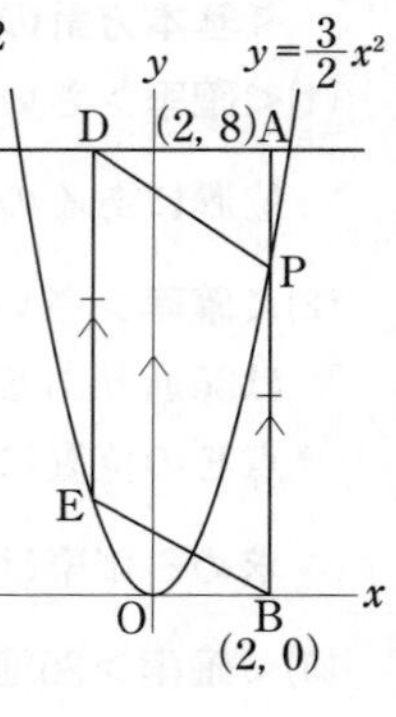

6 〔空間図形―正四角錐〕

(1)＜**切り口**＞右図1で，2点E，Fは辺OC，辺ODの中点だから，△OCDで中点連結定理より，EF∥CDである。これより，EF∥〔面ABCD〕だから，3点E，F，Gを通る平面による面ABCDの切り口は，EFと平行になる。点Gを通りEFに平行な直線と辺ADの交点をIとすると，切り口は四角形EFIGとなり，EF∥GIである。また，$\mathrm{EF}=\frac{1}{2}\mathrm{CD}$ となり，四角形CDIGは長方形より，CD＝GIだから，$\mathrm{EF}=\frac{1}{2}\mathrm{GI}$ である。EFとGIは長さが等しくないので，切り口の四角形EFIGは台形である。

図1

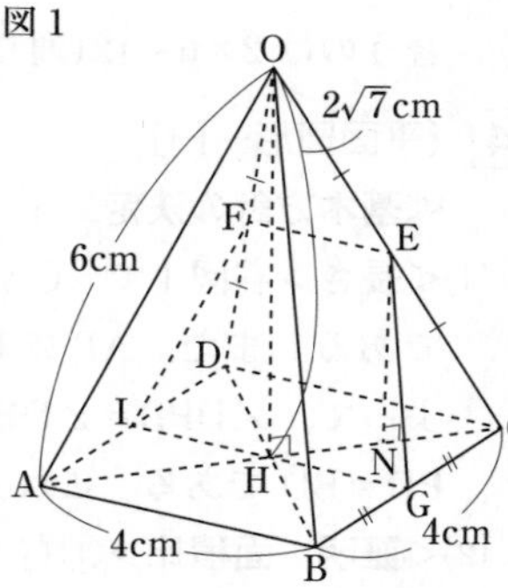

(2)＜**長さ―中点連結定理**＞右上図1で，2点E，Gは辺OC，辺BCの中点だから，△OBCで中点連結定理より，$\mathrm{EG}=\frac{1}{2}\mathrm{OB}=\frac{1}{2}\times 6=3$(cm)である。

(3)＜**体積**＞右上図1で，3点E，F，Gを通る平面で切ったときの点Cを含む方の立体は，右図2のような立体EGC-FIDである。点E，点Fを通り面CDIGに垂直でGCに平行な平面とGI，CDとの交点をJ，K，L，Mとすると，立体EGC-FIDは，三角柱EJK-FLMと，四角錐E-GCKJ，四角錐F-IDMLに分けられる。図1で，底面の対角線の交点をHとし，点Eから面ABCDに垂線ENを引くと，△OHC∽△ENCとなり，OH：EN＝OC：EC＝2：1である。$\mathrm{OH}=2\sqrt{7}$ であるから，$\mathrm{EN}=\frac{1}{2}\mathrm{OH}=\frac{1}{2}\times 2\sqrt{7}=\sqrt{7}$ となる。また，$\mathrm{EF}=\frac{1}{2}\mathrm{CD}=\frac{1}{2}\times 4=2$，GI＝CD＝4だから，図2で，JL＝KM＝EF＝2であり，GJ＝IL＝(GI－JL)÷2＝(4－2)÷2＝1である。よって，〔三角柱EJK-FLM〕＝△EJK×JL＝$\frac{1}{2}\times 2\times\sqrt{7}\times 2=2\sqrt{7}$，〔四角錐E-GCKJ〕＝$\frac{1}{3}$×〔長方形GCKJ〕×EN＝$\frac{1}{3}\times(2\times 1)\times\sqrt{7}=\frac{2\sqrt{7}}{3}$ となり，同様に，〔四角錐F-IDML〕＝$\frac{2\sqrt{7}}{3}$ である。以上より，求める立体の体積は，$2\sqrt{7}+\frac{2\sqrt{7}}{3}\times 2=\frac{10\sqrt{7}}{3}$(cm³)となる。

図2

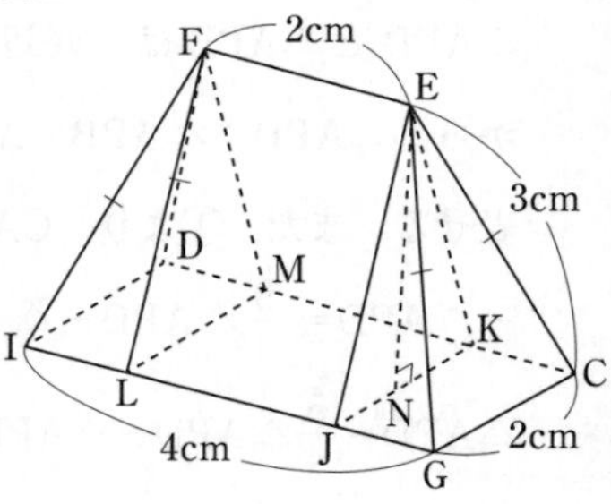

国語解答

一 (一) エ

(二) 無口で消極的な「私」が穴をくぐれるだろうかと心配したが，穴をくぐり抜けた「私」を見てすばらしい(47字)［と思った。］

(三) イ　(四) ウ　(五) エ

二 (一) ウ　(二) のたまいける　(三) エ

(四) ア

(五) 昔の文章には，言い間違いを題材としたものがある(23字)［ことが分かった。］

三 (一) イ　(二) エ

(三) 自分は～ないか

(四) そこに書かれている情報や知識を共有することが可能なもの(27字)

(五) ア　(六) オ→ウ→ア→エ→イ

(七) F　消滅　G　限界

四 (一) (1)…ウ　(2)…エ

(二) (1) かんゆう　(2) つの　(3) 設　(4) 危険

(三) ア

一 〔小説の読解〕出典：中村航『あのとき始まったことのすべて』。

(一)＜文章内容＞「私たち」は，目の前で柱の穴をくぐり抜けた他校の修学旅行生を見たが，柱に近づいてみて，はたして自分たちの中に，同じようにくぐり抜けられる人がいるだろうかと疑わしく思い，互いの表情をうかがった。

(二)＜心情＞岡田くんも柳くんも石井さんも嫌がった柱の穴くぐりを，「私」がやってみると言ったので，三人は驚いた。石井さんは，ふだんは「無口」で「自分から何かをする」ようなことのない「私」を心配して，「白原さん，大丈夫なの？」と言ったが，「私」が無事にくぐり抜けると，「凄い，凄い！」と「私」の勇気をたたえた。

(三)＜心情＞穴に頭を差し込むと「閉所の圧迫感」があり，さらに肩を押し込むと「左右にかかる圧力が思っていたよりも」強かったので，「私」は，くぐり抜けるのは「無理かもしれない」と焦り，「諦めて戻ったほうがいいのかもしれない」と思った。

(四)＜心情＞柱の穴くぐりをしようと決めたとき，「私」は，中学生になって初めて「自分から何かをする」ことに気づいた。そして，柱の穴をくぐり抜けたことで，消極的で「思うだけで何もできなかった」自分を確かに変えることができたと，「私」は信じることができた。

(五)＜表現＞「そのとき時間が止まったような気がした」「私はこのグループを代表する猫になって，この穴をくぐり抜ける」「ちょっと無理かもしれない」「私はもう，戻りたくない」など，「私」の心の中を時間の経過とともにていねいに描くことで，「無口」で「自分から何かをする」ことのなかった「私」が，積極的に行動しようと変化していく様子が表現されている。

二 〔古文の読解―説話〕出典：『十訓抄』一ノ三十九。

≪現代語訳≫楊梅大納言顕雅卿は，若い頃からたいそう言い間違いをなさった。／十月の頃，(顕雅卿が)ある宮腹の元に参上して，すだれの外で，女房たちと話していらっしゃったところ，通り雨がさあっと降ってきたので，(顕雅卿は)お供の雑色を呼んで，「車が降るから，時雨を引き込みなさい」とおっしゃったので，「車軸でも降ってくるのかしら，恐ろしいこと」と言って，すだれの内で，(女房たちが)笑い合われたのだった。／さて，ある女房が，「(あなたは)お言い間違いを，いつもなさると伺いましたが，本当ですか，お祈りをなさるというのは」とおっしゃったところ，(顕雅卿は)「そのために，三尺のねずみをつくって，供養しようと思っています」とおっしゃったのだという。ちょうどそのとき，ねずみがすだれの端を，走って通ったのを(顕雅卿は)見て，観音と混乱して，おっしゃったのであった。

「時雨を引き込みなさい」より，もっとおかしかった。

㈠＜**古文の内容理解**＞ア．顕雅卿が，ある宮腹の元に参上して，女房たちと話していらっしゃった。　イ．通り雨が降ってきたので，顕雅卿は，お供の雑色を呼んだ。　ウ．ある女房が，顕雅卿に，あなたはお言い間違いをいつもなさると伺いましたが，本当ですか，お祈りをなさるというのは，とおっしゃった。　エ．顕雅卿は，三尺のねずみをつくって，供養しようと思っています，とおっしゃった。　オ．顕雅卿は，ねずみがすだれの端を走って通ったのを見た。

㈡＜**歴史的仮名遣い**＞歴史的仮名遣いの語頭以外のハ行は，原則として現代仮名遣いでは「わいうえお」になる。

㈢＜**古文の内容理解**＞顕雅卿が，時雨が降るから車を引き込みなさいと言うところを，車が降るから時雨を引き込みなさいと，変な言い間違いをしたので，その場にいた女房たちは，おかしく感じて笑い合った。

㈣＜**古文の内容理解**＞女房から，お祈りをなさるのですかときかれて，顕雅卿がそれに答えようとしたちょうどそのときに，ねずみがすだれの端を走って通った。ねずみを見た顕雅卿は混乱して，三尺の観音像をつくって供養しようと考えていると言うところを，三尺のねずみをつくって供養しようと思っていますと言い間違えてしまった。

㈤＜**文の組み立て**＞もとの文章では，「昔の文章は」と「文章が書かれたものが昔にはある」で，昔の文章という内容が重複している。そこで，「昔の文章には」で書き始めて，文章全体を「～には～がある」という形式にすると，適切な表現になる。

三〔**論説文の読解―芸術・文学・言語学的分野―言語**〕出典：藤原智美『スマホ断食　コロナ禍のネットの功罪』／阿辻哲次『漢字のはなし』。

≪**本文の概要**≫【Ⅰ】言葉のデジタル化が進んだ現代では，言葉は「記憶」するより「記録」して利用するものになったが，記憶されていない言葉は，発想や思考には役立たない。ネットの発達によって，言葉を理解し記憶するという人間の能力そのものが衰退しようとしている。紙の辞書や事典は，開いたページの背後に隠れた膨大な言葉と世界を意識させ，それが世界の「知」への畏怖となり，「知」を解読したいという意欲が「教養」に通じる。一方，デジタル化された言葉を使い続けると，人は，言葉への謙虚さを失い，言葉や知性への態度が尊大に傲慢になっていくように思われる。かつて生活の中に生きていた教養という言葉は廃れ，デジタル化した言葉が，情報社会を駆動している。しかし，教養や知性は，人間と世界を理解しようとする態度そのものであり，それを支えるのは，やはり紙に記された言葉なのである。／【Ⅱ】音声は，口から発せられた次の瞬間には消滅し，また，届く範囲には限界があるため，人類は文字が発明されるまでの長い間，声が届く範囲内でリアルタイムに聞ける場合にしかコミュニケーションが図れなかった。しかし，文字によって，音声を目に見える「記録」の形で定着することができた。記録された内容を読むことで，人は，情報や知識を共有することも，記録を遠い所へ運ぶこともできる。そのため，文字は，人類の文明を伝播させる乗り物として機能することとなった。文字によって，知識を後世に伝えることも，後世の歴史家たちが過去の時代の状況を知ることもできる。文字は，人類の歴史における最も偉大な発明であり，文字の発明は，文明が発展するきっかけとなった。

㈠＜**接続語**＞A．スマホは「世界最大の辞書」で「最新の知性」が詰まっていて，「人間は，記憶をスマホにまかせて，思考に徹すればいい」という意見があるが，「記憶されなかった言葉を使って思考することは不可能」である。　B．紙の辞書は，「世界の『知』への畏怖」を感じさせ，その「知」を「少しでも解読したいという意欲が『教養』に通じる」ので，「私たちは，紙の本を手放してはいけない」のである。　C．画面に「情報」を表示しただけで，理解した気になっているときのデジタル化された言葉は，「一画面にはぎ取られコピーされて，他の画面に流用され」ていて，あたかも「言葉が人を素通りして，勝手に漂っているかのよう」である。

㈡＜**主題**＞紙の辞書や事典で調べると，「前後にならぶ言葉にも注意がいって，それらもついでに調べてしまう」というよい効果があるが，スマホなどのデジタル化した情報端末で調べると，「こうした効果はなかなか期待できない」のである(ア…×)。「手の平にのるスマホという情報端末画面が表現する世界は，そのサイズ分の狭いもの」であり，「世界というより，極小の『部分』でしかない」のである(イ…×)。「私は三〇〇〇冊の本を持っている。だから頭がいい」と威張る愚かな人とは，いくら記録しても自分の中に記憶されていない言葉は思考には役立たないということのたとえである(ウ…×)。紙の本は読者に「言葉の世界の広大さ」を教え，言葉や知性に対して「謙虚な気持ち」を与えてくれるが，電子書籍などのデジタル化された言葉にばかり接し続けると，人は「言葉や知性への態度が尊大に傲慢になっていく」のである(エ…〇)。

㈢＜**文章内容**＞「私」は，辞書や事典などの紙の本を手にすると，「世界の『知』への畏怖」を抱き，その世界の「知」を「少しでも解読したいという意欲」を持ち，また，「自分は世界の何をも理解していないのではないか」という思いから，言葉と知性に対して「謙虚な気持ち」になる。

㈣＜**文章内容**＞「記録された言葉」は，空間や時間を越えて「書かれている情報や知識を共有することが可能」なものであり，これが「文字の大きな役割」である。

㈤＜**表現**＞良太さんと秋子さんから，【Ⅰ】には「紙の本を読もうという主張」があり，その結論の根拠として「『紙に記された言葉』と『デジタル化された言葉』の違いにも触れるべき」だという意見が出た。そこで千絵さんは，次に今意見の出た【Ⅰ】の内容の中に，【Ⅱ】をどのように取り入れるかを考えようと，話し合いの方向性を転換しようとしている。

㈥＜**文章内容**＞次郎さんが「一番目のスライドでは文字の役割を示して～最後に結論を示す」のがよいと言っているので，オが最初にくる。次に，良太さんが「文字が発明される前のことをまとめたスライドを二番目に示すと，文字の役割をより強調できる」と言っているので，ウがくる。「紙に記された言葉」と「デジタル化された言葉」については，次郎さんが「『紙に記された言葉』を後に示すほうが，最後の結論につながる」と言っているので，アが三番目，エが四番目にきて，結論となるイが五番目になる。

㈦＜**文章内容**＞文字の発明以前の音声だけのコミュニケーションでは，言葉は「口から発せられた次の瞬間にはもう消滅して」しまう(…F)。そして，「声が届く範囲にはかならず限界」がある(…G)。

四〔**国語の知識**〕

㈠⑴＜**漢文の訓読**＞「故」→「道」→「幾」の順に読む。上から順に，まず返り点のついていない「故に」を読む。次に，二字以上返って読む一二点があるので，「道に」を読み，二点のついている「幾し」に返る。「於」は，置き字なので読まない。　⑵＜**漢字の知識**＞「萬」の部首は「艹(くさかんむり)」。アは「宀(うかんむり)」，イは「⺮(たけかんむり)」，ウは「立(たつ)」の行書体。

㈡＜**漢字**＞⑴「勧誘」は，人にはたらきかけて，ある行動をするように誘い込むこと。　⑵音読みは「募集」などの「ボ」。　⑶音読みは「設立」などの「セツ」。　⑷「危険」は，身体や生命に危害が生じる恐れがあること。

㈢＜**熟語の構成**＞「削除」は，文章などの一部を削り取ること。「削」は，訓読みは「けず(る)」で，削り取る，除く，消すなどの意味がある。「除」は，訓読みは「のぞ(く)」で，除く，取り去るなどの意味がある。

2024年度 常総学院高等学校

【英　語】（50分）〈満点：100点〉

1　次の(1)～(4)は，放送による問題です。それぞれの放送の指示にしたがって答えなさい。

(1)　これから，No.1からNo.5まで，5つの英文を放送します。放送される英文を聞いて，その内容に合うものを選ぶ問題です。それぞれの英文の内容に最もよく合うものを，ア，イ，ウ，エの中から1つ選んで，その記号を書きなさい。

No.1

No.2

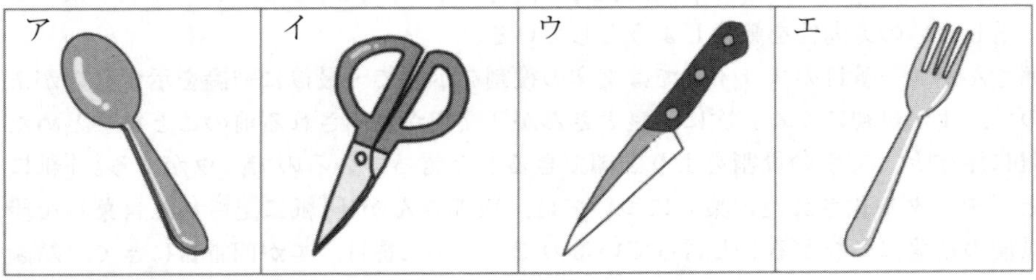

No.3

No.4

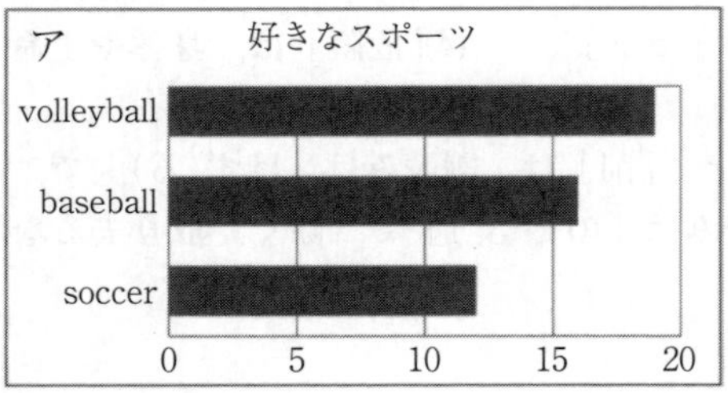

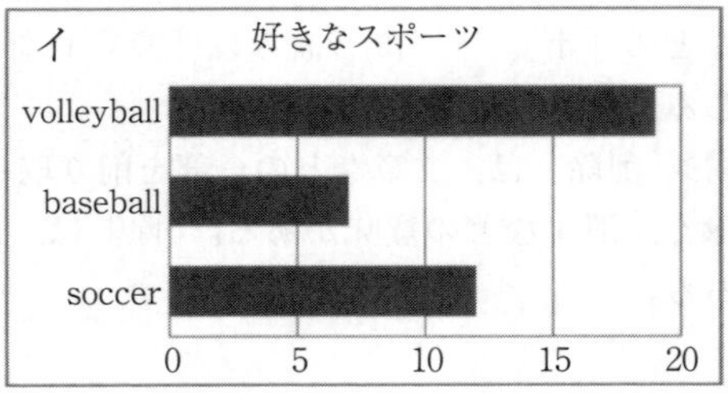

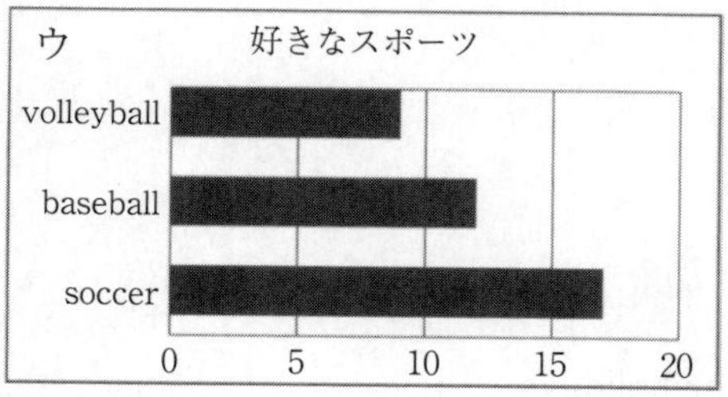

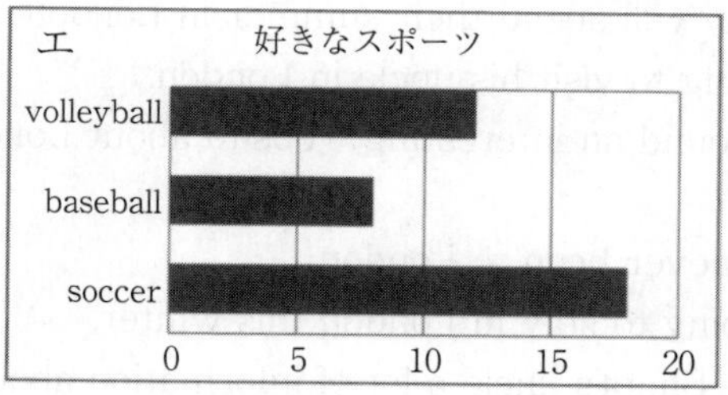

No. 5

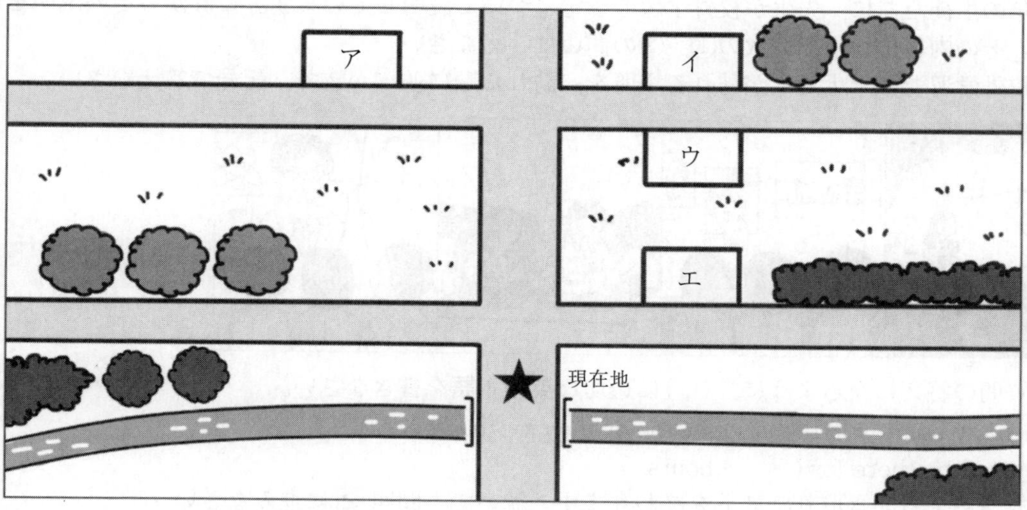

(2)　これから，No. 1 から No. 4 まで，４つの対話を放送します。それぞれの対話のあとで，その対話について１つずつ質問します。それぞれの質問に対して，最も適切な答えを，ア，イ，ウ，エの中から１つ選んで，その記号を書きなさい。

No. 1

ア　Four thirteen.　　イ　Four thirty.　　ウ　Five thirteen.　　エ　Five thirty.

No. 2

ア　She'll make some cakes for her family.

イ　She'll stay home and relax.

ウ　She'll enjoy sports with her friends.

エ　She'll watch a tennis match on TV.

No. 3

ア　It's Wednesday.　　イ　It's Thursday.　　ウ　It's Friday.　　エ　It's Saturday.

No. 4

ア　He didn't know Kaori's birthday.　　イ　He had to leave the party early.

ウ　He was late for Kaori's party.　　エ　He couldn't go to Kaori's party.

(3)　これから，留学生のルーシー(Lucy)と高校生のショウタ(Shota)の対話を放送します。そのあとで，その内容について，Question No. 1 と Question No. 2 の２つの質問をします。それぞれの質問に対して，最も適切な答えを，ア，イ，ウ，エの中から１つ選んで，その記号を書きなさい。

No. 1

ア　His uncle in London gave him a present.

イ　His family will spend their summer in London.

ウ　He is going to visit his uncle in London.

エ　He just found an interesting website about London.

No. 2

ア　She has never been to London.

イ　She is going to stay in London this winter.

ウ　She gave Shota's uncle a lot of information about her holidays.

エ　She visited London last winter.

(4)　中学２年の生徒たちに，先生が校外学習の予定について説明しています。これからその説明を放送します。その内容について，次の①，②の問いに答えなさい。

①　この校外学習で中学生たちが訪れる場所を，訪れる順に並べかえて，記号で答えなさい。

②　次の質問の答えになるように，(　)に適切な**英語１語**を書きなさい。

How many hours will the students be at the city theater ?

— They will be there for (　　　) hours.

これで，放送による聞き取りテストを終わります。続いて，問題**2**に進みなさい。

※<**放送による問題台本**>は英語の問題の終わりに付けてあります。

2　高校生のみゆき(Miyuki)が留学生のアンディ(Andy)とファストフード(fast food)について話をしています。次の会話文を読んで，下の(1)，(2)の問いに答えなさい。

Andy　:　Miyuki, do Japanese people love fast food ?

Miyuki :　Yes, of course.　I know Americans love fast food such as hamburgers and fried chicken, but Japanese people like it, too.　My parents say eating too much fast food is not good for our ①(h　　), but I often visit my favorite hamburger shop.

Andy　:　When I came to Japan, I was ②(s　　) to see many hamburger shops near the station.　I didn't know there were so many.

Miyuki :　Actually, Japan has its own ③(t　　) fast food.

Andy　:　I've ④(hear) about it.　You mean Japanese fast food such as *udon* and *soba*, right ?

Miyuki :　You're right.　They have long histories.　*Gyudon*, *okonomiyaki*, and *kaiten-zushi* are also ⑤(call) Japanese fast food.　They are all becoming very popular around the world.

Andy　:　I've never ⑥(be) to a *kaiten-zushi* restaurant.　I want to try all kinds of Japanese fast food before I leave Japan.

(1)　会話文が完成するように，文中の①～③の(　)内に，最も適切な英語を，それぞれ１語ずつ書きなさい。なお，答えはすべて(　)内に示されている文字で書き始めるものとします。

(2)　会話文が完成するように，文中の④～⑥の(　)の中の語を，それぞれ１語で適切な形に直して書きなさい。

3　次の(1)，(2)の問いに答えなさい。

(1)　次の英文は，新聞記事の一部です。この記事が伝えている内容として最も適切なものを，下のア～エの中から１つ選んで，その記号を書きなさい。

Every year, wide areas of *rainforests are *disappearing in many parts of the world. They are cut down or burned to build houses and roads. Rainforests are very important because they *help regulate the *global climate. Also, about half of all the living things on the Earth live in rainforests. If they continue to disappear, that will change the Earth's environment. Scientists must look for ways to protect forests from more *destruction.

*　rainforest　熱帯雨林　　disappear　消滅する　　help regulate ～　～を正常にするのに役立つ
　global climate　地球の気候　　destruction　破壊

ア　Rainforests will continue to disappear because people need more money.
イ　Rainforests are very important for the Earth's environment.
ウ　Scientists are studying how many plants and animals live in the rainforests.
エ　Rainforests are good places to watch wild animals.

(2)　次の英文中の［　　］には，下のア～ウの３つの文が入ります。意味の通る英文になるように，ア～ウの文を並べかえて，記号で答えなさい。

Today, we can learn a lot of things on the Internet. For example, when you write a report on a topic, just try *searching for some keywords on the Internet. ［　　　　］ By using the Internet, you can save a lot of time and energy for choosing that for writing your report.

*　search for ～　～を検索する

ア　Of course, from the list, you'll have to choose the information you really need.
イ　Then, you'll get a long list of results in a moment.
ウ　However, if you try to get the same information from books and magazines, you will spend hours or weeks.

4　高校生のヒデ(Hide)とアメリカからの留学生のティナ(Tina)が，市立歴史博物館のウェブサイトを見ながら話をしています。次の対話文を読んで，(1)，(2)の問いに答えなさい。

Tina :　My friends say your big sister works at City History Museum. Is that true ?
Hide :　Yes. She has worked as a *curator at the museum for two years.
Tina :　Oh, that means she knows all about the events and the *exhibitions at the museum.
Hide :　That's right. Actually, she sometimes introduces many things to (①) as a tour guide. Are you going to visit the museum ?
Tina :　Yes. The museum's website says that they are holding a special exhibition about the history of *rice farming. The topic sounds very interesting.
Hide :　I didn't know you were interested in rice farming.
Tina :　Actually, rice has become my favorite food since I came to Japan. I eat rice for dinner every evening.
Hide :　I'm happy to hear that you love rice, Tina. I just found the floor map on the museum's website. (　　②　　).
Tina :　Thank you. It shows they are holding two special exhibitions now. The rice farming exhibition is in (　　③　　) on the second floor.
Hide :　The other special exhibition is about the history of *natto*.

Tina : That sounds interesting, too. It's in Special Exhibition Room 4 on the third floor. (　　) (　　) (　　) the two special exhibitions *on display ?

Hide : One special exhibition is on display until March 24. The other is until (④).

Tina : It's March 12 today, so I'll visit the museum Saturday afternoon this week. I can enjoy the two special exhibitions (⑤). Hide, would you like to come with me ?

Hide : Sure. How about 1:30 p.m. ? I hope I can introduce my big sister Yukari to you then.

Tina : Oh, that's great. I'm looking forward to meeting her.

* curator (博物館・美術館などの)学芸員　exhibition 展示(物)
rice farming 米作り　on display 展示されて

City History Museum

floor map

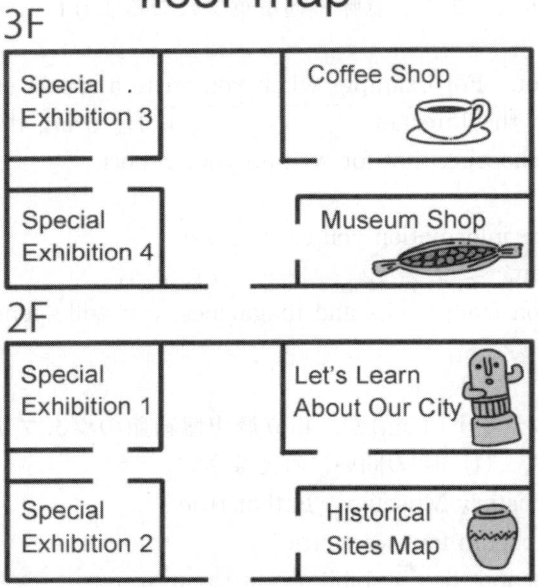

This Month's Special Exhibitions

- The History of Rice Growing in Ibaraki
Period : From February 23 (Friday)
to March 24 (Sunday)
Location : 2F Special Exhibition 2

- The History of Natto Making
Period : From March 9 (Saturday)
to March 31 (Sunday)
Location : 3F Special Exhibition 4

Museum Hours : 9:30 a.m. - 5:00 p.m.
(*Last admission 4:30 p.m.)
Closed : Every Monday

* last admission 入館は〜時まで

(1) 対話文中の(①)〜(⑤)に入る最も適切なものを，ア〜エの中から１つ選んで，その記号を書きなさい。

① ア singers　イ visitors　ウ players　エ speakers

② ア Here is the map　イ You don't need it
ウ It shows rice farming　エ Look at the exhibitions

③ ア Special Exhibition Room 1　イ Special Exhibition Room 2
ウ Special Exhibition Room 3　エ Special Exhibition Room 4

④ ア the beginning of February　イ the end of February
ウ the beginning of March　エ the end of March

⑤ ア on the same floor　イ in the same room
ウ on the same day　エ in the same exhibition

(2) 対話の流れに合うように，文中の□の(　)に適切な英語を１語ずつ入れ，英文を完成させなさい。

5 高校生の由紀(Yuki)が英語の授業で自然災害(natural disasters)とどう向き合うかについて発表をしています。この英文を読んで，(1)～(5)の問いに答えなさい。

Since old *times, Japanese people have experienced natural disasters many times. They cannot be stopped because they come from nature. When a *typhoon is coming, weather reports show us which *course the typhoon can take. However, we cannot stop the typhoon. Also we cannot tell when and where the next earthquake will happen. Even the highest *technology cannot help us *avoid all these natural disasters.

Then what should we do to *prepare for natural disasters? First, we need to get the right information about them.

Look at the *graph. It shows the ways people want to use to get disaster information. According to the graph, many people want to use TV and radio for disaster information. More than 80 percent of people choose TV, and about 48 percent of people choose radio as a useful *source. On the other hand, the graph shows that many people are trying to get the information on the Internet. More than 35 percent of people think that *social media give them useful information.

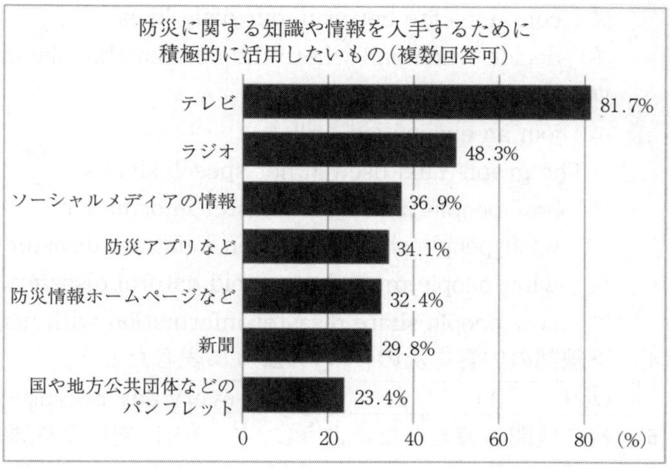

It is also important for us to think of the things we can do now. [ア] For example, many cities have made *evacuation maps which show where to go in natural disasters such as big earthquakes. [イ] If we share the maps with our family or our neighbors, we can prepare for *emergencies. [ウ] If you can join an evacuation drill in your city, it will be better. [エ] Since old times, evacuation maps and drills have saved many people from natural disasters.

Nobody can know when and where a natural disaster will happen. Today, we experience many big natural disasters, but we are too busy with our daily lives to think about them every day. However, it is important to get the right information and *skills to prepare for natural disasters.

* times 時代　typhoon 台風　course 進路　technology 技術
avoid ～ ～を避ける　prepare for ～ ～に備える　graph グラフ
source 源　social media ソーシャルメディア　evacuation 避難
emergency 緊急事態　skill 技術，技能

(1) 本文およびグラフの内容に合う文を，次のア～クの中から３つ選んで，その記号を書きなさい。

ア Weather reports tell us the course of typhoons, but we cannot stop the typhoons.

イ We can tell where the next earthquake will happen because we have high technology.

ウ People think newspapers are more useful than social media when they want disaster information.

エ　Yuki says we shouldn't use the Internet more to get disaster information.

オ　The graph shows young people are not interested in disaster information.

カ　Many people think TV and radio help them get useful information in natural disasters.

キ　By sharing evacuation maps with family members or neighbors, we can prepare for emergencies.

ク　Yuki says she has joined evacuation drills many times before.

(2)　次の文は，文中の［ア］～［エ］のどこに入るのが最も適切か，記号で答えなさい。

Actually, we can do a lot of things to prepare for natural disasters.

(3)　次の①，②の文を，本文の内容と合うように完成させるには，［　］の中に，それぞれ下のア～エのどれを入れるのが最も適切か，記号で答えなさい。

①　The right information helps us [　　　　].

ア　communicate better in our daily lives

イ　decide when and where the next earthquake can happen

ウ　survive natural disasters

エ　join an evacuation drill

②　The graph Yuki used in her speech shows [　　　　].

ア　how people try to get disaster information

イ　what people should do when a natural disaster happens

ウ　what people must do to avoid natural disasters

エ　how people share disaster information with neighbors

(4)　下線部の内容を次の［　］のように表したとき，(　)に入る適切な英語を，1語ずつ書きなさい。

we (　　) (　　) (　　) them every day because we are very busy with our daily lives.

(5)　次の質問の答えとなるように，(　)内に適切な英語を本文から抜き出して1語ずつ書きなさい。

①　Yuki says we cannot avoid natural disasters.　Why does she think so？

Because they (　　) (　　) (　　).

②　How do evacuation maps help us？

They show us (　　) (　　) (　　) in natural disasters.

6　大学生の由香(Yuka)とサム(Sam)が，海外旅行の予定について話し合っています。対話の流れに合うように，①～④の(　)内の英語を並べかえて，記号で答えなさい。ただし，それぞれ**不要な語(句)が1つずつ**あります。また，文の最初に来る文字も小文字にしてあります。

Sam : Yuka, have you decided how you're going to spend your summer vacation ?

Yuka : Not yet, Sam. I'm planning to travel abroad. I want to go to Paris or Rome, but I can't ①(ア which イ decide ウ city エ choose オ to カ of).

Sam : *Both cities are great to visit. ②(ア is イ to ウ will エ be オ your first trip カ it) Europe ?

Yuka : Yes, I've visited Australia before, but I've never traveled to Europe. Traveling to Europe is expensive. But this summer, I will go there.

Sam : I see. What do you want to do during your trip ?

Yuka : Well . . . I'm interested in history, so I want to visit some *historical sites. I want to try local foods, too.

Sam : Are you staying for about two weeks ?

Yuka : No, for one week. I ③(ア visit イ Rome ウ I エ could オ the two cities カ wish) during my trip.

Sam : It may be *possible, Yuka. I just checked the Internet and found a plan. In this plan, you can visit both cities. Look.

Yuka : That sounds great. The travel *fee is just 10,000 yen higher than my original plan. If ④(ア longer イ travel plan ウ make エ I オ my カ shorter), I can enjoy traveling in the two cities.

* both 両方の　historical site 史跡　possible 可能な　fee 料金

＜放送による問題台本＞

ただいまから[1]の，放送による聞き取りテストを行います。問題は，(1)《かっこいち》～(4)までの４つです。放送中メモを取ってもかまいません。

それでは(1)の問題からはじめます。

(1) これから，No. 1《ナンバーワン》から No. 5《ファイブ》まで，５つの英文を放送します。放送される英文を聞いて，その内容に合うものを選ぶ問題です。それぞれの英文の内容に最もよく合うものを，ア，イ，ウ，エの中から１つ選んで，その記号を書きなさい。

それぞれの英文は，２回放送します。

では，はじめます。

No. 1　My father is washing the dishes. （３秒）以下，３秒空けることを③，２秒空けることを②などと表します。

繰り返します。②

No. 2　You'll need this when you cut an apple. ③

繰り返します。②

No. 3　We're enjoying cycling around the lake now. We'll go home in twenty minutes. ③

繰り返します。②

No. 4　Soccer is more popular than baseball, and volleyball is the most popular sport in our class. ③

繰り返します。②

No. 5　A : Excuse me. Could you tell me the way to the Clock Museum ?

B : Sure. Go down the street and turn right at the second corner. You can see it on your left. ③

繰り返します。②

これで，(1)の問題を終わります。

次に，(2)の問題に移ります。

(2)　これから，No. 1 から No. 4 まで，4つの対話を放送します。それぞれの対話のあとで，その対話について1つずつ質問します。それぞれの質問に対して，最も適切な答えを，ア，イ，ウ，エの中から1つ選んで，その記号を書きなさい。

対話と質問は，2回放送します。

では，はじめます。

No. 1

A : Excuse me. What time does the zoo close today ?

B : It usually closes at five on weekdays, but it is Sunday today, so it will close at five thirty.

A : OK. We can stay here for an hour. Thank you.

Question : What time is it now ? ③

繰り返します。②

No. 2

A : Mika, do you have any plans for the weekend ?

B : I'll enjoy making some cakes. That always helps me relax.

A : Mina and I are going to play tennis tomorrow afternoon. Would you like to join us ?

B : Tennis ? That sounds great. I'd like to do that !

Question : What will Mika do tomorrow afternoon ? ③

繰り返します。②

No. 3

A : Meg, you look a little tired this morning.

B : I've been very busy this week, Dad. I had a test on Monday and Thursday. On Tuesday, I had to finish my history report. And today I'm going to write a speech in English class.

A : You need some time to relax.

B : Don't worry. Tomorrow is Saturday, so I'll sleep a lot.

Question : What day is it today ? ③

繰り返します。②

No. 4

A : Kaori, I'm sorry I could not come to your birthday party. I had a terrible headache.

B : That's all right, Bill. How are you feeling today ?

A : I'm feeling better, thanks. Here is a birthday present for you. I hope you'll like it.

B : Oh, Bill, thank you !

Question : Why is Bill sorry ? ③

繰り返します。②

これで(2)の問題を終わります。

次に，(3)の問題に移ります。

(3)　これから，留学生のルーシー(Lucy)と高校生のショウタ(Shota)の対話を放送します。そのあとで，その内容について，Question No. 1 と Question No. 2 の2つの質問をします。それぞれの質問に対して，最も適切な答えを，ア，イ，ウ，エの中から1つ選んで，その記号を書きなさい。

対話と質問は，2回放送します。

では，はじめます。

Lucy： Shota, you look happy. What happened ?

Shota： I just got an e-mail from my uncle in London.

Lucy： Oh, does your uncle live in London ?

Shota： Yes, he and his wife have lived there for three years. He says I can stay at his house for a week this summer.

Lucy： That sounds great. Are you going alone ?

Shota： Yes. It's my first trip abroad, so I can't wait.

Lucy： I spent my holidays in London last winter. It has a lot of famous places to visit.

Shota： My uncle says so, too. He gives me a lot of information about London.

Questions：

No. 1　Why does Shota look happy ?　③

No. 2　What do we learn about Lucy ?　③

繰り返します。(対話と質問を繰り返す。) ②

これで(3)の問題を終わります。

次に，(4)の問題に移ります。

(4)　中学２年の生徒たちに，先生が校外学習の予定について説明しています。これからその説明を放送します。その内容について，次の①《まるいち》，②の問いに答えなさい。

では，はじめます。

OK, everyone. Let's enjoy our field trip today. It's 9:30 now. Our bus will soon arrive at the city history museum. A lot of pictures and paintings will show us the history of our city there. Then we'll visit the science center. At the science center, we can talk with scientists. At 2:00 p.m., our bus will arrive at the city theater, but before that, we'll have lunch at Hikari Park until 1:30 p.m. At the city theater, we'll enjoy a famous musical. We'll leave the theater at 4:00 and come back to school at 4:30.　④

繰り返します。②

これで，放送による聞き取りテストを終わります。続いて問題**2**に進みなさい。

【数　学】（50分）〈満点：100点〉

1　次の問いに答えなさい。

(1)　次の①～④の計算をしなさい。

①　$5-3\times2$

②　$7(x-3y)-2(4x-9y)$

③　$12ab^3\times6a^2b\div(3ab)^2$

④　$\sqrt{112}-\dfrac{21}{\sqrt{7}}$

(2)　$x^2-8x+16$ を因数分解しなさい。

2　次の問いに答えなさい。

(1)　右の図は，ある中学校の３年生男子20人について，ハンドボール投げの記録を調査し，ヒストグラムに表したものである。例えば，記録が８m以上12m未満の生徒は２人いることがわかる。

図に対応する箱ひげ図として最も適切なものを，次のア～エの中から１つ選んで，その記号を書きなさい。

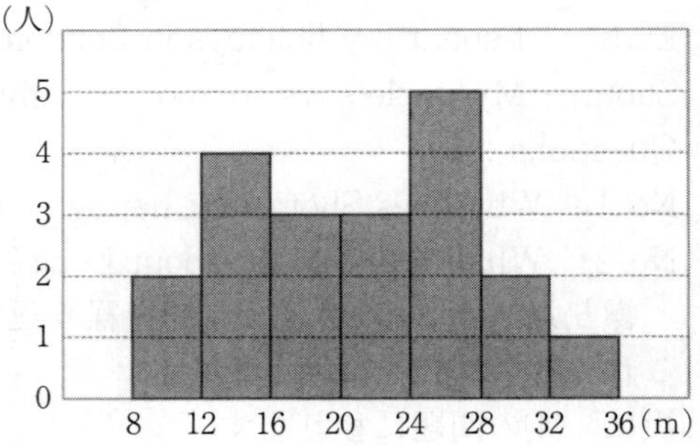

図

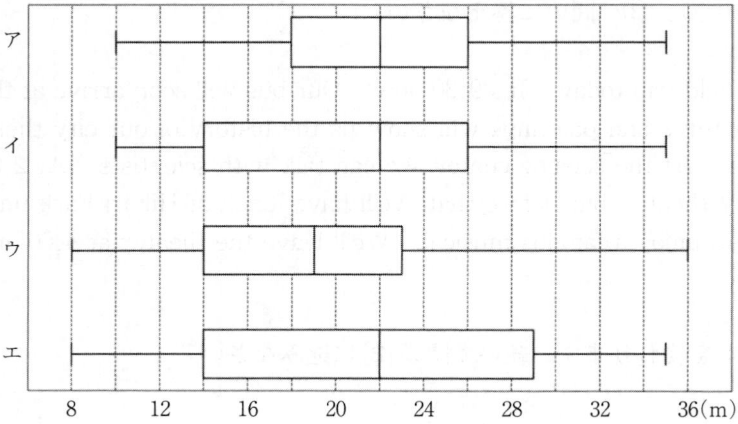

(2)　$3<\sqrt{6n}<5$ をみたす自然数 n は何個あるか求めなさい。

(3)　x についての２次方程式 $x^2-2x+a=0$ がある。この２次方程式の解の１つが $1+\sqrt{5}$ であるとき，a の値ともう１つの解を求めなさい。

(4)　文具店で，１冊90円のノートＡと１冊150円のノートＢをそれぞれ何冊か買うことにした。代金の合計は1500円になる予定であったが，間違えてＡとＢの冊数を逆にして買ったため，代金の合計が予定より120円少なくなった。

このとき，実際に買ったノートＡを x 冊，ノートＢを y 冊として連立方程式をつくると，次のようになる。ただし，消費税は考えないものとする。

$$\begin{cases} \boxed{\quad ア \quad}=1500 \\ \boxed{\quad イ \quad}=1500-120 \end{cases}$$

このとき，上の［ア］，［イ］に当てはまる式をそれぞれ書きなさい。

3　右の図１において，A(0, 6)，B(6, 0)とする。１から６までの目のある大小２個のさいころを同時に１回投げ，大きいさいころの出た目の数を a，小さいさいころの出た目の数を b とし，P(a, b)とする。例えば，大きいさいころは１の目が出て，小さいさいころは２の目が出たとき，図１のように点Pをとる。

このとき，次の(1)，(2)の問いに答えなさい。

ただし，それぞれのさいころにおいて，１から６までのどの目が出ることも同様に確からしいとする。

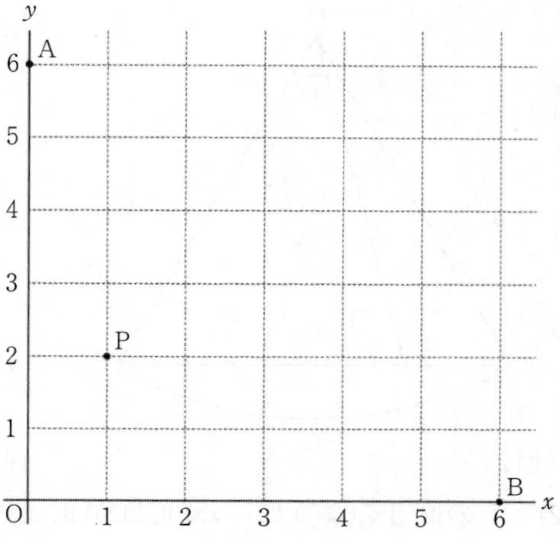

図１

(1)　点Pが直線AB上にある確率を求めなさい。

(2)　下の図２のように，点Oと点P，点Aと点P，点Bと点Pをそれぞれ結んで，△AOPと△BOPをつくる。このとき，原点Oから点(1, 0)までの長さと原点Oから点(0, 1)までの長さをそれぞれ１cmとする。

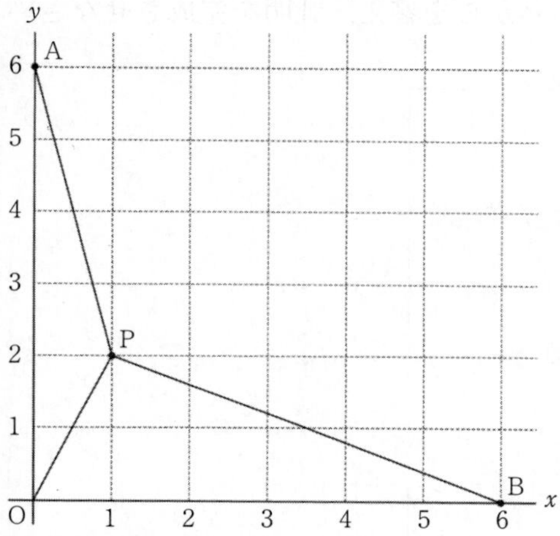

図２

①　△AOPが二等辺三角形になる確率を求めなさい。

②　△AOPの面積が△BOPの面積より６cm^{2}大きくなる確率を求めなさい。

4　右の図１のように，タブレット端末の画面に，半径が６cm，中心角が60°のおうぎ形が表示されている。$\overset{\frown}{AB}$上の２点A，Bと異なる点をPとおき，線分OPと線分ABとの交点をCとする。点Pは$\overset{\frown}{AB}$上を動かすことができ，太郎さんと花子さんは点Pを動かしながら，図形の性質や関係について調べている。

このとき，次の(1)，(2)の問いに答えなさい。

ただし，円周率は π とする。

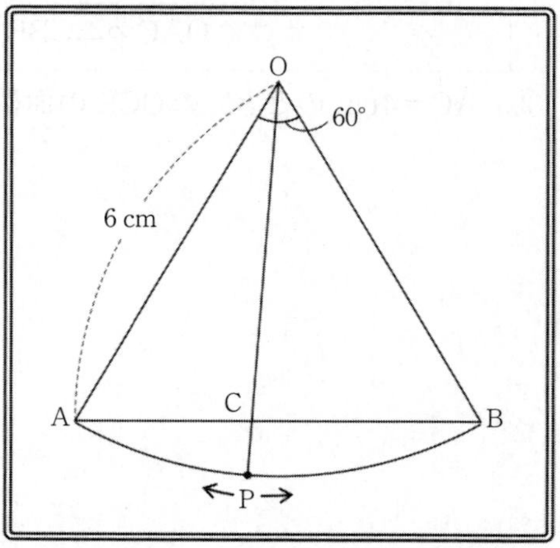

図１

(1)　太郎さんは，次のページの図２のように，∠BOC＝45°となるように点Pを動かした。このとき，$\overset{\frown}{AP}$の長さを求めなさい。

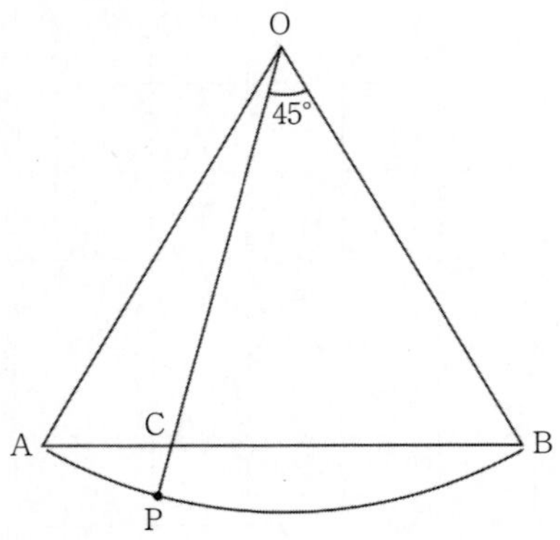

図2

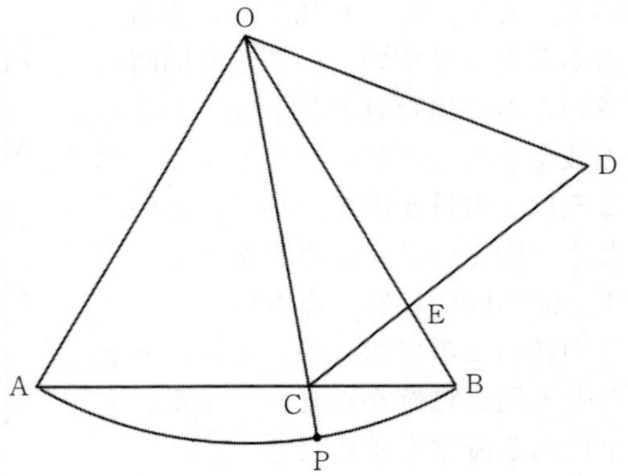

図3

(2)　上の図3のように，△OCD が正三角形となり，線分 OB と線分 CD が交点を持つように点Dを定める。また，そのときの交点をEとする。

①　花子さんは，点Pを動かしても△OAC と△CBE はいつでも相似であることに気づき，次のように証明した。[ア]～[ウ] に当てはまる最も適切なことがらを答え，証明を完成させなさい。ただし，同じ記号には，同じことがらが入る。

〈証明〉

△OAC と△CBE において，

OA＝OB，∠AOB＝60°より，△OAB は正三角形だから，

[ア]＝∠CBE＝60°　…①

三角形の [イ] は，

[イ] と隣り合わない２つの内角の和と等しいから，

∠OCB＝∠AOC＋[ア]

＝∠AOC＋60°　…②

△OCD は正三角形だから，

∠OCB＝∠BCE＋∠OCD

＝∠BCE＋60°　…③

②，③より，∠AOC＝∠BCE　…④

①，④より，[ウ] がそれぞれ等しいので，

△OAC∽△CBE

②　AC＝4cm のとき，△OCE の面積を求めなさい。

5　右の図1において，mは関数$y=ax^2(a>0)$のグラフである。m上の点で，x座標が2の点をA，x座標が3の点をBとする。

このとき，次の(1)，(2)の問いに答えなさい。

ただし，原点Oから点(1，0)までの長さと原点Oから点(0，1)までの長さはそれぞれ1 cmとする。

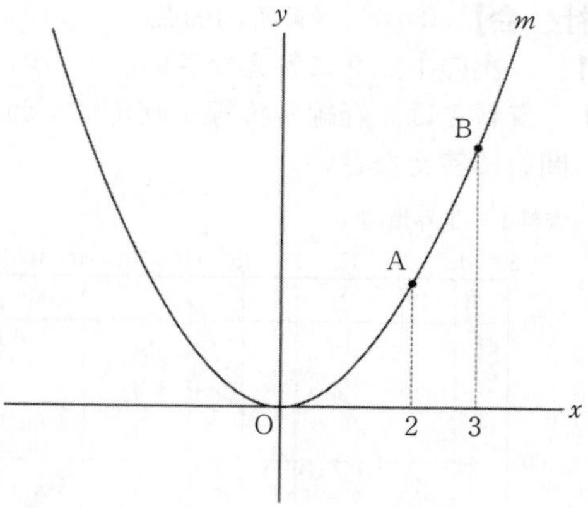

図1

(1)　①　点Aのy座標が2であるとき，aの値を求めなさい。

②　次の文章の[Ⅰ]，[Ⅱ]に当てはまる式の組み合わせを，下のア～エの中から1つ選んで，その記号を書きなさい。

> 関数$y=ax^2$において，xの値が2から3まで増加するときの変化の割合は[Ⅰ]であり，これは直線ABの傾きと等しい。
> また，aの値を1とすると，直線ABの式は$y=$[Ⅱ]となる。

ア　[Ⅰ　$2a$　Ⅱ　$2x$]

イ　[Ⅰ　$3a$　Ⅱ　$3x-2$]

ウ　[Ⅰ　$5a$　Ⅱ　$5x-6$]

エ　[Ⅰ　$5a$　Ⅱ　$5x+14$]

(2)　右の図2のように，m上の点で，x座標が-1の点をCとし，線分BC上にある点をPとする。

このとき，次の[条件1]と[条件2]の両方を満たす点Pのx座標を求めなさい。

> [条件1]　点Pのy座標は4である。
> [条件2]　△OAPの面積は2 cm^{2}である。

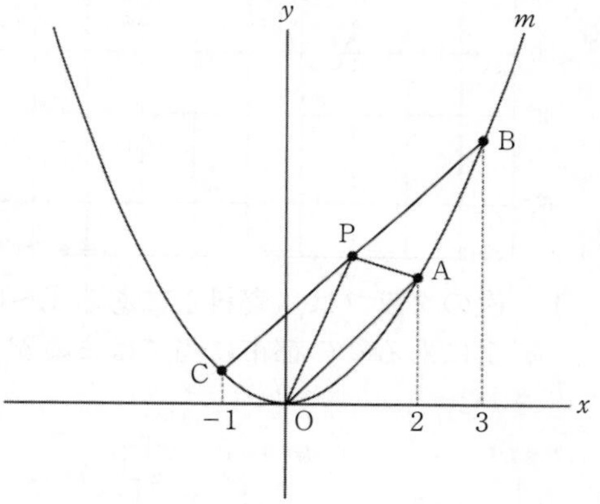

図2

6　右の図のような，AB＝AC＝6cm，BC＝4cmの二等辺三角形ABCを底面とし，高さが4 cmの三角柱ABCDEFがある。

辺AC上にAP：PC＝1：2となる点Pをとり，点Pを通り面ADEBに平行な平面が辺BC，DF，EFと交わる点をそれぞれQ，R，Sとする。

このとき，次の(1)～(3)の問いに答えなさい。

(1)　三角柱ABCDEFの体積を求めなさい。

(2)　辺の長さや角度の関係について，正しいものを次のア～エの中から**すべて**選んで，その記号を書きなさい。

ア　PQ＝PR　　　　イ　3PQ＝2PR

ウ　∠QPR＝∠BQP　　エ　PQ⊥PR

(3)　点Pから面ADEBに引いた垂線の長さを求めなさい。

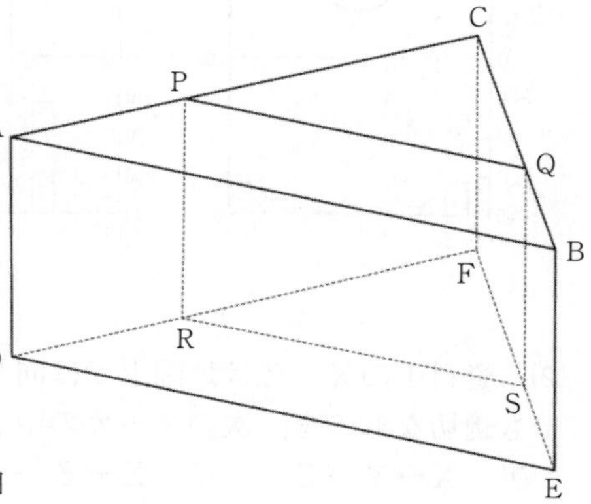

図

【社　会】（50分）〈満点：100点〉

1　次の１，２に答えなさい。

1　資料１は，経線と緯《い》線《せん》が直角に交わるように描かれた地図である。資料１を見て，下の(1)～(4)の問いに答えなさい。

資料１　世界地図

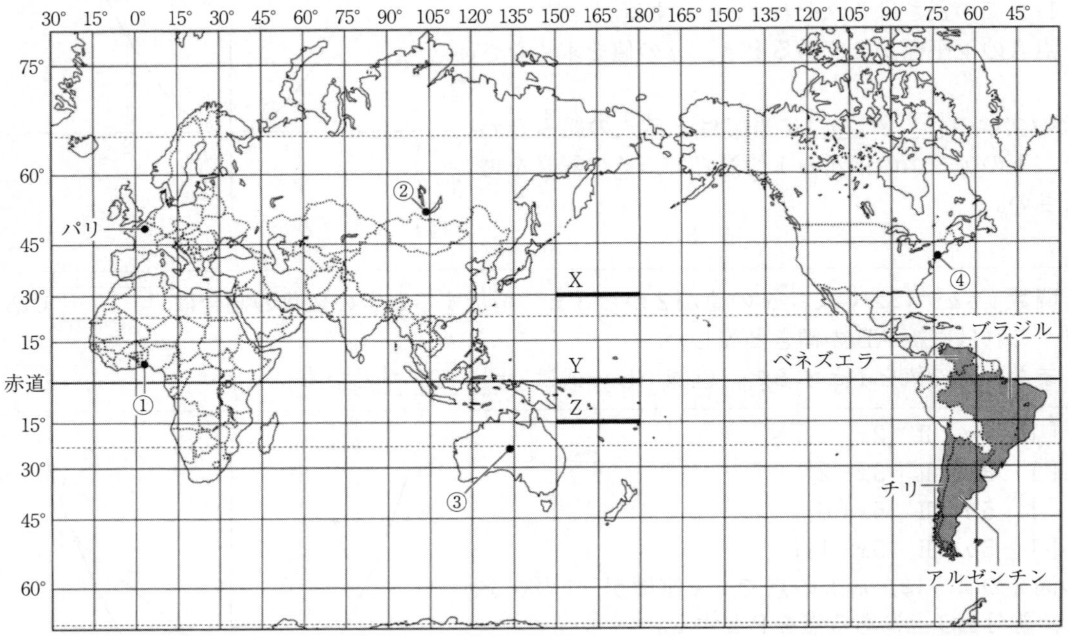

(1)　次のグラフは，資料１にある①～④のいずれかの都市の気温と降水量を示したものである。資料１にある②の都市に当てはまるグラフを，次のア～エの中から１つ選んで，その記号を書きなさい。

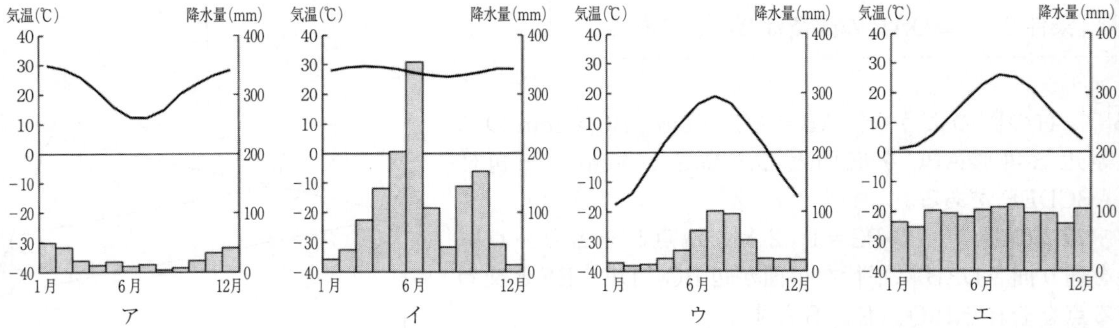

〔「理科年表」2023年版より作成〕

(2)　資料１のＸ～Ｚは地図上では同じ長さである。実際の距離《きょり》が長い順に並べかえたものとして最も適切なものを，次のア～カの中から１つ選んで，その記号を書きなさい。

ア　X→Y→Z　　イ　X→Z→Y　　ウ　Y→X→Z
エ　Y→Z→X　　オ　Z→X→Y　　カ　Z→Y→X

(3)　資料１のパリが３月10日午後10時のとき東京は何月何日の何時か，書きなさい。その際，解答用紙の**午前・午後**のどちらかを ⬭ で囲み，**算用数字**で書きなさい。ただし，標準時の基準となる子午線は，パリは東経15度，東京は東経135度とし，サマータイムは考えないこととする。

(4) 資料１の南アメリカ州の□で示した４か国(ベネズエラ，ブラジル，チリ，アルゼンチン)について，①～③の問いに答えなさい。

① 南アメリカ州の□で示した４か国で，最も多くの人が信仰《しんこう》している宗教を，次のア～エの中から１つ選んで，その記号を書きなさい。

ア イスラム教　　イ キリスト教　　ウ ヒンドゥー教　　エ 仏教

② アルゼンチンについてまとめた＜ノート＞の[あ]に共通して当てはまる語をカタカナ３字で書きなさい。

＜ノート＞
アルゼンチンにはラプラタ川が流れ，その河口には[あ]とよばれる草原が広がっている。[あ]では，小麦の栽培《さいばい》や牛の放牧などが行われている。

③ 資料２は資料１の□で示した４か国についてまとめたものである。４か国について読み取ったものとして最も適切なものを，下のア～エの中から１つ選んで，その記号を書きなさい。

資料２

国名	人口(千人)	産業別国内総生産(百万ドル)			
		産業計	農林水産業	鉱工業	サービス業
ベネズエラ	28200	101680	5328	46254	16753
ブラジル	214326	1245644	81309	208259	617091
チリ	19493	232117	9770	64340	99486
アルゼンチン	45277	320408	26187	73664	126962

(注) 人口は2021年，その他は2020年。

〔「世界国勢図会」2022/23年版より作成〕

ア 4か国の中で人口が4000万人を上回っている国は，太平洋に面している。

イ ベネズエラ，チリ，アルゼンチンの産業別国内総生産の産業計をすべて合わせても，ブラジルの産業別国内総生産の産業計を上回らない。

ウ 4か国はすべて鉱工業の国内総生産がサービス業の国内総生産を下回っている。

エ 4か国の中で人口が最も少ない国は，産業別国内総生産の産業計も最も少ない。

2 日本や身近な地域について，次の(1)～(3)の問いに答えなさい。

(1) 次のページの資料３は2020年の貿易額が５兆円以上の貿易港，資料４は資料３の貿易港の貿易額の推移を示したものである。資料３と資料４を読み取った下のア～エのうち，最も適切なものを１つ選んで，その記号を書きなさい。

資料3　主な貿易港

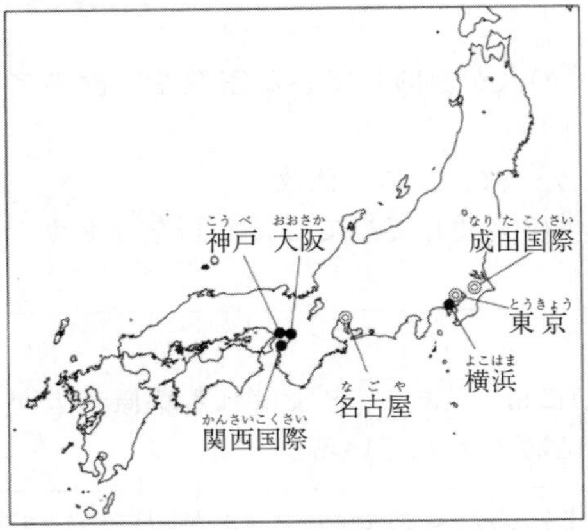

（注）　◎は2020年における貿易額が10兆円以上の貿易港，●は2020年における貿易額が5兆円以上10兆円未満の貿易港。

資料4　日本の主な貿易港の貿易額の推移(兆円)

貿易港	2010年	2020年
成田国際	20.2	23.0
東京	12.1	16.2
名古屋	12.7	14.7
横浜	10.3	9.9
関西国際	7.0	8.7
大阪	7.0	8.3
神戸	7.6	7.9
全国	128.2	136.4

〔「日本国勢図会」2022/23年版より作成〕

ア　2020年における貿易額が10兆円以上の貿易港は関東《かんとう》地方のみにある。

イ　2010年，2020年ともに貿易額が多い貿易港の順は同じである。

ウ　2010年の貿易額が2020年の貿易額を上回っている貿易港はない。

エ　2020年の貿易額が10兆円以上の貿易港の合計貿易額が全国の貿易額に占める割合は，50％以下である。

(2)〔カード1〕～〔カード3〕は資料3に示した貿易港のうち名古屋港，横浜港，関西国際空港について，それぞれの特徴をまとめたものである。〔カード2〕と〔カード3〕の［い］に共通して当てはまる語と，〔カード1〕にまとめた貿易港の名称の組み合わせとして最も適切なものを，下のア～カの中から1つ選んで，その記号を書きなさい。

〔カード1〕
騒音《そうおん》対策のため，沿岸から離《はな》れた場所につくられた。輸入額が1位の品目は，医薬品である。

〔カード2〕
伊勢湾《いせわん》の北端につくられた。中京《ちゅうきょう》工業地帯に位置し，［い］に関連するものの輸出額が多い。

〔カード3〕
江戸《えど》時代末に開港した。京浜《けいひん》工業地帯に位置し，輸出額が1位の品目は，［い］である。

ア［い　自動車　　カード1　関西国際空港］

イ［い　自動車　　カード1　名古屋港］

ウ［い　自動車　　カード1　横浜港］

エ［い　電子部品　カード1　関西国際空港］

オ［い　電子部品　カード1　名古屋港］

カ［い　電子部品　カード1　横浜港］

(3)　次のページの資料5は資料3に表した神戸港の周辺を示した地形図である。資料5を読み取った下のア～エについて，正しいものには○を，誤っているものには×を書きなさい。

資料5

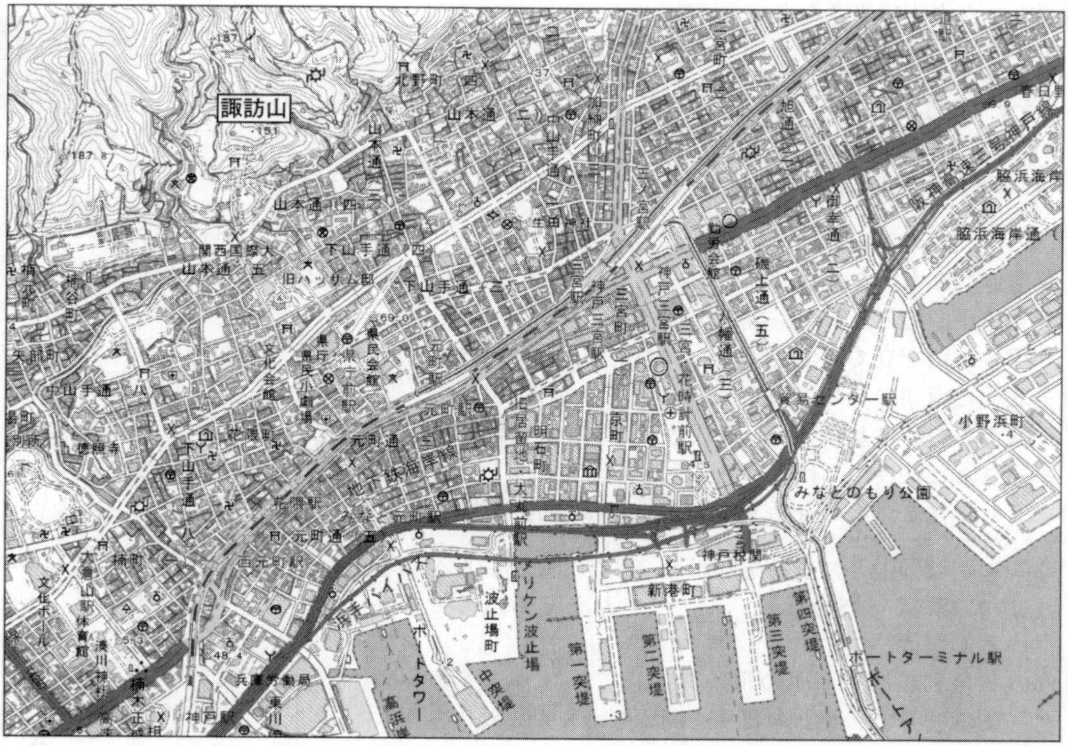

〔国土地理院発行２万５千分の１地形図より作成〕

ア　この地域には複数の鉄道の路線があるが，高速道路は通っていない。
イ　市役所の周辺には，郵便局や消防署がある。
ウ　諏訪山《すわやま》の山頂の標高は，100m以下である。
エ　市役所と区役所の地形図上の長さは約２cm であるため，実際の距離は約１km である。

2　社会科の授業で，「日本のそれぞれの時代にはどのような特色があるか」という課題で，班ごとにテーマを設定し，学習しました。次の１，２に答えなさい。

1　１班では，「日本の外交の歴史」というテーマを設定し，調べたことをまとめ，〔カード１〕～〔カード４〕を作成しました。下の(1)～(4)の問いに答えなさい。

〔カード１〕
中国に唐《とう》が成立すると，それ以降，日本は唐にたびたび使者を送った。８世紀には，唐から鑑真《がんじん》が来日した。

〔カード２〕
12世紀，平清盛《たいらのきよもり》は瀬戸内海の航路や港を整備し，宋《そう》と貿易を行った。日本は銅銭《どうせん》を大量に輸入した。

〔カード３〕
14世紀になると，中国では明《みん》が建国された。足利義満《あしかがよしみつ》は明との貿易を行い，大きな利益を得た。

〔カード４〕
17世紀に鎖国《さこく》が完成したが，18世紀後半になると，欧米《おうべい》の船が日本の近海に近づくようになった。

(1)　〔カード1〕の時代についてまとめた次の＜ノート1＞の あ に当てはまる語をカタカナで書きなさい。

資料1

＜ノート1＞
〔カード1〕の時代につくられた正倉院《しょうそういん》には，聖武《しょうむ》天皇ゆかりの品々が納められている。その宝物の中には，東西を結ぶ あ を通って唐に運ばれ，遣唐使《けんとうし》が持ち帰った資料1のような工芸品がある。

(2)　〔カード2〕の下線部の人物が活躍した頃のできごとについて述べた文として最も適切なものを，次のア～エの中から1つ選んで，その記号を書きなさい。

ア　上皇が中心となって，院政を行った。
イ　律令政治を立て直すために，都が平安京《へいあんきょう》に移された。
ウ　北朝と南朝の二つの朝廷《ちょうてい》が並び立ち，対立した。
エ　武士の慣習に基づいて，御成敗式目《ごせいばいしきもく》(貞永《じょうえい》式目)が定められた。

(3)　幸司さんと咲良さんは，〔カード3〕の時代の貿易について調べる中で，資料2を見つけ，話し合いをしました。次の会話文中の い に共通して当てはまる語を**漢字2字**で書きなさい。

幸司：明は外国との貿易を制限し，朝貢《ちょうこう》形式による交易のみ許可したのは， い をおさえるためでもあるんだよ。
咲良：足利義満は，明の求めに応じて い を取り締《し》まる一方で，明との貿易を開始したんだよね。
幸司：資料2には日本の貿易船にあたえられた許可証が示されているよ。
咲良：日本の貿易船はこの許可証を持参し，明の寧波《ニンポー》に入港して，明が持つ原簿《げんぼ》との照合を受けた上で，貿易が許されたんだ。
幸司：許可証を使うことで幕府の正式な貿易船と い を区別したんだね。

資料2

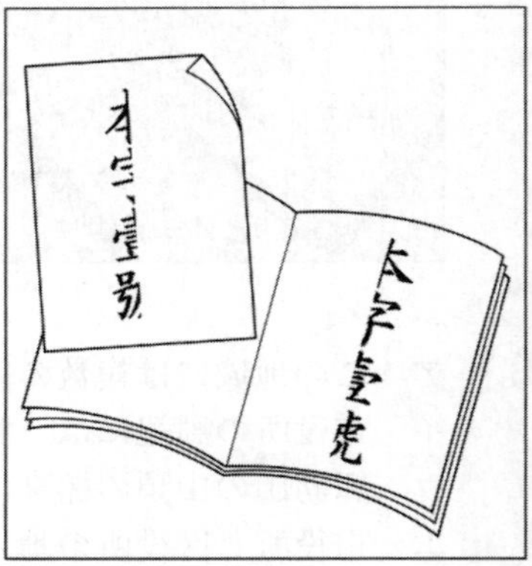

(4)　幸司さんは，〔カード4〕の時代の外交について興味をもち，調べていく中で，資料3と資料4を見つけ，次のページの＜ノート2＞にまとめました。＜ノート2＞の う ， え に当てはまる語の組み合わせとして最も適切なものを，下のア～エの中から1つ選んで，その記号を書きなさい。

資料3　ペリー艦隊の日本への航路

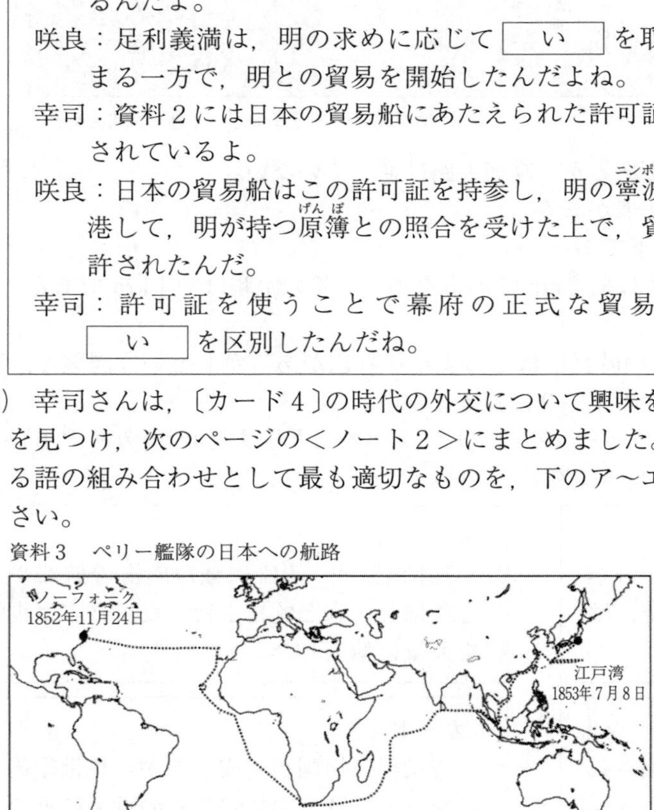

資料4　アメリカのできごと

世紀	できごと
18	13植民地がイギリスから独立する
19	中国と修好通商条約を結ぶ 領土が西海岸に達する

＜ノート2＞
　アメリカがペリーを派遣《はけん》し，日本へ開国をせまったのは，［う］岸まで領土を拡大したアメリカが，［え］後の中国との貿易を進めるため，船で［う］を横断する航路の利用を望み，航路の中継《ちゅうけい》地点として日本を利用したかったからである。

ア［う　大西洋　え　アヘン戦争］
イ［う　太平洋　え　アヘン戦争］
ウ［う　大西洋　え　辛亥《しんがい》革命］
エ［う　太平洋　え　辛亥革命］

2　2班では，「近代日本の戦争」というテーマを設定し，〔カード5〕～〔カード7〕を作成しました。下の(1)～(3)の問いに答えなさい。

〔カード5〕
　1904年に日露《にちろ》戦争が始まると，日本海《にほんかい》海戦で勝利するなど，日本は戦いを有利に進めた。アメリカ大統領の仲立ちによりポーツマスで講和会議が開かれた。

〔カード6〕
　1914年にオーストリアの皇太子夫妻が暗殺されると，同盟国と連合国に分かれて第一次世界大戦が始まった。連合国が勝利し，パリ講和会議が開かれた。

〔カード7〕
　1941年に日本軍が真珠湾《しんじゅわん》のアメリカ軍基地を攻撃するとともに，マレー半島に上陸した。日本はアメリカ・イギリスに宣戦し，太平洋戦争が始まった。

(1)　①〔カード5〕について話し合っている次の会話文中の［お］に共通して当てはまる語を**漢字**で書きなさい。

健人：日露戦争が起こる前，日本は［お］を結んだんだよね。なぜだろう。
里歩：ロシアは日清戦争後に中国で起こった義和団事件で満州《まんしゅう》に大軍を送ったんだ。事件後も満州に大軍をとどめ，満州を占領《せんりょう》し続けたんだよ。
健人：そうか。これに対して危機感をもった両国がロシアに対抗《たいこう》するために［お］を結んだんだね。
里歩：そして，ロシアとの開戦の世論が高まる中，日本政府は開戦にふみ切り，日露戦争が始まったんだよ。

②　1905年に開かれた講和会議で，日露戦争の講和条約であるポーツマス条約が結ばれた。ポーツマス条約で日本が獲得《かくとく》した領土として最も適切なものを，資料5のア～エの中から1つ選んで，その記号を書きなさい。

資料5　地図
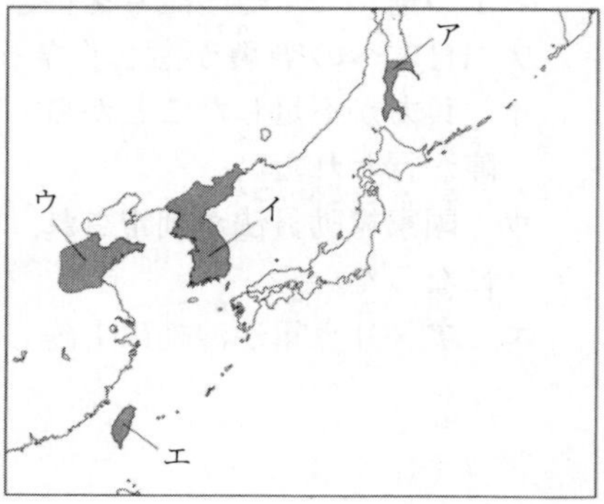

(2)　①　健人さんは，〔カード6〕について調べていく中で，次のページの資料6と資料7を見つけ，＜まとめ＞を作成しました。資料6と資料7を参考にして，＜まとめ＞の［か］～［く］に当てはまる語の組み合わせとして最も適切なものを，下のア～エの中から1つ選んで，その記号を書きなさい。

資料6　諸産業の生産額の変化

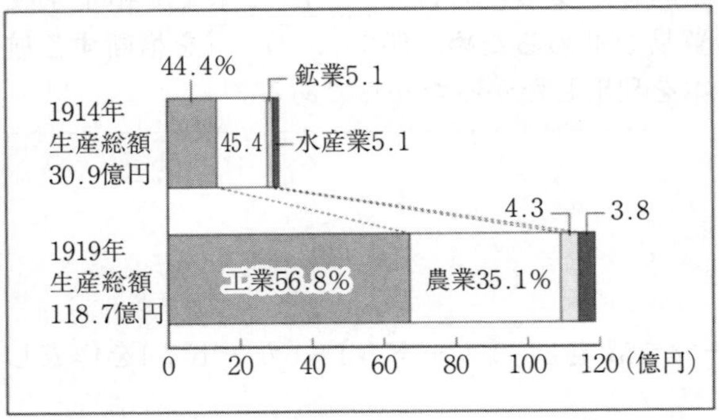

〔「日本資本主義発達史年表」より作成〕

資料7　米価の推移

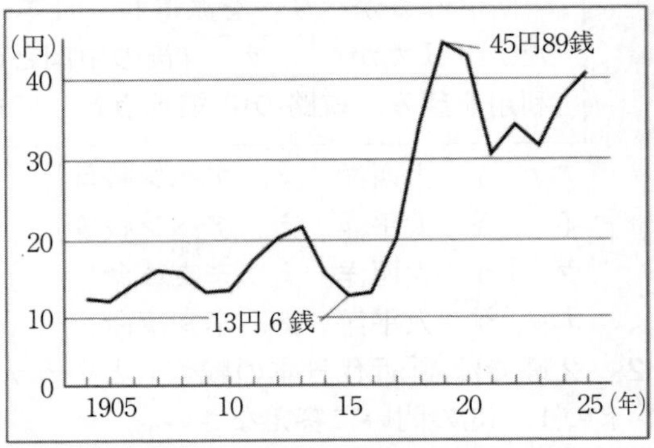

〔「日本米価変動史」より作成〕

> ＜まとめ＞
> 第一次世界大戦中には，日本の産業構造は［　か　］中心へと変化した。その理由は，第一次世界大戦の主戦場となった［　き　］からの輸入が途《と》絶《だ》え，連合国やアメリカなどへの日本の輸出が増加したからである。また，第一次世界大戦中に米価が［　く　］したことにより，米騒動《こめそうどう》が起こった。

ア［か　工業　き　ヨーロッパ　く　高騰《こうとう》］
イ［か　工業　き　アジア　　　く　高騰］
ウ［か　農業　き　ヨーロッパ　く　下落］
エ［か　農業　き　アジア　　　く　下落］

② 第一次世界大戦の講和会議で決定した内容として**適切でないもの**を，次のア～エの中から1つ選んで，その記号を書きなさい。

ア　ドイツに莫大《ばくだい》な賠償金《ばいしょうきん》を課した。
イ　ドイツが海外の植民地をすべて失った。
ウ　日本が中国にあるドイツの権益を引き継いだ。
エ　国際連盟《こくさいれんめい》へのドイツの加盟が決定した。

(3) 〔カード7〕の下線部よりも前に起こったできごととして最も適切なものを，次のア～エの中から1つ選んで，その記号を書きなさい。

ア　日本への空襲《くうしゅう》が激しくなったことから，都市の小学生が農村に集団疎開《そかい》した。
イ　兵力が不足したことから，徴兵《ちょうへい》を猶予《ゆうよ》されていた文科系の大学生などが召集される学徒出陣が行われた。
ウ　国家総動員法《こっかそうどういんほう》が制定され，政府は議会の承認を得ずに物資や労働力を戦争に動員できるようになった。
エ　アメリカ軍が沖縄《おきなわ》に上陸し，軍人だけでなく多くの民間人が激しい戦闘《せんとう》に巻きこまれた。

3　社会科の授業で，「現代の民主政治と経済はどのようになっているのだろうか」という課題でテーマを設定し，学習しました。次の１～３に答えなさい。

1　千晴さんは，「日本の政治のしくみ」というテーマを設定し，資料１と資料２をもとに，＜まとめ１＞を作成しました。下の(1)～(3)の問いに答えなさい。

資料１　日本の政治のしくみ

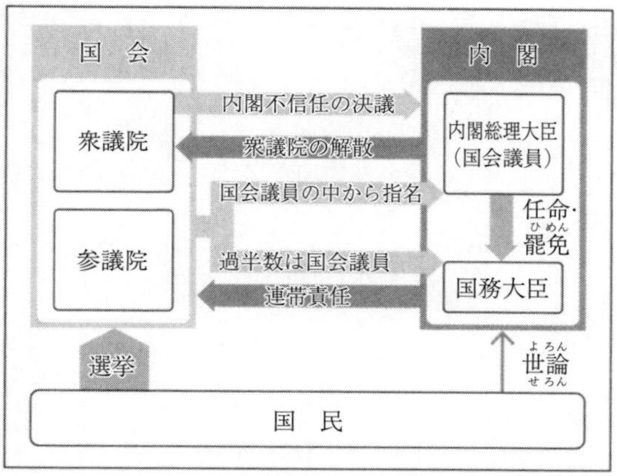

資料２　アメリカの政治のしくみ

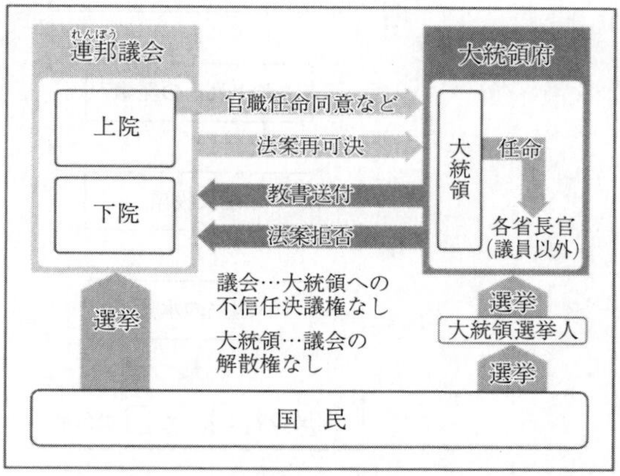

＜まとめ１＞
日本では資料１のように［　あ　］のしくみをとっており，内閣総理大臣は国会議員の中から国会の指名によって選ばれる。それに対してアメリカでは資料２のように大統領制のしくみをとっている。

(1)　＜まとめ１＞の［あ］に当てはまる語を**漢字５字**で書きなさい。

(2)　内閣総理大臣の指名について，衆議院と参議院が異なった議決をした場合，どのような過程を経て最終的な議決となるか。最も適切なものを，次のア～エの中から１つ選んで，その記号を書きなさい。

ア　衆議院で再び議決が行われ，その結果が国会の議決となる。

イ　参議院で再び議決が行われ，その結果が国会の議決となる。

ウ　両院協議会が開かれるが，それでも意見が一致《いっち》しない場合は，衆議院の議決が国会の議決となる。

エ　両院協議会が開かれるが，それでも意見が一致しない場合は，参議院の議決が国会の議決となる。

(3)　アメリカの政治のしくみについて述べた文として**適切でないもの**を，次のア～エの中から１つ選んで，その記号を書きなさい。

ア　大統領は，連邦議会の議員とは別の選挙で選ばれる。

イ　大統領は，連邦議会を解散する権限をもたない。

ウ　連邦議会は，上院と下院からなる二院制を採っている。

エ　連邦議会は，大統領への不信任決議権をもつ。

2　俊介さんは，「日本国憲法」というテーマを設定し，次のページの＜まとめ２＞を作成しました。下の(1)～(3)の問いに答えなさい。

資料3　日本国憲法の改正の流れ

改正原案
↓
国会で審議《しんぎ》，可決
↓
憲法改正の発議
↓
国民投票
↓
国民の承認
↓
国民の名で［え］が公布

＜まとめ2＞
日本国憲法は，第98条で定められているように国の［い］であることから，改正に関しては資料3のように慎重《しんちょう》な手続きが定められている。憲法改正の原案が国会に提出されると，衆議院と参議院で審議が行われる。各議院の［う］で可決されると，国会は国民に対して憲法改正の発議を行う。その後，国民投票が行われ，有効投票数の過半数が賛成の場合は，憲法が改正される。国民の承認を得ると，［え］が国民の名において憲法の改正を公布する。

(1)　＜まとめ2＞の［い］に当てはまる語を**漢字4字**で書きなさい。

(2)　＜まとめ2＞の［う］に当てはまる内容として最も適切なものを，次のア～エの中から1つ選んで，その記号を書きなさい。

ア　出席議員の3分の2以上の賛成　　イ　総議員の3分の2以上の賛成
ウ　出席議員の過半数の賛成　　エ　総議員の過半数の賛成

(3)　資料3と＜まとめ2＞の［え］に共通して当てはまる語として最も適切なものを，次のア～エの中から1つ選んで，その記号を書きなさい。

ア　内閣総理大臣　　イ　最高裁判所長官　　ウ　天皇　　エ　国務大臣

3　和也さんと由香さんは，「身近な経済」というテーマを設定し，話し合いをしました。これを読んで，下の(1)～(4)の問いに答えなさい。

和也：私たちは毎日多くの商品を購入《こうにゅう》しているね。
由香：そうだね。私たちは，商品を生産する企業《きぎょう》から直接商品を購入するのではなく，お店などの小売業者を通じて購入しているよね。商品が生産者から消費者に届くまでの道筋を［お］というね。
和也：最近では，小売業者が生産者から直接商品を仕入れるなど，［お］の合理化が進んでいるよ。
由香：企業は利潤《りじゅん》を追求することが求められるから，そのための工夫だね。
和也：そうだね。a株式会社では，株主の利益を確保することも求められるよ。また，現在の企業は$_{\text{b}}$労働者の職場環境《かんきょう》の整備や$_{\text{c}}$社会的責任(CSR)を果たすことも求められているよ。

(1) 会話文中の[お]に共通して当てはまる語を**漢字2字**で書きなさい。

(2) 下線部aの株式会社について述べた次のア～エの文について，正しいものには○を，誤っているものには×を書きなさい。

ア 株式会社の株主は，法人がなることはできず，個人に限ってなることができる。

イ 株式会社の利潤は，会社に残す分を除き，配当として株主に分配される。

ウ 株主は株主総会に出席し，取締役《とりしまりやく》の選任などの議決を行うことができる。

エ 株式会社が負債《ふさい》を抱えて倒産《とうさん》した場合，株主は出資した金額以上の負担を負う。

(3) 下線部bについて，労働者の保護を目的とした法律として定められた，労働基準法に定められている内容として最も適切なものを，次のア～エの中から1つ選んで，その記号を書きなさい。

ア 満20歳《さい》に満たないものを就業させることはできない。

イ 女性であることを理由に賃金について男性と差別的な扱《あつか》いをしてはならない。

ウ 労働者は育児や介護《かいご》のために休業することができる。

エ 労働者は労働組合を結成することができる。

(4) 下線部cについて，企業が求められる社会的責任(CSR)として**適切でないもの**を，次のア～エの中から1つ選んで，その記号を書きなさい。

ア 企業の技術力を生かして，小学校で出前授業を行う。

イ 地域の環境を保全するために，海岸の清掃《せいそう》を実施《じっし》する。

ウ 地域の文化財を保護するために，保存活動を支援《しえん》する。

エ 人件費や地価の安い海外の国に工場を移転する。

4 次の1，2に答えなさい。

1 次の会話は，真衣さんと達也さんが，「自然災害」について話し合ったものです。これを読んで，下の(1)～(4)の問いに答えなさい。

真衣：日本は，世界の中でも降水量が多い国で，梅雨や台風が発生する時期に特に多くなるね。

達也：そうだね。梅雨や台風が発生する時期には高潮や洪水《こうずい》などの自然災害が起こることもあるね。

真衣：台風の通り道になりやすい沖縄では，伝統的な住居は家を石垣《いしがき》で囲ったり，屋根瓦《がわら》をしっくいで止めたりしているね。

達也：昔からさまざまな対策が行われていたんだね。日本は風水害だけではなく，地震《じしん》や火山活動による自然災害も起こりやすいよね。

真衣：自然災害はいつ起こるかわからないから，日頃から備えておく必要があるね。

達也：そうだね。国は防災対策に使用する費用を地方公共団体に[あ]として提供することがあり，地方公共団体も防災に取り組んでいるよ。日本や世界各国でどのような自然災害が起こってきたのか，防災のためにどのような取り組みが行われてきたか調べてみようよ。

(1) 会話文中の[あ]に当てはまる語を**漢字5字**で書きなさい。

(2) 達也さんの話を聞き，真衣さんは火山活動について興味をもち，次のページの＜まとめ1＞を作成しました。＜まとめ1＞の[い]に当てはまる語を**カタカナ3字**で書きなさい。

＜まとめ１＞

九州《きゅうしゅう》地方は，火山が多く見られる。桜島《さくらじま》は特に活動が活発で，噴火《ふんか》のたびに周辺に火山灰を降らせている。また，九州南部には火山の噴出物が積もってできた[い]台地が広がっている。

(3) 達也さんは，江戸時代に起こった自然災害について調べました。次のア～エを年代の古い順に左から並べて，その記号を書きなさい。

ア　長雨などが原因で享保《きょうほう》のききんが起こり，ききんへの対策として徳川吉宗《とくがわよしむね》はさつまいもの栽培を推奨《すいしょう》した。

イ　冷害などが原因で寛永《かんえい》のききんが起こり，徳川家光《いえみつ》は大名に対して領地へおもむき，ききん対策をするよう指示した。

ウ　浅間山《あさまやま》の噴火などが原因で天明《てんめい》のききんが起こり，ききんの中，幕府への不満が高まり，田《た》沼意次《ぬまおきつぐ》は老中を解任された。

エ　冷害などが原因で天保《てんぽう》のききんが起こり，幕府の対策が不十分であったことから，大阪で大《おお》塩平八郎《しおへいはちろう》が反乱を起こした。

(4) 達也さんは，地震について調べていくうちに，インドネシアで地震が多く起こっていることを知りました。次のア～カのうち，インドネシアについて述べた文として適切なものを**2つ**選んで，その記号を書きなさい。

ア　かつてスペインの植民地であったことから，現在もスペイン語が広く使われている。

イ　国民の多くがヒンドゥー教徒であり，地域によって異なる言語が使われている。

ウ　プランテーションでは，植物油などの原料となる油やしが栽培《さいばい》されている。

エ　1990年代頃から急速に工業化が進み，現在は「世界の工場」とよばれている。

オ　かつてヨーロッパ以外からの移民を制限する白豪《はくごう》主義政策が行われていた。

カ　東南《とうなん》アジアに属し，東南アジア諸国連合(ASEAN)に加盟している。

2　次の会話は，詩織さんと直人さんが，「エネルギー問題」について話し合ったものです。これを読んで，下の(1)～(3)の問いに答えなさい。

詩織：日本は化石燃料が乏《とぼ》しく，現在，a化石燃料のほとんどを海外から輸入しているね。日本のエネルギー供給はどのように変化してきたのかな。

直人：そうだね。かつては国内でも石炭や石油を採掘《さいくつ》していたのだけれど，現在ではほとんどを海外から輸入しているね。

詩織：1970年代に起こったb石油危機以降，日本では化石燃料の安定確保を図るために非常時に備えて石油を備蓄《びちく》したり，石油の代わりとなる再生可能エネルギーの開発を進めたりするなど，対策がとられるようになったよ。

直人：2011年の東日本大震災《だいしんさい》の際には，電力不足が起こり，各地で計画停電が実施《じっし》されたんだよね。

詩織：そうだね。東日本大震災後にはどのような対策がとられたのかな。

直人：日本のcエネルギー供給がどのように変化しているか調べてみよう。

(1) 下線部aについて，次のページの資料１は日本の化石燃料の主な輸入相手国を示したものであり，[X]～[Z]には石炭，原油，液化天然ガスのいずれかが当てはまる。資料１の[X]に当てはまる資源の名称，[う]に共通して当てはまる国名の組み合わせとして最も適切なものを，下のア～カの中から１つ選んで，その記号を書きなさい。

資料1　日本の石炭，原油，液化天然ガスの主な輸入相手国

	X	Y	Z
1位	サウジアラビア	う	う
2位	アラブ首長国連邦	マレーシア	インドネシア
3位	クウェート	カタール	ロシア

（2021年）

〔「日本国勢図会」2022/23年版より作成〕

ア　［X　石炭　　　　　う　オーストラリア］
イ　［X　石炭　　　　　う　アメリカ合衆国］
ウ　［X　原油　　　　　う　オーストラリア］
エ　［X　原油　　　　　う　アメリカ合衆国］
オ　［X　液化天然ガス　う　オーストラリア］
カ　［X　液化天然ガス　う　アメリカ合衆国］

(2)　下線部bについて，石油危機が起こるきっかけとなったできごととして最も適切なものを，次のア～エの中から1つ選んで，その記号を書きなさい。
ア　北朝鮮《きたちょうせん》が韓国《かんこく》に侵攻《しんこう》し，朝鮮戦争が起こった。
イ　イスラエルとアラブ諸国との間で第四次中東《ちゅうとう》戦争が起こった。
ウ　アメリカで同時多発テロ事件が起こり，アメリカがアフガニスタンを攻撃《こうげき》した。
エ　アメリカが北ベトナムへ爆撃《ばくげき》を行い，ベトナム戦争に介入《かいにゅう》した。

(3)　下線部cについて，詩織さんたちは資料2から<まとめ2>を作成しました。<まとめ2>の［え］，［お］，［か］に当てはまる語の組み合わせとして最も適切なものを，下のア～カの中から1つ選んで，その記号を書きなさい。

資料2　日本のエネルギー供給割合の推移

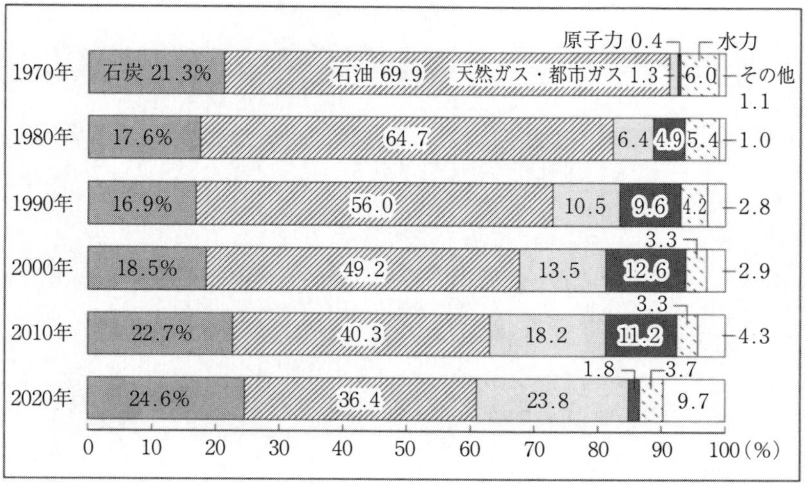

〔「日本国勢図会」2022/23年版より作成〕

<まとめ2>
1970年の日本におけるエネルギー供給量に占める石油の割合は［え］割程度であったが，その後は，減少傾向《けいこう》にある。また，石油危機以降，［お］の割合が増加していったが，2011年の東日本大震災後に大幅《おおはば》に減少した。2020年には，エネルギー供給量に占める割合が

２割を超えるなど，近年，二酸化炭素の排出量《はいしゅつりょう》が比較的《ひかくてき》少ない［　か　］の割合が増加している。

ア　［え　4　お　原子力　か　水力］
イ　［え　4　お　石炭　か　水力］
ウ　［え　4　お　石炭　か　天然ガス・都市ガス］
エ　［え　7　お　原子力　か　水力］
オ　［え　7　お　石炭　か　天然ガス・都市ガス］
カ　［え　7　お　原子力　か　天然ガス・都市ガス］

【理　科】（50分）〈満点：100点〉

1　次の(1)～(8)の問いに答えなさい。

(1)　右の図のように，出しっぱなしにしている水道の水にセーターでこすったものさしを近づけると，水道の水が曲がった。このとき，水道の水を曲げた力を何というか，最も適切なものを，次のア～エの中から1つ選んで，その記号を書きなさい。

ア　摩擦力　　イ　重力

ウ　弾性力　　エ　電気の力

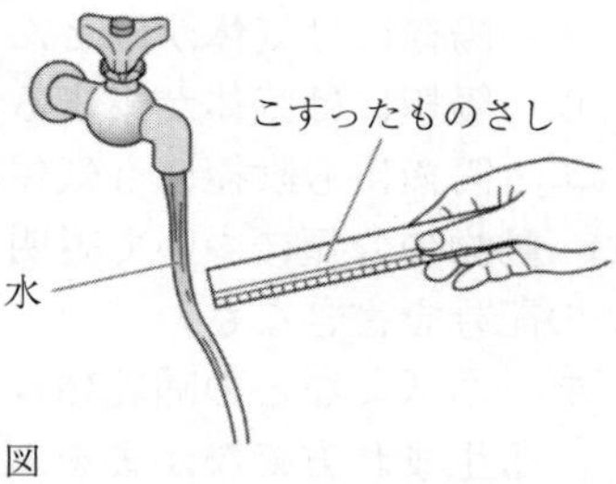

図

(2)　塩化ナトリウムに対して次の操作1，操作2を行った。その結果の組み合わせとして最も適切なものを，下のア～エの中から1つ選んで，その記号を書きなさい。

操作1：固体の塩化ナトリウムに電流が流れるかどうか調べる。

操作2：塩化ナトリウムの水溶液に電流が流れるかどうか調べる。

	操作1	操作2
ア	流れた	流れた
イ	流れた	流れなかった
ウ	流れなかった	流れた
エ	流れなかった	流れなかった

(3)　ヒトの血液の成分について説明したものとして最も適切なものを，次のア～エの中から1つ選んで，その記号を書きなさい。

ア　白血球は，養分や二酸化炭素などの不要な物質を運ぶはたらきがある。

イ　血しょうは，酸素と結びついたり酸素を放したりしながら，酸素を全身に運ぶはたらきがある。

ウ　血小板は，出血したときに血液を固めるはたらきがある。

エ　赤血球は，体の中に入った細菌などをとらえるはたらきがある。

(4)　右の図は，気温と飽和水蒸気量との関係を表したグラフである。点A～Dはある空気の気温と含まれている水蒸気の量を表している。A～Dの空気について説明したものとして最も適切なものを，次のア～エの中から1つ選んで，その記号を書きなさい。

ア　Aの空気は露点《ろてん》が最も高い。

イ　Bの空気は湿度が最も小さい。

ウ　Cの空気はさらに含むことのできる水蒸気の量が最も小さい。

エ　Dの空気は含まれている水蒸気の量が最も大きい。

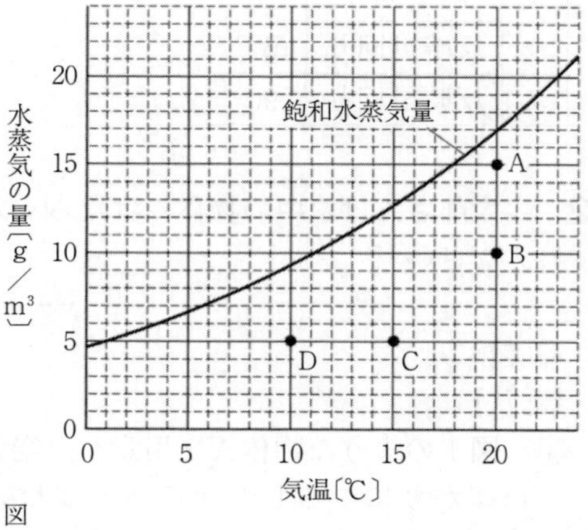

図

(5)　家庭用のコンセントから流れている電流について説明したものとして最も適切なものを，次のア～エの中から1つ選んで，その記号を書きなさい。

ア　向きや大きさが一定で変化しない直流である。

イ　向きや大きさが一定で変化しない交流である。

ウ　向きや大きさが周期的に変化する直流である。

エ　向きや大きさが周期的に変化する交流である。

(6)　電気分解装置を使ってうすい塩酸に電流を十分に流したとき，陽極と陰極に気体はどのように集まるか。最も適切なものを次のア～エの中から１つ選んで，その記号を書きなさい。
ア　陽極にも陰極にも同じ量の気体が集まる。
イ　陽極には気体がほとんど集まらないが，陰極には集まる。
ウ　陽極には気体が集まるが，陰極にはほとんど集まらない。
エ　陽極にも陰極にも気体はほとんど集まらない。

(7)　動物の分類について説明したものとして最も適切なものを，次のア～エの中から１つ選んで，その記号を書きなさい。
ア　ネズミなどの哺乳類は，雌の体内で受精した後に卵が育ち，子としての体ができてから生まれる生まれ方でなかまをふやす。
イ　イモリなどの両生類は，体の表面がうろこで覆われており，乾燥に強い。
ウ　ヘビなどのは虫類は，陸上に殻のある卵をうみ，子が生まれると親が食物を与えるなどして育てるものが多い。
エ　ザリガニやバッタなどの節足動物は，陸上で生活するものは口や鼻から空気をとり入れて呼吸し，水中で生活するものはえらで呼吸する。

(8)　次の文は，北半球における北の空の星の動きについて説明したものである。文中の あ ，い に当てはまる語と数値の組み合わせとして適切なものを，下のア～エの中から１つ選んで，その記号を書きなさい。

北斗七星とは，北半球において，北の空に見られるおおぐま座の一部である。ある日の午後６時に観察した北斗七星は，２か月後の午後８時に同じ場所で観察すると，北極星を中心に あ に い 移動したように見える。

	あ	い
ア	時計回り	60°
イ	時計回り	90°
ウ	反時計回り	60°
エ	反時計回り	90°

2　太郎さんは水中の物体にはたらく力について調べるため，次の実験を行った。(1)～(4)の問いに答えなさい。

≪実験≫
【方法】
①　図１のような物体Aを用意し，空気中でばねばかりにつるしたところ，ばねばかりは3.0Nを示した。
②　図２のように，物体AをXの面を上にして水中にゆっくりと入れていき，物体Aの底面と水面との距離とばねばかりの値との関係を調べた。ただし，物体Aの底面と水面との距離が10.0cmのとき，物体Aは水槽《すいそう》の底にはついていなかった。

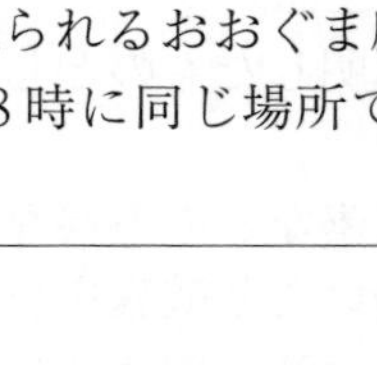

図１

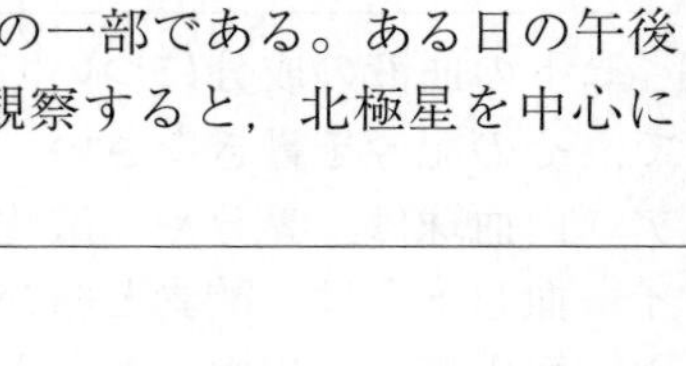

図２

【結果】

物体Aの底面と水面との距離〔cm〕	0	2.0	4.0	6.0	8.0	10.0
ばねばかりの値〔N〕	3.0	2.7	2.4	2.1	1.8	1.8

(1) ばねばかりで力の大きさをはかることができるのは，ばねののびが加えた力の大きさに比例するからである。この関係を何というか，書きなさい。

(2) 実験で，物体Aの底面と水面との距離と，物体にはたらく浮力との関係はどのようになっているか。解答用紙の図3に作図しなさい。

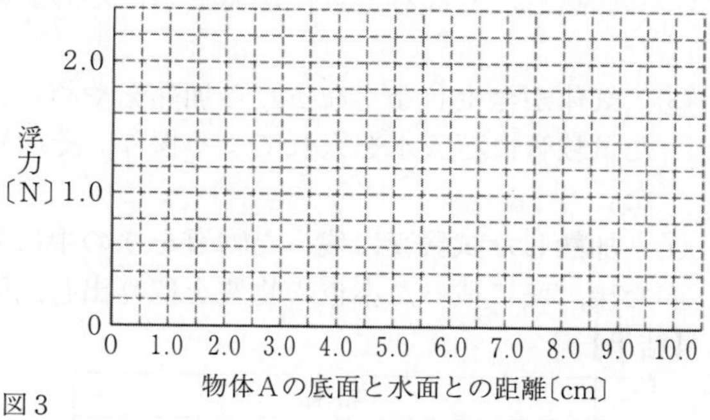

図3

(3) 次の文は，実験の結果について述べたものである。文中の あ ， い に当てはまる語句の組み合わせとして最も適切なものを，下のア～エの中から１つ選んで，その記号を書きなさい。

> 実験で，物体Aの底面と水面との距離が8.0cm 以上になると，ばねばかりの値は変化しなくなった。これは，物体にはたらく浮力は［ あ ］が大きくなるほど［ い ］が，物体Aの底面と水面との距離が8.0cm 以上になると，［ あ ］が変化しないからである。

	あ	い
ア	水中にある物体の質量	小さくなる
イ	水中にある物体の質量	大きくなる
ウ	水中にある物体の体積	小さくなる
エ	水中にある物体の体積	大きくなる

(4) 図4のような物体Bを空気中でばねばかりにつるしたところ，ばねばかりは3.0Nを示した。物体BのY面を上にして水の中に入れていき，実験と同様の操作を行った場合，物体Bの底面と水面との距離が2.0cm のとき及び，8.0cm のとき，ばねばかりの値はどのようになるか。その組み合わせとして最も適切なものを，次のア～エの中から１つ選んで，その記号を書きなさい。ただし，物体Bを水の中に入れていったとき，物体Bは水槽の底につかなかったものとする。

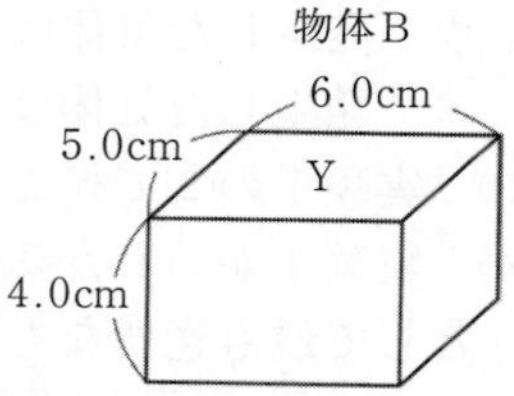

図4

	2.0cm のとき	8.0cm のとき
ア	2.7Nよりも小さい	1.8Nよりも小さい
イ	2.7Nよりも小さい	1.8Nである
ウ	2.7Nよりも大きい	1.8Nよりも小さい
エ	2.7Nよりも大きい	1.8Nである

3 太郎さんは，次のページの図のような装置を組み立てて酸化銅と炭素を用いた実験１を行い，物質が酸素を奪われる反応を調べた。(1)～(5)の問いに答えなさい。

≪実験１≫

【方法】

① 酸化銅4.0ｇと炭素の粉末0.5ｇをよく混ぜ合わせる。

② 酸化銅と炭素の粉末の混合物を右の図のような装置で加熱したところ，気体が発生したため試験管に集めた。

③ 気体が発生しなくなったら加熱をやめ，気体を集めた試験管に石灰水を入れてよく振り，その変化を調べた。

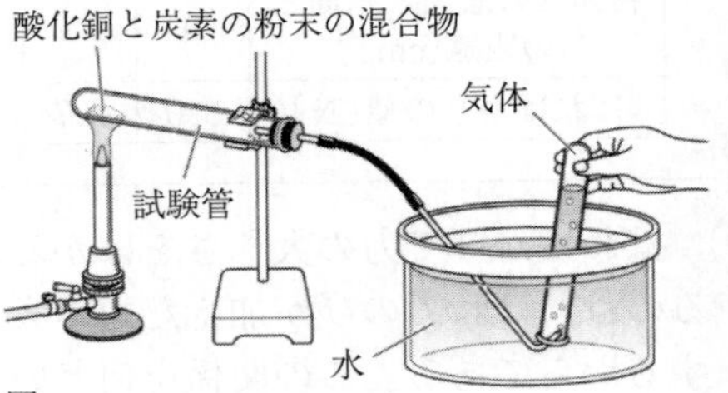

図

④ 加熱した試験管に残った物質を水の中に入れてかき混ぜた。水面に浮いた炭素の粉末を流した後，底に残った赤色の物質を取り出し，薬さじでこすってようすを調べた。

【結果】

	結果
③	石灰水が白くにごった。
④	赤色の物質には特有の光沢が現れた。

(1) 実験１の②で起こった化学変化に関する次の文中の［　　］に当てはまる語を書きなさい。ただし，［　　］には同じ語が入る。

> 物質が酸素と結びつく反応を酸化といい，物質が酸素を奪われる反応を［　　］という。酸化と［　　］は同時に起こっている。

(2) 実験１の②において，発生した気体は図の水上置換法以外の方法でも集めることができる。その方法と，その方法で集めることができる理由を述べたものとして最も適切なものを，次のア～エの中から１つ選んで，その記号を書きなさい。

ア 発生した気体は空気より密度が小さいので，上方置換法でも集めることができる。

イ 発生した気体は空気より密度が小さいので，下方置換法でも集めることができる。

ウ 発生した気体は空気より密度が大きいので，上方置換法でも集めることができる。

エ 発生した気体は空気より密度が大きいので，下方置換法でも集めることができる。

(3) 実験１の②で起こった化学変化を化学反応式で書きなさい。

(4) 実験１からわかることについて説明した次の文中の［あ］～［う］に当てはまるものの組み合わせとして最も適切なものを，下のア～エの中から１つ選んで，その記号を書きなさい。

> 実験１では，［あ］が［い］に酸素を奪われた。このことから，銅と炭素のうち，酸素と結びつきやすいのは［う］である。

	あ	い	う
ア	酸化銅	炭素	銅
イ	酸化銅	炭素	炭素
ウ	炭素	酸化銅	銅
エ	炭素	酸化銅	炭素

(5) 太郎さんは，酸化銅と炭素はどのような割合で反応するのかを調べるために，実験２を行った。

≪実験２≫

【方法】

①　酸化銅4.0ｇと炭素の粉末0.1ｇをよく混ぜ合わせ，図と同じ装置で十分に加熱し，加熱した試験管に残った物質の質量を調べた。

②　炭素の粉末の質量を0.2ｇ，0.3ｇ，…と変えて同様の実験を行い，加熱した試験管に残った物質の質量を調べた。

【結果】

炭素の粉末〔ｇ〕	0.1	0.2	0.3	0.4	0.5	0.6
試験管に残った物質〔ｇ〕	3.73	3.47	3.20	3.30	3.40	3.50

実験２の結果から，酸化銅と炭素はどのような質量の割合で反応することがわかるか。最も簡単な整数の比で答えなさい。

4　花子さんは，土の中と水の中の微生物のはたらきについて調べるために，次の実験を行った。(1)～(4)の問いに答えなさい。

≪実験≫

【方法】

①　加熱殺菌したペトリ皿Ａ，Ｂ，Ｃ，Ｄに，0.1％のデンプン溶液に寒天粉末を入れて固めたものを入れる(培地《ばいち》をつくる)。

②　ペトリ皿Ａには花壇の土をそのまま，ペトリ皿Ｂには花壇の土を十分に加熱したものをのせる。また，ペトリ皿Ｃには池の水をそのまま，ペトリ皿Ｄには池の水を十分に沸騰《ふっとう》させたものを数滴たらす。

③　ペトリ皿Ａ，Ｂ，Ｃ，Ｄにふたをし，数日間放置する。

④　それぞれの表面全体にヨウ素液をたらして，培地の色の変化を観察する。

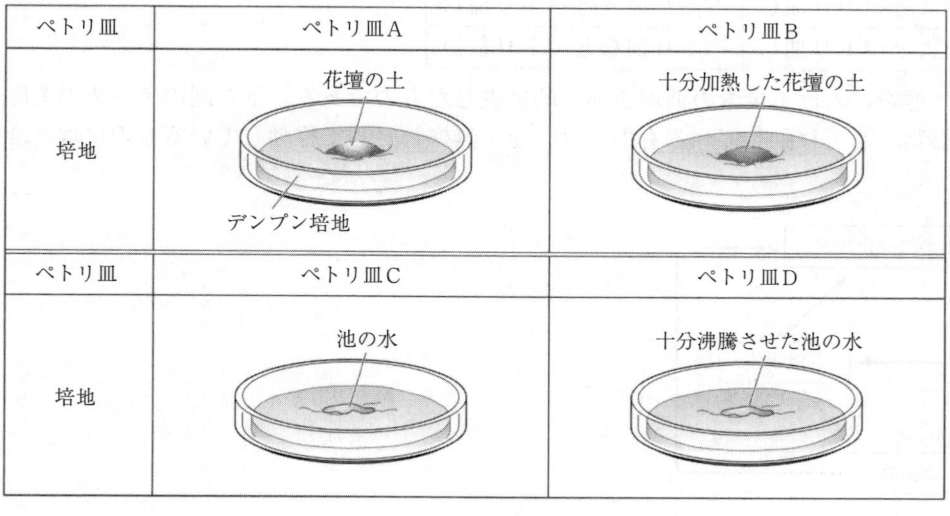

【結果】 ヨウ素液を加えたときの色の変化のようす

ペトリ皿	ペトリ皿A	ペトリ皿B	ペトリ皿C	ペトリ皿D
変化のようす	青紫色に変化したが，土があった周辺は変化しなかった	全体が青紫色に変化した	青紫色に変化したが，水をたらした周辺は変化しなかった	全体が青紫色に変化した

(1) 微生物は，ほかの生物のふんや死がいなどの有機物をとりこみ，無機物にするはたらきに関わっている。このようなはたらきに関わる生物を，生態系の中では特に何というか，書きなさい。

(2) 実験の②で，土を加熱したり，水を沸騰させたのはなぜか。理由として最も適切なものを，次のア～エの中から１つ選んで，その記号を書きなさい。

ア 土や水の色を変化させるため。

イ 土や水の中の微生物を活発に活動させるため。

ウ 土や水の中の微生物を死滅させるため。

エ 土や水の pH を変化させるため。

(3) 実験の結果について述べた次の文中の あ ， い に当てはまるものの組み合わせとして適切なものを，下のア～エの中から１つ選んで，その記号を書きなさい。

実験で， あ の結果を比較すると，土の中の微生物はデンプンを分解するはたらきをもつことがわかる。また， い の結果を比較すると，土の中の微生物と水中の微生物は同じはたらきをしていることがわかる。

	あ	い
ア	ペトリ皿Aとペトリ皿B	ペトリ皿Aとペトリ皿C
イ	ペトリ皿Aとペトリ皿B	ペトリ皿Cとペトリ皿D
ウ	ペトリ皿Aとペトリ皿C	ペトリ皿Aとペトリ皿C
エ	ペトリ皿Aとペトリ皿C	ペトリ皿Cとペトリ皿D

(4) 下の図は，生態系における炭素の循環を模式的に表したものである。下の図のア～オの矢印のうち，炭素が有機物として移動しているものには○を，無機物として移動しているものには×を書きなさい。

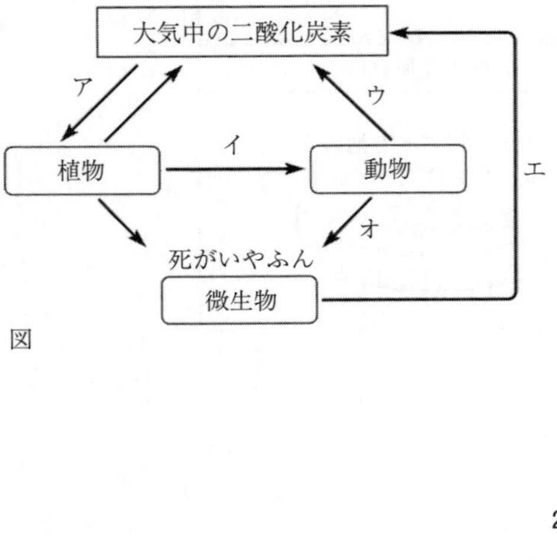

図

5 太郎さんと花子さんは，地層について話している。次の会話を読んで，(1)〜(4)の問いに答えなさい。

太郎：図１は，私たちの住んでいる地域の地層のようすを模式的に表したものだよ。地層から過去にどのようなできごとがあったのかわかると聞いたけど，どの部分を見ればいいのかな。

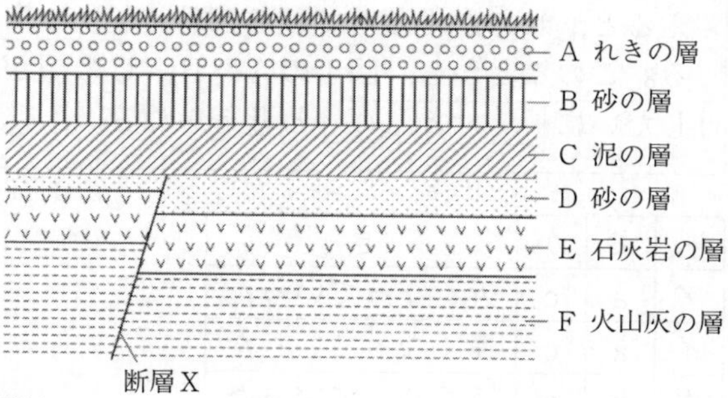

図１

花子：地層の積み重なり方や断層を見れば，a 地層ができた順序や地層に加わった力のようすがわかるよ。また，れき・砂・泥の層の並び方から，その地域の b 海岸からの距離がどのように変化したかがわかるよ。離れた場所にある地層を比べると，さらに詳しいことがわかるね。

太郎：でも，地層が一定の厚さで広がっていることってあまりないと聞いたよ。離れた場所にある地層を比べるには，どうすればいいのかな。

花子：c 火山灰などの火山噴出物が堆積《たいせき》してできた［ あ ］の層や，［ い ］がある層を基準にすると，離れた地層が同時代にできたことを知る手がかりになるよ。［ い ］の例として，アンモナイトの化石が見つかった地層は，中生代に堆積したことがわかるよ。

太郎：なるほど。特徴的な地層を基準にするんだね。

(1) 文中の［ あ ］に当てはまるものとして最も適切なものを，次のア〜エの中から１つ選んで，その記号を書きなさい。また，［ い ］に当てはまる語を**漢字４字**で書きなさい。

ア 凝灰岩《ぎょうかいがん》　イ 石灰岩　ウ チャート　エ 花こう岩

(2) 下線部aについて，この地域の地層の過去について説明した文中の［ う ］，［ え ］に当てはまるものの組み合わせとして最も適切なものを，下のア〜エの中から１つ選んで，その記号を書きなさい。ただし，この地域で地層の逆転はなかったことがわかっている。

図１のA〜Fの層のうち，最も古い時代に堆積した層は［ う ］の層である。また，断層Xができていることから，この地層には［ え ］が加わったと考えられる。

	う	え
ア	A	左右から押す力
イ	A	左右から引く力
ウ	F	左右から押す力
エ	F	左右から引く力

(3) 下線部bについて，太郎さんはれき・砂・泥が水中でどのように堆積するのかを調べた。右の図２は，川のはたらきによって海まで運搬された土砂が，海底に堆積するようすを模式的に表したものである。堆積について説明した文中の［ お ］〜［ き ］に当てはまるもの

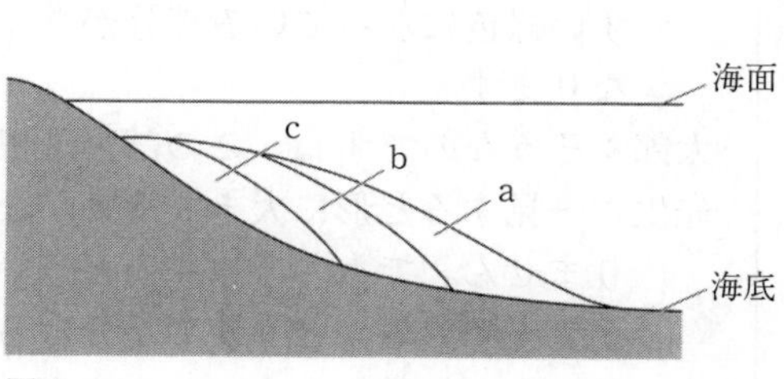

図２

の組み合わせとして正しいものを，下のア～カの中から１つ選んで，その記号を書きなさい。

> 川から海へ運搬されたれき・砂・泥が，図２のａ～ｃのように分かれて海底に堆積すると考えると，れきが堆積している部分は［　お　］であり，泥が堆積している部分は［　か　］である。このことから，図１のＡ，Ｂ，Ｃの層が堆積していた当時，この地域は海岸からの距離がしだいに［　き　］と考えられる。

	お	か	き
ア	a	c	近くなっていった
イ	a	c	遠くなっていった
ウ	b	a	近くなっていった
エ	b	c	遠くなっていった
オ	c	a	近くなっていった
カ	c	a	遠くなっていった

(4)　下線部ｃについて，離れた場所にある地層を比べるときに，火山灰を含む地層を基準とする理由について説明した文中の［く］に当てはまる内容を，「地域」という語を用いて書きなさい。

> 火山灰は風によって遠くまで飛ばされやすく，同じ時期に［　く　］ため，火山灰を含む地層が離れた場所にあってもつながりのある地層だとわかるから。

6　次の(1)，(2)の問いに答えなさい。

(1)　太郎さんは，調理実習で料理をつくったときのことについて，理科の先生と会話している。次の会話を読んで，下の①，②の問いに答えなさい。

太郎：今日の調理実習では，学校菜園で種子から育てたダイコンを使ってブリ大根をつくりました。学校菜園ではジャガイモも育てましたが，ダイコンとはちがって種子ではなく種イモを植えました。なぜでしょうか。

先生：ａ種子と種イモでは生殖の方法が異なり，種イモのほうが発芽する割合が大きくなって，収穫できる量も多くなるからです。

太郎：そうだったんですね。ダイコンを調理しているときに疑問に思ったのですが，ダイコンは根から葉がそのまま出ているように見えます。ダイコンには茎がないのでしょうか。

先生：いいえ，ダイコンにも茎はありますよ。図１は，ダイコンのつくりを模式的に表したものです。ダイコンの葉のつけ根のほうに，うすい緑色になっている部分がありますよね。ここがダイコンの茎になります。

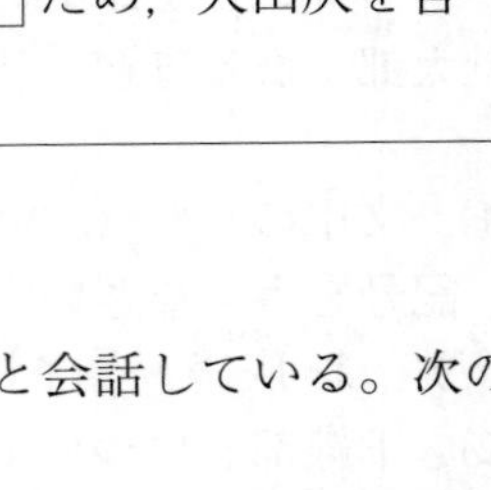

図１

太郎：そうなのですね。この部分も根の一部だと思っていました。

先生：一見すると形に大きな違いがないので，そう思ってもしかたがありません。でも，よく見ると違いがわかりますよ。例えば，細い根が生えているかどうかで見分けることもできます。ｂ白い部分には細い根が無数に生えていますが，緑色の部分には生えていません。

太郎：なるほど。確かにそうですね。調理実習を行っているときにもう一つ疑問がありました。みりんを加熱して，含まれるエタノールを気体にして取り除く「煮切り」という調理法を教わったのですが，みりんを加熱したとき，どうして水は気体にならずエタノールだけが気体になるのでしょうか。
先生：水よりもエタノールのほうが沸点が低いからです。しかし，水は常温でも少しずつ蒸発するので，エタノールだけが気体になるわけではないのですよ。
太郎：エタノールがどれくらい取り除かれるか調べる方法はありますか。
先生：みりんを加熱したときに出てきた液体を集め，その密度を調べればよいですよ。

① 下線部aについて，種イモによる生殖の説明として最も適切なものを次のア～エの中から１つ選んで，その記号を書きなさい。
ア 有性生殖であり，収穫したイモは種イモと同じ形質をもつ。
イ 有性生殖であり，収穫したイモは種イモと異なる形質をもつ。
ウ 無性生殖であり，収穫したイモは種イモと同じ形質をもつ。
エ 無性生殖であり，収穫したイモは種イモと異なる形質をもつ。
② 下線部bについて，植物の分類に関する説明として正しいものを次のア～エの中から１つ選んで，その記号を書きなさい。
ア 根のつくりから，ダイコンの茎の維管束は輪状になっているといえる。
イ 根のつくりから，ダイコンは被子植物の単子葉類であるといえる。
ウ 白い部分から生えている細い根は根毛である。
エ ダイコンと同じ根のつくりをもつ植物には，ユリがある。
(2) 花子さんと太郎さんは，みりんの煮切りで出ていくエタノールの量を調べる実験について相談している。次の会話を読んで，下の①，②の問いに答えなさい。

花子：みりんを加熱して出てきた液体の密度を調べて，含まれるエタノールの量を調べるんだよね。
太郎：そうだよ。「煮切り」はみりんからエタノールを取り除く調理方法だから，出てきた液体には多くのエタノールが含まれるはずだよ。
花子：ではその仮定にもとづいて実験をしてみよう。

花子さんのノートの一部
○みりんやエタノールについて
・エタノールの密度は0.79g/cm^{3}であり，水の密度は1.00g/cm^{3}である。
・エタノール水溶液におけるエタノールの質量パーセント濃度と，水溶液の密度との関係をグラフで表すと図２のようになる。
・実験で使用するみりんに含まれている物質は，水とエタノールが大部分を占めているので，加熱して出てくる物質は，水とエタノールのみとする。

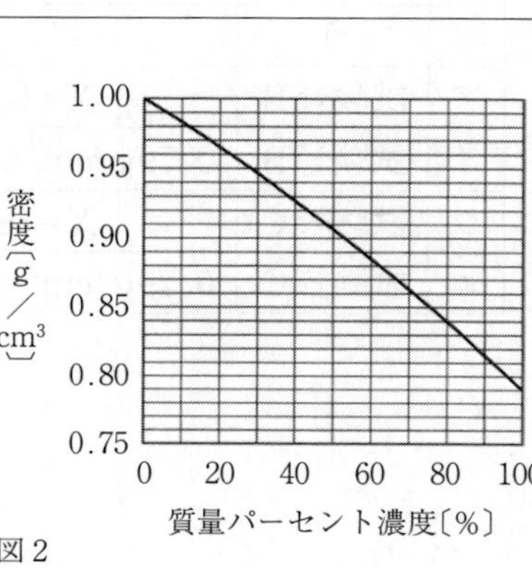

図２

≪実験≫

【方法】

① 試験管A～Dを用意し，それぞれ3 cm^3 の位置に印をつける。

② 枝付きフラスコにみりんを20 cm^3 入れ，図3のような装置で加熱し，出てきた液体を試験管Aに集める。

③ 試験管Aに印の位置まで液体が集まったら，試験管Bに変える。これを試験管Dに液体が集まるまでくり返す。

④ 試験管A～Dの液体の質量と体積をそれぞれ測定する。

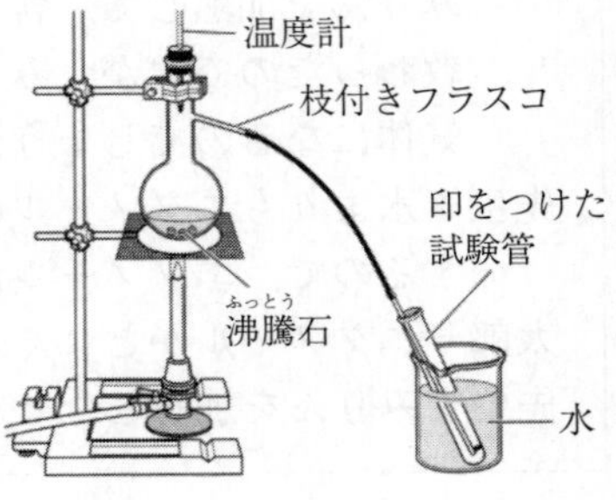

図3

	試験管A	試験管B	試験管C	試験管D
質量〔g〕	2.54	2.81	2.98	3.01
体積〔cm^3〕	3.02	3.01	2.98	3.01

【結果と考察】

・含まれるエタノールの割合が最も高いのは，[あ]の液体であり，その割合は質量パーセント濃度で約[い]である。

・表の結果から，枝付きフラスコ内の液体からエタノールがほとんど取り除かれたのは，[う]を集めているときであると考えられ，試験管Dが集まったときの枝付きフラスコ内の液体の密度を X〔g/cm^3〕とすると，[え]となる。

① 文中の[あ]，[い]に当てはまる語と数値の組み合わせとして最も適切なものを，次のア～エの中から1つ選んで，その記号を書きなさい。

	あ	い
ア	試験管A	50%
イ	試験管A	80%
ウ	試験管D	50%
エ	試験管D	80%

② 文中の[う]，[え]に当てはまる語と式の組み合わせとして最も適切なものを，次のア～エの中から1つ選んで，その記号を書きなさい。

	う	え
ア	試験管B	$X=0.79\mathrm{g/cm^3}$
イ	試験管B	$0.79\mathrm{g/cm^3}<X\leqq1.00\mathrm{g/cm^3}$
ウ	試験管C	$X=0.79\mathrm{g/cm^3}$
エ	試験管C	$0.79\mathrm{g/cm^3}<X\leqq1.00\mathrm{g/cm^3}$

オ

○ 日本と西洋の違い

工場生産へのロボットの導入に関して

日本＝心理的抵抗がない
西洋＝心理的抵抗がある

(六) 【Ⅳ】のスライドは、【Ⅲ】の話し合いをもとに作成したものである。**発表の順番になるように、**ア～オの記号を並べ替えて書きなさい。

(七) 【Ⅳ】の F と G に入る言葉を、【Ⅱ】をもとに考え、それぞれ三字で書きなさい。

四 次の(一)～(三)の問いに答えなさい。

(一) 次の【Ⅰ】～【Ⅲ】を読んで、後の(1)と(2)の問いに答えなさい。

【Ⅰ】 書き下し文

聖を絶《た》ち智《ち》を棄《す》つれば、民利百倍す。仁を絶ち義を棄つれば、[　　　]。

【Ⅱ】 訓読文（訓読するための文）

絶《チ》レ聖《ヲ》棄《ツレバ》レ智《ヲ》、民利百倍《ス》。絶《チ》レ仁《ヲ》棄《ツレバ》レ義《ヲ》、民復《かへル》二孝《かう》慈《じニ》一。

【Ⅲ】 現代語訳

聖人や智者を絶ち棄てて用いなければ、人民の利益は大きく増す。仁や義という徳目を絶ち棄てれば、人は自然に孝行心を取り戻す。

(1) 【Ⅰ】の[　]に入る語句として最も適切なものを、次のア～エの中から一つ選んで、その記号を書きなさい。

ア 孝慈に復る民　　イ 孝慈に民復る
ウ 民復る孝慈に　　エ 民孝慈に復る

(2) 【Ⅰ】の――部「絶」のへんを行書で書いたものとして最も適切なものを、次のア～エの中から一つ選んで、その記号を書きなさい。

ア

イ

ウ

エ

(二) 次の(1)～(4)の――部について、漢字の部分の読みを平仮名で、片仮名の部分を漢字で書きなさい。

(1) 人心を掌握する。
(2) 事前の確認を怠る。
(3) 重要な仕事をマカされる。
(4) 審査をゲンミツに行う。

(三) 「人造」という熟語の構成の説明として最も適切なものを、次のア～オの中から一つ選んで、その記号を書きなさい。

ア 二字が似た意味の漢字を重ねたもの。
イ 二字が対になる漢字を組み合わせたもの。
ウ 上の漢字が下の漢字を修飾しているもの。
エ 下の漢字が上の漢字の目的や対象を示すもの。
オ 主語と述語の関係にあるもの。

る部分があると思いました。

有美　スライドの順番としては、ロボットに対する日本と西洋の違いが先で、日本人の自然観を後に示す流れのほうがよさそうですね。

三郎　その二つのスライドの間に「ロボット差別」を印象づけるスライドを挟み込めば、日本人の自然観が「ロボット差別」を解決するヒントになるという流れができると思います。

洋司　それはよい案ですね。【Ⅱ】の中で筆者は、人工知能にできることとして「カウンセリングを行う」ことの他に「　E　」ことや、「美しい詩を作る」ことなどの事例を紹介しているので、「ロボット差別」のスライドを発表するときに、反対意見として紹介するのはどうでしょうか。あと、人工知能は「AI」と表記したほうが、スライドが簡潔になってよいと思います。

有美　そうですね。私もその意見に賛成です。話し合いをする中で、発表の流れも見えてきましたね。発表するのが楽しみですね。

(四)　【Ⅲ】の E に入る言葉を、【Ⅱ】の言葉を使い、三十字以上、四十字以内で書きなさい。（読点を含む。）

(五)　【Ⅲ】の――部の有美さんの発言は、話し合いの中でどのような役割を果たしているか。最も適切なものを、次のア～エの中から一つ選んで、その記号を書きなさい。

ア　相手の発言の根拠を確認する役割
イ　相手の発言の誤りを指摘する役割
ウ　話し合いの目的を意識させる役割
エ　話し合いの内容を整理する役割

【Ⅳ】　有美さんのグループの発表のスライド

ア

○　解決のヒント

日本人の自然観

生命のない日常の事物にも生命がある

イ

○　問題提起

人間の生活の中で役割が大きくなる機械

➡ 機械と人間の関係 をどう考えるか

ウ

○　ロボット差別

ロボットを心のどこかで見下している

AIが自動作成した詩は

「無価値で味気ない」

エ

○　AIのメリット

例）AIによるカウンセリング

・プライバシーが守られる　F　がある

・冷静で真剣で　G　対応が受けられる

世界中に記事を配信できるようになるはずです。

ちなみに、カールスタッド大学のクラーウォール博士が、大学生を相手に新聞記事の鑑別テストを行ったところ、作成主が人間なのか人工知能なのかを、ほぼ判別できなかったそうです。

人工知能の専門家たちは、今年3月にニューヨーク・タイムズ紙に「これで驚いてはいけない。文豪を※2凌駕《りょうが》する※3ソネットを創作することもできる」と、二つの文体の異なる美しい人工詩(シェークスピア風の詩、そしてトルストイ風の詩)を掲載し、関係者を驚かせました。ただし現実には、新聞記事とは異なり、詩の受注はこれまで一度もないそうです。

これがポイントです。なぜヒトはAIに詩を注文しないのでしょうか。理由は「ロボットがデジタル演算で自動作成した詩なんて味気ない」といったところでしょう。

つまりヒトはロボットを心のどこかで馬鹿にし、見下しているのです。「ロボット差別」と呼ばれる現象です。歴史をひもとけば、植民地支配や奴隷はすべて、相手を「自分より劣った対象」と見下す差別心が根底にあります。ロボットの作った詩を(たとえヒトが創作したものと差がなくても)「味気ない」「無価値だ」と一方的に決めつけるのも同様で、ヒトの醜悪な偏見にほかなりません。

冒頭の問題に戻りましょう。人工知能によるカウンセリングの試みは、1960年代から始まっています。アイスランドの作家イルサ・シグルザルドッティルは、世界初の人工カウンセリングを受けた一人として有名です。彼女は「他人にプライベートを知られたくなかった」と述べています。相手が人間だと打ち明けにくいこともあるでしょう。人工知能ならば安心して自分のすべてを晒《さら》すことができます。さらに、何時間も会話を続けても、顔色を変えたり、イライラしたりせず、とことん悩み相談に付き合ってくれます。対応は常に冷静で、真剣で、そして誠実です。

(池谷裕二「脳はすこぶる快楽主義　パテカトルの万脳薬」による。)

※1　遡行＝さかのぼる。
※2　凌駕する＝上回る。
※3　ソネット＝十四行で書かれる詩。

【Ⅲ】グループでの話し合いの一部

有美　【Ⅰ】では、ロボットに対する日本と西洋の考え方の違いが強調されていましたね。

三郎　【Ⅱ】では、人工知能によるカウンセリングの話がとても印象に残りました。

有美　【Ⅰ】と【Ⅱ】の内容をうまく組み合わせて、発表のスライドの構成を考えていきましょう。

三郎　【Ⅱ】では、人工知能によるカウンセリングのメリットが強調されています。それを一番目のスライドにするのはどうでしょう。

涼子　でも、「ロボット差別」の問題を解決しなければ、メリットに到達できません。先に問題点について発表をしませんか。

洋司　そうですね。【Ⅰ】で提起されている「機械と人間の関係」という問題を論じたあとに、メリットを示すのがよいと思います。

三郎　そうですね。メリットを最後のスライドにしたほうが、前向きな形で発表を終えることができると思いました。

有美　問題提起から入り、最後にメリットを示すという流れでよいですね。では、問題点について、どのように論じていきましょうか。

洋司　【Ⅰ】に着目すると、日本人の自然観は、ロボットや人工知能を受け入れていくためのヒントになると思います。

涼子　なるほど。私は、【Ⅰ】でのロボットに対する西洋の考え方は、【Ⅱ】での「ロボット差別」に通じていものを、次のア～エの中から一つ選んで、その記号を書きなさい。

ア　A　そして　B　つまり　C　また
イ　A　しかし　B　だから　C　さらに
ウ　A　しかも　B　なぜなら　C　ただし
エ　A　あるいは　B　でも　C　たとえば

(二)　【Ⅰ】の内容に合っているものとして最も適切なものを、次のア～エの中から一つ選んで、その記号を書きなさい。

ア　チェコスロヴァキアの作家カレル・チャペックは「人間の仕事をする機械」としてのロボットを夢見たが、その後のテクノロジーの発達がもたらしたロボットの多くは、人間の娯楽に関連するロボットであった。

イ　テクノロジー文明の成果を駆使して生み出されたロボットは国境を越えた普遍的存在であるため、国や民族の歴史的、文化的条件に由来する差異にかかわらず、ロボットとの付き合い方は、各国で共通している。

ウ　イタリアで開催された国際シンポジウムで、イタリア側の参加者は、機械が人間の代わりをしたり、人間の領域が機械に侵されたりすることへの嫌悪感や反発が、ロボット導入を妨げる要因であるとしている。

エ　「静物」を「死んだ自然」と表現するフランスでは、創造主である神が創り出した世界において、人間とその他の被創造物とは明確に区別されているという考え方が、他の西洋諸国よりも根強く生き残っている。

(三)　有美さんは【Ⅰ】を読んで、「アニミズム的世界観に基づいている日本の事例」を次のようにまとめた。D に入る最も適切な言葉を、【Ⅰ】から二十五字で抜き出して、その初めと終わりの三字を書きなさい。（読点を含む。）

○　アニミズム的世界観に基づいている日本の事例
・工場生産用のロボットに対する人間のような扱い方
・日常の道具類を　D　という「針供養」や「筆塚」などの風習
・日常生活でよく用いられる事物を生き物のように描いた絵画

【Ⅱ】

つらいことがありました。気力を失い、風景が色褪《あ》せて見えます。人生そのものに思い悩むようになり、メンタルクリニックに行きました。窓口で質問されます――「相談相手は人工知能がよろしいですか。それとも人間のカウンセラーがよろしいですか？」。

こんな場面で皆さんはどちらを選択しますか。「機械との会話では心の傷は癒やされない」「そもそもロボットに私の心が理解できるのか」。そう感じる方もいるでしょう。ところがハーバード大学のボハノン博士によれば、最近は人工知能のカウンセリングを選択する患者も少なくないそうです。7月の「サイエンス」誌で人工知能が大きく取り上げられました。その特集号で彼が担当した記事のタイトルは、ずばり「人造セラピスト」です。

少し視点を変えましょう。「カウンセリング」は、人間だけができる、人間ならではの仕事でしょうか。「人間らしさとは何か」を問うときに、逆に「機械で代替できるものは何か」という疑問から※1遡行《そこう》してみることが肝心です。

類似した問題は別の分野でも問われています。たとえば今や、新聞記事や顧客向けレポート程度ならば、人工知能が書くことができます。なかでも膨大なデータに基づいて文章を自動作成できる経済やスポーツなどは得意分野です。

米国にはそうした自動作成の文章を提供するＩＴ会社が複数あり、すでに年間10億本を超える新聞記事を配信しています。人工知能は1、2カ月もあれば、いかなる言語も習得が可能ですから、いずれ悪感《おかん》、あるいは人間の領域が機械に侵されることに対する反発の感情で、そのためにイタリアの労働者は容易にロボットを受け入れようとはしないというのである。

イタリア側のこの質問に対して日本人参加者が当惑したのは、日本ではそのような「心理的抵抗」はまったくなかったからである。日本の労働者たちは、ロボットを何の抵抗もなく受け入れたばかりでなく、ロボットに「花子《はなこ》」とか「百恵《ももえ》ちゃん」などと名前をつけて親しみ、リボンの飾りをつけたりした。「百恵ちゃん」というのは、当時人気の高かった歌手の名前である。[A]機械の調子が悪いときには「今日は百恵ちゃんは機嫌が悪い」などと言い合っていた。[B]日本ではロボットは、当初から、人間と同じような仕事仲間として受け入れられてきたのである。

このことは、日本人が昔から、動物や植物はもちろん、生命のない日常の道具類も、人間と同じような心を持った「有情《うじょう》の存在」と考えてきた心性と無縁ではないであろう。

このような日本人のメンタリティの例の一つとして、現在でも日本の各地で広く行なわれている「針供養《はりくよう》」を挙げることができる。これは裁縫の縫針《ぬいばり》に対して、平素の働きに感謝し、その労をねぎらうため、丁寧に紙に包んで休ませたり、不用になったものを豆腐やこんにゃくのような柔らかいものに刺して、神社に納める年中行事の一つである。[C]、使い古してもはや役に立たなくなった筆をきちんと墓に埋めて供養する「筆塚」も、全国の神社や寺によく見られる。日本人にとって、縫針や筆はただの生命のない道具ではなく、心を通わせることのできる仲間であって、したがって、不用になった場合も、そのまま捨ててしまわず、人間に対するのと同じように、しかるべきやり方で弔うという風習が現在に至るまで続いている。

フランス語では、「※3静物《せいぶつ》」のことを「死んだ自然(nature morte)」というが、日本人の伝統的な自然観では、自然のなかの森羅万象はすべて生命を持った存在であり、裁縫道具や筆記用具のように日常よく使う道具は、同時に心の友であり、仕事仲間でもある。このことは、最新テクノロジーによる道具であるロボットの場合も、例外ではない。

一六世紀中頃の《百鬼夜行絵巻》のなかに、唐傘、琴、着物その他、日常生活でよく用いられる事物がまるで生き物のようにぞろぞろと行列して歩いて行く様子が描かれている。※4衣桁《いこう》にかけられた袴《はかま》が行列に加わろうと身もだえしながらずり落ちて行く姿や、本来部屋のなかに鎮座しているはずの琴に足が生えてうごめいている様子は、いささか不気味であると同時に、どこかユーモラスな趣もあって、画家の遊び心を感じさせる。この異様な行列情景を描かせたものは、これらの事物もまた意志や感情を持った生きた存在だという思想である。江戸時代にはこの他にも、豆腐が人間になった「豆腐小僧」のような奇妙な化け物がいろいろ登場してくるが、西欧の絵画の歴史のなかには、このような例はまず思い浮かばない。創造主である神によって創り出された世界においては、人間とその他の被創造物とははっきりと区別されており、「死んだ自然」はあくまでも死んだままなのである。(中略)

動物や植物のみならず、生命のない日常の事物にも生命があると考える日本人のこのような自然観は、通常「アニミズム」と呼ばれる。それは遠い古代においてはさまざまの民族に共通して見られたものだったが、文明の進歩とともに次第に克服され、失われていったと考えられてきた。日本文化の特色の一つは、このような「アニミズム的世界観」が現代に至るまで生き続け、しかもそれが最先端の技術と矛盾なく共存している点にある。

(高階秀爾「日本人にとって美しさとは何か」による。)

※1　エンターテイメント＝娯楽。
※2　シンポジウム＝公開討論会。
※3　静物＝静止していて動かない物体。
※4　衣桁＝着物などを掛けておくための家具。

(一)　【Ⅰ】の[A]〜[C]に入る言葉の組み合わせとして最も適切な

← 人々が逃げ回るなか、宗輔公は御前にあったびわの実を一ふさ取り、皮をむいて高く掲げた。

←

すると、全部の蜂がびわの実に集まって、飛び回らなくなった。

←

天皇は、「ちょうど良いときにいてくれたものだ」と感心して、宗輔公をお褒《ほ》めになった。

〈感想〉

・人々が蜂を見て逃げ回る様子を想像するとおもしろかった。
・優れた技能や知識を持つ人は天皇に高く評価された人は優れている人について書かれている。
・自分が得意だと思えることを見つけたいと思った。

三　有美さんたちは、国語の授業で、【Ⅰ】と【Ⅱ】の文章を読み、グループごとに分かったことをスライドで発表することになりました。そのために【Ⅲ】の話し合いをして、【Ⅳ】のようにまとめました。後の(一)～(七)の問いに答えなさい。（【Ⅰ】と【Ⅱ】と【Ⅲ】はすべてページごとに上段から下段に続いている。）

【Ⅰ】

二〇世紀後半におけるテクノロジーの発達は、今から八十年ほど前にチェコスロヴァキアの作家カレル・チャペックが夢見た「人間の仕事をする機械」としてのロボットを、現実の存在とすることを可能ならしめた。それも、一般の人々のあいだで漠然とイメージされている金属の皮膚で覆われた人間というヒューマノイド型ロボットばかりでなく、人間のかたちとは似ても似つかないさまざまの産業用ロボットも登場してきた。その活躍の範囲も、大規模な工場生産の過程の一部を受け持つことから、老人や病人の世話を引き受けるような介護ロボットや、ロボット・コンテストの例に見られるような※1エンターテイメント系ロボットに至るまで、きわめて幅広い分野にわたっている。人間の生活にかかわるロボットの役割は、今後さらに大きくなって行くであろう。

それにともなって、ロボットと人間の関係をどのように考えるかという問題が浮上してきた。より一般的に、機械と人間の関係と言ってもよい。ロボットはテクノロジー文明の成果を駆使して生み出されたものであり、そのかぎりでは他の近代文明の所産と同じように国境を越えた普遍的存在であるが、そのロボットの利用の仕方、もっと端的に言ってロボットとの付き合い方は、国により、民族によって必ずしも一様ではない。そこには、それぞれの国の歴史的、文化的条件に由来する差異が見られるからである。

私がこの問題を鮮明に印象づけられたのは、一九七〇年代、イタリアにおける「テクノロジーと文化」を主題とするある国際※2シンポジウムに参加したときのことであった。当時は工場生産へのロボットの導入が盛んに行《おこ》なわれるようになって来た時期で、日本はその点に関して特に熱心で、実績もあげていた。シンポジウムの席上、イタリア側の参加者から、ロボットの導入を妨げる大きな要因の一つとして、労働者たちの心理的抵抗があるが、日本はこの問題にどのように対処しているかという設問が発せられた。この質問は、日本側の参加者を当惑させるのに充分であった。ロボットの登場によって自分たちの職場が奪われるかもしれないという不安なら理解できる。それは一般の労働問題と同じであって、労働者たちが仕事を失わないように対策を講じればよい。だがイタリア人たちの言う「心理的抵抗」というのは、機械が人間の代わりをすることへの嫌《けん》に、明暹調子ごとに声違《たが》へず上げければ、主上あやしみ給ひて、この僧を召しければ、明暹ひざまづきて庭に候《さぶら》ふ。仰《おほ》せによりて、ゥ上りて※2簀子《すのこ》に候ふに、「笛や吹く」と問はせおはしましければ、「かたのごとく仕《つかまつ》り候ふ」（一通りはたしなみます）とェ申しければ、「②さればこそ」とて、御笛賜《た》びて吹かせられけるに、※3万歳楽《まんざいらく》をえもいはずォ吹きたりければ、御感ありて（感心なさって）、やがてその笛を③賜びてけり。件《くだん》の笛伝《つた》はりて、今※4八幡別当《やはたのべつたう》幸清がもとにありとか（あるという）。

※1　大般若の御読経＝大般若経の経典を読み上げる会。
※2　簀子＝庭よりも一段高い縁側。
※3　万歳楽＝曲名。
※4　八幡別当＝石清水八幡宮の長官。

(一)　①やうやうに　を現代仮名遣《づか》いに直して、すべて平仮名で書きなさい。

(二)　ァ参る・ィ変へて・ゥ上りて・ェ申しければ・ォ吹きたりければ　の中で、主語が異なるものを一つ選んで、その記号を書きなさい。

(三)　②さればこそ　とあるが、誰のどのような気持ちを表しているか。最も適切なものを、次のア～エの中から一つ選んで、その記号を書きなさい。
ア　明暹の、堀河天皇が御読経に合わせて自在に笛を吹くことができると知って感動する気持ち。
イ　明暹の、堀河天皇が大般若の御読経の後に自分を呼び出した理由が分かって安心する気持ち。
ウ　堀河天皇の、明暹が笛の調子に合わせた適切な声域で経を読み上げたことに納得する気持ち。
エ　堀河天皇の、明暹が笛の調子とは関係なく一定の声域で読経を続けたことに感心する気持ち。

(四)　③賜びてけり　とあるが、堀河天皇がそのように行動した理由として最も適切なものを、次のア～エの中から一つ選んで、その記号を書きなさい。
ア　堀河天皇から渡された笛を、明暹が高価であると見抜いたことに感心したから。
イ　堀河天皇から渡された笛を、明暹がみごとに演奏したことに感心したから。
ウ　堀河天皇から渡された笛を、明暹が文句も言わずに吹いたことに感心したから。
エ　堀河天皇から渡された笛を、明暹が天皇に返そうとしたことに感心したから。

(五)　三郎さんは、【Ⅰ】とテーマが似ている話「鳥羽殿《とばどの》の蜂騒《はちさわ》ぎ」を見つけ、【Ⅱ】のように、あらすじと感想をノートにまとめた。しかし、感想を読み返した際に、優れた技能や知識を持つ人は天皇に高く評価された人は優れている　の箇所の表現が適切ではないと思い、書き直すことにした。「人について書かれている。」につながるように、‖部の言葉を使い、十五字以上、二十字以内で書きなさい。（読点を含む。）

【Ⅱ】　三郎さんのノートの一部

〈「鳥羽殿の蜂騒ぎ」のあらすじ〉
たくさんの蜂を飼っていた宗輔《むねすけ》公は、「蜂飼《はちかい》の大臣《おとど》」と呼ばれていた。
↓
世間の人は、宗輔公が蜂を飼うのは、役に立たない無益のことだと評していた。
↓
五月頃、天皇の離宮である鳥羽殿で、蜂の巣が落ちて天皇の御前に蜂が飛び散る騒ぎがあった。

に従う天馬に疑問を感じる気持ち。

イ　誰よりも長く働いている天馬をねぎらうのと同時に、天馬がまだ工場にいたことを喜ぶ気持ち。

ウ　まだ見習いである天馬の立場は分かるものの、暑い工場で残業させられていることに憤《いきどお》る気持ち。

エ　天馬が望んでしていることとは理解しながらも、働きづめの天馬をかわいそうだと思う気持ち。

(二)【Ⅱ】にどう考えているか分かる　とあるが、琴葉はこの場面でどのように考えているか。「と考えている。」につながるように、【Ⅰ】の言葉を使い、四十字以上、五十字以内で書きなさい。（読点を含む。）

(三)【Ⅰ】と【Ⅱ】に②指先をじっと見つめた　とあるが、この時の天馬の気持ちとして最も適切なものを、次のア～エの中から一つ選んで、その記号を書きなさい。

ア　自分の指先がよごれていることを心配してくれる琴葉の優しさに触れ、今まで琴葉の心遣いに気づかなかったことを反省する気持ち。

イ　自分の指先がよごれていることを指摘されたが、そのよごれが目標とする社長に近づいたことを象徴しているように思えて喜ぶ気持ち。

ウ　指先がよごれても技術が一向に身につかない自分とは違い、指先のよごれとともに数々の技術を身につけてきた社長のことを尊敬する気持ち。

エ　指先のよごれがとれないほど長く働いてきた社長の苦労を知り、自分の工場を持つという夢がかなう日はいつになるのかと不安に思う気持ち。

(四)【Ⅰ】に③思いだしたら、余計に情けない気持ちになった　とあるが、その理由として最も適切なものを、次のア～エの中から一つ選んで、その記号を書きなさい。

ア　将来をしっかりと見据えながら今の仕事に一生懸命に取り組んでいる天馬と、取るに足らない目先のことだけしか考えていない自分との差を痛感したから。

イ　実際には何の用もないのに声を掛けたことで、仕事の後に点検をしながら機械について勉強している天馬の時間を邪魔していたことに気がつき、反省したから。

ウ　母親にしかられないようにするために天馬を利用しようとした自分のずるい行動を非難され、天馬との距離がますます広がってしまったように感じたから。

エ　目標にむかって前進する天馬の話を聞き、夢のない自分のことをつまらない存在だと思う気持ちがふくれあがり、天馬に対する劣等感に押しつぶされそうだったから。

(五)【Ⅰ】の内容や表現の説明として最も適切なものを、次のア～エの中から一つ選んで、その記号を書きなさい。

ア　複数の登場人物のユーモアのある言動を描くことで、気持ちの変化を表現している。

イ　会話のやりとりや登場人物の心の中を描くことで、揺れ動く気持ちを表現している。

ウ　時間の変化を描くことで、登場人物の間の微妙な人間関係の変化を表現している。

エ　全体を第三者の視点から描くことで、登場人物の人間関係を明確に表現している。

二

三郎さんは、国語の授業で【Ⅰ】の古典の文章を読みました。後の(一)～(五)の問いに答えなさい。

【Ⅰ】　古典の文章

これも今は昔、堀河院《ほりかはゐん》(堀河天皇)の御時、奈良《なら》の僧どもを召して(招いて)、※1大《だい》般若《はんにゃ》の御《み》読経《どきやう》行はれけるに、明暹《みやうせん》この中にア参る。その時に主上(天皇が)御笛を遊ばしけるが(笛をお吹きになったが)、①やうやうに調子をイ変へて吹かせ給《たま》ひけるったいない」
　そんなふうにいわれると、返す言葉もなかった。
　ふと、天馬の指先に目が行った。機械油で黒くよごれている。
「天馬、手をよく洗ったほうがいいよ。そのうち、お父さんみたいに落ちなくなっちゃうよ」
　お父さんの指は、お風呂から上がっても黒いままだ。軍手をしているにもかかわらず、染みこんだ機械油が、爪のあいだやしわの一本一本に入りこんでいる。お父さんは気にしていないようだけど、あたしはすごく気になる。そのせいで、小学校に上がるくらいから、手をつながなくなっていた。
　天馬はノートを閉じると、はじめて気づいたというように、②指先をじっと見つめた。
「そっか。社長の指の油、とれないのか……」
　なぜかうれしそうなその顔を、不思議に思う。
「ひとつの技術を身につけるにも、十年以上かかるっていわれてるんだ。オレも、早く社長みたいになりたいよ。そしたら、自分の工場をもって……」
　胸がざわついた。
目標にむかって、つきすすむ天馬。
なんの夢もないあたし。
　天馬はどんどん先に行ってしまう。ぜったいに追いつけない。あたしたちの距離は、永遠にちぢまらない……そのことが、なぜかさびしい。
「それより琴葉、オレに用？　どうして家に入らないんだ？」
　いわれて、はっと思いだした。お母さんに、帰りがおそいとしかられそうだったから、天馬といっしょに入れば安全だろうともくろんだのだ。
　③思いだしたら、余計に情けない気持ちになった。
「腹へった。早く帰ろう」
　天馬は察したようにあたしの前に立つと、工場の隣の一軒家にむかった。
　瓦屋根の古い和風の建物。そこに、お父さん、お母さん、※2裕《ゆう》太《た》、あたし、そして天馬が住んでいる。

（工藤純子「てのひらに未来」による。）

※1　おもむろに＝ゆっくりと。
※2　裕太＝琴葉の弟。

【Ⅱ】　感想の交流の一部

三郎　琴葉が帰宅前に工場の中をのぞいたのは、よっぽどお母さんの小言がいやだったのかな。
有美　それが一番の理由のようだね。でも、天馬のことが気になっていた部分もあると思うな。
洋司　そうだね。琴葉は天馬に親しみを抱いているし、工場にいるのが天馬一人である可能性が高いことを理解していたと思うよ。
三郎　なるほど。たしかにそうだね。でも、琴葉は、天馬との間に距離を感じてもいるよね。
洋司　それはどのあたりを読んで思ったの？
三郎　天馬が表に出てきてノートをとりだす場面から、琴葉がどう考えているか分かるように思うよ。
有美　そうだね。その後の、指のよごれの話になる場面には、もっと直接的な表現があるよ。
洋司　「②指先をじっと見つめた」という天馬の様子と、その様子を見たときの琴葉の気持ちも、二人の距離を感じさせるね。

㈠　【Ⅰ】に①また、雑用をおしつけられたんだ……　とあるが、この時の琴葉の気持ちとして最も適切なものを、次のア～エの中から一つ選んで、その記号を書きなさい。
ア　丁寧に機械を点検する天馬の姿に感心する一方で、古い慣習

二〇二四年度 常総学院高等学校

【国語】（五〇分）〈満点：一〇〇点〉

一　三郎さんたちは、国語の授業で【Ⅰ】の文章を読み、【Ⅱ】のように感想の交流を行いました。後の㈠〜㈤の問いに答えなさい。（【Ⅰ】と【Ⅱ】はともにページごとに上段から下段に続いている。）

【Ⅰ】　授業で読んだ文章

中学二年生の琴葉《ことは》（あたし）の家は金属部品を加工する工場を営んでいる。天馬《てんま》は琴葉より三歳上の青年で、二年前から、工場で働きながら琴葉たちの家でいっしょに暮らしている。次の場面は、美術部に所属する琴葉が、部活動の帰りに親友のさよりと二人で寄り道をした後に帰宅したところである。

さよりと別れて時計を見たら、七時をすぎていた。また、お母さんに小言をいわれる。

重い足取りで家の近くまで来ると、工場の窓から明かりがもれていた。錆《さ》びた扉から、そっと中をのぞいてみる。お父さんだったら、すぐににげるつもりだった。

「天馬……、まだいたの？」

顔を見て、ほっとする。

天馬が機械をひとつひとつのぞきこみながら、点検しているところだった。中に入りかけたあたしは、もわっとした空気にあわてて身をひいた。機械で熱くなった空気が行き場をなくして、工場の中がサウナのようになっている。

「①また、雑用をおしつけられたんだ……」

あたしは、同情するようにいった。

朝は始業前に行って機械の電源を入れ、夕方には機械の点検と掃除をする。日中だって、材料を用意したりはこんだり、ときには買いものなんかの雑用までたのまれて……それなのに、天馬は文句ひとついわない。

「ちがうよ。だれかにいわれたわけじゃない。オレはまだ、追い回しだから」

追い回し……古くさい言い方だ。

その昔、見習いは先輩のいうことをきいて、あっちこっち走りまわっていたらしい。だから、追い回しという。

直接教わったりせず、技術は見て盗めというのも、そのころの慣習だ。今の時代、そんなことをいったらだれもついてこないだろうと思うのに、天馬は進んでそれを受けいれているように見える。

「こうやって点検していると、機械の構造や細部がよくわかるんだ。作業をしているときは、そんな余裕もないからさ」

はじめは、優等生ぶっているだけだと思っていた。でもだんだんと、それが本心であるとわかってきて……。

手先が器用な天馬は、モノ作りそのものがあっているようで、金属を見つめる目は生き生きとしている。

天馬は電源を確認し、重い扉に鍵をかけると表に出てきた。

そして、※1おもむろに後ろポケットから丸めたノートをとりだすと、縁石にすわって何かを書きはじめる。わずかな明かりが照らすノートをのぞきこんだら、何やらびっしりと書いてあった。

図、グラフ、数学、記号……。あたしにはさっぱりわからないけれど、どうやら仕事に関することらしいとだけは、かろうじてわかった。

「仕事が終わっても勉強？　熱心すぎやしない？」

たまには、息をぬけばいいのに。お父さんの悪口でも、グチでもいってくれれば……と思うけど、あたしじゃ相手にならないのかもしれない。

「毎日、新しい発見があるんだ。だから書きとめておかないと、も

2024年度／常総学院高等学校

英語解答

1 (1) No.1 エ No.2 ウ No.3 エ
No.4 イ No.5 イ
(2) No.1 イ No.2 ウ No.3 ウ
No.4 エ
(3) No.1 ウ No.2 エ
(4) ① イ→エ→ウ→ア ② two

2 (1) ① health ② surprised
③ traditional
(2) ④ heard ⑤ called ⑥ been

3 (1) イ (2) イ→ア→ウ

4 (1) ①…イ ②…ア ③…イ ④…エ
⑤…ウ
(2) How long are〔Until when are〕

5 (1) ア，カ，キ (2) ア
(3) ①…ウ ②…ア
(4) don't〔can't, cannot〕think about
(5) ① come from nature
〔cannot be stopped〕
② where to go

6 ① イ→ア→ウ→オ→エ
② ウ→カ→エ→オ→イ
③ カ→ウ→エ→ア→オ
④ エ→ウ→オ→イ→ア

1 〔放送問題〕解説省略

2 〔対話文完成〕

≪全訳≫❶アンディ(A)：みゆき，日本人はファストフードが大好きなの？❷みゆき(M)：ええ，もちろん。アメリカ人がハンバーガーやフライドチキンなどのファストフードが大好きなのは知っているけれど，日本人も好きなのよ。両親はファストフードの食べすぎは健康に良くないと言うけれど，私は大好きなハンバーガーショップによく行くわ。❸A：日本に来たとき，駅の近くのたくさんのハンバーガーショップを見て驚いたよ。こんなにたくさんあるなんて知らなかった。❹M：実はね，日本には独自の伝統的なファストフードがあるのよ。❺A：それについては聞いたことがあるよ。うどんやそばなどの日本のファストフードのことだよね？❻M：そのとおり。それらには長い歴史があるのよ。牛丼，お好み焼き，回転ずしも日本のファストフードと呼ばれているわ。それらはみんな世界中で大人気になりつつあるのよ。❼A：僕は回転ずし店に行ったことがないんだ。日本をたつ前に，あらゆる種類の日本のファストフードを食べてみたいな。

(1)＜適語補充＞①ファストフードの食べすぎは「健康」に良くないと考えられる。 ②この後に続く発言から，アンディは日本のハンバーガーショップの数の多さに「驚いた」と考えられる。be surprised to ～で「～して驚く」。この 'to ～' は '感情の原因' を表す to不定詞の副詞的用法。 ③これを聞いたアンディがうどんやそばを例として挙げ，みゆきが「それらは長い歴史がある」と言っている。長い歴史を持つうどんやそばは，日本の「伝統的な」ファストフードといえる。

(2)＜語形変化＞④直前の I've は I have の短縮形。'have/has＋過去分詞' の現在完了にする。hear－heard－heard ⑤'call＋*A*＋*B*'「*A* を *B* と呼ぶ」の '*A*' を主語にした受け身の文。'*A*＋be動詞＋called＋*B*' で「*A* は *B* と呼ばれている」となる。 ⑥I've は I have の短縮形。have never been to ～ で「～へ行ったことがない」という意味を表せる(現在完了の '経験' 用法)。

3 〔長文読解総合〕

(1)＜要旨把握─新聞記事＞≪全訳≫毎年，世界の多くの場所で広範囲の熱帯雨林が消滅しつつある。それらは，家や道路をつくるために伐採されたり燃やされたりしている。熱帯雨林は地球の気候を正常にするのに役立っているので，とても大切だ。また，地球上の全生物の約半分が熱帯雨林に生息し

ている。もし熱帯雨林が消滅し続ければ，地球の環境は変わってしまうだろう。科学者たちは，森林をさらなる破壊から守る方法を探さなければならない。

＜解説＞熱帯雨林が消滅しつつある現状と，それらが地球の環境にとって大切なので守るべきであることを述べた文章。この内容に合うのは，イ．「熱帯雨林は地球の環境にとってとても大切だ」。ア．「人々はより多くのお金を必要としているので，熱帯雨林は消滅し続けるだろう」　ウ．「科学者たちは，どれくらい多くの動植物が熱帯雨林で暮らしているかを研究している」　エ．「熱帯雨林は野生の動物を観察するのに良い場所だ」

(2)＜**文整序**＞≪**全訳**≫今日，私たちはインターネットで多くのことを学ぶことができる。例えば，あるトピックについてレポートを書くとき，インターネットでキーワードを検索してみるといい。／→イ．そうすれば一瞬で，長い検索結果のリストが出てくる。／→ア．もちろん，そのリストから本当に必要とする情報を選ばないといけないだろう。／→ウ．しかし，本や雑誌から同じ情報を得ようとすれば，何時間も何週間も費やすことになるだろう。／インターネットを使うことで，レポートを書くためにそれを選ぶ時間と労力を大幅に節約することができるのだ。

＜解説＞アの the list は，イの a long list of results を指していると判断できるので，イ→アの順になる。また，ウの the same information は，アの the information を指していると判断できるので，ウが最後にくる。

4〔**対話文完成―図を見て答える問題**〕

≪**全訳**≫❶ティナ(T)：私の友人たちは，あなたのお姉さんが市立歴史博物館で働いているって言っているわ。本当なの？❷ヒデ(H)：うん。彼女は2年間，その博物館で学芸員として働いているよ。❸T：へえ，ということは，お姉さんは博物館のイベントや展示について何でもご存じってことね。❹H：そのとおり。実際，彼女はときどきツアーガイドとして①来館者に多くのことを紹介しているよ。君は博物館に行く予定なの？❺T：ええ。博物館のウェブサイトによると，米づくりの歴史についての特別展を開催しているんだって。このテーマはとてもおもしろそうだわ。❻H：君が米づくりに興味があるとは知らなかったよ。❼T：実は，日本に来てからお米が大好物になったの。毎晩，夕食にお米を食べているわ。❽H：君がお米を大好きだと聞いてうれしいよ，ティナ。ちょうど今，博物館のウェブサイトでフロアマップを見つけたところだよ。②これがそのマップだよ。❾T：ありがとう。それによると，今は2つの特別展を開催しているのね。米づくりの展示は2階の③特別展示室2だわ。❿H：もう1つの特別展は納豆の歴史についてだね。⓫T：それもおもしろそうね。3階の特別展示室4だわ。2つの特別展はどれくらいの間展示されているの？⓬H：片方の特別展は3月24日まで展示されている。もう片方は④3月末までだね。⓭T：今日は3月12日だから，今週土曜日の午後に博物館に行くわ。⑤同じ日に2つの特別展を楽しめるもの。ヒデ，一緒に行かない？⓮H：もちろん。午後1時30分はどうかな？　そのとき，姉のユカリを君に紹介できるといいな。⓯T：まあ，それはすばらしいわ。彼女に会えるのを楽しみにしているわね。

市立歴史博物館／フロアマップ／3F／特別展3／特別展4／コーヒーショップ／ミュージアムショップ／2F／特別展1／特別展2／私たちの市について学ぼう／史跡マップ／今月の特別展／●茨城の米づくりの歴史／開催期間：2月23日(金)～3月24日(日)／場所：2階 特別展2／●納豆づくりの歴史／開催期間：3月9日(土)～3月31日(日)／場所：3階 特別展4／開館時間：午前9時30分～午後5時(入館は午後4時30分まで)／休館日：毎週月曜日

(1)＜**適語(句)・適文選択**＞①'introduce ～ to …'で「～を…に紹介する」。博物館で働くヒデの姉がツアーガイドとして多くのことを紹介する相手は「来館者」。　②ヒデは直前で「ウェブサイトでフロアマップを見つけた」と言っている。この後に続くティナの発言 It shows … の It はこのフロアマップを指していると判断できるので，ヒデはマップをティナに見せたのである。 Here is ～.「これが～です」　③ウェブサイトの１つ目の●に，米づくりの特別展に関する情報がある。　④‘One ～. The other …’ は２つのものを指して「１つは～。もう１つは…」という意味。ウェブサイトに，２つの特別展の開催期間が記載されている。　⑤ウェブサイトより，ティナが博物館を訪れる３月12日の次の土曜日は，３月16日とわかる。この日は両方の特別展の開催期間中である。

(2)＜適語句補充＞直後でヒデが特別展の開催期間について答えていることから，how long「どのくらいの間」を使い，‘期間’ を尋ねる文にする。または，「いつまで」と考えて Until when are としてもよい。

5〔長文読解総合―スピーチ〕

≪全訳≫❶日本人は昔から，何度も自然災害を経験しています。それらは自然に由来するので，止めることはできません。台風がやってくると，天気予報は，台風がとる可能性のある進路を私たちに示します。しかし，私たちは台風を止めることはできません。また，次の地震がいつどこで起こるのかもわかりません。最高の科学技術でさえ，私たちがこれらの自然災害を全て避けるよう助けることはできないのです。❷では，自然災害に備えるために，私たちは何をするべきでしょうか？　まず，それらに関する正しい情報を得る必要があります。❸グラフを見てください。これは人々が災害情報を得るために利用したいと考える方法を示しています。グラフによると，多くの人が災害情報を得るのにテレビやラジオを使いたいと考えています。80％以上の人がテレビを，約48％の人がラジオを有益な情報源として選んでいます。一方で，グラフはインターネットで情報を得ようとしている人が多いことも示しています。35％以上の人が，ソーシャルメディアは有益な情報を与えてくれると考えています。❹また，私たちが今できることについて考えることも大切です。実際，自然災害に備えるために私たちは多くのことをすることができます。例えば，多くの都市では，大地震などの自然災害の際にどこへ行けばよいかを示した避難マップを作成しています。そのマップを家族や隣人たちと共有すれば，緊急事態に備えることができます。もし皆さんが市の避難訓練に参加することができれば，より良いでしょう。昔から，避難マップや避難訓練は多くの人々を自然災害から救っているのです。❺自然災害がいつどこで起こるかは，誰にもわかりません。今日私たちは多くの大きな自然災害を経験していますが，日常の生活に忙しすぎて，毎日それらについて考えることはできません。しかし，自然災害に備えるには，正しい情報と技術を得ることが大切なのです。

(1)＜内容真偽＞ア.「天気予報は台風の進路を教えてくれるが，私たちは台風を止めることができない」…○　第１段落第３，４文に一致する。　イ.「高度な科学技術があるので，私たちは次の地震がどこで起きるかわかる」…×　第１段落最後から２文目参照。ここでの tell は「～がわかる」という意味。　ウ.「災害情報が欲しいとき，人々はソーシャルメディアよりも新聞の方が役に立つと思っている」…×　グラフ参照。　エ.「由紀は，災害情報を得るのにインターネットの利用を増やすべきではないと言っている」…×　このような記述はない。　オ.「グラフは，若い人々は災害情報に興味がないことを示している」…×　グラフからこのような情報は読み取れない。カ.「テレビやラジオは自然災害時に有益な情報を得るのに役に立つと，多くの人が考えている」…○　第３段落第３，４文およびグラフの内容に一致する。　キ.「避難マップを家族や隣人たちと共有することで，緊急事態に備えることができる」…○　第４段落第４文に一致する。　ク.「由紀は，以前避難訓練に何度も参加したことがあると言っている」…×　このような記述はない。

(2)＜**適所選択**＞空所アより後の部分は，脱落文の「自然災害に備えるためにできる多くのこと」という内容の具体例となっている。

(3)＜**内容一致**＞①「正しい情報は，私たちが(　　)のを助けてくれる」―ウ．「自然災害を生き延びる」　第２段落および最終段落最終文参照。自然災害に備えるためには，正しい情報を得ることが必要である。　②「由紀がスピーチで使ったグラフは，(　　)を示している」―ア．「人々がどのように災害情報を得ようとしているか」　第３段落第２文およびグラフのタイトル参照。

(4)＜**英文解釈**＞下線部は‘too ～ to …’「…するには～すぎる，とても～なので…できない」を使った文で，「私たちは日常生活に忙しすぎて，毎日それらについては考えられない」という意味。書き換える文は「私たちは日常生活でとても忙しいので，毎日それらについては考え(られ)ない」という文になる。

(5)＜**英問英答**＞①「由紀は，私たちは自然災害を避けることはできないと言っている。彼女はなぜそう考えるのか」―「それらは自然に由来する〔止められない〕ものだから」　第１段落第２文参照。②「避難マップは私たちをどのように助けるか」―「自然災害時にどこに行けばいいかを示してくれる」　第４段落第３文参照。

6　**〔対話文完成―整序結合〕**

≪全訳≫❶**サム(S)**：由香，夏休みの過ごし方は決まった？❷**由香(Y)**：いいえ，まだよ，サム。海外旅行の計画を立てているの。パリかローマに行きたいんだけれど，①どちらの都市を選ぶべきか決められないのよ。❸**S**：どちらの都市も訪れるのにとてもいい所だよ。②これが初めてのヨーロッパ旅行になるの？❹**Y**：ええ，以前オーストラリアを訪れたことはあるけれど，ヨーロッパへは旅行したことがないの。ヨーロッパ旅行はお金がかかるからね。でも，今年の夏はそこへ行くつもりよ。❺**S**：なるほど。旅行中は何をしたいの？❻**Y**：そうね…歴史に興味があるから，史跡をいくつか訪ねたいわ。その土地の食べ物も食べてみたい。❼**S**：２週間くらい滞在するの？❽**Y**：いいえ，１週間よ。旅行中に③それら２つの都市を訪れられたらいいのに。❾**S**：可能かもしれないよ，由香。インターネットを調べて，あるプランを見つけたんだ。このプランでは，両方の都市を訪れることができるよ。見て。❿**Y**：よさそうね。旅行の料金はもとのプランよりも１万円高いだけだわ。④旅行プランをもっと長くすれば，それら２つの都市で旅行を楽しめるわね。

＜**解説**＞①直前の内容と語群から，「どちらの都市を選ぶべきか決められない」という文にする。「どちらの～を…すべきか」は‘which＋名詞＋to不定詞’で表せる。不要語は of。　… I can't decide which city to choose.　②直後で由香が Yes と答え，続けてヨーロッパへ旅行したことがないと述べているので，「これがヨーロッパへの最初の旅行になるのか」と尋ねる文をつくる。「ヨーロッパへの最初の旅行」は your first trip to Europe。Is it ～？とすると will と be の２語が余るので，Will it be ～？とする。不要語は is。　Will it be your first trip to Europe？　③wish と could があることから，‘I wish＋主語＋(助)動詞の過去形…’の形で「～であればいいのに」という仮定法過去の文にする。the two cities はローマとパリを指す。不要語は Rome。　I wish I could visit the two cities during my trip.　④パリとローマの２都市を楽しめるプランについて述べている部分。この２都市を訪れる旅行プランＣは旅行プランＡ，Ｂより１日長い。よって‘make＋目的語＋形容詞’「～を…(の状態)にする」の形で，「旅行プランを長くすれば」とする。ここでは，‘形容詞’が比較級になる。不要語は shorter。　If I make my travel plan longer, I can enjoy traveling in the two cities.

数学解答

1 (1) ① -1 ② $-x-3y$ ③ $8ab^2$
④ $\sqrt{7}$
(2) $(x-4)^2$

2 (1) イ (2) 3個
(3) $a=-4$，$x=1-\sqrt{5}$
(4) ア…$150x+90y$ イ…$90x+150y$

3 (1) $\frac{5}{36}$ (2) ① $\frac{7}{36}$ ② $\frac{1}{9}$

4 (1) $\frac{1}{2}\pi$ cm
(2) ① ア…∠OAC イ…外角
ウ…２組の角
② $\frac{7\sqrt{3}}{3}$ cm^2

5 (1) ① $\frac{1}{2}$ ②…ウ (2) $\frac{3}{2}$

6 (1) $32\sqrt{2}$ cm^3 (2) ア，エ
(3) $\frac{8\sqrt{2}}{9}$ cm

1 〔独立小問集合題〕

(1)＜数・式の計算＞①与式$=5-6=-1$　②与式$=7x-21y-8x+18y=-x-3y$　③与式$=12ab^3\times 6a^2b\div 9a^2b^2=\frac{12ab^3\times 6a^2b}{9a^2b^2}=8ab^2$　④与式$=\sqrt{4^2\times 7}-\frac{21\times\sqrt{7}}{\sqrt{7}\times\sqrt{7}}=4\sqrt{7}-\frac{21\sqrt{7}}{7}=4\sqrt{7}-3\sqrt{7}=\sqrt{7}$

(2)＜式の計算―因数分解＞与式$=x^2-2\times 4\times x+4^2=(x-4)^2$

2 〔独立小問集合題〕

(1)＜データの活用―箱ひげ図＞最小値は８m 以上12m 未満であり，最大値は32m 以上36m 未満である。20人の記録の中央値(第２四分位数)は，記録を小さい順に並べたときの10番目と11番目の記録の平均となる。20m 未満が$2+4+3=9$(人)，24m 未満が$9+3=12$(人)より，10番目と11番目の記録はともに20m 以上24m 未満の階級にあるので，中央値は20m 以上24m 未満となる。また，第１四分位数は小さい方10人の記録の中央値，第３四分位数は大きい方10人の記録の中央値だから，第１四分位数は，小さい方から５番目と６番目の記録の平均となり，第３四分位数は，小さい方から$10+5=15$(番目)と16番目の記録の平均となる。12m 未満が２人，16m 未満が$2+4=6$(人)より，５番目と６番目の記録はともに12m 以上16m 未満の階級にあるので，第１四分位数は12m 以上16m 未満である。24m 未満が12人，28m 未満が$12+5=17$(人)より，15番目と16番目の記録はともに24m 以上28m 未満の階級にあるので，第３四分位数は24m 以上28m 未満である。以上より，適切な箱ひげ図はイである。

(2)＜数の性質＞$3<\sqrt{6n}<5$ より，$\sqrt{3^2}<\sqrt{6n}<\sqrt{5^2}$，$\sqrt{9}<\sqrt{6n}<\sqrt{25}$，$9<6n<25$ となる。$6\times 1=6$，$6\times 2=12$，$6\times 4=24$，$6\times 5=30$ より，$9<6n<25$ を満たす自然数 n は $n=2$，3，4だから，求める自然数 n の個数は３個ある。

(3)＜二次方程式―解の利用＞二次方程式 $x^2-2x+a=0$ の解の１つが $x=1+\sqrt{5}$ だから，解を方程式に代入して，$(1+\sqrt{5})^2-2(1+\sqrt{5})+a=0$ より，$1+2\sqrt{5}+5-2-2\sqrt{5}+a=0$，$a=-4$ となる。これより，二次方程式は，$x^2-2x-4=0$ となるから，この方程式を解くと，解の公式より，$x=\frac{-(-2)\pm\sqrt{(-2)^2-4\times 1\times(-4)}}{2\times 1}=\frac{2\pm\sqrt{20}}{2}=\frac{2\pm 2\sqrt{5}}{2}=1\pm\sqrt{5}$ となる。よって，もう１つの解は，$x=1-\sqrt{5}$ である。

(4)＜連立方程式の応用＞実際に買ったノートＡ，ノートＢの冊数は，買う予定にしていた冊数を逆にしたので，ノートＡを x 冊，ノートＢを y 冊買ったとするとき，買う予定にしていた冊数は，ノートＡが y 冊，ノートＢが x 冊となる。ノートＡは１冊90円，ノートＢは１冊150円で，代金の合計

が1500円になる予定だったから，$90y+150x=1500$ より，$150x+90y=1500$ が成り立つ。また，実際の代金の合計は，予定より120円少なくなったので，$90x+150y=1500-120$ が成り立つ。

3 〔データの活用―確率―さいころ〕

≪基本方針の決定≫(2)① △AOP が二等辺三角形になるのは，AO＝AP，AO＝OP，AP＝OP の場合が考えられる。

(1)＜確率＞さいころの目の出方は6通りだから，大小2個のさいころを同時に1回投げるとき，目の出方は全部で $6\times6=36$(通り)あり，P$(a,\ b)$も36通りある。また，右図1で，A(0, 6)，B(6, 0)より，直線 AB の傾きは $\frac{0-6}{6-0}=-1$，切片は6だから，その式は $y=-x+6$ となる。点Pが直線 $y=-x+6$ 上にあるのは，$b=-a+6$ より，$(a,\ b)=(1,\ 5)$，$(2,\ 4)$，$(3,\ 3)$，$(4,\ 2)$，$(5,\ 1)$の5通りある。よって，求める確率は $\frac{5}{36}$ となる。

図1

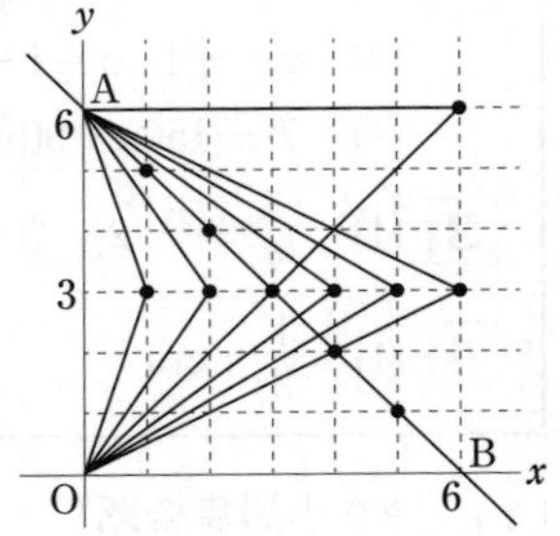

(2)＜確率＞①右上図1で，△AOP が AO＝AP の二等辺三角形になる場合は，$(a,\ b)=(6,\ 6)$の1通りある。また，△AOP が AO＝OP の二等辺三角形になる場合はない。さらに，△AOP が AP＝OP の二等辺三角形になる場合，点Pは線分 AO の垂直二等分線上にある。つまり，$\frac{6+0}{2}=3$ より，点(0, 3)を通り y 軸に垂直な直線上にあるから，$(a,\ b)=(1,\ 3)$，$(2,\ 3)$，$(3,\ 3)$，$(4,\ 3)$，$(5,\ 3)$，$(6,\ 3)$の6通りある。以上より，△AOP が二等辺三角形になる場合は，$1+6=7$(通り)あるから，求める確率は $\frac{7}{36}$ となる。　②右図2で，△AOP の底辺を AO＝6 と見ると，点Pの x 座標が a より，高さは a となり，△BOP の底辺を BO＝6 と見ると，点Pの y 座標が b より，高さは b となる。よって，△AOP の面積が△BOP の面積より 6 cm^2 大きくなるとき，$\frac{1}{2}\times6\times a=\frac{1}{2}\times6\times b+6$ が成り立つ。これより，$a=b+2$ となるから，これを満たす点Pは，$(a,\ b)=(3,\ 1)$，$(4,\ 2)$，$(5,\ 3)$，$(6,\ 4)$の4通りある。したがって，求める確率は $\frac{4}{36}=\frac{1}{9}$ となる。

図2

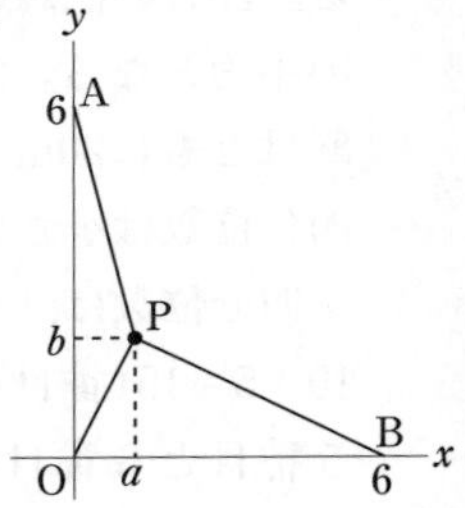

4 〔平面図形―おうぎ形〕

(1)＜長さ＞右図1のように，∠BOC＝45°となるように点Pを動かしたとき，∠AOB＝60°より，∠AOP＝∠AOB－∠BOC＝60°－45°＝15°である。よって，OA＝6 より，$\overset{\frown}{\mathrm{AP}}$ の長さは，$2\pi\times6\times\frac{15°}{360°}=\frac{1}{2}\pi$ (cm)となる。

図1

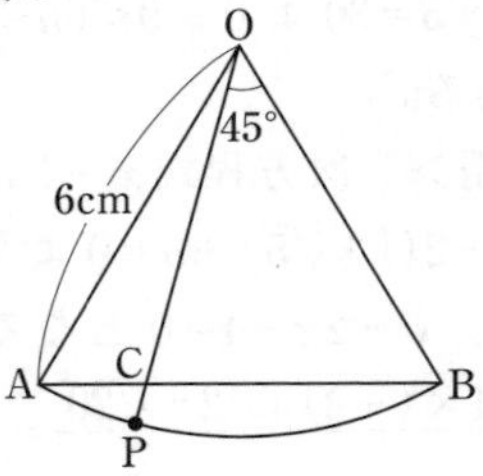

図2

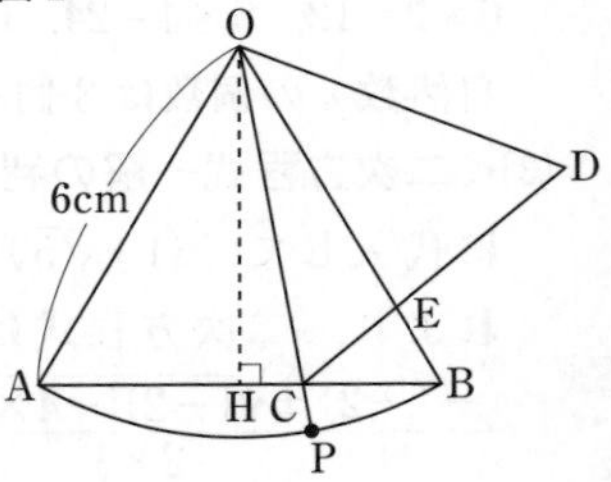

(2)＜証明，面積＞①右図2の△OAC と△CBE で，△OAB は正三角形だから，①は，∠OAC＝∠CBE＝60°である。三角形の外角は，その外角と隣り合わない2つの内角の和と等しいから，②は，△OAC において，∠OCB＝∠AOC＋∠OAC＝∠AOC＋60°となる。また，①の∠OAC＝∠CBE＝60°，④の∠AOC＝∠BCE より，2組の角がそれぞれ等しいので，△OAC∽

△CBEとなる。　②図2で，△OABが正三角形より，AB＝OA＝6となるから，AC＝4のとき，CB＝AB－AC＝6－4＝2となる。点OからABに垂線OHを引くと，△OAHは3辺の比が1：2：$\sqrt{3}$の直角三角形になるから，OH＝$\frac{\sqrt{3}}{2}$OA＝$\frac{\sqrt{3}}{2}\times6=3\sqrt{3}$である。これより，△OAC＝$\frac{1}{2}$×AC×OH＝$\frac{1}{2}\times4\times3\sqrt{3}=6\sqrt{3}$，△OCB＝$\frac{1}{2}$×CB×OH＝$\frac{1}{2}\times2\times3\sqrt{3}=3\sqrt{3}$となる。次に，①より，△OAC∽△CBEであり，相似比はOA：CB＝6：2＝3：1である。面積比は相似比の2乗だから，△OAC：△CBE＝$3^2：1^2$＝9：1となり，△CBE＝$\frac{1}{9}$△OAC＝$\frac{1}{9}\times6\sqrt{3}=\frac{2\sqrt{3}}{3}$となる。よって，△OCE＝△OCB－△CBE＝$3\sqrt{3}-\frac{2\sqrt{3}}{3}=\frac{7\sqrt{3}}{3}$($cm^2$)である。

5　〔関数―関数$y=ax^2$と一次関数のグラフ〕

≪基本方針の決定≫(2)　AO∥BCに気づきたい。

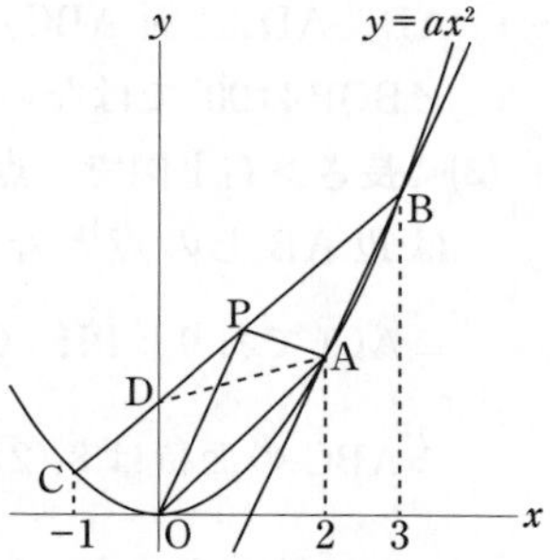

(1)＜aの値，変化の割合，直線の式＞①右図で，点Aのy座標が2のとき，A(2, 2)である。点Aは関数$y=ax^2$のグラフ上の点だから，$y=ax^2$に$x=2$，$y=2$を代入して，$2=a\times2^2$より，$a=\frac{1}{2}$となる。

②関数$y=ax^2$において，$x=2$のとき$y=a\times2^2=4a$，$x=3$のとき$y=a\times3^2=9a$となるから，xの値が2から3まで増加するときの変化の割合は$\frac{9a-4a}{3-2}=5a$である。これが，直線ABの傾きと等しいので，直線ABの傾きは$5a$と表せる。右図で，$a=1$のとき，$5a=5\times1=5$だから，直線ABの傾きは5で，その式は$y=5x+b$とおける。また，点Aは関数$y=x^2$のグラフ上の点でx座標が2だから，$y=2^2=4$より，A(2, 4)である。直線$y=5x+b$が点Aを通ることから，$4=5\times2+b$より，$b=-6$となり，直線ABの式は$y=5x-6$である。

(2)＜x座標＞右上図で，2点A，Bは関数$y=ax^2$のグラフ上にあり，x座標がそれぞれ2，3だから，$y=a\times2^2=4a$，$y=a\times3^2=9a$より，A(2, $4a$)，B(3, $9a$)である。また，点Cのx座標は－1だから，同様にして，$y=a\times(-1)^2=a$より，C(－1, a)である。これより，直線AOの傾きは$\frac{4a}{2}=2a$，直線BCの傾きは$\frac{9a-a}{3-(-1)}=\frac{8a}{4}=2a$となり，傾きが等しいから，AO∥BCである。直線BCとy軸の交点をDとし，2点A，Dを結ぶと，△OAPと△OADの底辺をOAと見たときの高さは等しいので，△OAP＝△OADとなる。［条件2］より，△OAP＝2だから，△OAD＝2となる。次に，直線BCの式を$y=2ax+d$とおくと，B(3, $9a$)を通ることより，$9a=2a\times3+d$，$d=3a$となる。切片が$3a$なので，D(0, $3a$)となり，OD＝$3a$となる。△OADの底辺をOD＝$3a$と見ると，点Aのx座標より，高さは2だから，△OADの面積について，$\frac{1}{2}\times3a\times2=2$が成り立ち，$a=\frac{2}{3}$となる。よって，直線BCは，傾きが$2a=2\times\frac{2}{3}=\frac{4}{3}$，切片が$3a=3\times\frac{2}{3}=2$だから，直線BCの式は，$y=\frac{4}{3}x+2$となる。点Pはこの直線上にあり，［条件1］より，点Pのy座標は4だから，$4=\frac{4}{3}x+2$，$-\frac{4}{3}x=-2$，$x=\frac{3}{2}$となる。したがって，点Pのx座標は$\frac{3}{2}$である。

6　〔空間図形―三角柱〕

(1)＜体積＞次ページの図で，△ABCはAB＝ACの二等辺三角形だから，点Aから辺BCに垂線AG

を引くと，点Gは辺BCの中点となり，BG＝$\frac{1}{2}$BC＝$\frac{1}{2}\times4$＝2である。△ABGにおいて三平方の定理より，AG＝$\sqrt{\mathrm{AB}^2-\mathrm{BG}^2}=\sqrt{6^2-2^2}=\sqrt{32}=4\sqrt{2}$となるから，△ABC＝$\frac{1}{2}$×BC×AG＝$\frac{1}{2}\times4\times4\sqrt{2}=8\sqrt{2}$となり，三角柱ABCDEFの体積は，△ABC×AD＝$8\sqrt{2}\times4=32\sqrt{2}$(cm^3)である。

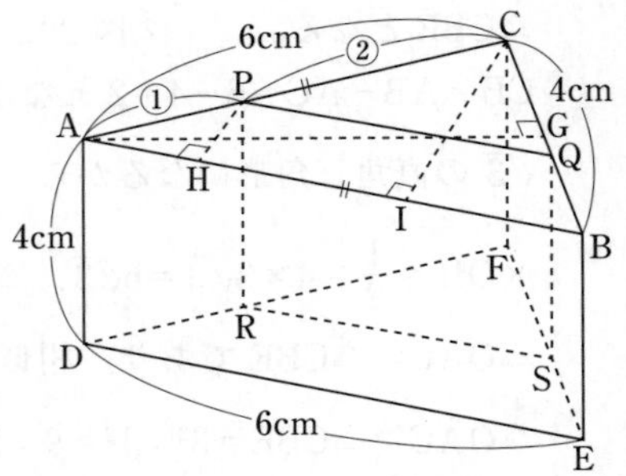

(2)＜正しいもの＞右図で，面PRSQは面ADEBに平行だから，PQ∥ABである。これより，△PQC∽△ABCであり，△ABCがAB＝ACの二等辺三角形だから，△PQCはPQ＝PCの二等辺三角形となる。AP：PC＝1：2より，PC＝$\frac{2}{1+2}$AC＝$\frac{2}{3}\times6$＝4となるから，PQ＝4である。PR＝AD＝4だから，PQ＝PRであり，3PQ＝2PRではない。次に，PR∥AD，AD⊥〔面ABC〕なので，PR⊥〔面ABC〕となり，PQ⊥PRである。∠QPR＝90°であり，∠BQPは90°ではないので，∠QPR＝∠BQPではない。

(3)＜長さ＞右上図で，点Pから面ADEBに垂線PHを引くと，〔面ABC〕⊥〔面ADEB〕だから，点Hは辺AB上の点となる。点Cから辺ABに垂線CIを引くと，PH∥CIとなるから，△APH∽△ACIであり，PH：CI＝AP：AC＝1：(1＋2)＝1：3である。よって，PH＝$\frac{1}{3}$CIとなる。(1)より△ABCの面積は$8\sqrt{2}$cm^{2}であり，△ABCの底辺をAB＝6と見ると高さはCIなので，$\frac{1}{2}\times6\times$CI＝$8\sqrt{2}$が成り立ち，CI＝$\frac{8\sqrt{2}}{3}$である。したがって，PH＝$\frac{1}{3}$CI＝$\frac{1}{3}\times\frac{8\sqrt{2}}{3}=\frac{8\sqrt{2}}{9}$(cm)となる。

＝読者へのメッセージ＝

[4]では，円周率をπとしていました。円周率は，実際には，3.1415…のように，無限に続く小数ですが，この中にはおもしろい数字の並びがあります。例えば，小数点以下762けた目からは，9が連続して6個並びます。この部分は，「ファインマン・ポイント」といわれています。

2024年度／常総学院高等学校

社会解答

1
1 (1) ウ　(2) エ
(3) 3月11日午前6時
(4) ①…イ　②…パンパ　③…イ
2 (1) エ　(2) ア
(3) ア…×　イ…○　ウ…×
エ…×

2
1 (1) シルクロード　(2) ア
(3) 倭寇　(4) イ
2 (1) ①…日英同盟　②…ア
(2) ①…ア　②…エ　(3) ウ

3
1 (1) 議院内閣制　(2) ウ
(3) エ
2 (1) 最高法規　(2) イ　(3) ウ
3 (1) 流通
(2) ア…×　イ…○　ウ…○
エ…×
(3) イ　(4) エ

4
1 (1) 国庫支出金　(2) シラス
(3) イ→ア→ウ→エ　(4) ウ，カ
2 (1) ウ　(2) イ　(3) カ

1 〔地理─総合〕

1(1)＜世界の気候＞シベリアに位置する②の都市(ロシアのイルクーツク)は，夏と冬の気温差が大きく，冬の寒さが厳しい冷帯〔亜寒帯〕の気候に属する。したがって，ウが②の気候を表すグラフとなる。なお，①(ベナンのコトヌー)は一年中高温で雨季と乾季がある熱帯のサバナ気候でイ，③(オーストラリアのアリススプリングス)は一年を通して降水量が非常に少ない乾燥帯の砂漠気候でア，④(アメリカのニューヨーク)は温暖で降水量の多い温暖湿潤気候でエがそれぞれ当てはまる。

(2)＜緯線上の実際の距離＞資料1のように経線と緯線が直角に交わるように描かれた地図(メルカトル図法)は，高緯度になるほど緯線・経線の長さが拡大され，面積が実際よりも大きく表されるという特徴がある。X，Y，Zの緯度は，それぞれ北緯30度，0度，南緯15度であり，X，Z，Yの順に緯度が高い。したがって，最も高緯度にあるXは実際の距離に対して最も大きく拡大されていることになり，実際の距離はXが最も短く，Yが最も長い。

(3)＜時差の計算＞東経15度と東経135度の経度差は，135－15＝120より120度である。経度15度につき1時間の時差が生じるので，パリと東京の時差は，120÷15＝8より8時間となる。日付変更線をまたがずに位置関係を見た場合，東へ行くほど時刻は進むため，パリよりも東にある東京の時刻は，パリよりも8時間進んだ3月11日午前6時となる。

(4)＜南アメリカ州の国々＞①南アメリカ州の多くの地域は，かつてスペインやポルトガルの植民地であったことから，キリスト教のカトリックが広まり，現在でもカトリックを信仰する人が多くを占めている。なお，イスラム教は西アジアや北アフリカなど，ヒンドゥー教はインド，仏教は東アジアや東南アジアなどで主に信仰されている。　②アルゼンチンを流れるラプラタ川の流域には，パンパと呼ばれる草原が広がっており，小麦の栽培や肉牛の放牧などが盛んに行われている。
③人口が4000万人を上回っている国はブラジルとアルゼンチンであり，どちらも大西洋には面しているが太平洋には面していない(ア…×)。ベネズエラは，鉱工業の国内総生産がサービス業の国内総生産を上回っている(ウ…×)。4か国中で人口が最も少ない国はチリであり，産業別国内総生産の産業計が最も少ない国はベネズエラである(エ…×)。

2(1)＜資料の読み取り＞資料4より，2020年の貿易額が10兆円以上の貿易港は成田国際空港，東京港，名古屋港の3港であり，これらの貿易港の合計貿易額が全国の貿易額に占める割合は，(23.0兆＋16.2兆＋14.7兆)÷136.4兆×100＝39.51…より約39.5％である(エ…○)。2020年の貿易額が10兆円以上の3港のうち，名古屋港は中部地方にある(ア…×)。貿易額が多い貿易港の順は，2020年は多い順であるのに対し，2010年は東京港と名古屋港，関西国際空港・大阪港と神戸港がそれぞれ逆である(イ…×)。横浜港は，2010年の貿易額が2020年の貿易額を上回っている(ウ…×)。

⑵＜**貿易港の特徴**＞カード1は，沿岸から離れた場所にあること，輸入額1位の品目が航空機での輸送に適した軽量・高価な医薬品であることから関西国際空港である。カード2は，中京工業地帯に位置することから名古屋港である。カード3は，京浜工業地帯に位置することから横浜港である。中京工業地帯では愛知県豊田市を中心に自動車産業が盛んであるため，名古屋港の輸出品は自動車に関連する品目が多くをしめる。また，京浜工業地帯や北関東工業地域で生産された自動車が横浜港から多く輸出されており，横浜港の輸出額1位の品目も自動車となっている。(2021年)

⑶＜**地形図の読み取り**＞海沿いの地域に高速道路「阪神高速三号神戸線」が通っている(ア…×)。市役所(◎)の近くに郵便局(〶)と消防署(Ｙ)が見られる(イ…○)。諏訪山の山頂付近に「151」mの標高点がある(ウ…×)。この地形図の縮尺は2万5千分の1であることから，地形図上で2cmの長さの実際の距離は，2cm×25000＝50000cm＝0.5kmとなる(エ…×)。

2〔歴史—古代～近代の日本と世界〕

1⑴＜**シルクロード**＞シルクロード〔絹の道〕は，ユーラシア大陸を横断してヨーロッパと中国をつないだ古代の交通路であり，紀元前2世紀頃に形成され，カード1の時代である唐の頃には活発な交易が行われていた。この時期には，西アジアやインドからシルクロードを通って唐に伝わった品物が，遣唐使によって日本に持ち帰られた。これらの品々は，奈良時代に政治を行った聖武天皇のゆかりの宝物として東大寺正倉院に収められている。資料1(瑠璃坏)はその1つである。

⑵＜**平清盛の頃の出来事**＞平清盛は，平安時代末期の12世紀後半に太政大臣となって政治を行った。この時期には，天皇の位を退いた上皇が政治の実権を握る院政が行われていた。なお，イは8世紀末(平安時代の始め)，ウは14世紀(南北朝時代)，エは13世紀(鎌倉時代)のことである。

⑶＜**倭寇**＞倭寇は，南北朝時代から室町時代に，中国や朝鮮半島の沿岸部を襲って略奪や貿易の強要などを行っていた海賊集団である。明が日本に対して倭寇の取り締まりを求めてくると，これに応じた足利義満は，明に使者を送り，国交を開いて日明貿易〔勘合貿易〕を開始した。この貿易では，正式な貿易船を倭寇と区別するため，資料2のような勘合と呼ばれる証明書が用いられた。

⑷＜**幕末の世界**＞う．江戸時代末期の1853年，アメリカの東インド艦隊司令長官であったペリーが浦賀(神奈川県)に来航し，日本に開国を求めた。資料4を見ると，19世紀にアメリカの領土が西海岸に達していたことがわかる。アメリカの西海岸は太平洋，東海岸は大西洋に面している。この時期のアメリカは，太平洋を渡って中国など東アジアとの貿易を進めようとしており，また太平洋で盛んに捕鯨を行っていたため，船に燃料や水などを補給する寄港地として日本の利用を考えていた。1854年，日本はアメリカとの間に日米和親条約を結び，下田(静岡県)と函館(北海道)の2港を開港し，アメリカ船に燃料や水，食料を供給することを認めた。　え．アヘン戦争は，1840年にイギリスと清との間で起こった戦争である。イギリスが清に密輸していたアヘンを清政府が取り締まったことから，イギリスが艦隊を送って清を攻撃した。この戦争に敗れた清は，1842年に結ばれた南京条約によって，5港の開港や香港の譲渡，賠償金の支払いなどを認めた。アヘン戦争後，資料4にあるようにアメリカも清との間に修好通商条約を結んだ。なお，辛亥革命(1911年)は，孫文の指導によって清が滅亡し，翌年中華民国が建国された出来事である。

2⑴＜**日英同盟，ポーツマス条約**＞①会話文中の義和団事件(1900年)は，列強による分割が進む中国で，外国勢力の排除を目指す義和団が蜂起して北京の外国公使館を取り囲み，日本を含む列強の軍隊によって鎮圧された事件である。満州(中国東北部)での勢力拡大を目指すロシアは，義和団事件の際に満州に大軍を送り，事件後も撤兵しなかった。これに対し，満州に隣接する朝鮮半島を勢力下に置きたい日本と，中国での利権を確保したいイギリスは，協力してロシアに対抗するため，1902年に日英同盟を結んだ。　②日露戦争終結後の1905年，講和条約であるポーツマス条約が結ばれた。この条約で，日本はアの北緯50度以南の樺太〔サハリン〕を新たな領土として獲得したほか，旅順・大連の租借権や長春以南の鉄道利権などを得た。なお，イの朝鮮半島は韓国併合(1910年)，エの台湾は日清戦争後に結ばれた下関条約(1895年)によって日本の植民地となった。また，ウの山東省は，第一次世界大戦(1914～18年)中に中国に対して示した二十一か条の要求によって日本がドイツの権益を引き継ぐことを認めさせた地域である。

⑵**＜第一次世界大戦＞**①か．第一次世界大戦は1914年に始まり，1918年に終結した。資料６を見ると，1914年には工業と農業の占める割合はほぼ同じくらいであるが，大戦後の1919年には工業の占める割合の方が大きくなっており，大戦中に日本の産業構造が工業中心へと変化したことが読み取れる。き．第一次世界大戦が始まると，戦場となったヨーロッパ諸国からの輸入がとだえ，また軍需品の需要が世界的に高まったため，日本では造船業や鉄鋼業などの重化学工業が大きく成長し，輸出が増加した(大戦景気)。　く．資料７を見ると，1917年以降に米の価格が急激に高騰していることがわかる。これは，好景気によって物価が上昇したことに加え，シベリア出兵(1918年)を見越して米の買い占めや売りおしみが行われたことが原因である。このような状況の中，富山県で米の安売りを要求する暴動が起こったのを発端に，全国各地に米屋などを襲う米騒動が広がった。　②第一次世界大戦終結後の1919年，連合国とドイツの間でパリ講和会議が開かれ，講和条約であるベルサイユ条約が結ばれた。その結果，敗戦国のドイツは全ての植民地を失い，巨額の賠償金や軍備縮小を課された(ア・イ…○)。また，日本は中国の山東省にあるドイツの権益を引き継ぐことを認められた(ウ…○)。パリ講和会議での決定に基づき，1920年に国際連盟が発足したが，ドイツは当初加盟を認められなかった(エ…×)。

⑶**＜太平洋戦争開始前の出来事＞**太平洋戦争は1941年に始まった。ウの国家総動員法は，日中戦争中の1938年に制定された。なお，ア，イ，エは太平洋戦争中の出来事であり，小学生の集団疎開は1944年頃，学徒出陣は1943年に始まった。アメリカ軍が沖縄本島に上陸したのは1945年４月である。

3〔公民―総合〕

1⑴**＜議院内閣制＞**日本では，国民が国会議員を選挙で選び，国会が内閣総理大臣を指名する。資料１では，内閣が国会の信任に基づいて成立していること，内閣が国会に対して連帯して責任を負っていることが示されている。このようなしくみを議院内閣制という。

⑵**＜内閣総理大臣の指名＞**内閣総理大臣の指名において衆議院と参議院の議決が異なった場合，必ず両院協議会が開かれ，それでも意見が一致しなかったときには衆議院の議決が国会の議決となる。これは，衆議院に参議院よりも強い権限を与える「衆議院の優越」の１つである。

⑶**＜アメリカの政治＞**資料２から，アメリカの連邦議会は大統領への不信任決議権を持っていない。

2⑴**＜最高法規＞**日本国憲法は国の最高法規であり，憲法に反する法律や命令などは効力を持たないと定められている(日本国憲法第98条)。

⑵，⑶**＜日本国憲法の改正手続き＞**国の最高法規である日本国憲法の改正には，法律の改正よりも慎重な手続きが必要とされている。憲法改正原案が国会に提出された場合，衆議院と参議院でそれぞれ総議員の３分の２以上の賛成で可決されると，国会は国民に対して憲法改正の発議を行う。その後国民投票が行われ，有効投票の過半数の賛成があれば改正は成立する。改正された憲法は，天皇が国民の名において公布する。

3⑴**＜流通＞**商品が生産者から消費者のもとに届くまでの流れを流通という。流通の過程は，生産者から品物を仕入れる卸売業者，卸売業者から品物を仕入れて消費者に販売する小売業者などが担っている。

(2)**<株式会社>**法人と個人のどちらでも株式会社の株主になることができる(ア…×)。株式会社が倒産すると，株主は出資した金額を失うが，出資額以上の負担を負ったり責任を問われたりすることはない(エ…×)。

(3)**<労働基準法>**労働基準法では，男女同一賃金の原則が定められている(イ…○)。労働基準法では，満15歳未満(満15歳に達した日以後の最初の３月31日が終了するまで)の者の就業を禁じている(ア…×)。育児や介護による休業について定めているのは育児・介護休業法である(ウ…×)。労働者が労働組合を結成する権利を保障しているのは日本国憲法である(エ…×)。

(4)**<企業の社会的責任>**企業の社会的責任〔CSR〕は，企業が利潤を得るために行う活動とは別に，社会の一員としての責任を果たすためにとるべき行動や役割のことである。エの工場の海外への移転は，社会的責任とは関係なく，企業が利潤の拡大などを目指して行うものである。なお，アのような社会貢献活動，イのような環境への配慮，ウのような文化財保護への支援などは，いずれも社会的責任を果たすための取り組みにあたる。

4〔三分野総合―自然災害，エネルギー問題をテーマにした問題〕

1(1)**<国庫支出金>**国庫支出金は，国が使い道を指定し地方公共団体に交付する資金である。これにより，義務教育や公共事業，災害対策など特定の事業にかかる費用の一部を国が負担する。

(2)**<シラス台地>**鹿児島県から宮崎県にかけての九州南部には，火山の噴火による噴出物(シラス)が積み重なってできた地層が広がっている。これをシラス台地という。シラス台地は，水持ちが悪く稲作に向かないため，畑作や畜産が主に行われている。

(3)**<年代整序>**年代の古い順に，イ(徳川家光―17世紀)，ア(徳川吉宗―18世紀前半)，ウ(田沼意次―18世紀後半)，エ(大塩平八郎―19世紀)となる。

(4)**<インドネシア>**インドネシアは，かつてはオランダの植民地であったが，現在はインドネシア語が公用語となっている(ア…×)。インドネシアでは，国民の多くがイスラム教を信仰しており，世界最大のイスラム教国となっている(イ…×)。「世界の工場」と呼ばれている国は中国である(エ…×)。かつて白豪主義がとられていた国はオーストラリアである(オ…×)。

2(1)**<日本の化石燃料の輸入相手国>**日本は，主にサウジアラビアやアラブ首長国連邦などの西アジアの国々から原油を輸入している。したがって，Ｘは原油である。天然ガスと石炭については，どちらもオーストラリアが最大の輸入相手国となっており，う．にはオーストラリアが当てはまる。オーストラリアに次いでマレーシアからの輸入量が多いＹが天然ガスであり，インドネシアからの輸入量が多いＺが石炭である。

(2)**<石油危機>**1973年，イスラエルとアラブ諸国との間で第四次中東戦争が起こると，石油を産出するアラブ諸国は石油輸出を制限・停止し，石油価格を引き上げる戦略をとったため，石油とそれを原料とする製品の価格が大きく上昇し，石油危機と呼ばれる世界的な不景気となった。なお，アの朝鮮戦争が起こったのは1950年，ウのアメリカで同時多発テロが起こったのは2001年，エのアメリカがベトナム戦争に介入したのは1965年である。

(3)**<資料の読み取り>**え．1970年における石油の割合は69.9％であり，およそ７割となる。　お．原子力の割合は，石油危機(1973年)より後の1980年以降おおむね増加傾向にあったが，東日本大震災(2011年)後の2020年には大幅に減少している。これは，地震の影響で発生した津波によって福島県の原子力発電所で事故が発生し，その後原子力発電が縮小されたためである。　か．選択肢にある水力と天然ガス・都市ガスのうち，2020年における割合が２割(20％)を超え，近年割合が増加しているのは天然ガス・都市ガスである。

理科解答

1 (1) エ　(2) ウ　(3) ウ　(4) ア
(5) エ　(6) イ　(7) ア　(8) エ

2 (1) フックの法則
(2)

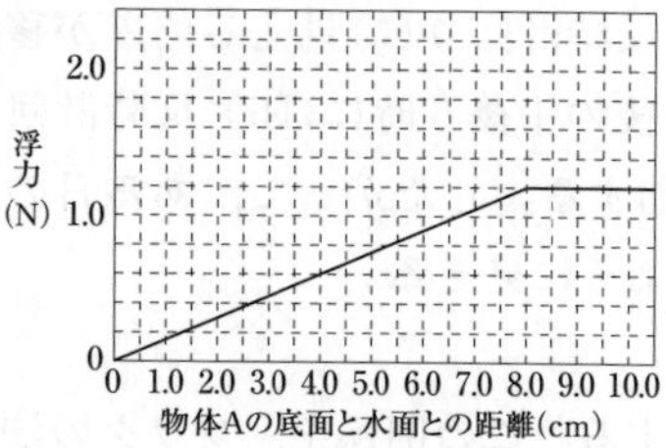

(3) エ　(4) イ

3 (1) 還元　(2) エ
(3) $2CuO + C \longrightarrow 2Cu + CO_2$　(4) イ
(5) 40：3

4 (1) 分解者　(2) ウ　(3) ア
(4) ア…×　イ…○　ウ…×　エ…×
オ…○

5 (1) あ…ア　い…示準化石　(2) ウ
(3) オ　(4) (例)広い地域に堆積する

6 (1) ①…ウ　②…ア
(2) ①…イ　②…イ

1〔小問集合〕

(1)＜**静電気**＞セーターでこすったものさしには静電気が生じていて，水道の水は，その静電気の力によって引きつけられたために曲がったのである。よって，水道の水を曲げた力は電気の力である。

(2)＜**電解質**＞固体の塩化ナトリウムに電流は流れないが，その水溶液には電流が流れる。これは，塩化ナトリウムが水に溶けると電離してイオンが生じ，そのイオンが移動することで電流が流れるためである。なお，水に溶かしたときに，水溶液に電流が流れる物質を電解質という。

(3)＜**血液の成分**＞血小板は傷口で空気に触れると，繊維状の物質を網目状につくって血球をからませ，その後の出血を防ぐはたらきをする。よって，正しいのはウである。なお，アは血しょう，イは赤血球，エは白血球のはたらきである。

(4)＜**大気中の水**＞図より，Aの空気は気温が下がって約18℃になると，含まれている水蒸気量が飽和水蒸気量に等しくなる。このときの温度が露点である。同様に，B～Dの空気の露点はそれぞれ約11℃，約1℃，約1℃となるので，Aの空気の露点が最も高いことがわかる。なお，湿度が最も小さいのは，同じ気温での飽和水蒸気量に対して，含まれる水蒸気量の割合が最も小さいCの空気であり，Cの空気は含まれる水蒸気量と飽和水蒸気量の差が最も大きいので，さらに含むことのできる水蒸気の量は最も大きい。また，含まれている水蒸気の量が最も大きいのは，Aの空気である。

(5)＜**交流**＞家庭用のコンセントから流れている電流は，向きと大きさが周期的に変化する交流である。

(6)＜**電気分解**＞うすい塩酸は溶質である塩化水素が水溶液中で電離し，水素イオンと塩化物イオンが生じている。そのため，うすい塩酸を電気分解すると，陽極には塩化物イオンが引かれて移動し，陽極に電子を放出した塩素原子が2個結びついて塩素分子となり，気体の塩素が発生する。しかし，塩素は水に溶けやすいので，陽極には気体がほとんど集まらない。一方，陰極には水素イオンが引かれて移動し，陰極から電子を受け取った水素原子が2個結びついて水素分子となり，気体の水素が発生する。水素は水に溶けにくいので，陰極には気体が集まる。

(7)＜**動物の分類**＞ア…正しい。哺乳類のなかまは，雌の体内で受精した卵が受精卵となり，子としての体ができるまで体内で育った後に生まれる。このような子の生まれ方を胎生という。　イ…誤り。両生類は，体の表面が粘膜でおおわれていて湿っている。そのため，乾燥に弱く，水中や水辺で生活する。　ウ…誤り。一般に，は虫類は卵を産んだ後は子の世話をすることはない。　エ…誤り。陸上で生活する節足動物のなかまは，気管などで呼吸を行う。口は呼吸器官ではなく，鼻はない。

(8)**＜星の動き＞**地球が自転していることにより，星はひと晩のうちに１時間当たり15°北極星を中心として反時計回りに回転して見える。また，地球が公転していることにより，同じ場所で同じ時刻に観察すると，１か月当たり30°東から西に(北の空では反時計回りに)見える位置が移動する。よって，ある日の午後６時に観察した北斗七星は，２か月後の午後６時には60°反時計回りに移動し，その２時間後の午後８時にはさらに30°反時計回りに移動する。したがって，ある日の午後６時に観察した位置からは反時計回りに60°＋30°＝90°移動したように見える。

2 〔運動とエネルギー〕

(1)**＜フックの法則＞**ばねののびは加えた力の大きさに比例する。この関係を，フックの法則という。

(2)**＜浮力＞**物体Ａの空気中での重さ3.0Nと，水中に一部または全部入ったときにばねばかりが示す値との差が，物体Ａにはたらく浮力の大きさを示す。結果の表より，浮力は，物体Ａの底面と水面との距離が０～8.0cmのときは，3.0－3.0＝0(N)，3.0－2.7＝0.3(N)，3.0－2.4＝0.6(N)，3.0－2.1＝0.9(N)，3.0－1.8＝1.2(N)と，０cmから距離が2.0cm増加するごとに0.3Nずつ一定の割合で増加し，8.0～10.0cmのときは，1.2Nで一定となっている。解答参照。

(3)**＜浮力＞**浮力の大きさは，物体が押しのけた水の重さに等しい。よって，浮力の大きさが増加しているときは，水中にある物体の体積が増加していて，浮力の大きさが一定になっているときは，物体全体が水中に入り，水中にある物体の体積が変化していない。

(4)**＜浮力＞**物体Ｂの底面と水面との距離が2.0cmのとき，水中にある部分の体積，つまり，物体Ｂが押しのけた水の体積は，5.0×6.0×2.0＝60.0(cm^3)である。実験より，物体Ａが押しのけた水の体積が60.0cm^3になるのは，底面と水面との距離が60.0÷(3.0×5.0)＝4.0(cm)のときである。よって，物体Ｂの底面と水面との距離が2.0cmのときにはたらく浮力の大きさは，物体Ａの底面と水面との距離が4.0cmのときにはたらく浮力の大きさと等しい。物体Ｂは，重さが物体Ａと同じ3.0Nであるため，このときのばねばかりの値も等しくなり，結果より，ばねばかりは2.4Nを示す。また，物体Ｂの底面と水面との距離が8.0cmのとき，物体Ｂは全体が水中に入っている。物体Ａと物体Ｂの体積はそれぞれ3.0×5.0×8.0＝120.0(cm^3)，6.0×5.0×4.0＝120.0(cm^3)と等しく，重さも等しいので，このときのばねばかりの値も等しく，1.8Nを示す。

3 〔化学変化と原子・分子〕

(1)**＜酸化と還元＞**物質が酸素と結びつく反応を酸化，物質が酸素を奪われる反応を還元という。実験１では，酸化銅が酸素を奪われて還元され，炭素は酸素と結びついて酸化されている。このように，酸化と還元は同時に起こっている。

(2)**＜気体の捕集法＞**実験１の❷で発生する気体は，炭素が酸素と結びついてできる二酸化炭素である。二酸化炭素は空気より密度が大きく重いので，下方置換法でも集めることができる。

(3)**＜化学反応式＞**実験１の❷で起こった化学変化は，炭素(C)が酸化銅(CuO)から酸素(O_2)を奪って二酸化炭素(CO_2)となり，金属の銅(Cu)が生じる変化である。化学反応式は，矢印の左側に反応前の物質の化学式，右側に反応後の物質の化学式を書き，矢印の左右で原子の種類と数が等しくなるように化学式の前に係数をつける。

(4)＜**酸化**＞実験１では，酸化銅が炭素に酸素を奪われている。これより，酸素は，銅よりも炭素と結びつきやすいことがわかる。

(5)＜**反応と質量比**＞実験２において，化学反応の前後での物質の質量の減少分は，発生した二酸化炭素の質量に当たる。よって，結果より，炭素の粉末の質量が0.1〜0.6gのときに発生した二酸化炭素の質量は，炭素粉末が0.1gのときは，(4.0＋0.1)－3.73＝0.37(g)，0.2gのときは，(4.0＋0.2)－3.47＝0.73(g)，0.3gのときは，(4.0＋0.3)－3.20＝1.10(g)，0.4gのときは，(4.0＋0.4)－3.30＝1.10(g)，0.5gのときは，(4.0＋0.5)－3.40＝1.10(g)，0.6gのときは，(4.0＋0.6)－3.50＝1.10(g)となる。これより，炭素の粉末の質量が0.1g，0.2g，0.3gと増加するとき，発生した二酸化炭素の質量の割合は，0.37：0.73：1.10より，およそ１：２：３になるため，発生した二酸化炭素の質量は炭素の粉末の質量に比例している。一方，炭素の粉末の質量が0.3〜0.6gのときは，発生した二酸化炭素の質量は1.10gで一定になるため，加えた炭素の粉末の一部は酸化銅と反応していないことがわかる。以上より，酸化銅4.0gは炭素の粉末0.3gとちょうど反応するので，酸化銅と炭素が反応する質量の割合は，4.0：0.3＝40：３である。

4 〔生命・自然界のつながり〕

(1)＜**分解者**＞自然界において，他の生物の排出物や死がいなどの有機物を無機物に変える(分解する)はたらきを行っている生物を，分解者と呼ぶ。

(2)＜**実験操作**＞土や水の中にすむ微生物のはたらきを調べる実験なので，これらの微生物を取り除いた場合の対照実験を行い，結果を比べる必要がある。土を加熱したり，水を沸騰させたりしたのは，微生物を死滅させるためである。

(3)＜**微生物**＞ヨウ素液は，デンプンに反応し，青紫色に変化する。結果で，ペトリ皿Ａの土があった周辺にヨウ素液による反応が見られなかったのは，土の中の微生物がデンプンを分解したためである。ペトリ皿Ｂでは微生物を死滅させていたので，デンプンがそのまま残り，全体にヨウ素液による反応が見られた。また，ペトリ皿Ｃでも池の水をたらした周辺にヨウ素液による反応が見られなかったことから，水中にも土の中にすむ微生物と同じはたらきをする微生物が存在することがわかる。

(4)＜**炭素の循環**＞大気中の二酸化炭素は無機物である。よって，光合成での二酸化炭素の吸収を表すアの矢印と，呼吸での二酸化炭素の放出を表すウの矢印，分解者が死がいやふんを分解するときの二酸化炭素の放出を表すエの矢印は，炭素が無機物として移動しているものである。一方，消費者(動物)が生産者を食べることでの炭素の移動を表すイの矢印と，動物の死がいやふんによる炭素の移動を表すオの矢印は，炭素が有機物として移動しているものである。

5 〔大地の変化〕

(1)＜**凝灰岩，示準化石**＞火山灰などの火山噴出物が堆積してできた堆積岩を，凝灰岩という。なお，石灰岩は海水中の石灰分が堆積し固まった岩石，チャートはケイ酸質でできた体を持つ生物の死がいが堆積してできたきわめて硬い堆積岩，花こう岩はマグマが地下でゆっくりと冷え固まってできた火成岩(深成岩)である。また，アンモナイトの化石は，含まれる地層が堆積した年代を知る手がかりとなる示準化石である。

(2)＜**地層**＞地層は，逆転がなければ下にある層ほど古いので，図１のＡ〜Ｆの層のうち，最も古い時代に堆積した層は，一番下にあるＦの層である。また，断層Ｘは断層面の上側にある層が上方にずれている逆断層なので，左右から押す力がはたらいてできたことがわかる。

(3)**＜地層＞**粒が大きいものほど海岸に近い場所に堆積する。れき・砂・泥の粒の大きさは，れき＞砂＞泥だから，図２で，れきが堆積しているのは海岸に最も近いｃ，泥が堆積しているのは海岸から最も遠いａである。また，図１のＡ，Ｂ，Ｃの層は下から泥，砂，れきの順に重なっているので，Ｃの層が堆積した頃は海岸から遠い場所であったが，しだいに海岸に近くなったと考えられる。

(4)**＜かぎ層＞**火山灰は粒が小さく軽いため，風によって遠くまで運ばれやすく，同じ火山の噴火によって放出されたものが同じ時期に広い地域に堆積することが多い。また，火山灰に含まれる鉱物などの種類を分析することで，火山の噴火の時期を判別することができる。このように，離れた場所の地層のつながりを知る手がかりになる地層をかぎ層という。

6〔小問集合〕

(1)**＜無性生殖，植物の分類＞**①種イモから新しい個体が成長するのは栄養生殖と呼ばれ，雌雄に関係しない無性生殖の１つである。無性生殖では，親と子の形質が完全に一致するため，種イモと収穫したイモは同じ形質を持っている。　②ダイコンの太く白い部分は主根，白い部分に生えている細い根は側根である。このような根を持つのは，被子植物のうちの双子葉類で，双子葉類の茎の維管束は輪状になっている。なお，根毛は根の先端部分に生えている毛のようなもので，表面の細胞が伸びたものである。また，単子葉類の根はひげ根で，茎の維管束はばらばらに散らばっている。

(2)**＜蒸留＞**①含まれるエタノールの割合が高いほど，同じ体積当たりの質量(密度)が小さくなる。よって，方法の❹より，エタノールの割合が最も高いのは，質量が最も小さい試験管Ａの液体である。また，試験管Ａの液体の密度は，$2.54 \div 3.02 = 0.841\cdots$より，約0.84g/cm^{3}である。したがって，図２より，この液体に含まれるエタノールの質量パーセント濃度は約80％である。　②試験管Ｂの液体の密度は，$2.81 \div 3.01 = 0.933\cdots$より，約0.93g/cm^{3}なので，図２より，含まれるエタノールの質量パーセント濃度は約38％である。また，試験管Ｃと試験管Ｄの液体の密度は1.00g/cm^{3}と，水の密度に一致している。よって，試験管Ｂの液体を集めている間に枝付きフラスコ内の液体からはエタノールがほとんど取り除かれたと考えられる。また，試験管Ｄが集まったときの枝付きフラスコ内の液体はほぼ水だけとなっているので，その密度Xはエタノールの密度0.79g/cm^{3}より大きく，水の密度1.00g/cm^{3}以下となっている。

国語解答

一 ㈠ エ

㈡ 天馬に，父親の悪口でもグチでも言って息抜きをしてほしいが，自分では天馬の相手にならないのかもしれない(50字)［と考えている。］

㈢ イ　㈣ ア　㈤ イ

二 ㈠ ようように　㈡ イ　㈢ ウ

㈣ イ

㈤ 優れた技能や知識を天皇に高く評価された［人について書かれている。］

三 ㈠ ア　㈡ ウ

㈢ 人間に～で弔う

㈣ 膨大なデータに基づいて文章を自動作成し，新聞記事や顧客向けレポートを書く(36字)

㈤ エ　㈥ イ→オ→ウ→ア→エ

㈦ F 安心感　G 誠実な

四 ㈠ (1)…エ　(2)…ア

㈡ (1) しょうあく　(2) おこた

(3) 任　(4) 厳密

㈢ オ

一〔小説の読解〕出典：工藤純子『てのひらに未来』。

㈠＜心情＞琴葉には，天馬は「モノ作りそのものがあっているよう」で，機械のことを深く知るために自分から進んで雑用を受け入れているように見える。それでも，朝早くから夕方遅くまで働く天馬に，琴葉は「雑用までたのまれて」と「同情」している。

㈡＜文章内容＞天馬がノートを取り出して仕事に関することを書き始めたとき，琴葉は，天馬に対して，「お父さんの悪口でも，グチでもいって」息を抜けばいいのにと思ったが，その一方で，自分では天馬の「相手にならないのかもしれない」とも考えた。

㈢＜心情＞琴葉に言われて，天馬は，自分の指先が汚れていることに気がつき，また，社長の指の汚れは取れないことを知った。天馬は，「早く社長みたいに」なりたいと考えているので，目標とする社長の指に自分の指が似てきていることから，自分が目標に近づいているように感じ，うれしく思った。

㈣＜文章内容＞今の仕事に真剣に取り組み，自分の工場を持つという「目標にむかって，つきすすむ」天馬に，琴葉は「なんの夢もないあたし」では追いつけないと感じた。さらに琴葉は，自分がお母さんの小言を避けるために天馬がいるだろう工場に寄ったことを思い出し，その場のことしか考えていないことに気づいて，天馬との距離が一層遠くなったように感じ，自分を嘆かわしく思った。

㈤＜表現＞「仕事が終わっても勉強？　熱心すぎやしない？」と言っても，天馬は「毎日，新しい発見があるんだ」と言うので，琴葉は，天馬にとって自分は愚痴を言う相手にはならないのかもしれないと思う。また，天馬が，早く社長みたいになって自分の工場を持ちたいと言うと，琴葉は「天馬はどんどん先に行ってしまう～あたしたちの距離は，永遠にちぢまらない」と寂しく感じる。このように本文では，会話のやり取りと，それによって揺れ動く琴葉の気持ちが描かれている。

二〔古文の読解―説話〕出典：『宇治拾遺物語』巻第十ノ三。

≪現代語訳≫これも今となっては昔のことだが，堀河天皇の御代に，(天皇が)奈良の僧たちを招いて，大般若の御読経を行われたところ，明暹がこの(僧たちの)中に(入って)参上していた。そのときに天皇が笛をお吹きになったが，さまざまに調子を変えてお吹きになったところ，明暹が(笛の)調子ごとに声(の調子)を外さず(高く)上げて(経を)読んだので，天皇は不思議にお思いになって，この僧をお呼びになると，明暹はひざまずいて庭に控えていた。(天皇の)仰せに従い，(明暹が)上がって縁側に控えると，(天皇が)「笛を吹くか」とお尋ねになったので，(明暹が)「一通りはたしなみます」と申し上げると，

(天皇は)「やはりそうか」と，御笛をお与えになってお吹かせになると，(明暹は)万歳楽を言い表せないほどのすばらしさで吹いたので，(天皇は)感心なさって，そのままその笛をお与えになった。その笛は受け継がれて，今は石清水八幡宮の長官である幸清の元にあるという。

㈠**＜歴史的仮名遣い＞**歴史的仮名遣いの「au」は，原則として現代仮名遣いでは「ou」になる。

㈡**＜古文の内容理解＞**ア．堀河天皇が奈良の僧たちを招いて大般若の御読経を行われたところ，明暹が，この僧たちの中に入って参上していた。　イ．堀河天皇は，さまざまに調子を変えて笛をお吹きになった。　ウ．堀河天皇の仰せに従い，明暹は，庭から上がって縁側に控えた。　エ．堀河天皇が，笛を吹くかとお尋ねになると，明暹は，一通りはたしなみますと申し上げた。　オ．明暹は，万歳楽を言い表せないほどのすばらしさで吹いた。

㈢**＜古文の内容理解＞**明暹は，堀河天皇の吹く笛の調子に合わせて，声の調子を外さずに経を読み上げた。不思議に思った天皇が明暹に尋ねると，明暹が笛をたしなんでいることがわかったので，天皇は，明暹が笛の調子に合わせて声の調子を外さずに経を読み上げたことを，もっともだと思った。

㈣**＜古文の内容理解＞**堀河天皇が明暹に笛を吹かせたところ，明暹が万歳楽を言い表せないほどのすばらしさで吹いたので，天皇は感心し，その笛をお与えになった。

㈤**＜文の組み立て＞**もとの文章では，「優れた技能や知識を持つ人」「高く評価された人」「優れている人」で，「人」が重複している。また，「天皇に高く評価された」という部分は，目的語が欠けている。そこで，「人」を一度だけ使い，「優れた技能や知識」を「天皇に高く評価された」の目的語になるようにする。

三　**〔論説文の読解―文化人類学的分野―日本文化〕**出典：高階秀爾『日本人にとって美しさとは何か』／**〔論説文の読解―社会学的分野―現代文明〕**出典：池谷裕二『脳はすこぶる快楽主義　パテカトルの万脳薬』。

≪本文の概要≫【Ⅰ】テクノロジーの発達に伴って，機械と人間の関係をどのように考えるかという問題が浮上してきた。テクノロジー文明の成果であるロボットは国境を越えた普遍的存在であるが，そのロボットとのつき合い方には，それぞれの国の歴史的，文化的条件に由来する差異が見られる。工場生産へのロボットの導入に関して，西欧では，機械が人間の代わりをすることへの嫌悪感や反発の感情など，労働者たちに心理的抵抗があった。ところが日本には，西欧のような心理的抵抗は全くなく，このことは，生命のない日常の道具類も，人間と同じような心を持った存在であると考える日本人の心性と無縁ではない。西欧では，創造主によってつくり出された世界における人間とその他の被創造物とは，はっきり区別されている。日本文化の特色の一つは，生命のない日常の事物にも生命があると考える「アニミズム的世界観」が現代に至るまで生き続け，しかもそれが最先端の技術と矛盾なく共存している点にある。／【Ⅱ】人工知能は，カウンセリングも，美しい詩をつくることも，新聞記事や顧客向けレポートを書くこともできる。しかし，人間は，ロボットの詩を味けない，無価値だと一方的に決めつけるなど，ロボットを見下す「ロボット差別」をする。これは，人間の醜悪な偏見である。人工知能にはメリットがあり，例えばカウンセリングでは，プライバシーが守られるので，安心して自分の全てをさらすことができる。また，何時間も会話を続けても，人工知能は顔色を変えたりイライラしたりせず，とことん悩み相談につき合ってくれ，対応は常に冷静で，真剣で，誠実である。

㈠**＜接続語＞**A．日本の労働者たちは，ロボットに「名前をつけて」親しみ，そのうえ「機械の調子が悪いときには『今日は百恵ちゃんは機嫌が悪い』などと言い合って」いた。　B．日本の労働者たちがロボットを「何の抵抗もなく」受け入れ，「名前をつけて」親しんできたということは，要するに，日本では当初から，ロボットは「人間と同じような仕事仲間として受け入れられてきた」ということである。　C．生命のない日常の道具類も人間と同じような心を持っていると考える

「日本人のメンタリティの例の一つ」として「針供養」を挙げることができ，そのほかに，筆を墓に埋めて供養する「筆塚」も，全国の神社や寺によく見られる。

㈡＜**要旨**＞「カレル・チャペックが夢見た『人間の仕事をする機械』としてのロボット」は，テクノロジーの発達によって「現実の存在」となり，産業から介護，エンターテイメントに至るまでの「幅広い分野にわたって」活躍するようになった(ア…×)。テクノロジー文明の成果を駆使して生み出されたロボットは，「国境を越えた普遍的存在」であるが，「それぞれの国の歴史的，文化的条件に由来する差異」があるため，「ロボットとの付き合い方は，国により，民族によって必ずしも一様ではない」のである(イ…×)。イタリアでの国際シンポジウムで，イタリア側の参加者は，「ロボットの導入を妨げる大きな要因の一つ」として，「機械が人間の代わりをすることへの嫌悪感，あるいは人間の領域が機械に侵されることに対する反発の感情」といった心理的抵抗があるとしている(ウ…○)。「フランス語では，『静物』のことを『死んだ自然(nature morte)』という」ことに表れているように，西欧では，「創造主である神によって創り出された世界においては，人間とその他の被創造物とははっきりと区別」されていると考えられている(エ…×)。

㈢＜**文章内容**＞「生命のない日常の事物にも生命があると考える」アニミズム的世界観に基づいている日本の事例として，「針供養」や「筆塚」などの，不用になった場合も「人間に対するのと同じように，しかるべきやり方で弔うという風習」が現在まで続いていることが挙げられる。

㈣＜**文章内容**＞人工知能は，「新聞記事や顧客向けレポート程度」ならば書くことができ，特に「膨大なデータに基づいて文章を自動作成できる」分野は得意である。

㈤＜**表現**＞三郎さんの「人工知能によるカウンセリングのメリット」を「一番目」に示すという提案に対し，涼子さんから，問題を解決しなければメリットに到達できないので「先に問題点について」発表する提案が出された。洋司さんも，「機械と人間の関係」の問題を論じた後にメリットを示した方がよいと言い，三郎さんも「メリットを最後」にすることに納得した。そこで有美さんが，これまでの意見を整理して，「問題提起から入り，最後にメリットを示す」という流れを示した。

㈥＜**文章内容**＞まず「問題提起から入り，最後にメリットを示すという流れ」なので，イが最初，エが最後にくる。また，有美さんの四番目の「ロボットに対する日本と西洋の違いが先で，日本人の自然観を後に示す流れ」がよいという発言と，続く三郎さんの「その二つのスライドの間に『ロボット差別』を印象づけるスライドを挟み込めば，日本人の自然観が『ロボット差別』を解決するヒントになる」という発言から，オが二番目，ウが三番目，アが四番目にくる。

㈦＜**文章内容**＞人工知能によるカウンセリングでは，他人にプライベートを知られることなく，「安心して自分のすべてを晒すこと」ができる(…**F**)。そして，人工知能によるカウンセリングでは，「対応は常に冷静で，真剣で，そして誠実」である(…**G**)。

四〔国語の知識〕

㈠⑴＜**漢文の訓読**＞「民」→「孝慈」→「復」の順に読む。上から順に，まず返り点のついていない「民」を読む。次に，二字以上返って読む一二点があるので，「孝慈に」を読み，二字返って二点のついている「復る」を読む。　⑵＜**漢字の知識**＞「絶」の部首は「糹(いとへん)」。イは「禾(のぎへん)」，ウは「米(こめへん)」，エは「訁(ごんべん)」の行書体。

㈡＜**漢字**＞⑴「掌握」は，物事を自分の意のままに動かせるようにすること。　⑵他の訓読みは「なま(ける)」。音読みは「怠慢」などの「タイ」。　⑶他の訓読みは「まか(せる)」。音読みは「任務」などの「ニン」。　⑷「厳密」は，細かい点まで厳しく注意を行き届かせること。

㈢＜**熟語の構成**＞「人造」は，天然のものに似せて人工的につくること。「人」が主語，「造」が述語の関係で，人がつくる，という意味になる。

2023年度 常総学院高等学校（推薦）

【英　語】（50分）〈満点：100点〉

1　次の(1)〜(4)は，放送による問題です。それぞれの放送の指示にしたがって答えなさい。

(1)　これから，**No. 1**から**No. 5**まで，五つの英文を放送します。放送される英文を聞いて，その内容に合うものを選ぶ問題です。それぞれの英文の内容に最もよく合うものを，**ア**，**イ**，**ウ**，**エ**の中から一つ選んで，その記号を書きなさい。

No. 1

No. 2

No. 3

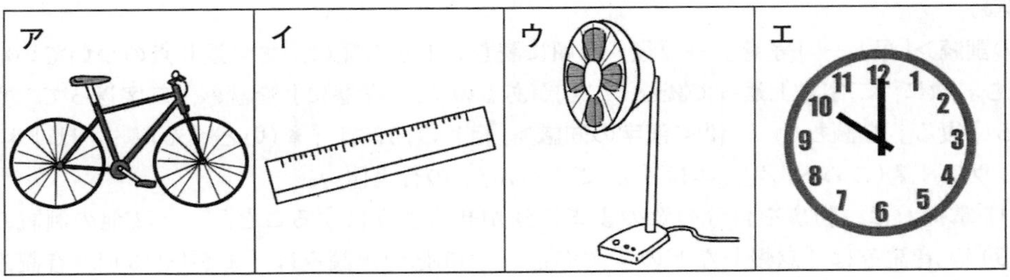

No. 4

No. 5

ア

来週の習い事の予定	
剣道	水曜日
水泳	土曜日

イ

来週の習い事の予定	
剣道	土曜日
水泳	水曜日

ウ

来週の習い事の予定	
剣道	土曜日
水泳	日曜日

エ

来週の習い事の予定	
剣道	日曜日
水泳	日曜日

(2)　これから，**No. 1** から **No. 4** まで，四つの対話を放送します。それぞれの対話のあとで，その対話について一つずつ質問します。それぞれの質問に対して，最も適切な答えを，ア，イ，ウ，エの中から一つ選んで，その記号を書きなさい。

No. 1

ア　On foot.　　イ　By train.　　ウ　By bus.　　エ　By taxi.

No. 2

ア　It was rainy and hot.　　イ　There was no rain.

ウ　It was snowy and cold.　　エ　It was sunny and warm.

No. 3

ア　He'll take photos with his camera.　　イ　He'll leave home soon.

ウ　He'll use his smartphone as a camera.　　エ　He'll just look at the rainbow.

No. 4

ア　He doesn't like mushrooms.

イ　He would like another glass of orange juice.

ウ　He has been there for 20 minutes.

エ　He will have a salad first.

(3) これから，ホワイトさん(Mrs. White)と男性の公園での対話を放送します。そのあとで，その内容について，**Question No. 1** と **Question No. 2** の二つの質問をします。それぞれの質問に対して，最も適切な答えを，ア，イ，ウ，エの中から一つ選んで，その記号を書きなさい。

No. 1

No. 2

ア　In front of the clock tower.

イ　Under the tree.

ウ　On the bench.

エ　By the hamburger shop.

(4) 英語の授業で，生徒たちがクラスメイトのサキ(Saki)のスピーチを聞いてメモを取っています。これからそのスピーチを放送します。その内容に一致するように，下の空欄①，②，③に，適切な英語や数字を１語ずつ書き，メモを完成させなさい。

スピーチを聞いたある生徒のメモ

Saki's room

・She shares it with her (　①　) sister.

・There are (　②　) desks, one bed, and one computer.

She will get her own room in (　③　).

これで，放送による聞き取りテストを終わります。続いて，**2** に進みなさい。

※＜リスニング問題放送原稿＞は英語の問題の終わりに付けてあります。

2 次のAとBの英文は，二人の中学生が「夏の思い出」というテーマで英語の時間に発表したものです。それぞれの英文を読んで，下の(1)，(2)の問いに答えなさい。

A

Several years ago, I attended a summer camp for ①(child) under ten. We enjoyed games and sports with the volunteer staff. It was my first time, so I was very excited at night. I didn't stop ②(talk) and ran around in the room. This made the leader of this camp angry, and I ③(take) to his room. He told me to follow the rules. I learned how to live in a group.

B

My ④(f　　　) members often went traveling during the summer vacation. ⑤(B　　　) my father and mother loved nature and took me to beaches and mountains. At first, I didn't like mountains because I always got so tired. But when we climbed Mt. Fuji, I was happy to see the beautiful sunrise from it. Now, I like mountains ⑥(b　　　) than beaches.

(1) Aの英文が完成するように，文中の①～③の(　　)の中の語を，それぞれ適切な形に直して書きなさい。ただし，1語とは限りません。

(2) Bの英文が完成するように，文中の④～⑥の(　　)内に，最も適切な英語を，それぞれ1語ずつ書きなさい。なお，答えはすべて(　　)内に示されている文字で書き始めるものとします。

3 次の(1)，(2)の問いに答えなさい。

(1) 次の英文は，新聞記事の一部です。この記事が伝えている内容として最も適切なものを，下のア～エの中から一つ選んで，その記号を書きなさい。

Sakura City has just moved their city library to Wakaba-machi. They changed its name from Sakura Library to Wakaba Library. To go to Wakaba Library by bus, take the No. 4 Bus. The No. 8 Bus went to Sakura Library, but it doesn't go to Wakaba Library. Sakura City will introduce Wakaba Library on local TV news at six p.m. on April 9th. Their website will be helpful if you need to know more about it. There's an English website, too.

ア The No. 8 Bus carries people from Sakura Library to Wakaba Library.
イ The library which was moved to Wakaba-machi will open on April 9th.
ウ Sakura City's website will help people learn about Wakaba Library.
エ The staff speaks English at Wakaba Library.

(2) 次の英文中の［　　　　］には，下のア～ウの三つの文が入ります。意味の通る英文になるように，ア～ウの文を並べかえて，記号で答えなさい。

There are two types of *traffic lights: the *vertical type and the *horizontal type. In Japan, the horizontal traffic lights are more *common. ［　　　　］ Check it out when you go abroad.

* traffic light 信号機　vertical 縦の　horizontal 横向きの
common よくある

ア They are often used in areas with snow because snow gets heavy on the horizontal lights.
イ But there are some vertical traffic lights, too.
ウ The vertical traffic lights are more common worldwide, even in hot countries.

4 高校生のハルヒ(Haruhi)と，クラスメイトのポール(Paul)は，次のページのチラシ(leaflet)を見ながら話をしています。下の対話文を読んで，(1)，(2)の問いに答えなさい。

Haruhi : Do you like *painting?

Paul : Yes, I do. It's my hobby.

Haruhi : There's a painting event at Midori Park next Sunday. It's going to be fun. Let's go together.

Paul : (①) I'm going to go to a concert next Sunday.

Haruhi : Don't worry. We can go on another day. Look at this leaflet. When is good for you?

Paul : Well, I'm busy on the last day, so (②) is good for me. Is it OK?

Haruhi : No problem. Well, let's choose the area. There are four areas to choose from. Where would you like to go?

Paul : Let's see .... I'm not good at painting pictures of people. I think I'll paint the pond. You like (③), Haruhi. Would you like to paint them?

Haruhi : Oh, it's too difficult because they move. Fruit is one of the *common things painted by a lot of people. I've painted them, too, and I want to paint something else. I think I'll go to (④) with you. I've never seen the pond in Midori Park.

Paul : I've been there once. It's a beautiful pond with flowers and trees around it. I think it is a good place for painting. What should we do if ［　　　　］? I don't like doing activities in the rain.

Haruhi : We can paint flowers in the museum.

Paul : I'm glad to hear that. How much is the *fee?

Haruhi : We need to pay 1,000 yen.

Paul : Wait. What is written here? Oh, the leaflet says we'll get a *discount if we do volunteer work.

Haruhi : I'm free that day, but Dad says I must come home before seven. I'll clean up the park in the afternoon. How about you?

Paul : (⑤)

Haruhi : You'll get a 400 yen discount.

Paul : I'm lucky! Do we have to bring anything on the day of the painting event?

Haruhi : We have to bring something to use for painting. Let's bring our lunch, too.

Paul : All right. I'm looking forward to it. Thanks for inviting me.

* paint (絵)を描く　common よくある　fee (参加)料金　discount 割引

A Painting Event at Midori Park

Date　Sunday, April 30 / Wednesday, May 3 / Friday, May 5

Time　9:00 a.m. — 3:00 p.m.

Place　Midori Park　　　　See the map. ↓

Fee　1,000 yen

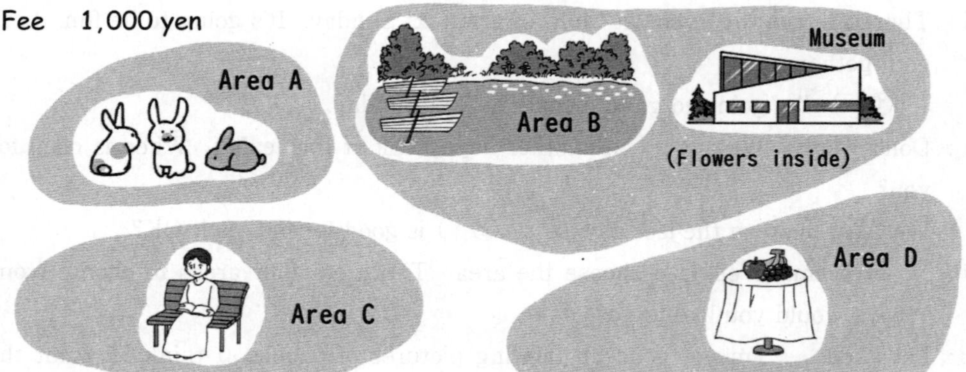

Good News!

You can get a discount if you help us with the event.

Saturday, April 29	What to do	Discount
9:00 a.m. — 11:00 a.m.	Take care of flowers and rabbits	200 yen
1:00 p.m. — 3:30 p.m.	Clean the park	300 yen
5:30 p.m. — 7:30 p.m.	Carry tables and chairs	400 yen

- Let us know the date and the area of your *participation and the volunteer work you'd like to do by e-mail before April 15.
- You cannot borrow anything for the painting at Midori Park.

*　participation　参加

(1)　対話文中の(　①　)～(　⑤　)に入る最も適切なものを，ア～エの中から一つ選んで，その記号を書きなさい。

①　ア　I enjoyed it.　イ　Yes, let's.　ウ　What's wrong?　エ　I wish I could.

②　ア　April 29　イ　April 30　ウ　May 3　エ　May 5

③　ア　rabbits　イ　flowers　ウ　apples　エ　books

④　ア　Area A　イ　Area B　ウ　Area C　エ　Area D

⑤　ア　I like taking care of flowers.　イ　I'm free after lunch.

　　ウ　I'd like to do it in the evening.　エ　I won't attend it.

(2)　対話の流れに合うように，文中の［　　　　］に入る適切な英語を，２語で書き，英文を完成させなさい。

5 次の英文を読んで，(1)～(5)の問いに答えなさい。

Meat Free Monday is an international campaign to protect the Earth's environment. [ア] *Paul McCartney, a world famous singer, *runs it. It encourages people to eat *vegan food once a week. Vegan food doesn't use any animal products such as meat, fish, eggs or milk. People who want to take *protein often eat beans instead. Why is vegan food helpful to improve the Earth's environment? It's related to global warming.

Global warming is one of today's most serious problems. [イ] It is often *caused by *greenhouse gases. To stop global warming and save the Earth, people around the world have done a lot of things in different ways. One of the effective ways is to *reduce greenhouse gases such as *carbon dioxide and *methane. A lot of people may think almost all greenhouse gases are released when we burn *fossil fuels or plastic products. Surprisingly, however, 15 percent of methane released in the air is from *livestock. We need a lot of land to *raise livestock. We also need a lot of land to produce the corn that livestock eats. [ウ] Forests help us reduce carbon dioxide, but we damage them to raise livestock.

Paul McCartney was surprised to know this fact. "To eat meat products, we damage the environment and produce greenhouse gases. If we don't stop it, we can't live on the Earth in the future." [エ] Then he heard of someone's idea of eating no meat once a week. He thought, "If consumers don't eat too many meat products, we can reduce the number of livestock." He decided to run a campaign which told people about the relationship between meat products and global warming. According to research, people who try to do something new often choose Monday for the day to start it. He chose Mondays for a vegan food day. In 2009, he started Meat Free Monday with people who supported him. [オ] This campaign became popular and now people in more than 45 countries are taking action for it. National governments, local governments, large food companies, restaurants and chefs are also interested in the campaign.

There are a variety of activities and events for Meat Free Monday. [カ] Sometimes vegan food is even cooked for school lunches. Some people think that young people in school need to take protein from meat. However, they can take plant protein from (A), so there will be no health problems.

The *purpose of Meat Free Monday is not to eat vegan food. Its purpose is to protect the environment of the Earth. People should not misunderstand that. This campaign can help us have (B)<u>a sustainable society</u>.

* Paul McCartney　ポール・マッカートニー(英国出身。1942年～)　run ～　～を主催する
vegan food　ビーガン食　protein　タンパク質
cause　～をもたらす，～の原因となる　greenhouse gas　温室効果ガス
reduce　～を減らす　carbon dioxide　二酸化炭素　methane　メタン
fossil fuel　化石燃料　livestock　家畜　raise　～を育てる　purpose　目的

(1) 次の①～③の文は，それぞれ文中の［ ア ］～［ カ ］のどこに入るのが最も適切か，記号で答えなさい。ただし，同一の段落に複数入ることはありません。

① He wanted to do something to save the Earth, but he didn't know what to do.

② The Earth has become sick because of it.

③ For example, they introduce various recipes for vegan food, and hold vegan food parties and cooking classes.

(2) Paul McCartney について，正しい記述を次のア～エの中から一つ選んで，その記号を書きなさい。

ア He thinks vegan food is good for our health because no meat, fish, eggs or milk is used in it.

イ He is the first person to have an idea of eating no meat products to protect the Earth's environment.

ウ He started his campaign to protect the Earth's environment by reducing greenhouse gases.

エ Meat Free Monday made him more famous and popular in the world.

(3) （ A ）に入る英語１語を本文中から抜き出しなさい。

(4) 下線部(B)を次のように説明するとき，（　　　）に入る語を４語以上６語以内で書きなさい。

A sustainable society is a society that does not (　　　　　　　　　　).

(5) 本文の内容に**合わない**文を，次のア～エの中から一つ選んで，その記号を書きなさい。

ア The vegan food day is the first Monday of every month because many people start something new on that day.

イ Not only fossil fuels but also animals release a large amount of greenhouse gases.

ウ If people eat vegan food more, the number of livestock will decrease.

エ Some people may misunderstand the purpose of Paul McCartney's campaign.

6 次の日本語に合うように，各文の(　　)内の語(句)を並べかえたとき，(　　)内の２番目と５番目に来る語(句)の記号を書きなさい。ただし，文頭に来るべき語も小文字にしてあります。

(1) 私はジェーンが何を読んでいたのかわかりません。
I don't (ア reading イ Jane ウ know エ what オ was).

(2) 彼はその５人の中で最も人気のある歌手です。
He is (ア popular イ of ウ singer エ the オ most) the five.

(3) あなたはお兄さんを何と呼びますか。
(ア do イ what ウ call エ you オ your brother)?

(4) 私はピアノを弾いている女性に話しかけました。
I (ア playing イ the woman ウ to エ the piano オ spoke).

(5) アンは昨年以来，京都へ行っていません。
Ann (ア Kyoto イ been ウ since エ hasn't オ to) last year.

＜リスニング問題放送原稿＞

(1)

No. **1**

A man is watching birds on the lake.

No. **2**

My sister looked angry after reading an e-mail from her friend.

No. **3**

It is used when we want to know the time.

No. **4**

I have three cats.　Black is the oldest of all.　Sugar is twice as old as Milk.

No. **5**

I usually practice kendo on Wednesdays and swimming on Saturdays.　But next week, I'll do them on the same day.

(2)

No. **1**

A: Excuse me.　Can I walk to the museum from here?

B: It's a long way to walk.

A: Then, which should I take, a bus or a taxi?

B: I think a bus is better than a taxi.

Question: How will the woman probably go to the museum?

No. **2**

A: Hi, Mary.　How was your stay in Okinawa?

B: It was great.　It was hot and not rainy.

A: That's good.　It was snowy and cold in Tokyo.

B: The newspaper says it will be sunny and warm tomorrow.

Question: How was the weather in Okinawa during Mary's stay?

No. **3**

A: Look, Ben.　There is a rainbow over there.

B: How fantastic!　If I had a camera, I could take photos of it.

A: You can do it with your smartphone.

B: I left it at home.　Oh, the rainbow is disappearing.　Let's take a good look at it.

Question: What will Ben do after they talked?

No. **4**

A: I'd like a seafood salad and a pizza with mushrooms.　And could you bring me the salad first?

B: Certainly.　Would you like something to drink?

A: A glass of orange juice, please.　How long do I have to wait for my pizza?

B: It'll be 20 minutes.　I'll be back with your salad soon.

Question: What is the man saying?

(3)

Mrs. White: Excuse me.　I'm looking for Tommy, my son.　He's five years old.　About 30 minutes ago, we were in front of the clock tower.　But now, I don't know where he is.　Could you please tell me about any boys you saw?

Man: I saw a few little boys.　I think the boy wearing a red cap was Tommy.　He was under the tree.

Mrs. White: No, he isn't wearing a cap.　What about the other boys?　Tommy is wearing a T-shirt.

Man: Then maybe the boy with long hair was your son.　He was sitting on the bench.

Mrs. White: No, his hair is short.　Do you remember anything else?

Man: Hey!　Look at that boy standing by the hamburger shop.

Mrs. White: Oh, that's Tommy!　Thank you very much.

Questions:

No. **1**　Which boy is Tommy?

No. **2**　Where was Tommy when Mrs. White found him?

(4)

I've shared a room with my younger sister for five years.　There are a lot of things in the room, and we share some of them.　There are desks on each side of the door.　We share a large bed.　I have a computer on my desk.　My sister sometimes uses it because she doesn't have hers.　At the end of March, I'll have my own room.　I'm looking forward to it.

【数　学】 (50分) 〈満点：100点〉

1 次の問いに答えなさい。

(1) 次の①～④の計算をしなさい。

① $-1+(-7)$

② $\dfrac{8}{\sqrt{2}}-\sqrt{3}\times\sqrt{6}$

③ $a^2b\div\left(-\dfrac{a}{3}\right)^2$

④ $5(a-2b)-(4a-9b)$

(2) 2次方程式 $x^2+7x+6=0$ を解きなさい。

2 次の問いに答えなさい。

(1) 大福《だいふく》と最中《もなか》を買うために和菓子店へ行った。それぞれを定価で4個ずつ買うと，代金の合計は1400円になる。また，1箱6個入りの大福を1箱買うと，定価で1個ずつ6個買うよりも1個あたり20円安くなることがわかった。そこで，6個入りの大福を1箱，最中を2個買うことにしたところ，代金の合計は1380円になった。ただし，消費税は考えないものとする。

大福1個と最中1個の定価を求めるために，大福1個の定価をx円，最中1個の定価をy円として連立方程式をつくると，次のようになる。

$$\begin{cases} \boxed{\quad ア \quad} = 1400 \\ \boxed{\quad イ \quad} = 1380 \end{cases}$$

このとき，上の ア ， イ に当てはまる式を，それぞれ書きなさい。

(2) 下の**図**で，4点A，B，C，Dは円Oの周上の点であり，弧BCの長さと弧CDの長さは等しい。

$\angle BOD = 124^\circ$ のとき，$\angle BAC$の大きさを求めなさい。

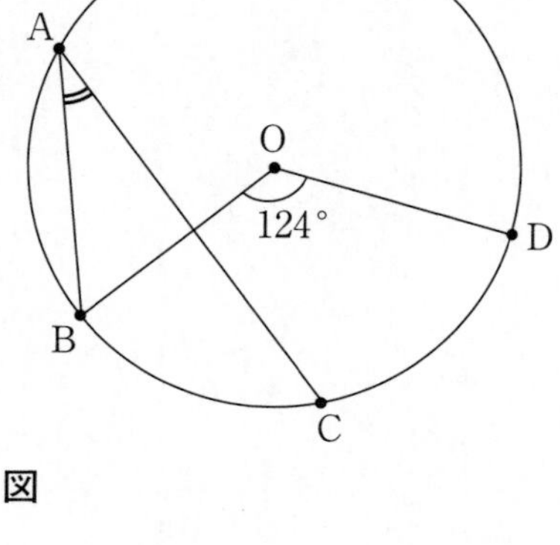

図

(3)　下の**図**のように，2つの箱A，Bがあり，箱Aには2，4，6，8の数が一つずつ書かれた4個の球が入っており，箱Bには3，5，7，9の数が一つずつ書かれた4個の球が入っている。

箱A，箱Bの中からそれぞれ1個ずつ球を取り出すとき，取り出した2個の球に書かれた数の積が18である確率を求めなさい。

ただし，それぞれの箱において，どの球が取り出されることも同様に確からしいとする。

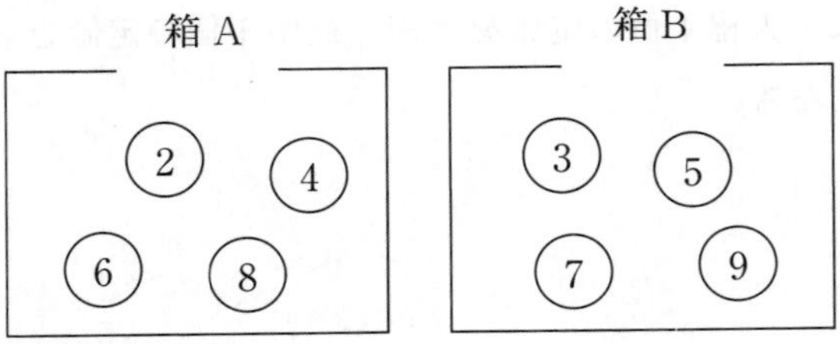

図

(4)　下の**図**で，2点A，Bは関数 $y=x^2$ のグラフ上の点であり，点Aの x 座標は -3，点Bの x 座標は2である。点Pは，このグラフ上の点Aから点Bまでの部分を動く点である。

点Pの座標を $(s,\ t)$ とすると，s のとる値の範囲は $-3 \leqq s \leqq 2$ であり，

t のとる値の範囲は，［ア］$\leqq t \leqq$［イ］である。

このとき，上の［ア］，［イ］に当てはまる数を，それぞれ書きなさい。

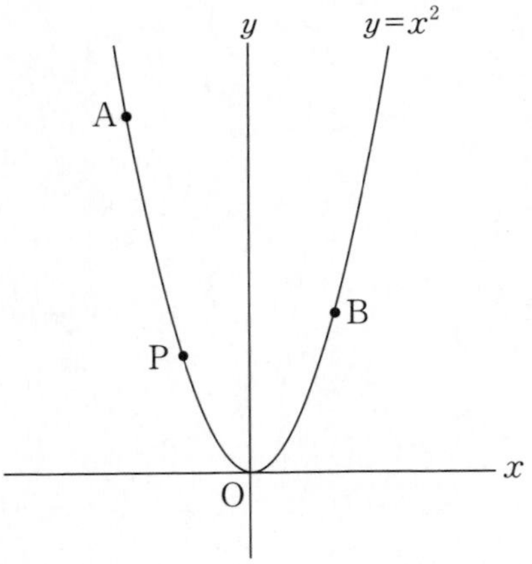

図

3 右の**図1**のように，AB＜AD，∠ABC が鋭角の平行四辺形 ABCD がある。辺 AD 上に点 P，辺 BC 上に点 Q をとり，点 P と点 Q を結ぶ。

太郎さんと花子さんは，点 P，Q をそれぞれ辺 AD，BC 上のいろいろな位置に動かしながら，図形の性質や関係について調べている。

太郎さんと花子さんの次の会話を読んで，あとの(1)～(3)の問いに答えなさい。

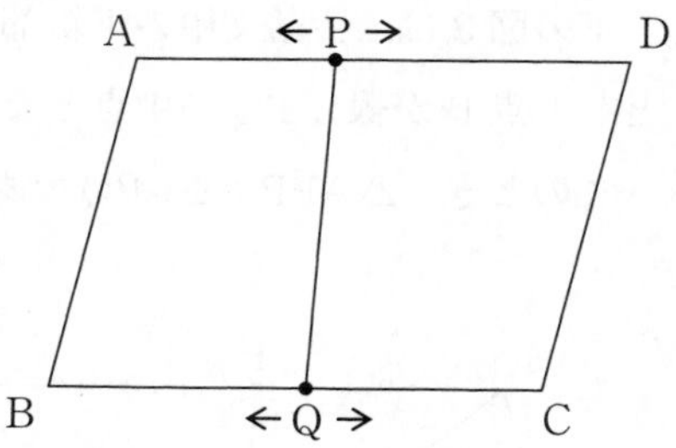

図1

（太郎さんと花子さんの会話）

太郎：点 P を点 A や点 D に向かって動かすと，∠APB の大きさは変化していくよ。

花子：(a)∠APB と∠BPQ が等しくなるように，点 P と点 Q をそれぞれ動かすことができるね。

太郎：そうだね。また，点 A と点 C を結び，点 P と点 Q を動かしていくと，(b)2つの三角形が合同に見えるときがあるね。

花子：点 P と点 Q を動かしていくと，(c)四角形 ABQP がひし形に見えるときもあるよ。

太郎：実際に点 P と点 Q を動かして，いろいろな図形をかいてみよう。

(1) 下の**図2**は，会話文中の下線部(a)について考えるために，∠APB＝∠BPQ，∠BQP＝80° となるように点 P，Q を動かした。このとき，∠PBQ の大きさを求めなさい。

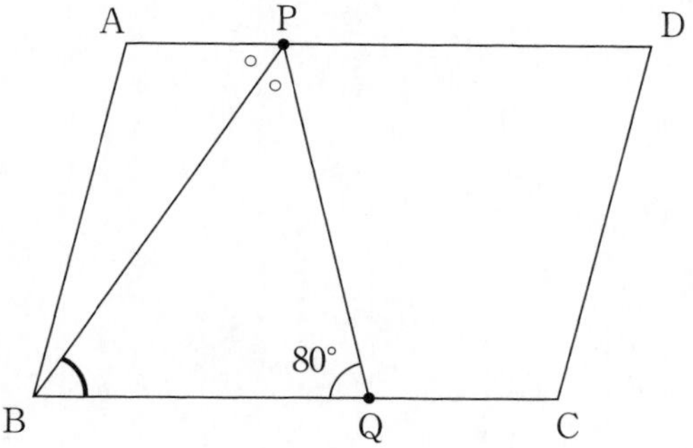

図2

(2)　下の**図 3** は，会話文中の下線部(b)について考えるために，線分 AC と線分 PQ の交点を R とし，点 R が線分 PQ の中点となるように点 P，Q を動かした。

このとき，△ARP≡△CRQ であることを証明しなさい。

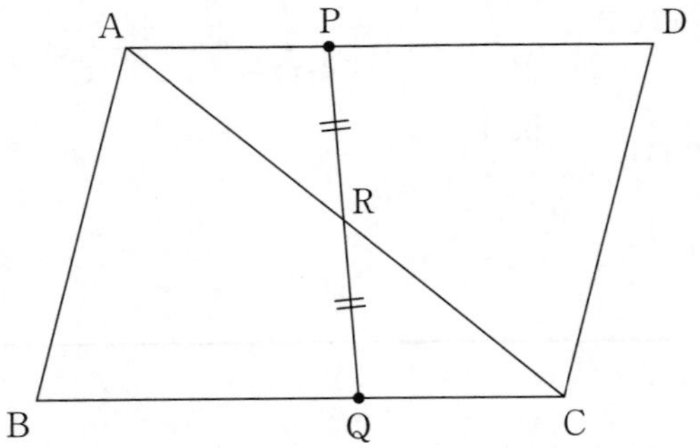

図 3

(3)　下の**図 4** は，会話文中の下線部(c)について考えるために，四角形 ABQP がひし形になるように点 P，Q をとり，線分 AC と線分 PQ の交点を R，線分 AC と線分 BP の交点を S としたものである。AB＝6 cm，AD＝8 cm のとき，△ABS の面積は△PSR の面積の何倍になるか求めなさい。

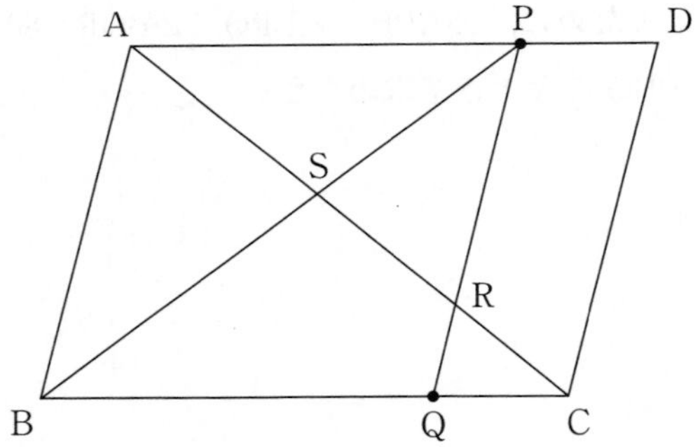

図 4

4 加湿器Hには A と B の２つの運転モードがあり，どちらか一方に設定して運転することができて，運転モードごとにタンクの中の水が毎時一定の割合で使用される。

ある日，A モードに設定して運転を開始し，その３時間後にBモードに設定を切りかえて運転を続けた。下の**図**は，運転を開始してから x 時間後までに使用した水の量を y mL として，運転を開始してから８時間後までの x と y の関係をグラフに表したものである。

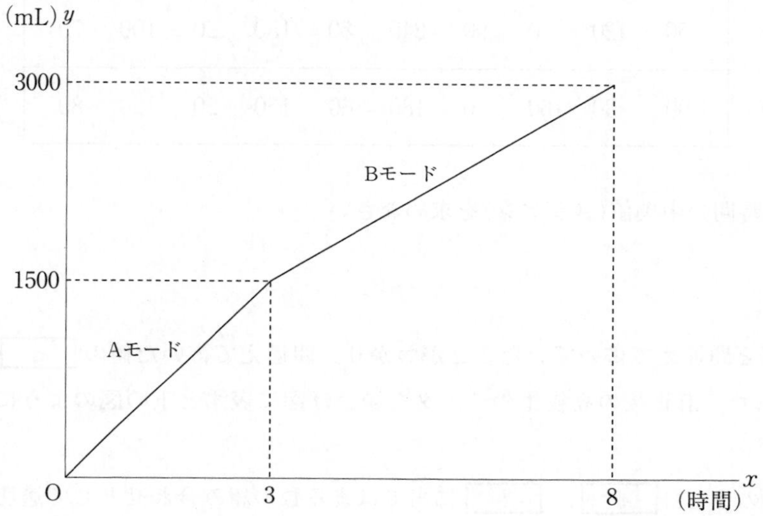

図

このとき，次の(1)，(2)の問いに答えなさい。

(1) ① A モードに設定して運転するとき，タンクの中の水は１時間あたり何 mL 使用されるか求めなさい。

② 使用した水の量が 2400 mL になるのは，運転を開始してから何時間後か求めなさい。

(2) 翌日も前日と同じように，A モードに設定して運転を開始した後に B モードに設定を切りかえて運転を続けたところ，運転を開始してから９時間後までに 3000 mL の水を使用した。

この日に A モードから B モードに設定を切りかえたのは，運転を開始してから何時間何分後か求めなさい。

5 中学生 10 人と高校生 10 人を対象に，ある休日にテレビを視聴した時間について調査した。このとき，次の(1)，(2)の問いに答えなさい。

(1) 下の**表**は，調査した結果を並べたものである。

表

中学生の視聴時間(分)	50	120	0	90	240	80	150	20	100	70
高校生の視聴時間(分)	90	30	160	0	180	60	150	20	120	80

① 中学生について，視聴時間の中央値(メジアン)を求めなさい。

② 高校生 1 人の視聴時間を間違えて書いていたことがわかり，間違えて書いた値の [*a*] 分を，[*b*] 分に訂正した。訂正後の高校生のデータを箱ひげ図に表すと下の**図**のようになった。

このとき，次の**ア**～**エ**のうち，[*a*]，[*b*] に当てはまる数の組み合わせとして適切なものを一つ選んで，その記号を書きなさい。

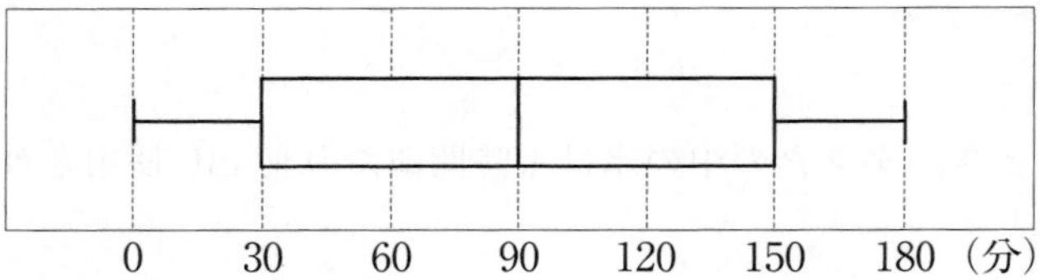

図

ア a：80 b：70

イ a：80 b：100

ウ a：90 b：70

エ a：90 b：100

(2) データの分布のようすについて，中学生のほうが高校生よりも散らばりが小さいといえる。その理由を，それぞれのデータの四分位範囲を比較して説明しなさい。

6　右の**図**は，底面の半径が 4 cm，高さが 8 cm の円柱から，底面の半径が 3 cm，高さが 4 cm の円柱と，底面の半径が 2 cm，高さが 4 cm の円柱をくりぬいてできた**立体P**である。また，3つの円柱の底面は平行で，底面の円の中心 A，B，C は一直線上にある。ただし，図の A 側を上部，C 側を下部とする。

このとき，次の(1)〜(3)の問いに答えなさい。

ただし，円周率は π とする。

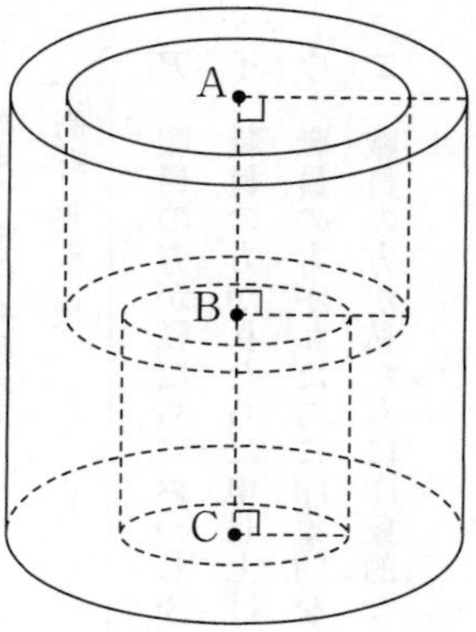

図

(1)　**立体P**の投影図として正しいものを，次の**ア**〜**エ**の中から一つ選んで，その記号を書きなさい。

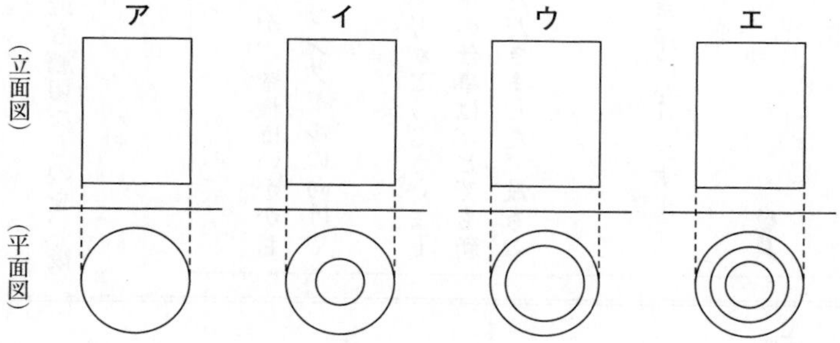

(2)　**立体P**の体積を求めなさい。

(3)　**立体P**の表面積を求めなさい。

四

(一)〜(四)の問いに答えなさい。

(一) 次の【手紙】の□に入る表現として、最も適切なものを、後のア〜エの中から選んで、その記号を書きなさい。

【手紙】

拝啓

夏が過ぎ秋の涼しさを感じる頃となりましたが、皆様はいかがお過ごしでしょうか。私たちは今、来月の合唱コンクールに向けて日々練習に励んでいるところです。

さて、先日は職場体験をさせていただき、ありがとうございました。普段あまり目にすることのない郵便局の中の仕事は、とても新鮮で興味深く、たくさんのことを学ばせていただきました。最も心に残っているのは、初日に、□

（中略）

秋が深まってまいりますので、実りの多い季節になりますよう、お祈りいたしております。

敬具

十月十一日

かえで市立南中学校二年二組　真田　冴子

かえで市中央郵便局長
高野　秀太　様

ア　職員の方が私たちにおっしゃったことです。
イ　職員の方が私たちに申し上げられたことです。
ウ　職員の方が私たちに印象的なことをおっしゃいました。
エ　職員の方が私たちに印象的なことを申し上げられました。

(二) 次の送り状【Ⅰ】・【Ⅱ】について述べたものとして、最も適切なものを、後のア〜エの中から選んで、その記号を書きなさい。

【Ⅰ】

お届け先	郵便番号	300－＊＊＊＊
	電話番号	029(＊＊＊)1234
	住所	あおぞら市北西町１－２－３４
	氏名	海風保育園　御中 様
ご依頼主	郵便番号	300－＊＊＊＊
	電話番号	029(＊＊＊)4321
	住所	やまねこ市南町5－67－8
	氏名	東島中学校 生徒会 ~~様~~

【Ⅱ】

お届け先	郵便番号	300－＊＊＊＊
	電話番号	029(＊＊＊)1234
	住所	あおぞら市北西町 1－2－34
	氏名	海風保育園　御中 ~~様~~
~~ご~~依頼主	郵便番号	300－＊＊＊＊
	電話番号	029(＊＊＊)4321
	住所	やまねこ市南町 5－67－8
	氏名	東島中学校 生徒会 ~~様~~

ア　【Ⅰ】は【Ⅱ】と異なり、住所を読みやすくする工夫をしている。
イ　【Ⅱ】は【Ⅰ】と異なり、相手に対する敬意を適切に表している。
ウ　【Ⅰ】は【Ⅱ】と同様に、住所を読みやすくする工夫をしている。
エ　【Ⅱ】は【Ⅰ】と同様に、相手に対する敬意を適切に表している。

(三) 次の(1)・(2)の――部の片仮名の部分を漢字に直したものとして、最も適切なものを、それぞれ後のア〜エの中から一つ選んで、その記号を書きなさい。

(1) 売り上げがテイメイする。
ア　盟　イ　命　ウ　迷　エ　鳴

(2) 作戦がソウコウする。
ア　降　イ　功　ウ　構　エ　厚

(四) 次の(1)〜(3)の――部の漢字の部分の読みを平仮名で書きなさい。

(1) 著しい成長。　(2) 委託の契約。　(3) 罪を償う。

(四) 【Ⅱ】の [A] に入る言葉として、最も適切なものを、次のア〜エの中から選んで、その記号を書きなさい。

ア　なぜなら　イ　つまり　ウ　さらに　エ　しかし

(五) 高橋さんが発表原稿を作成するときに、【Ⅱ】を用いることで、どのような効果が得られるか。最も適切なものを、次のア〜エの中から選んで、その記号を書きなさい。

ア　【Ⅰ】に書かれている内容に関連する具体例を示すことで、発表者の考えをより明確に示す効果。
イ　【Ⅰ】に書かれている内容とは反対の主張を示すことで、聞き手と議論をできるようにする効果。
ウ　【Ⅰ】に書かれている内容の根拠を示すことで、聞き手が発表者の考えを理解しやすくなる効果。
エ　【Ⅰ】に書かれている内容を簡潔に整理することで、聞き手が自分で考えられるようにする効果。

(六) 次は、高橋さんが発表で示すために作成したスライドの一部です。[B]、[C]、[D] に入る最も適切な語句を、【Ⅰ】・【Ⅱ】の本文中から [B] は六字、[C] は八字、[D] は三字で抜き出して書きなさい。

【スライドの一部】

【Ⅰ】の文章

◇日本は閉鎖的な社会

日本語だけでなく他の言語を使う

→ [B] をアピールする
ことにつながる

【Ⅱ】の文章

◇日本文化になかった概念

「個人」
← [C] と [D] に基づく

㈠ 【Ⅰ】に コミュニケーション とあるが、コミュニケーションについて筆者はどのように考えているか。最も適切なものを、次の**ア**〜**エ**の中から選んで、その記号を書きなさい。

ア 相手の話を聞くことに重点を置く必要がある。
イ 別れ際に挨拶を交わす程度で十分である。
ウ 少しでもかける言葉を工夫するとよい。
エ さらっと流せるくらいの話題が好ましい。

㈡ 次の一文は、【Ⅰ】の〈ア〉〜〈カ〉のどこに入るか。最も適切な箇所の記号を書きなさい。

> だから、英語が堪能な歌舞伎役者というのも、なかなかお目にかかれないだろう。

㈢ 【Ⅰ】の文章の展開の説明として、最も適切なものを、次の**ア**〜**エ**の中から選んで、その記号を書きなさい。

ア 日本の伝統文化の優れている点について、外国の文化と比較して考察を述べている。
イ 日本の歌舞伎と外国のオペラについて、客観的な事実を示して共通点を述べている。
ウ 日本人の長所と言われる一面について、日本社会の現実を示して疑問を述べている。
エ 日本人が意識するべきことについて、体験や具体例を示しながら主張を述べている。

【Ⅱ】（【Ⅰ】を読んだ後に見つけた文章の一部）

明治になって日本に輸入された様々な概念の中でも、「個人 individual」というのは、最初、特によくわからないものだった。その理由は、日本が近代化に遅れていたから、というより、この概念の発想自体が、西洋文化に独特のものだったからである。非常に込み入った話なので、詳細は巻末の「補記」に回したが、ここでは二つのことだけを押さえておいてもらいたい。

一つは、一神教であるキリスト教の信仰である。「誰も、二人の主人に仕えることは出来ない」というのがイエスの教えだった。人間には、幾つもの顔があってはならない。常にただ一つの「本当の自分」で、一なる神を信仰していなければならない。だからこそ、元々は「分けられない」という意味しかなかった individual という言葉に、「個人」という意味が生じることとなる。

もう一つは、論理学である。椅子と机があるのを思い浮かべてもらいたい。それらは、それぞれ椅子と机とに分けられる。しかし、机は机で、もうそれ以上は分けられず、椅子は椅子で分けられない。 A 、この分けられない最小単位こそが「個体」だというのが、分析好きな西洋人の基本的な考え方である。

動物というカテゴリーが、更に小さく哺乳類に分けられ、ヒトに分けられ、人種に分けられ、男女に分けられ、一人一人にまで分けられる。もうこれ以上は分けようがない、一個の肉体を備えた存在が、「個体」としての人間、つまりは「個人」だ。国家があり、都市があり、何丁目何番地の家族があり、親があり、子があり、もうそれ以上細かくは分けようがないのが、あなたという「個人」である。

（平野啓一郎《ひらのけいいちろう》「私とは何か――『個人』から『分人』へ」による。）

三　高橋さんは、国語の授業で、調べたことをまとめて発表する学習活動を行うことになり、「言語」をテーマに発表しようと考えました。発表原稿を作成するために見つけた文章【Ⅰ】・【Ⅱ】について、後の㈠～㈥の問いに答えなさい。

【Ⅰ】

それにしても、あちらこちらに「静かに」と書かれた標識があったら、ただでさえ引っ込み思案な日本人は、さらに内向き思考になってしまう。

私が住んでいるマンションでは、よく外国人の居住者とエレベーターの中で一緒になるが、私は必ず英語で挨拶して世間話をするようにしている。向こうも異国に住んでいるのだから、日本人とコミュニケーションを取ることができれば嬉《うれ》しいのだ。ちなみに、そうやって話をするのが午前中であれば、私は別れ際《ぎわ》に相手にかける言葉を工夫するようにしている。普通は「Have a nice day」、よい一日をお過ごしください、と言うところを「Make a good day」、いい一日にしなさいよ、一日をよくするのはあなた次第だよ、と声をかけるようにする。

前者のような普通の挨拶だと、さらっと流されるだけだが、後者のように声をかけると、皆、はっと私の顔を見て、笑顔で「Thank you」と言って出ていく。少し言葉を換えるだけでも、コミュニケーションはかくも変わるものだ。〈　ア　〉

日本人は内向きだとは言っても、決して暗くて何も取り柄のない国民ではない。積極的にいいところはアピールしていけばいい。そのためにはまず己の文化を知ることが重要だ。〈　イ　〉

例えば、歌舞伎《かぶき》は日本の伝統芸能の一つだが、これが海外の人たちに対して[※1]キラー・コンテンツになるかと言うと、そうはなかなかいかない。

〈　ウ　〉

歌舞伎がパリやニューヨークで公演されると、必ずと言っていいほど新聞報道では、現地で感動を呼んだなどと報じられるが、それで勘違いしてはならない。〈　エ　〉

歌舞伎と、例えばオペラのように世界中でエンターテインメントとして親しまれているものでは、文化的な広がりが全く違う。オペラの場合、[※2]パヴァロッティのようにパン屋の息子が世界的な名声を得ることができる。そういったオープンな文化が、オペラというものを世界的に楽しまれる興行たらしめている。一方の歌舞伎でそれは難しい。役者として大成するかは、生まれる家で決まってしまう。閉鎖的な社会になってしまっているのだ。これは外国人が見て、珍しがりはするだろうが、オペラのように世界的には広がっていかない。〈　オ　〉

繰り返しになるが、英語は[※3]ユニバーサル・ラングウェッジとなっている。日本に滞在している私の友人のアメリカ人は、「日本語ができるようになって、日本人とよく意思の疎通《そつう》が取れるようになってきた。すると、日本人のいい面がどんどん見えてくる。きめ細かさや清潔さなど、この人たちはこんなに素晴らしい一面を持っていたんだとわかったよ」と話していた。〈　カ　〉

やはり日本人は、島国の中で日本語だけで通してしまって、何かものすごく損をしているとは思わないだろうか。日本人には正しく、美しい日本語を学んで、使ってもらいたいが、一方で日本語を喋《しゃべ》るのは世界で1億2000万人しかいないということも認識しなくてはならない。なにも英語で哲学を論じろとは言わない。せめて、この国にやってきてくれた外国人に、日本人のよさを伝えられるだけの語学力、コミュニケーションの力を持ってもらいたい。そうして「無知」を知ることが、世界に羽ばたいていくことにつながっていく。日本人のよさは、歌舞伎のように閉鎖《へいさ》的なところでだけ理解されるものに留めてはならない。オペラのように世界中にその輝きを伝えてもらいたい。

（落合信彦《おちあいのぶひこ》「無知との遭遇」による。）

※1　キラー・コンテンツ＝非常に大きな集客力を持つもの。
※2　パヴァロッティ＝イタリアのオペラ歌手。
※3　ユニバーサル・ラングウェッジ＝世界共通語。

(一) 【Ⅰ】の 1 いかなる・2 あまた・3 するめり・4 かはらず のうち、現代仮名遣いで書いた場合と表記が異なるものを一つ選んで、その番号を書きなさい。

(二) 【Ⅰ】の ア 問はせ給ひ・イ 賜はり・ウ 行き逢ひ・エ 申す のうち、一つだけ主語が異なるものを選んで、その記号を書きなさい。

(三) 【Ⅱ】に ①従者たちの様子 とあるが、【Ⅰ】ではどのような様子として示されているか。その内容として、最も適切なものを、次の**ア**～**エ**の中から選んで、その記号を書きなさい。

ア 孝行者の真似をする者に批判的な様子。　**イ** 孝行者の真似をして物を得ようとする様子。

ウ 自分たちは孝行者の真似をしようとしない様子。　**エ** 孝行者の真似をする者に米銭を与えたがる様子。

(四) 【Ⅱ】に ②「あやしの男」の真似をした「同じ様なる者」の行い とあるが、【Ⅰ】ではどのように書かれているか。その具体的な内容を、「狩り」という言葉を使って、二十五字以上、三十五字以内の現代語で書きなさい。（句読点を含む。）

(五) 【Ⅱ】に ③本文から読み取れる光国卿の人物像 とあるが、【Ⅰ】ではどのような人物像として書かれているか。最も適切なものを、次の**ア**～**エ**の中から選んで、その記号を書きなさい。

ア 分からないことがあったら、周囲の状況を的確に見定め、自分の考えで判断する人物。

イ 親と子や、主君と家臣の間にある上下関係を重んじて、無礼な者を厳しく罰する人物。

ウ 物事に対して大らかな考えを持ち、望ましい行いをする者には身分に関係なく優しい人物。

エ 親孝行を何よりも尊いものだと考え、従者たちにも実践を呼びかける孝心の厚い人物。

二　山本さんたちは、「昔の人の考え方を知ろう」という国語の授業で、【Ⅰ】の古典の文章を読み、【Ⅱ】のように内容についてグループで話し合いました。後の㈠～㈤の問いに答えなさい。

【Ⅰ】古典の文章

※1水戸中納言光国卿《みつくにきやう》、狩に出で給《たま》ひしに、あやしの男（身分の低い男が）、年老ひたる女を負ひて、道の辺《あたり》に休み居《ゐ》たるを、「1いかなる者ぞ」とア問はせ給ひければ、知れる者有《あ》りて、「彼は人に知られたる孝行の者にて、母を負ひて御狩の体を拝し候《さうら》ふなり（母を背負って狩りの様子を拝見しているのでございます）」と云《い》ふ。中納言殿大《おほ》きに感じ給ひ、米銭なん2あまたイ賜はりけり（たくさんお与えになった）。其《そ》の後《のち》またある所にて、同じ様なる者にウ行き逢《あ》ひて問はせ給へば、母を負ひて物へ行く（どこかへ出かける）由《よし》をエ申《まう》す。従者共「彼は先の事（以前のこと）聞き羨《うらや》み、それに似せて物賜ふらんとする3めり」と囁《ささや》きければ、彼《か》の卿打ち笑ひて、「狂人を真似《まね》るは狂人のたぐひ、孝子を真似るは孝子のたぐひなり。よき事の真似する奴かな。それぞれ物取らせよ」とて、先の度に4かはらず米銭を賜はりけり。

（「落栗物語《おちぐりものがたり》」による。）

※1　水戸中納言光国＝水戸藩藩主。徳川光圀のこと。

【Ⅱ】話し合いの一部

山本　「彼の卿打ち笑ひて」とありますが、どうして光国卿は笑ったのだと思いますか。
大野　①従者たちの様子にあきれているのではないでしょうか。
田島　それもあると思いますが、私は、②「あやしの男」の真似をした「同じ様なる者」の行いを、好ましく思ったから笑ったのだと考えました。
山本　そうですね。③本文から読み取れる光国卿の人物像をふまえて考えると、田島さんの意見の部分が大きいように思います。

(二) 【Ⅰ】・【Ⅱ】の中に①「少しでも眠れてすっきりしたのならよかったね」とあるが、このときの華の心情を、本文中の言葉を使って、四十字以上、五十字以内で書きなさい。（句読点を含む。）

(三) 【Ⅰ】・【Ⅱ】の中に②その言葉がじんわりと染み渡ってきたとあるが、このときの華の様子として、最も適切なものを、次の**ア**～**エ**の中から選んで、その記号を書きなさい。

ア 六花が求めるガイドについての言葉を聞いて、自分のガイドのあるべき姿を心の中に思い描いている。

イ 六花が本心から発した言葉を聞いて、お互いに遠慮があった六花との関係を前向きに捉《とら》え直している。

ウ 思い悩む自分を励《はげ》まそうとする六花の言葉を聞いて、六花の優しさや友情に深く感動させられている。

エ 太陽ではなく風になりたいという六花の言葉を聞いて、六花の真意を理解しようと必死になっている。

(四) 【Ⅱ】の「言動から主人公の人物像を考える」の［　　］にはそれぞれ本文中の根拠となる部分が入るが、そこに入るものとして、**適切でないもの**を、次の**ア**～**エ**の中から一つ選んで、その記号を書きなさい。

ア 華は六花を見たけれど、やはり、六花は心ここにあらずだ。

イ 六花がブラインドサッカーをなめてなんかいないことは、わたしが知ってる。

ウ いくらアイマスクをしていたからといって、それくらいは分かる。これはたぶん六花の意地だ。

エ 「求めているのは太陽じゃないって……どういうこと？」

(五) 【Ⅰ】の表現の特徴として、最も適切なものを、次の**ア**～**エ**の中から選んで、その記号を書きなさい。

ア 「太陽」という言葉を効果的に用いることで、常に明るい華の性格を印象づけている。

イ 六花以外の人物の会話を重ねることで、チーム内で孤立する六花の様子を描いている。

ウ 華の内面や言動を詳細に描写することで、華と六花の関係性を想像しやすくしている。

エ 直喩《ゆ》を多用することで、華と六花が抱えているそれぞれの苦悩を巧みに表現している。

【Ⅱ】清水さんのノート

○ 言動や出来事から登場人物の心情を考える

六花	華（主人公）
A	自分のガイドとしての力量不足を痛感する
B →	華は泣きたい気分になった
C	①「少しでも眠れてすっきりしたのならよかったね」
D →「つまり、ほしいのは風なんだ。あたしは、風を受けて、もっと走りたいし、跳びたい。それだけなんだ」 →	②その言葉がじんわりと染み渡ってきた

○ 言動から主人公の人物像を考える

〈根拠〉

代表チームの佐藤さんと同じことを言っていたとしても、状況判断とかタイミングとかすべてが遅い。結果、選手の頭の中で、ちゃんとした状況をイメージする余裕がなくなって、得点につながらないんじゃないだろうか……。

（　　　　）

（　　　　）

（　　　　）

↓

〈人物像〉

相手の様子から気持ちや状況を察したり理解したりすることができる人物

㈠ 次のア～エは【Ⅱ】の A ～ D に入る内容である。 C に入るものとして、最も適切なものを、次のア～エの中から選んで、その記号を書きなさい。

ア プレイやガイドについて考え、思いつめた表情をしている

イ 気持ちの整理がついて、すっきりとした顔を見せる

ウ ソラさんに「ブラインドサッカーをなめてんのか」と言われる

エ 思い悩む華の言葉に反論し、自分の思いを口にする

尊敬する対象で、「壁」でもあるソラさんに通用しなかっただけでなく、「ブラインドサッカーをなめてんのか」と言われてしまったのだから、ショックを受けたとしても驚かない。

強い風が吹き抜けて、ことさら強い日差しを華は意識した。こんなに明るい陽《ひ》の光の下で、こんなにも近くにいるのに、今、六花の心は、華が知らない遠いところにあって、もう六花自身にしか分からない戦いをしている。

思いつめた横顔を見ていると、華は泣きたい気分になった。祈りたい気分だった。

ちょうど後半開始の2分前になったので、華は六花に近づいた。

「六花、そろそろ時間だよ」

それでも、返事がなかった。

「ソラさんにあんなふうに言われてショックかもしれないけど、六花がブラインドサッカーをなめてなんかいないことは、わたしが知ってる。六花は六花のプレイを突き詰めればいいはずだよ。そのためには、何が足りなかったのか考えなきゃ」

華は率直に言ったつもりだけれど、実は我ながら無責任な発言かもしれないとも思った。アスリートが戦っている世界のことなんて華にはとうてい分からない。

ふいにまた強い風が吹いた。フットサル場の外からほこりが飛んできて、華は反射的に目を閉じた。

ふたたび目を開けたところ、六花が大きく伸びをした。

「ふぁー、よく眠った。なんか暑いけど、風が気持ちいいな。こういうのは嫌いじゃない」

そう言いながら立ち上がる。

眠ってなんかいなかったのは表情を見ていた華は知っている。いくらアイマスクをしていたからといって、それくらいは分かる。

これはたぶん六花の意地だ。

①「少しでも眠れてすっきりしたのならよかったね」

実際に、六花はさっきまでのムヅカシイ表情をやめて、すっきりとした顔つきに戻っていた。

「眠たくて聞いてなかったみたいなのでもう一度言うけど、やっぱり、わたし、うまくガイドできてないと思う。六花らしいプレイをするには、どんなガイドをすればいいんだろう。太陽みたいにはなれないけれど……」

すると、六花は、顔を華の方に向けて、口元だけでもはっきりわかるお日様みたいな笑顔を見せた。

「いいんだよ。これでいい。今、考えていたんだ。どんなプレイがしたくて、どんなガイドがほしいのか。あたしがやりたいプレイのためには、華は華でいい。あたしが求めているのは太陽じゃないんだから」

やっぱり眠ってなかったくせに！　華はくすっと笑いつつも、頭の中で疑問が大きくなる。

「求めているのは太陽じゃないって……どういうこと？」

「つまり、ほしいのは風なんだ。あたしは、風を受けて、もっと走りたいし、跳びたい。それだけなんだ」

②風を受けて走りたい。跳びたい。

その言葉がじんわりと染み渡ってきた。

（川端裕人《かわばたひろと》「風に乗って、跳べ　太陽ときみの声」による。）

※1　余計なこと＝佐藤さんのガイドは「太陽の声」と言われているということと、「今日はガイド対決でもある」と言ったこと。

※2　イッキさん＝華たちのチームでキャプテンを務める大学生。

二〇二三年度 常総学院高等学校（推薦）

【国語】（五〇分）〈満点：一〇〇点〉

一 清水さんは、国語の授業で【Ⅰ】の文章を読み、登場人物の心情や主人公の人物像を【Ⅱ】のようにノートにまとめました。後の㈠～㈤の問いに答えなさい。

【Ⅰ】授業で読んだ文章

高校二年生の華《はな》は、小学校の同級生でブラインドサッカーの選手になった六花《りっか》に勧められ、試合中の指示を出すガイドを務めている。この日、華たちのチームは日本代表チームとの親善試合を行っていて、前半を一対〇で終えた。代表チームには六花が手本にしてきた先輩のソラが所属しているが、試合中、六花はソラに「ブラインドサッカーをなめてんのか」と言われた。

前半が終わり、作戦タイム。

「みんなすごいです。でも、わたし、『太陽の声』ってわけにはいきませんでしたよね」

華は思った通りのことを言った。

1点は取られたものの、決して内容が劣っているわけではない。各選手のクオリティは日本代表に劣らない。チーム力というか、連携力では、さすがに及ばないけれど、それでもここまで拮抗《きっこう》しているのは、本当にすごい。

一方で、自分のガイドの質は劣っている。代表チームの佐藤《さとう》さんと同じことを言っていたとしても、状況判断とかタイミングとかすべてが遅い。結果、選手の頭の中で、ちゃんとした状況をイメージする余裕がなくなって、得点につながらないんじゃないだろうか……。

「あ、おれ、余計※1なこと言っちゃったかな。気にする必要は――」とイッ※2キさんが頭をかいた。

「それでも、わたしは、みんなをちゃんとガイドしたいです。もっとうまくやりたいです。太陽みたいに照らせればいいんですけど……」

それができれば、六花のドリブルも通用するんじゃないだろうかと、華はかすかに思っている。自分の能力が足りないがために、六花の足を引っ張っているのではないか、と。

「六花も、もっと落ち着いて、自信持っていこう」と華は話しかけた。

「わたしから見ても、前半、ちょっと意地になりすぎて、飛ばしすぎてたかも。ムキになったら通じるものも通じないよ」

六花からは返事がなかった。

そのかわり、イッキさんが言った。

「だいたい察するに、緩急をつける気持ちの余裕がなかったんじゃないかな。『寄らば抜く』の『寄らば』の部分の駆け引きを忘れているというか」

「うん、まさにそういうかんじ。六花はどう思う?」

華は六花を見たけれど、やはり、六花は心ここにあらずだ。何も答えなかった。

それどころか、アイマスクをしたままサイドフェンスを背もたれにして、膝を抱え込んだ。試合前にいたのとほぼ同じ場所で、影の中にすっぽり入り、なにかブツブツつぶやいている。

「言っても聞こえないみたいだね。そうなったら、もうほうっておいた方がいい。後半開始の2分前くらいに、もう一度声をかけてあげて」と状況を察したイッキさんが言った。

「分かりました」と華。

イッキさんは、いつだったか、六花のことを「一度歯車が狂ったら試合中の修正がうまくいかない」と言っていた。きょうの六花がまさにそうだ。

英語解答

1 (1) No.1 ア No.2 イ No.3 エ
No.4 ウ No.5 エ
(2) No.1 ウ No.2 イ No.3 エ
No.4 エ
(3) No.1 ア No.2 エ
(4) ① younger ② 2〔two〕
③ March

2 (1) ① children ② talking
③ was taken
(2) ④ family ⑤ Both
⑥ better

3 (1) ウ (2) イ→ア→ウ

4 (1) ①…エ ②…ウ ③…ア ④…イ
⑤…ウ
(2) it's rainy〔it's raining, it rains〕

5 (1) ①…エ ②…イ ③…カ
(2) ウ (3) beans
(4) damage the Earth's environment〔damage the environment of the Earth〕
(5) ア

6 (1) ２番目…エ ５番目…ア
(2) ２番目…オ ５番目…イ
(3) ２番目…ア ５番目…オ
(4) ２番目…ウ ５番目…エ
(5) ２番目…イ ５番目…ウ

1 〔放送問題〕解説省略

2 〔長文読解総合―スピーチ〕

≪全訳≫A．数年前，私は10歳未満の子ども向けのサマーキャンプに参加しました。ボランティアスタッフと一緒にゲームやスポーツを楽しみました。初めてだったので，夜はとてもわくわくしました。私は話すのをやめず，部屋の中を走り回りました。このことで，このキャンプのリーダーが腹を立て，私は彼の部屋に連れていかれました。彼は私に，規則に従うように言いました。私は集団での暮らし方を学びました。

B．私の家族は夏休みによく旅行に出かけました。父と母はどちらも自然が大好きで，私をビーチや山に連れていってくれました。私は最初，山が好きではありませんでした，というのは，いつもとても疲れるからです。でも，富士山に登ったときは，そこから美しい日の出が見られてうれしかったです。今ではビーチより山の方が好きです。

(1)＜語形変化＞①直前にaなどの冠詞がないことから，複数形にする。childの複数形はchildren。②stop ～ing「～するのをやめる」 *cf.* 'stop＋to不定詞'「～するために立ち止まる」 ③'take＋人＋to＋場所'で「〈人〉を〈場所〉に連れていく」。ここは「私は連れていかれた」と考えられるので，過去形の受け身形（'was/were＋過去分詞'）にする。 take－took－taken

(2)＜適語補充＞④第２文に両親について書かれているので，「家族」の話だとわかる。 ⑤'both *A* and *B*'「*A*と*B*の両方とも」 ⑥直後のthan ～より，比較級の文とわかる。 'like *A* better than *B*'「*B*より*A*が好きだ」

3 〔長文読解総合〕

(1)＜要旨把握―新聞記事＞≪全訳≫サクラ市は，市立図書館をワカバ町に移転したばかりだ。その名称は，サクラ図書館からワカバ図書館に変更された。バスでワカバ図書館へ行くには，４番バスに乗る。８番バスはサクラ図書館へ行っていたが，ワカバ図書館には行かない。サクラ市は，４月９日の午後６時から地元テレビのニュースで，ワカバ図書館を紹介する。それについてもっと知る必要がある場合は，サクラ市のウェブサイトが役に立つだろう。英語のウェブサイトもある。

＜解説＞ウの「サクラ市のウェブサイトは，人々がワカバ図書館について知るのに役立つだろう」という内容が，最後から２文目の内容に一致する。‘help＋人＋動詞の原形’「〈人〉が～するのを助ける」　ア．「８番バスは，人々をサクラ図書館からワカバ図書館まで運ぶ」　イ．「ワカバ町に移転した図書館は，４月９日に開館する」　エ．「ワカバ図書館の職員は英語を話す」

⑵＜**文整序**＞≪**全訳**≫信号機には，縦型と横型の２種類がある。日本では，横型の信号機がより一般的だ。／→イ．しかし，縦型の信号機もある。／→ア．それらは雪の多い地域でよく見られる。横型の信号機の上では，雪が重くなるからだ。／→ウ．世界では，暑い国でさえ，縦型の信号機の方が一般的だ。／海外に行くときに，チェックしてみるといい。

＜解説＞縦型の信号機と横型の信号機について述べた文章。アの They は，because 以下の内容から，「縦型の信号機」を指すとわかるので，その前には，縦型の信号機について述べたイかウがくるとわかる。空所の直後は海外での話になるので，それにつながる内容のウが最後になる。

４〔**長文読解総合―対話文**〕

≪**全訳**≫❶ハルヒ(H)：君は絵を描くのが好き？❷ポール(P)：うん，好きだよ。僕の趣味なんだ。❸H：今度の日曜日，ミドリ公園で絵を描くイベントがあるの。楽しそうよ。一緒に行こうよ。❹P：①行けるといいんだけど。次の日曜は，コンサートに行く予定なんだ。❺H：心配いらないわ。別の日に行くことができるの。このチラシを見て。都合がいいのはいつ？❻P：そうだな，最終日は忙しいから，②５月３日がいいな。それでいい？❼H：問題ないわ。じゃあ，エリアを選びましょう。選べるエリアは４つあるわ。どこに行きたい？❽P：ええと…。僕は人の絵を描くのが得意じゃないんだ。池の絵を描こうと思う。君は③ウサギが好きだよね，ハルヒ。ウサギの絵を描きたい？❾H：えっ，ウサギは動くから難しすぎるわ。果物は，多くの人が描くよくある物の１つだよね。私も描いたことがあるけど，何か他の物が描きたいな。あなたと④Bエリアに行こうと思う。ミドリ公園の池は見たことがないし。❿P：僕は一度行ったことがあるよ。周りに花や木々がある美しい池だよ。絵を描くのにいい場所だと思うな。もし雨が降ったらどうしようか？　僕は雨の中で活動するのは好きじゃないな。⓫H：美術館で花の絵を描くことができるわ。⓬P：それを聞いてうれしいよ。参加料金はいくらなの？⓭H：1000円支払う必要があるわ。⓮P：待って。ここには何て書いてある？　あっ，チラシには，ボランティアをすれば割引があるって書いてあるよ。⓯H：その日は暇だけれど，７時前には帰ってきなさいってお父さんに言われてるの。午後に公園の清掃をするわ。あなたはどう？⓰P：⑤僕は夕方にやりたいな。⓱H：あなたは400円割引してもらえるわね。⓲P：僕は運がいいな！　絵画イベントの日は，何か持っていかないといけないのかな？⓳H：絵を描くのに使う物を持っていかないといけないわ。昼食も持っていこう。⓴P：わかった。楽しみにしているよ。誘ってくれてありがとう。

ミドリ公園の絵画イベント／開催日　４月30日(日)／５月３日(水)／５月５日(金)／時間　午前９時～午後３時／場所　ミドリ公園／料金　1000円／地図をご覧ください。／Aエリア／Bエリア／美術館(中に花があります)／Cエリア／Dエリア／朗報です！／イベントをお手伝いいただければ，割引が受けられます。／４月29日(土)／していただくこと／割引／午前９時～11時／花とウサギの世話／200円／午後１時～３時30分／公園の清掃／300円／午後５時30分～７時30分／テーブルと椅子の移動／400円／●参加日，参加エリア，それにやりたいボランティアを，４月15日までにEメールでお知らせください。／●ミドリ公園では，絵を描くための物はいっさいお貸しできません。

⑴＜**適文・適語(句)選択**＞①直後の内容から，次の日曜日はイベントに行けないことがわかる。I wish I could. は「そうできればいいんだけど」という意味を表す仮定法の表現。could の後には繰り返しとなる go together が省略されている。‘I wish＋主語＋(助)動詞の過去形…’の形で「～

であればいいのに」という‘現在実現困難な願望’を表せる。　②この前にある the last day とは，チラシの Date にあるイベント最終日の5月5日のこと。第4段落で next Sunday はコンサートに行くと言っているので，残るのは「5月3日」である。　③次のハルヒの発言に because they move「それらは動くから」とある。選択肢で動く物は「ウサギ」のみ。　④直後に with you とあるのでポールが行くところに行くことがわかる。　⑤直後のハルヒの発言参照。400円の割引を受けられる内容を選ぶ。

(2)＜**適文補充**＞直後でポールは I don't like doing activities in the rain.「雨の中で活動をするのは好きじゃない」と言っていることから，雨の場合はどうするかを尋ねる文にすればよい。‘時’や‘条件’を表す副詞節(if，when，before，after などから始まる副詞のはたらきをする節)では，未来のことでも現在形で表すことに注意。if節の主語には‘天候’を表す it を用いる。

5 〔**長文読解総合―説明文**〕

≪**全訳**≫❶ミートフリーマンデーは，地球環境を守るための国際的な運動だ。世界的に有名な歌手であるポール・マッカートニーが，これを主催している。この運動は，人々に週に一度ビーガン食を食べることを勧めている。ビーガン食は，肉，魚，卵，牛乳などの動物性製品を全く使用していない。タンパク質をとりたい人は，代わりに豆を食べることが多い。なぜビーガン食が，地球環境を守るのに役立つのだろうか。それは地球温暖化と関係がある。❷地球温暖化は，今日最も深刻な問題の1つだ。イ地球はそのせいで病んでしまった。それは，温室効果ガスが原因であることが多い。地球温暖化を止めて地球を救うために，世界中の人々がさまざまな方法で多くのことを行ってきた。効果的な方法の1つが，二酸化炭素やメタンなどの温室効果ガスを削減することだ。多くの人は，ほとんど全ての温室効果ガスは化石燃料やプラスチック製品を燃やすときに放出されるものだと思っているかもしれない。しかし驚くべきことに，大気中に放出されるメタンの15パーセントは，家畜から出されるものなのだ。家畜を育てるには多くの土地が必要だ。家畜が食べるトウモロコシを生産するためにも，多くの土地が必要となる。森林は二酸化炭素を減らすのを助けるが，私たちは家畜を育てるために森林を破壊している。❸ポール・マッカートニーは，この事実を知って驚いた。「肉製品を食べるために，私たちは環境を破壊し，温室効果ガスを生み出している。これを止めなければ，私たちは将来，地球に住むことができなくなる」エ彼は地球を救うために何かしたいと思ったが，何をすればよいかわからなかった。その後彼は，週に一度肉を食べないという，ある人の考えを耳にした。「消費者が肉製品を食べすぎなければ，家畜の数を減らすことができる」と，彼は考えた。彼は，肉製品と地球温暖化の関係について人々に伝える運動を主催することにした。調査によると，何か新しいことをしようとする人は，開始する日に月曜日を選ぶことが多い。彼は月曜日をビーガン食の日に選んだ。2009年，彼は，彼を支援してくれる人たちとともに，ミートフリーマンデーを始めた。この運動は人気となり，今では45か国以上の人々がそのための行動を起こしている。各国政府や地方自治体，大手食品会社，レストランや料理人たちも，この運動に関心を持っている。❹ミートフリーマンデーには，さまざまな活動やイベントがある。カ例えば，ビーガン食の多様なレシピを紹介したり，ビーガン食のパーティーや料理教室を開いたりしているのだ。学校給食でビーガン食がつくられることもある。学校の若者は肉からタンパク質をとる必要があると考える人もいる。しかし，豆から植物性タンパク質をとることができるので，健康上の問題はない。❺ミートフリーマンデーの目的はビーガン食を食べることではない。その目的は，地球環境を守ることだ。それを誤解してはいけない。この運動は，私たちが持続可能な社会を実現するのに役立つ可能性があるのだ。

(1)＜**適所選択**＞①「地球を救うために何をすればよいかわからなかった」という内容の文。これは，エの後に続く，誰かのアイデアを聞いてやるべきことを決めたという内容につながる。　②文末のitが何を指すかを考える。これは地球が病むことになった原因である。イの前文にGlobal warmingが出ており，これを当てはめると話がつながる。　because of ～「～が原因で」　③文頭のFor example「例えば」に着目。文の内容が，カの前文で述べられているa variety of activities and events for Meat Free Monday「ミートフリーマンデーのさまざまな活動やイベント」の具体例になっている。

(2)＜内容真偽＞ア.「ビーガン食は肉や魚，卵，牛乳を使用していないので健康に良いと考えている」…×　このような記述はない。　イ.「地球環境を守るために肉製品を食べないという考えを持った最初の人だ」…×　このような記述はない。　ウ.「温室効果ガスを減らすことで地球環境を守る運動を始めた」…○　第3段落の内容に一致する。　エ.「ミートフリーマンデーにより，世界でより有名になり，より人気が出た」…×　このような記述はない。

(3)＜適語補充＞第1段落最後から3文目参照。タンパク質は「豆」からとることができる。

(4)＜語句解釈＞a sustainable societyは「持続可能な社会」という意味。これは「持続可能な社会とは，地球環境を破壊しない社会」のように説明できる。sustainableの意味を知らなくても，この運動が地球環境を守るためのものであるという本文の内容から，正答を導ける。

(5)＜内容真偽＞ア.「ビーガン食の日が毎月第1月曜日なのは，多くの人が新しいことをその日に始めるからだ」…×　「毎月第1月曜日」という記述はない。　イ.「化石燃料だけでなく動物も大量の温室効果ガスを放出している」…○　第2段落第6，7文に一致する。　ウ.「人々がもっとビーガン食を食べれば，家畜の数は減少するだろう」…○　第1段落第4文および第3段落第6文の内容に一致する。　エ.「ポール・マッカートニーの運動の目的を誤解している人がいるかもしれない」…○　最終段落第3文参照。誤解しないよう注意を促しているのは，誤解している人がいるかもしれないからと考えられる。

6〔整序結合〕

(1)I don't knowとした後，「ジェーンが何を読んでいたのか」を'疑問詞＋主語＋動詞...'の語順の間接疑問で表す。　I don't know what Jane was reading.

(2)「最も人気のある歌手」は'the＋最上級＋名詞'の形にまとめ，最後に「～の中で」を表すofを置く。popularの最上級は，most popular。なお，最上級の文で「～の中で」を表すとき，'～'が比較の対象と同類の複数名詞または数詞ならofを，'範囲'を表す単数名詞ならinを用いる。　He is the most popular singer of the five.

(3)疑問詞Whatを文頭に置く。残りは一般動詞の疑問文の語順でdo you call your brotherとまとめる。'call＋A＋B'「AをBと呼ぶ」の'B'の部分が疑問詞whatになって前に出た形。　What do you call your brother?

(4)「～に話しかける」はspeak to ～で表せる。I spoke to the womanの後，「ピアノを弾いている」は「～している」という意味を表す現在分詞(～ing)を使ってplaying the pianoとまとめ，the womanを後ろから修飾する形にする。　I spoke to the woman playing the piano.

(5)'haven't/hasn't＋過去分詞'の現在完了の否定文。Ann hasn't beenの後にto Kyoto「京都へ」と続け，最後に「～以来」を表すsinceを置く。　Ann hasn't been to Kyoto since last year.

数学解答

1 (1) ① -8 ② $\sqrt{2}$ ③ $9b$

④ $a-b$

(2) $x=-1, -6$

2 (1) ア…$4x+4y$

イ…$6(x-20)+2y$

(2) 31° (3) $\frac{1}{8}$

(4) ア…0 イ…9

3 (1) 50°

(2) (例)△ARP と△CRQ で，仮定より，PR＝QR……① 対頂角は等しいから，∠ARP＝∠CRQ……② AD∥BC より，錯角は等しいから，∠APR＝∠CQR……③ ①，②，③から，1組の辺とその両端の角がそれぞれ等しいので，△ARP≡△CRQ

(3) $\frac{16}{9}$倍

4 (1) ① 500mL ② 6時間後

(2) 1時間30分後

5 (1) ① 85分 ②…エ

(2) (例)中学生のデータの四分位範囲70分は，高校生のデータの四分位範囲120分より小さいから。

6 (1) エ (2) $76\pi\ \mathrm{cm}^3$

(3) $128\pi\ \mathrm{cm}^2$

1〔独立小問集合題〕

(1)＜数の計算，式の計算＞①与式＝$-1-7=-8$ ②与式＝$\frac{8\times\sqrt{2}}{\sqrt{2}\times\sqrt{2}}-\sqrt{3\times6}=\frac{8\sqrt{2}}{2}-\sqrt{3^2\times2}=4\sqrt{2}-3\sqrt{2}=\sqrt{2}$ ③与式＝$a^2b\div\frac{a^2}{9}=a^2b\times\frac{9}{a^2}=\frac{a^2b\times9}{a^2}=9b$ ④与式＝$5a-10b-4a+9b=a-b$

(2)＜二次方程式＞左辺を因数分解して，$(x+1)(x+6)=0$ $\therefore x=-1, -6$

2〔独立小問集合題〕

(1)＜連立方程式の応用＞1個 x 円の大福4個と1個 y 円の最中4個の代金の合計が1400円だから，$4x+4y=1400$ が成り立つ。また，1箱6個入りの大福1個の値段は，定価より20円安いから，$x-20$ 円である。6個入りの大福1箱と最中2個の代金の合計は1380円だから，$6(x-20)+2y=1380$ が成り立つ。

(2)＜平面図形―角度＞右図で，2点O，Cを結ぶ。$\overset{\frown}{BC}=\overset{\frown}{CD}$ より，$\angle BOC=\angle COD=\frac{1}{2}\angle BOD=\frac{1}{2}\times124°=62°$ である。よって，$\overset{\frown}{BC}$ に対する円周角と中心角の関係より，$\angle BAC=\frac{1}{2}\angle BOC=\frac{1}{2}\times62°=31°$ となる。

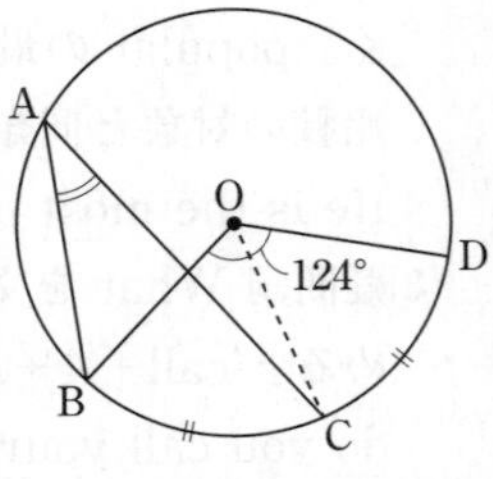

(3)＜確率―球＞箱A，箱Bには4個ずつの球が入っているので，2つの箱から1個ずつ球を取り出すとき，取り出し方は，全部で $4\times4=16$（通り）ある。このうち，取り出した球の数の積が18であるのは，(A，B)＝(2，9)，(6，3)の2通りだから，求める確率は $\frac{2}{16}=\frac{1}{8}$ である。

(4)＜関数―変域＞2点A，Bは，関数 $y=x^2$ のグラフ上にあるので，点Aと点Bでは，x 座標の絶対値が大きいほど y 座標が大きい。点Aの x 座標は -3，点Bの x 座標は2だから，点Aの y 座標の方が大きい。また，点Pがこのグラフ上を点Aから点Bまで動くとき，点Pの y 座標は，点Aから点Oまで動くとき減少し，点Oから点Bまで動くとき増加する。よって，点Pの y 座標 t は，点Pが点Aにあるとき最大，点Pが点Oにあるとき最小である。$y=(-3)^2=9$ より，t の最大値は $t=9$ であり，最小値は $t=0$ だから，t のとる値の範囲は，$0\leqq t\leqq9$ となる。

3〔平面図形―平行四辺形〕

≪基本方針の決定≫(3)　相似な図形の面積比は相似比の2乗に等しい。

(1)**<角度>**右図1で，四角形ABCDが平行四辺形より，AD∥BCだから，平行線の錯角より，$\angle QPD=\angle BQP=80°$となる。よって，$\angle APQ=180°-\angle QPD=180°-80°=100°$となり，$\angle APB=\angle BPQ=\frac{1}{2}\angle APQ=\frac{1}{2}\times100°=50°$となる。平行線の錯角より，$\angle PBQ=\angle APB=50°$である。

図1

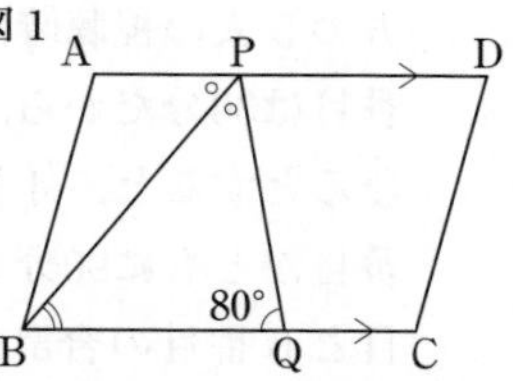

(2)**<証明>**右図2の△ARPと△CRQで，PR＝QRであり，対頂角より，$\angle ARP=\angle CRQ$である。また，AD∥BCだから，錯角より，$\angle APR=\angle CQR$となる。解答参照。

図2

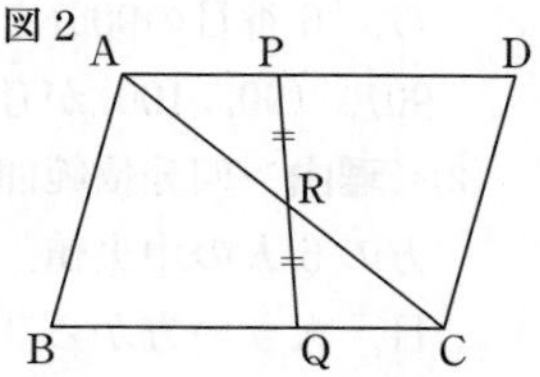

(3)**<面積比>**右下図3で，$\angle ASB=\angle RSP$であり，四角形ABQPがひし形より，AB∥PQだから，$\angle ABS=\angle RPS$である。よって，△ABS∽△RPSである。また，$\angle BSC=\angle PSA$であり，AD∥BCより，$\angle CBS=\angle APS$だから，△CBS∽△APSである。AP＝AB＝6より，BS：PS＝CB：AP＝8：6＝4：3となるので，△ABSと△RPSの相似比はBS：PS＝4：3である。よって，面積比は相似比の2乗だから，△ABS：△RPS＝$4^2:3^2=16:9$であり，△ABSの面積は△PSRの面積の$\frac{16}{9}$倍となる。

図3

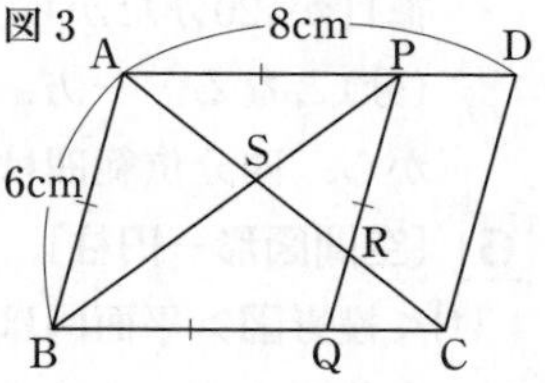

4〔関数―関数の利用〕

(1)**<1時間当たりの水の量，時間>**①Aモードに設定して運転をしているのは，運転を開始してから3時間後までの3時間である。このとき，問題の図より，3時間で，タンクの中の水は1500mL使用されているから，$1500\div3=500$より，使用される水の量は1時間当たり500mLである。　②問題の図より，使用した水の量が2400mLになるのは，$3\leqq x\leqq8$のときである。このときのグラフは，2点(3，1500)，(8，3000)を結ぶ線分であるから，この2点を通る直線の傾きは$\frac{3000-1500}{8-3}=300$となり，その式は$y=300x+b$とおける。点(3，1500)を通るので，$1500=300\times3+b$，$b=600$となり，$3\leqq x\leqq8$のときの$x$と$y$の関係は，$y=300x+600$である。使用した水の量が2400mLのとき，$y=2400$を代入して，$2400=300x+600$より，$300x=1800$，$x=6$となるから，運転を開始してから6時間後である。

(2)**<時間>**(1)より，Aモードでは1時間当たり500mL，Bモードでは1時間当たり300mLの水を使用する。Aモードの設定でt時間運転したとすると，使用した水の量が3000mLになるのが9時間後だから，Bモードの設定で運転した時間は$9-t$時間と表せる。よって，使用した水の量について，$500t+300(9-t)=3000$が成り立つ。これを解くと，$5t+3(9-t)=30$，$5t+27-3t=30$，$2t=3$，$t=\frac{3}{2}$となる。$\frac{3}{2}=1+\frac{1}{2}$であり，$\frac{1}{2}$時間は$60\times\frac{1}{2}=30$(分)だから，AモードからBモードに設定を切りかえたのは1時間30分後である。

5〔データの活用〕

(1)**<中央値，値の修正>**①中学生10人の視聴時間は，小さい順に，0，20，50，70，80，90，100，120，150，240となる。中央値は5番目と6番目の平均だから，5番目が80分，6番目が90分より，$(80+90)\div2=85$(分)である。　②表の高校生10人の視聴時間は，小さい順に，0，20，30，60，80，90，120，150，160，180となる。中央値は，5番目が80分，6番目が90分より，$(80+90)\div2$

$=85$(分)となる。訂正後のデータの箱ひげ図では，中央値は90分だから，訂正後の10人の視聴時間は，５番目と６番目の平均が90分となる。また，箱ひげ図では，第１四分位数が30分より，小さい方の５人の視聴時間の中央値は30分となる。つまり，３番目は30分である。訂正前のデータでも３番目は30分だから，訂正したのは４番目以降の値である。訂正後に５番目と６番目がともに90分になるとすると，４番目の60分，５番目の80分のどちらかを90分に訂正したことになる。５番目と６番目がともに90分でないとすると，５番目は90分より小さく，６番目は90分より大きくなり，５番目と６番目の合計は $90\times2=180$(分)である。５番目が80分より，６番目は $180-80=100$(分)だから，６番目の90分を100分に訂正したことになる。以上より，a，b の組は $(a,\ b)=(60,\ 90)$，$(80,\ 90)$，$(90,\ 100)$ が考えられ，選択肢より，$a=90$，$b=100$ である。

(2)＜**理由**＞四分位範囲は，第３四分位数から第１四分位数をひいた差である。第１四分位数は小さい方の５人の中央値，第３四分位数は大きい方の５人の中央値だから，それぞれ，小さい方から３番目，大きい方から３番目の値である。中学生の方は，小さい方から３番目が50分，大きい方から３番目が120分だから，第１四分位数が50分，第３四分位数が120分より，四分位範囲は $120-50=70$(分)となる。一方，高校生の方は，箱ひげ図より，第１四分位数が30分，第３四分位数が150分だから，四分位範囲は $150-30=120$(分)である。解答参照。

6 〔空間図形―円柱〕

(1)＜**投影図**＞平面図は，立体を真上から見た図である。右図１で，立体Ｐを真上から見ると，３点Ａ，Ｂ，Ｃは重なり，半径４cmの円の内部に半径３cmの円があり，半径３cmの円の内部に半径２cmの円があるように見える。よって，平面図は，中心が同じである円が３個となる。立面図は，立体を正面から見た図であるから，立体Ｐの立面図は長方形となる。したがって，投影図は，エのようになる。

図１

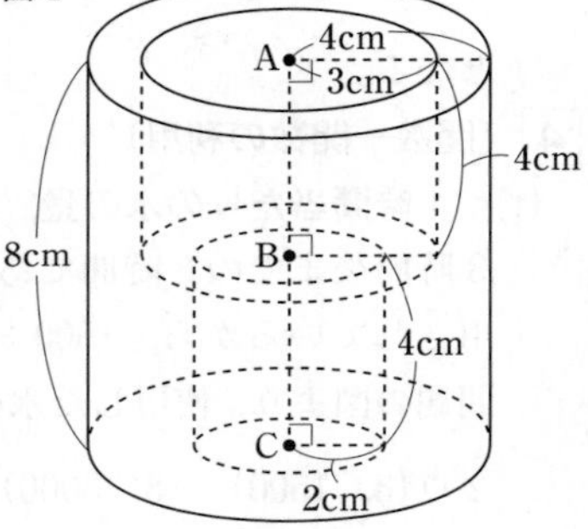

(2)＜**体積**＞右図１で，立体Ｐは，底面の半径が４cm，高さが８cmの円柱から，底面の半径が３cm，高さが４cmの円柱と，底面の半径が２cm，高さが４cmの円柱をくりぬいた立体だから，立体Ｐの体積は，$\pi\times4^2\times8-\pi\times3^2\times4-\pi\times2^2\times4=76\pi$ (cm^3)である。

(3)＜**面積**＞立体Ｐの表面積は，もとの円柱の側面積，くりぬいた２つの円柱の側面積と，上部の半径４cmの円から半径３cmの円を除いた部分，中にある半径３cmの円から半径２cmの円を除いた部分，下部の半径４cmの円から半径２cmの円を除いた部分の面積の合計となる。もとの円柱を展開すると，右図２のようになる。側面を展開した長方形は，縦が８cm，横が $2\pi\times4=8\pi$ だから，側面積は $8\times8\pi=64\pi$ となる。同様にして，くりぬいた２つの円柱の側面積は，それぞれ $4\times(2\pi\times3)=24\pi$，$4\times(2\pi\times2)=16\pi$ である。以上より，立体Ｐの表面積は，$64\pi+24\pi+16\pi+(\pi\times4^2-\pi\times3^2)+(\pi\times3^2-\pi\times2^2)+(\pi\times4^2-\pi\times2^2)=128\pi$ (cm^2)である。

図２

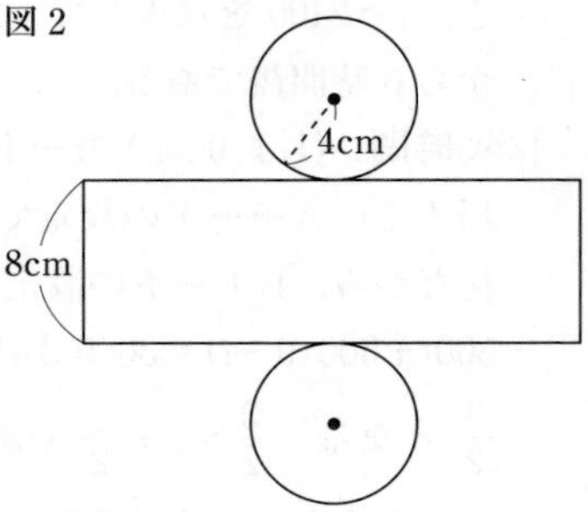

＝読者へのメッセージ＝

5の箱ひげ図は，アメリカの数学者ジョン・テューキー(1915～2000)が1977年に提唱したものです。

2023年度／常総学院高等学校(推薦)

国語解答

一 ㈠ イ

㈡ ソラさんの発言にショックを受けていることを悟られまいとする六花の意地を，守ろうとする気持ち。(46字)

㈢ ア　㈣ エ　㈤ ウ

二 ㈠ 4　㈡ エ　㈢ ア

㈣ 母を背負って狩りの様子を見にきた者をまねして，母を背負って出かけた。(34字)

㈤ ウ

三 ㈠ ウ　㈡ オ　㈢ エ　㈣ イ

㈤ ア

㈥ B　日本人のよさ
C　キリスト教の信仰
D　論理学

四 ㈠ ア　㈡ イ

㈢ (1)…ウ　(2)…イ

㈣ (1) いちじる　(2) いたく
(3) つぐな

一〔小説の読解〕出典；川端裕人『風に乗って，跳べ　太陽ときみの声』。

㈠＜文章内容＞六花は，ブラインドサッカーの試合中に，先輩のソラさんから「ブラインドサッカーをなめてんのか」と言われた(A…ウ)。そのため，前半終了後の作戦タイムに，六花は「心ここにあらず」という状態で，華の問いかけに何も答えずに「思いつめた」顔で考え込んでいるので，華は「泣きたい気分」になった(B…ア)。後半開始の時間が近づき，立ち上がった六花は，「ムヅカシイ表情をやめて，すっきりとした顔つき」になっていた(C…イ)。「どんなガイドをすればいいんだろう」と言う華に対して，六花は，自分は太陽みたいなガイドを求めてはいないので，「華は華でいい」と答えた(D…エ)。

㈡＜心情＞六花は，前半終了後，膝を抱えて座り込み，華の問いかけにも答えずにブツブツ言いながら「思いつめた」顔をしていた。後半開始が近づき，六花は「よく眠った」と言って立ち上がったが，華は，先ほどまでの六花の表情から，六花が眠ってなどいなく，ソラさんに言われたことにショックを受けて考え込んでいたとわかっていた。けれども，六花が，「眠った」と言ったので，華は，それを「六花の意地」だと理解し，六花の言葉をそのまま受けとめようと思ったのである。

㈢＜心情＞「太陽の声」と言われている代表チームの佐藤さんのガイドに対して，華は，自分のガイドの質は劣っていると感じて悩んでいた。しかし，六花に尋ねると，「華は華でいい」，求めているのは「太陽」ではなく「風」だと言われたことで，華は，六花にとって風となる，自分なりのガイドとはどんなものかと考えを膨らませていったのである。

㈣＜文章内容＞華は，六花の「心ここにあらず」な様子から，六花がソラさんの言葉に「ショック」を受けてもしかたがないと考えた(ア…○)。また，後半開始2分前になっても返事をしない六花に，華は「六花がブラインドサッカーをなめてなんかいないことは，わたしが知ってる」と六花の気持ちを察して励ました(イ…○)。さらに，「よく眠った」と言う六花に対し，華は，それは「六花の意地だ」と理解して，「少しでも眠れてすっきりしたのならよかったね」と答えており，華は「相手の様子から気持ちや状況を察したり理解したりすることができる人物」と考えられる(ウ…○)。

㈤＜表現＞華の視点から，六花の「心ここにあらず」で考え込む様子や，「率直に言ったつもりだけれど，実は我ながら無責任な発言かもしれない」など華の心境が詳しく描かれ，作戦タイム中の華と六花の様子が読者に伝わりやすくなっている。

二〔**古文の読解―随筆**〕出典；『落栗物語』二六。

≪現代語訳≫水戸中納言徳川光圀《みつくに》卿が，狩りに出かけなさったときに，身分の低い男が，年老いた女を背負って，道のそばで休んでいるのを，(光圀卿がご覧になって)「どのような者か」とお尋ねになったところ，知っている者がいて，「彼は人に知られている孝行者で，母を背負って(光圀卿の)狩りの様子を拝見しているのでございます」と言う。中納言殿は大いに感心なさって，米や銭をたくさん(身分の低い男に)お与えになった。その後またある所で，同じような者に出くわして(光圀卿が)お尋ねになると，母を背負ってどこかへ出かけるということを申し上げた。(光圀卿の)従者たちが「彼は以前のことを聞いてうらやましく思って，それに似せて(ほうびの)物をいただこうとしているのでしょう」とささやいたところ，その卿(＝光圀卿)は笑い声を上げて，「狂人をまねるのは狂人のようなもの，孝行者をまねるのは孝行者のようなものである。よいことをまねする者であることよ。さあさあ(ほうびの)物を与えよ」とおっしゃって，先のときと変わらない米や銭を(男に)お与えになった。

㈠<**歴史的仮名遣い**>歴史的仮名遣いの語頭以外のハ行は，原則として現代仮名遣いでは「わいうえお」になるので，「かはらず」は，現代仮名遣いでは「かわらず」となる。

㈡<**古文の内容理解**>身分の低い男が年老いた女を背負って休んでいるのを見て，「いかなる者ぞ」とお尋ねになったのは，光圀卿である(…ア)。孝行者だと感心して米や銭をお与えになったのは，光圀卿である(…イ)。その後，先ほどと「同じ様なる者」に出くわしたのは，光圀卿である(…ウ)。母を背負ってどこかへ出かけると申したのは，「同じ様なる者」である(…エ)。

㈢<**古文の内容理解**>従者たちは，「同じ様なる者」は，孝行者がほうびをもらえたことを聞き，ほうびが欲しくてまねをしているのだと言い，「同じ様なる者」は本当の孝行者ではないと考えている。

㈣<**古文の内容理解**>「あやしの男」が，年老いた母を背負って狩りの様子を見にきたら，孝行者として光圀卿にほうびをもらったので，「同じ様なる者」は，光圀卿の通る所へ，母を背負ってやってきたのである。

㈤<**古文の内容理解**>従者たちは，「同じ様なる者」は老母を背負って狩りを見にきた者をまねして，ほうびをもらおうとしているのであり，本当の孝行者ではないと，「同じ様なる者」に対して批判的であった。しかし，光圀卿は，孝行者をまねするのも孝行者のようなものだと笑って，「同じ様なる者」にもほうびを与えた。光圀卿は，身分の低い者であっても，まねであっても，よい行いは褒めるべきだという考え方をする人物として描かれている。

三〔**論説文の読解―社会学的分野―コミュニケーション**〕出典；落合信彦『無知との遭遇』／平野啓一郎『私とは何か 「個人」から「分人」へ』。

≪本文の概要≫【Ⅰ】日本人は，島国の中で日本語だけで通してしまっていることで，ものすごく損をしている。日本人には，日本人のよさを外国人に伝えられる語学力，コミュニケーション力を持ってもらいたい。日本人のよさは，閉鎖的なところだけで理解されるものにとどめるのではなく，世界中にその輝きを伝えるべきものである。

【Ⅱ】「個人」という概念の発想自体は，西洋文化に独特なものである。一つには，キリスト教の信仰において，ただ一つの自分が，一なる神を信仰するというところから，分けられないという意味の「individual」という言葉に「個人」という意味が生じたのである。もう一つは，論理学において，もうこれ以上は分けようがない最小単位が個体であると考えられ，一個の肉体を備えた存在が，個体としての人間であり，「個人」であると認識されるのである。

㈠＜**文章内容**＞「私」は，エレベーターの中で外国人と会話し，別れる際には，「よい一日をお過ごしください」ではなく，「いい一日にしなさいよ」と声をかけるようにしている。普通の挨拶では，さらっと流されるだけだが，このように声をかけると，皆はっとして，笑顔になる。「少し言葉を換える」という工夫が，コミュニケーションを変化させるのである。

㈡＜**文脈**＞オペラの場合，パン屋の息子であるパヴァロッティが世界的な名声を得ているのに対して，歌舞伎では，「役者として大成するかは，生まれる家で決まって」しまう。だから歌舞伎は，「世界的には広がっていかない」し，「英語が堪能な歌舞伎役者」も，決して多くはないのである。

㈢＜**表現**＞外国人居住者とエレベーターの中で会話する際の「私」自身の体験や，歌舞伎とオペラとの対比から，日本人は語学力とコミュニケーション力を身につけ，日本人のよさを世界中に広めるべきであるという考えが，述べられている。

㈣＜**接続語**＞「机は机で，もうそれ以上は分けられず，椅子は椅子で分けられない」のであり，要するに「この分けられない最小単位こそが『個体』」である，というのが論理学の考え方なのである。

㈤＜**文章内容**＞高橋さんのテーマは「言語」である。【Ⅰ】の文章では，語学力とコミュニケーション力によって，日本の文化的な閉鎖性を超えて，日本人のよさを世界中に伝えてほしいということが述べられている。【Ⅱ】の文章では，「individual」という具体的な単語が取り上げられている。そして，この単語の概念が日本人にはわかりにくいものだったのは，概念の発想自体が西洋文化独特のものだったからであると，言葉に表れる文化的差異についてが述べられている。

㈥＜**文章内容**＞「日本語を喋るのは世界で１億2000万人しかいないということ」を認識し，日本人が他の言語を使うことによって，「日本人のよさ」(…Ｂ)を世界にアピールすることができるのである。「個人」という概念は，日本文化にはない概念であり，明治になって輸入された概念の中でもよくわからないものであった。西洋文化に独特の「個人」という概念の発想は，一神教である「キリスト教の信仰」(…Ｃ)と，「分けられない最小単位」という「論理学」(…Ｄ)の考え方に基づいているのである。

四〔**国語の知識**〕

㈠＜**敬語・文の組み立て**＞職員の方の行為に対しては，尊敬語の「おっしゃった」を用いる。また，主部が「心に残っているのは」なので，述部は「おっしゃったことです」となる。

㈡＜**表現技法**＞【Ⅰ】より【Ⅱ】の方が，住所を適切な位置で改行し，読みやすく記している(ア・ウ…×)。「御中」は，個人ではない会社や団体などに対して使う敬称で，「御中」と書いた場合，「様」を消す(イ…○，エ…×)。

㈢＜**漢字**＞⑴「低迷」は，よくない状態から抜け出せないでいること。　⑵「奏功」は，目的どおりの成果が上がること。

㈣＜**漢字**＞⑴音読みは「顕著」などの「チョ」。　⑵「委託」は，ほかの人にある行為を依頼すること。　⑶音読みは「補償」などの「ショウ」。

2023年度 常総学院高等学校

【英　語】（50分）〈満点：100点〉

1　次の(1)〜(4)は，放送による問題です。それぞれの放送の指示にしたがって答えなさい。

(1)　これから，No. 1 から No. 5 まで，五つの英文を放送します。放送される英文を聞いて，その内容に合うものを選ぶ問題です。それぞれの英文の内容に最もよく合うものを，ア，イ，ウ，エの中から一つ選んで，その記号を書きなさい。

No. 1

No. 2

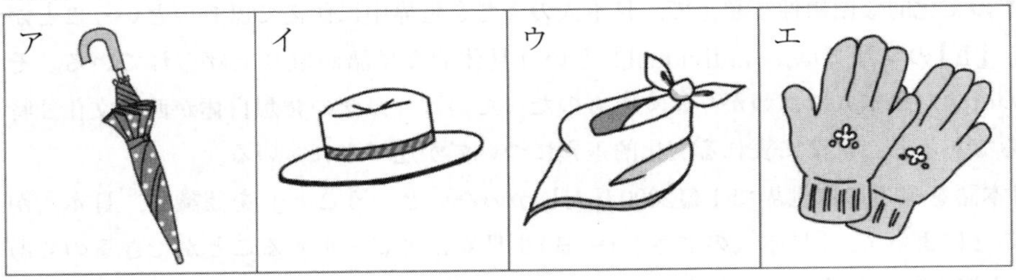

No. 3

No. 4

ア

クラスで人気の科目	
1位	science
2位	P.E.
3位	English

イ

クラスで人気の科目	
1位	P.E.
2位	English
3位	science

ウ

クラスで人気の科目	
1位	science
2位	English
3位	P.E.

エ

クラスで人気の科目	
1位	P.E.
2位	science
3位	English

No. 5

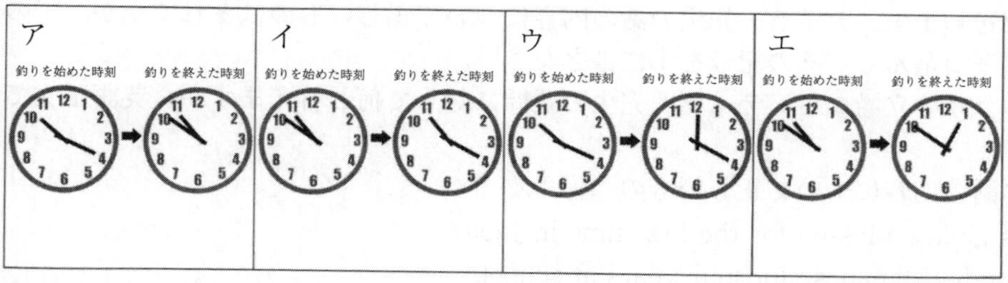

(2)　これから，No. 1 から No. 4 まで，四つの対話を放送します。それぞれの対話のあとで，その対話について一つずつ質問します。それぞれの質問に対して，最も適切な答えを，ア，イ，ウ，エの中から一つ選んで，その記号を書きなさい。

No. 1

ア　In the museum.
イ　In the park near the museum.
ウ　At the restaurant.
エ　On the bench in the building.

No. 2

ア　Ask a pet hotel to take care of their dog.
イ　Travel abroad with their dog next month.
ウ　Give up traveling abroad.
エ　Ask Mina to take care of their dog.

No. 3

ア　Watch a DVD at home.
イ　Go to an anime shop with Tetsuo.
ウ　Enjoy a concert with Tetsuo.
エ　Invite Tetsuo to watch an anime DVD at her house.

No. 4

ア　To ask her to show him her history notebook.
イ　To ask her about their history report.
ウ　To ask her to help him with his homework.
エ　To ask her about their history test tomorrow.

(3)　これから，留学生のエマ(Emma)と中学生のダイキ(Daiki)との対話を放送します。そのあとで，その内容について Question No. 1 と Question No. 2 の二つの質問をします。それぞれの質問に対して，最も適切な答えを，ア，イ，ウ，エの中から一つ選んで，その記号を書きなさい。

No. 1

ア　For a week.　　イ　For ten days.
ウ　For two weeks.　　エ　For a month.

No. 2

ア　Climb the highest mountain in Japan with Jane.
イ　Go to some famous places in Ibaraki with Daiki.
ウ　Experience traditional Japanese culture with Jane.
エ　Enjoy Japanese food with Daiki.

(4)　ユカリ(Yukari)の中学校の授業で，テイラー先生(Ms. Taylor)が生徒たちに話をしています。これからその内容を放送します。テイラー先生の話の内容について正しいものはどれですか。下のア，イ，ウ，エの中から一つ選んで，その記号を①に書きなさい。

また，あなたがユカリの立場なら，テイラー先生の質問に対して何と答えますか。英語１文で②に書きなさい。

①　テイラー先生の話の内容について正しいもの

ア　Ms. Taylor is giving a lesson for the first time in Japan.

イ　Ms. Taylor studied Japanese for four years at school.

ウ　Ms. Taylor says watching movies will help us learn a foreign language.

エ　Ms. Taylor asks the students to learn more about their own culture.

②　テイラー先生の質問に対する答え

(　　　　　　　　　　　　　　　　　　　　　　　　　　　　　　　　　　　　)

これで，放送による聞き取りテストを終わります。続いて，問題 **2** に進みなさい。

※＜**放送による問題台本**＞は英語の問題の終わりに付けてあります。

2　次のＡとＢの英文は，高校生のアヤカ(Ayaka)と，オーストラリアにいる友だちのマイク(Mike)がやり取りしたメールの一部です。それぞれの英文を読んで，下の(1)，(2)の問いに答えなさい。

A

> Hello, Ayaka,
> How are you?　Yesterday, I found a movie about the *plum *blossom festival in Kairaku-en on the Internet.　I've ①(hear) the name of the garden before.　Is it far from your house?　The movie shows very beautiful plum blossoms in the garden.　Is the garden very popular in Japan?　Actually, I'm planning ②(visit) Japan next year.　When is the ③(good) season to visit Japan?　I'll be happy if you give me some advice.

＊ plum　梅　　blossom　花

B

> Hello, Mike,
> Thank you for your e-mail.　I'm excited to know you're coming to Japan next year.　Kairaku-en is one of Japan's three greatest gardens.　It is especially ④(f　　) for its plum blossoms.　It ⑤(t　　) about an hour to drive from Tsuchiura, my city, to Kairaku-en.　Many foreign tourists come to Japan to see *cherry blossoms, but actually, the history of plum trees in Japan is longer than the history of cherry trees.　How about visiting the garden in early March?　I'm ⑥(s　　) you'll like the plum blossoms in the garden.

＊ cherry　桜

(1)　Ａの英文が完成するように，文中の①～③の(　)の中の語を，それぞれ適切な形に直して書きなさい。ただし，１語とは限りません。

(2)　Ｂの英文が完成するように，文中の④～⑥の(　)内に，最も適切な英語を，それぞれ１語ずつ書きなさい。なお，答えはすべて(　)内に示されている文字で書き始めるものとします。

3 次の(1), (2)の問いに答えなさい。

(1) 次の英文は，新聞記事の一部です。この記事が伝えている内容として最も適切なものを，下のア～エの中から一つ選んで，その記号を書きなさい。

It is very important for any tourist city to accept tourists from abroad. They bring a lot of money and jobs to the city, so it will help its local economy in many ways. However, if too many people visit the same place at the same time, it may cause a problem called "overtourism." For example, *Venice in Italy is visited by more than 20 million tourists every year. Many large ships come to the City of Water every day, so many local people say that they are damaging the old buildings and *canals in their city. The same kinds of problems are happening in many tourist cities around the world. Some cities have decided to *limit the number of tourists visiting them.

* Venice ヴェネツィア　canal 運河　limit ～ ～を制限する

ア Local people in Venice feel that their jobs may be lost because of tourists from abroad.

イ Overtourism doesn't bring much money to tourist cities around the world.

ウ Many tourist cities have some problems of overtourism.

エ The number of tourists who visit Venice is decreasing every year.

(2) 次の英文中の□には，下のア～ウの三つの文が入ります。意味の通る英文になるように，ア～ウの文を並べかえて，記号で答えなさい。

Drinking coffee has several health *benefits. □ Some recent studies show that the healthiest amount of coffee to drink a day is four to five cups, but of course, it doesn't mean that you have to drink coffee every day.

* benefit 恩恵，利益

ア However, everything has good points and bad points.

イ If you drink too much coffee every day, it may damage your health.

ウ In other words, coffee is good for our health.

4　高校生のミカ(Mika)と，アメリカからの留学生のスコット(Scott)は，次のページのパンフレット(pamphlet)を見ながら話をしています。次の対話文を読んで，(1)，(2)の問いに答えなさい。

Scott：Mika, do you know what day it is today？

Mika：No, I don't.　What is it？

Scott：Today is "World *Rhino Day".　Every year, September 22 is *celebrated as "World Rhino Day" to make people more *aware of the five species of rhinos.　Here is a pamphlet of "World Rhino Day 2023".

Mika：Oh, that's interesting.　Are there only five species of rhinos in the world today？

Scott：That's right.　Scientists believe there were once more than 100 different species of rhinos on the Earth.　However, as the global *climate changed, most of them died out.

Mika：Do you mean only these five species of rhinos have survived until today？

Scott：Yes.　All these five species of rhinos are *endangered.　If we don't do anything quickly to protect them, all of them will disappear from the Earth.

Mika：According to the pamphlet, (　①　) rhinos have the largest population of the five species.

Scott：That doesn't mean they are safe.　The number of the rhinos is decreasing very rapidly.

Mika：Why [　　　　　　]?

Scott：*Poachers kill them to get their *horns.　They can make a lot of money by selling rhino horns *illegally.　Some people in Asian countries believe that *powdered rhino horn becomes a good medicine.

Mika：How *ridiculous！　The poor rhinos must be protected from illegal trade.　I'd like to learn more about rhinos.

Scott：How about visiting Hitachi Zoo on the pamphlet？　You can see a family of (　②　) rhinos there.　This also says that you can watch a special movie about wild rhinos at Visitors' Hall.

Mika：Oh, that sounds like fun.　I'd like to visit Hitachi Zoo next Sunday.　Could you come with me, Scott？

Scott：Of course.　Next Sunday is the (　③　) day of the World Rhino Day campaign.　Shall we meet at the *gate of the zoo at 10:00 a.m.？　We can see rhinos and other animals first and then watch the movie which starts at (　　④　　)　We can enjoy shopping at the shop after a late lunch.

Mika：That's fine with me.　(　　⑤　　)　Thanks, Scott.

*　rhino　サイ　　celebrate ～　～を祝う，記念する　　aware of ～　～を知っている
　climate　気候　　endangered　絶滅寸前の　　poacher　密猟者　　horn　角《つの》
　illegally　違法に　　powdered　粉末状の　　ridiculous　ばかげた　　gate　門

World Rhino Day 2023

September 22 is celebrated as World Rhino Day in many parts of the world.

We're planning a special campaign event this year.

Please come to meet a family of black rhinos at Hitachi Zoo!

Campaign Dates : Sunday, September 17 to Sunday, September 24, 2023

Time : 9:00 a.m. — 5:00 p.m.

Place : Rhino Section, Hitachi Zoo

世界のサイと生息数

- Enjoy a special movie about black rhinos living in Africa at the theater on the second floor of Visitors' Hall. All visitors can watch it for free.

Monday to Friday	10:00~11:00 a.m., 3:00~4:00 p.m.
Saturday & Sunday	10:00~11:00 a.m., 1:00~2:00 p.m.

- You can buy our original rhino goods at a shop on the second floor.

(1) 対話文中の(①)～(⑤)に入る最も適切なものを，ア～エの中から一つ選んで，その記号を書きなさい。

① ア Javan　イ Sumatran　ウ black　エ white

② ア greater one-horned　イ Sumatran　ウ black　エ white

③ ア first　イ last　ウ second　エ third

④ ア 11:00 a.m.　イ 1:00 p.m.　ウ 2:00 p.m.　エ 3:00 p.m.

⑤ ア I can enjoy that on every floor.　イ Do you want to go out together ?
ウ I'm looking forward to this Saturday.　エ I can't wait for next Sunday.

(2) 対話の流れに合うように，文中の[　　]に入る適切な英語を，5語以上，9語以内で書き，英文を完成させなさい。なお，符号(，.？！など)は，その前の語につけて書き，語数には含まないものとします。

5 高校生のミナ(Mina)が英語の授業で水不足(water shortage)の問題について発表をしています。この英文を読んで，(1)〜(5)の問いに答えなさい。

We cannot live even a day without water, so getting water is very important in our daily lives. In Japan, we can get water very easily. If we turn on the water *tap, we can get clean and safe water anytime. You may think you don't have to worry about water if you live in Japan. However, do you know how many people on the Earth can get clean and safe water？

According to *UNICEF, between 2016 and 2020, the global population who can get clean and safe water at home increased from 70% to 74%. However, about 2 billion people around the world cannot get clean and safe water. The water shortage is especially serious in African countries. People living there have to walk a long way just to get clean water for the day. Many of them *depend on dirty rivers, ponds and even *puddles for their drinking water. [1] There are no clean water *resources near their villages, so they can't wash their hands after they touch something dirty. [2] They have to drink water from dirty rivers and puddles even if they know it is bad for their health. [3] *WHO believes that every year, about 0.3 million children die of *diarrhea caused by drinking dirty water. [4]

So many people around the world cannot get clean and safe water. Why？ There are two big reasons — large population and climate change. First, the world's population is increasing rapidly. The world's population reached 7.8 billion in 2020, and it will reach 9 to 10 billion by 2050. The map shows that the areas which have (A) are experiencing a water shortage. Second, because of global climate change, many countries are experiencing a long period of hot and dry weather. As you know, rain water is stored in dams or tanks, and much of the water is used as drinking water. If we have little rain for months, we won't have enough drinking water for daily use.

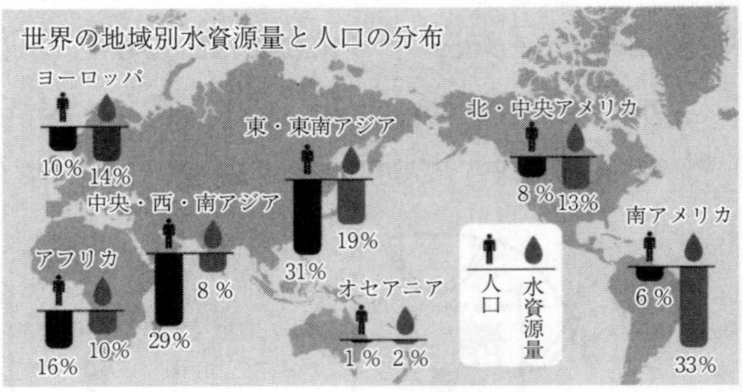

世界の地域別水資源量と人口の分布

Japan has a lot of clean water, so we can use or drink as much water as we like. It may be difficult for us to realize how important water is. However, if Japan has hotter summers in the future, we may experience a serious water shortage. Or, when a natural *disaster like a big earthquake happens, the tap water can stop for weeks. *Fortunately, we can get plastic bottles of mineral water at supermarkets, so we can keep them for such emergencies. Of course, we should always be careful to save water in our daily lives.

* tap 蛇口　UNICEF ユニセフ　depend on 〜 〜に依存する　puddle 水たまり
resource 資源　WHO 世界保健機関　diarrhea 下痢《げり》　disaster 災害　fortunately 幸運にも

(1) 本文の内容に合う文を，次のア〜オの中から二つ選んで，その記号を書きなさい。

ア UNICEF thinks that many more areas around the world will get clean water in the near future.

イ　People in African countries have to walk a long way when they need clean water.

ウ　Most of the people who have to drink dirty water don't realize that it can kill them.

エ　If the weather becomes hot and dry because of climate change, we will not have enough water for drinking.

オ　The speaker says we should look for a way to get clean water even when we have little rain.

⑵　次の文は，文中の［1］～［4］のどこに入るのが最も適切か，番号で答えなさい。

Imagine what will happen to them after they drink dirty water.

⑶　文中の（A）に入る適切な英語２語を答えなさい。

⑷　次の質問に答えるとき，あとの英文の（　）に入る適切な英語を，本文に即して指定された語数で答えなさい。

The tap water can stop for weeks when a natural disaster happens. How should we get ready for emergencies like that ?　（10語以上）

— We should (　　　　　).

⑸　次の英文は，ミナのスピーチを聞いた，同じクラスのシホ(Shiho)がその日に書いた日記の一部です。①，②は本文を参考に，③はシホになったつもりで，それぞれ**指定された語数の英語**で書きなさい。記入例にならい，符号(，.？！など)は，その前の語につけて書き，語数には含まないものとします。

記入例	Are	you	Ms.	White ?
	No,	I'm	not.	

Today, Mina made a speech about the water shortage problem in English class. In Japan, we can drink water just by ①(　5語　). However, we should remember that about 2 billion people around the world ②(　6語　). I was shocked to hear that every year, about 0.3 million children lose their lives after they drink water from dirty rivers and puddles. I wish ③(　10語以上　).

6　以下の英文は，あなたが友人のビル(Bill)からもらったメールの一部です。ビルの質問に対するあなたの答えを解答欄の書き出しに続けて**30語以上**で書きなさい(書き出しも語数に含めます)。なお，記入例にならい，符号(，.？！など)は，その前の語につけて書き，語数には含まないものとします。

【あなたがビルからもらったメールの一部】

The other day, I read a news story about cleaning time at school on the Internet. It says that in most schools in Japan, students clean their classrooms, the *toilets, and other school spaces every school day. The movies and pictures on the Internet also show Japanese students doing the cleaning work together *happily. I'm very surprised because I have never done the cleaning work at school since I was a child. In Australia, and probably in most countries around the world, professional school *cleaners do the cleaning work at school. Do you think that it is important for students to clean their schools ? And why do you think so ?

*　toilet　トイレ　　happily　楽しそうに　　cleaner　清掃業者

記入例	Are	you	Ms.	White ?
	No,	I'm	not.	

I	think	it's	important.
	30		
			60

＜放送による問題台本＞

1　リスニング

(1)　No. 1　Tom is driving his car along a narrow road.

No. 2　We use this when we go out in the rain.

No. 3　Mike loves watching moving trains.　Last Sunday, he took a picture of a train crossing a bridge across a river.

No. 4　Last Monday, I asked all of my classmates, "Which subject do you like the best ?"　As you can see, P.E. is the most popular, but science and English are also popular.　I like English better than science, but in our class, science is more popular than English.

No. 5　Yesterday, Taku and his father went to Sakura Lake to enjoy fishing.　At first, they were going to take the bus leaving Midori Station at ten in the morning.　However, they missed it, so they had to wait for twenty minutes.　The bus arrived at the lake thirty minutes later.　Taku and his father enjoyed fishing on the lake for two hours.　They had a very good time.

(2)　No. 1　A : It's almost noon, Mike.　Let's eat lunch somewhere in this building.　Oh, there is a bench over there.

B : No, Katie.　The sign says, "Do not eat or drink here."　How about eating in the park near the museum ?

A : Good idea.

Question : Where are Mike and Katie going to eat lunch ?

No. 2　A : My family is going to travel abroad for a week next month.　Do you know someone who can take care of our dog for us, Mina ?

B : How about trying a pet hotel, Kazuya ?　There is one near the station.

A : A pet hotel !　I never thought of that.

B : Actually, my family used the hotel when we traveled abroad last year.

Question : What will Kazuya probably do ?

No. 3　A : Do you have any plans next Sunday afternoon, Alice ?
B : No, I'm just going to watch a DVD. Why ?
A : I have two tickets for an anime song concert. Would you like to come with me ?
B : Oh, that sounds interesting. I'd like to go. Thank you for inviting me, Tetsuo.
Question : What will Alice do next Sunday afternoon ?

No. 4　A : Hello ?
B : Hi, Midori. It's Peter. I'm calling to ask you how many pages we need to write for our history report.
A : Five to seven pages, Peter.
B : Oh, I've written only four pages, so I have to write one more page. Thank you for telling me.
Question : Why is Peter calling Midori ?

(3) Emma : Daiki, have you ever climbed Mt. Fuji ?
Daiki : Yes, I've climbed it with my family three times. Do you want to climb Mt. Fuji, Emma ?
Emma : Yes. Actually, my friend Jane is going to visit Japan to see me this summer. She is going to stay in Ibaraki from July thirty-first to August ninth. We're planning to climb Mt. Fuji during her stay in Ibaraki.
Daiki : That sounds great, but you should take enough time to prepare. Mt. Fuji is the highest mountain in Japan, you know.
Emma : You're right. Jane and I have climbed several high mountains in the U.S. before, but we'll be careful.
Daiki : I hope Jane will experience traditional Japanese culture too.
Questions :
No. 1　How long is Jane going to stay in Ibaraki ?
No. 2　What does Emma want to do ?

(4) Hello, everyone. This is my first English lesson this school year, so I'd like to talk about myself. I'm from California, and I came to Ibaraki two years ago as a teacher. I've studied Japanese for four years, but actually, I've never studied Japanese at school. I have learned Japanese by watching anime movies and reading manga. Watching movies is an especially good way to learn a foreign language. I study Japanese every day because I want to know more about Japanese culture and Japanese people. Why do you study English ? I hope all of you will think about it at the beginning of this new school year.

【数　学】（50分）〈満点：100点〉

1　次の問いに答えなさい。

(1)　次の①～④の計算をしなさい。

①　$-8+3-4$

②　$(\sqrt{2}+1)^2-\sqrt{8}$

③　$2a^2b \div 4a^2 \times 8b$

④　$7(a+b)-\frac{1}{3}(6a-3b)$

(2)　2次方程式 $(x+4)(x-6)=3x$ を解きなさい。

2　次の問いに答えなさい。

(1)　1次方程式 $5x+a=7-ax$ の解が $x=3$ であるとき，a の値を求めなさい。

(2)　食塩水が300 gずつ入っている2つのビーカーA，Bがあり，ビーカーAに入っている食塩水の濃度は2％，ビーカーBに入っている食塩水の濃度は5％である。

いま，それぞれのビーカーから食塩水を何 gかずつ取り出し，取り出した食塩水を混ぜて，4％の食塩水300 gをつくりたい。

ビーカーA，Bから取り出す食塩水の重さを求めるために，ビーカーAから取り出す食塩水を x g，ビーカーBから取り出す食塩水を y gとして連立方程式をつくると，次のようになる。

$$\begin{cases} \boxed{\quad ア \quad} = 300 \\ \boxed{\quad イ \quad} = 300 \times 0.04 \end{cases}$$

このとき，上の ア ， イ に当てはまる式を，それぞれ書きなさい。

(3)　1から6までの目のある大小2つのさいころを投げて，大きいさいころの出た目の数を a，小さいさいころの出た目の数を b とする。このとき，関数 $y=ax+b$ のグラフが点$(-1,\ 2)$を通る確率を求めなさい。

ただし，それぞれのさいころにおいて，1から6までのどの目が出ることも同様に確からしいものとする。

(4)　右の図のように関数 $y=x^2$ のグラフがある。このグラフ上の点で，x 座標が-2である点をA，x 座標が3である点をBとする。点Cの座標は$(2,\ 0)$である。また，y 軸上にあり，y 座標が2より大きい点をDとする。

△ACBの面積と△ACDの面積が等しくなるとき，点Dの座標を求めなさい。

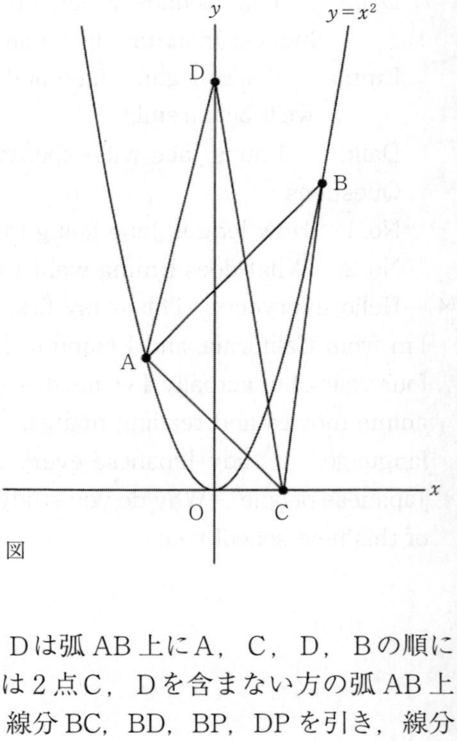

図

3　平面上に，線分ABを直径とする円Oがあり，2点C，Dは弧AB上にA，C，D，Bの順に並び，弧AC，弧CD，弧DBの長さはすべて等しい。点Pは2点C，Dを含まない方の弧AB上を，2点A，Bとは一致しないように動かすことができる。線分BC，BD，BP，DPを引き，線分BCと線分DPとの交点をQとする。

次のページの図1～図3は，点Pをいろいろな位置に動かして調べたときのようすがわかるコンピュータの画面である。このとき，太郎さんと花子さんは，図1～図3のようにコンピュータソフトを使って，点Pを動かしながら，図形の性質や関係について調べている。このとき，後の(1)～(3)

の問いに答えなさい。

(1) 下の図1のとき，△PDB∽△BDQであることを証明しなさい。

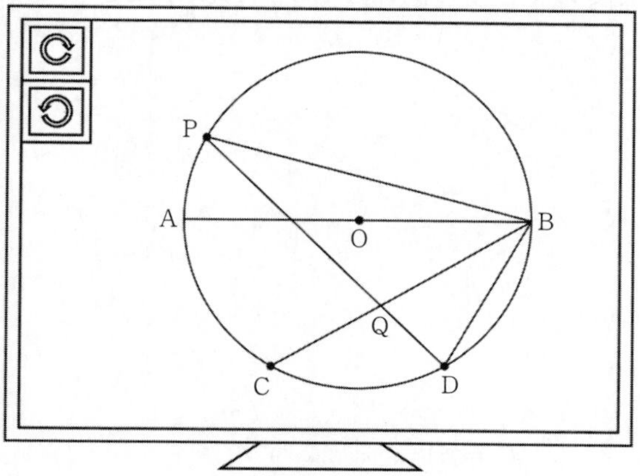

図1

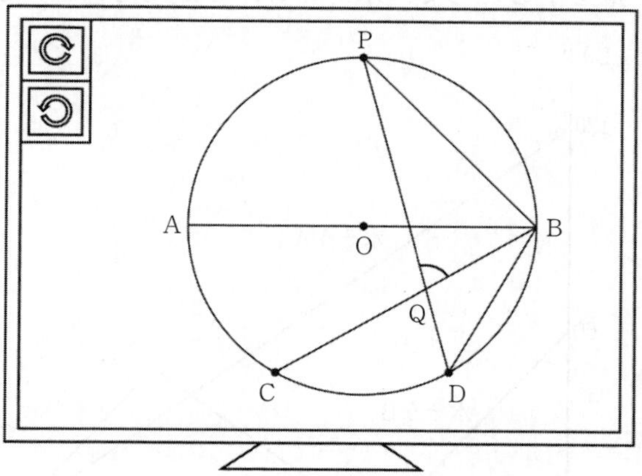

図2

(2) 太郎さんは，点Pを動かすと，∠PQBの大きさが変わることに着目した。
上の図2のように，弧APの長さと弧BPの長さが等しくなるとき，∠PQBの大きさを求めなさい。

(3) 花子さんは，下の図3のように，直線ABを対称の軸として点Dと線対称な位置にくるように，点Pを動かした。
円Oの半径が2cmであるとき，線分PQの長さを求めなさい。

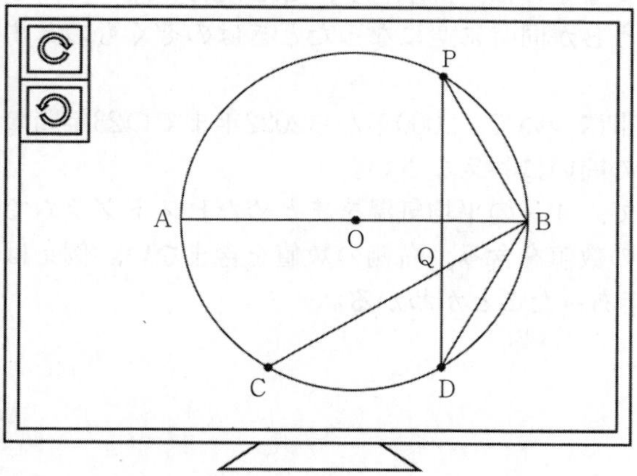

図3

4 右の図1のように，2つの水そうA，Bがあり，水そうAには排水管P，水そうBには排水管Qがついている。水そうA，Bにはそれぞれ120L，60Lの水が入っており，排水管P，Qを開くと，水そうの中からそれぞれ毎分一定の割合で水が出ていく。また，排水管Pから出た水はすべて水そうBに入る。

あるとき，排水管P，Qを同時に開いた。10分後に水そうBが空になったと同時に排水管Qを閉じた。その後，水そうBに水がたまったので排水管Q

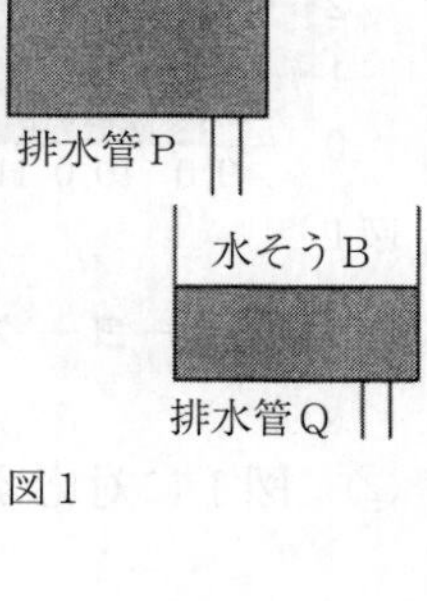

図1

を開くと，排水管P，Qを同時に開いたときから30分後に水そうA，Bは同時に空になった。

下の図2は，排水管P，Qを同時に開いたときから x 分後にそれぞれの水そうに入っている水の量を y Lとして，水そうA，Bが同時に空になるまでの x と y の関係をグラフに表したものである。

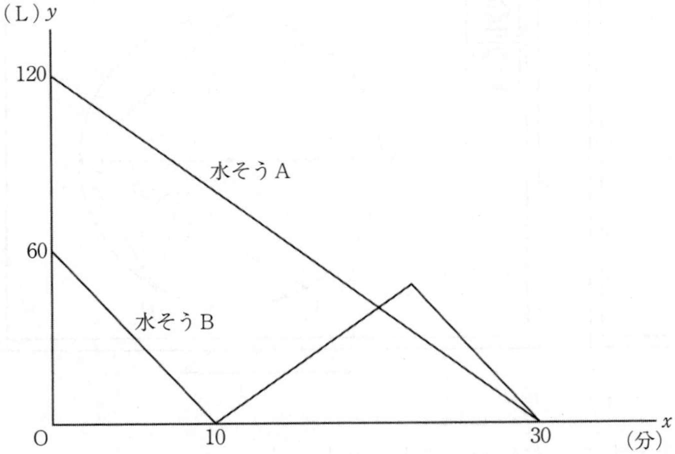

図2

このとき，次の(1)，(2)の問いに答えなさい。

(1) ① 排水管P，Qを同時に開いたときから5分後に，水そうBに入っている水の量は何Lか求めなさい。

② 排水管Qを閉じている間の，水そうBにおける x と y の関係を式で表しなさい。

(2) 水そうAと水そうBに入っている水の量が等しくなるのは，排水管P，Qを同時に開いたときから何分後か求めなさい。ただし，水そうAと水そうBが同時に空になったときはのぞくものとする。

5 ニューヨーク，ソウル，ウィーンの3つの都市について，2000年から2022年までの23年間の4月の平均気温を調査した。このとき，次の(1)，(2)の問いに答えなさい。

(1) 下の図1は，ニューヨークの過去23年間について，4月の平均気温をまとめたヒストグラムである。なお，ヒストグラムの各階級の区間は，左側の数値を含み，右側の数値を含まない。例えば，4月の平均気温が9.0℃以上10.0℃未満の年は2年あったことがわかる。

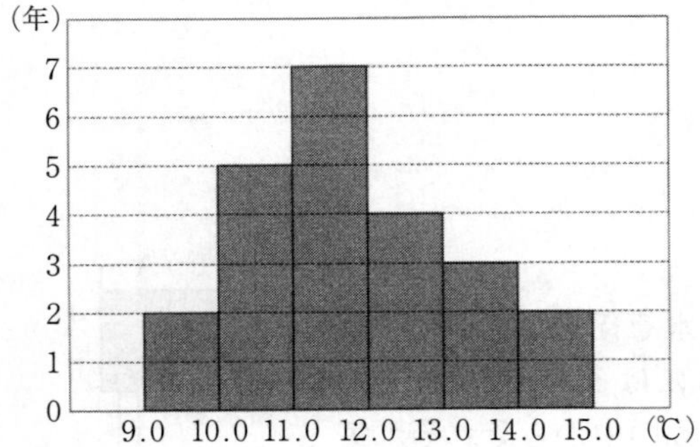

図1

① ニューヨークの過去23年間の4月の平均気温の平均値を，小数第2位を四捨五入して求めなさい。

② 図1に対応する箱ひげ図を，下のア～エの中から一つ選んで，その記号を書きなさい。

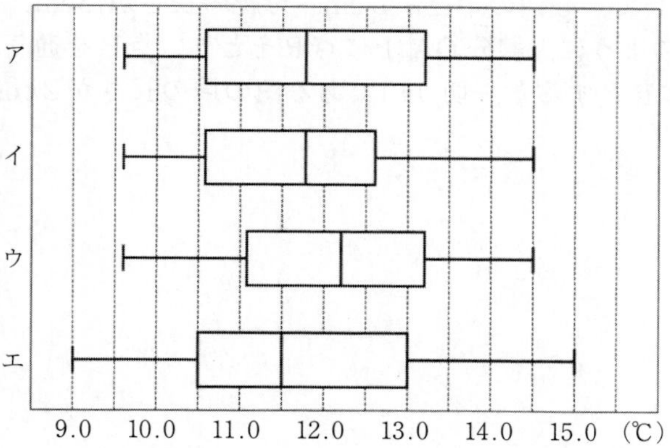

(2) 下の図２は，ソウルとウィーンの過去23年間について，４月の平均気温のデータを箱ひげ図に表したものである。

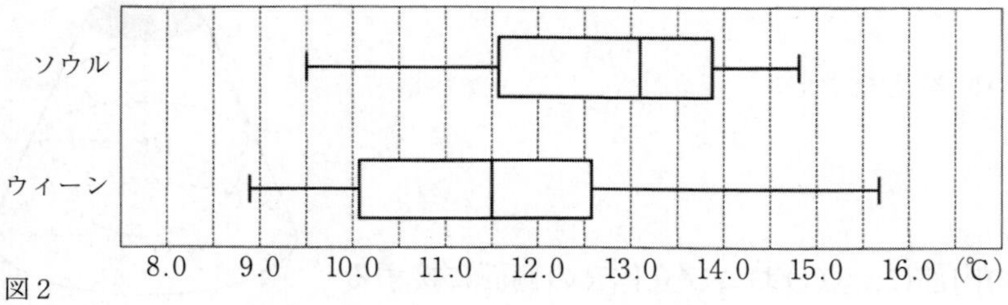

図２

図２から，４月の平均気温が13.0℃以上であった年について読み取る。このとき，最も適切なものを次のア～エの中から一つ選んで，その記号を書きなさい。また，それを選んだ理由を，四分位数を用いて説明しなさい。

ア　13.0℃以上であった年は，ソウルで12年以上，ウィーンで５年以上である。

イ　13.0℃以上であった年は，ソウルで12年以下，ウィーンで５年以下である。

ウ　13.0℃以上であった年は，ソウルで12年以上，ウィーンで５年以下である。

エ　13.0℃以上であった年は，ソウルで12年以下，ウィーンで５年以上である。

6　下の図1のような，頂点がA，底面が円Oで，底面の半径が5cm，母線の長さが13cm，高さが12cmの円すいがある。この円すいを図2のように，線分OA上に点Pをとり，点Pを通り底面に平行な平面で切り，点Oを含む立体を立体Rとすると，切り口である円の周の長さが2πcmである。

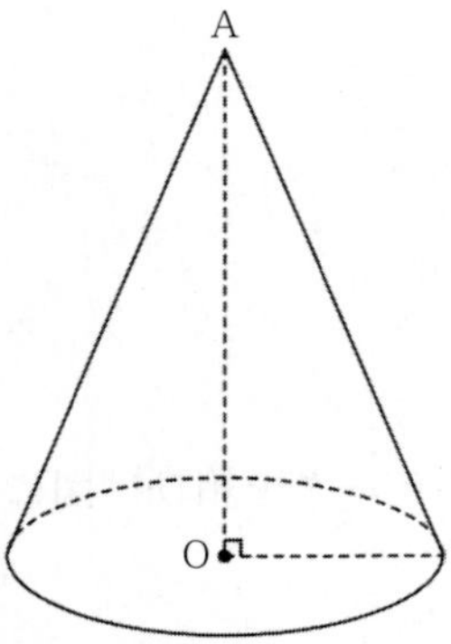

図1

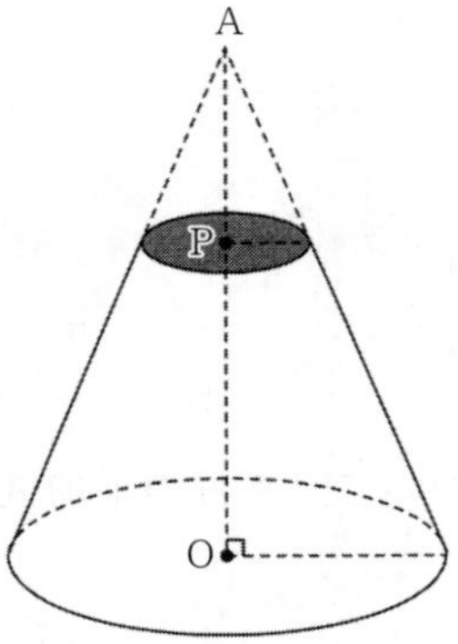

図2

このとき，次の(1)〜(3)の問いに答えなさい。
ただし，円周率はπとする。

(1)　立体Rの体積を求めなさい。

(2)　立体Rの表面積を求めなさい。

(3)　右の図3のように，立体Rの内部に，点Oおよび立体Rの側面に接する球があり，この球の中心をQとする。この球の半径を求めなさい。

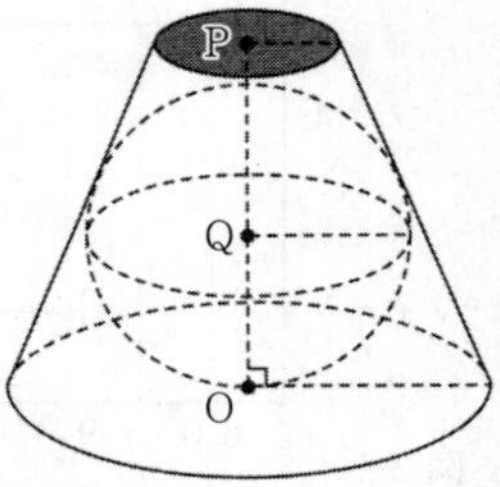

図3

【社　会】（50分）〈満点：100点〉

1　次の１，２に答えなさい。

１　世界の諸地域について，下の(1)〜(3)の問いに答えなさい。

資料１　世界地図

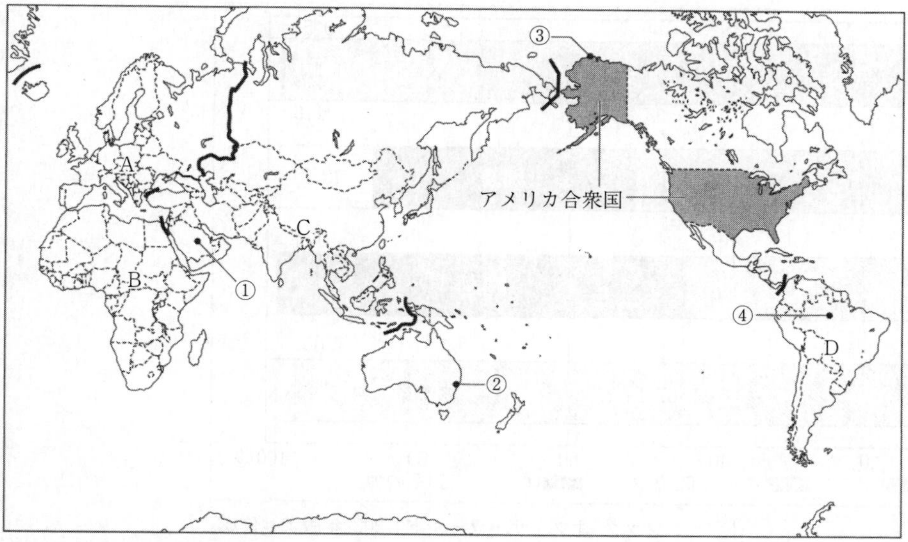

（注）　――は州の境界を示す。

(1)　次のグラフは，資料１にある①〜④のいずれかの都市の気温と降水量を示したものである。資料１にある④の都市に当てはまるグラフを，次のア〜エの中から一つ選んで，その記号を書きなさい。

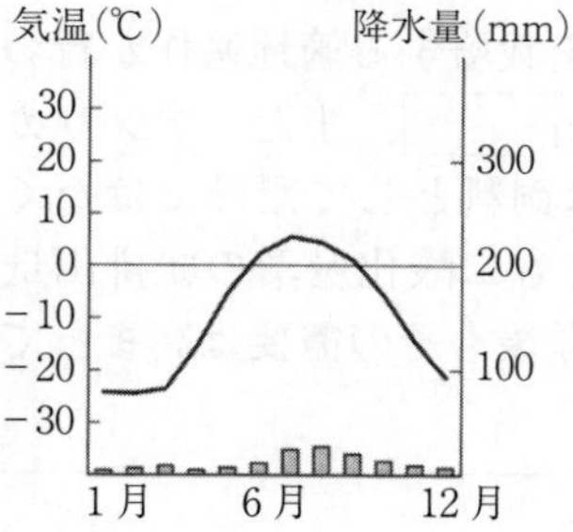

ア

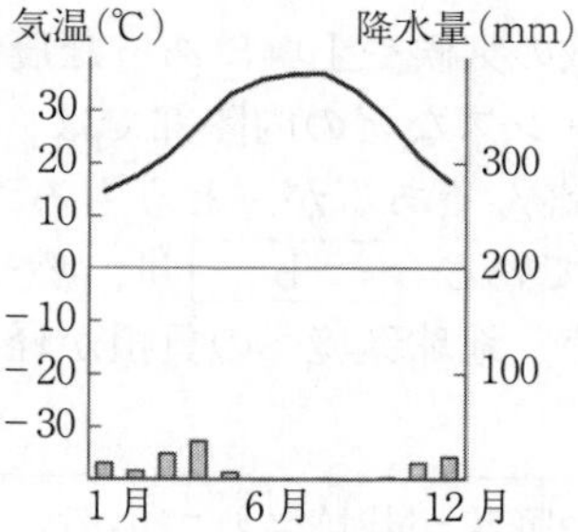

イ

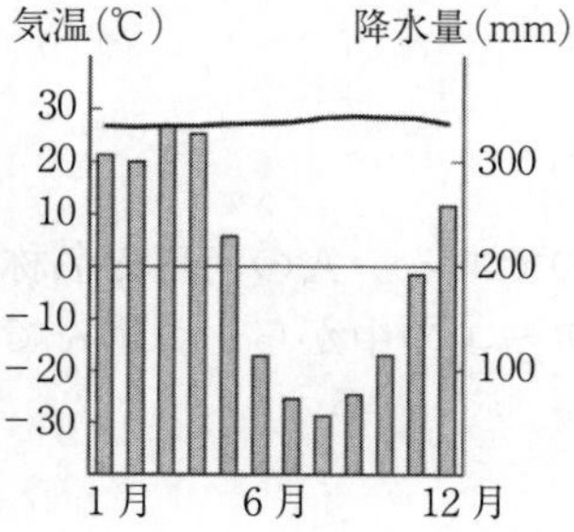

ウ

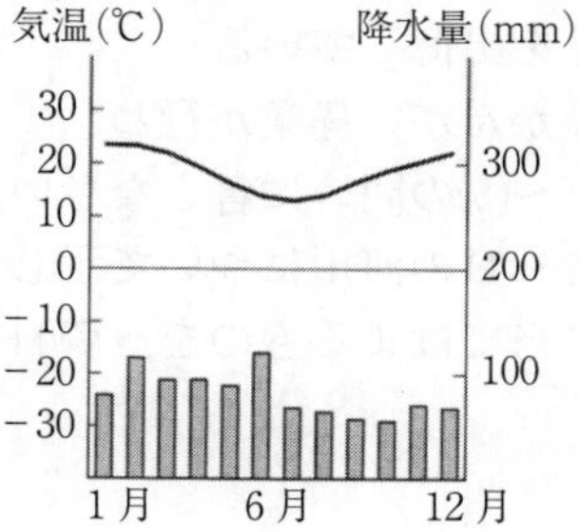

エ

〔「理科年表」2022年版より作成〕

(2)　資料２は，世界の主な農産物の生産量の総計に占める資料１のＡ～Ｄの州の割合を示したものである。資料１のＡとＢに当てはまるものを，資料２のア～エの中からそれぞれ一つ選んで，その記号を書きなさい。

資料２

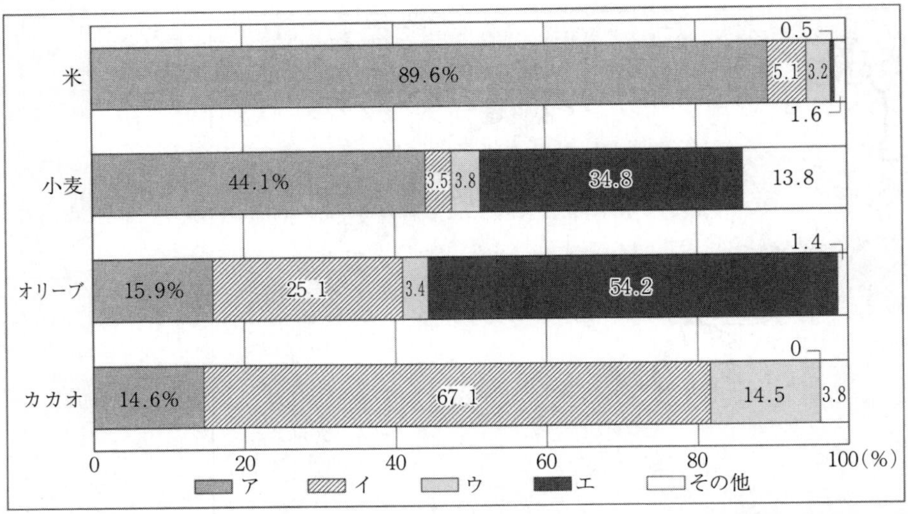

(2019年)　〔「データブック オブ・ザ・ワールド」2022年版より作成〕

(3)　次の＜メモ＞は，資料１のアメリカ合衆国の農業についてまとめたものである。＜メモ＞の［ a ］に当てはまる内容を下のア～エの中から一つ選んで，その記号を書きなさい。また，［ b ］に当てはまる語を書きなさい。

＜メモ＞
　アメリカ合衆国では，その地域の気候や土壌にあった農作物を栽培する適地適作が行われている。例えば，グレートプレーンズなどの内陸部では［ a ］。また，アメリカ合衆国ではとうもろこしの栽培が盛んであるが，とうもろこしは飼料としてだけではなく，［ b ］の原料として利用されている。［ b ］は，燃やしても二酸化炭素の総排出量が変わらないと考えられているため，地球環境への負担が軽く，今後もその需要は高まっていくと考えられる。

ア　温暖な気候を生かして，果樹や野菜が栽培されている
イ　降水量が多い冬に小麦，乾燥する夏に果実が栽培されている
ウ　酪農《らくのう》が盛んで，大都市に乳製品を出荷している
エ　降水量が少ないため，大規模なかんがい農業が行われている

2　日本や身近な地域について，次の(1)～(5)の問いに答えなさい。

(1)　次のページの資料３は資料４のＡ～Ｄの河川について示したものである。Ａの河川の名称を**漢字**で書きなさい。また，Ａの河川に当てはまるものを，資料３のア～エの中から一つ選んで，その記号を書きなさい。

資料3　日本の主な河川の流域面積と長さ

	流域面積〔km^2〕	長さ〔km〕
ア	16840	322
イ	14330	268
ウ	11900	367
北上川	10150	249
エ	9100	227

〔「理科年表」2022年版より作成〕

資料4

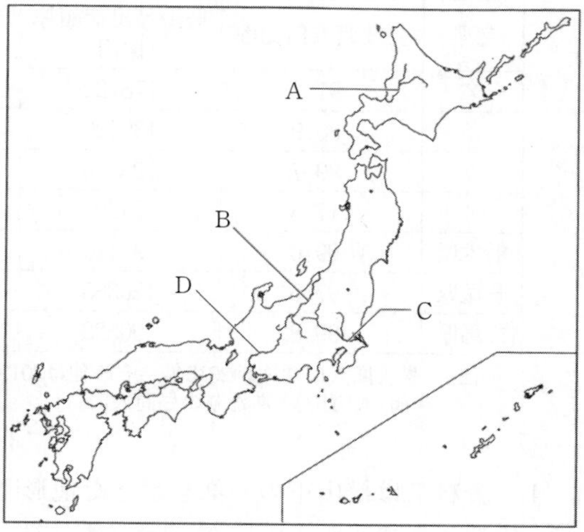

(2)　資料5は，日本の漁獲量《ぎょかくりょう》の推移を示したものである。資料5のa～cは，沖合漁業，遠洋漁業，海面養殖《ようしょく》業の漁獲量のいずれかが当てはまる。
a～cの組み合わせとして適切なものを，下のア～カの中から一つ選んで，その記号を書きなさい。

資料5　日本の漁獲量の推移

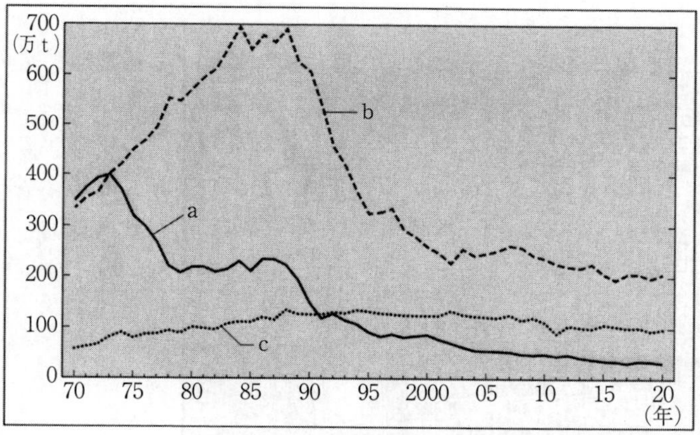

〔「数字でみる日本の100年」ほかより作成〕

ア　[a　沖合漁業の漁獲量　b　遠洋漁業の漁獲量　c　海面養殖業の漁獲量]
イ　[a　沖合漁業の漁獲量　b　海面養殖業の漁獲量　c　遠洋漁業の漁獲量]
ウ　[a　遠洋漁業の漁獲量　b　沖合漁業の漁獲量　c　海面養殖業の漁獲量]
エ　[a　遠洋漁業の漁獲量　b　海面養殖業の漁獲量　c　沖合漁業の漁獲量]
オ　[a　海面養殖業の漁獲量　b　沖合漁業の漁獲量　c　遠洋漁業の漁獲量]
カ　[a　海面養殖業の漁獲量　b　遠洋漁業の漁獲量　c　沖合漁業の漁獲量]

(3)　次のページの資料6は，関東地方の1都6県についてまとめたものである。千葉県に当てはまるものを，資料6のア～エの中から一つ選んで，その記号を書きなさい。

資料6　関東地方の1都6県のデータ

都県	昼夜間人口比率	製造品出荷額等（億円）	農業産出額（億円）	政令指定都市数
ア	91.2	178722	655	3
イ	88.9	139529	1678	1
ウ	89.7	125846	3859	1
エ	117.8	74207	234	−
栃木県	99.0	90110	2859	−
茨城県	97.5	126383	4302	−
群馬県	99.8	90522	2361	−

（注）　昼夜間人口比率は2015年，その他は2019年。昼夜間人口比率とは，常住（夜間）人口100人あたりの昼間人口。

〔「データでみる県勢」2022年版より作成〕

(4)　資料7は松山市の一部を示した地形図である。資料7から読み取れるものとして**適切でないもの**を，下のア〜エの中から一つ選んで，その記号を書きなさい。また，松山市を県庁所在地とする県名を書きなさい。

資料7

〔国土地理院発行2万5千分の1地形図「松山北部」より作成〕

ア　松山城跡は，標高が100mよりも高い地点にある。

イ　この地域には，博物館（美術館）や裁判所が複数ある。

ウ　市役所からみて，松山市駅は南西方向に位置する。

エ　市民会館と松山城跡の地形図上の長さは約2cmであるため，実際の距離は約500mである。

(5) 資料8，資料9は，東北地方の様子について示したものである。東北地方に工業団地がつくられ，関東地方から工場が進出した理由を，資料8，資料9から読み取れることをふまえて，「地価」，「高速道路」の語を用いて**50字以内**で書きなさい。

資料8 東北地方と東京都，神奈川県，千葉県の工業用地の平均地価〔2021年〕

都道府県	工業用地の地価（千円 /m²）
青　森	12.8
岩　手	12.0
宮　城	22.0
秋　田	5.5
山　形	10.1
福　島	13.3
東　京	251.5
神奈川	111.6
千　葉	53.0

〔「データでみる県勢」2022年版より作成〕

資料9 東北地方の工業団地

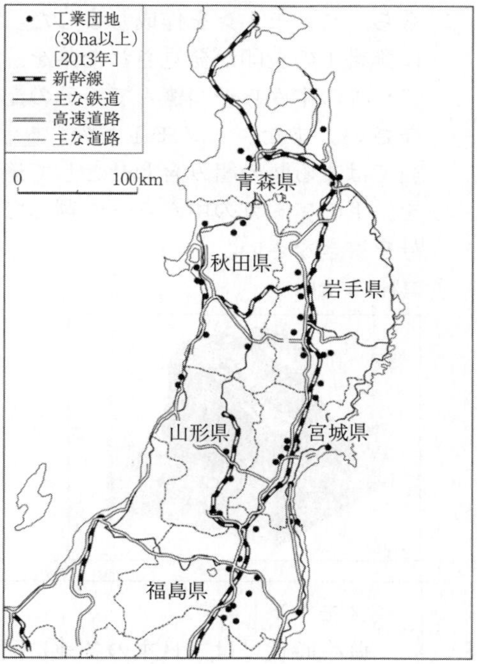

2 社会科の授業で，「それぞれの時代の社会はどのようになっているのだろうか」という課題で，班ごとにテーマを設定し，学習しました。次の1，2に答えなさい。

1 1班では，「稲作の歴史」というテーマを設定して調べました。下の(1)～(4)の問いに答えなさい。

亮太：日本では，a弥生時代には稲作が本格的に始まったんだよね。
里香：そうね。稲作が行われるようになったことで，社会のしくみが変わり，小さな国々ができたね。
健人：そうだね。b奈良時代には，律令制度のもとで班田収授が行われたんだ。c鎌倉時代になると，二毛作や牛や馬を使った農耕がみられるようになり，やがて各地に広まっていったね。
真奈：d江戸時代になると，さらに農業が発達したんだよね。
亮太：私は稲作が社会のしくみにどのような影響をあたえたか調べてみたい。
里香：それなら，私は江戸時代の農業の発達について調べてみるよ。

(1)　亮太さんは，下線部ａの弥生時代に興味をもち，＜メモ１＞を作成しました。江戸時代に資料１の金印が発見された県を，資料２のア～エの中から一つ選んで，その記号を書きなさい。また，＜メモ１＞の［あ］，［い］に当てはまる語の組み合わせとして適切なものを，下のア～カの中から一つ選んで，その記号を書きなさい。

資料１　金印

資料２

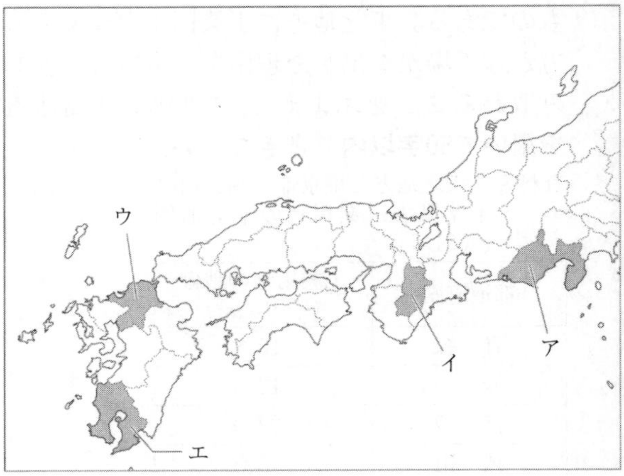

＜メモ１＞
弥生時代には，日本の各地に国が生まれた。中国の歴史書には，１世紀の中ごろに奴国《なこく》の国王が［あ］に使いを送り資料１を授かったことや，３世紀に邪馬台国《やまたいこく》の卑弥呼《ひみこ》が［い］に使いを送り，銅鏡などを授かったことが書かれている。

ア［あ　魏《ぎ》　い　漢《かん》］　イ［あ　魏　い　宋《そう》］　ウ［あ　漢　い　宋］
エ［あ　漢　い　魏］　オ［あ　宋　い　漢］　カ［あ　宋　い　魏］

(2)　下線部ｂに関連して，資料３は奈良時代の農民の様子をよんだ歌である。この歌についてまとめた＜メモ２＞の［う］に当てはまる語を書きなさい。

＜メモ２＞
資料３は，国司を務めた山上憶良《やまのうえのおくら》が地方の貧しい農民の生活をよんだ歌である。この歌は，奈良時代に大伴家持《おおとものやかもち》がまとめたとされる和歌集『［う］』に収められている。

資料３　貧窮問答歌《ひんきゅうもんどうか》

人並みに田をつくっているのに，海草のように破れた着物を着て，つぶれて曲がった家の中で，地面にじかにわらを敷《し》いている。かまどには煙も立たず，こしきにはクモが巣を張り，飯をたくことも忘れて，ほそぼそとした声をたてている…これほどまでにどうしようもないものなのか。この世に生きるということは。

（一部要約）

(3)　下線部ｃに関連して，次のⅠ～Ⅲは鎌倉時代のできごとについて述べたものである。それらを古い順に並べたものを，下のア～カの中から一つ選んで，その記号を書きなさい。

Ⅰ　裁判の基準を示すために御成敗式目《ごせいばいしきもく》（貞永式目《じょうえいしきもく》）が定められた。
Ⅱ　御家人の生活苦を救うために永仁《えいにん》の徳政令《とくせいれい》が出された。
Ⅲ　元《げん》と高麗《こうらい》軍が九州北部に攻めてきたが，退《しりぞ》いた。

ア［Ⅰ－Ⅱ－Ⅲ］　イ［Ⅰ－Ⅲ－Ⅱ］　ウ［Ⅱ－Ⅰ－Ⅲ］
エ［Ⅱ－Ⅲ－Ⅰ］　オ［Ⅲ－Ⅰ－Ⅱ］　カ［Ⅲ－Ⅱ－Ⅰ］

(4)　真奈さんは，下線部ｄの江戸時代に興味をもち，次のページの資料４と資料５を見つけ，下のような＜メモ３＞を作成しました。＜メモ３＞の[え]に当てはまる内容を「農具」の語を用いて**25字以内**で書きなさい。

資料４　収穫高と耕地面積の変化

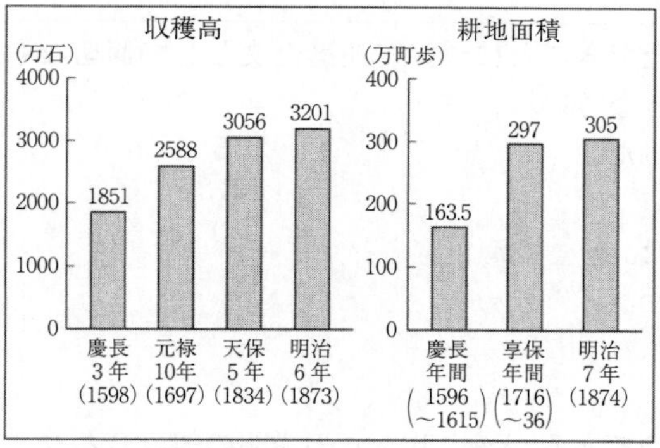

〔「一目でわかる江戸時代」より作成〕

資料５　江戸時代に普及した農具

＜メモ３＞
江戸時代には，資料４のように収穫高が増加した。その理由は，[　え　]からである。

2　２班では，「内閣総理大臣」というテーマを設定し，〔カード１〕～〔カード３〕を作成しました。下の(1)～(3)の問いに答えなさい。

〔カード１〕 [お]
初代内閣総理大臣に就任し，明治政府の実権を握った。日露《にちろ》戦争後には，韓国《かんこく》統監府《とうかんふ》の初代統監《しょだいとうかん》となり，韓国併合を進めた。

〔カード２〕 犬養毅《いぬかいつよし》
満州事変開始後に内閣総理大臣に就任した。1932年に五・一五事件で海軍の青年将校らによって暗殺された。

〔カード３〕 吉田茂《よしだしげる》
第二次世界大戦後に内閣総理大臣に就任した。1951年にサンフランシスコ平和条約と日米安全保障条約に調印した。

(1)　〔カード１〕の[お]に当てはまる人名を書きなさい。

(2)　２班は，〔カード２〕の内閣総理大臣について調べていく中で，資料６を見つけ下の＜メモ４＞を作成しました。＜メモ４＞の[か]に当てはまる内容を，「政党」の語を用いて**15字以内**で書きなさい。

資料６　五・一五事件前後の内閣総理大臣

代	内閣総理大臣	在職期間	所属
28	若槻礼次郎《わかつきれいじろう》	1931年４月～1931年12月	立憲民政党
29	犬養毅	1931年12月～1932年５月	立憲政友会
30	斎藤実《さいとうまこと》	1932年５月～1934年７月	海軍
31	岡田啓介《おかだけいすけ》	1934年７月～1936年３月	海軍

＜メモ4＞
五・一五事件によって，衆議院で最も議員の数が多い政党が内閣をつくるという［　か　］。その後，軍人が内閣総理大臣に就任することが多くなった。

(3) 〔カード3〕の下線部と最も近い時期に起こったできごとについて述べた文として適切なものを，次のア～エの中から一つ選んで，その記号を書きなさい。

ア　第一次石油危機(オイル・ショック)が起こった。
イ　冷戦の象徴であるベルリンの壁が崩壊した。
ウ　北朝鮮が韓国に侵攻し，朝鮮戦争が始まった。
エ　世界平和を守るために国際連合が設立された。

3　次の(1)～(7)の問いに答えなさい。

(1) 資料1は国会，内閣，裁判所の関係を示したものである。a，b，cの説明の組み合わせとして適切なものを，下のア～カの中から一つ選んで，その記号を書きなさい。

資料1　三権分立

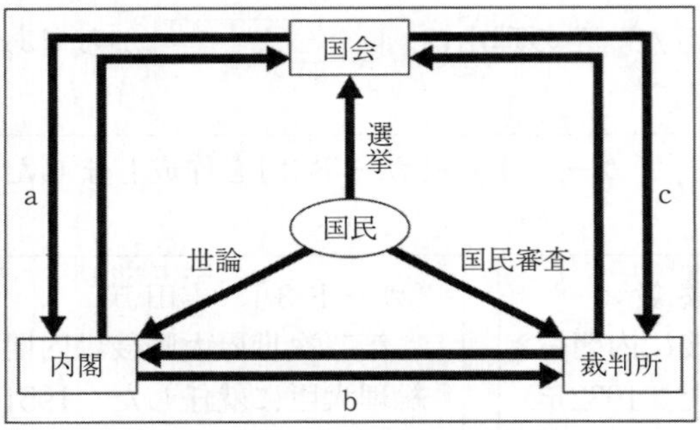

ア［a　法律の違憲審査を行う　b　弾劾《だんがい》裁判所を設置する　c　法律の違憲審査を行う］
イ［a　法律の違憲審査を行う　b　行政裁判を行う　c　弾劾裁判所を設置する］
ウ［a　弾劾裁判所を設置する　b　最高裁判所長官を指名する　c　法律の違憲審査を行う］
エ［a　弾劾裁判所を設置する　b　行政裁判を行う　c　最高裁判所長官を指名する］
オ［a　内閣不信任の決議を行う　b　最高裁判所長官を指名する　c　弾劾裁判所を設置する］
カ［a　内閣不信任の決議を行う　b　弾劾裁判所を設置する　c　最高裁判所長官を指名する］

(2) 資料2は，日本の近年の衆議院と参議院の選挙について示したものである。衆議院と参議院の選挙について説明したものとして適切なものを，下のア～エの中から**すべて**選んで，その記号を書きなさい。

資料2　衆議院・参議院選挙の実施時期と定数

衆議院議員総選挙			参議院議員通常選挙		
回次	実施時期	定数	回次	実施時期	定数
第44回	2005年9月	480	第21回	2007年7月	121
第45回	2009年8月	480	第22回	2010年7月	121
第46回	2012年12月	480	第23回	2013年7月	121
第47回	2014年12月	475	第24回	2016年7月	121
第48回	2017年10月	465	第25回	2019年7月	124
第49回	2021年10月	465	第26回	2022年7月	124

〔総務省資料より作成〕

ア　衆議院には解散制度があるため，衆議院議員総選挙の実施時期は不規則である。
イ　参議院議員の任期は３年であるため，参議院議員通常選挙は３年ごとに実施されている。
ウ　日本の人口が減少傾向にあることから，衆議院，参議院ともに定数は減少し続けている。
エ　衆議院は参議院に比べて定数が多く，また，国会の議決においては衆議院の議決が優先される場合がある。

(3)　次の文は，法律の制定について述べたものである。文中の[a]に当てはまる語を書きなさい。また，[b]，[c]に当てはまる語の組み合わせとして適切なものを，下のア～エの中から一つ選んで，その記号を書きなさい。

> 法律案は国会議員か[　a　]が作成し，国会に提出する。法律案は[　b　]でくわしく審査され，本会議で採決を行い，出席議員の[　c　]の賛成で可決される。

ア　[b　委員会　　　c　過半数]
イ　[b　委員会　　　c　３分の２以上]
ウ　[b　両院協議会　c　過半数]
エ　[b　両院協議会　c　３分の２以上]

(4)　資料３，資料４は，裁判のしくみをそれぞれ示したものである。資料３，資料４について説明したものとして適切なものを，下のア～エの中から一つ選んで，その記号を書きなさい。

資料３

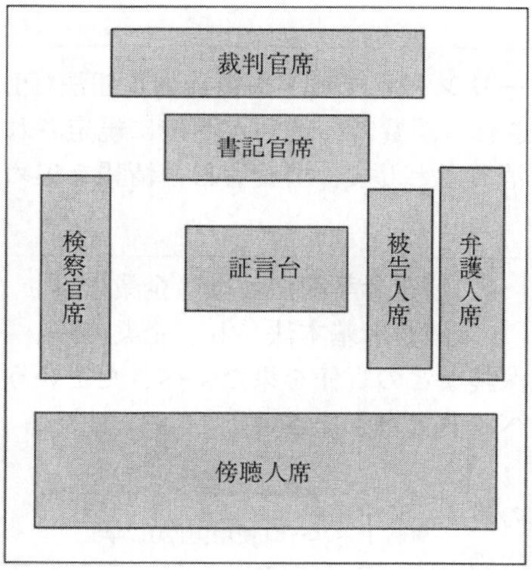

資料４

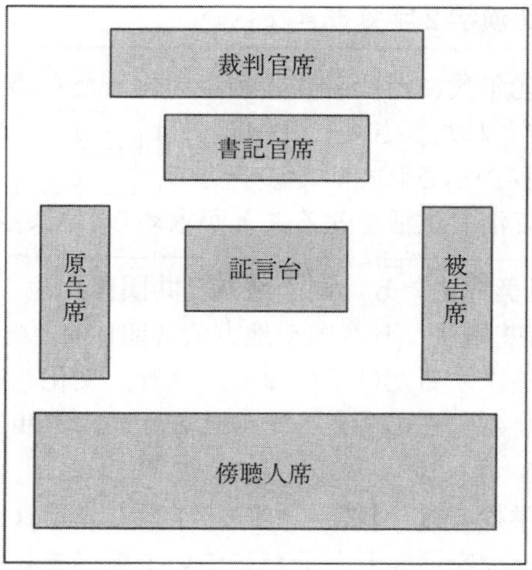

ア　金銭の貸し借りなど私人間の対立を解決するために裁判は，資料３のしくみがとられる。
イ　国民の感覚を裁判に反映させるための裁判員裁判は，資料４の裁判で導入されている。
ウ　国や地方公共団体を相手に争う行政裁判は，資料４のしくみがとられる。
エ　資料３，資料４ともに判決を待たずに双方が合意する和解によって解決することがある。

(5)　地方自治では，一定の署名を集めれば，直接請求権を行使できる。次のページの資料５は，地方自治法の改正により，直接請求に必要な署名数の変化を示している。このような手続きの変更が行われた目的について述べた文として適切なものを，下のア～エの中から一つ選んで，その記号を書きなさい。

資料５　直接請求に必要な署名数

改正前	2002年の改正	2012年の改正
有権者数の 1/3 以上	有権者数が40万人以下の場合 有権者数の 1/3 以上	有権者数が40万人以下の場合 有権者数の 1/3 以上
	有権者数が40万人を超える場合 40万人の 1/3 に40万人を超える人数の 1/6 を足した数以上	有権者数が40万人を超える場合 40万人の 1/3 に40万人を超える人数の 1/6 を足した数以上
		有権者数が80万人を超える場合 40万人の 1/3 に40万人の 1/6 と80万人を超える人数の 1/8 を足した数以上

ア　有権者数の少ない地方公共団体において，議会の解散に必要な署名数を集めやすくするため。
イ　有権者数の多い地方公共団体において，議会の解散に必要な署名数を集めやすくするため。
ウ　有権者数の少ない地方公共団体において，条例の制定に必要な署名数を集めやすくするため。
エ　有権者数の多い地方公共団体において，条例の制定に必要な署名数を集めやすくするため。

(6)　次の文は，消費者の権利について述べたものである。文中の［ a ］，［ b ］に当てはまる語の組み合わせとして適切なものを，下のア～エの中から一つ選んで，その記号を書きなさい。また，［ c ］に当てはまる語を**漢字２字**で書きなさい。

> 日本では1960年代に消費者問題が深刻化したため，クーリングオフ制度や製造物責任法(PL法)などが制定された。さらに2004年には［ a ］が出され，消費者の権利が明確に規定され，［ b ］の責務が示された。その一方で，［ c ］した消費者として，消費者自ら情報を集め，それに基づいて消費生活を送ることが求められている。

ア　［a　消費者契約法　b　国や地方公共団体］　イ　［a　消費者契約法　b　企業のみ］
ウ　［a　消費者基本法　b　国や地方公共団体］　エ　［a　消費者基本法　b　企業のみ］

(7)　企業は利潤を追求するだけではなく，教育，文化，環境保護などの責任を果たすべきだという考え方が広まっている。この考え方を何というか，**アルファベット**で書きなさい。

4　大地さんの学校では，貨幣《かへい》について学習し，それぞれの班が関心のあるテーマを設定し，それについて調べました。次の１～３に答えなさい。

１　Ａ班では，EU で導入されている「ユーロ」というテーマを設定して調べ，資料１を見つけ，これらの資料をもとに話し合いました。次の(1)～(3)の問いに答えなさい。

資料１　ユーロ使用国〔2017年〕

(1)　資料１のＡ国について説明したものとして適切なものを，次のア～エの中から一つ選んで，その記号を書きなさい。

ア　18世紀に市民革命が起こり，国民主権などを唱える人権宣言を発表した。
イ　世界で最初に産業革命が起こり，19世紀には世界の工場と呼ばれるようになった。
ウ　19世紀に自由貿易や奴隷制度をめぐって国を二分する内

戦が起こった。

エ　20世紀に発足した国際平和を守るための組織である国際連盟の本部が置かれた。

(2)　資料１のＢ国について述べた次の文の［　あ　］に当てはまる法の名称を書きなさい。

> 資本主義経済が発達すると，人々の間で貧富の差が広がった。そこで，20世紀になると，社会権が認められるようになり，Ｂ国で1919年に制定された［　あ　］は，この権利を最初に取り入れた。

(3)　ユーロを導入しているEUと他の地域連合を比べるため，資料２から＜メモ１＞を作成しました。ア～エは，EU，ASEAN，USMCA，MERCOSUR《メルコスール》のいずれかを示しています。資料２，＜メモ１＞を見て，EUに当てはまるものを，資料２のア～エの中から一つ選んで，その記号を書きなさい。

資料２　人口と貿易額〔2019年〕

	人口（百万人）	貿易額（億ドル）	
		輸出額	輸入額
ア	661	14185	13990
イ	445	57800	54987
ウ	494	25479	34602
エ	306	3292	2755

〔「世界国勢図会」2021/22年版より作成〕

> ＜メモ１＞
> ・ASEANの人口は，MERCOSURの人口よりも多い。
> ・USMCAは旧NAFTAのことである。輸出額が輸入額を下回っているのは，USMCAだけである。
> ・輸入額と輸出額の合計が50000億ドルを下回っているのはASEANとMERCOSURである。

2　Ｂ班では，日本の貨幣の歴史について調べる中で，資料３，次のページの資料４を見つけ，それらの資料をもとに話し合いをしました。あとの(1)～(4)の問いに答えなさい。

資料３　貨幣の歴史

時代	できごと
飛鳥《あすか》	日本最古の貨幣とされる［　い　］が発行された。
平安	日宋《にっそう》貿易を通じて宋銭《そうせん》が輸入された。
室町	勘合《かんごう》貿易を通じて明銭《みんせん》が輸入された。
江戸	江戸幕府が貨幣を鋳造《ちゅうぞう》した。
明治	全国に流通する政府発行の紙幣《しへい》がつくられた。

資料4　江戸時代の貨幣の改鋳《かいちゅう》

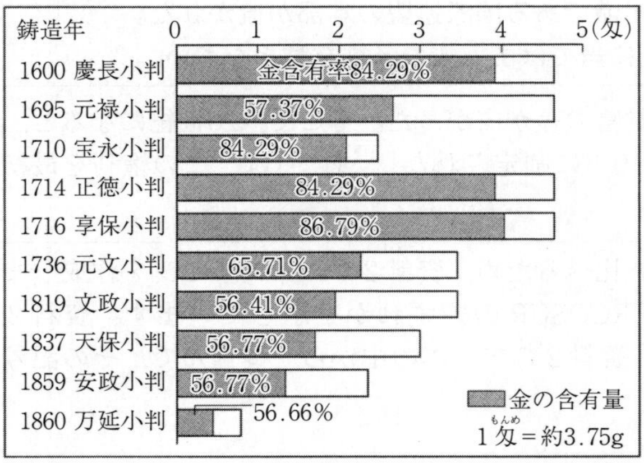

> 大地：資料3を見ると，日本の貨幣の歴史がわかるね。
> 理子：日本最古の貨幣とされる［ い ］は飛鳥時代に発行されたんだね。
> 健太：そうだね。［ い ］は，［ う ］に勝利して即位した天武天皇のころに発行されたんだよ。
> 大地：平安時代からは日宋貿易や ${}_{a}$勘合貿易などを通じて，中国から貨幣が輸入されたんだね。これらの貨幣は定期市での売買に使用されたんだよ。
> 理子：江戸幕府は貨幣を大量につくり，全国に流通させたね。資料4を見ると，江戸時代には何度も ${}_{b}$貨幣が改鋳されているね。なぜ貨幣が改鋳されたのか，調べてみようかな。
> 健太：私は，${}_{c}$明治時代には政府が紙幣を発行したので，今までどのような紙幣が発行されてきたか調べてみるね。

(1)　会話文中の［ い ］，［ う ］に当てはまる語の組み合わせとして適切なものを，次のア～エの中から一つ選んで，その記号を書きなさい。

ア［い　富本銭《ふほんせん》　う　白村江《はくすきのえ》《はくそんこう》の戦い］　イ［い　寛永通宝《かんえいつうほう》　う　白村江の戦い］

ウ［い　富本銭　う　壬申《じんしん》の乱］　エ［い　寛永通宝　う　壬申の乱］

(2)　下線部aについて，大地さんは<メモ2>を作成し，勘合貿易についてまとめました。<メモ2>の［ え ］に当てはまる語を書きなさい。

> <メモ2>
> 足利義満《あしかがよしみつ》は明の要求に応じて，海賊行為《かいぞくこうい》をはたらく［ え ］を禁じる一方で，正式な幕府の貿易船には明から与えられた勘合をもたせ，貿易を行った。

(3)　下線部bについて，理子さんは<メモ3>を作成し，資料4についてまとめました。<メモ3>の［ お ］に当てはまる人名を書きなさい。また，［ か ］，［ き ］に当てはまる語を，下のア～エの中からそれぞれ一つ選んで，その記号を書きなさい。

> <メモ3>
> 17世紀後半，生類憐《しょうるいあわれ》みの令を出したことで知られる江戸幕府の将軍［ お ］は，幕府の財政が厳しくなると，収入を増やすために，貨幣に含まれる金の量を［ か ］，貨幣の発行量を増やした。その影響で物価が［ き ］，人々の生活は苦しくなった。

ア　増やし　　イ　減らし　　ウ　上がり　　エ　下がり

(4)　下線部ｃについて，明治時代に起こった次のア～エのできごとを，年代の古い順に左から並べて，その記号を書きなさい。

ア　日清《にっしん》修好《しゅうこう》条規《じょうき》が結ばれ，清と国交を開いた。

イ　下関《しものせき》条約が結ばれ，日本は遼東《りょうとう》《リアオトン》半島や台湾を獲得した。

ウ　ポーツマス条約が結ばれ，日本は北緯50度以南の樺太《からふと》(サハリン)を獲得した。

エ　日英通商航海条約が結ばれ，領事《りょうじ》裁判権《さいばんけん》が撤廃された。

3　C班では，近年増加している「現金を使用しない決済方法」というテーマを設定し，クレジットカードについて調べました。友香さんは＜メモ４＞を作成し，クレジットカードの利用の注意点についてまとめました。＜メモ４＞の［く］に当てはまる内容を，資料５を参考にして，「請求」，「収入」の語を用いて**30字以内**で書きなさい。

資料５　クレジットカードの支払いのしくみ

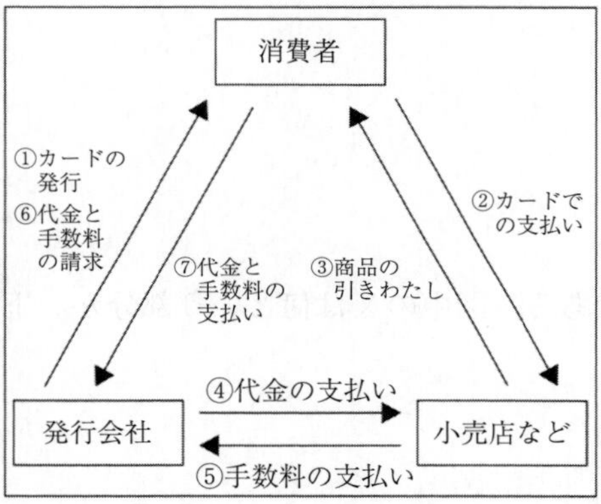

＜メモ４＞

資料５はクレジットカードの支払いのしくみを示したものである。クレジットカードを利用することで手元に現金がなくても商品を購入することができるが，代金と手数料は［　　く　　］必要がある。

【理　科】（50分）〈満点：100点〉

1　次の(1)～(8)の問いに答えなさい。

(1)　光が空気中からガラス中にななめに入射するとき，空気とガラスの境界面で光はどのように進むか。その説明として最も適当なものを，次のア～エの中から一つ選んで，その記号を書きなさい。

ア　ガラス中に進む光は，入射角よりも屈折角のほうが大きくなるように屈折する。

イ　ガラス中に進む光は，入射角よりも屈折角のほうが小さくなるように屈折する。

ウ　ガラス中に進む光は，入射角と屈折角が等しくなるように屈折する。

エ　ガラス中に進む光はなく，境界面ですべて反射する。

(2)　次の文は，ろうの状態変化について説明したものである。次の文中の［あ］，［い］に当てはまる語句の組み合わせとして最も適当なものを，下のア～エの中から一つ選んで，その記号を書きなさい。

ろうが固体から液体に変化するとき，ろうをつくる粒子の数は［　あ　］，粒子どうしの間隔《かんかく》は［　い　］。

	あ	い
ア	多くなり	広くなる
イ	多くなり	せまくなる
ウ	変わらず	広くなる
エ	変わらず	せまくなる

(3)　図は，イヌワラビの体のつくりを模式的に表したものである。図中のXは何という部分か。下のア～エの中から一つ選んで，その記号を書きなさい。

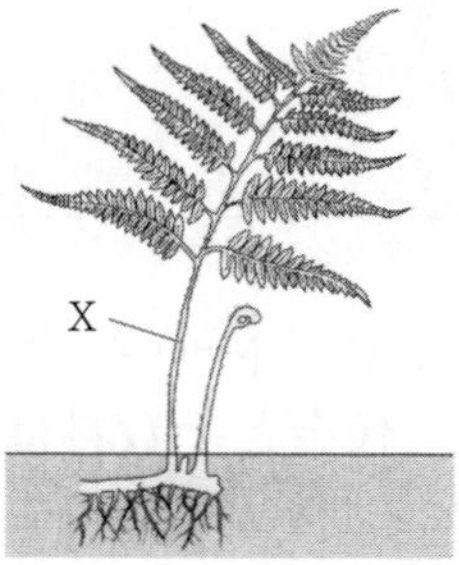

図

ア　胞子のう　　イ　葉　　ウ　茎　　エ　根

(4)　バットに砂と水をそれぞれ入れ，これらを大きな水槽《すいそう》の中に入れた。次に，図のように，水槽の中央に火のついた線香を置き，電球のついたふたをした。両方の電球をつけてあたためてからしばらくすると，線香の煙《けむり》が移動し始めた。線香の煙が移動する方向とその理由についての説明として最も適当なものを，次のア～エの中から一つ選んで，その記号を書きなさい。

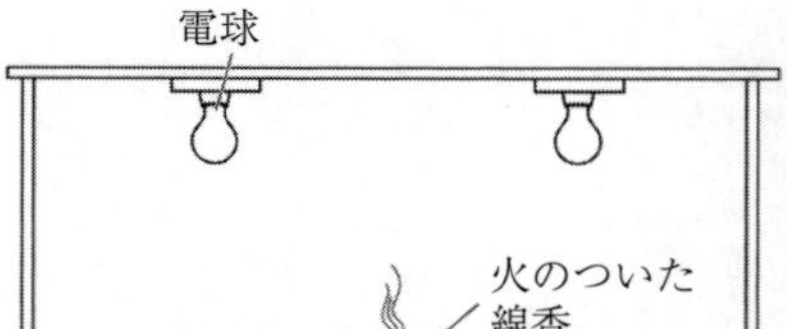

図

ア　水よりも砂のほうがあたたまりやすく，水のすぐ上の空気よりも砂のすぐ上の空気のほうが気圧が高くなるので，線香の煙は水のほうへ移動する。

イ　水よりも砂のほうがあたたまりやすく，水のすぐ上の空気よりも砂のすぐ上の空気のほうが気圧が低くなるので，線香の煙は砂のほうへ移動する。

ウ　砂よりも水のほうがあたたまりやすく，砂のすぐ上の空気よりも水のすぐ上の空気のほうが気圧が高くなるので，線香の煙は砂のほうへ移動する。

エ　砂よりも水のほうがあたたまりやすく，砂のすぐ上の空気よりも水のすぐ上の空気のほうが気圧が低くなるので，線香の煙は水のほうへ移動する。

(5)　等速直線運動の説明として最も適当なものを，次のア～エの中から一つ選んで，その記号を書きなさい。

ア　等速直線運動では，物体が移動した距離は運動した時間に比例する。

イ　等速直線運動を行っている物体は，進行方向に同じ大きさの力がはたらき続けている。

ウ　等速直線運動を行っている物体は，いずれ静止する。

エ　物体を高いところから手をはなして落としたとき，物体は等速直線運動を行う。

(6)　化学変化のうち，まわりに熱を出して温度が上がるものを発熱反応という。次のア～エのうち，発熱反応であるものを**すべて**選んで，その記号を書きなさい。なお，正しいものがない場合は，**なし**と書きなさい。

ア　マグネシウムリボンをガスバーナーで加熱すると，激しく燃えて酸化マグネシウムができる反応。

イ　鉄粉と硫黄の粉末の混合物を加熱すると，硫化鉄ができる反応。

ウ　水酸化バリウムと塩化アンモニウムと水を混ぜると，アンモニアが発生する反応。

エ　酸化カルシウムに水を加えると，水酸化カルシウムができる反応。

(7)　図のＡ～Ｆは，カエルの発生のようすの一部を模式的に表したものである。次の文中の［あ］，［い］に当てはまる語句の組み合わせとして最も適当なものを，下のア～エの中から一つ選んで，その記号を書きなさい。

カエルのように，雄《おす》と雌《めす》が関わってなかまをふやすふえ方を［あ］という。図のように，カエルの受精卵は細胞分裂をくり返して形やはたらきの異なるいくつかの部分に分かれておたまじゃくしへと成長していく。図のＡ～Ｆのうち，胚に当てはまるのは［い］である。

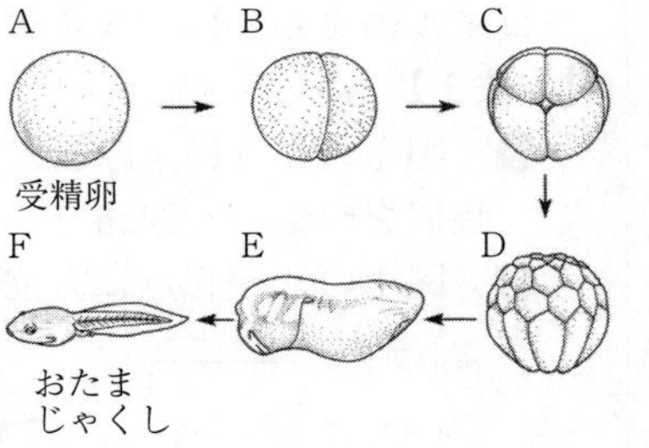

図

	あ	い
ア	無性生殖	ＢからＤまで
イ	無性生殖	ＢからＥまで
ウ	有性生殖	ＢからＤまで
エ	有性生殖	ＢからＥまで

(8)　次の会話文中の［あ］，［い］に当てはまる語句の組み合わせとして最も適当なものを，下のア～エの中から一つ選んで，その記号を書きなさい。

太郎：先日キャンプに行ったとき，地層の中にあった岩石が珍しい色をしていたので採集してみました。

先生：そうなんですね。何という岩石だったのですか。

太郎：それが，自宅に帰ったあとで調べてみても，何という岩石かを判断することができませんでした。調べる方法にはどのようなものがありますか。

先生：粒の形はどうなっていましたか。例えば，粒が丸みを帯びていれば［あ］であることがわかります。

太郎：肉眼でよく観察したのですが，粒らしい粒が見られなかったんです。ただ，いくつか化石が含まれていました。

先生：それでしたら，生物の死がいが堆積《たいせき》してできた石灰岩かチャートである可能性が高いです。［　い　］石灰岩といえるので，学校で実験してみましょうか。

太郎：ありがとうございます。

	あ	い
ア	堆積岩	うすい塩酸をかけて気体が発生したら
イ	堆積岩	鉄くぎでひっかいても傷がつかなかったら
ウ	火成岩	うすい塩酸をかけて気体が発生したら
エ	火成岩	鉄くぎでひっかいても傷がつかなかったら

2　花子さんは，コイルのまわりにできる磁界や電磁誘導を調べる実験を行い，ノートにまとめた。このノートについて，下の(1)～(4)の問いに答えなさい。

花子さんのノートの一部

【課題】

コイルのまわりにできる磁界について調べる。

【方法１】

❶　図１のように，厚紙にコイルを通し，コイルと電流計，電圧計，電熱線，スイッチ，電源装置をつないだ回路をつくる。

❷　図１のA～E点に方位磁針を置き，コイルに電流を流して方位磁針の針のようすを調べる。

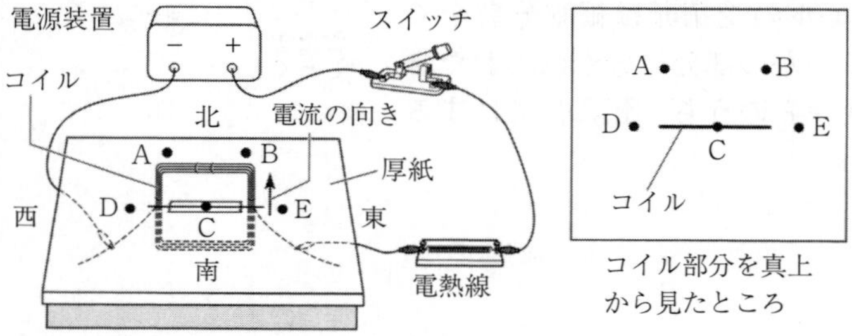

※　電流計と電圧計の図は省略している。

図１

❸　コイルに流す電流の向きを変えて❷と同様の実験を行う。

【方法２】

❶　図２のように，100回巻きのコイルと検流計をつなぐ。

❷　コイルの上側から棒磁石のN極を近づけ，検流計の針の振れ方を調べる。

❸　棒磁石の極を変えたり，棒磁石を近づける速さを変えたりして，❷と同様の実験を行う。

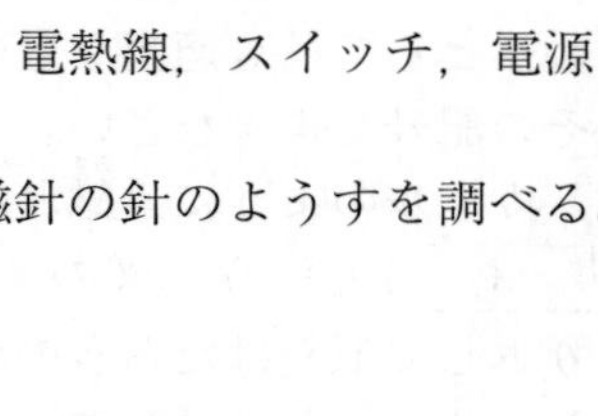

図２

【方法１の結果】

・コイルに電流を流すと，方位磁針の針が振れた。

・コイルに流れる電流の向きを変えると，方位磁針の針が指す向きも変化した。

【方法２の結果】
・コイルの上側から棒磁石のＮ極を近づけると，検流計の針が図３のように振れた。
・ a 棒磁石の極を変えたり，棒磁石を近づける速さを変えたりして同様の実験を行うと，針の振れ方が変わった。

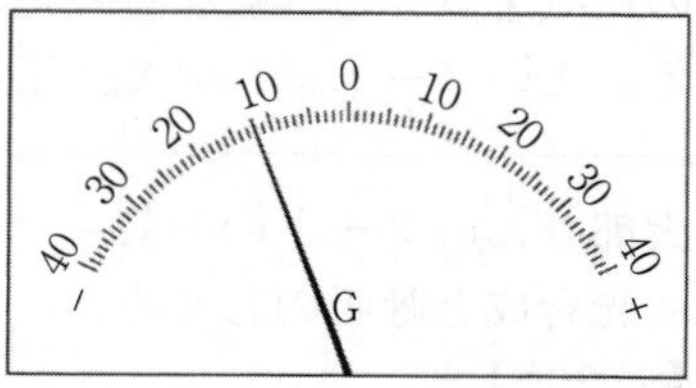

図３

【考察】
・【方法１】から，コイルのまわりにできる磁界の向きは，コイルに流れる電流の向きによって決まることがわかった。
・【方法２】から， b コイルに棒磁石を近づけるとコイルに電流が流れることがわかった。また，コイルの上側から棒磁石のＮ極を近づけたとき，電流は－端子から検流計へ流れこんだ。

(1) 電流計の使い方について述べた次の文中の［　　］に当てはまる語として最も適当なものを，下のア～エの中から一つ選んで，その記号を書きなさい。
回路に流れる電流の大きさがわからないとき，電源装置の－極側につながる導線は，電流計の［　　　］につなぐ。
ア　＋端子　　イ　５Ａの－端子　　ウ　500mA の－端子　　エ　50mA の－端子

(2) 【方法１】の結果について述べた文として正しいものを，次のア～エの中から**すべて**選んで，その記号を書きなさい。なお，正しいものがない場合は，**なし**と書きなさい。
ア　図１のように電流を流したとき，点Ａ～Ｅに置いた方位磁針の中にはＮ極が指す向きが変化しないものがあった。
イ　図１のように電流を流したとき，点Ａに置いた方位磁針のＮ極は西を指し，点Ｂに置いた方位磁針のＮ極は東を指した。
ウ　コイルに流れる電流を大きくすると，Ｎ極の指す向きが変化した方位磁針があった。
エ　コイルに流れる電流の向きを逆にすると，すべての方位磁針のＮ極が指す向きが【方法１】の❷の結果と逆になった。

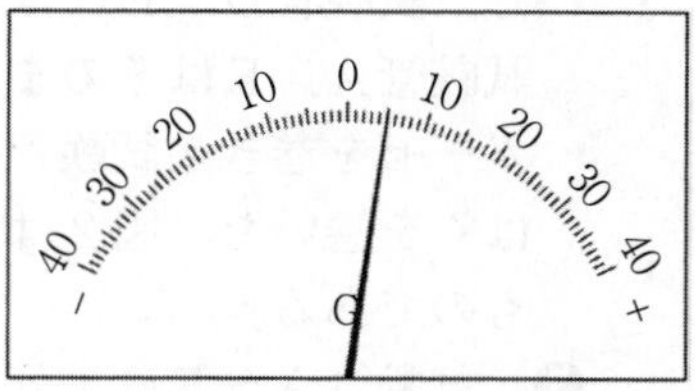

図４

(3) 下線部ａについて，ある条件で【方法２】の実験を行ったところ，検流計の針は図４のようになった。どのような条件で実験を行ったか，棒磁石の極と磁石を近づける速さに着目して，簡単に書きなさい。

(4) 下線部ｂについて，図２の検流計をとり外し，図５のように発光ダイオードをコイルにつないだ。コイルの下側から棒磁石を近づけたところ，発光ダイオードが一瞬だけ光った。このときの，コイルに近づけた棒磁石の極と，磁石による磁界の向きを表したものとして最も適当なものを，次のア～エの中から一つ選んで，その記号を書きなさい。なお，発光ダイオードは＋端子から－端子へ電流が流れたときしか光らない。

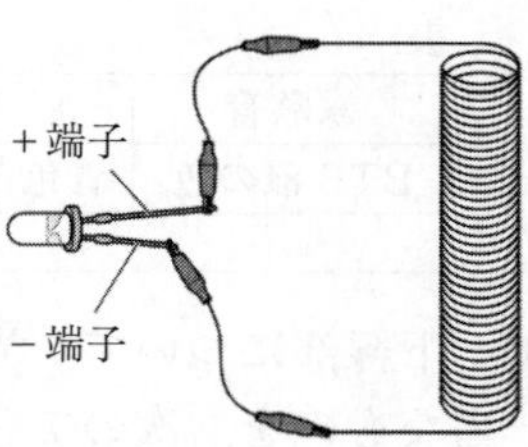

図５

ア
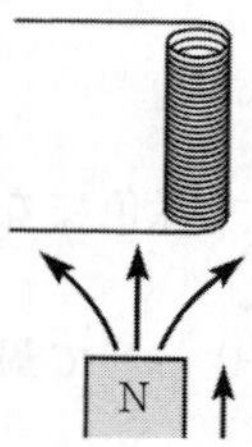

イ
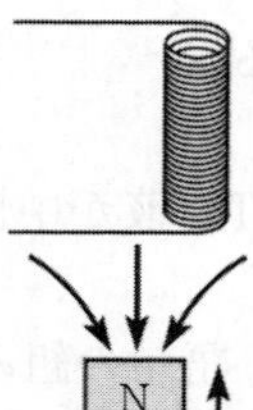

ウ
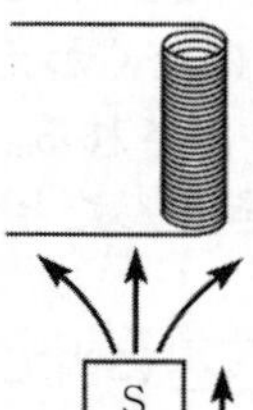

エ
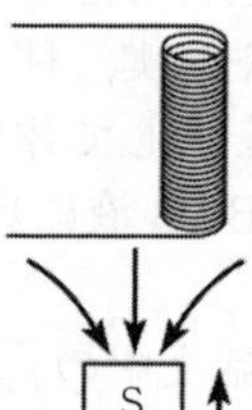

3 太郎さんと花子さんは，光合成と呼吸のしくみについて調べ，光合成と呼吸による二酸化炭素の増減を調べる実験を行った。次のノートは，これらについて太郎さんがまとめたものの一部である。このノートについて，下の(1)～(4)の問いに答えなさい。

太郎さんのノートの一部

≪光合成と呼吸のしくみ≫

【光合成】

図１は，光合成のしくみを模式的に表したものである。光合成では，二酸化炭素と水から，光を利用して酸素とデンプンなどの養分をつくっている。光合成は，光が当たったときだけ行われている。

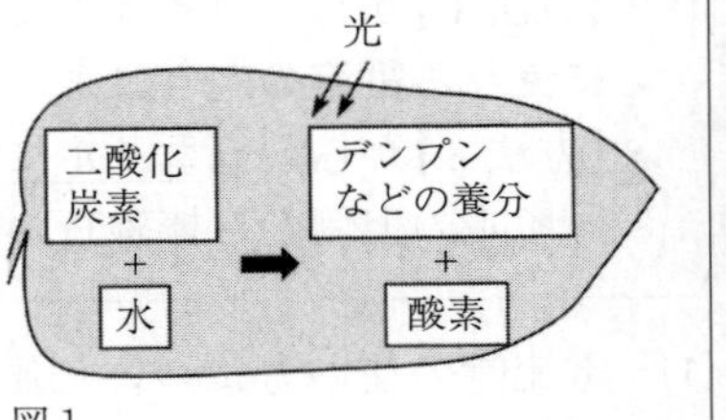

図１

【呼吸】

植物は，酸素をとり入れて二酸化炭素を出すはたらきを行っている。このはたらきを呼吸という。呼吸は，１日中行われている。

≪光合成と呼吸のはたらきを調べる実験≫

【課題】

光合成や呼吸のはたらきについて調べる。

【操作】

❶ 青色のBTB液に息を吹き込んで緑色にし，試験管Ａ～Ｅに入れた。

❷ 試験管Ａ～Ｃにはタンポポの葉を入れて栓をし，試験管Ｄ，Ｅには何も入れずに栓をした。試験管Ａ，Ｅはそのまま，試験管Ｂには白色のガーゼを巻き，試験管Ｃ，Ｄにはアルミニウムはくを巻いた。図２は，実験のようすを表したものである。

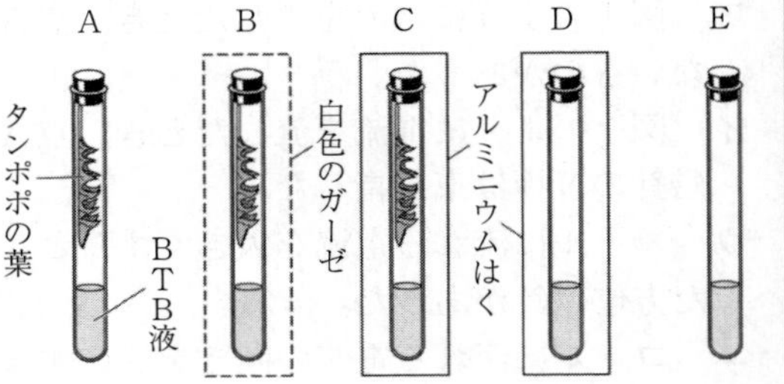

図２

❸ 試験管Ａ～Ｅに十分な日光を当てたあと，それぞれの試験管内のBTB液の色を調べた。

【結果】

表

試験管	A	B	C	D	E
BTB液の色	青色	緑色	黄色	緑色	緑色

(1) 下線部について，光合成によってつくられたデンプンなどの養分についての説明として，最も適当なものを，次のア～エの中から一つ選んで，その記号を書きなさい。

ア　できた養分は，そのままの形で全身へ運ばれる。

イ　できた養分は，維管束中の道管を通って全身へ運ばれる。

ウ　できた養分の一部は，いもや果実，種子などにたくわえられる。

エ　できた養分の一部は，気孔を通して体外に排出《はいしゅつ》される。

(2) 【操作】の❶について，青色のBTB液に息を吹き込んだとき，BTB液が中性を示す緑色になった理由を簡単に書きなさい。

(3) 下の太郎さんと花子さんの会話文中の［あ］，［い］に当てはまる語句の組み合わせとして最も適当なものを，あとのア～エの中から一つ選んで，その記号を書きなさい。

花子：光合成と呼吸のはたらきを調べる実験から，どのようなことがわかるかな。

太郎：試験管Aと［　あ　］の結果を比較すると，試験管Aで二酸化炭素の量が減ったのは，タンポポの葉のはたらきが原因であることがわかるよ。

花子：そうだね。ほかにも［　い　］の結果を比較すると，くもりの日よりも晴れている日の昼間のように，タンポポの葉に当たる光が強いほど二酸化炭素を吸収するはたらき，つまり光合成がさかんになることがわかるよ。

	あ	い
ア	試験管E	試験管Bと試験管C
イ	試験管E	試験管Aと試験管B
ウ	試験管D	試験管Bと試験管C
エ	試験管D	試験管Aと試験管B

(4)　図3は，昼の植物のはたらきを模式的に表したものである。矢印の大きさは，各はたらきによって出入りする気体の量を表している。これをもとに，実験の試験管Bで行われた植物のはたらきを模式的に表すとどうなるか。最も適当なものを，次のア～エの中から一つ選んで，その記号を書きなさい。

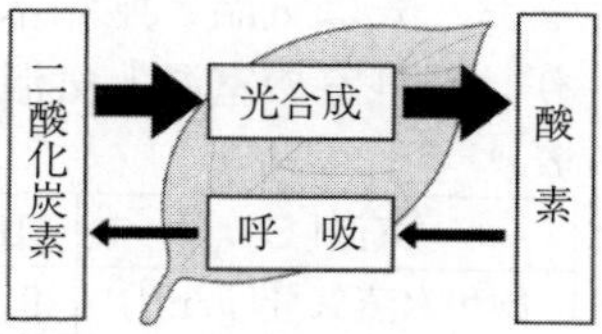

図3

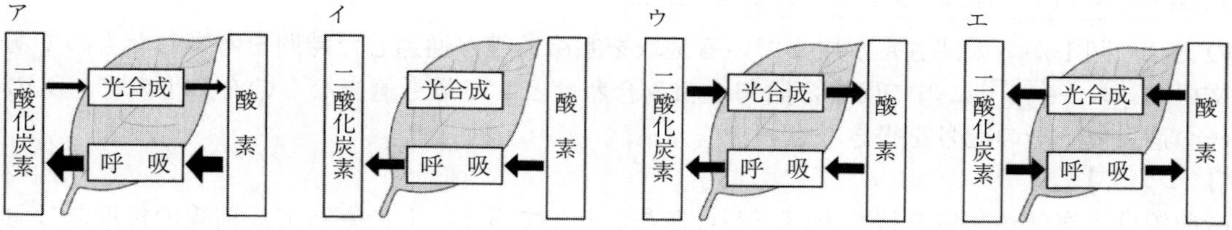

4　関東地方に住んでいる太郎さんは，ある日住んでいる地域に寒冷前線が通過したことを知り，寒冷前線が通過した日を含む連続した2日間の気象を調べてノートにまとめた。図1は，気象の変化をグラフにまとめたものである。下の(1)～(4)の問いに答えなさい。

太郎さんのノートの一部

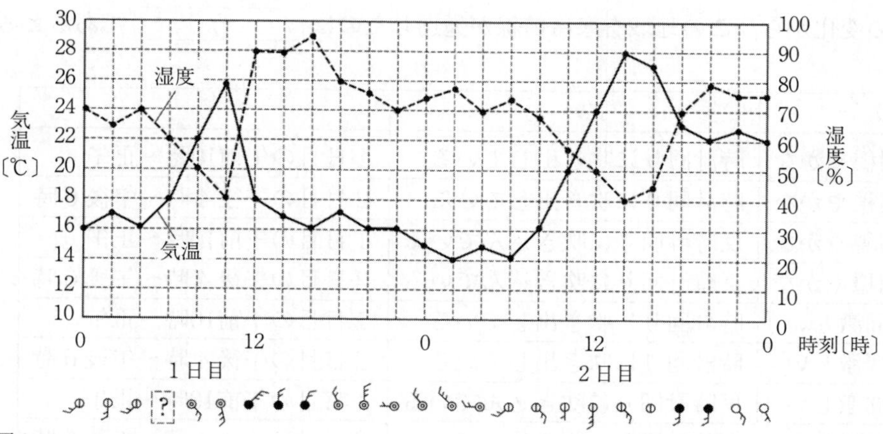

図1

(1)　１日目の午前６時の天気は晴れ，風力は３，風向は南東であった。図１の ? に当てはまる天気・風力・風向を記号で表したものとして最も適当なものを，次のア～エの中から一つ選んで，その記号を書きなさい。

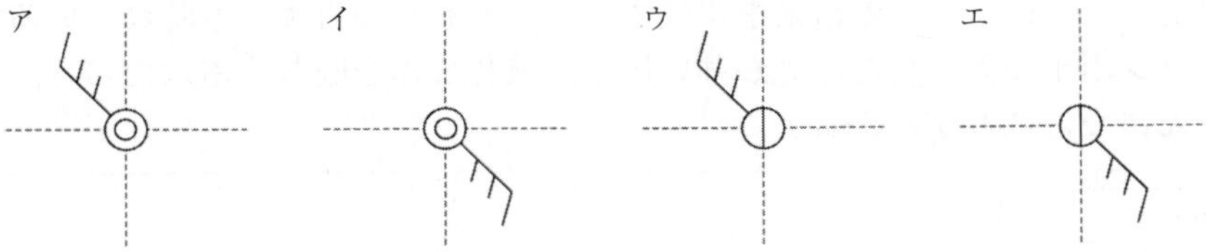

(2)　太郎さんは，図１の気象データを使って，空気中の水蒸気について考察した。１日目の正午における，理科室の空気中に含まれる水蒸気量は何 g か，小数第一位を四捨五入して整数で答えなさい。なお，表は気温と飽和水蒸気量との関係をまとめたものである。また，理科室の容積は180m^3であり，理科室の室温と気温は一致していたものとする。

表

気温〔℃〕	10	12	14	16	18
飽和水蒸気量〔g/m^3〕	9.4	10.7	12.1	13.6	15.4
気温〔℃〕	20	22	24	26	28
飽和水蒸気量〔g/m^3〕	17.3	19.4	21.8	24.4	27.2

(3)　次の文は，図１から太郎さんが住んでいる地域を寒冷前線が通過した時間を考察したものである。次の文中の あ ～ う に当てはまる語句の組み合わせとして最も適当なものを，下のア～クの中から一つ選んで，その記号を書きなさい。

【天気について】

寒冷前線は，寒気が暖気を持ち上げながら進むことでできる。したがって，前線の付近では急激に上昇気流ができ， あ 雨が降る。すなわち，雨が降った時間帯の前後で寒冷前線が通過したと考えることができる。

【風向について】

寒冷前線は，主に温帯低気圧の南西側にできる。低気圧の地表付近では，風が い ので，寒冷前線が通過すると風向が変化すると考えることができる。

【まとめ】

天気と風向の変化から，この地域を寒冷前線が通過したのは う であると考えることができる。

	あ	い	う
ア	長い時間穏《おだ》やかな	時計回りに吹き出している	１日目の午前10時～正午
イ	長い時間穏やかな	時計回りに吹き出している	２日目の午後４時～午後６時
ウ	長い時間穏やかな	反時計回りに吹き込んでいる	１日目の午前10時～正午
エ	長い時間穏やかな	反時計回りに吹き込んでいる	２日目の午後４時～午後６時
オ	短い時間激しい	時計回りに吹き出している	１日目の午前10時～正午
カ	短い時間激しい	時計回りに吹き出している	２日目の午後４時～午後６時
キ	短い時間激しい	反時計回りに吹き込んでいる	１日目の午前10時～正午
ク	短い時間激しい	反時計回りに吹き込んでいる	２日目の午後４時～午後６時

(4)　次のページの図２は，図１からおよそ１週間後のある日の天気図を表している。天気図の季節は，

下のア～エのどれであると考えられるか。最も適当なものを一つ選んで，その記号を書きなさい。また，そのように判断した理由を，簡単に答えなさい。

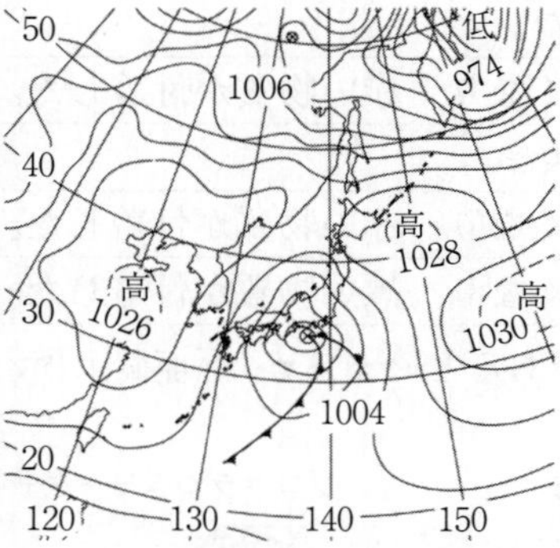

図２　　（気象庁の資料により作成）

ア　春　　イ　梅雨　　ウ　夏　　エ　冬

5　花子さんは，金属のイオンへのなりやすさについて調べるため，次の実験を行い，ノートにまとめた。下の(1)～(5)の問いに答えなさい。

花子さんのノートの一部

【方法】

❶　硫酸銅水溶液，硫酸マグネシウム水溶液，硫酸亜鉛水溶液を，それぞれ試験管に入れる。

❷　図１のように，それぞれの水溶液に銅板を入れ，ようすを調べる。

❸　❷の銅板をマグネシウム板，亜鉛板に変えて同様の実験を行い，結果を表にまとめる。

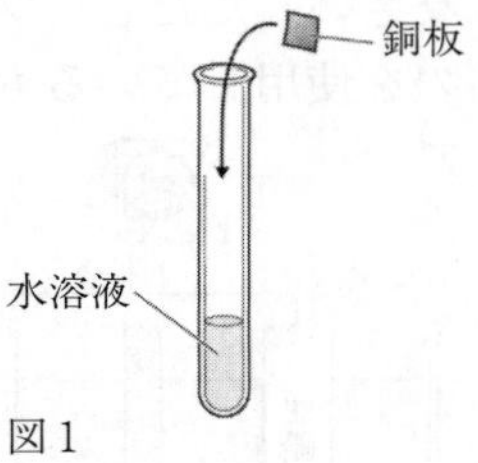

図１

【結果】

表

	銅板	マグネシウム板	亜鉛板
硫酸銅水溶液	変化しなかった。	あ	金属板がうすくなり，赤い物質が付着した。
硫酸マグネシウム水溶液	変化しなかった。	変化しなかった。	変化しなかった。
硫酸亜鉛水溶液	変化しなかった。	い	変化しなかった。

(1)　次の式は，硫酸銅を水に溶かしたときの電離のようすを式で表そうとしたものである。次の式の［　　］に当てはまる式として最も適当なものを，下のア～カの中から一つ選んで，その記号を書きなさい。

$CuSO_4 \rightarrow$ ［　　　　　］

ア　$Cu + SO_4$　　イ　$Cu + 2SO_2$　　ウ　$Cu^{2+} + SO_4{}^{2-}$

エ　$2Cu^{+} + SO_4{}^{2-}$　　オ　$Cu^{2+} + 2SO_2{}^{-}$　　カ　$2Cu^{+} + 2SO_2{}^{-}$

(2)　表の［あ］，［い］に当てはまる語句の組み合わせとして最も適当なものを，次のア～カの中から一つ選んで，その記号を書きなさい。

	あ	い
ア	金属板がうすくなり，赤い物質が付着した。	金属板がうすくなり，黒い物質が付着した。
イ	金属板がうすくなり，赤い物質が付着した。	変化しなかった。
ウ	金属板がうすくなり，黒い物質が付着した。	金属板がうすくなり，赤い物質が付着した。
エ	金属板がうすくなり，黒い物質が付着した。	変化しなかった。
オ	変化しなかった。	金属板がうすくなり，赤い物質が付着した。
カ	変化しなかった。	金属板がうすくなり，黒い物質が付着した。

(3)　実験の結果から，マグネシウムと亜鉛の間にはどのような関係があるといえるか。「亜鉛」「マグネシウム」「イオン」のすべての語を用いて簡単に答えなさい。

(4)　図２のように，水槽をセロハンで区切り，一方には硫酸亜鉛水溶液を入れ，もう一方には硫酸銅水溶液を入れた。硫酸亜鉛水溶液には亜鉛板を，硫酸銅水溶液には銅板を入れ，金属板どうしを導線でプロペラつきモーターとつないだところ，モーターは時計回りに回転した。

　このとき，電流をとり出し続けると，亜鉛板と銅板はそれぞれどのように変化するか。簡単に答えなさい。

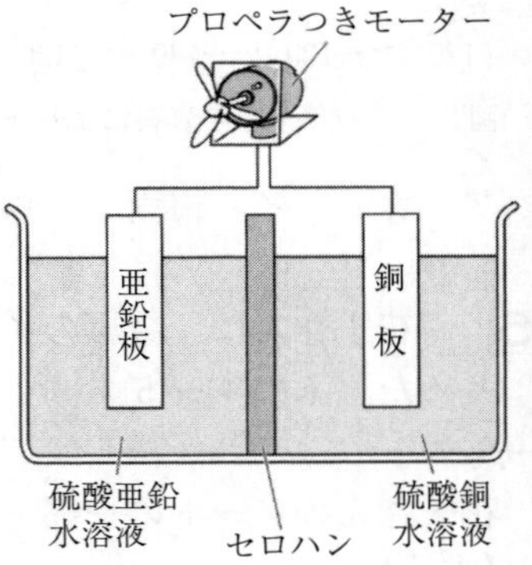

図２

(5)　次のア～カのような化学電池をつくったとき，図２と同じく，モーターが時計回りに回転するものを**すべて**選んで，その記号を書きなさい。ただし，プロペラつきモーターなどの装置は図２と同じものを使用しているものとする。

ア
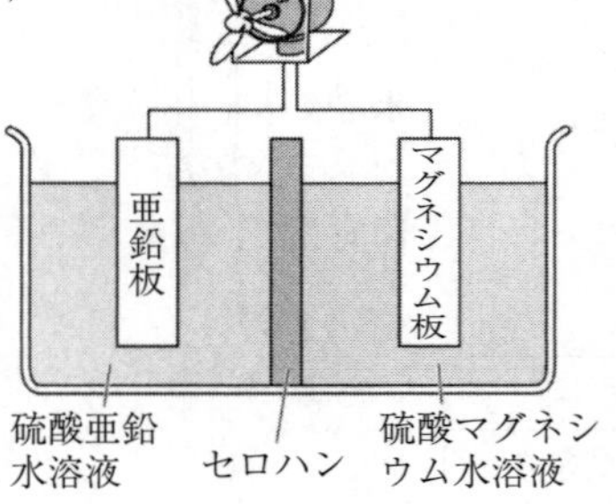

イ
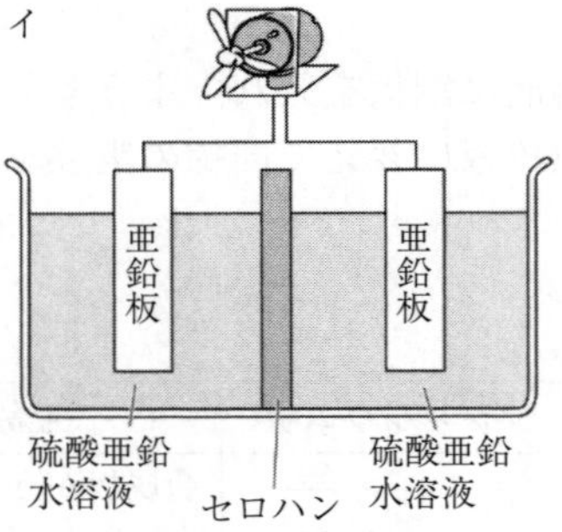

ウ
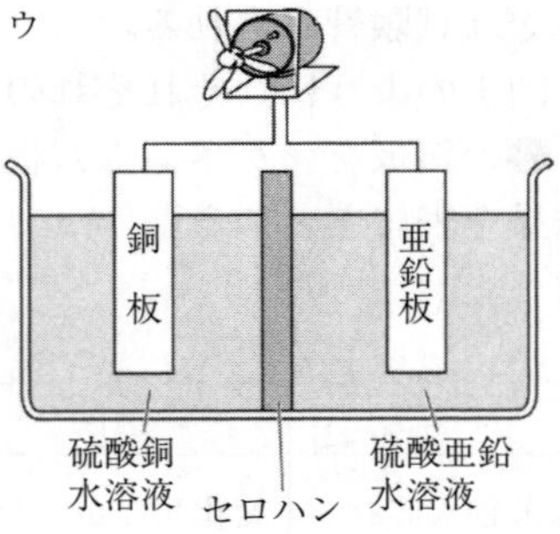

エ
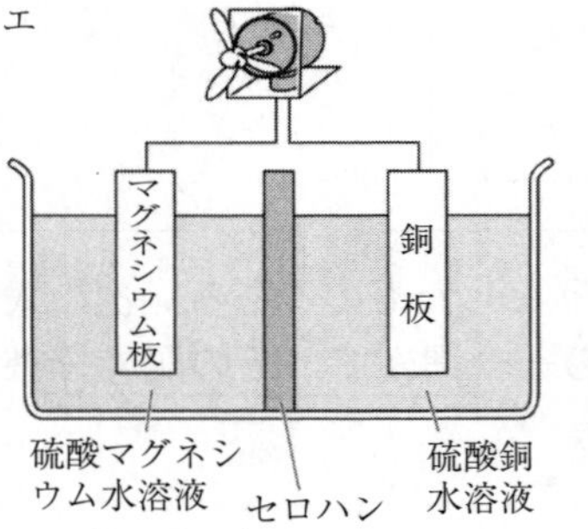

オ
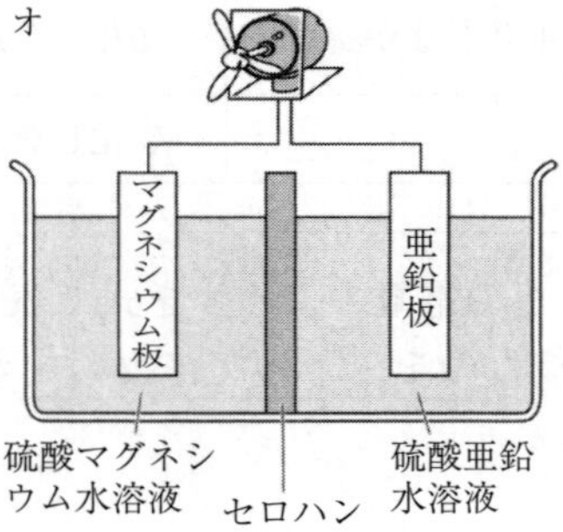

カ
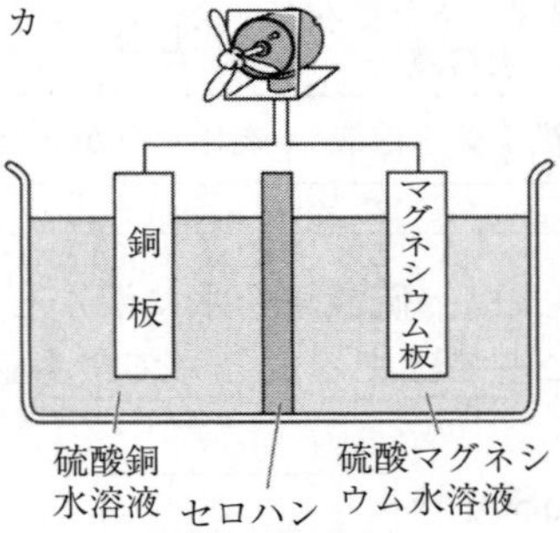

6　太郎さんは，環境問題について興味をもち，実験や観察を行った。下の(1)～(4)の問いに答えなさい。

> 太郎：最近ではエネルギーの大量消費の問題をよく聞きます。このような問題を解決するために，どのような取り組みが行われているのですか。
> 先生：白熱電球を発光ダイオードに変えるなど，電気器具の変換効率を上げる取り組みがありますよ。
> 太郎：電気器具の変換効率はどのような方法で調べることができるのですか。
> 先生：それでは，実験をしてみましょう。

実験

【方法】

❶　図1のように，スタンドに固定したプーリーつき手回し発電機，豆電球，電流計，電圧計をつなぎ，回路をつくる。発電機にとりつけた滑《かっ》車《しゃ》に水を入れた質量500 g のペットボトルをつるす。

❷　ペットボトルを速度を一定にして1 m落下させ，そのときの電圧計と電流計の値，落下時間を記録する。

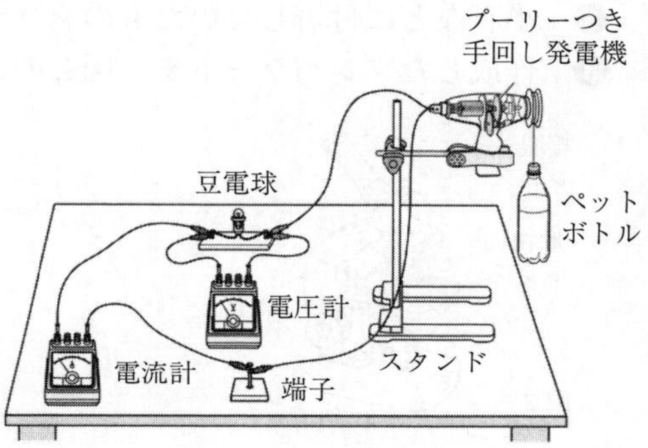

図1

【結果】

表

電圧〔V〕	電流〔A〕	時間〔秒〕
1.1	0.15	8.0

【考察】

重力がペットボトルにした仕事は5 Jであり，発電機によって発生した電気エネルギーがした仕事は［　あ　］Jである。エネルギーの変換効率は，「電気エネルギーがした仕事÷重力がした仕事×100」で求められるので，このときのエネルギーの変換効率は［　い　］%であるといえる。

(1)　【実験】では，エネルギーはどのように変換されているか。最も適当なものを，次のア～エの中から一つ選んで，その記号を書きなさい。

ア　電気エネルギー→力学的エネルギー→光エネルギー
イ　化学エネルギー→電気エネルギー→光エネルギー
ウ　力学的エネルギー→電気エネルギー→光エネルギー
エ　化学エネルギー→力学的エネルギー→電気エネルギー→光エネルギー

(2)　［あ］，［い］に当てはまる値を求めなさい。ただし，［あ］は小数第二位を四捨五入して小数第一位まで，［い］は小数第一位を四捨五入して整数で答えなさい。

> 太郎：再生可能エネルギーの利用は大切ですが，太陽光発電のパネルを設置したり，水力発電所をつくったりすると，周囲の生態系に影響《えいきょう》が出ることがあると聞きました。
> 先生：そうですね。一見環境に大きな変化がないように見えても，目に見えない部分に影響が出ることがあります。

太郎：目に見えない部分とは，どのようなところでしょうか。
先生：例えば，水力発電所の建設によって川の水質が変化した場合，水中の微生物の分布が大きく変化します。水中の微生物にも食物連鎖の関係があるので，生態系のつり合いが崩《くず》れることもあります。
太郎：なるほど。水中にはどのような微生物が生息しているのでしょうか。
先生：学校の近くに池があるので，実際に観察してみましょう。

観察

【方法】

❶ 学校の近くの池で，水中の小石などを集める。

❷ 小石などに付着していたものをブラシでこすってとり，プレパラートを作成する。

❸ 作成したプレパラートを，図2のような顕微鏡《けんびきょう》で観察し，スケッチする。

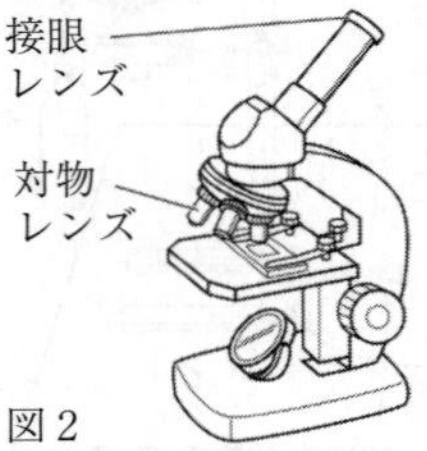

図2

【結果】

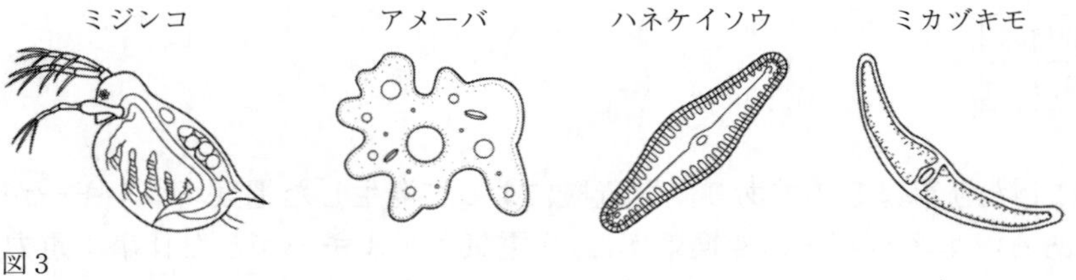

図3

(3) 顕微鏡で観察した図3の生物のうち，実際の大きさが最も大きいものはどれか。次のア〜エの中から一つ選んで，その記号を書きなさい。

ア　ミジンコ　　イ　アメーバ　　ウ　ハネケイソウ　　エ　ミカヅキモ

(4) 図3の微生物において，ミジンコとミカヅキモは食物連鎖の関係がある。川の水質が変化してミカヅキモの数が減少した場合，ミジンコの数はどのように変化するか。理由も含めて簡単に書きなさい。

四 (一)～(四)の問いに答えなさい。

(一) 次の【手紙】の［　　］に入る表現として、最も適切なものを、後のア～エの中から選んで、その記号を書きなさい。

【手紙】

拝啓

鮮やかな夏の兆しを感じる頃となりましたが、皆様はいかがお過ごしでしょうか。私たちは今、来月の体育祭に向けて日々練習に励んでいるところです。

さて、先日は、ご多忙の中、本校でご講演いただき、ありがとうございました。内科医師として先生が大切にしておられる心構えをうかがうことができて、改めて医師という仕事に深い魅力を感じました。先生のお話の中でも、私は、［　　］

（中略）

季節の変わり目ですので、体調を崩されませんように、くれぐれもお体にご留意ください。

敬具

五月二十五日

青葉市立中学校二年三組　竹下　智

青葉中央病院長

山岡　隆夫　様

ア　心に残ったのは以前に担当いたした患者さんの話です。

イ　心に残ったのは以前に担当なさった患者さんの話です。

ウ　以前に担当いたした患者さんの話が心に残りました。

エ　以前に担当なさった患者さんの話が心に残りました。

(二) 次の送り状【Ⅰ】・【Ⅱ】について述べたものとして、最も適切なものを、後のア～エの中から選んで、その記号を書きなさい。

【Ⅰ】

お届け先	郵便番号	300－＊＊＊＊
	電話番号	029(＊＊＊)1234
	住　所	そよかぜ市犬山町1 丁目23番地45号
	氏　名	林原保育園　~~様~~
ご依頼主	郵便番号	300－＊＊＊＊
	電話番号	029(＊＊＊)4321
	住　所	あおぞら市大熊町6 丁目78番地9号
	氏　名	山里中学校 生徒会　~~様~~

【Ⅱ】

お届け先	郵便番号	300－＊＊＊＊
	電話番号	029(＊＊＊)1234
	住　所	そよかぜ市犬山町 1－23－45
	氏　名	林原保育園　御中 ~~様~~
~~ご~~依頼主	郵便番号	300－＊＊＊＊
	電話番号	029(＊＊＊)4321
	住　所	あおぞら市大熊町 6－78－9
	氏　名	山里中学校 生徒会　~~様~~

ア　【Ⅰ】は【Ⅱ】と異なり、住所を読みやすくする工夫をしている。

イ　【Ⅱ】は【Ⅰ】と異なり、相手に対する敬意を適切に表している。

ウ　【Ⅰ】は【Ⅱ】と同様に、住所を読みやすくする工夫をしている。

エ　【Ⅱ】は【Ⅰ】と同様に、相手に対する敬意を適切に表している。

(三) 次の(1)・(2)の――部の片仮名の部分を漢字に直したものとして、最も適切なものを、それぞれ後のア～エの中から一つ選んで、その記号を書きなさい。

(1) 彼はチームにフカケツな存在だ。

ア 決　イ 結　ウ 欠　エ 潔

(2) ソッキョウで楽器を演奏する。

ア 興　イ 境　ウ 競　エ 供

(四) 次の(1)～(3)の――部の漢字の部分の読みを平仮名で書きなさい。

(1) 偏った考え方。

(2) 文章の抑揚。

(3) 策を施す。

㈤ 【Ⅱ】の B に入る言葉として、最も適切なものを、次のア～エの中から選んで、その記号を書きなさい。

ア 深刻　イ 単純　ウ 不当　エ 疑問

㈥ 上野さんが発表原稿を作成するときに、【Ⅱ】を用いることで、どのような効果が得られるか。最も適切なものを、次のア～エの中から選んで、その記号を書きなさい。

ア 【Ⅰ】に書かれている内容とは反対の主張を示すことで、聞き手と議論をできるようにする効果。
イ 【Ⅰ】に書かれている内容と同じ分野の話を繰り返すことで、聞き手が想像しやすくなる効果。
ウ 【Ⅰ】に書かれている内容と同様のテーマを持つ論考を示すことで、発表の中心点を明確にする効果。
エ 【Ⅰ】に書かれている内容の客観的な根拠を示すことで、発表者の考えをより明確に示す効果。

㈦ 次は、上野さんが発表で示すために作成したスライドの一部です。 C 、 D に入る内容として、最も適切なものを、それぞれ下のア～エの中から選んで、その記号を書きなさい。

【スライドの一部】

【Ⅰ】の文章
◇日本の文化の特性
C

【Ⅱ】の文章
◇伝統的な日本人の生き方
D を最優先する

C
ア 装飾美と簡素美を融合させる
イ 異国風と和風のバランスを保つ
ウ 外からの影響を受け入れない
エ 繰り返しのリズムをもつ

D
ア 血縁による「家族」を超えた「イエ」
イ 個人の欲望を充足させるための「イエ」
ウ 「国」の存続と繁栄を支えている「イエ」
エ 「長幼の序」を守る場としての「イエ」

(一) 【Ⅰ】に 異国風文化と和風文化は対照的 とあるが、どういうことか。本文中の言葉を使って、四十字以上、五十字以内で書きなさい。（句読点を含む。）

(二) 【Ⅰ】の [A] に入る言葉として、最も適切なものを、次のア～エの中から選んで、その記号を書きなさい。

ア さらに　イ たとえば　ウ しかし　エ なぜなら

(三) 次の一文は、【Ⅰ】の〈ア〉～〈カ〉のどこに入るか。最も適切な箇所の記号を書きなさい。

> そうした油っこい空間に立ってこそ、彼らの理想の美の欲求を満足させることができたのであった。

(四) 【Ⅰ】の文章の展開の説明として、最も適切なものを、次のア～エの中から選んで、その記号を書きなさい。

ア 日本の文化の構造について、専門家の考えを示した上で反論を述べている。
イ 日本の文化の性格について、複数の具体例をあげながら疑問を述べている。
ウ 日本の文化の課題について、文化人類学の視点を根拠に主張を述べている。
エ 日本の文化の特性について、外国の文化と比較しながら考察を述べている。

【Ⅱ】（【Ⅰ】を読んだ後に見つけた文章の一部）

　伝統的な日本人の生き方としては、己を支えるものとしての「イエ」が極めて重要であった。というよりは、むしろ、まず「イエ」の存続ということが第一義としてあり、各人は自分の所属する「イエ」の存続と繁栄の方をまず考えた。ここにわざわざ「イエ」として表現したことは、先人の多くの研究が示しているように、それが必ずしも血縁による家族を示していないことが特徴的であるためである。

　韓国やかつての中国においては、血縁による大家族が極めて大切である（現在の中国の状況は簡単には言《い》い難《がた》いと思う）。それは「国」より大事であると言っていいだろう。フィリピンにおいても同様と思うが、他のアジア諸国については、よく知らないので言及しない。このような国にあっては、「家族」の存続と繁栄が個人の欲望の充足よりも重い意味を持つ。

　韓国人は日本人に比して、自己主張すべきときははっきりとするし、日本人のように論争を避けようとしすぎることがないので、韓国人は日本人よりも近代的であるとか、個人主義的であると言う人がある。しかし、それはそれほど [B] ではない。韓国人は「家族」の外に出ると強く自己主張するが、家族内においてはほとんどと言っていいほど、自己主張をせず、「長幼の序」を守っている。

（河合隼雄《かわいはやお》「『日本人』という病」による。）

三　上野さんは、国語の授業で、調べたことをまとめて発表する学習活動を行うことになり、「日本文化」をテーマに発表しようと考えました。発表原稿を作成するために見つけた文章【Ⅰ】・【Ⅱ】について、後の㈠〜㈦の問いに答えなさい。

【Ⅰ】

日本の文化は大まかに捉えると三層構造になっている。その意味は次のようなことである。まず初めに固有の文化があったが、一四〇〇年前にその上に大陸から新しい文化が入ってきて積み重なった。さらに一五〇年前にヨーロッパから別の性格を持つ文化が入ってきてその上に積み重なり、現在に至っているのである。〈　ア　〉

その第一段階の文化について国際日本文化研究センターの安田《やすだ》喜憲《よしのり》教授は、文明のタイプには森を守る文明と、森を支配する文明との二つがあるという。日本の文化は前者に属していて、すべては豊かな照葉樹林の森から生まれたと書いておられる（『森を守る文明・支配する文明』ＰＨＰ新書、一九九七年）。〈　イ　〉

そうした固有の文化を持っているところへ、飛鳥《あすか》時代になって、中国から朝鮮半島を通って仏教が入ってきた。そのときの手本になったのは唐の都の長安であったから、文化の性格は大きく異国風に傾いていった。その後は文化の性格は異国風と和風との間をサインカーブ※1を描いて大きな波を打ちながら今日に至っている。〈　ウ　〉

バタ臭い※2異国風文化と和風文化は対照的なものと思われるが、その区別の基準を私なりの立場で説明しておきたい。バタ臭さの代表例はパリ郊外のヴェルサイユ宮殿である。あの美しさはすべてのヨーロッパ人にとってあこがれの的だが、これでもかこれでもかという油っこい装飾を重ねた塊である。鏡の間を見ると窓の外にはフランス流の人工植栽の庭園が二キロメートル広がる。それを鏡に写して四キロメートルの庭の中央に立つという発想である。一方日本の庭は借景式※3だから、手前の塀の向こうに山が見えればそれでことは足りるが、彼らのガーデンというのははるかにかすむ彼方《かなた》までがわが領域でなくてはならない。その中に建つ宮殿の室内の天井《てんじょう》には三〇〇〇本のロウソクを吊《つ》り下げ、床には分厚いゴブラン織※4のじゅうたんを敷く。〈　エ　〉

一方、これに対する和風の代表例は桂離宮《かつらりきゅう》である。両者とも時代はほぼ同じだが、こちらのほうはまた簡素美の結晶といってよい。すべての装飾を取り去って、柱と梁《はり》※5の構造材だけであの優れた建築美を作り出している。これこそ資源小国の日本らしい痩《や》せ我慢の傑作かと思うが、日本にも立派なヴェルサイユ宮殿があった。それは日光東照宮《にっこうとうしょうぐう》である。[A] 日光風は日本人の好みに合わないので普及しなかったのである。私たちがいまでも数奇屋風《すきやふう》※6の家に住んでいるのは、その簡素さを好む証拠といってよいであろう。〈　オ　〉

もう一つの例をあげよう。いまここに神様の住まいを作れという課題を出されたら、ヨーロッパ人は幾何学※7と大理石を駆使してギリシャのパルテノン宮殿を建てる。これは二三〇〇年経《た》ったいまも、オリジナルの形を保って建っている。ところが日本人は伊勢神宮《いせじんぐう》を建てる。白木では長くその美しさを保てないから、二〇年ごとに建て替えながら、それを繰り返していくという知恵を生む。〈　カ　〉

（中略）

文化人類学者のレヴィ＝ストロース氏は、日本文化の特色を次のように評価しているそうである。

日本人は二つの顔を持っていて、バランスを取りながら数世紀にわたってそれを使い分けてきた。

外からの影響には自らを開いて素早く取り入れる。次に自分のうちに引き籠ってそれを熟成させていく。そしてまた開いて、次にまた閉じるというように、繰り返しのリズムをもって文化を発展させてきた。それは賢明な策だったと指摘しているそうだが、これは示唆に富む※8話である。

私たちはそういう目で、もう一度日本の文化の特性を見直してみる必要があると思う。

（小原二郎《こはらじろう》「木の文化をさぐる」による。）

※1　サインカーブ＝同じ形を繰り返す波形の曲線。
※2　バタ臭い＝いかにも西洋風である。
※3　借景式＝周囲の自然や建物を背景として利用する日本庭園の様式。
※4　ゴブラン織＝フランスのゴブラン工場で製作される装飾用の織物。
※5　梁＝建物の水平方向に架《か》けられ、屋根などの重みを支えるもの。
※6　数奇屋＝茶室。小さくて簡素な部屋。
※7　幾何学＝ここでは「単純な図形を連続させたデザイン」という意味。
※8　示唆に富む＝気づかされることの多い。

(一) 【Ⅰ】の 1 さるほどに・2 くだんの・3 なうて・4 おこせよ のうち、現代仮名遣いで書いた場合と表記が異なるものを一つ選んで、その番号を書きなさい。

(二) 【Ⅰ】の ア よびいだし・イ とりよせ・ウ わたせり・エ 出だし のうち、一つだけ主語が異なるものを選んで、その記号を書きなさい。

(三) 【Ⅱ】に ①薪を売った百姓と、薪を買った武士の間で、もめごとが起こりました とあるが、【Ⅰ】に書かれているもめごとの内容として、最も適切なものを、次のア～エの中から選んで、その記号を書きなさい。

ア 百姓が売った薪の代金を、武士が支払おうとしなかった。

イ 百姓が山に置き忘れた鎌を、武士が見つけて自分の物にした。

ウ 百姓が薪を樵るのに使う鎌を、武士が無理やり奪い取った。

エ 百姓が薪と一緒に鎌を渡したことを、武士が知らないふりをした。

(四) 【Ⅱ】に ②見事な方法で百姓の言い分が嘘ではないことを確かめています とあるが、【Ⅰ】で伊賀守はどのような方法で確かめようとしたのか。二十字以上、三十字以内の現代語で書きなさい。(句読点を含む。)

(五) 【Ⅱ】に ③武士と百姓の最終的な損得 とあるが、【Ⅰ】における損得の具体的な説明として、最も適切なものを、次のア～エの中から選んで、その記号を書きなさい。

ア 武士は罰金を取られた分の損をし、百姓は武士から取った罰金を与えられた分の得をしている。

イ 武士は罰金を取られた分の損をし、百姓は高価な肩衣袴と安価な鎌を交換した分の得をしている。

ウ 武士は肩衣袴と罰金を取られた分の損をし、百姓は武士から取った罰金を与えられた分の得をしている。

エ 武士は肩衣袴と罰金を取られた分の損をし、百姓は高価な肩衣袴と安価な鎌を交換した分の得をしている。

二　荒木さんたちは、「昔の人の考え方を知ろう」という国語の授業で、【Ⅰ】の古典の文章を読み、【Ⅱ】のように内容についてグループで話し合いました。後の(一)〜(五)の問いに答えなさい。

【Ⅰ】古典の文章

山科《やましな》の百姓薪《たきぎ》を樵《こ》り、負《お》ひたるまま山より直《す》ぐに京に出《い》でて売る。[1]さるほどにかの薪の上にさして置きたる鎌《かま》をうちわすれ、宿に帰り、漸《やう》く思ひ出し、右の薪買うたる人のもとに行き、[2]くだんのよしをいひてければ、主人《しゆじん》出《で》合《あ》ひ、「われは薪をこそ買うたれ、鎌をば買はず。何事をほれていふやらん」（何をたわごとを言うのだ）と、一向とりあはねば、[3]是非なうて※1所司代《しよしだい》へ申しけり。双方《さうはう》[ア]よびいだし、聞きての上に（言い分を聞いた上で）、※2伊賀守《いがのかみ》、「先《ま》づしばらくほどあらんに（少し時間がかかるので）、※3肩衣袴《かたぎぬばかま》をぬぎ、ゆるゆるとゐよ」と気をくつろげ、ぬぎたるを[イ]とりよせ、そと持たせつかはし（所司代の外へ持っていかせ）、「この肩衣袴と、そちにある鎌をかへて[4]おこせよ」とあれば、女房《にようばう》うたがひなく思ひ、[ウ]わたせり。そのごとくなる鎌を五六挺《ちやう》まじへ[エ]出《い》だし（それと似たような鎌を五つ六つほど混ぜて出し）、百姓に「見分けよ」とあれば、「これぞ私のなれ」とて取りたり。その後、鎌をかくしつるものに、過銭《くわせん》（罰金）として三貫文《ぐわんもん》いださせ、以前《いぜん》の百姓に扶持《ふち》ありしことよ（与えたということだ）。

（「醒睡笑《せいすいしょう》」による。）

※1　所司代＝治安維持のための役所で、裁判所のような機能を持つ。
※2　伊賀守＝伊賀国の役人。裁判などを行う。
※3　肩衣袴＝江戸時代の武士の正装。

【Ⅱ】話し合いの一部

荒木　この文章では、まず、①薪を売った百姓と、薪を買った武士の間で、もめごとが起こりました。
原田　伊賀守は、百姓と武士の両方の話を聞いたあと、②見事な方法で百姓の言い分が嘘ではないことを確かめています。
矢野　③武士と百姓の最終的な損得を考えても、伊賀守の裁きは理にかなっていて、見事だと言えます。

(二) 【Ⅰ】・【Ⅱ】の中に①安堵とあるが、操が安堵した理由として、最も適切なものを、次の**ア**～**エ**の中から選んで、その記号を書きなさい。

ア 窓越しに見えた澄明な天に励まされ、転校初日の緊張や気詰まりが解消されたから。

イ 校舎の手入れだけでなく、生徒が使う運動用具の管理も行き届いていると感じたから。

ウ 新しい学校の校風が、生徒に運動を強要するようなものではないように思われたから。

エ 一致団結の精神で運動に取り組むことで、不得手な球技を克服できそうだと思ったから。

(三) 【Ⅰ】・【Ⅱ】の中に②友のありがたみとあるが、操が友のありがたみを感じている理由を、本文中の言葉を使って、四十字以上、五十字以内で書きなさい。（句読点を含む。）

(四) 【Ⅱ】の「言動から主人公の人物像を考える」の□にはそれぞれ本文中の根拠となる部分が入るが、そこに入るものとして、**適切でないもの**を、次の**ア**～**エ**の中から一つ選んで、その記号を書きなさい。

ア 一応説明しておくと、至るに剛力の剛と書いてみちたかと読ませるのさ。至大至剛っていう孟子のことばだよ。

イ 彼は、十四歳という年齢の持ち得るかぎりの機知に富み、明朗で麗しく、それらは少年の人柄に最大限生かされていた。

ウ 至剛という名前のおよぼす印象は、すらりとした躰つきではなく、おおらかで惑いのない気立てに尽きる。

エ 月並みに「ほら、もっと大きな声をだしてご覧」などと励ましはしない。皆と活発にまじわるのを無理強いすることもない。

(五) 【Ⅰ】の表現の特徴として、最も適切なものを、次の**ア**～**エ**の中から選んで、その記号を書きなさい。

ア 樺島と級友たちの会話を示すことで、樺島の人望の高さを想像しやすくしている。

イ 操の主観的な視点から描くことで、操の心情の変化をわかりやすく表現している。

ウ 校舎や教室の様子を強調することで、操の前向きな心情を間接的に描いている。

エ 情景描写を多用することで、樺島と操の関係が変化する様子を印象づけている。

【Ⅱ】吉田さんのノート

○ 言動や出来事から登場人物の心情を考える

樺島	操（主人公）
A ・B → 休憩時間に、樺島に声をかけられる	転校先の学校の様子を見て①安堵する
C	取るに足らない生徒だと評価されたことを察する
D → 月並みに「ほら、もっと大きな声をだしてご覧」などと励ましはしない。皆と活発にまじわるのを無理強いすることもない。	休憩時間に、樺島に声をかけられる → 樺島の人柄にひかれていく
	②友のありがたみを感じる

○ 言動から主人公の人物像を考える

〈根拠〉

- こんなにもさりげなく、好奇心や物見高さもなしに声をかけられたのははじめてだった。
-
-
-

〈人物像〉

樺島至剛という級友に強くひかれている人物

㈠ 次のア～エは【Ⅱ】の A ～ D に入る内容である。 C に入るものとして、最も適切なものを、次のア～エの中から選んで、その記号を書きなさい。

ア 自己紹介をする　**イ** 教科書について訊ねる　**ウ** 操の性格に配慮する　**エ** 学校生活について具体的に説く

い。傍《そば》にいて始終かばってくれるというやり方ではなく、操が精一杯努力した後で、どうしても手助けがほしいと思うときに、必ず手を差しのべるというふうだった。

「静かなのはいいことだよ。声をはりあげなくたっていい。耳を澄ませば、いくらだって聞こえるんだから。」

　樺島のおかげで、操はくりかえした転校の中ではじめて、情けない思いをせずに学校生活を送ることができた。

　二学期は思いのほか早く過ぎ、冬休みを迎えた。例年祖父母の家で歳を越す操は、めずらしく休暇明けを待ち侘《わ》びながら正月を過ごした。初詣《はつもうで》で、家族以外の者の幸福や健康を祈ったのも、かつてないことだった。操の生活にこれまで介在したことのない、②友のありがたみを、しみじみとかみしめた休暇は、あっという間に過ぎた。

（長野《ながの》まゆみ「鳩《はと》の棲《すみか》」による。）

※1　これみよがしに＝見せつけるように。
※2　物見高さ＝物事を珍しがって見たがる様子。
※3　孟子＝古代中国の思想家。
※4　人となり＝人柄。
※5　収斂している＝集まっている。

二〇二三年度

常総学院高等学校

【国　語】〈五〇分〉〈満点：一〇〇点〉

一　吉田さんは、国語の授業で【Ⅰ】の文章を読み、登場人物の心情や主人公の人物像を【Ⅱ】のようにノートにまとめました。後の㈠～㈤の問いに答えなさい。

【Ⅰ】授業で読んだ文章

飾り気のない校舎だが、手入れはよく行き届いている。磨かれた窓から、操《みさお》を励ますように澄明な碧《あを》い天《そら》が見えた。下駄箱や廊下に運動用具がならんでいないのが、ひとまず操を①安堵《あんど》させた。度重《たびかさ》なる転校で、早々と校風を見抜く眼力だけは長《た》けていた。

学校によっては、ボールや体操器具が※1これみよがしに廊下へならび、ひとりひとりがいかに熱心にそれと取り組んでいるかを誇らしげにあらわした。操は小柄で非力なのを気にしている。生徒をひとり洩《も》らさず運動に駆り立てる一致団結の精神には、もっとも馴染《なじ》めないのだ。

教室への第一歩は、これまでに経験した緊張や気詰まりと似たり寄ったりだった。少しだけどよめき、ひそひそ声に変わる。操は力の抜けた声で、面白みのない挨拶をし、指定された席へおとなしく腰かけた。

隣あう生徒の好奇心を満たすだけの応答を小声でかわした後は、不慣れな教科書へ目を落とした。字面《じづら》を目で追っても、頭へ入ってこない。その後、生徒たちはざわつくこともなく教室は平静に戻った。操は、またしても取るに足らない生徒だと評価されたことを察した。

操は級友たちの顔や名前を覚えるよりも、天井《てんじょう》に打ちこまれた鋲《びょう》の数や、床の釘穴《くぎあな》の数を知るほうが先になるだろうと思った。ほうっておいて呉《く》れればまだいい。不得手な球技に無理やり誘われやしないかと、気が気でない。巧《うま》くボールを扱えず、もたもたしている我が身の姿を容易に想像できた。

そんな具合だったので、次の休憩時間に声をかけられたときは驚いた。

「教科書は、前と同じだったかい、」

その生徒は気さくに訊《たず》ねた後で、つけ足すように自己紹介をした。樺島《かわしま》至剛《みちたか》と名乗った。こんなにもさりげなく、好奇心や※2物見高さもなしに声をかけられたのははじめてだった。

「白樺《しらかば》の樺に島と書いて、かわしまと読むんだ。至剛っていうのは発音しにくいだろう。さっさと忘れてくれていいよ。一応説明しておくと、至るに剛力の剛と書いてみちたかと読ませるのさ。至大至剛っていう※3孟子《もうし》のことばだよ。どんなことにも屈せず、かぎりなく強いっていう意味。ぼくが生まれたときはまだ曾祖父《そうそふ》が健在で、こんな大仰な名前になった。」

苦笑しながら云《い》う。みちたかというその響きが、見るからに利発そうな少年の※4人となりといかに融《と》け合っていたか、操はことばにあらわせない性分をはがゆく思った。樺島は、主な教科の進み具合や担当の教師の気質やあしらい方などを、姿に違《たが》わず端的に説いた。それがどれほど的を射た解析であるかは、いつしかまわりに集まっていたほかの生徒の反応で察することができた。

わずか十分の休憩のあいだに、操はこの学級の心意気が、樺島という端正で気持ちのよい生徒に※5収斂《しゅうれん》しているさまを目の当たりにした。彼は、十四歳という年齢の持ち得るかぎりの機知に富み、明朗で麗《うるわ》しく、それらは少年の人柄に最大限生かされていた。至剛という名前のおよぼす印象は、すらりとした躰《からだ》つきではなく、おおらかで惑いのない気立てに尽きる。

樺島は、操が内気で小声であるということを重荷に感じないよう、それとなく配慮してくれた。月並みに「ほら、もっと大きな声をだしてご覧」などと励ましはしない。皆と活発にまじわるのを無理強いすることもな

2023年度／常総学院高等学校

英語解答

1 (1) No.1 ウ　No.2 ア　No.3 イ
No.4 エ　No.5 エ
(2) No.1 イ　No.2 ア　No.3 ウ
No.4 イ
(3) No.1 イ　No.2 ア
(4) ① ウ
② (例) I study English to learn a lot of things about the world.

2 (1) ① heard　② to visit
③ best
(2) ④ famous　⑤ takes　⑥ sure

3 (1) ウ　(2) ウ→ア→イ

4 (1) ①…エ　②…ウ　③…イ　④…イ
⑤…エ
(2) (例) is the number of the rhinos〔them〕decreasing so rapidly

5 (1) イ，エ　(2) 3
(3) many people
(4) (例) get plastic bottles of mineral water and keep them for such emergencies (12語)
(5) ① (例) turning on the water tap
② (例) cannot get clean and safe water
③ (例) I could send〔give〕clean and safe water to those poor children right now (13語)

6 (例) During the cleaning time, all students have to help each other by sharing jobs among themselves. In this way, students can learn how to work together to finish something important. (30語)

1〔放送問題〕解説省略

2〔長文読解総合―Eメール〕

≪全訳≫A．こんにちは，アヤカ。／元気？　昨日，偕楽園の梅まつりの動画をインターネットで見つけたよ。その庭園の名前は前に聞いたことがあるんだ。そこは君の家から遠い？　動画は，庭園のとてもきれいな梅の花を映しているよ。この庭園は日本でとても人気があるの？　実は来年，日本に行く予定なんだ。日本を訪れるのに最適な季節はいつかな？　アドバイスをもらえたらうれしいな。

B．こんにちは，マイク。／メールをありがとう。あなたが来年日本に来ると知って，わくわくしているわ。偕楽園は，日本の三大名園の1つよ。特に梅の花で有名なの。偕楽園へは，私が住んでいる土浦から車で1時間くらいよ。多くの外国人観光客が日本へ桜を見に来るけれど，実は，日本の梅の木の歴史は，桜の木の歴史よりも長いの。3月の初めにその庭園を訪れてはどう？　きっと，その庭園の梅の花を気に入ると思うわ。

(1)＜語形変化＞①直前の I've は I have の短縮形。'have/has＋過去分詞' の現在完了形('経験' 用法)にする。　hear－heard－heard　②'plan to＋動詞の原形' で「～する予定だ」。　③直前に the があるので最上級にする。　good－better－best

(2)＜適語補充＞④be famous for ～「～で有名である」　⑤'It takes＋時間＋to ～' で「～するのに(時間が)…かかる」。　⑥I'm sure (that) ～「きっと～だ(と思う)，～と確信している」

3〔長文読解総合〕

(1)＜要旨把握―新聞記事＞≪全訳≫どの観光都市にとっても，外国からの観光客を受け入れることは，非常に重要だ。彼らはその都市に多くのお金と仕事をもたらすので，多くの点で地域の経済に役立つのだ。しかし，あまりにも多くの人が同時に同じ場所を訪れると，「オーバーツーリズム」と呼ばれる問題を引き起こす可能性がある。例えばイタリアのヴェネツィアには，毎年2000万人以上の観光客が訪れる。「水の都」には毎日大型船がたくさん来港するので，それらは街の古い建物や運河に悪影響を与えていると，多くの地元住民が言う。同じような問題が，世界中の多くの観光都市で起きている。訪れる観光客の数を制限することを決定した都市もある。

＜解説＞世界中の多くの観光都市で起きている「オーバーツーリズム」問題について書かれた文章。ウ．「多くの観光都市は，オーバーツーリズムの問題を抱えている」は，最後から２文目の内容を言い換えている。　ア．「ヴェネツィアの地元の人々は，外国からの観光客のせいで職を失うかもしれないと感じている」　イ．「オーバーツーリズムは，世界中の観光都市に多くのお金をもたらさない」　エ．「ヴェネツィアを訪れる観光客の数は，年々減少している」

⑵＜文整序＞≪全訳≫コーヒーを飲むことには，いくつかの健康上の利点がある。／→ウ．言い換えれば，コーヒーは私たちの健康に良いということだ。／→ア．しかし，どんなことにも利点と欠点がある。／→イ．毎日コーヒーをたくさん飲みすぎると，健康を害する恐れがある。／最近の研究によると，１日に飲むコーヒーの最も健康的な量は４，５杯だが，これはもちろん，毎日コーヒーを飲む必要があるという意味ではない。

＜解説＞ウの In other words は「言い換えれば」という意味。ウの内容は，コーヒーの良い面を述べた冒頭の文を言い換えた内容なので，これを最初に置く。次に，‘逆接’の However「しかし」で始まり，コーヒーには悪い面もあることを述べるアを続け，最後に悪い面の具体例を述べるイにつなげる。

4〔長文読解総合―対話文〕

≪全訳≫❶スコット(S)：ミカ，今日が何の日か知ってる？❷ミカ(M)：ううん。何の日？❸S：今日は「世界サイの日」だよ。毎年９月22日は，人々に５種類のサイについてもっと知ってもらうために，「世界サイの日」としてお祝いするんだ。これが「2023年世界サイの日」のパンフレットだよ。❹M：へえ，それはおもしろいわね。今，サイは世界に５種類しかいないの？❺S：そうだよ。科学者たちは，地球上にはかつて，100種類以上のサイがいたと考えている。でも，地球の気候が変わったから，ほとんどのサイが絶滅してしまったんだ。❻M：現在まで生き残ったのは，その５種類だけってこと？❼S：うん。これら５種類のサイはみんな，絶滅の危機にあるんだ。僕たちがそれらを守るために急いで何かしなければ，それらはみんな，地球から消えてしまうんだ。❽M：パンフレットによると，①シロサイは，５種類の中で最も個体数が多いわね。❾S：それは，それらが安全だという意味ではないよ。サイの数は，急速に減少しているんだ。❿M：どうして(例)サイの数は，そんなに速く減少しているの？⓫S：密猟者が，角を手に入れるためにサイを殺すんだ。サイの角を違法に販売することで，多額のお金を稼ぐことができるんだ。アジア諸国の人々の中には，粉末状のサイの角がいい薬になると信じている人もいるからね。⓬M：なんてばかばかしい！　かわいそうなサイたちを，違法取引から守らないと。サイのことをもっと知りたいわ。⓭S：パンフレットに載っているヒタチ動物園を訪れるのはどう？　そこで②クロサイの家族が見られるよ。ビジターズホールで野生のサイに関する特別映画を見られるとも書いてあるね。⓮M：へえ，楽しそうね。次の日曜日にヒタチ動物園に行きたいな。一緒に来れる，スコット？⓯S：もちろんだよ。次の日曜日は，世界サイの日キャンペーンの③最終日だね。朝10時に動物園の門で待ち合わせようか。まずサイや他の動物を見て，その後④午後１時に始まる映画を見られるね。遅めの昼食の後，お店で買い物を楽しめるよ。⓰M：それがいいわ。⑤次の日曜日が待ちきれないな。ありがとう，スコット。

2023年世界サイの日／９月22日は，世界の多くの地域で，世界サイの日として祝われます。当園では今年，特別なキャンペーンイベントを計画しています。ヒタチ動物園に，クロサイの家族に会いに来てください！／キャンペーン期間：2023年９月17日(日)～９月24日(日)／時間：午前９時～午後５時／場所：ヒタチ動物園サイセクション／●ビジターズホール２階のシアターで，アフリカに生息するクロサイの特別映画をお楽しみください。ご来場の全ての方が無料で見ることができます。／月曜日から金曜日　午前10時～11時，午後３時～４時／土曜日と日曜日　午前10時～11時，午後１時～２時／●２階のショップでは，サイのオリジナルグッズをご購入いただけます。

(1)**＜適文・適語(句)選択＞**①パンフレットの「世界のサイと生息数」参照。最も個体数が多いのはシロサイ。　②パンフレットの４行目参照。ヒタチ動物園で会えるのはクロサイ。　③第３段落のスコットの発言より，今日は９月22日とわかる。パンフレットの Campaign Dates より，次の日曜日は９月24日で，キャンペーンの最終日である。　④パンフレットの１つ目の●にある，土曜日と日曜日の映画の上映時間参照。映画は午前10時と午後１時の２回。スコットは10時に待ち合わせて最初にサイなどの動物を見てから映画を見ることを提案しているので，午後１時に始まる回を見ようと考えていることがわかる。　⑤スコットの提案したプランに同意したミカの発言。can't wait は「待ちきれない」という意味。ウは曜日が正しくない。　look forward to ～「～を楽しみに待つ」

(2)**＜適文補充＞**直後のスコットの返答から，サイが急速に減っている理由を尋ねる文にする。５～９語という指定があるので，Why is that？は不可。直前のスコットの言葉を受けるので，very rapidly ではなく，so rapidly「そんなに速く」とするとよい。

５　**〔長文読解総合―スピーチ〕**

≪全訳≫❶私たちは水がなければ１日も生きられないので，私たちの日常生活において，水を得ることは非常に重要です。日本では，とても簡単に水を手に入れることができます。水道の蛇口をひねれば，いつでも清潔で安全な水が手に入ります。日本に住んでいれば水の心配はしなくてよいと思うかもしれません。でも，地球上でどれだけ多くの人が清潔で安全な水を手に入れられるかご存じでしょうか？❷ユニセフによると，2016年から2020年の間に，清潔で安全な水を家庭で得られる世界の人口は70％から74％に増えました。でも，世界中の約20億人の人々は，清潔で安全な水を手に入れることができません。アフリカ諸国では，水不足は特に深刻です。そこに住む人々は，その日に使う清潔な水を手に入れるためだけに長い道のりを歩かなければなりません。彼らの多くは飲み水を，汚い川や池，それどころか水たまりにさえ頼っています。彼らの村の近くには清潔な水資源がないため，汚い物を触った後，手を洗うことができません。健康に悪いとわかっていても，汚い川や水たまりの水を飲まなければならないのです。汚い水を飲んだ後，彼らに何が起きるか想像してください。WHOは，毎年約30万人の子どもたちが，汚い水を飲んだことにより引き起こされた下痢で亡くなっていると考えています。❸世界中の非常に多くの人々が，清潔で安全な水を手に入れることができません。なぜでしょうか？　大きな理由が２つあります。人口が多いことと，気候変動です。まず，世界の人口は急速に増えています。世界の人口は2020年に78億人に到達し，2050年までには90～100億人に到達する見込みです。地図によると，人口の多い地域は，水が不足しています。第二に，世界規模の気候変動のせいで，多くの国が長期間，暑くて乾燥した天候となっています。ご存じのように，雨水はダムや貯水槽にためられ，その多くが飲み水として利用されます。何か月もほとんど雨が降らないと，日常の利用に十分な飲み水が得られなくなってしまうのです。❹日本には清潔な水がたくさんあるので，水を好きなだけ使ったり飲んだりすることができます。私たちには，水がいかに大切か理解するのは難しいかもしれません。でも，将来日本の夏がもっと暑くなれば，深刻な水不足に陥るかもしれません。もしくは，大地震のような自然災害が起きた場合，水道水が何週間も止まる可能性があります。幸運にも，私たちはスーパーマーケットでペットボトルのミネラルウォーターを買うことができるので，そのような緊急事態のために，それらを置いておくことができます。もちろん，日常生活において，私たちは常に水の節約に気をつけないといけません。

(1)<内容真偽>ア.「近い将来，世界中のさらに多くの地域で清潔な水を手に入れられるようになるだろうと，ユニセフは考えている」…×　そのような記述はない。　イ.「アフリカ諸国の人々は，清潔な水が必要なとき，長い道のりを歩かなければならない」…○　第2段落第3，4文に一致する。　ウ.「汚い水を飲まなければならない人のほとんどは，それが自分たちを殺す可能性があるということに気づいていない」…×　第2段落最後から3文目参照。健康に悪いとわかっているが，飲まざるをえない。　エ.「気候変動のせいで天候が暑く乾燥した場合，飲むのに十分な水が得られなくなるだろう」…○　第3段落最終文および第4段落第3文に一致する。　オ.「話し手は，雨がほとんど降らないときでも清潔な水を得る方法を探すべきだと言っている」…×　そのような記述はない。

(2)<適所選択>空所3直後の「約30万人の子どもたちが，汚い水を飲んだことにより引き起こされた下痢で亡くなっている」という内容が，脱落文の「汚い水を飲んだ後，彼らに何が起きるか」という問いに対する答えになっている。

(3)<適語句補充>地図参照。地図では，「人の多い」地域が水不足に見舞われていることがわかる。他に large(r) population とすることもできる。population「人口」の「多い」「少ない」は large，small で表すことに注意。

(4)<英問英答>「自然災害が起きると，水道水が何週間も止まる可能性がある。そのような緊急事態にどうやって備えるべきか」―「(例)ペットボトルのミネラルウォーターを買って，そのような緊急事態のために置いておくべきだ」　最終段落の最後から3，2文目参照。

(5)<内容一致・条件作文>≪全訳≫今日，ミナが英語の授業で，水不足問題に関するスピーチをした。日本では，①(例)水道の蛇口をひねるだけで水を飲むことができる。しかし私たちは，世界中の約20億人の人々が②(例)清潔で安全な水を手に入れることができないということを覚えておくべきだ。毎年約30万人の子どもたちが，汚い川や水たまりの水を飲んだ後に命を落としていると聞いて，私はショックを受けた。③(例)今すぐそれらのかわいそうな子どもたちに，清潔で安全な水を送ることができればいいのに。

<解説>①第1段落第2，3文参照。この turn on ～ は「(栓など)をひねる」という意味。②第2段落第2文参照。　③'I wish＋主語＋(助)動詞の過去形…' は「～であればいいのに」という'現在実現困難な願望'を表す仮定法の形。

6〔テーマ作文〕

≪全訳≫先日インターネットで学校の掃除の時間についてのニュース記事を読んだよ。日本のほとんどの学校で，生徒たちが教室やトイレ，その他の学校のスペースを，学校のある日は毎日掃除していると書いてあったんだ。インターネットの動画や画像でも，一緒に楽しそうに掃除をしている日本の学生たちが見られる。僕は子どもの頃から学校で掃除をしたことがないから，とても驚いているんだ。オーストラリア，それにおそらく世界中のほとんどの国では，プロの学校清掃業者が学校の掃除を行っている。君は，生徒たちが自分たちの学校を掃除することは大切だと思う？　そして，そう思うのはなぜ？

<解説>テーマは，日本の生徒たちが自分の学校を掃除すること。「それは大切だと思う」という書き出しが与えられているので，その理由を考えて書く。解答例は「掃除の時間には，生徒全員が自分たちで仕事を分担して，互いに助け合わなければならない。このように，生徒たちは大切なことを終わらせるために協力する方法を学ぶことができる」。

2023年度／常総学院高等学校

数学解答

1 (1) ① -9 ② 3 ③ $4b^2$ ④ $5a+8b$

(2) $x=-3,\ 8$

2 (1) -2

(2) ア…$x+y$ イ…$0.02x+0.05y$

(3) $\frac{1}{9}$ (4) $(0,\ 12)$

3 (1) (例)△PDBと△BDQで，共通な角だから，∠PDB＝∠BDQ……①
仮定より，$\overset{\frown}{DB}=\overset{\frown}{CD}$で，等しい弧に対する円周角は等しいから，∠DPB＝∠DBQ……② ①，②から，2組の角がそれぞれ等しいので，△PDB∽△BDQ

(2) 75° (3) $\frac{4\sqrt{3}}{3}$cm

4 (1) ① 30L ② $y=4x-40$

(2) 20分後

5 (1) ① 11.8℃ ②…イ

(2) 記号…ウ
説明…(例)ソウルの第2四分位数(中央値)は13.0℃より大きく，ウィーンの第3四分位数は13.0℃より小さいから。

6 (1) $\frac{496}{5}\pi\ \text{cm}^3$ (2) $\frac{442}{5}\pi\ \text{cm}^2$

(3) $\frac{10}{3}$cm

1〔独立小問集合題〕

(1)＜数の計算，式の計算＞①$-8+3-4=-9$ ②与式$=(\sqrt{2})^2+2\times\sqrt{2}\times1+1^2-\sqrt{2^2\times2}=2+2\sqrt{2}+1-2\sqrt{2}=3$ ③与式$=\frac{2a^2b\times8b}{4a^2}=4b^2$ ④与式$=7\times a+7\times b-\frac{1}{3}\times6a+\frac{1}{3}\times3b=7a+7b-2a+b=5a+8b$

(2)＜二次方程式＞$x^2-2x-24=3x$，$x^2-5x-24=0$，$(x+3)(x-8)=0$ $\therefore x=-3,\ 8$

2〔独立小問集合題〕

(1)＜一次方程式―解の利用＞一次方程式$5x+a=7-ax$の解が$x=3$だから，解を方程式に代入すると，$5\times3+a=7-a\times3$より，$15+a=7-3a$，$4a=-8$，$a=-2$となる。

(2)＜連立方程式の応用＞ビーカーAから2％の食塩水xg，ビーカーBから5％の食塩水ygを取り出して，これらを混ぜて4％の食塩水300gをつくるので，食塩水の重さについて，$x+y=300$が成り立つ。また，ビーカーAから取り出した食塩水に含まれる食塩の重さは$x\times0.02=0.02x$(g)，ビーカーBから取り出した食塩水に含まれる食塩の重さは$y\times0.05=0.05y$(g)であり，これらの合計が4％の食塩水300gに含まれる食塩の重さとなるから，$0.02x+0.05y=300\times0.04$が成り立つ。

(3)＜確率―さいころ＞大小2つのさいころを投げるとき，目の出方は，それぞれ6通りだから，全部で$6\times6=36$(通り)あり，a，bの組も36通りある。関数$y=ax+b$のグラフが点$(-1,\ 2)$を通るとき，$2=a\times(-1)+b$より，$a-b=-2$となる。これを満たすa，bの組は$(a,\ b)=(1,\ 3)$，$(2,\ 4)$，$(3,\ 5)$，$(4,\ 6)$の4通りあるので，求める確率は$\frac{4}{36}=\frac{1}{9}$である。

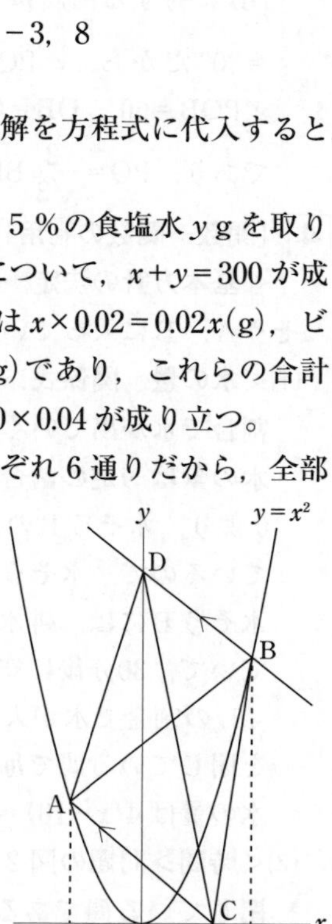

(4)＜関数―座標＞右図で，△ACB，△ACDの底辺を辺ACと見ると，△ACB＝△ACDとなるとき，高さが等しいので，AC∥DBとなる。よって，点Dは，点Bを通り直線ACに平行な直線とy軸との交点である。2点A，Bは関数$y=x^2$のグラフ上の点であり，x座標はそれぞれ-2，3だから，$y=(-2)^2=4$，$y=3^2=9$より，A$(-2,\ 4)$，B$(3,\ 9)$である。

C(2, 0)だから，直線ACの傾きは$\dfrac{0-4}{2-(-2)}=-1$となり，直線DBの傾きも-1である。直線DBの式を$y=-x+b$とおくと，点Bを通るので，$9=-3+b$，$b=12$となる。切片が12だから，D(0, 12)である。

3〔平面図形―円〕

≪基本方針の決定≫(3)　△PQBが特別な直角三角形であることに気づきたい。

図1

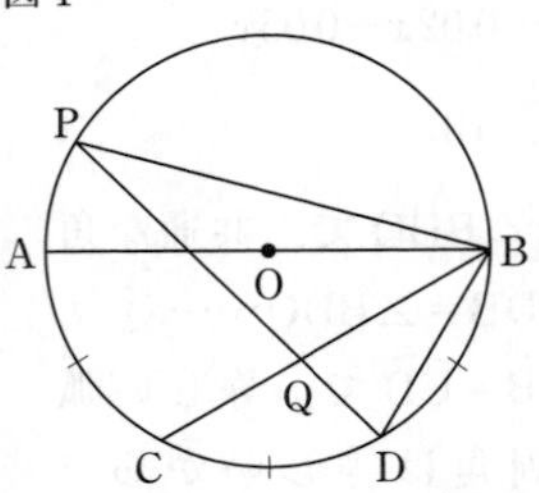

図2

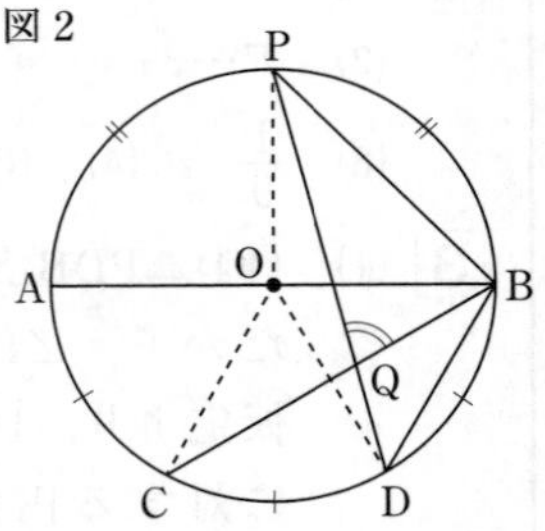

(1)**＜証明＞**右図1の△PDBと△BDQで，共通な角より，∠PDB＝∠BDQであり，$\overset{\frown}{DB}=\overset{\frown}{CD}$より，等しい弧に対する円周角は等しいから，∠DPB＝∠DBQである。解答参照。

(2)**＜角度＞**右図2で，点Oと3点C，D，Pをそれぞれ結ぶ。$\overset{\frown}{AC}=\overset{\frown}{CD}=\overset{\frown}{DB}$より，$\angle AOC=\angle COD=\angle DOB=180^\circ\div3=60^\circ$であり，$\overset{\frown}{AP}=\overset{\frown}{BP}$より，$\angle AOP=\angle BOP=180^\circ\div2=90^\circ$となる。$\overset{\frown}{CD}$，$\overset{\frown}{BP}$に対する円周角と中心角の関係より，$\angle QBD=\dfrac{1}{2}\angle COD=\dfrac{1}{2}\times60^\circ=30^\circ$，$\angle BDQ=\dfrac{1}{2}\angle BOP=\dfrac{1}{2}\times90^\circ=45^\circ$となるから，△BDQで内角と外角の関係より，$\angle PQB=\angle QBD+\angle BDQ=30^\circ+45^\circ=75^\circ$である。

図3

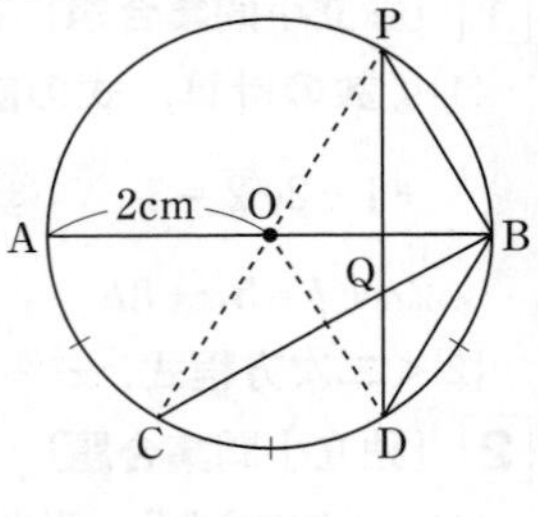

(3)**＜長さ＞**右図3で，線分ABは円Oの直径であり，点Pは直線ABを対称の軸として点Dと対称な位置にあるから，$\angle POB=\angle DOB=60^\circ$である。よって，$\angle COD+\angle DOB+\angle POB=60^\circ+60^\circ+60^\circ=180^\circ$となるから，線分CPは円Oの直径である。これより，$\angle PBQ=90^\circ$となる。また，$\overset{\frown}{DB}$に対する円周角と中心角の関係より，$\angle QPB=\dfrac{1}{2}\angle DOB=\dfrac{1}{2}\times60^\circ=30^\circ$だから，△PQBは3辺の比が$1:2:\sqrt{3}$の直角三角形である。$\angle POB=60^\circ$，OB＝OPより，△OBPが正三角形なので，BP＝OB＝2であり，$PQ=\dfrac{2}{\sqrt{3}}BP=\dfrac{2}{\sqrt{3}}\times2=\dfrac{4\sqrt{3}}{3}$(cm)となる。

4〔関数―関数の利用〕

≪基本方針の決定≫(1)①　水そうBの水の量は，10分後までは一定の割合で減少する。　(2)　水そうA，Bに入っている水の量をxを用いて表す。

(1)**＜水の量，関係式＞**①水そうBは，排水管Pを通して一定の割合で水が入り，排水管Qから一定の割合で水が出ていくから，排水管P，Qを同時に開いてから排水管Qを閉じるまでの10分後まで，水の量は一定の割合で変化する。はじめに60Lあった水が10分後に空になっているので，$60\div10=6$より，水そうBの水は毎分6Lの割合で減少していく。よって，5分後には$6\times5=30$(L)減少しているので，水そうBに入っている水の量は$60-30=30$(L)である。　②排水管Qを閉じた後，水そうBには，排水管Pを通して一定の割合で水が入る。水そうAは，はじめに120Lの水が入っていて，30分後に空になっているので，$120\div30=4$より，排水管Pを通して水そうBには，毎分4Lの割合で水が入る。排水管Qを閉じるのは10分後で，このとき水そうBは空だから，排水管Qを閉じている間で毎分4Lの割合で水が入っている時間は$x-10$分と表せ，水そうBに入っている水の量は$4(x-10)=4x-40$(L)となる。よって，求める関係式は$y=4x-40$である。

(2)**＜時間＞**問題の図2より，水そうAと水そうBに入っている水の量が等しくなるのは，排水管Qを閉じている間である。水そうAには，はじめ120Lの水が入っていて，(1)②より，毎分4Lの割合で減少するので，水そうAの水の量は $120-4x$L と表せる。また，排水管Qを閉じている間の水そうBの水の量は $4x-40$L である。よって，水そうAと水そうBに入っている水の量が等しくなるとき，$120-4x=4x-40$ が成り立つ。これを解くと，$-8x=-160$ より，$x=20$(分)後となる。

5 〔データの活用―ヒストグラム，箱ひげ図〕

≪基本方針の決定≫(2)　ソウルの平均気温の第２四分位数(中央値)，ウィーンの平均気温の第３四分位数に着目する。

(1)**＜平均値，箱ひげ図＞**①各階級の階級値は，小さい方から，9.5℃，10.5℃，11.5℃，12.5℃，13.5℃，14.5℃となる。それぞれの階級の度数は，２年，５年，７年，４年，３年，２年である。平均値は，〔階級値〕×〔度数〕を合計して，度数の合計でわればよいから，$(9.5\times2+10.5\times5+11.5\times7+12.5\times4+13.5\times3+14.5\times2)\div23=271.5\div23=11.80\cdots$ となり，小数第２位を四捨五入して11.8℃である。

②問題の図１より，最小値は9.0℃以上10.0℃未満の階級に含まれ，最大値は14.0℃以上15.0℃未満の階級に含まれる。度数の合計は23年だから第２四分位数(中央値)は，平均気温を小さい順に並べたときの12番目の値である。$2+5=7$，$7+7=14$ より，12番目の値は11.0℃以上12.0℃未満の階級に含まれる。また，第１四分位数は小さい方の11年の中央値だから，小さい方から６番目の値であり，第３四分位数は大きい方の11年の中央値だから，大きい方から６番目の値である。小さい方から６番目は10.0℃以上11.0℃未満の階級に含まれ，平均気温が大きい方からかぞえると，$2+3=5$，$5+4=9$ より，大きい方から６番目は12.0℃以上13.0℃未満の階級に含まれる。以上より，対応する箱ひげ図はイである。

(2)**＜理由＞**ソウルの第２四分位数(中央値)は13.0℃より大きいから，大きい方から12番目の値は13.0℃より大きい。よって，13.0℃以上であった年は12年以上である。一方，ウィーンは第３四分位数が13℃より小さいから，大きい方から６番目の値は13.0℃より小さい。よって，13℃以上であった年は５年以下である。

6 〔空間図形―円錐〕

(1)**＜体積＞**右図１のように，切り口の円Pの周上の点をB，ABの延長と底面の円Oとの交点をCとする。切り口の円Pの周の長さが 2πcm だから，$2\pi\times\mathrm{PB}=2\pi$ が成り立ち，$\mathrm{PB}=1$ となる。切り口の円Pは，もとの円錐の底面と平行だから，切ったときの点Aを含む方の円錐ともとの円錐は相似である。相似比は $\mathrm{PB}:\mathrm{OC}=1:5$ だから，体積比は，$1^3:5^3=1:125$ となる。もとの円錐の体積は $\frac{1}{3}\times\pi\times\mathrm{OC}^2\times\mathrm{AO}=\frac{1}{3}\times\pi\times5^2\times12=100\pi$ だから，切ったときの点Aを含む方の円錐の体積は $\frac{1}{125}\times100\pi=\frac{4}{5}\pi$ となり，立体Rの体積は，$100\pi-\frac{4}{5}\pi=\frac{496}{5}\pi$ (cm³)である。

図１

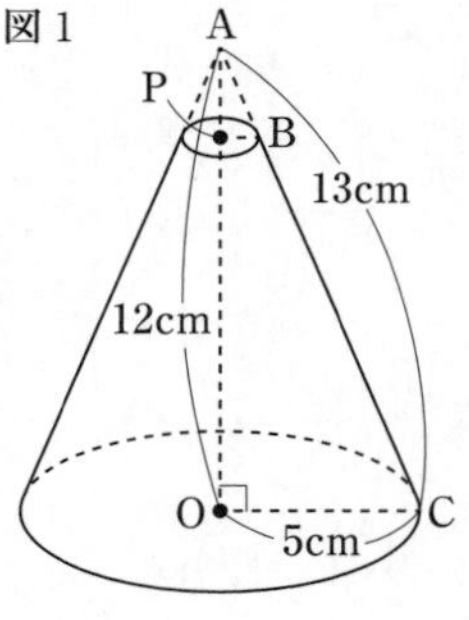

(2)**＜面積＞**立体Rの曲面部分を展開すると，右図２のように，おうぎ形ACC′からおうぎ形ABB′を除いた図形となる。右上図１で，円Oの周の長さは $2\pi\times5=10\pi$ だから，図２で，$\overset{\frown}{\mathrm{CC'}}=10\pi$ である。おうぎ形ACC′の中心角を $\angle\mathrm{CAC'}=a$ とすると，$2\pi\times13\times\frac{a}{360^\circ}=10\pi$ が成り立ち，$\frac{a}{360^\circ}=\frac{5}{13}$ となる。よって，〔おうぎ形ACC′〕$=\pi\times13^2\times\frac{a}{360^\circ}=\pi\times13^2\times\frac{5}{13}=65\pi$ である。また，おうぎ形ABB′とおうぎ形ACC′は相似であり，図１で，(1)より，相似比は $\mathrm{AB}:\mathrm{AC}=\mathrm{PB}:\mathrm{OC}=1:5$ となるから，

図２

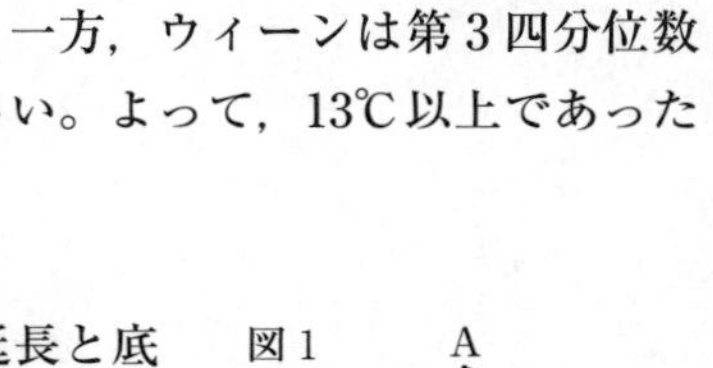

図2で，〔おうぎ形 ABB′〕：〔おうぎ形 ACC′〕$=1^2:5^2=1:25$ である。これより，〔おうぎ形 ABB′〕$=\dfrac{1}{25}$〔おうぎ形 ACC′〕$=\dfrac{1}{25}\times 65\pi=\dfrac{13}{5}\pi$ となるので，立体Rの曲面部分の面積は，〔おうぎ形 ACC′〕−〔おうぎ形 ABB′〕$=65\pi-\dfrac{13}{5}\pi=\dfrac{312}{5}\pi$ となる。図1で，円Oの面積は $\pi\times5^2=25\pi$，円Pの面積は $\pi\times1^2=\pi$ だから，立体Rの表面積は $\dfrac{312}{5}\pi+25\pi+\pi=\dfrac{442}{5}\pi$ (cm²)である。

(3)<長さ>右図3のように，球Qと母線ACの接点をDとし，2点Q，Dを結ぶ。球Qは点Oで接することより，点Qは線分AO上にある。また，QD⊥ACとなるから，∠ADQ＝∠AOC＝90°，∠QAD＝∠CAOより，△ADQ∽△AOCとなる。よって，QD：CO＝AQ：ACである。球Qの半径を x cmとおくと，$QD=QO=x$，$AQ=AO-QO=12-x$ となるから，$x:5=(12-x):13$ が成り立つ。これを解くと，$x\times13=5(12-x)$ より，$13x=60-5x$，$18x=60$，$x=\dfrac{10}{3}$ (cm)となる。

図3

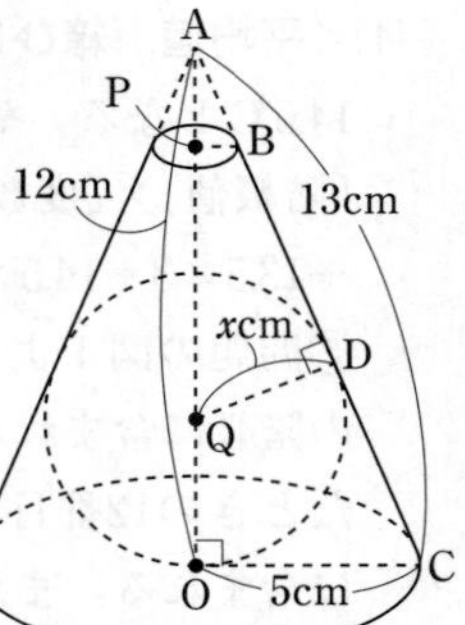

＝読者へのメッセージ＝

6で，円錐を底面に平行な平面で切ったときの切り口は円でした。では，頂点を通らずに斜めに切断すると，切り口はどのようになると思いますか。切る角度によって変わりますが，だ円や放物線，双曲線になります。高校で学習します。

2023年度／常総学院高等学校

社会解答

1 1 (1) ウ (2) A…エ B…イ

(3) 記号…エ

語…バイオエタノール〔バイオ燃料〕

2 (1) 河川名…石狩 記号…イ

(2) ウ (3) ウ

(4) 記号…ア 県名…愛媛

(5) (例)東北地方は関東地方よりも工業用地の地価が安く，また，関東地方と結ぶ高速道路が整備されているから。(48字)

2 1 (1) 県…ウ メモ1…エ

(2) 万葉集 (3) イ

(4) (例)新田開発が行われたり，新しい農具が普及したりした(24字)

2 (1) 伊藤博文

(2) (例)政党内閣の時代が終わった

(3) ウ

3 (1) オ (2) ア，エ

(3) 語…内閣 記号…ア (4) ウ

(5) イ (6) 記号…ウ 語…自立

(7) CSR

4 1 (1) ア (2) ワイマール憲法

(3) イ

2 (1) ウ (2) 倭寇

(3) 人名…徳川綱吉 か…イ き…ウ

(4) ア→エ→イ→ウ

3 (例)あとで請求されるので，収入を考えて計画的に利用する(25字)

1〔地理―総合〕

1(1)<世界の気候>資料1の地図中の④の都市は，南アメリカ大陸の赤道に近いアマゾン川流域に位置し，年間の降水量が多く年中高温の熱帯に属するので，ウのグラフが当てはまる。なお，①の都市は乾燥帯を示すイのグラフ，②の都市は温帯を示すエのグラフ，③の都市は寒帯を示すアのグラフがそれぞれ当てはまる。

(2)<世界の主な農産物>資料1中のAはヨーロッパ州で，地中海沿岸を中心にオリーブが生産されていることから資料2中のエに当てはまる。資料1中のBはアフリカ州で，カカオの生産量の約3分の2を占めている資料2中のイに当てはまる。なお，資料1中のCはアジア州で，米の生産量の大部分を占めている資料2中のアに，資料1中のDは南アメリカ州で，残った資料2中のウにそれぞれ当てはまる。

(3)<アメリカ合衆国の農業>アメリカ合衆国の内陸部は降水量が少ないため，地下水を利用したセンターピボットなどの大規模なかんがい農業が行われている。また，とうもろこしは，さとうきびとともに，環境への負荷が小さいバイオエタノール〔バイオ燃料〕の原料として使われている。

2(1)<石狩川>北海道西部の石狩平野を流れるAの河川は，石狩川である。なお，資料3の河川のうち，流域面積が最大のアは資料4のCの利根川，最も長いウは資料4のBの信濃川，エは資料4のDの木曽川である。

(2)<日本の漁業>aは，かつて日本の漁業の中心だったが，1970年代以降に各国の排他的経済水域の設定や石油危機〔オイル・ショック〕による燃料費の高騰などによって漁獲量が減少した遠洋漁業，

ｂは，遠洋漁業が衰退した後に日本の漁業の中心となった沖合漁業，ｃは2011年の東日本大震災のときに漁獲量が減った海面養殖業を表している。

(3)＜**関東地方**＞政令指定都市数が３のアは，横浜市，川崎市，相模原市が政令指定都市である神奈川県，昼間人口比率が高いエは，周辺の県から通勤通学者が集まる東京都を表している。残ったイとウのうち，千葉県の方が農業産出額が多いのでウに当てはまる。

(4)＜**松山市，地形図の読み取り**＞松山市は，愛媛県の県庁所在地である。また，松山城跡の地図記号（∴）が表示されている地点は標高100mよりも低い(ア…×)。なお，この地形図で示された地域内に，博物館(美術館)（🏛）や裁判所（仝）は複数ある(イ…○)。特にことわりのないかぎり，地形図上では上が北になるので，市役所（◎）から見た松山市駅の方位は南西である(ウ…○)。この地形図の縮尺は２万５千分の１であることから，地形図上で２cmの長さの実際の距離は，２cm×25000＝50000cm＝500mとなる(エ…○)。

〔編集部注：アについて，実際には山頂付近にも松山城跡の関連施設が存在するが，ここでは地図記号が表示されている地点により判断した。〕

(5)＜**東北地方の工業**＞資料８の表からは，東北地方の工業用地の地価が関東地方より安いこと，資料９からは，東北地方の工業団地が新幹線や高速道路で関東地方と結ばれていることがそれぞれ読み取れる。東北地方では，1970年代以降の高速道路の整備により原料や製品の輸送の利便性が高まったことで，安い土地や労働力を求めて工場の進出が進んだ。

２〔**歴史—総合**〕

１(1)＜**弥生時代の日本と中国の関わり**＞弥生時代の57年に，北九州の奴国が中国の漢に使いを送り，漢の皇帝から金印を授かったことが中国の歴史書『後漢書』東夷伝に記録されている。資料１は，江戸時代に福岡県の志賀島で発見された金印で，「漢委奴国王」という印文が刻まれていることから，『後漢書』東夷伝の記事にある金印と考えられている。また，３世紀には，邪馬台国の卑弥呼が魏に使いを送ったことが『魏志』倭人伝に記録されている。

(2)＜**万葉集**＞『万葉集』は，奈良時代の後半に大伴家持によって編さんされた現存する日本最古の和歌集で，柿本人麻呂や山上憶良などが代表的な歌人として知られている。

(3)＜**年代整序**＞年代の古い順に，Ⅰ(御成敗式目〔貞永式目〕の制定—1232年)，Ⅲ(蒙古襲来〔元寇〕—1274年，1281年)，Ⅱ(永仁の徳政令が出される—1297年)となる。

(4)＜**江戸時代の農業**＞江戸時代に米の収穫高が増加した理由として，資料４のグラフに見られるように幕府や藩などによって新田開発が進められて耕地面積が増加したことと，資料５に見られる備中ぐわや千歯こきなどの農具が使われるようになったことが挙げられる。

２(1)＜**伊藤博文**＞1885年の内閣制度創設に伴い初代内閣総理大臣に就任したのは，伊藤博文である。

(2)＜**政党内閣の時代の終わり**＞大正時代に，選挙によって議員が選出される衆議院における第一党が内閣を組織するという本格的な政党内閣が誕生した。しかし，1932年の五・一五事件で犬養毅首相が暗殺されると，政党内閣の時代が終わり，資料６のように軍人が内閣総理大臣に就任することが多くなっていった。

(3)＜**第二次世界大戦後の出来事**＞第一次石油危機〔オイル・ショック〕が起こったのは1973年のこと，ベルリンの壁が崩壊したのは1989年のこと，朝鮮戦争が始まったのは1950年のこと，国際連合が設立されたのは1945年のことである。

3〔公民―総合〕

(1)＜**三権分立**＞国会は内閣総理大臣を指名し，衆議院は内閣不信任の決議を行う。内閣は最高裁判所の長官を指名する。国会は，裁判官としてふさわしくない行いをした裁判官を辞めさせるかどうかを判断する弾劾裁判所を設置する。

(2)＜**選挙**＞衆議院議員の任期は４年だが，衆議院には解散があるので，衆議院議員総選挙は４年ごとに実施されるとはかぎらない(ア…○)。衆議院の定数は465名で，参議院の定数248名よりも多い。また，衆議院には国会の議決において参議院より強い権限が認められている。これを衆議院の優越という(エ…○)。なお，参議院議員の任期は６年で，３年ごとに半数が改選される(イ…×)。資料２の表から，近年の改正により衆議院の定数は減少しているが，参議院の定数は増加していることがわかる(ウ…×)。

(3)＜**法律の制定**＞法律案を国会に提出できるのは，国会議員か内閣である。法律案はまず委員会で審査された後，委員会で可決されれば本会議で採決される。本会議の法律案の可決には，出席議員の過半数の賛成が必要である。

(4)＜**裁判のしくみ**＞資料３は，検察官が罪を犯した疑いのある人を被告人として訴えて裁判する刑事裁判のしくみ，資料４は，訴えた人(原告)と訴えられた人(被告)の間で争う民事裁判のしくみをそれぞれ表している。民事裁判のうち，国や地方公共団体を相手に争う行政裁判も資料４のしくみをとって行われる(ウ…○)。なお，私人間の対立を解決するのは民事裁判である(ア…×)。裁判員裁判は，重大な犯罪を対象とする刑事裁判の第一審で導入されている(イ…×)。裁判の開始後，判決を待たずに双方が合意する和解によって争いが解決することがあるのは民事裁判のみである(エ…×)。

(5)＜**直接請求権**＞資料５に示されているのは地方議会の解散請求などに必要な署名数である。地方自治法の改正によって，人口が多い地方公共団体において，直接請求に必要な署名数が減少していることが読み取れる。なお，条例の制定に必要な署名数は有権者数の50分の１以上である。

(6)＜**消費者の権利**＞2004年の消費者基本法の制定によって，消費者の権利が明記され，国や地方公共団体，事業者の責務が示された。また，消費者にも知識や情報を収集して的確に判断が下せるように自立した消費者として行動することが求められている。

(7)＜**企業の社会的責任**＞利潤を追求する企業にも，教育・文化・環境保護などの面での社会貢献や法令遵守などの社会的責任を果たすことが求められている。企業の社会的責任のことを，CSRという。

4〔三分野総合―貨幣を題材にした問題〕

１(1)＜**フランスの歴史**＞資料１のＡ国はフランスである。フランスでは1789年に，国王や大貴族を中心とする政治に不満を持つ市民によるフランス革命が起こり，自由・平等や人民〔国民〕主権などを唱える人権宣言が出された。なお，イはイギリスについて，ウはアメリカ合衆国について，エはスイスについて述べている。

(2)＜**ワイマール憲法**＞資料１のＢ国はドイツである。ドイツでは第一次世界大戦敗戦後の1919年に，社会権を認めるワイマール憲法が制定された。

(3)＜**資料の読み取り**＞＜メモ１＞の内容をもとに資料２を見ると，輸出額が輸入額を下回っているウがUSMCA，輸入額と輸出額の合計が50000億ドルを下回っているアとエのうち人口の多いアがASEAN，人口の少ないエがMERCOSURとわかるので，EUに当てはまるのは残ったイとなる。なお，EUはヨーロッパ連合，ASEANは東南アジア諸国連合，USMCAはアメリカ・メキシコ・カナダ協定，MERCOSURは南米南部共同市場の略称である。

2⑴＜**日本の貨幣の歴史**＞日本最古の貨幣とされるのは飛鳥時代に発行された富本銭である。また，大海人皇子と大友皇子が争い，勝利した大海人皇子が即位して天武天皇となった戦いは，壬申の乱(672年)である。なお，寛永通宝は江戸時代に流通した銅銭，白村江の戦いは663年の百済・日本連合軍と唐・新羅連合軍が争った戦いである。

⑵＜**勘合貿易**＞室町時代の初め，朝鮮や中国の沿岸で密貿易や海賊行為をしていた集団を倭寇という。明からの倭寇の取り締まりの要求に日本が応じたことをきっかけに，日本と明との間で日明貿易が始まった。倭寇と区別するために正式な貿易船には明から与えられた通交証明書である勘合を持たせたことから，この貿易を勘合貿易ともいう。

⑶＜**江戸時代の貨幣**＞江戸時代に生類憐みの令を出したのは，江戸幕府第５代将軍の徳川綱吉である。綱吉は幕府財政を立て直すために，貨幣に含まれる金の量を減らして貨幣の発行量を増やした。それによって貨幣の価値が下がったために，物価は上昇した。

⑷年代の古い順に，ア(日清修好条規の締結―1871年)，エ(日英通商航海条約締結による領事裁判権の撤廃―1894年)，イ(日清戦争の講和条約である下関条約締結―1895年)，ウ(日露戦争の講和条約であるポーツマス条約締結―1905年)となる。

3＜**クレジットカード**＞クレジットカードを利用すると，現金がなくても商品を購入することができるが，後日，代金と手数料が請求される。自分の収入の範囲内でカードを利用しないと後日の支払いができなくなる点に注意する必要がある。

理科解答

1 (1) イ　(2) ウ　(3) イ　(4) イ
(5) ア　(6) ア, イ, エ　(7) エ
(8) ア

2 (1) イ　(2) ア, エ
(3) (例)棒磁石のＳ極をゆっくりと近づけた。
(4) エ

3 (1) ウ
(2) (例)BTB液中の二酸化炭素が増えたため。
(3) イ　(4) ウ

4 (1) エ　(2) 2495g　(3) キ
(4) 記号…ア
理由…(例)低気圧と高気圧が交互に日本を通過しているから。

5 (1) ウ　(2) ア
(3) (例)マグネシウムは亜鉛よりもイオンになりやすい。
(4) (例)亜鉛板はうすくなり，銅板には赤い物質が付着する。
(5) エ, オ

6 (1) ウ　(2) あ…1.3　い…26
(3) ア
(4) (例)えさの数が減るので，ミジンコの数も減る。

1〔小問集合〕

(1)＜光の性質＞光が空気中からガラス中や水中に斜めに入射するとき，光は空気とガラス，あるいは水との境界面から遠ざかる向きに進む。つまり，入射角＞屈折角となる。

(2)＜状態変化＞物質の状態が変化しても粒子の数は変わらない。そのため，質量は変化しない。また，物質をつくる粒子は，固体の状態では規則正しく並んでいるが，液体の状態では粒子どうしの間隔が広がり，比較的自由に動いている。

(3)＜植物の体のつくりとはたらき＞イヌワラビなどのシダ植物の体は，葉・茎・根からできている。図のＸは葉の一部で，茎は地下にある(地下茎)。

(4)＜気圧と風＞砂は水よりもあたたまりやすく早く温度が上がるため，砂のすぐ上の空気の方が早くあたためられて軽くなって(密度が小さくなって)上昇し，気圧が低くなる。このとき，水のすぐ上の空気が砂の方へ移動するので，線香の煙は砂の方へ移動する。

(5)＜等速直線運動＞等速直線運動では，物体は直線上を一定の速さで進むので，移動した距離は運動した時間に比例する。なお，このとき物体には力がはたらかないか，はたらいていてもその合力が０である。また，物体を高い所から落としたときのように，進行方向に同じ大きさの力がはたらき続けている場合，一定の割合で速さが変化する等加速度運動をする。

(6)＜発熱反応＞ア…適する。マグネシウムを強く加熱すると，熱と光を出して(発熱して)激しく酸化し酸化マグネシウムとなる。　イ…適する。鉄粉と硫黄の混合物を加熱して反応が始まると，加熱をやめても反応による発熱によって反応が進み硫化鉄となる。　エ…適する。酸化カルシウムは水と反応して，水酸化カルシウムとなる。このとき発熱するが，この反応は携帯食品の温めなどに利用されている。　ウ…不適。熱を吸収して温度が下がる吸熱反応である。

(7)＜生物の成長＞雄と雌がそれぞれ生殖細胞をつくり，その受精によって新たな個体ができる生殖を有性生殖という。なお，雄と雌が関わらない生殖を無性生殖という。また，動物では，図で，受精

卵が細胞分裂を始めたBから，自分で食物をとることができる個体(おたまじゃくし)となる前までのEを胚と呼ぶ。

(8)＜**地層と岩石**＞岩石を構成する粒が丸みを帯びているのは，流水のはたらきを受けたためである。このように，流水のはたらきを受けた土砂が堆積してできた岩石は堆積岩である。なお，火成岩は，マグマが冷え固まってできたもので，岩石を構成する粒が角ばっている。また，石灰岩の主成分は炭酸カルシウムで，塩酸をかけると溶けて気体(二酸化炭素)を発生する。なお，チャートの主成分は二酸化ケイ素で，塩酸とは反応しないため気体は発生しない。

2〔**電流とその利用**〕

(1)＜**電流計**＞回路に流れる電流の大きさがわからないとき，電流計に過大な電流が流れて壊れるのを防ぐために，最も大きな5Aの－端子を用いる。

(2)＜**電流と磁界**＞ア…正しい。電流の周りには，電流の流れる向きに対して時計回り(右回り)の磁界が生じるので，図1の点Dと点Eの位置では磁界の向きが北向きとなり，方位磁針のN極が指す向きは変化しない。　エ…正しい。コイルに流れる電流の向きが逆になると，電流の周りに生じる磁界の向きも逆になるので，方位磁針のN極が指す向きも逆になる。そのため，どの方位磁針も方法1の❷の結果と逆になる。　イ…誤り。磁界の向きは，図1の点Aの位置では東向き，点Bの位置では西向きとなるため，方位磁針のN極が指す向きは，点Aでは東向き，点Bでは西向きとなる。　ウ…誤り。コイルに流れる電流を大きくすると，磁界の強さは強くなるが，向きは変わらないので，方位磁針のN極の指す向きも変わらない。

(3)＜**電磁誘導**＞コイルに近づける棒磁石の極を逆にすると，流れる電流の向きは逆になり，近づける速さを速くすると，流れる電流の大きさは大きくなる。よって，図4では，検流計の針の振れる向きが，方法2のときの図3とは逆向きになっているので，N極とは逆のS極を近づけたことがわかる。また，針の振れ幅が小さくなっているので，棒磁石を方法2のときよりもゆっくりと近づけたことがわかる。

(4)＜**電磁誘導**＞図5で発光ダイオードが光るのは，＋端子から－端子へ電流が流れたとき，つまり，電流が＋端子から発光ダイオードに流れ込んだときである。この向きに電流が流れるのは，方法2で図2のように，コイルの上側から棒磁石のN極を近づけた場合である。ここで，棒磁石のN極を，コイルの上側から近づけた場合と下側から近づけた場合では，コイルの磁界の向きの変化は逆になり，流れる電流の向きも逆になる。よって，コイルの上側から棒磁石のN極を近づけた場合と同じ向きに電流が流れるのは，コイルの下側から棒磁石のS極を近づけた場合である。また，磁界の向きはN極から出てS極に入る向きなので，S極の近くではエの向きとなる。なお，方法2のように，磁石をコイルの近くで動かしたとき，コイルに電圧が生じる現象を電磁誘導，流れる電流を誘導電流という。

3〔**生物の体のつくりとはたらき**〕

(1)＜**光合成**＞光合成によってつくられた養分は，水に溶けやすい物質に変えられ，維管束の中の師管を通って全身に運ばれ，その一部は地下の根や茎，果実，種子などに蓄えられる。なお，道管は根から吸収した水や無機塩分が通る管であり，気孔は酸素や二酸化炭素，水蒸気などの気体の通り道である。

(2)＜**二酸化炭素**＞はく息の中には，周りの空気に比べて二酸化炭素が多く含まれる。二酸化炭素は少し水に溶け，水溶液は酸性を示すので，アルカリ性の青色のBTB液に息を吹き込むと中和され，中性になって液が緑色になる。

(3)**＜光合成＞**表のように，試験管AのBTB液の色が青色になったのは，水溶液中の二酸化炭素の量が減ったためである。これがタンポポの葉のはたらきが原因であることを確かめるには，試験管Aと，タンポポの葉の有無の条件だけが異なっている試験管Eを比べるとよい。試験管EでBTB液の色が変化していないことから，試験管Aで水溶液中の二酸化炭素の量が減ったのは，タンポポの葉のはたらきが原因であることがわかる。また，表で，試験管BのBTB液の色が変化しなかったのは，試験管Aに比べると当たる光の強さが弱く，光合成で吸収した二酸化炭素の量と，呼吸で放出した二酸化炭素の量がほぼ等しいためと考えられる。よって，光合成は光の強さが強いほど盛んになることがわかる。

(4)**＜呼吸と光合成＞**(3)より，試験管Bでは光合成で吸収した二酸化炭素の量と，呼吸で放出した二酸化炭素の量がほぼ等しい。そのため，光合成により吸収する二酸化炭素の量を表す矢印と，呼吸により放出する二酸化炭素の量を表す矢印の大きさは等しい。

4 〔気象と天気の変化〕

(1)**＜天気図記号＞**晴れの天気記号は⦶である。また，風向は天気を表す記号から風が吹いてくる方位に伸ばした線，風力はその線につけた枝の数で表す。なお，◎はくもりを表す天気記号である。

(2)**＜大気中の水＞**図1より，1日目の正午(12時)における気温は18℃，湿度は90％である。よって，表より，理科室の空気1 m^3中に含まれる水蒸気量は，$15.4\times\frac{90}{100}=13.86$(g)となるから，理科室全体では，13.86×180＝2494.8より，約2495gである。

(3)**＜寒冷前線＞**寒冷前線の付近では強い上昇気流が生じるので積乱雲が発達しやすく，短い時間に雷を伴う激しい雨が降る。また，低気圧の地表付近では周りから空気が流れ込み，地球の自転の影響を受けて北半球では風が反時計回り(左回り)に吹き込む。そのため，寒冷前線が通過すると，風向は南寄りから北寄りに変わる。さらに，寒冷前線が通過した地域は寒気に覆われるため，気温が急に下がる。以上より，この地域を寒冷前線が通過したのは1日目の午前10時から正午頃と考えられる。

(4)**＜天気と季節＞**図2の天気図より，図1で寒冷前線が通過した1週間後くらいに再び低気圧が関東地方に近づいていることがわかる。低気圧の前後には高気圧が位置しているので，天気図の季節は，低気圧と高気圧が交互に日本付近を通過する春と考えられる。

5 〔化学変化とイオン〕

(1)**＜電離＞**硫酸銅($CuSO_4$)を水に溶かすと，銅イオン(Cu^{2+})と硫酸イオン($SO_4{}^{2-}$)に電離する。電離の様子を，化学式を使って表すときは，矢印の左側に電離する物質の化学式，右側に生じるイオンの化学式を書き，矢印の左右で原子の数が等しくなるようにイオンの化学式の前に係数をつける。また，矢印の右側の＋と－の数が等しいことを確認する。

(2)，(3)**＜金属とイオン＞**表より，銅板を硫酸マグネシウム水溶液や硫酸亜鉛水溶液に入れても変化しなかったことから，銅や硫酸マグネシウム水溶液中のマグネシウムイオン，硫酸亜鉛水溶液中の亜鉛イオンは変化していない。これより，銅はマグネシウムや亜鉛よりもイオンになりにくいことがわかる。同様に，亜鉛板を硫酸マグネシウム水溶液に入れても変化しなかったことから，亜鉛や硫酸マグネシウム水溶液中のマグネシウムイオンは変化していないので，亜鉛はマグネシウムよりもイオンになりにくいことがわかる。以上より，これら3種類の金属は，銅，亜鉛，マグネシウムの順にイオンになりにくい。よって，マグネシウム板を硫酸銅水溶液に入れると，マグネシウム板からマグネシウムがイオンとなって溶け出し，板がうすくなる。同時に，銅イオンが銅原子となって赤い物質としてマグネシウム板の表面に付着する。また，マグネシウム板を硫酸亜鉛水溶液に入れると，マグネシウム板のマグネシウムがイオンとなって溶け出し，板がうすくなる。同時に，亜鉛イオンが亜鉛原子となって黒い物質としてマグネシウム板の表面に付着する。

(4)＜**ダニエル電池**＞図2の装置はダニエル電池である。亜鉛は銅よりもイオンになりやすいため，亜鉛が亜鉛板に電子を残して陽イオンである亜鉛イオンとなり液中に溶け出し，残された電子が導線を通って銅板の方へ移動する。その電子を，硫酸銅水溶液中の銅イオンが受け取って銅原子となり，銅板上に赤い物質として付着する。なお，電子は亜鉛板から銅板へ移動しているので，亜鉛板が－極，銅板が＋極になる。

(5)＜**電池**＞化学電池は，電解質溶液中に異なる種類の金属板を浸すことによってできる。このとき，イオンになりやすい方の金属板が－極になる。よって，モーターが図2と同じく時計回りに回転するのは，図2と同様に右側の金属よりも左側の金属の方がイオンになりやすい組み合わせとなっている，エとオである。

6 **〔運動とエネルギー，生命・自然界のつながり〕**

(1)＜**エネルギーの移り変わり**＞ペットボトルが1m落下することで失った位置エネルギー(力学的エネルギー)は発電機を回すことに使われ，それによって電気エネルギーが生じる。この電気エネルギーの一部が豆電球に流れることにより光エネルギーに移り変わる。

(2)＜**エネルギー変換効率**＞発電機によって発生した電気エネルギーがした仕事は，電力量として求められる。電力量は，〔電力量(J)〕＝〔電力(W)〕×〔時間(s)〕で求められるから，豆電球で消費された電力が1.1×0.15＝0.165(W)より，0.165×8.0＝1.32となり，1.3Jである。これより，エネルギーの変換効率は，1.32÷5×100＝26.4となり，26％である。

(3)＜**水中の小さな生物**＞ミジンコは約1mmの大きさの多細胞生物で，肉眼でも見ることができる。また，他は単細胞生物で，アメーバは0.02～0.6mm，ハネケイソウは約0.1mm，ミカヅキモは0.2～0.4mmの大きさである。

(4)＜**食物連鎖**＞食物連鎖においては，えさとなる生物の数が減少すると，えさが不足することで，その生物を食べる動物の数も減少する。

国語解答

一 ㈠ エ　㈡ ウ

㈢ 樺島のおかげで，内気で小声である自分が，情けない思いをせずに学校生活を送ることができたから。（46字）

㈣ ア　㈤ イ

二 ㈠ 3　㈡ ウ　㈢ エ

㈣ 五つ六つほどの似た鎌の中から，自分の鎌を見分けさせる方法。（29字）

㈤ ア

三 ㈠ 西洋文化は装飾性が高く人工的であるのに対し，日本文化は簡素で自然と一体化するのを好むということ。（48字）

㈡ ウ　㈢ エ　㈣ エ　㈤ イ

㈥ ウ　㈦ C…エ　D…ア

四 ㈠ エ　㈡ イ

㈢ ⑴…ウ　⑵…ア

㈣ ⑴ かたよ　⑵ よくよう

⑶ ほどこ

一〔小説の読解〕出典；長野まゆみ『鳩の栖』。

㈠＜文章内容＞樺島は，休憩時間に操に声をかけて，まず教科書が前と同じだったかと尋ね（A…イ），次に自己紹介をし（B…ア），それから，教科の進み具合や教師について説明した（C…エ）。その後，学校生活の中で，樺島が，「操が内気で小声であるということを重荷に感じないよう，それとなく配慮」してくれたため（D…ウ），操はありがたみを感じた。

㈡＜文章内容＞操は，今度の学校には「下駄箱や廊下に運動用具がならんでいない」ことに安堵した。廊下に運動用具が並んでいる学校は，「生徒をひとり洩らさず運動に駆り立て」ようとする傾向にあり，小柄で非力なのを気にする操は，そのような学校には，なじめなかったからである。

㈢＜文章内容＞操は，内気で小声で，球技は不得手で，これまでの学校では「情けない思い」をしていた。けれども，今の学校では，樺島が，操に大声を出すように励ますことも，皆との活発な交流を無理強いすることもなかったし，操がどうしても手助けが欲しいときには，樺島が手を差し延べてくれた。樺島のおかげで，操は「はじめて，情けない思いをせずに学校生活を送ることができた」ので，樺島という友の存在を，ありがたいとしみじみ感じていたのである。

㈣＜文章内容＞操にとって，樺島が魅力的な人物であると感じられたのは，樺島が休憩時間に「さりげなく，好奇心や物見高さもなしに」声をかけてきたこと，「機知に富み，明朗で麗しく，それらは少年の人柄に最大限生かされて」いること（イ…○），「おおらかで惑いのない気立て」であること（ウ…○），大声を出すように操を励ますことも，「皆と活発にまじわるのを無理強いすること」もないからである（エ…○）。

㈤＜表現＞操は，転校初日，下駄箱や廊下に運動用具が並んでいないことを見て，一致団結して運動に取り組むような校風でないことに安堵したり，クラスの生徒に「取るに足らない生徒だと評価された」と感じたりしていた。けれども，樺島の存在によって，操は，初めて，情けない思いをせずに学校生活を送ることができ，冬休みには，休暇が終わるのを待ちわびるほどであった。操から見た学校の様子や，樺島の様子が描かれるとともに，操の心情の変化が表現されている。

二〔古文の読解―笑話〕出典；安楽庵策伝『醒睡笑』巻之四。

≪現代語訳≫山科の百姓は薪をとって，（薪を）背負ったまま山からまっすぐに京に出て売る。さて（百姓は）その薪の上にさしてそのままにしておいた鎌をすっかり忘れて，宿に帰り，やがて思い出し，その薪を買った人のところへ行き，事情を言ったけれども，主人が対面して，「私は薪こそ買ったが，鎌は買わない。何をたわごとを言うのだ」と，一向に取り合わないので，(百姓は)やむをえず，所司代へ申し上げた。／(所司代では伊賀守が，百姓と薪を買った武士である主人の)両方を呼び出し，言い分を聞いたうえで，伊賀守は，「少し時間がかかるので，肩衣袴を脱いで，ゆっくり座っているように」と(主人の)気持ちを緩ませ，脱いだ物を持ってこさせて，(所司代の)外へ持っていかせ，「この肩衣袴と，そちらにある鎌を換えて寄こすように」と言うと，(主人の)女房は疑うこともなく，(鎌を)渡した。それと似たような鎌を五つ六つほど混ぜて出し，百姓に「見分けよ」と言うと，(百姓は)「これこそ私のです」と(自分の鎌を)取った。その後，(伊賀守は)鎌を隠した者には，罰金として三貫文を出させ，先の百姓に与えたということだ。

㈠**＜歴史的仮名遣い＞**歴史的仮名遣いの「au」は，現代仮名遣いでは「ou」となるので，「なうて」は，現代仮名遣いでは「のうて」となる。

㈡**＜古文の内容理解＞**百姓と薪を買った武士である主人の両方を呼び出したのは，伊賀守である(…ア)。武士の脱いだ肩衣袴を持ってこさせたのは，伊賀守である(…イ)。疑うことなく鎌を渡したのは，女房である(…ウ)。百姓に，似たような鎌を五つ六つ混ぜて出したのは，伊賀守である(…エ)。

㈢**＜古文の内容理解＞**百姓は，薪を売った際に，薪にさしておいた鎌を抜くのを忘れてしまった。百姓は，鎌を返してもらいに武士である主人のところへ行ったが，武士が知らないふりをして，鎌を返してくれなかったので，百姓は，所司代に訴えたのである。

㈣**＜古文の内容理解＞**伊賀守は，武士のところにあった鎌と他の似たような複数の鎌を混ぜて，百姓に見せた。百姓は，同じような鎌の中から，武士のところにあった鎌を自分の鎌だと見分けることができた。それで，伊賀守は，百姓が本当のことを言っていると判断したのである。

㈤**＜古文の内容理解＞**伊賀守は，武士の女房と，肩衣袴と鎌とを交換した。そして，百姓の言い分が正しいとわかると，伊賀守は，鎌を隠した武士に三貫文の罰金を払わせ，それを百姓に与えた。武士は三貫文の損をし，百姓は鎌を返してもらい三貫文の得をしている。

三　**〔論説文の読解―文化人類学的分野―日本文化〕**出典：小原二郎『木の文化をさぐる』／河合隼雄『「日本人」という病』。

≪本文の概要≫【Ⅰ】日本の文化は，大まかにとらえると三層構造になっている。まずはじめに，森を守る文明による，日本固有の文化があった。そこに，一四〇〇年前の飛鳥時代，中国から朝鮮半島を通って仏教が入ってきて，唐の都の長安が文化の手本となった。さらに，一五〇年前にヨーロッパから別の性格を持つ文化が入ってきてその上に積み重なり，現在に至っている。西洋風の文化と和風の文化を比較してみると，ヴェルサイユ宮殿と桂離宮はほぼ同時代の建築であるが，ヴェルサイユ宮殿が装飾を重ねた塊であるのに対して，桂離宮は簡素美の結晶である。神様の住まいを対比すると，ヨーロッパでは大理石のパルテノン宮殿であり，日本では白木の伊勢神宮である。日本文化は，外からの影響を受け入れ，次に自文化の中でそれを成熟させるということを繰り返して発展してきた。この繰り返しのリズムに着目して，日本の文化の特性を見直してみる必要がある。
【Ⅱ】伝統的な日本人の生き方として，己を支えるものとしての「イエ」がきわめて重要であった。「イエ」は，必ずしも血縁による家族を示してはいない。韓国やかつての中国では，国よりも血縁による大家族がきわめて大切であり，個人の欲望の充足よりも，家族の存続と繁栄が重要である。

㈠**＜文章内容＞**いかにも西洋的な異国風文化の代表例であるヴェルサイユ宮殿が，「装飾を重ねた塊」であるのに対し，ほぼ同時代の和風文化の代表例である桂離宮は，「簡素美の結晶」で，装飾を取り去って構造材だけで建築美をつくり出している。また，ヴェルサイユ宮殿の庭園が「人工植栽」

で広大であるのに対し，日本の庭は「借景式」で，自然の山が見えればよいという考え方をする。

㈡＜接続語＞日本にも「立派なヴェルサイユ宮殿」はあり，「それは日光東照宮」であるけれども，「日光風は日本人の好みに合わないので普及しなかった」のである。

㈢＜文脈＞ヴェルサイユ宮殿に代表される西洋的な異国風文化においては，ガーデンは，はるか彼方までが領域でなければならないし，その中に建つ宮殿の天井には「三〇〇〇本のロウソクを吊り下げ，床には分厚いゴブラン織のじゅうたん」を敷かなければならない。そのような「油っこい」装飾を重ねた空間が，「彼らの理想の美の欲求を満足させる」ことができたのである。

㈣＜表現＞「私」は，ヴェルサイユ宮殿と桂離宮や，パルテノン宮殿と伊勢神宮を対比させることによって，重ねた装飾を好むヨーロッパの文化と異なる，簡素な美を好むという日本文化の特性を示している。

㈤＜文章内容＞韓国人が，日本人よりも自己主張をはっきりとして，論争を避けようとしすぎることがないことから，「韓国人は日本人よりも近代的であるとか，個人主義的である」と言う人がいるが，韓国人について，そのように簡単にはとらえられない。韓国人にとっては，血縁による大家族がきわめて大切で，韓国人は，家族内では自己主張せず，「長幼の序」を守っている。その点では，近代的でも個人主義的でもないのである。

㈥＜表現＞上野さんのテーマは「日本文化」である。【Ⅰ】では，建築や庭を題材に，簡素さを好む日本文化の特性が述べられている。【Ⅱ】では，日本人にとっての「イエ」と，韓国やかつての中国にとっての「家族」を取りあげて，それぞれの文化の違いが述べられている。【Ⅰ】と【Ⅱ】では，取りあげられた分野は異なるが，外国の文化と比較して，日本文化の特徴を示すという点が共通している。

㈦＜文章内容＞C．文化人類学者のレヴィ=ストロースによれば，日本文化の特色は，自らを開いて外からの影響をすばやく取り入れ，次に引きこもって受け取った影響を熟成させ，また開いて，次にまた閉じるという「繰り返しのリズム」をもって文化を発展させてきたところにある。「私」も，日本の文化の性格は「異国風と和風との間をサインカーブを描いて大きな波を打ちながら今日に至っている」ところにあり，「繰り返しのリズム」に着目して，改めて日本文化の特性を見直してみる必要があると考えている。　D．伝統的な日本人の生き方として，「己を支えるものとしての『イエ』が極めて重要」であった。そしてこの「イエ」は，「必ずしも血縁による家族を示していない」のである。

四〔国語の知識〕

㈠＜敬語・文の組み立て＞先生に対しては尊敬語を用いるので，「担当なさった」と書く。主語が「私は」なので，対応する述部は「心に残りました」となる。

㈡＜表現技法＞【Ⅰ】より【Ⅱ】の方が，住所を適切な位置で改行し，読みやすく記している（ア・ウ…×）。「御中」は，個人ではない会社や団体などに対して使う敬称で，「御中」と書いた場合，「様」を消す（イ…〇，エ…×）。

㈢＜漢字＞⑴「不可欠」は，なくてはならないこと。　⑵「即興」は，あらかじめ準備することなく，その場で思いのままにつくり出すこと。

㈣＜漢字＞⑴「偏る」は，中心から外れて一方へ寄る，という意味。　⑵「抑揚」は，話すときや音楽，文章などで，調子を上げたり下げたりすること。　⑶「策を施す」で，事態を解決するための手段や対策を準備する，という意味。

2022年度 常総学院高等学校（推薦）

【英　語】（50分）〈満点：100点〉

1　次の(1)，(2)の英文を読んで，指示に従って答えなさい。

(1)　次の対話文を読んで，あとの質問の答えとして最も適切なものを一つ選び，記号で答えなさい。

No. 1

May　：Hi, Kenta, do you have any plans for this Saturday?

Kenta：Yes, May. I have to help my grandfather in the morning. But why?

May　：Well, I'm going to see a movie. If you are free, I want you to come with me. It's the most popular movie among young people. Do you know "The Dream?"

Kenta：Yes, but I haven't seen it yet. I can go with you in the afternoon. Is that OK?

May　：Sure! Then let's meet at the station at three.

Question：What is Kenta going to do on Saturday morning?

ア　He's going to see a movie.
イ　He's going to see his grandfather.
ウ　He's going to talk with some young people.
エ　He's going to help May's grandfather.

No. 2

Yuka：Jim, what is your favorite school event?

Jim　：I like the field trip and the sports day. I like the sports day best. How about you, Yuka?

Yuka：For me the field trip is the most exciting. I can enjoy walking around, talking with my friends and having lunch with them. I like the sports day and the chorus contest, too.

Jim　：I see. Our sports day will be next week. I'm looking forward to it.

Yuka：Me, too. I'll do my best!

Question：What event is NOT talked about in this talk?

ア The field trip.

イ The sports day.

ウ The chorus contest.

エ The school festival.

No. 3

Woman：Excuse me, which train should I take to go to Green Stadium?

Hiroshi：Oh, there are not any trains that go to Green Stadium. You should take that blue bus.

Woman：The soccer game will start at four, so I want to arrive at three forty.

Hiroshi：It's three fifteen now. The next bus will come in five minutes.

Woman：Oh, really?

Hiroshi：Yes. You can get there before three forty if you take the bus.

Woman：That's nice. Thank you very much.

Question：What time will the next bus come?

ア At 3:15.　イ At 3:20.　ウ At 3:40.　エ At 3:55.

No. 4

Nick：Hello. This is Nick speaking. Can I speak to Yoko?

Yoko's mother：Hello, Nick. I'm sorry, but she is out for shopping with her sister.

Nick：I see. What time will she come back?

Yoko's mother：Maybe in ten minutes. They have been out for an hour. Would you like to leave a message?

Nick：Yes. Please tell her to come to my house at ten tomorrow. We'll go to a museum.

Yoko's mother：OK. I'll tell her about it when she comes back.

Question：Where will Yoko and Nick meet at ten tomorrow?

ア At a shop.　イ At Yoko's house.

ウ At Nick's house.　エ At a museum.

No. 5

Lily：Hi, Jun. Wow, what a good suntan!

Jun：Thanks. I visited my uncle in Australia and stayed there during my winter vacation.

Lily：I'm jealous. You visited there last year, too?
Jun：Yes, I visited there for the first time five years ago, and I go there every winter.
Lily：That's nice! I've never been there. I'd like to go there someday.
Jun：You should, absolutely.

Question：How many times has Jun been to Australia?

ア Never.　　イ Once.　　ウ Five times.　　エ Six times.

(2) イギリスから日本の中学校に来た留学生のトム(Tom)と同じクラスのエミ(Emi)の二人の対話を読んで，①にトムのお兄さんが日本の学校で勉強した期間を数字で書きなさい。②にエミのクラブ活動の日数を数字で書きなさい。

Emi：What club were you in at your school in the U.K.?
Tom：I was in the drama club.
Emi：Really? Do you know about Japanese traditional drama, for example, *kabuki*?
Tom：Yes, I do. I heard about it from my brother. He has stayed in Japan, and studied at a junior high school for two months and at a high school for six months.
Emi：That's nice. Your brother also likes Japanese culture.
Tom：Yes. He loves Japanese culture, especially traditional drama. When his host mother took him to *kabuki*, he liked it very much. After he came back to London, he studied Japanese culture at university. Now he works in a Japanese restaurant.
Emi：So are you going to join the drama club at this school?
Tom：No. I'm going to join the music club. I want to learn how to play the *taiko*, the Japanese drum.
Emi：Wow! I'm a member of the *taiko* club. Would you join us?
Tom：Sounds good! When do you meet?
Emi：On Wednesdays and Fridays. We play the *taiko* at our school festival every fall. If you start practicing now, you'll be able to play with us!
Tom：That's great!

【トムのお兄さんが日本の学校で勉強した期間】　①（合計　　か月）
【エミのクラブ活動の日数】　②（週　　日）

2 次のＡとＢの英文は，二人の中学生が，先月行われた職業体験学習(career experience)について，英語の時間に発表したものです。それぞれの英文を読んで，下の(1)，(2)の問いに答えなさい。

A

I like flowers, so I went to a flower shop for my career experience. When I didn't know what ①(do), a boy asked me, "What flowers are good for my mother's birthday present?" I said, "How about ②(give) her roses? I think all women love roses." The boy bought some and gave me a big smile. I ③(feel) happy.

B

I'm going to be a nurse in the ④(f　　), so I worked in a hospital as a volunteer. On the first day I was surprised to find the staff were very ⑤(b　　). The doctors and nurses had a lot of things to do to help sick people. The chief nurse, Ms. Yamada, taught me how to take ⑥(c　　) of sick people. It was a good experience for me.

(1) Ａの英文が完成するように，文中の①～③の(　　　)の中の語を，適切な形に直して書きなさい。ただし，１語とは限りません。

(2) Ｂの英文が完成するように，文中の④～⑥の(　　　)内に，最も適切な英語を，それぞれ１語ずつ書きなさい。なお，答えはすべて(　　　)内に示されている文字で書き始めるものとします。

3 次の英文は，中学校の英語の木村先生(Mr. Kimura)とカナダからの留学生のナンシー(Nancy)との対話です。この対話文を読んで，(1)～(3)の問いに答えなさい。

Mr. Kimura : Nancy, what are you looking for in the library?

Nancy : Oh, Mr. Kimura. I'm looking for some books written in easy Japanese.

Mr. Kimura : I see. You want to read interesting stories, right?

Nancy : Yes, I'd like to. And, also, I hope I can *improve my Japanese. Will you show me a good book? It is difficult for me to read *kanji* or understand the meaning.

Mr. Kimura : OK. Reading picture books will help you. Picture books for little children are written in easy Japanese, and *kanji* is not often used.

*Besides, the stories are interesting.

Nancy : That's nice, but (A) I don't (ア choose / イ know / ウ picture book / エ to / オ which).

Mr. Kimura : Well, have you heard of any Japanese *fairy tales?

Nancy : Japanese fairy tales? Tell me some examples.

Mr. Kimura : For example, *Momotaro*, *Kaguyahime*, and *Kachikachiyama*.

Nancy : Oh, I have seen animation of *Kaguyahime* on TV. The story was interesting, and it is just like a science fiction story.

Mr. Kimura : That's right. The story of *Kaguyahime* is full of mystery. This *original story was written around the 10th century. It is said that the story is the oldest in Japan. (B) We don't know the writer of the story.

Nancy : Amazing! I will read the picture book.

Mr. Kimura : I hope you can enjoy reading it and that it will be helpful for you.

Nancy : Thank you, Mr. Kimura. I'll enjoy it and try to understand the story.

*improve ～　～を上達させる　　besides　その上　　fairy tale　おとぎ話
original　もともとの

(1) 下線部(A)の(　　)の中の語(句)を正しく並べかえて，記号で書きなさい。

(2) 下線部(B)を次のように言いかえたとき，(　　)に入る適切な英語１語を書きなさい。
We don't know (　　) wrote the story.

(3) 次の英文は，ナンシーが友だちのアン(Ann)に送ったメールです。前の対話に合うように，(①)～(③)に入る適切な英語をそれぞれ１語ずつ書きなさい。

Hi, Ann,

I'm enjoying my life in Japan. But I'm not so good at reading and writing Japanese. Today, Mr. Kimura, our English teacher, taught me a good (①) to practice Japanese. It's to read picture books. I chose one, *Kaguyahime*, (②) Mr. Kimura said that it was easy to read and understand the book. The book will (③) me when I practice Japanese.

4 次の英文を読んで，(1)～(4)の問いに答えなさい。

On August 14, 2003, Bob was traveling and staying with his aunt in New York. At about eight o'clock in the evening, there was a *blackout in New York. Bob was in the station. At that time, the lights in the station went off *suddenly. He thought, "What happened?" The people in the station pushed one another, and they tried to go out to the street. When Bob went to the street, he found all the lights in the city were off. The *traffic lights were all off, too. As a result, all the cars stopped and couldn't move. Many people came out of their buildings. And they were walking among cars and trying to get home. [1]

Bob decided to go to his aunt's house and started walking. The city looked really dangerous, so he just walked. He walked along the street for thirty minutes. When he got to her house, his aunt was at home. And she had a candle. Bob was really *relieved to see her and the light of the candle. She asked him, "You look *scared. Are you all right? Did you see anything *scary in the city?"

"Nothing. I just walked and walked," he answered. And he looked out through the window. What did he see in the city? Some people were standing on the streets to help cars move without traffic lights. [2] Some volunteers were handing out candles to people on the streets. And the city was not very dark, so people didn't have to be afraid of the black night. The people in New York were helping one another. He asked his aunt, "Are people here kind enough to help one another?" She said, "Yes. It's important for us to do so to live in such a big city. We can't live alone. Don't you think so, Bob?"

The next day, Bob went out into the city and asked some people how their night was. [3] One woman said, "I saw a lot of beautiful stars in the sky. They were *twinkling. I have seen such beautiful stars in the mountains many times, but never in this big city. I had a great time." Another man told Bob that he played the guitar for his family and spent the night. And a boy said, "My father cooked dinner for us and we ate by candlelight and without TV. It was my first experience. I'll remember the night *forever." He said it so happily.

Bob thought, "What is important for us? We usually [　　　　]. But when something *unusual happens, we learn what's important." He found the important thing through his experience of the blackout in New York. [4] He would never forget the people who helped one another and enjoyed that special night.

＊blackout　停電　　suddenly　突然　　traffic light　交通信号機
relieved　安心して　　scared　こわがって　　scary　恐ろしい
twinkle　きらきら光る　　forever　ずっと　　unusual　ふつうではない

(1) 本文の内容に合う文を，次のア～クの中から三つ選んで，その記号を書きなさい。

ア　Bob stayed with his aunt in New York in August, 2003.

イ　The people in the station didn't push each other when the lights went off.

ウ　Bob thought that the city was safe when there was a blackout in New York.

エ　When Bob walked to his aunt's house, it took more than one hour.

オ　When Bob came back to his aunt's house from the station, she was out.

カ　The people on the streets were getting candles from some volunteers when there was a blackout in New York.

キ　When there was a blackout in New York, a woman saw beautiful stars in the mountains.

ク　A boy Bob asked a question talked about his experience of spending the night of a blackout in New York.

(2) 次の①，②の質問に，それぞれ指定された語数の英文で答えなさい。ただし，符号（, . ? ! など）は，語数に含まないこととします。

① What time did the lights in the station go off?（３語以上）

② According to Bob's aunt, what is important for people living in New York?（５語以上）

(3) 次の文は［ 1 ］～［ 4 ］のどの位置に入るのが最も適切か，番号で答えなさい。
They told him some nice stories.

(4) 本文の内容から考えて，文中の［　　　　］に入る最も適切なものを，次のア～エの中から一つ選んで，その記号を書きなさい。

ア　teach it

イ　don't teach it

ウ　think about it

エ　don't think about it

5 次の英文を読んで，(1)〜(5)の問いに答えなさい。

These days, we often find a *multipurpose restroom. Anyone can use it. [ア] Also, a *disabled person can use it easily. At the station, you can find a wide gate. A person in a *wheelchair or a parent with a baby in a *stroller can use it easily. The things designed for everyone like multipurpose restrooms or wide gates are called 'universal designs.' [イ] They are getting more *commonplace and we can see them more often in our daily lives.

An American *architect and designer, Ronald Mace, thought of the idea and the word 'universal designs.' [ウ] He thought what was more useful for both disabled people and healthy people. His idea was to make buildings or things around us accessible to all. You know the word '*barrier-free,' right? Then, what is the difference between the two? Barrier-free means it's for disabled people or the elderly. But Ronald Mace thought it was important for all of us to live a happy life. [エ] He suggested that things should be simple to use, easy to realize, safe, and so on. Now we can see many things of universal design around us.

Can you find the things of universal design? Yes, wide gates and multipurpose restrooms are examples. [オ] A bottle of shampoo is another. It has some markings for *distinction between shampoo and *conditioner. Even if you close your eyes and wash your hair, you can feel the markings and choose (　A　). [カ] In a foreign country, you may not understand the language. What will you do? You can see the signs you need. If you want to go far, the picture of a taxi or a train will show you where to find them.

Now (B)<u>a lot of things around us are accessible to everyone</u>. All of us can live a happy life because of universal designs.

＊multipurpose restroom　多目的トイレ　　disabled　障がいのある
wheelchair　車いす　　stroller　ベビーカー　　commonplace　ふつうの
architect　建築家　　barrier-free　バリアフリー　　distinction　区別
conditioner　リンス

(1) 次の①〜③の文はそれぞれ[ア]〜[カ]のどの位置に入るのが最も適切か，記号で答えなさい。ただし，同一の段落には一つずつしか入りません。

① For everyone, not for only disabled people or the elderly.

② In a department store or at a station, a parent with his or her baby or child uses it.

③ Traffic signs will also help us.

(2) 'barrier-free' と 'universal design' の違いについて，正しい記述を次のア～エの中から一つ選んで，その記号を書きなさい。

ア Both barrier-free and universal design are for disabled people, the elderly and healthy people as well.

イ Barrier-free things are used in your home, but things of universal design are used in public places like department stores and stations.

ウ While barrier-free things are for only disabled people or the elderly, things of universal design are for healthy people as well.

エ Barrier-free things are made only for healthy people, but things of universal design are made for disabled people or the elderly as well.

(3) (　A　) に入る英語１語を本文中から抜き出しなさい。

(4) 下線部(B)を次のように言いかえたとき，(　　) に入る語を１語ずつ順番に答えなさい。

a lot of things around us are accessible to everyone

= (　　) (　　) (　　) a lot of things around us

(5) 本文の内容に**合わない**ものを次のア～エの中から一つ選んで，その記号を書きなさい。

ア There have been more and more useful things for disabled people around us.

イ Ronald Mace was an American who created the terms 'universal design' and 'barrier-free.'

ウ A wide gate at the station is made simple to use, easy to realize, and safe.

エ In a foreign country, you can easily find where to take a train.

6 次の日本語に合うように，各文の(　　)内の語(句)を並べかえたとき，(　　)内の２番目と５番目に来る語(句)の記号を書きなさい。ただし，文頭に来るべき語も小文字にしてあります。

(1) 私は今日とても疲れていたので，宿題をすることができませんでした。

I was (ア that　イ I　ウ so　エ couldn't　オ tired) do my homework today.

(2) 私はビルほど速く走ることができません。

I (ア as fast　イ Bill　ウ as　エ run　オ can't).

(3) 私は泳ぐのが上手だったらよかったのに。

I (ア good　イ wish　ウ a　エ were　オ I) swimmer.

(4) ジェーンは母にバッグを買ってほしいと思っています。

(ア buy　イ to　ウ wants　エ her mother　オ Jane) a bag.

(5) 私はこれがだれの帽子か知りません。

I (ア know　イ whose cap　ウ is　エ don't　オ this).

【数　学】（50分）〈満点：100点〉

1　次の各問に答えなさい。

(1)　下の**表**は，Ａ市の2019年から2021年までの桜の開花日を表したものである。2018年の開花日を基準として，基準より遅《おそ》い場合はその差を正の数で，基準より早い場合はその差を負の数で表している。

このとき，下の［ア］に当てはまる数を求めなさい。

表

年	2019	2020	2021
開花日	3月24日	3月31日	3月22日
2018年との差(日)	－5	＋2	［ア］

(2)　下の**図**のような，ＡＢ＝ＡＣの二等辺三角形ＡＢＣがある。辺ＡＢ上に点Ｄ，辺ＡＣ上に点ＥをＤＥ∥ＢＣとなるようにとる。点Ｄ，Ｅから辺ＢＣにそれぞれ垂線をひき，それぞれの垂線と辺ＢＣとの交点をＦ，Ｇとする。

ＢＣ＝$3\sqrt{3}$cm，ＤＦ＝$3\sqrt{2}$cm，ＣＧ＝$\sqrt{2}$cmのとき，四角形ＤＦＧＥの面積を求めなさい。

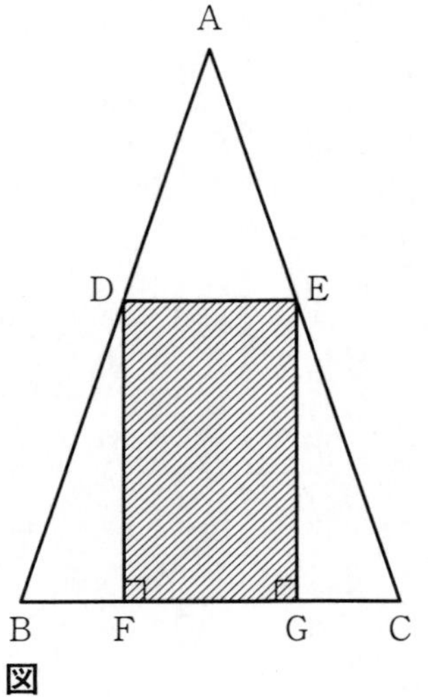

図

(3) 花子さんはテストを３回受けた。この３回のテストの得点はそれぞれ x 点，y 点，86 点で，平均点は z 点より低かった。

この数量の関係を表した不等式としてもっとも適切なものを，次の**ア**～**エ**の中から一つ選んで，その記号を書きなさい。

ア $x+y+86 \leqq \dfrac{z}{3}$

イ $x+y+86 < \dfrac{z}{3}$

ウ $\dfrac{x+y+86}{3} \leqq z$

エ $\dfrac{x+y+86}{3} < z$

(4) 下の**図**のような△ＡＢＣがある。辺ＡＣ上にあり，辺ＡＢ，ＢＣから等しい距離《きょり》にある点Ｐを作図によって求めなさい。

ただし，作図に用いた線は消さずに残しておくこと。

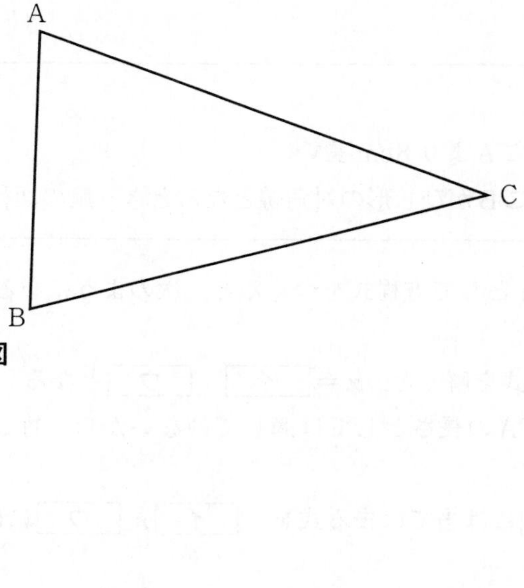

図

2 次の各問に答えなさい。

(1) 「連続する 2 つの奇数《きすう》の和は，4 の倍数である」

このことを次のように説明した。

> **(説明)**
>
> n を整数とすると，連続する 2 つの奇数は小さい順に $2n+1$，[ア] と表すことができる。
>
> ここで，
>
> $(2n+1)+($[ア]$)=4($[イ]$)$
>
> [イ] は整数だから，4([イ]) は 4 の倍数である。
>
> したがって，連続する 2 つの奇数の和は，4 の倍数である。

このとき，上の [ア]，[イ] に当てはまる式を，それぞれ書きなさい。

(2) 太郎《たろう》さんは，ひし形の凧《たこ》をつくるのに，次の 2 つの条件[1]，[2]を満たすような竹ひごAと竹ひごBを用意した。

> **(条件)**
>
> [1] 竹ひごBは竹ひごAより 8cm 長い。
>
> [2] 竹ひごAと竹ひごBがひし形の対角線となるとき，凧の面積は 330cm^2 である。

竹ひごAの長さを $x$cm として方程式をつくると，次のようになる。

[ア] $=330$

したがって，この方程式を解くと，$x=$ [イ]，[ウ] となる。

$x=$ [イ] は，竹ひごAの長さとしては適していないから，竹ひごAの長さは [ウ] cm である。

このとき，上の [ア] には当てはまる式を，[イ]，[ウ] には当てはまる数を，それぞれ書きなさい。

(3) 下の**図**で，2点A，Bは関数 $y=ax^2$ 上の点で，点Aの x 座標は－2，点Bの座標は(4，－8)である。

このことから，点Aの y 座標は [ア] であり，△OABの面積は [イ] である。
このとき，上の [ア]，[イ] に当てはまる数を，それぞれ書きなさい。

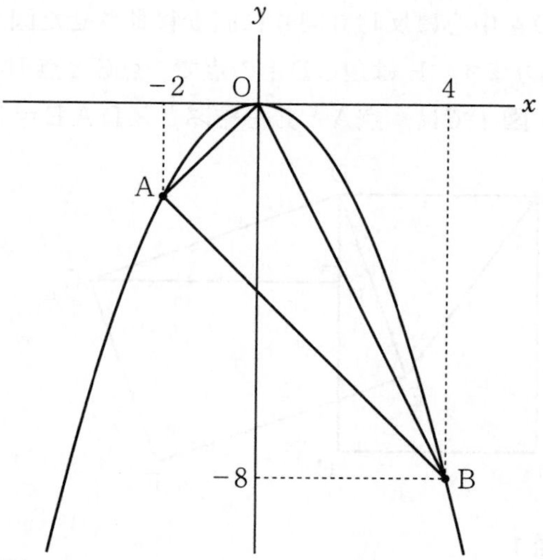

図

(4) 下の**図1**，**図2**は，バスケットボールのチームA，Bの選手24人ずつが，それぞれフリースローを1人20本ずつ行ったとき，成功した回数の記録をヒストグラムに表したものである。これらのヒストグラムをもとに，どちらのチームが試合でより多くのフリースローを成功させることができるかを考える。

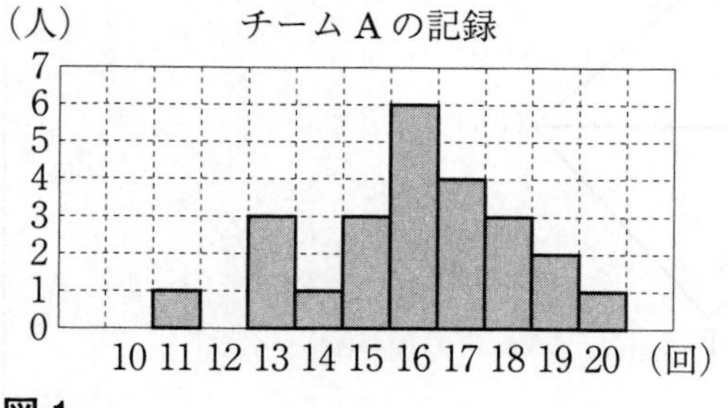

図1

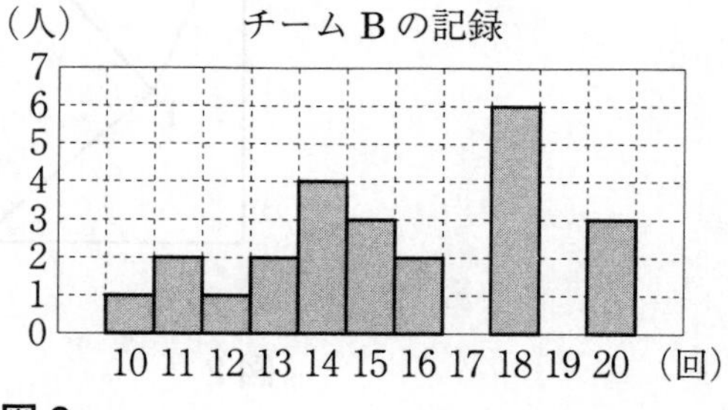

図2

このとき，あなたならどちらのチームが試合でより多くのフリースローを成功させることができると考えますか。チームA，チームBのどちらか一方を選び，その理由を，両チームの中央値(メジアン)または最頻値《さいひんち》(モード)を比較《ひかく》して説明しなさい。

3　先生と太郎さんと花子さんの次の会話を読んで，あとの(1)〜(3)の問いに答えなさい。

(先生と太郎さんと花子さんの会話)

先生：下の**図１**の四角形ＡＢＣＤはＡＢ＞ＡＤの長方形です。四角形ＥＦＧＤは四角形ＡＢＣＤを，点Ｄを中心に反時計回りに回転移動させた図形で，点Ｅは四角形ＡＢＣＤの内側にあります。Ｈは辺ＣＤ上の点で，点Ｇと点Ｈを結ぶとＣＤ⊥ＧＨになります。また，**図１**では，点ＡとＥを結ぶと∠ＤＡＥ＝55°になります。

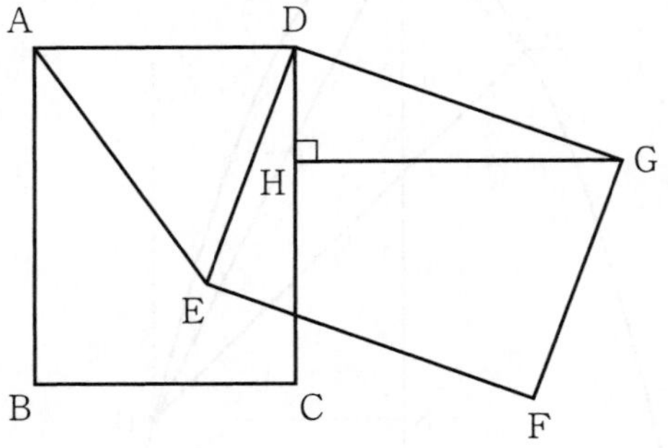

図１

太郎：先生，**図１**のとき，∠ＡＤＥの大きさは［ア］度なので，四角形ＥＦＧＤは四角形ＡＢＣＤを，点Ｄを中心に反時計回りに［ア］度回転移動したことになります。

先生：そのとおりです。では次に，下の**図２**のように，点Ｃが辺ＥＦ上になるように回転移動した場合を考えてみましょう。何か気づくことはありますか。

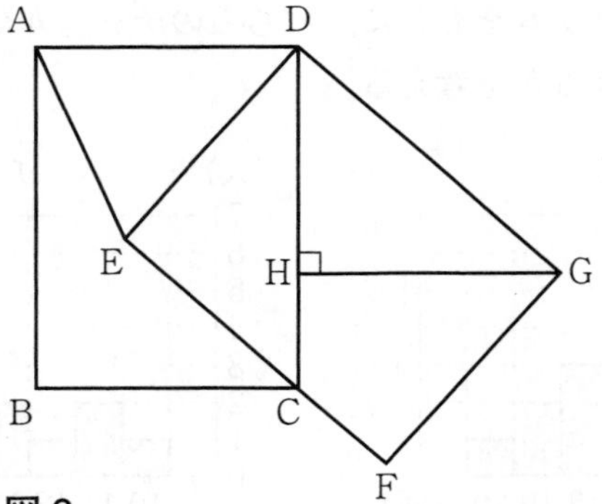

図２

花子：△ＤＥＣ≡△ＧＨＤが成り立ちそうです。

先生：では，花子さん，**図２**を利用して，△ＤＥＣ≡△ＧＨＤが成り立つことの証明を書いてください。

花子：はい。次のように証明できます。

（花子さんの証明）

イ

先生：そのとおりです。

では次に，下の**図３**のように，点Ｃが辺ＥＦ上にあり，ＢＣ＝6cm，ＣＦ＝2cm としたときの四角形ＣＦＧＨの面積を求めてみましょう。

太郎：はい。面積を求めると ウ cm² になりました。

先生：そのとおりです。

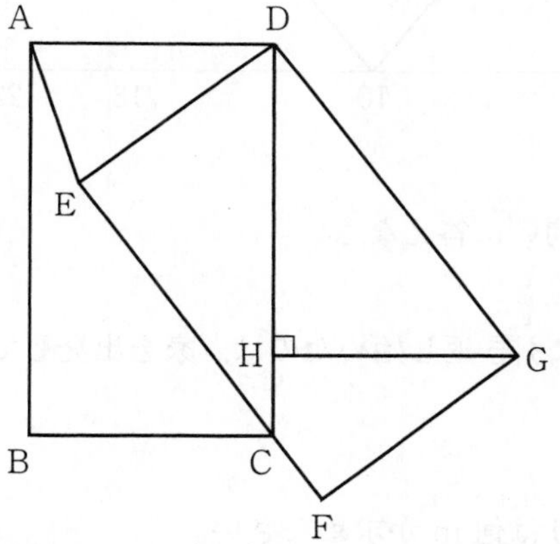

図３

(1)　会話中の ア に当てはまる角の大きさを求めなさい。

(2)　会話中の イ に当てはまる証明を書きなさい。

(3)　会話中の ウ に当てはまる数を求めなさい。

4 姉と妹の２人は，家を同時に出発し，分速60mで歩いて図書館に向かった。妹は途中《とちゅう》で忘れ物に気づいたので走って家に引き返し，忘れ物をとると，すぐに同じ道を走って図書館に向かった。姉は妹が引き返したあとも同じ速さで図書館に向かい，先に図書館に着いて妹を待っていた。

下の**図**は，姉と妹について，姉と妹が家を同時に出発してから x 分後の家からの道のりを y m として，妹が図書館に到着《とうちゃく》するまでの x と y の関係をグラフに表したものである。

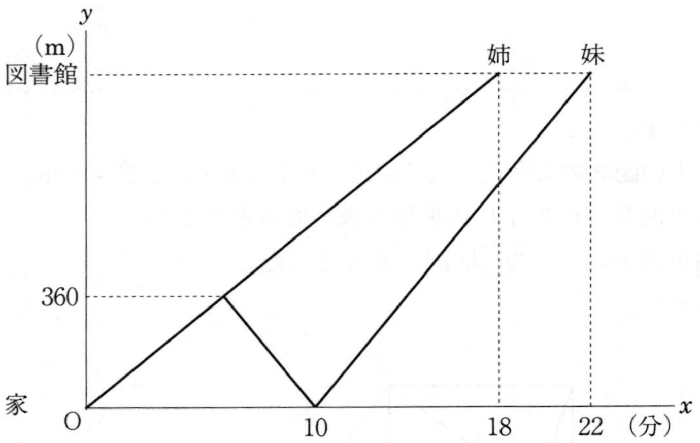

図

このとき，次の(1)〜(3)の問いに答えなさい。

(1) 妹が忘れ物に気づいて家に引き返し始めたのは，家を出発してから何分後か求めなさい。

(2) 家から図書館までの道のりは何mか求めなさい。

(3) 姉と妹の間の道のりが450m以上離《はな》れていたのは何分間か求めなさい。

5　下の**図**のような２つの箱A，Bがある。

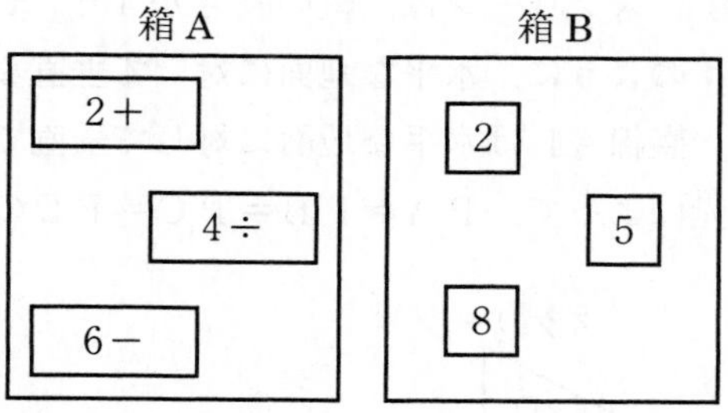

図

箱Aには，2＋，4÷，6－と書かれたカードが，箱Bには，2，5，8と書かれたカードがそれぞれ１枚ずつ入っている。箱A，Bの順に箱の中から１枚ずつカードを取り出し，取り出した順に左からカードを並べて式をつくり，計算する。

このとき，次の(1)～(3)の問いに答えなさい。ただし，箱A，Bそれぞれについて，どのカードが取り出されることも同様に確からしいものとする。

(1)　計算結果が整数になる組み合わせは何通りあるか求めなさい。

(2)　計算結果が１以下になる確率を求めなさい。

(3)　最初に，太郎さんが箱A，Bの順に１枚ずつカードを取り出す。次に，太郎さんが取り出したカードは元に戻《もど》さずに，花子さんが箱A，Bの順に１枚ずつカードを取り出す。このとき，２人の計算結果の積が２になる確率を求めなさい。

6 太郎さんの学校では，卒業生を送る会で，プロジェクターを使って平面のスクリーンに3年間のできごとの映像を流す。スクリーンは，縦の長さが4m，横の長さが5mの長方形のかたちをしている。下の**図１**のように，水平な地面に対して垂直なスクリーンに映った映像を長方形ＡＢＣＤとすると，直線ＡＢは水平な地面に対して垂直である。このとき，プロジェクターの光源Ｐから出る光によって，ＰＡ＝ＰＢ＝ＰＣ＝ＰＤの四角すいＰ－ＡＢＣＤができる。

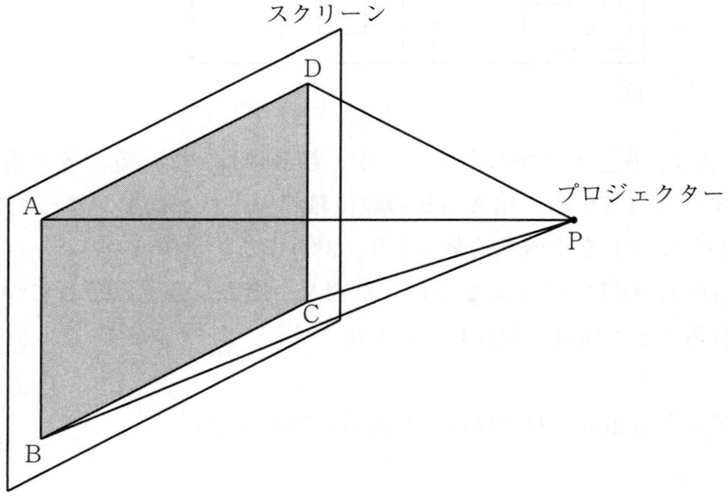

図１

太郎さんと花子さんの次の会話を読んで，あとの(1)～(3)の問いに答えなさい。

（太郎さんと花子さんの会話）

太郎：スクリーンに映った映像の大きさを調べたら，ＡＢ＝3m，ＡＤ＝4mで，プロジェクターの光源Ｐからスクリーンまでの距離《きょり》は6mだったよ。

花子：このときの四角すいＰ－ＡＢＣＤの体積は [ア] m^3 だね。

太郎：このプロジェクターは位置を動かせるんだよね。光源Ｐの位置をスクリーンに対して垂直に動かすと，スクリーンに映る映像の縦の長さと横の長さの比を変えずに大きさを変えることができるね。**図１**の長方形ＡＢＣＤよりも映像を大きくできないかな。

花子：次の**図２**のように，光源Ｐをスクリーンから遠ざければ，映像は大きくなるね。スクリーンに映る映像の横の長さが，スクリーンの横の長さと等しくなるようにするには，今の位置と比べて，光源Ｐを何ｍスクリーンから遠ざければいいのかな。

太郎：計算してみると，光源Ｐを [イ] ｍスクリーンから遠ざけると，スクリーンに映る映像の横の長さと，スクリーンの横の長さが等しくなるね。

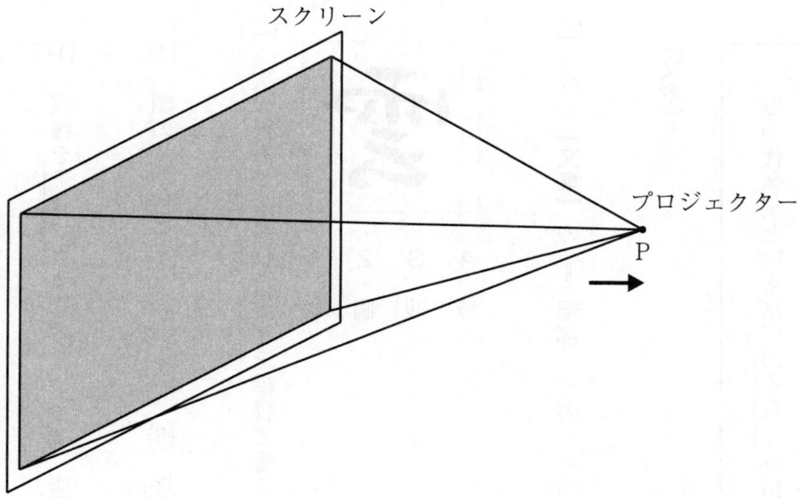

図2

花子：ところで，スクリーンに映る映像の横の長さと，光源Pからスクリーンまでの距離との間にはどんな関係があるのかな。

太郎：相似を使って考えると，スクリーンに映る映像の横の長さは，常に光源Pからスクリーンまでの距離の[ウ]倍だとわかるよ。

花子：なるほど。そうすると，スクリーンまでの距離が7mとなるように光源Pを置いたとき，スクリーンに映る映像の面積は[エ]m^2だね。

太郎：スクリーンに映る映像の面積が$15m^2$のとき，光源Pからスクリーンまでの距離は[オ]mだよ。

(1) 会話中の[ア]に当てはまる数を求めなさい。

(2) 会話中の[イ]に当てはまる数を求めなさい。

(3) 会話中の[ウ]～[オ]に当てはまる数を，それぞれ求めなさい。

四 次の㈠～㈢の問いに答えなさい。

㈠ 次の⑴～⑹の――線部について、片仮名の部分を漢字で、漢字の部分の読みを平仮名で書きなさい。

⑴ 食糧をチョゾウする。
⑵ 店をカマえる。
⑶ ほおをコウチョウさせる。
⑷ 額の汗を拭う。
⑸ 脈絡のない話をする。
⑹ 日差しを遮る。

㈡ 次の行書で書かれた漢字を楷書で書くときの総画数と同じ総画数である漢字を、1～4の中から選んで、その番号を書きなさい。

1 飲
2 個
3 迎
4 球

㈢ 次の【文章】の═線部「その」と同じ品詞の言葉を、1～4の中から選んで、その番号を書きなさい。

【文章】

春の代名詞といえば、1おそらく「桜」と考える人が多いだろう。桜は、『万葉集《まんようしゅう》』に詠《よ》まれているほど古くから、日本人に愛されてきた花だ。ひと口に桜といっても、その品種は多岐《たき》に渡る。2有名なソメイヨシノよりも3小さな花を咲かせるものもあれば、4濃い色の花を咲かせる品種もある。それぞれの違いを楽しめるのも、桜の魅力の一つである。

(五) この文章の特徴として、最も適切なものを、次の**1**〜**4**の中から選んで、その番号を書きなさい。

1 具体的な事例を紹介することで読者の理解を促している。

2 異なる視点から自説を検証して説得力をもたせている。

3 複数の異なる意見に共通する考えを結論としている。

4 事実から導いた考えを示して主張につなげている。

(六) 石川さんは、国語の授業でこの文章を読み、民主政治の意義について考えた。次は、石川さんが自身の考えを記したノートである。［　　］に入る内容として、最も適切なものを、後の**1**〜**4**の中から選んで、その番号を書きなさい。

> ●人びとは「素早い決断」を求めている。↓民主政治へのいらだち
>
> 《スピードだけを求めた場合、どうなる？》
>
> ・場当たり的な決定になる。
>
> ・目先の利益が優先される。
>
> ・権限をもつ人たちだけで議論される。
>
> ⇩
>
> 民主政治は、［　　］という点で意義があると考えられる。

1 誰もが政治に参加している実感を得ることができ、活発な議論が行われる

2 諸外国も採用しているしくみのため、世界標準から取り残されずにすむ

3 時間をかけて議論を十分に重ねることで、より多くの人が納得する決定ができる

4 さまざまな意見が反映され、一度決まったことでも柔軟に変えていける

が成り立ちにくいような状況になっている中、政治に負荷をかけすぎることは、イ政治を失わせることにつながるでしょう。

（杉田敦「政治的思考」による。）

※　企業法人的な決め方＝ここでは、組織の上層部が決定を下し、下層部に指示命令する組織の在り方のこと。

(一) 文章中の A に入る言葉として、最も適切なものを、次の1～4の中から選んで、その番号を書きなさい。

1　かかわらなくても納得できる　　2　かかわっているため納得できる

3　かかわらないと納得できない　　4　かかわっていても納得できない

(二) 文章中の B と C に入る言葉の組み合わせとして、最も適切なものを、次の1～4の中から選んで、その番号を書きなさい。

1　B　もちろん　　C　つまり

2　B　むしろ　　C　しかし

3　B　その上　　C　すなわち

4　B　もっとも　　C　また

(三) ア「強いリーダーシップ」の要求　とあるが、その背景になっていることを、「民主政治」という言葉を使って、四十字以上、五十字以内で書きなさい。（句読点を含む。）

(四) イ政治を失わせることにつながる　とあるが、どういうことか。最も適切なものを、次の1～4の中から選んで、その番号を書きなさい。

1　人びとの直接政治に関与したいという思いが強まり、代表制の政治が崩壊するということ。

2　人びとが政治に意味を見出《みいだ》せなくなり、無力感の中で政治の必要性を感じられなくなるということ。

3　特定の政治家や新しい政党に権力が集中し、政権交代で政治を安定させられなくなるということ。

4　政治家から意欲を奪い、政治家が最終的な決定を下すことに消極的になってしまうということ。

[A]ということです。

それと表裏の関係ですが、二つめは、民主的な決定については、関係者が納得しやすいということです。民主政治で決められたことについては、たとえ自分の意思とは違う結果だとしても、他の決め方に比べれば、それが自分たちの決定だという意識をもちやすく、決定の後において、抵抗や反発が出てくることが少ない。つまり、決定「後」の円滑さという点では、民主政治に優《まさ》るものはないといえるのです。

しかし、決定「前」に関しては、民主政治はたしかに時間がかかる。多くの人びとが話し合って決めるのですから当然のことです。時間がかかる民主政治にいらだち、「決められない政治」を非難し、素早い決断を求める傾向が出てくるのはこのためです。権力の集中への欲求です。

民主政治である以上、政治がうまくいかなかった際の責任は、最終的には私たち有権者にあるはずです。[B]、どんな政治も完全な形の民主政治とはいえないでしょう。私たち一人一人は、一〇〇万分の一、あるいは一億分の一の声でしかないという感覚をもち、無力感を感じています。しかし、それでもなお、自分たちが政治の当事者であるということを放棄してしまえば、私たちはそのときこそ本当に無力となってしまいます。責任を認めることは、当事者性を主張する前提のはずです。

ただ人間というのは勝手なもので、うまくいったときには自分の手柄にしたいけれども、うまくいかなかったときには、誰かのせいにしたいものです。すべてを決めてくれる政治家を求める声はこのあたりから出てくる。ア「強いリーダーシップ」の要求とは、失われた「王様」を改めて待望する声です。

しかし、それなら民主政治を本当にやめてしまってもいいのかといえば、それはそれで、広く賛同を得られそうにはありません。自分たちが当事者でありたい、決定に参加したいという欲求も人びとは強くもっているからです。その証拠に、いまの政治で一般的なしくみである代表制では自分たちの思いが伝わらないから、より直接的に参加したいという声も強い。政治家たちは、自分たちを無視して勝手に行動しているのではないか、自分たちをないがしろにしているのではないか、というわけです。

現在、民主政治へのいらだちは、政治家や政党に対する拒否権の行使という形で表れがちです。[C]、「強いリーダーシップ」を求めて特定の政治家をまつり上げたり、新たに生まれた政党に大きな期待をもったりするものの、その限界を見るやいなや引きずり下ろし、今度は別の政治家や政党に期待する。しかしそれもまた裏切られるということを繰り返し、次々にひんぱんに交代させる。もちろん、政権交代は民主政治の大切な部分ではありますが、同時に、政治家や政党を支えて権力を安定させることも必要であり、そのバランスが求められます。「強いリーダーシップ」への過大な期待は、幻滅の連鎖を通じて、政治そのものの否定につながりかねません。

先ほどから述べているように、最終的な決定主体としての主権

(一) 上にゐて の読み方を現代仮名遣いに直して、全て平仮名で書きなさい。

(二) 指示ア とあるが、宗とが出した指示を、十五字以上、二十五字以内の現代語で書きなさい。（句読点を含む。）

(三) 【Ⅲ】の中原さんの発言の□に入る内容として、最も適切なものを、次の**1**～**4**の中から選んで、その番号を書きなさい。

1 篳篥だけは何としても守ろうとして、必死に演奏する用光の姿

2 用光が、これが最後の機会だと思って奏でたすばらしい篳篥の音

3 篳篥の名手として後世に名を残そうとする、用光の鬼気迫る演奏

4 用光が、海賊の心を改めさせるために奏でた美しい篳篥の曲

(四) 船を襲わずに去っていった海賊の心イ とあるが、具体的にはどのような心か。十字以上、十五字以内の現代語で書きなさい。（句読点を含む。）

三

次の文章を読んで、後の(一)～(六)の問いに答えなさい。

私たちは、国や自治体の政治については、相変わらず民主政治でやっています。私たちが政治家を選挙で選び、その政治家がさまざまな意見をぶつけ合い、その間で調整をした上で決定を下す。そのような非効率で手間のかかる面倒なしくみを手放さないのはなぜなのか。

外国もみんなそうしているから、という答え方もあります。これはこれで一つの知恵ですし、世界標準というものを軽視すべきではありません。しかし、※企業法人的な決め方が浸透しつつある中では、それだけでは十分な答えではないでしょう。私は、民主政治が必要な理由には大きく二つあると考えています。

一つには、自分にかかわることを、自分の知らないところで他人に勝手に決められたくないし、そうされては困るという意識が人びとの間に強いことです。これが民主政治を根本のところで支えている。民主政治の理由を突き詰めていくと、こうした自己統治や自己支配への欲求にぶつかる。集合的な決定ではあっても、決定に自分自身が

【Ⅱ】古典の内容を整理するために作ったカード

場面①

場面②

場面③

場面④

【Ⅲ】感想の交流の一部

田山	内容を整理するために場面を四つに分けてカードを作ってみました。印象に残った場面はありますか。
宮沢	私は**場面**②の、海賊に襲われているにもかかわらず、抵抗したり逃げたりせずに、ただ篳篥を演奏することだけを望んだ用光の姿が印象に残りました。
田山	潔《いさぎよ》いですよね。そんな用光の姿や言葉を受けて、宗とも部下にア指示を出すわけですが、その結果、海賊たちの心境は変化します。
中原	海賊たちの心境が変化するのは、**場面**③ですね。このときの、□が、海賊たちの心境に影響を与えています。
宮沢	そうですね。用光は篳篥を演奏したことで海賊から解放されていますから、その演奏の影響力はとても大きかったといえますね。
中原	私は**場面**④で、イ船を襲わずに去っていった海賊の心は、現代にも通じるものだと思いました。
田山	はるか昔に書かれた作品なのに不思議ですね。

二 次の【Ⅰ】～【Ⅲ】について、後の㈠～㈣の問いに答えなさい。

【Ⅰ】古典の文章

和邇部用光《わにべのもちみつ》といふ※1楽人ありけり。※2土佐《とさ》の御船遊びに下りて、上りけるに、※3安芸《あき》の国、なにがしの※4泊《とまり》にて、海賊押し寄せたりけり。弓矢の行方《ゆくへ》知らねば（扱い方も知らなかったので）、防ぎ戦ふに力なくて、今はうたがひなく殺されなむずと思ひて、※5篳篥《ひちりき》を取り出《い》でて、屋形の上《うへ》にゐて（船の屋根の上に座り込み）、「あの党や（そこの一党の者たちよ）。今は沙汰に及ばず（とやかく言ってもどうにもならない）。とく（早く）なにものをも取り給《たま》へ。ただし、年ごろ、思ひしめたる（深く思ってきた）篳篥の、小調子といふ曲、吹きて聞かせ申さむ。さることこそありしかと、のちの物語にもし給へ」といひければ、※6宗《むね》との大きなる声にて、「主《ぬし》たち、しばし待ち給へ。かくいふことなり。もの聞け」といひければ、船を押さへて、おのおのしづまりたるに、用光、今はかぎりとおぼえければ、涙を流して、めでたき音を吹き出でて、吹きすましたりけり。

をりからにや（折もよかったのだろうか）、その調べ、波の上にひびきて、かの※7潯陽江《じんやうかう》のほとりに、琵琶《びは》を聞きし昔語りにことならず（異なるところがなかった）。海賊、静まりて、いふことなし。よくよく聞きて、曲終《をは》りて、先の声にて、「君が船に心をかけて（狙いをつけて）、寄せたりつれども、曲の声に涙落ちて、かたさりぬ（ここはやめた）」とて、漕《こ》ぎ去りぬ。

（「十訓抄」による。）

※1 楽人＝音楽を奏《かな》でる人。
※2 土佐の御船遊び＝土佐（現在の高知県）の神社で行われていた祭り。
※3 安芸の国＝現在の広島県。
※4 泊＝港。　※5 篳篥＝楽器の一種。
※6 宗と＝ここでは海賊の首領。
※7 潯陽江のほとりに、琵琶を聞きし昔語り＝左遷されていた白居易《はくきょい》という中国の詩人が、潯陽江のほとりで琵琶の音を聞き、詩を作ったという故事。

(一) 父の訓え に対する「私」の考えを次のようにまとめた。（ Ⅰ ）と（ Ⅱ ）に入る最も適切な語句を、文章中から（ Ⅰ ）は六字、（ Ⅱ ）は五字で抜き出して書きなさい。（句読点を含む。）

「私」は、父の訓えを守って（ Ⅰ ）ことから、その訓えは（ Ⅱ ）のだと考えた。

(二) ア「私」は、どうして子供たちにふるさとの話をしようと思ったのだろう とあるが、【グループでの話し合いの一部】の□の中で、その理由として、最も適切な発言をしている人物は誰か。次の1～4の中から選んで、その番号を書きなさい。

1 川端　2 泉　3 尾崎　4 正岡

(三) 【グループでの話し合いの一部】の□に入る内容として、最も適切なものを、次の1～4の中から選んで、その番号を書きなさい。

1 自力で餌を獲《と》る草原での暮らしを思い出し、その環境を生きていた自分に自信を持っている
2 草原の記憶を懐かしく思い出しつつも、家族がいる場所で生きる決意を新たにしている
3 草原の景色が思い出されたことで、もう一度草原に戻りたいという思いが湧き上がっている
4 父の訓えに忠実に従うことで、草原の過酷な環境を生き抜くことができたと考えている

(四) イ「私」の子供たちへの思いが強く表れている とあるが、「私」が子供たちに対して望んでいることを、「人間」という言葉を使って、三十字以上、四十字以内で書きなさい。（句読点を含む。）

(五) この文章の表現と内容の説明として、適切でないものを、次の1～4の中から一つ選んで、その番号を書きなさい。

1 体言止めを用いることで、文章にリズムを生んだり余韻を持たせたりしている。
2 巧みな比喩を用いることで、「私」の心情を鮮やかに表現している。
3 「私」の視点から回想することで、「私」の体験や心情を直接的に表現している。
4 倒置法を効果的に用いることで、「私」の心情を強調して表現している。

【グループでの話し合いの一部】

正岡　「私」の子供たちへの思いについて考えてみよう。最後の、子供たちにふるさとの話をする場面に着目するとよさそうだね。

島崎　そうだね。そもそもア「私」は、どうして子供たちにふるさとの話をしようと思ったのだろう。「私」は話を聞いた妻の気持ちを心配していたし、ふるさとの話を「酷い話」と表現しているよね。ふるさとの話をすることに抵抗感を持っていると思うのだけれど。

1　川端　話をしたときの妻の驚きように衝撃を受けていたから、子供たちには小さいうちから教えておきたかったんじゃないかな。

2　泉　でも「私」は、戻れないふるさとの話をしても仕方がないと思っているよ。それでも話したのは妻がせがんだり懇願したりしたからだよね。断って妻を傷つけたくない気持ちがあったんだと思うよ。

3　尾崎　自分が何も知らないことに心を痛め、同じ思いを子供たちにさせたくないという妻の気持ちを察して、応えようとしたのだと思うな。

4　正岡　妻の気持ちを考えたというよりは、子供たちに話すことで、忘れていたふるさとの記憶を取り戻そうとしたんだと思う。ふるさとは、もう帰れない場所だから。

島崎　みんないろいろな考えを持っているね。「私」の子供たちへの思いを読み取ることで、理解を深めていこう。

川端　「私」は、「父祖の生きたところ、おのれのあるべきところは知らねばならぬ」と思っているよ。自分たち獅子が本来いる場所は草原だと知っていてほしい、というのが「私」の子供たちへの思いなのではないかな。

泉　たしかに、そういう思いで話し始めているね。最後の段落の「おのれが本来かくあるべきと知れば」も、同じ内容を表しているのかな。

正岡　私は、その二つは異なる内容だと思うな。「私」は、［　　］よ。このことから、「おのれが本来かくあるべき」とは、獅子が本来いる場所という意味ではなく、獅子の本来の生き方、本来の姿といった内容だと考えられるのではないかな。

泉　なるほど。「私」は話をするうちに、子供たちに獅子の本来の生き方、本来の姿を知ってほしいと思うようになったということだね。

尾崎　それを「伝説でもいい」から知っていてほしいと考えているところに、イ「私」の子供たちへの思いが強く表れているよね。

く鳥のように、大地を自由に駆け回っていたなどと。
妻は夜ごと私に草原の話をせがんだ。しかし私とて、幼い日の記憶がそれほど豊かではなかった。同じような話をくり返し、ときには見もせぬものを見たように語った。
いったい彼女は、どうしてあれほど執拗《しつよう》に、帰らざるふるさとの話を欲《ほっ》したのだろう。今さら聞いたところで※4詮方《せんかた》ない話を。
妻が私の話を聞くことで、みずからの運命を嘆き、瞋りの感情を抱くのではないかと私は怖《おそ》れた。だが、彼女はけっして瞋らなかった。おそらく私の父の訓えと同様に、妻もまた都会の公園の檻の中で、父母からその心得を授けられていたのだろう。
妻は夜ごと私の話を聞きながら、私の腕の中で眠った。
子らを授かったとき、妻は私に懇願した。草原の話を聞かせてあげて、と。
酷《むご》い話かもしれないと思いもしたが、私は妻の願いを※5掬《きく》して、いまだ目も開かぬ子供らにふるさとの話を聞かせた。よしや帰らざるふるさとであろうと、父祖の生きたところ、おのれのあるべきところは知らねばならぬと思ったからである。
妻の親は娘を不憫に思って語らなかったが、妻はその親心ゆえに無知であった自分自身を、不憫に思ったにちがいなかった。
涸《か》れ尽きていたはずの記憶は、子供らに語るうちに掘り起こされた。
草原の風の匂い。乾いた大地と、たくましく根を張る※6灌木《かんぼく》。水場に群《む》らがる獣たち。それらは弱きに見えて、身を守る術《すべ》をそれぞれに知っており、けっして人間たちが投げ入れる肉のように、たやすい餌ではないこと。
伝説でもいい、と私は思った。たとえ檻の中とは無縁の話でも、おのれが本来かくあるべきと知れば、晒し物でも見世物でもない※7矜持《きょうじ》を、きっと持つことができるから。

（浅田次郎「獅子吼」による。）

※1　瞋るな＝怒るな。　※2　こごめ＝かがめ。
※3　馴致＝なれさせること。　※4　詮方ない＝仕方のない。
※5　掬して＝くみ取って。　※6　灌木＝低木。
※7　矜持＝誇り。自負。

二〇二二年度　常総学院高等学校（推薦）

【国語】（五〇分）〈満点：一〇〇点〉

一　次は、動物園で暮らす獅子《しし》（「私」）の視点から描かれた物語である。次の文章と【グループでの話し合いの一部】について、後の㈠～㈤の問いに答えなさい。

父は言った。

けっして※1瞋《いか》るな。いかに身を※2こごめ、足音を忍ばせようと、瞋りの気は伝わる。飢えたくなければ瞋るな、と。

父の訓《おし》えはそのひとつきりだった。狩りの技など教えられた憶《おぼ》えはない。瞋りさえしなければ、獲物は私が目の前にまで迫っても逃げなかった。

そのうち私は、常日ごろから瞋りの感情を滅ぼすようになり、やがて瞋りそのものを忘れた。時を経た今となっては、いったいその感情がどんなものであったかも、思い起こすことはできない。

だから草原の水場で人間の投げた網に搦《から》め取られたときも、驚きこそすれ瞋らなかった。檻《おり》の中のわが身を売り買いされたときも、不安と屈辱にちぢこまっただけだった。

ふしぎなことに、瞋りのほかの感情は何ひとつ欠けてはいない。だからこの見知らぬ国に運ばれて、人間どもの晒《さら》し物《もの》に身を堕《お》としてからは、空を飛ぶ鳥を嫉《ねた》んだり、労せずして与えられる肉に歓喜したり、しばしば父母を思い出して嘆いたりした。

とりわけ妻を娶《めと》り、愛し合い、子を授《さず》かったときには、人間たちに心から感謝をした。※3馴致《じゅんち》されたとは思わない。そもそも瞋りという感情を持ち合わせぬ私は、人間の与えてくれた幸福を素直に享受したのだった。

父の訓えは正しかった。

けっして瞋るな。瞋れば命を失う、と。

その訓えの通り瞋りを忘れた私は、美しい妻と愛くるしい子らを得て、幸福になった。

妻は草原を知らなかった。

遠く離れた都会の公園の、檻の中で生まれたからである。妻の父母がふるさとの話を語り聞かせなかったのは、一生を晒し物として過ごすほかはない娘を、不憫《ふびん》に思ったからなのだろう。だから妻は、草原を知らないどころか、草原の話すら聞いてはいなかったのだ。

父母の心にまで思い至らなかった私は、幼い日々の記憶を寝物語に聞かせてしまった。そのときの妻の驚きようは忘れがたい。彼女は私たち種族が、みな檻の中で生まれて檻の中で死んでゆくものと思いこんでいたのだった。いや私たちばかりではなく、周囲の檻や、声ばかり聞こえて見えざる岩山にある獣たちのすべてが、そういうものだと信じていた。

驚くのも当たり前だ。獣たちの本来あるべき場所は、遥《はる》かな草原や深い森の中だなどと、どうして彼女に信じられよう。空を行

2022年度／常総学院高等学校(推薦)

英語解答

1 (1) No.1　イ　No.2　エ　No.3　イ
No.4　ウ　No.5　エ
(2) ①…8　②…2

2 (1) ①　to do　②　giving　③　felt
(2) ④　future　⑤　busy　⑥　care

3 (1) イ→オ→ウ→エ→ア　(2) who
(3) ①　way　②　because　③　help

4 (1) ア, カ, ク
(2) ①　(They went off) At about eight〔8〕 (o'clock) (in the evening).
②　It is important for them to help one another (in New York).
(3) 3　(4) エ

5 (1) ①…エ　②…ア　③…カ
(2) ウ　(3) shampoo
(4) everyone〔anyone〕can use
(5) イ

6 (1) 2番目…オ　5番目…エ
(2) 2番目…エ　5番目…イ
(3) 2番目…オ　5番目…ア
(4) 2番目…ウ　5番目…ア
(5) 2番目…ア　5番目…ウ

1〔対話文総合〕

(1)<英問英答>

No.1．メイ(M)：こんにちは，ケンタ。今週の土曜日は何か予定ある？／ケンタ(K)：うん，メイ。午前中はおじいちゃんを手伝わないといけないんだ。でも，どうして？／M：あのね，私は映画を見るつもりなの。もしあなたが暇なら，私と一緒に来てほしいと思って。若い人の間で一番人気のある映画なの。『The Dream』って知ってる？／K：ああ，でもまだ見てないんだ。午後は一緒に行けるよ。それでいい？／M：もちろん！　じゃあ3時に駅で会いましょう。∥「ケンタは土曜日の午前に何をするつもりか」―イ．「祖父に会うつもりだ」

No.2．ユカ(Y)：ジム，あなたの好きな学校行事は何？／ジム(J)：僕は遠足と運動会が好きだよ。運動会が一番好きだな。ユカ，君はどう？／Y：私は，遠足が一番わくわくするわ。歩き回って，友達と話して，一緒に昼食を楽しめるもの。運動会と合唱コンクールも好きよ。／J：なるほど。運動会は来週だ。楽しみだな。／Y：私も。ベストを尽くすわ！∥「この会話で話されていない行事は何か」―エ．「文化祭」

No.3．女性(W)：すみません，グリーンスタジアムに行くにはどの電車に乗ればいいですか？／ヒロシ(H)：ああ，グリーンスタジアムに行く電車はないんです。その青いバスに乗ってください。／W：サッカーの試合は4時に始まるので，3時40分に到着したいのですが。／H：今，3時15分です。次のバスはあと5分で来ますよ。／W：あら，本当ですか？／H：ええ。そのバスに乗れば，3時40分より前にそこに着くことができますよ。／W：よかった。どうもありがとう。∥「次のバスは何時に来るか」―イ．「3時20分」

No.4．ニック(N)：もしもし。ニックです。ヨウコさんはいらっしゃいますか？／ヨウコの母(Y)：こんにちは，ニック。ごめんなさい，彼女は姉〔妹〕と一緒に買い物に出かけているの。／N：そうですか。何時に帰ってきますか？／Y：たぶんあと10分ね。もう出かけて1時間になるの。伝言はある？／N：はい。明日10時に僕の家に来るように言ってください。僕たち，博物館に行くんです。／Y：わかったわ。帰ってきたら，そのことを伝えておくわね。∥「ヨウコとニックは明日10時にどこで会うか」―ウ．「ニックの家」

No.５．リリー(Ｌ)：こんにちは，ジュン。わあ，なんてきれいな日焼け！／ジュン(Ｊ)：ありがとう。冬休みの間にオーストラリアのおじさんを訪ねて，そこに滞在したんだ。／Ｌ：うらやましいなあ。去年も行ってたよね？／Ｊ：うん，そこを初めて訪れたのは５年前で，毎年冬には行っているよ。／Ｌ：いいわね！　そこには行ったことがないわ。いつか行きたいな。／Ｊ：絶対に行くべきだよ。∥「ジュンはオーストラリアに何回行ったことがあるか」―エ.「６回」

⑵＜**要旨把握**＞

≪全訳≫❶**エミ(Ｅ)**：イギリスの学校では何部に入っていたの？❷**トム(Ｔ)**：演劇部に入っていたんだ。❸Ｅ：本当？　日本の伝統的なお芝居について知ってる，例えば歌舞伎とか？❹Ｔ：うん，知ってるよ。兄から聞いたんだ。兄は日本に滞在していて，中学校で２か月，高校で６か月勉強したんだよ。❺Ｅ：いいわね。お兄さんも日本文化が好きなのね。❻Ｔ：うん。彼は日本の文化，特に伝統的な芝居が大好きなんだ。兄は，ホストマザーに歌舞伎に連れていってもらったとき，それがとても気に入ったんだ。ロンドンに戻った後，大学で日本文化を学んでたよ。今は，日本食レストランで働いているんだ。❼Ｅ：それで，この学校の演劇部に入るつもりなの？❽Ｔ：ううん。僕は音楽部に入るつもりだよ。太鼓のたたき方を学びたいんだ。❾Ｅ：えっ！　私は太鼓部の部員なのよ。私たちの部に入らない？❿Ｔ：いいね！　君たちはいつ集まるの？⓫Ｅ：水曜日と金曜日よ。毎年秋に文化祭で太鼓を演奏するの。今から練習を始めれば，一緒に演奏できるわ！⓬Ｔ：それはすばらしいね！

＜**解説**＞①第４段落参照。　②第11段落参照。

２〔長文読解総合―スピーチ〕

≪全訳≫Ａ．私は花が好きなので，職業体験のために花屋に行きました。何をすればいいかわからないとき，男の子が「お母さんの誕生日プレゼントにはどんなお花がいいですか？」と尋ねてきました。私は「バラをあげるのはどう？　女性はみんなバラが大好きだと思うよ」と言いました。男の子は何本か買ってくれて，満面の笑みを向けてくれました。うれしかったです。

Ｂ．私は将来看護師になるつもりなので，病院でボランティアとして働きました。初日，スタッフの方々がとても忙しくしているのを見て，驚きました。お医者さんと看護師さんは，病気の人を助けるためにやるべきことがたくさんありました。看護師長の山田さんが，病気の人のお世話の仕方を教えてくれました。それは私にとって良い経験でした。

⑴＜**語形変化**＞①「何をすべきかわからなかった」という文脈。‘疑問詞＋to不定詞’の形は疑問詞に応じて「〔何を・いつ・どこに・どのように〕～したらよいか」といった意味を表す。　②How about ～ing？「～するのはどうですか」　③先月の職業体験について話しているので過去の文。feel－felt－felt

⑵＜**適語補充**＞④in the future「将来」　⑤次の文から，職員たちは「忙しかった」のだとわかる。　⑥take care of ～「～の世話をする」

３〔長文読解総合―対話文〕

≪全訳≫❶**木村先生(Ｋ)**：ナンシー，図書館で何を探しているんだい？❷**ナンシー(Ｎ)**：あら，木村先生。易しい日本語で書かれた本を探しているんです。❸Ｋ：なるほど。おもしろい話を読みたいよね？❹Ｎ：はい，読みたいです。それに，日本語が上達できればいいなと思います。いい本を教えてくれませんか？　漢字を読んだりその意味を理解したりするのは，私には難しいです。❺Ｋ：わかった。絵本を読むのは役に立つよ。小さな子ども向けの絵本は簡単な日本語で書かれているし，漢字はあまり使われていないんだ。それに，話がおもしろいし。❻Ｎ：いいですね，でも，(A)どの絵本を選べばいいのかわかりません。❼Ｋ：ええと，日本のおとぎ話について聞いたことはあるかい？❽Ｎ：日本のおとぎ話ですか？　いくつか例を挙げてください。❾K：例えば，『桃太郎』や『かぐや姫』，それに『かちかち山』とか。❿N：あっ，『かぐや姫』のアニメをテレビで見たことがあります。話がおもしろくて，まるでSF小説みたいです。⓫K：そのとおりだよ。『かぐや姫』の話は謎に満ちている。この話の原作は，10世紀頃に書かれたんだ。その話は日本で最も古いと言われているんだよ。物語の作者はわからないんだ。⓬N：びっくりですね！　私，その絵本を読みます。⓭K：楽しく読めて，君の役に立てばいいな。⓮N：ありがとうございます，木村先生。私はそれを楽しんで，物語の理解に努めます。

(1)＜**整序結合**＞木村先生に絵本を読むことを勧められた後の発言。「いいですね，でも…」の後に続く部分であることと，選択肢の語句から，「どの絵本を選べばよいかわからない」という内容が考えられる。「どの絵本を選べばよいか」は‘疑問詞＋to不定詞’の形で表せるが，「どの絵本」でひとまとまりなので‘疑問詞’を which picture book とする。　I don't know which picture book to choose.

(2)＜**書き換え―適語補充**＞「その物語の作者がわからない」は「誰がその話を書いたのかわからない」と書き換えられる。間接疑問は通例‘疑問詞＋主語＋動詞...’の形になるが，このように，疑問詞が主語になる場合は，‘疑問詞＋動詞...’の形になる。

(3)＜**内容一致**＞「こんにちは，アン。私は日本での生活を楽しんでいるわ。でも，日本語の読み書きはあまり得意じゃないの。今日，英語の木村先生が，日本語を練習するのに良い方法を教えてくれたの。それは絵本を読むことよ。私は『かぐや姫』を選んだの。木村先生が，読みやすいしわかりやすいって言っていたからね。私が日本語を練習するとき，この本が役に立つでしょう」①次の文に It's to read picture books「それは絵本を読むこと」とあることに着目。本文の内容から，「絵本を読むこと」は「日本語を練習するよい方法」だと考えられる。　②空所直後の内容は，ナンシーが『かぐや姫』を選んだ‘理由’になっている。　③第５段落第２文の Reading picture books will help you や，第13段落の it will be helpful for you から判断できる。助動詞 will の後なので動詞の原形が入る。

4〔**長文読解総合―物語**〕

≪全訳≫❶2003年８月14日，ボブは旅行中で，ニューヨークのおばの家に滞在していた。夜の８時頃，ニューヨークで停電が発生した。ボブは駅にいた。そのとき，駅の明かりが突然消えたのだ。彼は「何が起きたんだ？」と思った。駅の人たちはお互いに押し合い，通りに出ようとした。ボブが通りに行くと，街の明かりが全て消えていた。信号も全て消えていた。その結果，全ての車が止まり，動けなくなっていた。多くの人々が建物から出てきた。そして，彼らは車の間を歩いて家に帰ろうとしていた。❷ボブはおばの家に行くことに決め，歩き出した。街は本当に危険に見えたので，彼はただ歩いた。彼は通りを30分歩いた。おばの家に着くと，おばが家にいた。彼女はろうそくを持っていた。ボブは彼女とろうそくの明かりを見て，本当に安心した。彼女は彼に尋ねた。「怖がっているようね。大丈夫？　街で何か怖いものを見たの？」❸「何も見てないよ。僕はただ，ひたすら歩いただけさ」と彼は答えた。そして，彼は窓の外を見た。街で何が見えただろうか。信号なしで車が動くのを手伝うため，通りに立っている人がいた。通りで人々にろうそくを配っているボランティアもいた。そして，街はあまり暗くなかったので，人々は暗い夜を恐れる必要がなかった。ニューヨークの人々はお互いに助け合っていた。彼はおばに「ここの人たちは，互いに助け合えるくらいに親切なの？」と尋ねた。彼女は「そうよ。こんなに大きな街で暮らすには，そうすることが私たちにとって大切なの。私たちは１人で暮らすことはできないわ。ボブ，そう思わない？」と言った。❹翌日，ボブは街に出て，何人かの人々に彼らの夜はどうだったかと尋ねた。彼らはボブにいい話を聞かせてくれた。ある女性は，「空にたくさんのきれいな星を見たわ。きらきら光っていたの。そんなにきれいな星は山では何度も見たことがあるけど，この大きな街では，一度も見たことがなかった。すばらしい時を過ごしたわ」と言った。別の男性はボブに，家族のためにギターを弾いて夜を過ごしたと話してくれた。また，ある男の子は，「お父さんが僕たちのために夕食をつくってくれて，僕たちはろうそくの明かりで，テレビなしで食事をしたんだ。初めての経験だったよ。この夜をずっと覚えているよ」と言った。彼はとてもうれしそうにそう言った。**5**ボブは「僕たちにとって大切なものは何だろう？　僕たちはふだんそのことについて考えない。でも何か普通ではないことが起きたときに，何が大切なのかわかるんだ」と思った。彼は，ニューヨークでの停電の経験を通して，大切なことがわかった。彼は，お互いに助け合い，その特別な夜を楽しんだ人々を，決して忘れないだろう。

(1)＜**内容真偽**＞ア．「ボブは2003年８月に，ニューヨークのおばの家に泊まった」…○　第１段落第１文に一致する。‘stay with＋人’「〈人〉の家に泊まる」　イ．「電気が消えたとき，駅の人々はお互いに押し合わなかった」…×　第１段落第４，６文参照。　ウ．「ボブは，ニューヨークで停電が起きたとき，街は安全だと思った」…×　第２段落第２文参照。　エ．「ボブがおばの家まで歩いたとき，１時間以上かかった」…×　第２段落第３文参照。　オ．「ボブが駅からおばの家に戻ったとき，彼女は外出していた」…×　第２段落第４文参照。　カ．「ニューヨークで停電が起きたとき，通りの人々は，何人かのボランティアからろうそくをもらっていた」…○　第３段落第６文に一致する。　キ．「ニューヨークで停電が起きたとき，ある女性は山できれいな星を見た」…×　第４段落第３，５文参照。山ではなくニューヨークの街で見た。　ク．「ボブから質問された少年は，ニューヨークで停電の夜を過ごした経験について話した」…○　第４段落最後の４文に一致する。

(2)＜**英問英答**＞①「駅の明かりは何時に消えたか」―「(夜の)８時頃(に消えた)」　第１段落第２文参照。　②「ボブのおばによると，ニューヨークで暮らす人々にとって大切なことは何か」―「(ニューヨークでは)互いに助け合うことが，彼らにとって大切だ」　第３段落後半参照。

(3)＜**適所選択**＞脱落文は「彼らは彼にいい話をしてくれた」という意味。この文の They と him が誰を指しているのかを考える。この They は空所３の前の some people を，him は Bob を指していると考えられる。

(4)＜**適語句選択**＞直後にある‘逆接’の But に着目。「ふだんは考えないが，何か普通ではないことが起きたときに何が大切かを知る」という文脈を読み取る。選択肢にある it は，直前の文の内容「私たちにとって大切なことは何かということ」を指す。

5 〔長文読解総合―説明文〕

≪全訳≫ **1**最近では，よく多目的トイレが見られる。誰でも利用できる。ア デパートや駅では，赤ちゃんや子ども連れの親が使う。それに，障がいのある人も，簡単に利用できる。駅では，広い改札が見られる。車椅子の人や，ベビーカーに赤ちゃんを乗せた親が，簡単に利用できる。多目的トイレや広い改札のような，全ての人のために設計されたものは，「ユニバーサルデザイン」と呼ばれる。それらはよりごく普通のものとなりつつあり，日常生活の中でそれらを以前よりも頻繁に見ることができる。**2**アメリカ人の建築家でデザイナーでもあるロナルド・メイスは，このアイデアと「ユニバーサルデザイン」という言葉を思いついた。彼は，障がい者と健常者の両方にとって，何がより役立つかを考えた。彼の考えは，私たちの周りの建物やものを，誰もが利用できるようにすることだった。「バリアフリー」という言葉をご存じだろう。では，この２つの間の違いは何か。バリアフリーとは，障がい者と高齢者向けのもの，という意味だ。しかしロナルド・メイスは，私たち全てが幸せな生活を送ることが大切だと考えた。エ障がい者や高齢者だけでなく，全ての人が。ものは使いやすく，わかりやすく，安全であるべきだ，といったことを提案したのだ。現在，私たちの周りには，ユニバーサルデザインのものが多く見られる。❸あなたはユニバーサルデザインのものを見つけられるだろうか。そう，広い改札や多目的トイレはその一例だ。シャンプーのボトルも，別の例だ。シャンプーとリンスの区別がつくように，いくつかの印がある。目を閉じて髪を洗っても，印を触ってシャンプーを選ぶことができる。カ交通標識も，役に立つだろう。外国では，その国の言語を理解できないかもしれない。あなたはどうするだろうか。必要な標識を見ることができるのだ。遠くまで行きたい場合には，タクシーや電車の絵が，それらがどこで見つかるかを示してくれる。❹今では，私たちの周りの多くのものは誰でも利用できる。ユニバーサルデザインのおかげで，私たち全てが，幸せな生活を送ることができるのだ。

(1)＜適所選択＞①空所エの直前の文に，for all of us「私たちみんなにとって」とあり，①は，これの言い換えになっている。　②文末の it が何を指しているかを考える。文の内容から，これは空所アの前で述べられている多目的トイレのことだと考えられる。　③第３段落最後の２文の内容から，ここで交通標識について説明されていることがわかる。③はその導入文となっている。

(2)＜要旨把握＞第２段落参照。バリアフリーは，「障がい者と高齢者向け」のものである一方，ユニバーサルデザインは，「障がい者や高齢者だけでなく，全ての人のため」のものである。この内容に合うのは，ウ.「バリアフリーのものは障がい者と高齢者のみを対象とするが，ユニバーサルデザインのものは健康な人も対象である」。

(3)＜適語補充＞「髪を洗う」ときに選ぶのは，「シャンプー」。

(4)＜書き換え＞accessible は「利用できる」という意味なので，「誰もが身の回りにある多くのものを利用できる」という文に書き換えられる。主語は everyone のほか anyone としてもよい。

(5)＜内容真偽＞ア.「私たちの周りでは，障がい者に役立つものがどんどん増えている」…○　第１段落に一致する。　イ.「ロナルド・メイスは，『ユニバーサルデザイン』と『バリアフリー』という言葉を生み出したアメリカ人だ」…×　第２段落第１文参照。「バリアフリー」という言葉を生み出した人物については書かれていない。　ウ.「駅の広い改札は，使いやすく，わかりやすく，安全につくられている」…○　第１段落最後から２文目および第２段落最後から２文目参照。駅の広い改札は，ユニバーサルデザインの一例である。　エ.「外国では，電車に乗る場所を簡単に見つけることができる」…○　第３段落後半に一致する。

6〔整序結合〕

(1)‘so ～ that＋主語＋cannot …’「とても～なので，―は…できない」の構文。　I was so tired that I couldn't do my homework today.

(2)「～ほど…でない」は ‘not as〔so〕… as ～’ で表せる。　I can't run as fast as Bill.

(3)「～だったらよかったのに」は，‘I wish＋主語＋過去形…’ の形で表せる。これは ‘現在実現できそうもないことへの願望’ の意味を表す仮定法過去の文。　I wish I were a good swimmer.

(4)「〈人〉に～してほしい」は ‘want＋人＋to ～’ で表せる。　Jane wants her mother to buy a bag.

(5)I don't know とした後，「だれの帽子か知りません」を，‘疑問詞＋主語＋動詞…’ の形の間接疑問で表すが，whose cap「だれの帽子」でひとまとまりなので，これを１つの疑問詞と見なす。　I don't know whose cap this is.

数学解答

1 (1) -7　(2) $9\sqrt{6}-12\text{cm}^2$　(3) エ

(4) (例)

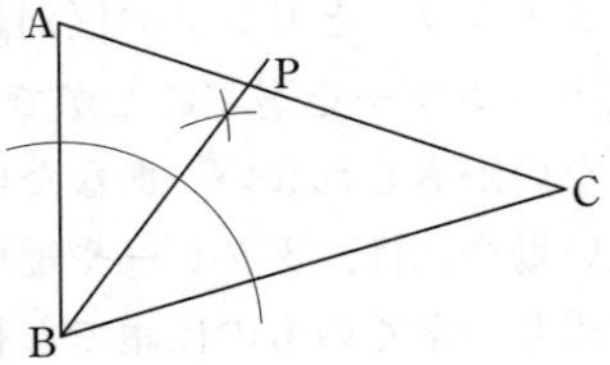

2 (1) ア…$2n+3$　イ…$n+1$

(2) ア…$\frac{1}{2}x(x+8)$　イ…-30

ウ…22

(3) ア…-2　イ…12

(4) (例１)選んだチーム…A

理由…チームＡの中央値16回は，チームＢの中央値15回よりも大きいので，チームＡの方がより多く成功させることができるチームである。

(例２)選んだチーム…B

理由…チームＢの最頻値18回は，チームＡの最頻値16回よりも大きいので，チームＢの方がより多く成功させることができるチームである。

3 (1) 70

(2) (例)△DECと△GHDにおいて，四角形EFGDは長方形だから，∠DEC＝90°……①　仮定より，∠GHD＝90°……②　①，②より，∠DEC＝∠GHD＝90°……③　四角形EFGDは四角形ABCDを回転移動させたものだから，DC＝GD……④　DG∥EFより，平行線の錯角は等しいから，∠DCE＝∠GDH……⑤　③，④，⑤より，直角三角形の斜辺と１つの鋭角がそれぞれ等しいので，△DEC≡△GHD

(3) 12

4 (1) ６分後　(2) 1080m

(3) ６分間

5 (1) ７通り　(2) $\frac{4}{9}$　(3) $\frac{1}{6}$

6 (1) 24　(2) $\frac{3}{2}$

(3) ウ…$\frac{2}{3}$　エ…$\frac{49}{3}$　オ…$3\sqrt{5}$

1〔独立小問集合題〕

(1)＜数の計算＞表より，2019年の桜の開花日が３月24日で，2018年の開花日を基準として-5日，つまり，５日早くなっているので，2018年の開花日は$24+5=29$より，３月29日となる。よって，2021年の開花日は３月22日で，$29-22=7$より，2018年より７日早いことになるから，2018年との差は-7日である。

(2)＜平面図形―面積＞右図の△DBFと△ECGにおいて，∠BFD＝∠CGE＝90°であり，△ABCがAB＝ACの二等辺三角形より，∠DBF＝∠ECGである。さらに，DE∥BCより，AD：DB＝AE：ECだから，DB＝ECとなる。よって，直角三角形の斜辺と１つの鋭角がそれぞれ等しいから，△DBF≡△ECGとなり，$\text{BF}=\text{CG}=\sqrt{2}$である。これより，$\text{FG}=\text{BC}-\text{BF}-\text{CG}=3\sqrt{3}-\sqrt{2}-\sqrt{2}=3\sqrt{3}-2\sqrt{2}$となり，$\text{DF}=3\sqrt{2}$であり，四角形DFGEは長方形だから，〔四角形DFGE〕＝$\text{DF}\times\text{FG}=3\sqrt{2}\times(3\sqrt{3}-2\sqrt{2})=9\sqrt{6}-12(\text{cm}^2)$となる。

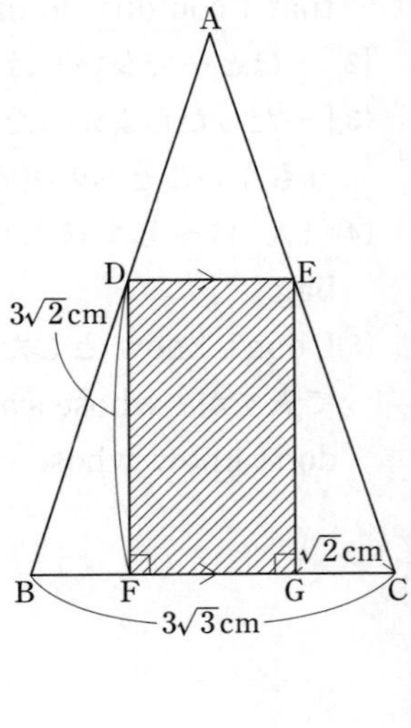

(3)＜文字式の利用―不等式＞３回のテストの得点がx点，y点，86点のとき，平均点は$\frac{x+y+86}{3}$点と表され，これがz点より低いことから，$\frac{x+y+86}{3}<z$となる。

(4)＜平面図形—作図＞点Pが辺AB，BCから等距離にあることから，点Pは∠ABCの二等分線上にある。よって，点Pは∠ABCの二等分線と辺ACの交点となる。作図は，まず，点Bを中心に円の弧をかく。次に，この円弧と辺AB，BCの交点を中心とする等しい半径の円弧をかき，その交点と点Bを通る直線を引き，辺ACとの交点をPとする。解答参照。

2 〔独立小問集合題〕

(1)＜文字式の利用—説明＞nを整数として，連続する2つの奇数のうち小さい方を$2n+1$と表すと，大きい方は，$2n+1+2=2n+3$と表される。これら2つの奇数の和は，$(2n+1)+(2n+3)=4n+4=4(n+1)$と表され，$n+1$は整数だから，4の倍数である。

(2)＜二次方程式の応用＞竹ひごA，Bを対角線とする凧《たこ》を，右図1のように，ひし形PQRSとする。竹ひごAの長さを$x$cmとすると，竹ひごBの長さは$x+8$cmと表され，〔ひし形PQRS〕$=\frac{1}{2}\times PR\times QS=\frac{1}{2}x(x+8)$(cm²)と表される。これが330cm²であるとき，$\frac{1}{2}x(x+8)=330$が成り立つ。これを解くと，両辺を2倍して，$x(x+8)=660$，$x^2+8x-660=0$，$(x+30)(x-22)=0$より，$x=-30$，22となる。よって，$x>0$より，$x=-30$は適していないので，$x=22$となり，竹ひごAの長さは22cmである。

図1

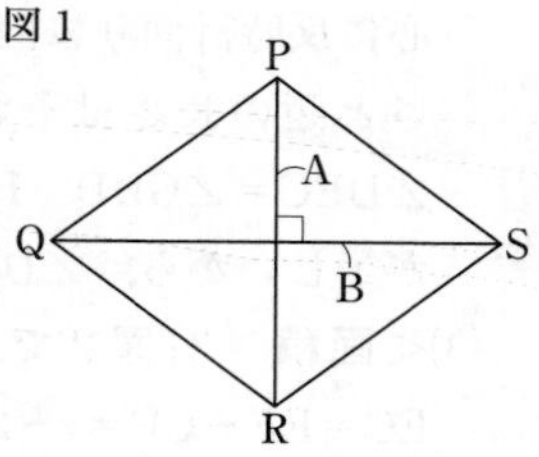

(3)＜関数—y座標，面積＞右図2で，線分ABとy軸との交点をCとする。B(4，−8)は関数$y=ax^2$のグラフ上の点だから，$-8=a\times4^2$より，$a=-\frac{1}{2}$となり，この関数の式は$y=-\frac{1}{2}x^2$である。点Aのy座標は，この式に$x=-2$を代入して，$y=-\frac{1}{2}\times(-2)^2$，$y=-2$である。A(−2，−2)，B(4，−8)より，直線ABの傾きは，$\frac{-8-(-2)}{4-(-2)}=-1$だから，直線ABの式を$y=-x+k$とすると，点Aを通ることより，$-2=-(-2)+k$，$k=-4$となり，C(0，−4)である。ここで，△OAB＝△OAC＋△OBCとして面積を求める。OC＝4を△OAC，△OBCの共通な底辺と見ると，それぞれの三角形の高さは点A，Bのx座標より2，4だから，△OAB$=\frac{1}{2}\times4\times2+\frac{1}{2}\times4\times4=4+8=12$である。

図2

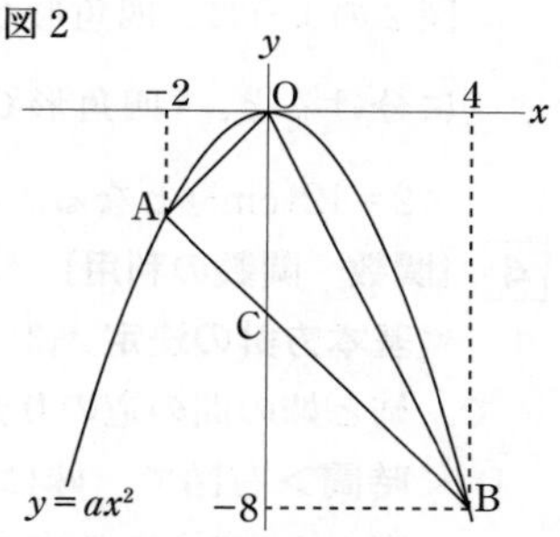

(4)＜データの活用—ヒストグラム＞まず，それぞれのチームの中央値を調べる。両チームとも選手は24人だから，フリースローを成功した回数が小さい方から数えて，12番目と13番目の選手が属する階級は，右図3より，チームAでは15回以下の人数は$1+3+1+3=8$(人)，16回以下の人数は$8+6=14$(人)だから，12番目と13番目の選手は16回に属し，中央値は16回である。右図4より，チームBでは14回以下の人数は$1+2+1+2+4=10$(人)，15回以下の人数は$10+3=13$(人)だから，12番目と13番目の選手は15回に属し，中央値は15回である。次に，最頻値を調べる。最頻値は最も度数の大きい階級の階級値だから，図3より，チームAの最頻値は16回であり，図4より，チームBの最頻値は18回である。以上より，どちらのチームがより多くのフリースローを成功させることができるか選択するとき，チームAを選択する場合は，中央値がチームBより大

図3

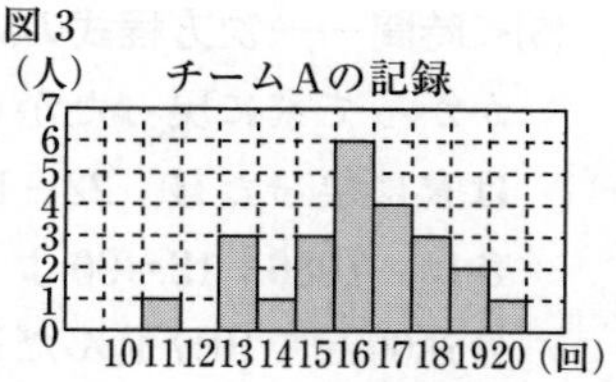

図4

きいことが理由になる。一方，チームBを選択する場合は，最頻値がチームAより大きいことが理由になる。

3〔平面図形―長方形〕

(1)＜**角度**＞右図1で，△DAEはDE＝DAの二等辺三角形だから，∠DEA＝∠DAE＝55°である。よって，△DAEで，内角の和より，∠ADE＝180°－(∠DEA＋∠DAE)＝180°－(55°＋55°)＝70°である。

図1

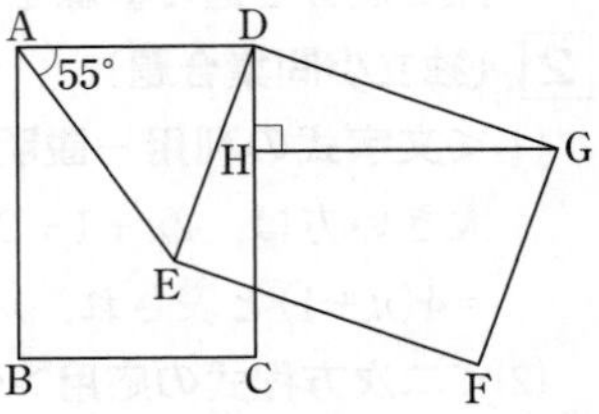

(2)＜**証明**＞右下図2で，長方形EFGDは長方形ABCDを点Dを中心に反時計回りに回転移動させた図形なので，移動した角の大きさと辺の長さはそれぞれ等しく，∠DEC＝∠DAB＝90°より，∠DEC＝∠GHD，DC＝GDである。また，DG∥EFより，錯角が等しいから，∠DCE＝∠GDHである。解答参照。

図2

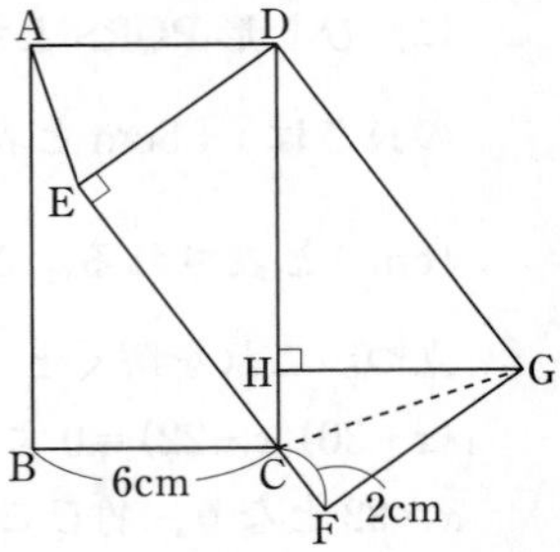

(3)＜**面積**＞右図2で，DC＝x(cm)とすると，EF＝DC＝xより，EC＝EF－CF＝$x-2$と表される。△DEC≡△GHDより，EC＝HDだから，HD＝$x-2$と表され，HC＝DC－HD＝$x-(x-2)=2$となる。また，HG＝ED＝BC＝6，FG＝BC＝6である。よって，図2のように，四角形CFGHを，対角線CGで，△CFGと△CHGに分けると，〔四角形CFGH〕＝△CFG＋△CHG＝$\frac{1}{2}$×FG×CF＋$\frac{1}{2}$×HG×HC＝$\frac{1}{2}\times6\times2+\frac{1}{2}\times6\times2=12$(cm^2)となる。

4〔関数―関数の利用〕

≪**基本方針の決定**≫(3)　妹が引き返してから家に戻るまでの間と再び家を出発し図書館に向かう間で，姉と妹の間の道のりが450mになる時間を考える。

(1)＜**時間**＞右図で，妹は分速60mで歩いて図書館に向かい，途中の家から360mの地点で忘れ物に気がついたから，家に引き返し始めたのは，360÷60＝6より，家を出発してから6分後である。

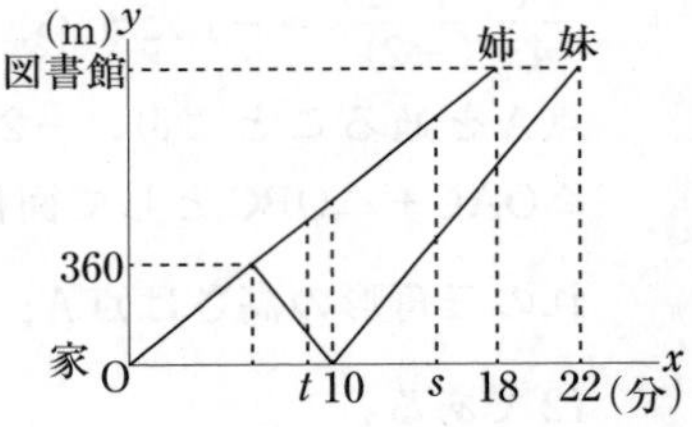

(2)＜**道のり**＞右図より，姉は分速60mで歩き続け，18分後に図書館に着いたから，家から図書館までの道のりは，60×18＝1080(m)である。

(3)＜**時間―一次方程式の応用**＞(1)と右上図より，妹は家を出て6分後の360m地点から，10－6＝4(分)かかって家に戻ったから，このときの走る速さは，360÷4＝90より，分速90mである。また，妹は家に戻った後，22－10＝12(分)かけて図書館まで1080mの道のりを進んだから，このときの速さは，1080÷12＝90より，分速90mである。図で，10分後の姉と妹の2人の間の道のりは，姉が分速60mで10分進んだ道のりより，60×10＝600(m)である。また，姉が図書館に着いたとき，妹は再び家を出てから18－10＝8(分)後だから，図書館に着いた姉と妹の間の道のりは，1080－90×8＝360(m)である。これより，姉と妹の間の道のりが450m離れているのは，妹が360m地点から家に戻る途中と忘れ物をとって図書館へ向かう途中の2度ある。それぞれの時間を図のようにt分後，s分後とする。まず，家から360mの地点で2人が別れてから450m離れるまでにかかる時間は$t-6$分だから，2人の間の道のりについて，$60(t-6)+90(t-6)=450$が成り立つ。これを解くと，$t=9$である。次に，再び妹が家を出発してから2人の間の道のりが450mになるまでにかかる時間は，$s-10$分だから，このとき，2人の間の道のりについて，$60s-90(s-10)=450$が成り立つ。

これを解くと，$s=15$となる。よって，姉と妹が450m以上離れていた時間は，$s-t=15-9=6$(分間)である。

5 〔データの活用―場合の数，確率―カード〕

(1)＜場合の数＞箱Aから[2+]のカードを取り出し，箱Bから[2]，[5]，[8]のカードを取り出すと，それぞれ$2+2=4$，$2+5=7$，$2+8=10$となり3通りとも整数になる。箱Aから[4÷]のカードを取り出し，箱Bから[2]，[5]，[8]のカードを取り出すと，それぞれ$4\div2=2$，$4\div5=\frac{4}{5}$，$4\div8=\frac{1}{2}$となり，整数になるのは1通りである。箱Aから[6−]のカードを取り出し，箱Bから，[2]，[5]，[8]のカードを取り出すと，それぞれ$6-2=4$，$6-5=1$，$6-8=-2$となり3通りとも整数になる。よって，計算結果が整数になるのは，$3+1+3=7$(通り)ある。

(2)＜確率＞(1)より，カードの取り出し方は全部で$3\times3=9$(通り)あり，このうち，計算結果が1以下になるのは，$\frac{4}{5}$，$\frac{1}{2}$，1，−2となる4通りだから，確率は$\frac{4}{9}$である。

(3)＜確率＞太郎さんが箱A，箱Bからカードを1枚ずつ取り出すときの取り出し方は9通りある。その後，取り出したカードをもとに戻さずに花子さんが箱A，Bからそれぞれ1枚ずつ取り出すときの取り出し方は，どちらの箱にもカードは2枚残っているからどちらも2通りあり，$2\times2=4$(通り)ある。よって，2人のカードの取り出し方は，全部で$9\times4=36$(通り)ある。ここで，(1)より，計算結果は−2，$\frac{1}{2}$，$\frac{4}{5}$，1，2，4，7，10の8通りだから，太郎さんの計算結果と花子さんの計算結果の積が2になるとき，それぞれの計算結果の組合せが，$\frac{1}{2}$と4，1と2となる場合が考えられる。太郎さんの計算結果が$\frac{1}{2}$，花子さんの計算結果が4となる場合は，太郎さんが箱Aから[4÷]，箱Bから[8]を取り出し，花子さんが箱Aから[2+]，箱Bから[2]を取り出すときと箱Aから[6−]，箱Bから[2]を取り出すときの2通りある。これより，太郎さんの計算結果が4，花子さんの計算結果が$\frac{1}{2}$となる場合も2通りある。また，太郎さんの計算結果が1，花子さんの計算結果が2となる場合，太郎さんが箱Aから[6−]，箱Bから[5]を取り出し，花子さんが箱Aから[4÷]，箱Bから[2]を取り出すときの1通りあり，これより，太郎さんの計算結果が2，花子さんの計算結果が1となる場合も1通りある。以上より，2人の計算結果の積が2になるのは，$2\times2+1\times2=6$(通り)あるので，求める確率は$\frac{6}{36}=\frac{1}{6}$である。

6 〔空間図形―四角錐〕

(1)＜体積＞右図で，四角錐P-ABCDの底面は四角形ABCDで高さは光源Pからスクリーンまでの距離6mである。よって，〔四角錐P-ABCD〕$=\frac{1}{3}\times(3\times4)\times6=24$(m^3)である。

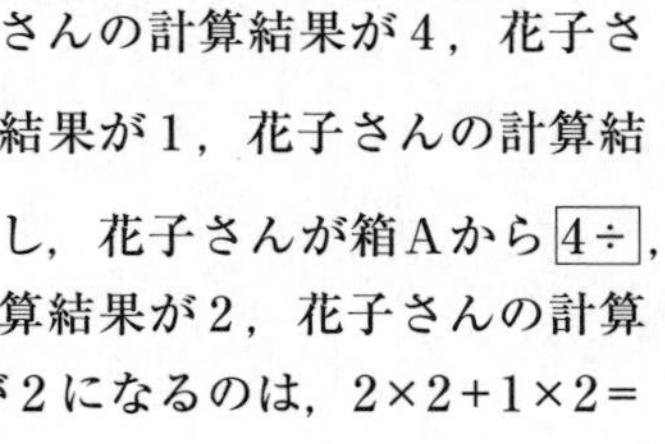

(2)＜長さ―相似＞光源Pの位置をスクリーンに対して垂直に動かしてできる，光源Pを頂点とし，スクリーンに映る長方形の映像を底面とする四角錐は，右図の四角錐P-ABCDと相似な立体である。これより，スクリーンに映る映像の横の長さを4mからスクリーンの横の長さ5mにしたとき，光源Pからスクリーンまでの距離は，$6\times\frac{5}{4}=\frac{15}{2}$(m)になる。よって，光源Pをスクリーンから$\frac{15}{2}-6=\frac{3}{2}$(m)遠ざければよい。

(3)＜**面積，距離—相似**＞スクリーンに映る長方形の映像を底面とする四角錐は，前ページの図の四角錐 P-ABCD と相似な立体であるから，スクリーンに映る映像の横の長さと光源 P からスクリーンまでの距離の比は常に等しい。よって，前ページの図より，スクリーンに映る映像の横の長さは，光源 P からスクリーンまでの距離の $\frac{4}{6}=\frac{2}{3}$(倍)である。また，スクリーンまでの距離が 7 m になるように光源 P を置いたときにできるスクリーンに映る長方形の映像は，四角錐 P-ABCD の底面の長方形 ABCD と相似で，相似比は 7：6 となるから，これらの長方形の面積比は $7^2:6^2=49:36$ である。したがって，〔長方形 ABCD〕$=3\times4=12$ より，求めるスクリーンに映る映像の面積は，$12\times\frac{49}{36}=\frac{49}{3}$($m^2$)となる。さらに，スクリーンに映る映像の面積が $15m^2$ のときにできる四角錐と，四角錐 P-ABCD との相似比の 2 乗の比は，スクリーンに映る映像の面積の比より，$15:12=5:4$ となる。これより，相似比は，$\sqrt{5}:\sqrt{4}=\sqrt{5}:2$ となるから，光源 P からスクリーンまでの距離は，$6\times\frac{\sqrt{5}}{2}=3\sqrt{5}$(m)である。

国語解答

一 (一) Ⅰ 幸福になった Ⅱ 正しかった

(二) 3 (三) 1

(四) 人間に飼われていても，獅子としての矜恃を持って生きてほしいということ。(35字)

(五) 2

二 (一) うえにいて

(二) 船を襲うのを少し待ち，用光の演奏を聞けという指示。(25字)

(三) 2

(四) すばらしい音楽に感動する心。

三 (一) 3 (二) 1

(三) 人々が決定に時間がかかる民主政治にいらだっていることと，失敗の責任を負いたくないと考えること。(47字)

(四) 2 (五) 4 (六) 3

四 (一) (1) 貯蔵 (2) 構 (3) 紅潮 (4) ぬぐ (5) みゃくらく (6) さえぎ

(二) 1 (三) 3

一〔**小説の読解**〕出典；浅田次郎『獅子吼』。

(一)＜**文章内容**＞父のたった一つの教えは，「けっして瞋るな」であった。父の教えのとおり「瞋りを忘れた私」は，「人間どもの晒し物に身を堕として」も，「人間の与えてくれた幸福を素直に享受」し，美しい妻と愛くるしい子らを得て「幸福になった」のである(…Ⅰ)。「私」にとって，「父の訓えは正しかった」のである(…Ⅱ)。

(二)＜**文章内容**＞「私」は，妻が「父祖の生きたところ，おのれのあるべきところ」を知らずに育った自分のことを「不憫に思った」のだろうと考えた。そこで「私」は，妻の気持ちをくみとって，子どもたちには，「本来あるべき場所」を伝えなければならないと思ったのである。

(三)＜**文章内容**＞「私」の「涸れ尽きていたはずの記憶は，子供らに語るうちに掘り起こされ」た。草原の「乾いた大地と，たくましく根を張る灌木」の中で，「人間たちが投げ入れる肉のように，たやすい餌ではない」獣たちを狩って生きていたことに，「私」は誇りを感じているのである。だからこそ「私」は，ふるさとの話をすることで，子どもたちが「矜恃」を持てると考えるのである。

(四)＜**文章内容**＞動物園の「檻の中」で人間に飼われ，「一生を晒し物として過ごすほかはない」としても，「おのれが本来かくあるべきと知れば，晒し物でも見世物でもない矜恃」を持って，子どもたちは生きていくことができると，「私」は思うのである。

(五)＜**表現**＞動物園で暮らす「私」の視点から描かれており，「檻の中のわが身を売り買いされたときも，不安と屈辱にちぢこまっただけだった」など，「私」の体験や心情が，比喩を用いず直接的に表現されている(2…×，3…○)。「草原の風の匂い。乾いた大地と，たくましく根を張る灌木。」など，体言止めが用いられ，リズム感のある文章になっている(1…○)。「どうして彼女に信じられよう。空を行く鳥のように，大地を自由に駆け回っていたなどと。」など，倒置法が用いられ，「私」の思いが印象的に表されている。

二〔**古文の読解―説話**〕出典；『十訓抄』十ノ二十七。

≪**現代語訳**≫和邇部用光という楽人がいた。土佐の神社の御船遊びのために都から土佐に向かって，

(御船遊びが終わって)上京するとき，安芸の国の，何とかという港で，海賊が押し寄せてきた。(用光は,)弓矢の扱い方も知らなかったので，防ぎ戦うにも能力がなく，間違いなく殺されてしまうだろうと思って，篳篥を取り出して，船の屋根の上に座り込み，「そこの一党の者たちよ。今となってはとやかく言ってもどうにもならない。早く何でもお取りください。ただし，長年，深く思ってきた篳篥の，小調子という曲を，吹いてお聞かせしましょう。こんなことがあったと，後の話の種としてください」と言ったところ，海賊の首領が大きな声で，「お前たち，しばらく待ちなさい。このように言うのだ。それを聞きなさい」と言ったので，船をとどめて，皆が静まったところ，用光は，もう最後だと思ったので，涙を流して，すばらしい音色を吹いて，心を澄まして吹いた。

折もよかったのだろうか，その調べは，波の上に響いて，あの潯陽江のほとりで，(白居易が)琵琶を聞いたという故事と異なるところがなかった。海賊たちは，じっとして，何も言わない。じっくり聞いて，曲が終わると，先の(首領の)声がして，「あなたの船に狙いをつけて，(船を)寄せたけれど，曲の調べに涙が落ちて，ここはやめた」と言って，漕ぎ去ってしまった。

㈠＜**歴史的仮名遣い**＞歴史的仮名遣いの語頭以外のハ行は，原則として現代仮名遣いでは「わいうえお」になる。また，歴史的仮名遣いの「ゐ」は，現代仮名遣いでは「い」になる。

㈡＜**古文の内容理解**＞篳篥を演奏するから聞いてほしいという用光の言葉を受けて，海賊の首領は，船を襲うのをしばらく待ち，用光の演奏を聞けと，部下に指示したのである。

㈢＜**古文の内容理解**＞海賊に襲われた用光は，船の屋根の上に座り，これが最後だと思って，涙を流しながら篳篥を演奏した。そのすばらしい音色に，海賊たちは，じっと聞き入ったのである。

㈣＜**古文の内容理解**＞用光のすばらしい演奏に，海賊たちはじっと聞き入り，曲の調べに涙した。海賊たちは，篳篥の調べに感動して，船を襲わず去っていったのである。

三〔**論説文の読解―政治・経済学的分野―政治**〕出典；杉田敦『政治的思考』。

≪**本文の概要**≫私たちが，手間のかかる民主政治の仕組みを手放さないのはなぜなのか。それは，私たちは，自分の関わることを自分の知らないところで勝手に決められたくはないし，民主政治で決められたことは，たとえ自分の意思とは違っても自分たちの決定だという意識を持ちやすいからだろう。しかし，時間がかかる民主政治にいら立ち，すばやい決断を求める傾向も出てくる。権力の集中への欲求である。私たち一人ひとりは，一億分の一の声でしかないという無力感を覚えているが，自分たちが政治の当事者であることを放棄してしまえば，本当に私たちは無力になってしまう。有権者の責任を認めることは，当事者性を主張する前提である。現在，民主政治へのいら立ちは，政治家や政党に対する拒否権の行使という形で現れがちである。強いリーダーシップを求めて特定の政治家をまつり上げ，その限界が見えるや否や引きずり下ろすことが繰り返される。政権交代は，民主政治の重要な部分ではあるが，政治家や政党を支えて権力を安定させることも，必要であり，そのバランスが求められる。強いリーダーシップへの過大な期待は，政治そのものの否定につながりかねない危険があるのである。

㈠＜**文章内容**＞民主政治の根本は，「自分にかかわることを，自分の知らないところで他人に勝手に決められたくないし，そうされては困るという意識」が支えている。自分の運命を左右しかねないことの決定には，自分自身が関与しなければ，私たちは納得できないのである。

㈡＜**接続語**＞B．民主政治では，政治がうまくいかないときの責任は「有権者にある」とはいえ，いうまでもなく，「どんな政治も完全な形の民主政治」ではない。　C．民主政治へのいら立ちは，「政治家や政党に対する拒否権の行使という形」，言い換えると，特定の政治家や政党に大きな期待を持つものの，「その限界を見るやいなや引きずり下ろし」て「別の政治家や政党に期待する」という形で現れがちなのである。

㈢＜文章内容＞多くの人が話し合って決める民主政治は，時間がかかる。そのため「時間がかかる民主政治にいらだち，『決められない政治』を非難し，素早い決断を求める傾向が出てくる」のである。そのうえ人間は，政治がうまくいかなかった際の責任を，自分自身ではなく「誰かのせいにしたい」と思う。こうした人々の態度から，全てをすばやく決めてくれる政治家を待望する声が，生まれるのである。

㈣＜文章内容＞私たちが，「強いリーダーシップ」を求めて，特定の政治家をまつり上げたり，新たに生まれた政党に大きな期待を持ったりするものの，その限界を見るや否や幻滅して引きずり下ろすということを頻繁に繰り返せば，権力は安定せず，幻滅の連鎖によって，民主政治そのものが「否定されること」につながりかねないのである。

㈤＜表現＞民主政治が受け入れられるのは，「自分たちの決定だという意識」を持ちやすいからであるが，多くの人が話し合って決める民主政治の非効率性からは，すばやい決断ができるような「権力の集中への欲求」が出てくる。筆者は，こうした事実から得られる推論を述べたうえで，強いリーダーシップへの過大な期待は，「政治そのものの否定」につながりかねないと主張している。

㈥＜文章内容＞私たちは，「政治家を選挙で選び，その政治家がさまざまな意見をぶつけ合い，その間で調整をした上で決定を下す」民主政治を選択している。多くの人々が話し合って決定を下したことは，たとえそれが自分の意思とは違っても，「自分たちの決定だ」と納得しやすいのである。

四〔国語の知識〕

㈠＜漢字＞⑴「貯蔵」は，物をたくわえておくこと。　⑵他の訓読みは「かま(う)」。音読みは「構成」などの「コウ」。　⑶「紅潮」は，運動や興奮などで顔に赤みがさすこと。　⑷他の訓読みは「ふ(く)」。「拭う」は，付着した水分や汚れを布などでふき取る，という意味。　⑸「脈絡」は，物事のつながりのこと。　⑹音読みは「遮断」などの「シャ」。

㈡＜漢字の知識＞行書で書かれている「雲」は，楷書では十二画。「飲」は十二画。「個」は十画。「迎」は七画。「球」は十一画。

㈢＜品詞＞「その」と「小さな」は，活用がなく，体言を修飾する連体詞。「おそらく」は，活用がなく，主に用言を修飾する副詞。「有名な」は，形容動詞「有名だ」の連体形。「濃い」は，形容詞「濃い」の連体形。

2022年度　常総学院高等学校

【英　語】（50分）〈満点：100点〉

1　次の(1)～(4)は，放送による問題です。それぞれの放送の指示にしたがって答えなさい。

(1)　これから，No.1からNo.5まで，五つの英文を放送します。放送される英文を聞いて，その内容に合うものを選ぶ問題です。それぞれの英文の内容に最もよく合うものを，ア，イ，ウ，エの中から一つ選んで，その記号を書きなさい。

No. 1

No. 2

No. 3

No. 4

ア

好きなスポーツ	
1位	サッカー
2位	野球
3位	テニス

イ

好きなスポーツ	
1位	サッカー
2位	テニス
3位	野球

ウ

好きなスポーツ	
1位	テニス
2位	野球
3位	サッカー

エ

好きなスポーツ	
1位	テニス
2位	サッカー
3位	野球

No. 5

ア　将棋の勝敗表

○…勝ち，●…負け

	勝敗	ケン	タク	ヒロ
ケン	1勝 1敗		●	○
タク	2勝 0敗	○		○
ヒロ	0勝 2敗	●	●	

イ　将棋の勝敗表

○…勝ち，●…負け

	勝敗	ケン	タク	ヒロ
ケン	0勝 2敗		●	●
タク	1勝 1敗	○		●
ヒロ	2勝 0敗	○	○	

ウ　将棋の勝敗表

○…勝ち，●…負け

	勝敗	ケン	タク	ヒロ
ケン	1勝 1敗		○	●
タク	1勝 1敗	●		○
ヒロ	1勝 1敗	○	●	

エ　将棋の勝敗表

○…勝ち，●…負け

	勝敗	ケン	タク	ヒロ
ケン	1勝 1敗		○	●
タク	0勝 2敗	●		●
ヒロ	2勝 0敗	○	○	

(2)　これから，No. 1からNo. 4まで，四つの対話を放送します。それぞれの対話のあとで，その対話について一つずつ質問します。それぞれの質問に対して，最も適切な答えを，ア，イ，ウ，エの中から一つ選んで，その記号を書きなさい。

No. 1

ア　He is going to eat a sandwich and a salad.

イ　He is going to eat a sandwich and pizza.

ウ　He is going to eat spaghetti and a salad.

エ　He is going to eat spaghetti and pizza.

No. 2

ア　Some dogs.　　イ　Some birds.　　ウ　Some fish.　　エ　Nothing.

No. 3

ア　Ten minutes.　　イ　Fifteen minutes.

ウ　Twenty minutes.　　エ　Twenty-five minutes.

No. 4

ア　He will play basketball with his friends at the park.

イ　He will go to an amusement park with his family.

ウ　He will help his father with his work.

エ　He will tell Saki about his plans for next Sunday.

(3)　これから，留学生のナンシー(Nancy)と中学生のショウタ(Shota)との対話を放送します。そのあとで，その内容についてQuestion No. 1とQuestion No. 2の二つの質問をします。それぞれの質問に対して，最も適切な答えを，ア，イ，ウ，エの中から一つ選んで，その記号を書きなさい。

No. 1

ア　For about ten days.　　イ　For about fifteen days.

ウ　For about twenty days.　　エ　For about a month.

No. 2

ア　She will have a big party for her grandfather at her house in America.

イ　She will buy a birthday present for her grandfather at a shop.

ウ　She will go to school and ask her teacher about Japanese culture.

エ　She will visit Shota's grandfather and give a birthday present to him.

(4)　マユミ(Mayumi)の中学校の授業で，ホワイト先生(Mr. White)が生徒たちに話をしています。これからその内容を放送します。ホワイト先生の話の内容について正しいものはどれですか。下のア，イ，ウ，エの中から一つ選んで，その記号を①に書きなさい。

また，あなたがマユミの立場なら，ホワイト先生の質問に対して何と答えますか。英語1文で②に書きなさい。

①　ホワイト先生の話の内容について正しいもの

ア　All the students are going to join in the English camp for five days.

イ　Students must not speak Japanese during the camp.

ウ　On the second day, students will sing some English songs in the morning.

エ　On the last day, students will make a speech in English in the afternoon.

②　ホワイト先生の質問に対する答え

(　　　　　　　　　　　　　　　　　　　　　　　　　　　　　　　　　　)

これで，放送による聞き取りテストを終わります。続いて，問題**2**に進みなさい。

※＜**放送による問題台本**＞は英語の問題の終わりに付けてあります。

2　次のAとBの英文は，高校生のユウタ(Yuta)と，留学生のシンディ(Cindy)がやり取りしたメールです。それぞれの英文を読んで，下の(1)，(2)の問いに答えなさい。

A

Hello, Cindy.
How are you ?　I'm going to tell you about the food festival on April 2.　The other day, you ①(write) that you like Japanese food in your e-mail.　I'm glad to hear that.　The festival will start at ten o'clock, so how about ②(meet) at the station at nine thirty ?　You like cooking, and your dream is to have the ③(nice) Japanese restaurant of all in England, right ?　So I hope that you can enjoy the food festival.　Please write an e-mail to me soon.

B

Hello, Yuta.
Thank you for your e-mail.　I'm really looking forward to the food festival.　I can't ④(w　　) for that day.　I'm happy because I can try different kinds of Japanese food.　I believe it will be a great experience for me.　Now I am studying Japanese very hard every day.　I also go to a cooking school and learn ⑤(h　　) to make Japanese food.　Having a Japanese restaurant has been my dream ⑥(s　　) I was small.　See you soon !

(1)　Aの英文が完成するように，文中の①～③の(　)の中の語を，それぞれ1語で適切な形に直して書きなさい。

(2)　Bの英文が完成するように，文中の④～⑥の(　)内に，最も適切な英語を，それぞれ1語ずつ書きなさい。なお，答えはすべて(　)内に示されている文字で書き始めるものとします。

3　次の(1)，(2)の問いに答えなさい。

(1)　次の英文は，新聞記事の一部です。この記事が伝えている内容として最も適切なものを，下のア～エの中から一つ選んで，その記号を書きなさい。

Can you sleep well at night ?　If you can't, you should learn this.　We should have light from the sun when we get up in the morning.　When we have light from the sun, our “*body clock” will send a message to our *brain.　If we catch this message, we will become sleepy after about 14 hours.　So, if we get up and have light from the sun in our room at 6 o'clock in the morning, we will become sleepy at about 8 o'clock at night.　Today we have a lot of things to do during the day and at night.　But there is a right time to do each activity.　Therefore, let's get up early in the morning and enjoy the light from the sun.

＊ body clock 体内時計 brain 脳

ア We should know that it is better to get up after we have light from the sun.

イ We need to sleep for about 14 hours to stay healthy.

ウ If we want to sleep well at night, it's important to be an early riser and have light from the sun.

エ Today we are busy during the day and at night, so sleeping long is becoming more difficult.

(2) 次の英文中の □ には，下のア～ウの三つの文が入ります。意味の通る英文になるように，ア～ウの文を並べかえて，記号で答えなさい。

Contact lenses are more expensive and *troublesome than regular glasses. □ Some people will spend more money and more time in order to look more handsome or beautiful.

＊ troublesome 面倒な

ア Best of all, the person who wears them looks better.

イ But there are several good points.

ウ Contact lenses do not break easily, and you can see better because they fit your eyes.

4 高校生のヒロシ(Hiroshi)と，アメリカからの留学生のルーシー(Lucy)は，下のパンフレット(pamphlet)を見ながら話をしています。次の対話文を読んで，(1)，(2)の問いに答えなさい。

Hiroshi : Lucy, I've got a pamphlet for Sakura Museum of History.

Lucy : Oh, that's nice. I'm very interested in history.

Hiroshi : I'm planning to go there with my parents and two sisters. Can you come with us ?

Lucy : Sure ! I'm seventeen, so I need to pay 200 yen, right ?

Hiroshi : Yes. My age is the same as yours. Both of my parents are forty-eight. My sister, Yuki, is fourteen, and my sister, Emi, is nine. So our family needs to pay (①) yen *in total.

Lucy : Well. . . . Shall we become museum members ?

Hiroshi : That's a good idea. We have to pay 1,500 yen to become a member, but after that we can visit the museum for free for one year.

Lucy : Yes, and (②) !

Hiroshi : Right. Let's become members.

Lucy : Good. When will we go there ?

Hiroshi : Why don't we go there on February 19 or 26 ? We can enjoy an event.

Lucy : Well, □ ?

Hiroshi : Of course, we can go on that day, but why ?

Lucy : My grandfather is interested in Japanese history, so I want to take him to the museum. He will come to Japan on March 6.

Hiroshi : I see. I think he will be happy. And (③) at the event on that day.

Lucy : Thank you, Hiroshi. How will we go there ?

Hiroshi : By train and by bus. We will take the Minami Line first, and after that we will (④).

Lucy : OK. What time will we go there ?

Hiroshi : The event will start at ten in the morning, so we will get on the train at nine. It takes about fifty minutes from the station.

Lucy　:　I want to go to the (⑤), too.　My grandfather will buy some souvenirs for us there.
Hiroshi :　OK.　It is open until four in the afternoon.　Let's go there after eating lunch.

＊ in total　合計で

Sakura Museum of History

Map

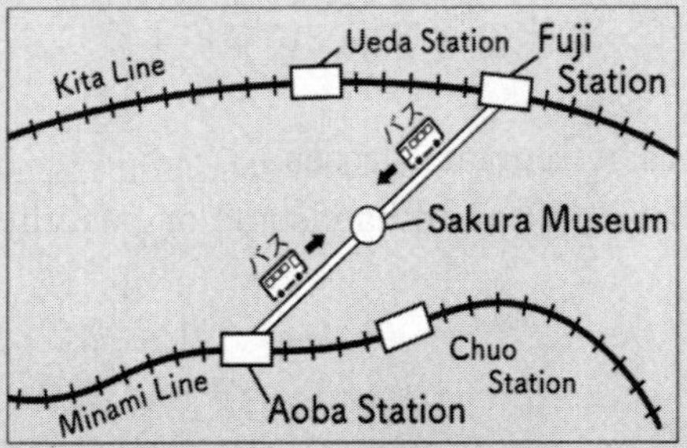

Opening Hour

・Museum
9:00 a.m. − 5:00 p.m.
・Museum Gift Shop
10:00 a.m. − 4:00 p.m.
・Museum Library
10:00 a.m. − 4:00 p.m.
・Museum Restaurant
11:00 a.m. − 4:00 p.m.

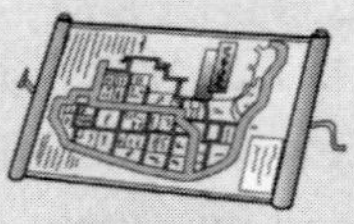

***Fee**

adult (18−)	300 yen
child (13−17)	200 yen
child (5−12)	100 yen
child (under 5)	free
senior (60−)	150 yen
★ member	free

※ closed …every Monday / December 28 − January 4

Event

● History Class (February 19　10:30−11:30 a.m.)
− Let's watch a movie of the old history.
● Speech by Mr. Sasaki (February 26　10:00−11:00 a.m.)
− You can learn the history of this city.
● History Class (March 5　10:00−11:00 a.m.)
− Let's make a map of this city in the Edo Period.
● Speech by Mr. Hayashi (March 12　10:00−11:00 a.m.)
− You can learn about the Kamakura Period.

— Notice —

Please be a member of this museum for 1,500 yen. If you become a member, you can visit the museum for free for one year. You can get a magazine and enjoy news about history every month!

＊fee　料金

(1)　対話文中の(①)〜(⑤)に入る最も適切なものを，ア〜エの中から一つ選んで，その記号を書きなさい。

①　ア　800　　イ　900　　ウ　1,000　　エ　1,100

②　ア　we can also get a history magazine every month
　　イ　we can also have food at the restaurant for free
　　ウ　we can also borrow newspaper about history from the museum library
　　エ　we can also take a bus to the museum for free

③　ア　we can watch the movie of the history
　　イ　we can learn the city's history
　　ウ　we can make a map of the city in the Edo Period
　　エ　we can learn about the Kamakura Period

④　ア　walk from Ueda Station to the museum
　　イ　take a bus from Fuji Station to the museum

ウ　take a bus from Aoba Station to the museum

エ　walk from Chuo Station to the museum

⑤　ア　museum　　イ　museum library　　ウ　museum gift shop　　エ　museum restaurant

(2)　対話の流れに合うように，文中の［　　］に入る適切な英語を，４語以上，８語以内で書き，英文を完成させなさい。なお，符号（，．？！など）は，その前の語につけて書き，語数には含まないものとします。

5　次の英文を読んで，下の(1)～(4)の問いに答えなさい。

Takuma is a junior high school student. One Saturday, he saw a television news story about food shortages. He learned that a lot of people around the world can't get enough food to eat. He knows that some countries have enough food. He thought, "Why are people in so many countries hungry ?" ［　1　］

That evening on the Internet, Takuma studied about food shortages. He learned that one of the reasons for food shortages is bad weather. In some countries, it doesn't rain much or it rains too much. The people who live in such countries can't get enough food. When it doesn't rain, *farm products don't grow well. When it rains too much, the products are damaged. It isn't easy for the people to get food.

The next day, Takuma went to the library near his house to learn more about food shortages. He read some books about the food problem. From one book, he learned that there is another reason. People in some countries are so poor that they can't buy enough food to eat. He was sad to learn that.

That evening, Takuma told his parents and his grandmother about that. His grandmother said, "Takuma, you know there is a lot of food to eat in Japan. We can eat enough food every day. ［　2　］ When we eat dinner at home, your mother often tells you to eat all the food on your *plate." He thought his grandmother was right. He said to his mother, "OK, Mom, I will try to eat all the food on my plate because I don't want to *waste food."

On Monday, at school he made a speech in class about food shortages. He said, "What can we do to help hungry people around the world ? There are ways to help them. For example, we can send them food because we have a lot of food in Japan. You think sending food isn't easy, right ? ［　3　］ It's sending money to them. Sending money is easier than sending food. We can look for other ways to help hungry people around the world on the Internet or in books. We should also try to learn the *causes of the food problem."

Now, Takuma is more interested in the food problem of the world. He wants the students of his school to think about the problem with him. He decided to make a school newspaper and write about it. He thinks, "More students of my school will start to become interested in the problem if they read about it in the school newspaper. And I hope we can help hungry people in poor countries. ［　4　］ We can do many things to help them."

*　farm product(s)　農作物　　plate　皿　　waste～　～を無駄にする　　cause(s)　原因

(1)　本文の内容に合う文を，次のア～クの中から三つ選んで，その記号を書きなさい。

ア　After learning at school that many people in the world cannot get enough food, Takuma watched the news about the topic on TV at home.

イ　Takuma learned on the Internet that one of the reasons for food shortages is bad weather.

ウ　Takuma learned more about food shortages at the library on Saturday.

エ　When Takuma eats dinner at home, his grandmother often tells him to eat all the food on his plate.

オ　In class, Takuma said that there are ways to help hungry people around the world.

カ　Takuma said that sending money to hungry people around the world is more difficult than sending food.

キ　Takuma told his classmates to try to learn the causes of the food problem.

ク　Takuma told his classmates that there are few things they can do to help hungry people in poor countries.

(2)　次の文は，文中の［ 1 ］～［ 4 ］のどこに入るのが最も適切か，番号で答えなさい。

Then we can do more.

(3)　次の①，②の質問に答えるとき，あとの英文の(　)に入る適切な英語を，それぞれ指定された語数で答えなさい。

① What cause of food shortages did Takuma learn at the library?　(10語以上)

—He learned that (　　　　　).

② What do you think Takuma will do after this story?　(10語以上)

—I think that (　　　　　).

(4)　次の対話文は，タクマ(Takuma)のスピーチを聞いた，同じクラスのユウコ(Yuko)と留学生のビル(Bill)の対話文です。①，②に入る英文をあなたの立場で，それぞれ**15語以上**で書きなさい。ただし，記入例にならい，符号(, . ? ! など)は，その前の語につけて書き，語数には含まないものとします。

記入例	Are	you	Ms.	White?
	No,	I'm	not.	

Yuko : I think Takuma's speech was good. Tell me your opinion about Takuma's idea of sending money, not food.

Bill : (①)

Yuko : I understand. Then what can we do to help hungry people all over the world?

Bill : (②)

Yuko : Oh, that's a different idea from Takuma's.

6　以下の英文は，あなたが友人のボブ(Bob)からもらったメールの一部です。ボブの質問に対するあなたの答えを英語**30語以上**で書きなさい。なお，記入例にならい，符号(, . ? ! など)は，その前の語につけて書き，語数には含まないものとします。

【あなたがボブからもらったメールの一部】

Hello. Last Wednesday, my English teacher, Ms. Green, asked her students, "Who is the most important person for you?" First, she told us about herself. The most important person for her is her grandfather. He was also an English teacher, and he worked in Japan many years ago. She heard his stories many times when she was small, and she became interested in working as an English teacher in Japan. His stories had a great *influence on her life. The most important person for me is my guitar teacher. I want to be a musician, and her lessons and support are very important for me. Who is the most important person for you? And why do you think so?

＊ influence 影響

記入例	Are	you	Ms.	White?
	No,	I'm	not.	

30

60

＜放送による問題台本＞

ただいまから1の，放送による聞き取りテストを行います。問題は，(1)から(4)までの四つです。放送中メモを取ってもかまいません。

それでは(1)の問題からはじめます。

(1) これから，No. 1からNo. 5まで，五つの英文を放送します。放送される英文を聞いて，その内容に合うものを選ぶ問題です。それぞれの英文の内容に最もよく合うものを，ア，イ，ウ，エの中から一つ選んで，その記号を書きなさい。

それぞれの英文は，2回放送します。

では，はじめます。

No. 1　Mike is making a dog house now.

繰り返します。

No. 2　We use this when we enjoy watching birds.

繰り返します。

No. 3　Tom bought a T-shirt yesterday. It has his favorite Japanese word meaning dream.

繰り返します。

No. 4　In Aya's class, she asked her classmates about their favorite sport. Baseball, tennis and soccer were popular. Tennis was more popular than baseball. But soccer was the most popular in her class.

繰り返します。

No. 5　Last Sunday, Ken enjoyed playing *shogi* with his friends, Taku and Hiro. First, Ken played with Taku, and Ken won. Next, Ken played with Hiro, and Hiro won the game. Ken usually wins games, but that time he lost. Finally, Taku and Hiro played and Hiro won the game.

繰り返します。

これで，(1)の問題を終わります。

次に，(2)の問題に移ります。

(2)　これから，No. 1 から No. 4 まで，四つの対話を放送します。それぞれの対話のあとで，その対話について一つずつ質問します。それぞれの質問に対して，最も適切な答えを，ア，イ，ウ，エの中から一つ選んで，その記号を書きなさい。

対話と質問は，２回放送します。

では，はじめます。

No. 1

A：　This restaurant is very famous for Italian salad, Tatsuya. I'm going to have that salad and a sandwich. What are you going to have ?

B：　I'll have the salad, too, and spaghetti, Mary.

A：　Good. Let's order now.

Question：　What is Tatsuya going to eat ?

繰り返します。(対話と質問を繰り返す。)

No. 2

A：　Your dogs are very cute, Kyoko.

B：　Thank you, Nick. I also have a bird. Do you have any pets ?

A：　Well, I want to have one, but I can't. When I was small, I had some fish. I didn't take care of them, so my parents will not buy another pet for me.

B：　That's too bad.

Question：　What pets does Nick have ?

繰り返します。(対話と質問を繰り返す。)

No. 3

A：　Hello. This is Satoshi.

B：　Hello, Satoshi. This is Meg. A music concert will be held at Tsuchiura Orange Hall next Sunday afternoon. It will start at two thirty. Why don't we go ?

A：　Sounds good.

B：　OK. So let's meet at South Station at two and walk to the hall. We'll get there ten minutes before the concert starts.

Question：　How long does it take to walk to the hall from the station ?

繰り返します。(対話と質問を繰り返す。)

No. 4

A：　Jim, I'm going to play basketball with my friends in the park next Sunday. Can you join us ?

B：　Sounds good, Saki, but my family and I will go to an amusement park if my father is free on that day. I'm not sure about that now.

A：　Oh, I see. When you decide your plans for next Sunday, please tell me.

B : OK. I'll call you on Saturday afternoon.

Question : What will Jim do next Saturday afternoon ?

繰り返します。(対話と質問を繰り返す。)

これで(2)の問題を終わります。

次に，(3)の問題に移ります。

(3) これから，留学生のナンシー(Nancy)と中学生のショウタ(Shota)との対話を放送します。そのあとで，その内容についてQuestion No. 1とQuestion No. 2の二つの質問をします。それぞれの質問に対して，最も適切な答えを，ア，イ，ウ，エの中から一つ選んで，その記号を書きなさい。

対話と質問は，2回放送します。

では，はじめます。

Nancy : I'm going to go back to America next month, Shota.

Shota : Really, Nancy ?

Nancy : Yes. I'll leave Japan on March twenty-sixth and come back here on April fifteenth. My grandfather's birthday is April first, so we'll have a party for him. He will be sixty. In Japan, when people become sixty, you give some red things, right ?

Shota : Yes. I gave my grandfather a red cap on his sixtieth birthday last year. He was so happy. Will you give anything to your grandfather ?

Nancy : Yes. Where did you buy the red cap ? Can you take me to the shop ? I would like to try.

Shota : Sure. Let's go there together next Friday.

Questions :

No. 1 How long is Nancy going to stay in America ?

No. 2 What will Nancy do next Friday ?

繰り返します。(対話と質問を繰り返す。)

これで(3)の問題を終わります。

次に，(4)の問題に移ります。

(4) マユミ(Mayumi)の中学校の授業で，ホワイト先生(Mr. White)が生徒たちに話をしています。これからその内容を放送します。ホワイト先生の話の内容について正しいものはどれですか。下のア，イ，ウ，エの中から一つ選んで，その記号を①に書きなさい。

また，あなたがマユミの立場なら，ホワイト先生の質問に対して何と答えますか。

英語1文で②に書きなさい。英文は2回放送します。

では，はじめます。

Hello, everyone. I'll tell you about next week's Summer English Camp. The camp will be for three days. You will have some English classes and events. During the camp, you must only use English. On the first day, you will sing some English songs. On the second day, you will climb a mountain in the morning. After lunch, each of you will make a speech in English in front of other students. On the last day, you will make groups of five or six students and do some English activities. We haven't decided what English activities you will do on the last day. What English activities would you like to do in your group ?

繰り返します。(英文を繰り返す。)

これで，放送による聞き取りテストを終わります。続いて，問題2に進みなさい。

【数　学】 (50分) 〈満点：100点〉

1　次の各問に答えなさい。

(1)　下の表は，ある川の，月曜日から金曜日までの5日間の水位をまとめたものである。50cmを基準として，基準より高い場合はその差を正の数で，基準より低い場合はその差を負の数で表している。

5日間の水位の平均が51cmのとき，下の ア に当てはまる数を求めなさい。

表

曜日	月	火	水	木	金
基準との差(cm)	+5	ア	+4	+6	−3

(2)　右の図のように，上底が$3a$cm，下底が$6a$cm，高さが$4a$cmの台形がある。この台形の面積が108cm^{2}のとき，aの値を求めなさい。

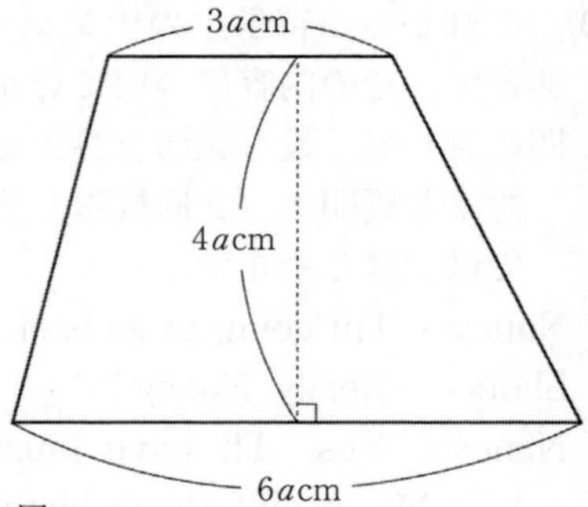

図

(3)　a枚の折り紙を1人9枚ずつb人に配ったところ，20枚以上余った。

この数量の関係を表した不等式としてもっとも適切なものを，次のア～エの中から一つ選んで，その記号を書きなさい。

ア　$a-9b \geqq 20$
イ　$9(a-b) \geqq 20$
ウ　$a-9b < 20$
エ　$9(a-b) < 20$

(4)　花子さんは，右の図のような円Oの接線をひこうと考えた。

点Pを右の図のように円Oの周上にとるとき，点Pを接点とする円Oの接線を作図によって求めなさい。

ただし，作図に用いた線は消さずに残しておくこと。

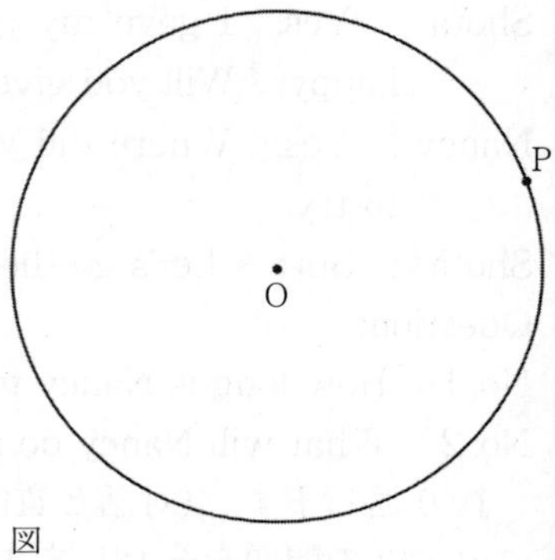

図

2　次の各問に答えなさい。

(1)「2けたの自然数から，この自然数の十の位の数と一の位の数の和をひいた差は，9の倍数である」

このことを次のように説明した。

(説明)
2けたの自然数の十の位の数をm，一の位の数をnとすると，2けたの自然数は ア ，この自然数の十の位の数と一の位の数の和は イ と表すことができる。
ここで，
(ア)−(イ)＝9× ウ
ウ は整数だから，9× ウ は9の倍数である。
したがって，2けたの自然数から，この自然数の十の位の数と一の位の数の和をひいた差は，9の倍数である。

このとき，上の ア ～ ウ に当てはまる式を，それぞれ書きなさい。

(2)　容積が200m^{3}のプールがあり，はじめに水が8m^{3}入っている。プールには給水装置と排水《はいすい》装置があり，次の２つの条件 [1]，[2] を満たす。

（条件）

[1]　はじめの状態から毎分 x m^{3}ずつ給水すると同時に，毎分 y m^{3}ずつ排水すると，給水し始めてから24分後にプールは満水になった。

[2]　はじめの状態から毎分$3x$m^{3}ずつ給水すると同時に，毎分$2y$m^{3}ずつ排水すると，給水し始めてから６分後にプールは満水になった。

xとyの値を求めるために連立方程式をつくると，次のようになる。

$$\begin{cases} 24x-24y=\boxed{\text{ア}} \\ \boxed{\quad\text{イ}\quad}=\boxed{\text{ア}} \end{cases}$$

このとき，上の [ア] には当てはまる数を，[イ] には当てはまる式を，それぞれ書きなさい。

(3)　右の図で，曲線①は関数 $y=\frac{1}{2}x^2$のグラフ，曲線②は関数 $y=-\frac{1}{2}x^2$のグラフである。曲線①上のx座標が正の部分に点Aをとり，曲線②上に直線ABとy軸《じく》が平行になるような点Bをとる。また，曲線②上のx座標が負の部分に直線BCとx軸が平行になるような点Cをとる。線分ABの長さから線分BCの長さをひいた差は８である。

このことから，点Aのx座標は [ア] であり，線分BCの長さは [イ] であることがわかる。

このとき，上の [ア]，[イ] に当てはまる数を，それぞれ書きなさい。

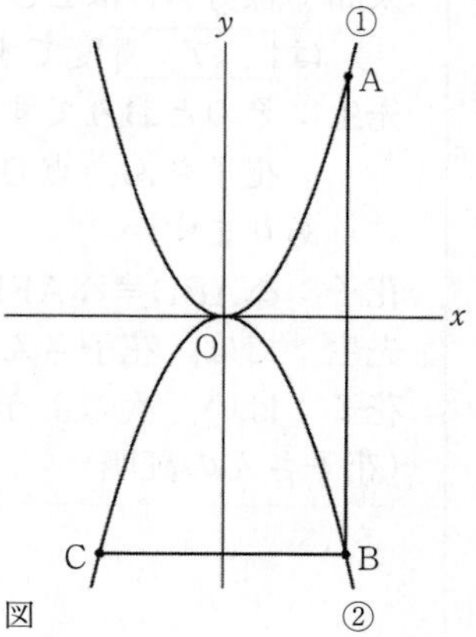

図

(4)　右の表は，Ａ中学校の３年生男子100人とＢ中学校の３年生男子150人のシャトルランの記録を度数分布表にまとめたものである。

Ｂ中学校の３年生である太郎《たろう》さんは，右の表をもとに，次のように話している。

（太郎さんの話）

シャトルランの記録が80回以上90回未満の階級では，Ｂ中学校の方がＡ中学校より度数が大きいので，相対度数もＢ中学校の方が大きいです。

太郎さんが話していることは正しくない。その理由を，相対度数を求めて説明しなさい。

表

階級（回）	度数（人）	
	Ａ中学校	Ｂ中学校
以上　未満 60～ 70	5	14
70～ 80	19	25
80～ 90	38	42
90～100	24	38
100～110	9	23
110～120	5	8
計	100	150

3　先生と太郎さんと花子さんの次の会話を読んで，あとの(1)～(3)の問いに答えなさい。

(先生と太郎さんと花子さんの会話)

先生：右の図1は，線分ABを直径とする円Oです。円Oの周上に点Cをとり，∠CABの二等分線と円Oの周との交点のうち，点Aと異なる点をDとし，線分ADと線分BCとの交点をEとします。また，直線ACと直線BDとの交点をF，点Cを通り，線分FBに平行な直線と線分ABとの交点をGとします。

　∠BAD＝37°のとき，∠GBCの大きさは何度ですか。

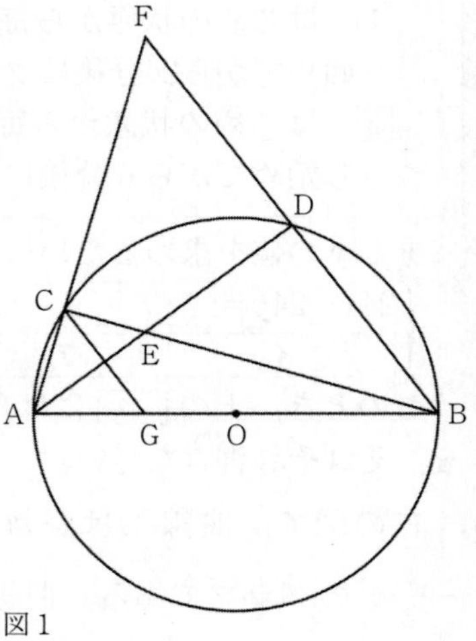

図1

太郎：線分ADは∠CABの二等分線だから，∠GBCの大きさは［ア］度です。

先生：そのとおりです。

　花子さん，点Dの位置と線分ADから何か気づくことはありますか。

花子：△ABD≡△AFDが成り立ちそうです。

先生：では，花子さん，△ABD≡△AFDが成り立つことの証明を書いてください。

花子：はい，次のように証明できます。

(花子さんの証明)

［イ］

先生：そのとおりです。

　では次に，下の図2のように，円Oの半径が8 cm，AC：CF＝2：1という条件を加えます。線分AG上に点Hをとったところ，△CHGの面積と四角形CEDFの面積が等しくなりました。このときの線分HGの長さを求めてみましょう。

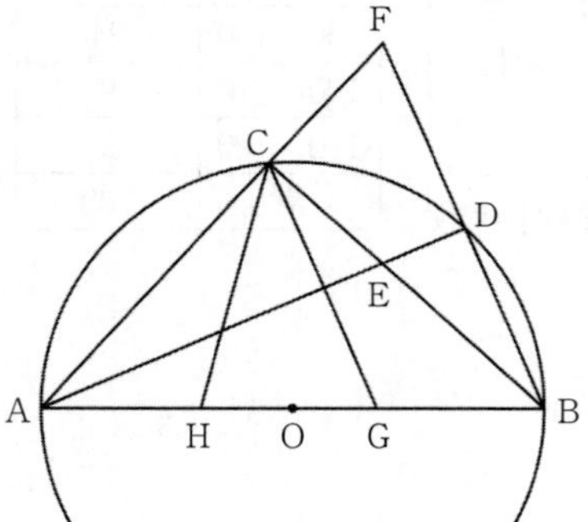

図2

太郎：はい。線分HGの長さは［ウ］cmになりました。

先生：そのとおりです。

(1) 会話中の ア に当てはまる角の大きさを求めなさい。
(2) 会話中の イ に当てはまる証明を書きなさい。
(3) 会話中の ウ に当てはまる数を求めなさい。

4 花子さんは，あるガス会社の１か月の利用料金プランについて，下の表にまとめた。１か月の利用料金は，基本料金と，ガスの使用量に応じた使用料金の合計で決めている。

また，下の図は，それぞれのプランのガス使用量を x m^3，利用料金を y 円として，x と y の関係をグラフに表したものである。

表

プラン	基本料金	1 m^{3}あたりの使用料金	
		0 m^{3}から40m^{3}まで	40m^{3}をこえた分
A	1800円	60円	40円
B	600円	75円	60円

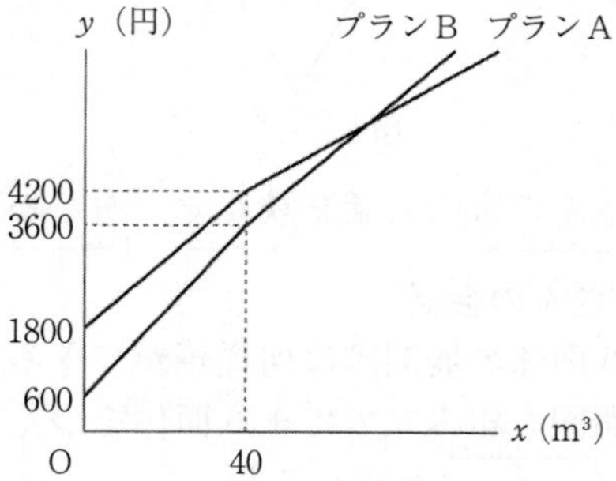

図

このとき，次の(1)〜(3)の問いに答えなさい。
(1) プランAで使用量が50m^{3}のときの利用料金を求めなさい。
(2) プランBの利用料金がプランAの利用料金より安くなるのは使用量が何m^{3}より少ないときか求めなさい。
(3) ２つのプランの利用料金の差が150円以下になるのは，ガスの使用量が何m^{3}以上何m^{3}以下のときか求めなさい。

5 下の図１のような，１，２，３，４の数字が１つずつ書いてある４枚のカードが入った袋《ふくろ》と，図２のような，１，２，３，４の枠《わく》が１つずつ書いてある台紙がある。袋からカードを順に１枚ずつ取り出し，取り出した順に台紙の１，２，３，４の枠の上に１枚ずつ置く。

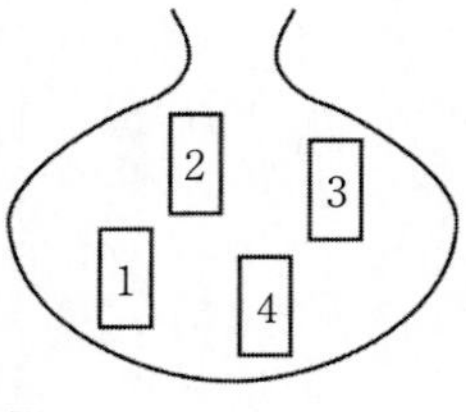

図１

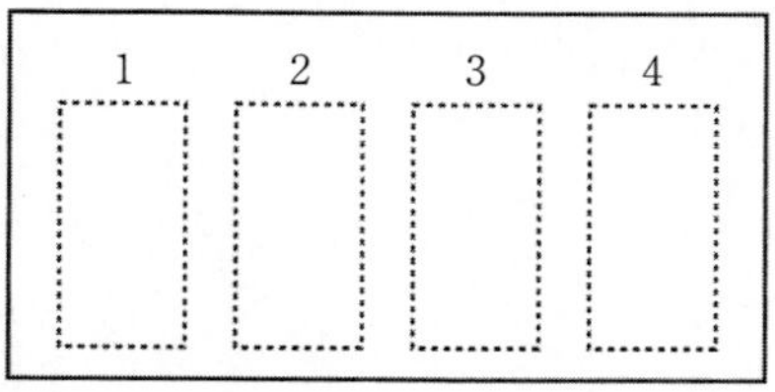

図２

このとき，次の(1)〜(3)の問いに答えなさい。ただし，袋からどのカードが取り出されることも同様に確からしいものとする。
(1) カードの置き方は全部で何通りあるか求めなさい。
(2) カードに書かれた数字とカードが置かれた枠の数字がすべて同じになる確率を求めなさい。
(3) カードに書かれた数字とカードが置かれた枠の数字が同じである枚数が２枚である確率を求めなさい。

6　下の図１のような，１辺の長さが６cmの正八面体があり，図２は図１の正八面体の展開図である。

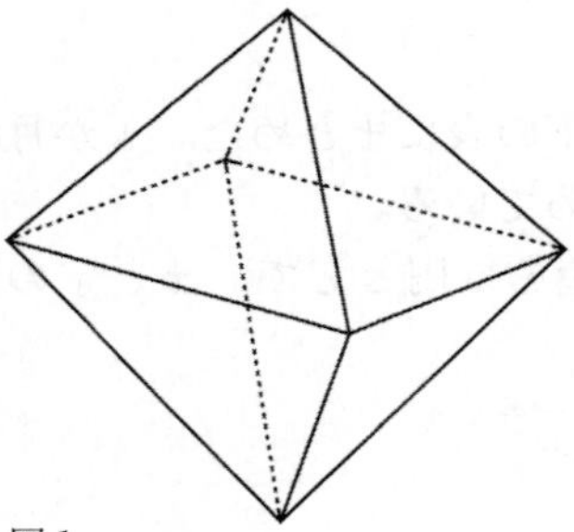
図１

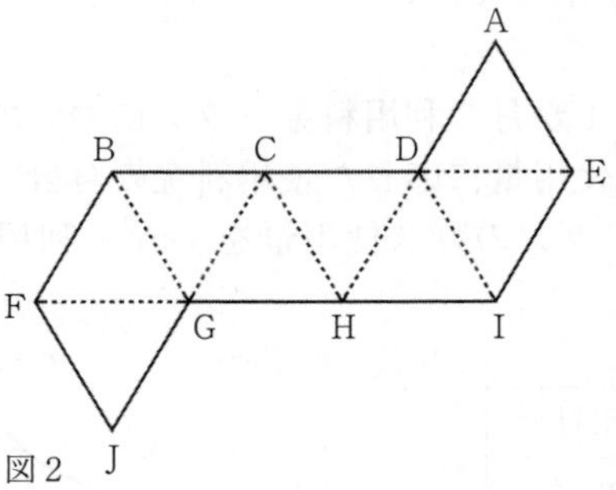

図２

太郎さんと花子さんの次の会話を読んで，あとの(1)～(3)の問いに答えなさい。

（太郎さんと花子さんの会話）

太郎：図１の正八面体の展開図は何種類かできるね。
　図２の展開図を組み立てて正八面体をつくるとき，点Aは点［ア］と重なるね。

花子：辺HIは辺［イ］と重なるね。

太郎：次は，図１の正八面体にひもをかけてみよう。

花子：どこにひもをかけたかわかるように，右の図３のように正八面体の頂点に記号をつけたよ。

太郎：頂点Qから，辺PR，RS，SUのそれぞれの中点を通って頂点Tまで，たるまないようにひもをかけてみよう。このとき，図２と同じ展開図上にひもを表すとどうなるのかな。

花子：図２と同じ展開図なら［ウ］のようになるね。

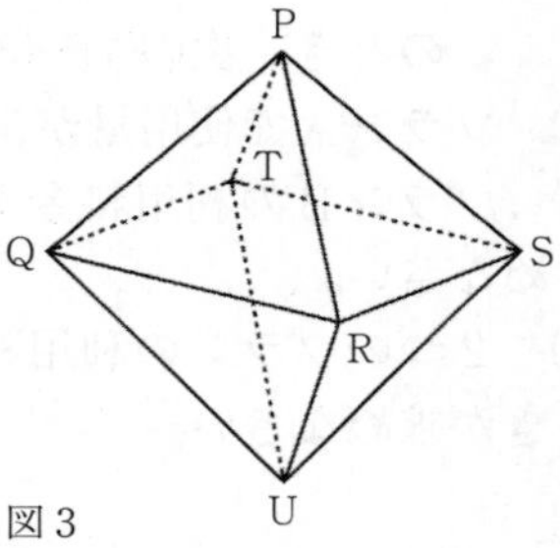

図３

太郎：なるほど。では次に，下の図４のように，正八面体の各辺の中点を頂点とする立体を考え，この立体の表面積を求めてみよう。

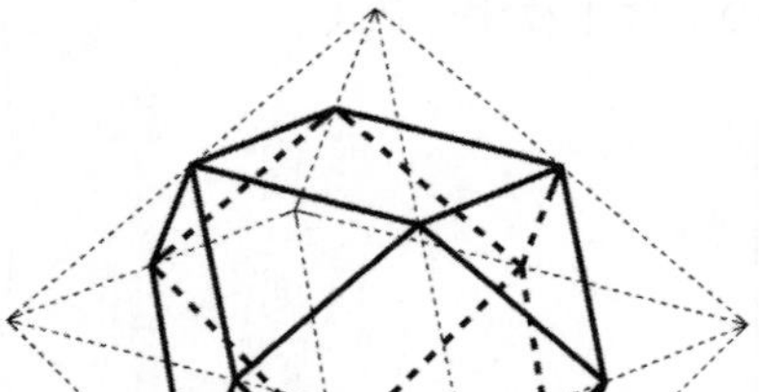
図４

花子：この立体の表面積は［エ］cm^2になるね。

(1)　会話中の［ア］，［イ］に当てはまる記号を，それぞれ答えなさい。

(2)　会話中の［ウ］に当てはまる展開図を，次の(あ)～(え)の中から一つ選んで，その記号を書きなさい。

あ

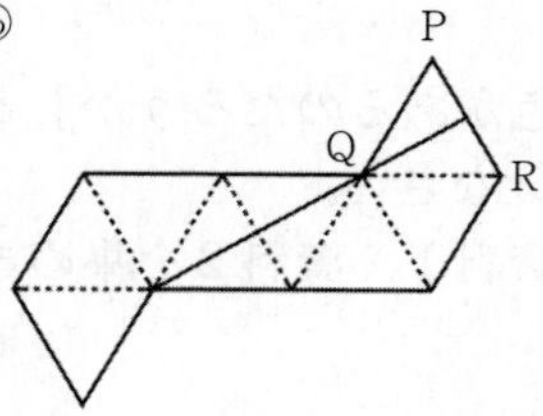

い

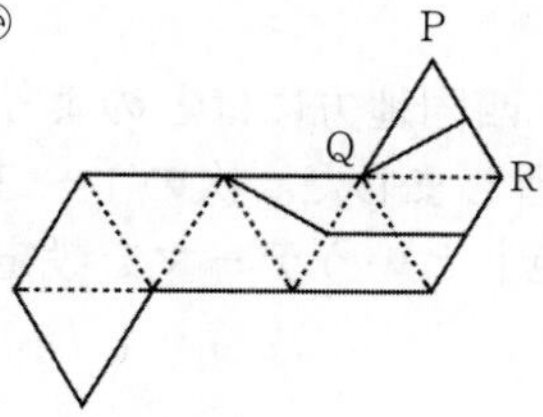

う

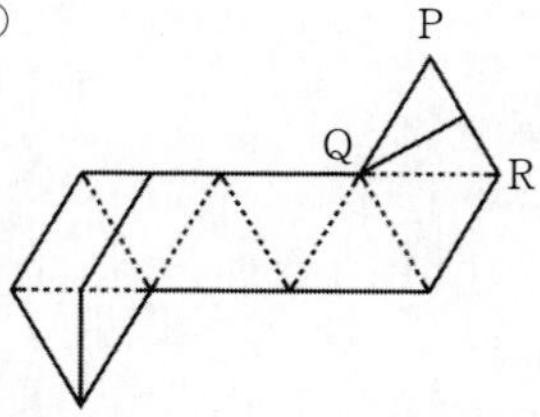

え

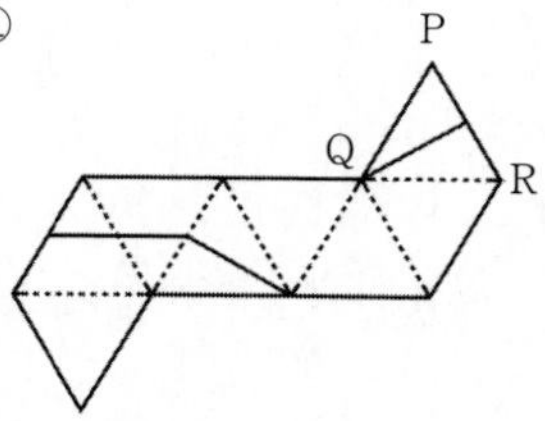

(3)　会話中の［エ］に当てはまる数を求めなさい。

【社　会】（50分）〈満点：100点〉

1　ある中学校の社会科の授業で，「中国・四国地方にはどのような特色があるのだろうか」というテーマで，班ごとにテーマを設定し，学習しました。次の1～3に答えなさい。

1　A班では，「中国・四国地方の気候の特色」というテーマを設定し，資料1，資料2を集めました。下の(1)～(3)の問いに答えなさい。

資料1

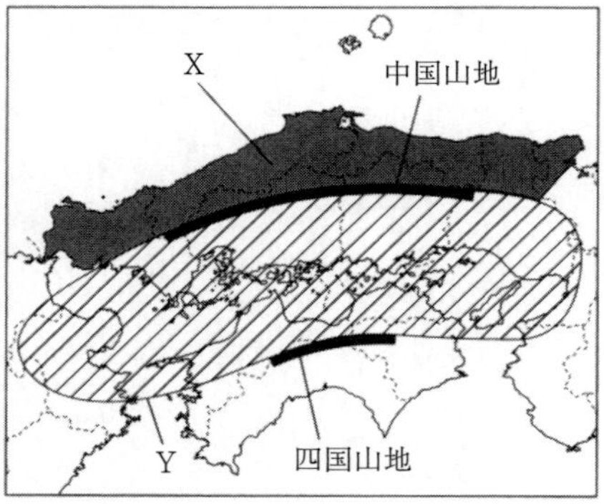

資料2

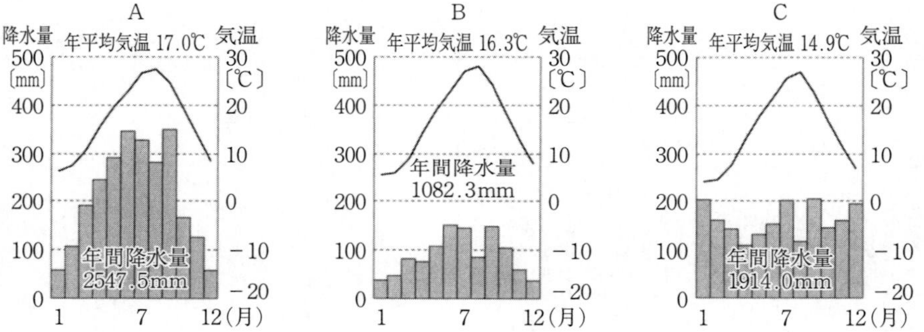

〔「理科年表」2021年版より作成〕

(1)　中国・四国地方を細かい地域に分けたときの，資料1中のXの地域の名称を，**漢字2字**で書きなさい。

(2)　A班は，資料2から読み取ったことをもとに，中国・四国地方の気候について調べ，次の＜メモ＞を作成しました。＜メモ＞の[あ]，[い]に当てはまる語の組み合わせとして最も適切なものを，下のア～エの中から一つ選んで，その記号を書きなさい。

> ＜メモ＞
> 　中国・四国地方の三つの地域は，それぞれ気候が異なっています。資料2中のA～Cの雨温図のうちAの雨温図は，夏の降水量が多いことから，[　あ　]側に位置する[　い　]であることが分かります。

ア　［あ　太平洋　い　高松市］　　イ　［あ　太平洋　い　高知市］
ウ　［あ　日本海　い　高松市］　　エ　［あ　日本海　い　高知市］

(3)　A班は，資料1，資料2から，Yの地域の気候について，次の＜メモ＞を作成しました。＜メモ＞の[う]に当てはまる内容を，「山地」という語を用いて，**40字以内**で書きなさい。

> ＜メモ＞
> 　中国・四国地方の三つの地域は，それぞれ気候が異なっています。中でも資料2中のBの

雨温図で示したＹの地域は，［　う　］という特徴があります。

2　Ｂ班では，「広島市の姉妹・友好都市」というテーマを設定し，話し合いました。あとの(1)，(2)の問いに答えなさい。

資料３

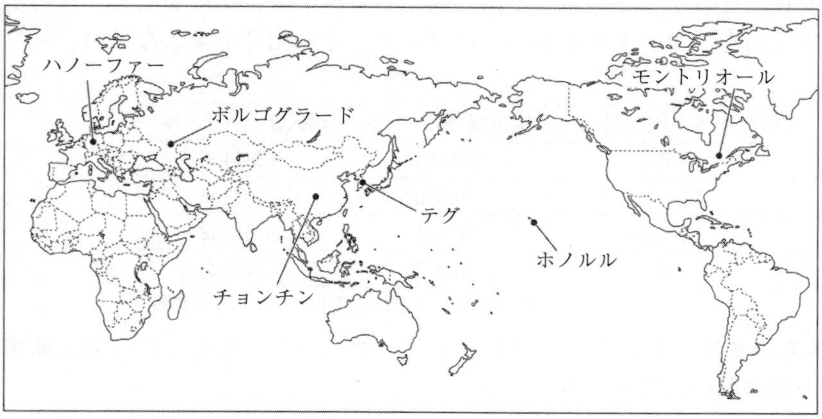

次郎：資料３の地図を見ると，広島市は海外の６都市と姉妹・友好都市提携を結んでいることが分かるね。

洋子：チョンチンは a中華人民共和国の都市だよね。他の都市はどの国の都市なのかな。

次郎：bテグは大韓民国，ホノルルはアメリカ合衆国，モントリオールはカナダ，ハノーファーはドイツ，ボルゴグラードはロシア連邦の都市みたいだよ。

(1)　下線部ａについて，洋子さんは，中華人民共和国の経済について調べ，資料４～資料６を集め，下の＜メモ＞を作成しました。資料４～資料６から読み取ったことをもとに，＜メモ＞の［え］に当てはまる内容を，「沿岸部」という語を用いて，**30字以内**で書きなさい。

資料４　中華人民共和国の一人当たりの地域別総生産額（2019年）

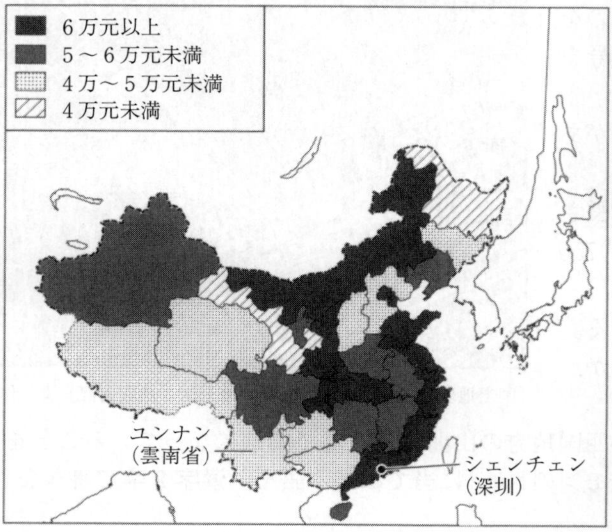

〔「中国統計年鑑」より作成〕

資料５　経済特区シェンチェン（深圳）

資料６　ユンナン（雲南省）の農村

＜メモ＞
近年，大きく経済発展を遂げた中華人民共和国ですが，国内を見てみると， え ということが分かりました。

(2) 下線部ｂについて，次郎さんは，広島市が姉妹・友好都市提携を結んでいる都市が位置する国について調べ，中華人民共和国とカナダを除く４か国に関する資料７を見つけました。資料７のうち，ドイツに当てはまるものを，ア～エの中から一つ選んで，その記号を書きなさい。

資料７　４か国の統計

	人口密度(人/km^2)	首都の年間平均気温(℃)	輸出額(百万ドル)	輸入額(百万ドル)
ア	234	10.0	1489153	1234455
イ	511	12.6	542602	502758
ウ	34	14.5	1641118	2498402
エ	9	5.8	419732	242628

〔「世界国勢図会 2020/21年版」などより作成〕

3　Ｃ班では，「中国・四国地方の産業」というテーマを設定し，調べたことをもとに＜発表原稿＞を作成しています。下の(1)～(4)の問いに答えなさい。

＜発表原稿＞
・中国・四国地方では，自然環境を生かした農業や漁業が行われています。ｃ鳥取県の鳥取砂丘では，水がしみこみやすい土地でも農作物を栽培できる技術が開発されました。
・ｄ山間部や離島では，地域の特産品や観光産業を宣伝するなどの町おこしや村おこしが行われています。
・ｅ沿岸部には石油化学コンビナートが建設され，重化学工業がさかんに行われています。現在は，自動車生産もさかんに行われています。
・ｆ本州四国連絡橋が開通したことにより，人や物の移動がさかんになりました。

(1) 下線部ｃについて，Ｃ班では，資料８の鳥取市の地形図を見つけました。資料８の地形図について述べた文として最も適切なものを，次のア～エの中から一つ選んで，その記号を書きなさい。

資料８

〔国土地理院発行２万５千分の１地形図「鳥取南部」より作成〕

ア　鳥取駅の南側には，美術館(博物館)がある。
イ　地形図上のＡ地点からＢ地点までの長さを約2.5cmとすると，実際の距離は約750mである。
ウ　市役所から見て，鳥取駅は南西にある。
エ　地形図上には，高等学校は見られるが，小・中学校は見られない。

(2) 下線部ｄについて，Ｃ班では，中国・四国地方の山間部や離島で問題になっていることをまとめ，次の＜メモ＞を作成しました。＜メモ＞の お に当てはまる語を，**漢字２字**で書きなさい。

＜メモ＞
　中国・四国地方の山間部や離島には，人口の大幅な減少により地域社会の機能が維持できなくなる　お　化という現象が起こっている地域が多くあります。

(3)　下線部 e について，良子さんは，中国・四国地方の各県の工業を比較するため，山口県，広島県，香川県，岡山県の製造品出荷額等割合を示した資料 9 を見つけました。資料 9 のうち山口県に当てはまるものをア～エの中から一つ選んで，その記号を書きなさい。また，これらの 4 県が属している工業地域名を書きなさい。

資料 9　4 県の統計(2018年)

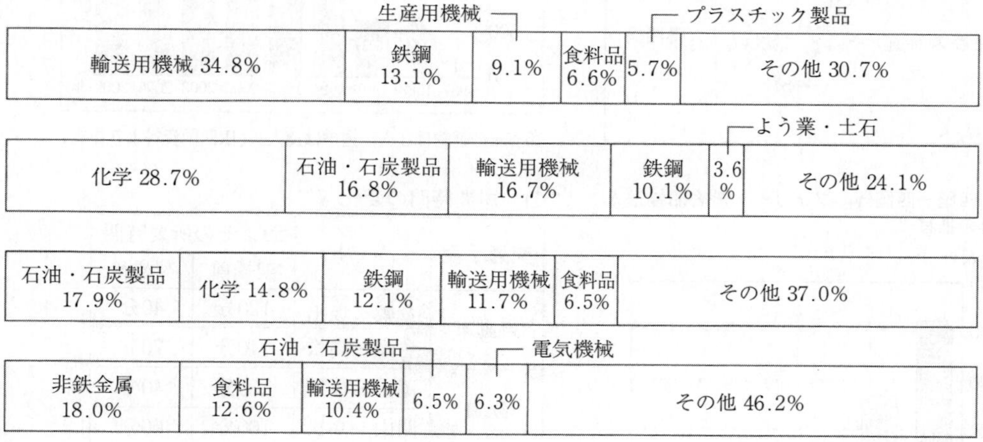

〔「県勢 2021年版」より作成〕

(4)　下線部 f について，三郎さんは，本州四国連絡橋について調べ，資料10を見つけ，その中の四つの資料を使い，次のようにまとめました。三郎さんのまとめに必要のなかった資料を資料10の A～E の中から一つ選んで，その記号を書きなさい。

＜まとめ＞
　本州四国連絡橋の開通により，中国地方と四国地方の間の移動時間が短縮され，四国地方に住む人が中国地方の企業に勤めたり，中国地方に住む人が四国地方の学校に通ったりするなどの変化が起こったが，鉄道や高速道路の整備により，フェリーの本数は減少していると予想される。

資料10

A　本州四国連絡橋のルート

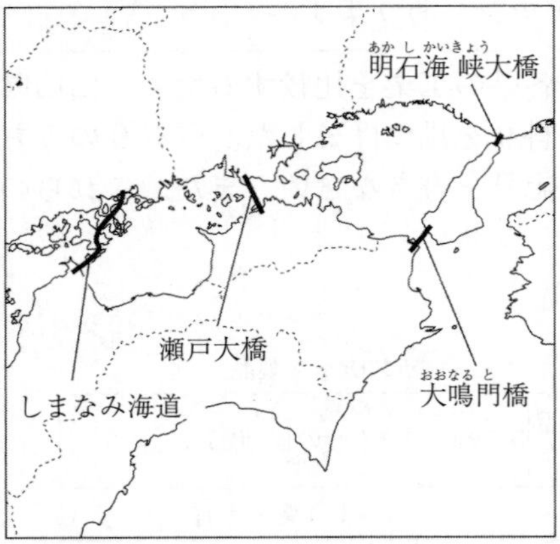

B　岡山県～香川県間の一日当たりの通勤・通学者数

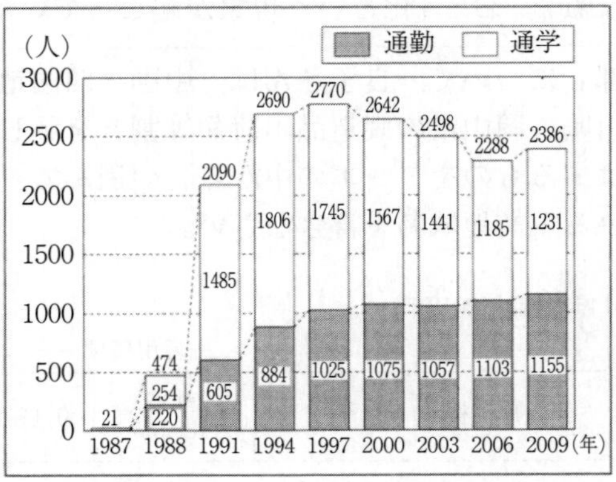

1987年の通勤は3人，通学は18人。〔JR四国資料より作成〕

C　四国～四国外のフェリー・旅客船輸送人員の推移

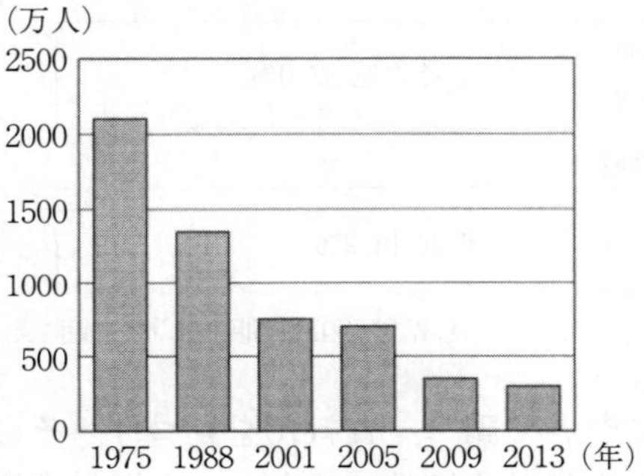

〔四国運輸局資料より作成〕

D　所要時間の変化

交通手段	ルート	およその所要時間	
		架橋前	架橋後
自動車	倉敷《くらしき》～坂出《さかいで》	120分	40分
	倉敷～高松	140分	70分
鉄道	岡山～坂出	130分	40分
	岡山～高松	100分	60分

〔運輸白書より作成〕

E　山陽新幹線の主な停車駅

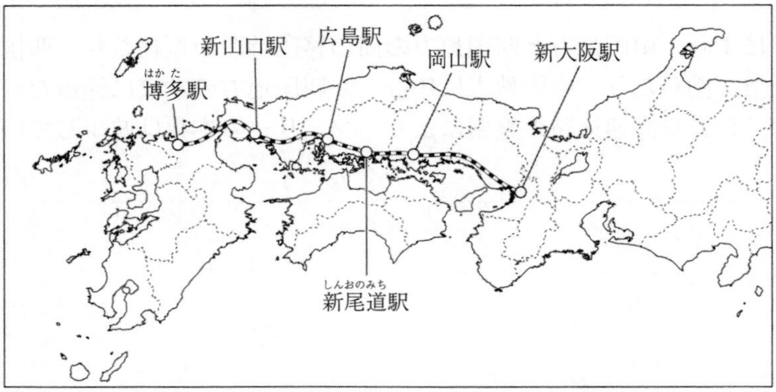

2　ある中学校の社会科の授業で，「それぞれの時代にはどのような特色があったのだろうか」というテーマで，班ごとにテーマを設定し，学習しました。次の１，２に答えなさい。

1　Ａ班は，「各時代の民衆の動き」というテーマを設定し，資料を見つけ，カード１～カード４を作成しました。下の(1)～(6)の問いに答えなさい。

カード１　弥生時代の民衆 稲作が九州地方から全国に広がると，人々は水田の近くに住むとともに，［　あ　］に収穫した稲を蓄えた。	カード２　室町時代の民衆 有力な農民を中心として惣《そう》とよばれる自治組織がつくられ，近畿地方を中心に土《つち》《ど》一揆《いっき》が起こった。
カード３　江戸時代の民衆 幕府のキリスト教禁止政策や年貢の厳しい取り立てに苦しむ人々が，天草四郎《あまくさしろう》(益田時《ますだとき》貞《さだ》)を中心に一揆を起こした。	カード４　大正時代の民衆 政党政治が発展し，民主主義が広がるとともに，一般大衆に向けた文化が発展した。

(1)　カード１の［あ］に当てはまる語を書きなさい。

資料１

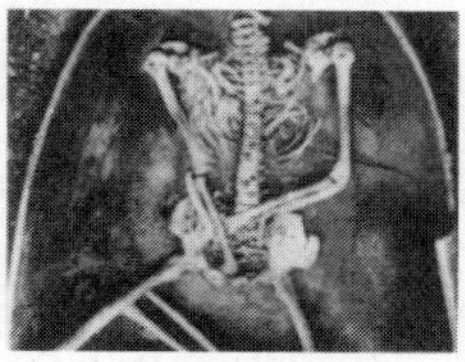

(2)　太郎さんは，カード１の時代について調べていく中で，右の資料１を見つけ，花子さんと話し合いました。［い］に当てはまる内容を，「食料」「むら」という語を用いて，**30字以内**で書きなさい。

> 太郎：資料１のように，首のない人骨が見つかっているのはなぜだろう。
> 花子：弥生時代には，［　い　］みたいだよ。

資料２

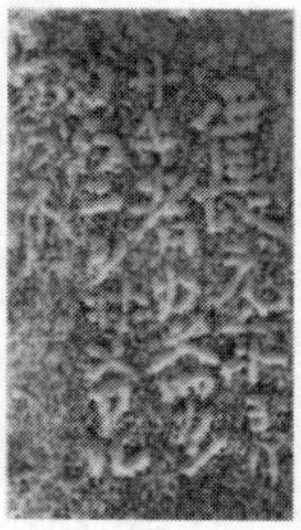

(3)　花子さんは，カード２の土一揆に興味をもち，右の資料２を見つけました。資料２の碑文《ひぶん》が宣言した内容として最も適切なものを，次のア～エの中から一つ選んで，その記号を書きなさい。

ア　新たな土地を与えること。　　イ　犯罪者を取りしまること。
ウ　借金を帳消しにすること。　　エ　外国との貿易を始めること。

(4)　太郎さんは，カード３の一揆について調べ，資料３，資料４を見つけました。多くのキリシタンが立てこもり，資料３でえがかれた戦いが行われた場所を，資料４のア～エの中から一つ選んで，その記号を書きなさい。

資料３

資料４

※県境は現在のもの。

(5)　花子さんは，太郎さんとカード４の時代に広がった風潮について話し合いました。［う］に当てはまる語を書きなさい。

> 花子：大正時代には，吉野作造《よしのさくぞう》の民本《みんぽん》主義《しゅぎ》や美濃部達吉《みのべたつきち》の天皇機関説などの思想が広がったんだね。
> 太郎：民主主義が広まったこの風潮を，［　う　］とよぶみたいだよ。

(6)　カード４の時代の大衆文化と最も関係の深いできごとを，次のア～エの中から一つ選んで，その記号を書きなさい。

ア　ラジオ放送が開始された。

イ　太陽暦が採用された。

ウ　ランプやガス灯が普及した。

エ　冷蔵庫や洗濯機《せんたくき》が普及した。

2　B班では，「茨城県の各時代の文化財」というテーマを設定し，集めた資料をもとに話し合いました。下の(1)～(3)の問いに答えなさい。

常陸国分寺《ひたちこくぶんじ》(石岡市《いしおかし》) 東西は約270m，南北は約240mで，全国の a 国分《こくぶん》寺《じ》の中でも規模が大きい。国の特別史跡に指定されている。	鹿島神宮《かしまじんぐう》(鹿嶋市《かしまし》) 歴史は初代天皇とされる神武《じんむ》天皇までさかのぼると言われている。現在の社殿は，江戸幕府の2代将軍 b 徳川秀忠《とくがわひでただ》によって奉納された。	石岡《いしおか》第一発電所施設 (北茨城市《きたいばらきし》) c 1911年に発電を開始した施設で，日本に現存する鉄筋コンクリート造の建造物として最古級のものとして貴重である。

(1)　次郎さんは，下線部 a について洋子さんと話し合いました。[え] に当てはまる内容を，「国家」という語を用いて，**20字以内**で書きなさい。

> 次郎：資料5の命令を出したのは聖武《しょうむ》天皇だよね。聖武天皇はなぜ都に東大寺《とうだいじ》を置いて，国ごとに国分寺をつくらせたのかな。
>
> 洋子：資料5にあるように，社会が混乱していたから，[　　え　　] みたいだよ。

(2)　洋子さんは，下線部 b について次郎さんと話し合いました。[お] に当てはまる語を書きなさい。

> 洋子：2代将軍というと，江戸時代の初期だね。
>
> 次郎：うん，資料6の [　　お　　] が出されたころだね。

(3)　下線部 c について，石岡第一発電所施設が発電を開始した1911年よりも前に起こったできごとを，次のア～エの中から一つ選んで，その記号を書きなさい。

ア　ニューヨークでの株価大暴落をきっかけに，世界恐慌《せかいきょうこう》となった。

イ　サラエボ事件をきっかけに，ヨーロッパで第一次世界大戦が起こった。

ウ　義和団《ぎわだん》が「扶清滅洋《ふしんめつよう》」を掲げ，各国の公使館を包囲する義和団事件が起こった。

エ　アメリカのウィルソン大統領の提案により，国際連盟がつくられた。

資料5　国分寺建立《こくぶんじこんりゅう》の詔《みことのり》(一部)

> 近頃不作が続き，病も流行《はや》っている。これも私(天皇)の不徳のせいであるとはじる思いが募《つの》っている。……

資料6　江戸時代初期の法令(一部)

> 一　学問や武芸にひたすら励むようにしなさい。
>
> 一　城についてはたとえ修理でも必ず報告すること。また，新たに城を築城することはかたく禁止する。
>
> 一　諸国の侍《さむらい》は，倹約をすること。

3　ある中学校の社会科の授業で，「私たちの社会のしくみはどのようになっているのだろうか」というテーマで，班ごとにテーマを設定し，学習しました。次の1，2に答えなさい。

1　A班は，「日本の政治のしくみ」というテーマを設定し，話し合いました。下の(1)～(4)の問いに答えなさい。

太郎：私たちが将来，政治に参加する方法は，どんなことが考えられるかな。
花子：私は a 選挙だと思うな。選挙で b 国会議員を選ぶことは，わかりやすい政治参加の方法だよ。
太郎：確かにそうだね。c 内閣の行う政治に対する世論も，国民が声を上げる手段としてあるよね。
花子：司法参加という意味では，d 裁判に参加する裁判員制度もあるね。

(1) 下線部aについて，太郎さんは衆議院議員選挙に関係のある資料1を見つけ，次の＜ノート＞を作成しました。＜ノート＞の [あ] に当てはまる選挙区を，資料1のア～エから一つ選んで，その記号を書きなさい。また，＜ノート＞の [い] に当てはまる語を書きなさい。

資料1　(2018年)

	選挙区名	有権者数(人)
ア	東京13区	476662
イ	東京８区	475088
ウ	鳥取２区	239015
エ	鳥取１区	237823

〔総務省選挙関連資料より作成〕

＜ノート＞
○小選挙区制の選挙区割
・資料1は，2018年における有権者数上位2選挙区と，下位2選挙区を示している。
○資料1から
・資料1の4つの選挙区のうち，一票の価値が最も高いのは [あ] である。
○小選挙区制の特徴
・小選挙区制には，落選者に対する票を意味する [い] が多いという特徴がある。

(2) 下線部bについて，花子さんは国会について調べ，ある年の国会の動きを資料2にまとめました。資料2の [う]，[え] に当てはまる語の組み合わせとして最も適切なものを，次のア～エから一つ選んで，その記号を書きなさい。

資料2

月	国会の動き
1月	[う] の召集，予算の審議など
9月	衆議院の解散
10月	衆議院議員総選挙
11月	[え] の召集，内閣総理大臣の指名

ア　[う　常会　　え　緊急集会]
イ　[う　臨時会　え　緊急集会]
ウ　[う　常会　　え　特別会]
エ　[う　臨時会　え　特別会]

(3) 下線部cは，内閣総理大臣とその他の国務大臣で組織されています。内閣における国務大臣はどのように選ばれるか，「過半数」，「任命」の語を用いて，**40字以内**で，解答用紙の言葉に続けて書きなさい。

(4) 下線部dについて，太郎さんは，裁判の種類について調べ，資料3を見つけました。資料3のような法廷で裁判が行われる事例として最も適切なものを，次のア～エから一つ選んで，その記号を書きなさい。

資料3

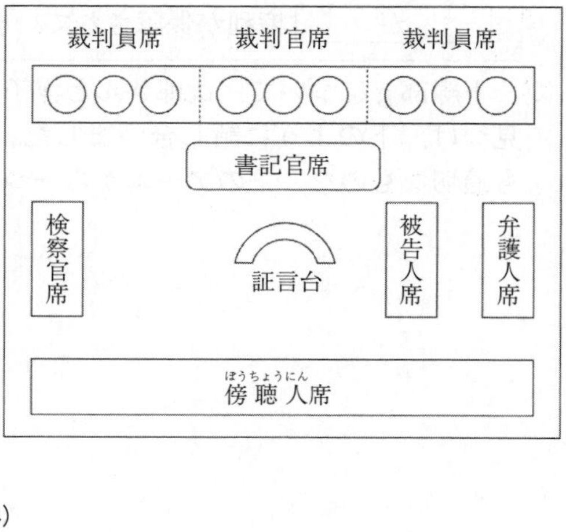

ア　事故を起こした相手に対して，損害賠償《そんがいばいしょう》を求める裁判。
イ　現金をうばう目的で銀行に強盗に入った者を裁く裁判。
ウ　火力発電所の建設の中止を地方公共団体に求め

る裁判。

エ　貸したお金を返してくれない相手に返済を求める裁判。

2　B班では，「経済主体と経済活動」というテーマを設定し，レポートにまとめました。下の(1)～(3)の問いに答えなさい。

レポート

> ①経済主体について
> ・国民経済は，家計，企業，政府の三つの経済主体からなる。
> ②それぞれの経済活動
> ・家計…企業から財やサービスを購入して，$_{\text{e}}$消費する。
> ・企業…財やサービスを生産する。最も多い法人企業は $_{\text{f}}$株式会社。
> ・政府…社会資本や公共サービスを提供し，財政政策を行う。
> ③流通の工夫
> ・生産者から卸売業者《おろしうりぎょうしゃ》や $_{\text{g}}$小売業者《こうりぎょうしゃ》を経由して消費者に届くこれまでの流通以外にも，直接仕入れや一括仕入れなど，流通の合理化が図られている。

(1)　下線部eについて，次郎さんは消費を行う消費者の権利について調べ，次の＜メモ＞を作成しました。＜メモ＞の［お］に当てはまる語を書きなさい。

> ＜メモ＞
> 消費者の権利を守るために，消費者が企業の欠陥商品などで被害をこうむったときの企業の責任について定めた［　お　］という法律があります。

(2)　下線部fについて，洋子さんは，株式会社における株主はその企業の所有者であるといわれることを知り，関連する資料4を見つけ，次の＜メモ＞を作成しました。＜メモ＞の［か］に当てはまる内容を，「利潤《りじゅん》」の語を用いて，**15字以内**で書きなさい。

> ＜メモ＞
> 株式会社は資金を集めるために株式を発行することから，株主が企業の所有者であるといわれます。株主には，一年に一回以上開催される株主総会に出席して議決に参加する権利や，［　　か　　］権利が保障されています。

資料4　株式会社のしくみ

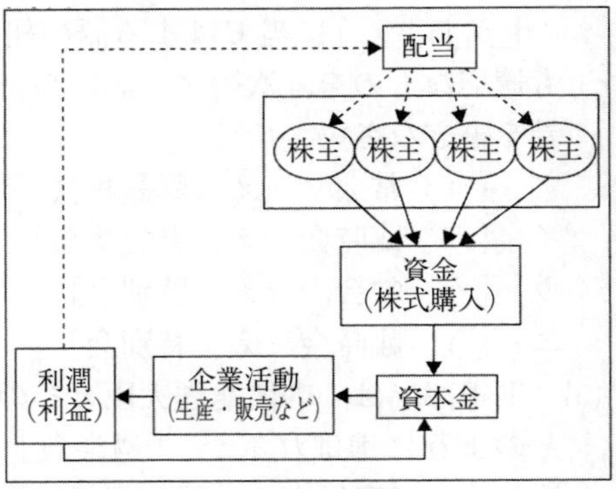

(3)　下線部gについて，次郎さんと洋子さんは，よく行く小売店について調べ，資料5，資料6を見つけ，下のように話し合いました。［き］，［く］に当てはまる語と内容の組み合わせとして最も適切なものを，下のア～エから一つ選んで，その記号を書きなさい。

資料5　年間商品販売額(億円)

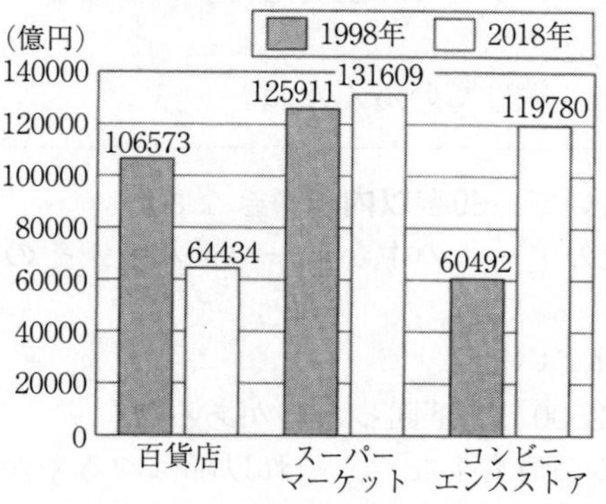

〔経済産業省「商業動態統計」より作成〕

資料6　事業所数

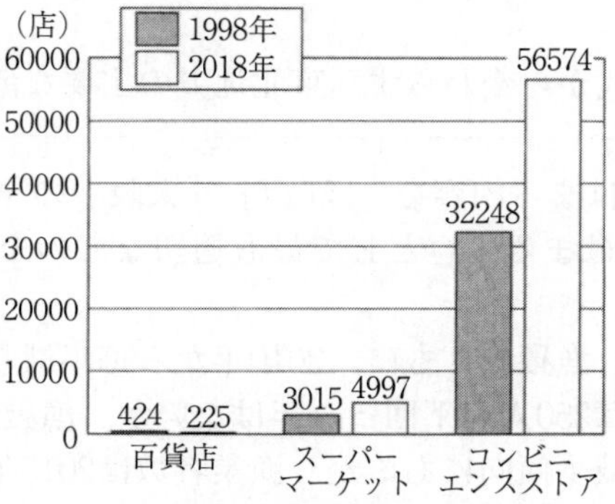

〔経済産業省「商業動態統計」より作成〕

次郎：2018年におけるコンビニエンスストアの［　き　］は，スーパーマーケットの約10倍になっているね。
洋子：だけど，１事業所当たりの年間商品販売額はスーパーマーケットの10分の１にも届いていないんだね。なぜだろう。
次郎：コンビニエンスストアは，［　く　］という特徴があるからではないかな。

ア　［き　事業所数　　　　く　店舗《てんぽ》が大規模で，客単価が高い］
イ　［き　事業所数　　　　く　店舗が小規模で，客単価が安い］
ウ　［き　年間商品販売額　く　店舗が大規模で，客単価が高い］
エ　［き　年間商品販売額　く　店舗が小規模で，客単価が安い］

4　ある中学校の社会科の授業で，「日本の港町」というテーマにもとづき，班ごとに港町を一つずつ選び，学習しました。次の１～３に答えなさい。

1　Ａ班は，「酒田港《さかたこう》」を選び，調べたことをもとに話し合いました。下の(1)～(3)の問いに答えなさい。

地図

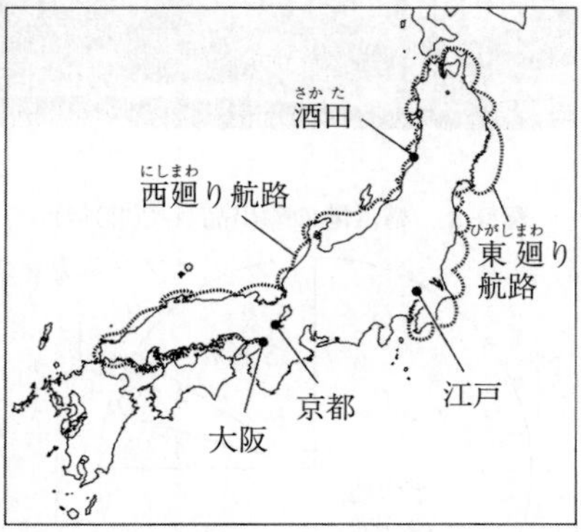

資料１　酒田市の漁業人口と漁獲量

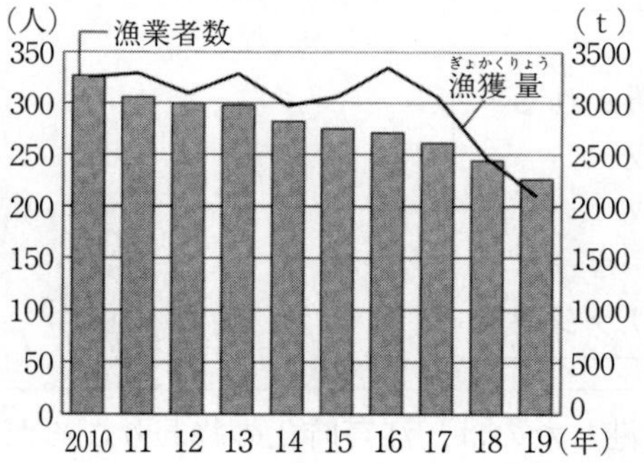

〔酒田市ホームページより作成〕

太郎：地図中の西廻り航路や東廻り航路は，［　あ　］ために江戸時代に河村瑞賢《かわむらずいけん》が開いた航路なんだよね。
花子：船がたくさん行き来していたのかな。東北地方は，漁業がさかんなイメージがあるよ。
　資料１を見ると，［　い　］ことがわかるね。

太郎：確かにそうだね。酒田港は，2010年に a国土交通省によって「重要港湾」に指定されたらしいよ。
花子：江戸時代から変わらず，東北地方の主要な港であり続けているんだね。

(1) [あ] に当てはまる内容を，「江戸」，「大阪」の語を用いて，**30字以内**で書きなさい。
(2) [い] に当てはまる内容として最も適切なものを，次のア～エの中から一つ選んで，その記号を書きなさい。
ア　漁業者数，漁獲量ともに，2010年から毎年減り続けている
イ　漁業者数は250人を下回った年はないが，漁獲量は2500ｔを下回った年がある
ウ　漁獲量は減少傾向にあるが，漁業者数は2015年ごろが最も少なく，それ以降はゆるやかな増加傾向にある
エ　漁獲量が3000ｔをこえている年はいずれも，漁業者数が250人をこえている
(3) 下線部aについて，A班は国土交通省について調べ，次の＜メモ＞を作成しました。＜メモ＞の [う]，[え] に当てはまる語の組み合わせとして最も適切なものを，下のア～エから一つ選んで，その記号を書きなさい。

＜メモ＞
国土交通省は [う] の下に置かれた省庁です。国土交通省の下には，その外局として [え] などがあります。

ア［う　内閣　え　気象庁］
イ［う　内閣　え　林野庁］
ウ［う　国会　え　気象庁］
エ［う　国会　え　林野庁］

2　B班は，「横浜港」を選び，調べたことをもとに話し合いました。下の(1)～(3)の問いに答えなさい。

資料２　横浜税関

年表

西暦	できごと
1859	b横浜開港
1868	神奈川県が置かれる
1917	新港《しんこう》ふ頭《とう》完成
1934	横浜税関完成
1961	マリンタワーオープン
1989	横浜ベイブリッジ開通

資料３　横浜港の輸出品目(2020年)

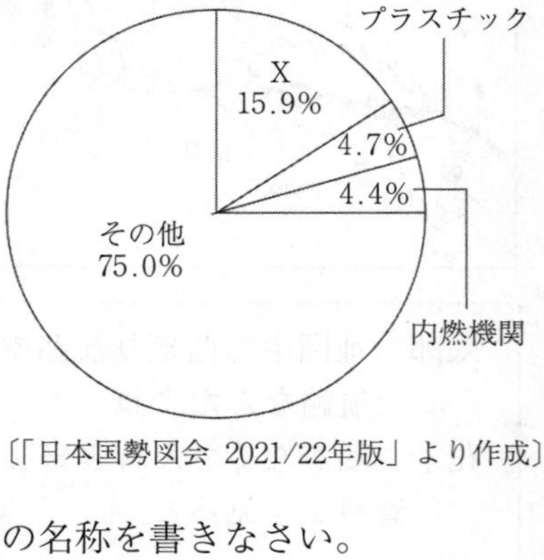

〔「日本国勢図会 2021/22年版」より作成〕

次郎：横浜港が開港したのは，江戸時代の終わりごろだね。それからどのような変化をしてきたのかな。
洋子：輸出入品の検査をする c税関ができたことも大きかったのではないかな。
次郎：横浜港は貿易の拠点の一つだもんね。資料３を見ると，d横浜港から輸出されている品目がわかるよ。

(1) 下線部bについて，横浜港が開港するきっかけになった条約の名称を書きなさい。

(2)　下線部cについて，次郎さんは税関の役割について調べ，次の<メモ>を作成しました。<メモ>の[お]，[か]に当てはまる語の組み合わせとして最も適切なものを，下のア～エから一つ選んで，その記号を書きなさい。

<メモ>
　税関は輸出入品の最終的なチェックを行う場所です。現在では[お]化が進んだことで，簡単に外国のものが手に入るようになりました。しかし，食料品の輸入が増えたことで，日本の食料自給率が[か]していることが問題となっています。

ア　[お　グローバル　か　上昇]
イ　[お　リテラシー　か　上昇]
ウ　[お　グローバル　か　低下]
エ　[お　リテラシー　か　低下]

(3)　下線部dについて，資料3のXに当てはまる輸出品目として最も適切なものを，次のア～エの中から一つ選んで，その記号を書きなさい。
ア　科学光学機器
イ　自動車
ウ　半導体等製造装置
エ　石油

3　C班は，「下関港」を選び，調べたことをもとに<発表原稿>を作成しました。下の(1)～(4)の問いに答えなさい。

<発表原稿>
　下関港《しものせきこう》は，沖合《おきあい》を暖流の[き]海流が流れており，漁業がさかんです。下関港という名称でよばれるようになったのは1902年に下関市に市名が改称されてからですが，それまでも西廻り航路の北前船《きたまえぶね》が寄航《きこう》するなど，漁港としての歴史があります。下関港がある下関市は，[く]の講和条約である下関条約が結ばれた場所としても知られています。

資料4　下関港周辺の地図

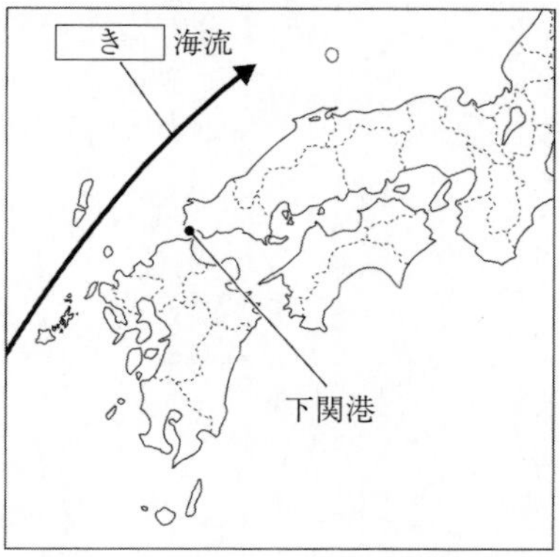

(1)　<発表原稿>と資料4の[き]に当てはまる語を，**漢字2字**で書きなさい。

(2)　<発表原稿>の[く]に当てはまる語を書きなさい。

(3)　三郎さんは，下関港のある下関市について調べ，資料5を見つけました。資料5の[Y]に当てはまる語として最も適切なものを，次のア～エの中から一つ選んで，その記号を書きなさい。
ア　教育
イ　信教
ウ　団結
エ　勤労

資料5　関心のある基本的人権

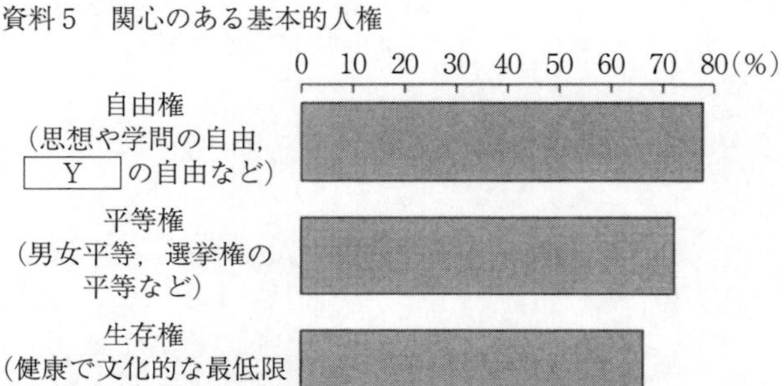

〔下関市「人権に関する市民意識調査」より作成〕

(4)　良子さんは，三郎さんと同じく下関市の人権に関する市民意識調査について調べ，資料６と＜メモ＞を作成しました。＜メモ＞の［け］に当てはまる語を，**カタカナ**で書きなさい。

資料６　市民へのアンケートの一部

問１　次のことがらで，問題があると思われるのはどのようなことですか。

□１　個人情報の不正な取扱いや信用情報，顧客データー等を盗用《とうよう》・横流し・流出(紛失)すること

□２　知らない企業や団体からダイレクトメールが届いたり，訪問や電話による勧誘《かんゆう》を受けたりすること

□３　インターネットを介して大量の個人情報が流出する事件が多発していること

⋮

□５　自分や家族のことについて，他人に言いふらされること

＜メモ＞

資料６のアンケートは，一部ではありますが，個人情報に関する項目が問われていることから，［け］の保護に関するアンケートであることが分かります。

【理　科】（50分）〈満点：100点〉

1　次の(1)～(4)の問いに答えなさい。

(1) 図のような真空放電管《しんくうほうでんかん》に高い電圧を加え，真空放電させると蛍光面《けいこうめん》に十字形の金属板のかげができた。このとき真空放電管の＋極と，真空放電管の電子の流れの向きの組み合わせとして正しいものを，次のア～エの中から一つ選んで，その記号を書きなさい。

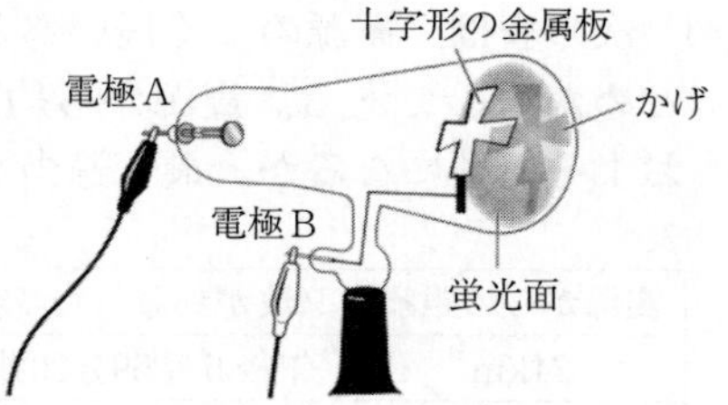

図

	真空放電管の＋極	真空放電管の電子の流れの向き
ア	電極A	電極A→電極B
イ	電極A	電極B→電極A
ウ	電極B	電極A→電極B
エ	電極B	電極B→電極A

(2) 図は，植物のなかま分けをまとめたものである。A～Fを，維管束《いかんそく》がない植物と，維管束がある植物になかま分けした組み合わせとして正しいものを，下のア～エの中から一つ選んで，その記号を書きなさい。

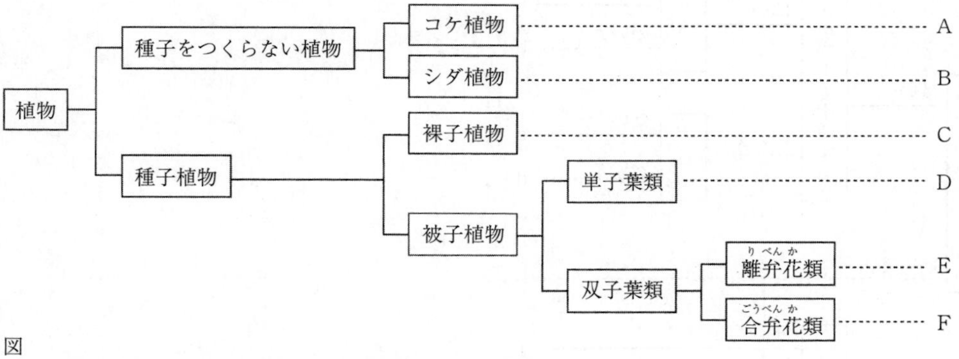

図

	維管束がない植物	維管束がある植物
ア	A	B，C，D，E，F
イ	A，B	C，D，E，F
ウ	A，B，C	D，E，F
エ	A，B，C，D	E，F

(3) うすい硫酸《りゅうさん》(溶液A)をビーカーに入れてpHメーターを用いてpHを調べた。次に図のように，少量のうすい水酸化バリウム水溶液を加えたところ，中和が起こり，生じた塩が白い沈殿となった。このときのビーカー内の水溶液(溶液B)のpHを調べた。その後，うすい水酸化バリウム水溶液をさらに加えると，新たに沈殿が生じた。溶液A，溶液B，純粋な水をpHの小さい順に左から並べたものとして正しいものを，下のア～エの中から一つ選んで，その記号を書きなさい。

図

ア　溶液A，溶液B，純粋な水

イ　溶液A，純粋な水，溶液B

ウ　純粋な水，溶液Ａ，溶液Ｂ

エ　純粋な水，溶液Ｂ，溶液Ａ

(4)　次の表は，震源《しんげん》のごく浅いある地震について，震源からの距離とＰ波とＳ波が到着した時刻をまとめたものである。震源から約110km離れている，水戸市の観測地点では，初期微動継続時間はおよそ何秒になるか。最も適当なものを，下のア～エの中から一つ選んで，その記号を書きなさい。

表

震源からの距離	Ｐ波が到着した時刻	Ｓ波が到着した時刻
24km	午後５時59分20秒	午後５時59分22秒
48km	午後５時59分24秒	午後５時59分28秒
60km	午後５時59分26秒	午後５時59分31秒

ア　7秒　　イ　9秒　　ウ　11秒　　エ　13秒

2　次の(1)～(3)の問いに答えなさい。

(1)　Ｘ・Ｙ群に示した動物について，下の文を読んで，あとの①～④の問いに答えなさい。

〔Ｘ群の動物〕トカゲ，イヌ，イモリ，ハト，イカ，フナ，カマキリ

〔Ｙ群の動物〕アンモナイト，フズリナ，ビカリア

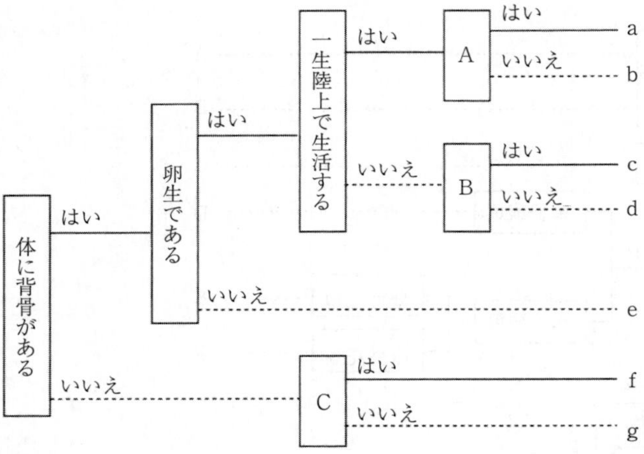

図

文

> 図のＡ，Ｂ，Ｃそれぞれに，次に示す分類基準Ⅰ，Ⅱ，Ⅲのいずれかを当てはめる。その分類基準に「はい」「いいえ」で答えると，図のａ～ｇのグループにＸ群の動物を１つずつ分類することができ，ハトはａのグループに分類される。
>
> 【分類基準】　Ⅰ：外骨格《がいこっかく》をもつ。
>
> Ⅱ：幼生はえらと皮ふで，成体は肺と皮ふで呼吸を行う。
>
> Ⅲ：体表は羽毛で覆われている。

①　体に背骨がある動物を何というか。その名称を書きなさい。

②　図のＡ，Ｂ，Ｃに当てはまる分類基準Ⅰ，Ⅱ，Ⅲの組み合わせとして正しいものを，次のア～カの中から一つ選んで，その記号を書きなさい。

ア　Ａ：Ⅰ　Ｂ：Ⅱ　Ｃ：Ⅲ　　イ　Ａ：Ⅰ　Ｂ：Ⅲ　Ｃ：Ⅱ

ウ　A：Ⅱ　B：Ⅰ　C：Ⅲ　　エ　A：Ⅱ　B：Ⅲ　C：Ⅰ
オ　A：Ⅲ　B：Ⅰ　C：Ⅱ　　カ　A：Ⅲ　B：Ⅱ　C：Ⅰ

③　図のb，c，gのグループにそれぞれ分類されるX群の動物の組み合わせとして正しいものを，次のア～カの中から一つ選んで，その記号を書きなさい。

ア　b：トカゲ　c：イモリ　g：カマキリ
イ　b：トカゲ　c：イモリ　g：イカ
ウ　b：フナ　　c：トカゲ　g：カマキリ
エ　b：フナ　　c：イモリ　g：イカ
オ　b：イモリ　c：トカゲ　g：カマキリ
カ　b：イモリ　c：トカゲ　g：イカ

④　Y群は，示準化《しじゅんか》石《せき》として適している動物である。これらの動物を，生息していた時期が古い順に左から並べたものとして正しいものを，次のア～カの中から一つ選んで，その記号を書きなさい。

ア　アンモナイト→フズリナ→ビカリア
イ　アンモナイト→ビカリア→フズリナ
ウ　フズリナ→アンモナイト→ビカリア
エ　フズリナ→ビカリア→アンモナイト
オ　ビカリア→フズリナ→アンモナイト
カ　ビカリア→アンモナイト→フズリナ

(2)　力と仕事について調べるために，質量500ｇの物体とばねばかりを用いて，次の実験１～３を行った。あとの①～④の問いに答えなさい。ただし，100ｇの物体にはたらく重力の大きさを１Ｎとし，ひもと滑車《かっしゃ》の重さ，ひもと滑車にはたらく摩擦力《まさつりょく》は考えないものとする。

実験１　図１のように，物体をつけたひもをばねばかりにとりつけた。ばねばかりの目盛りが一定になるように力を加え，矢印↑の向きに物体を５秒かけて10cm引き上げた。

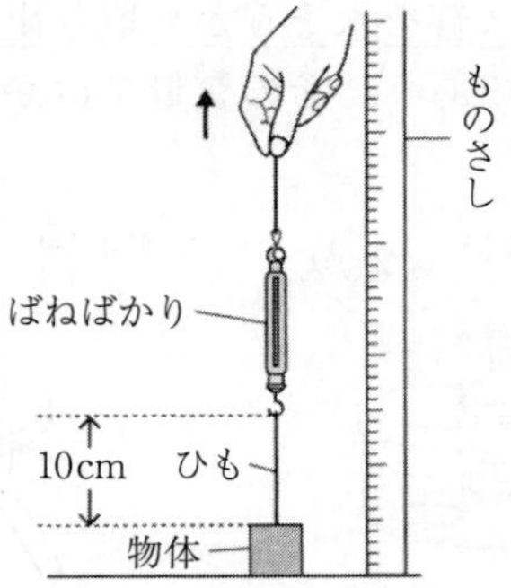

図１

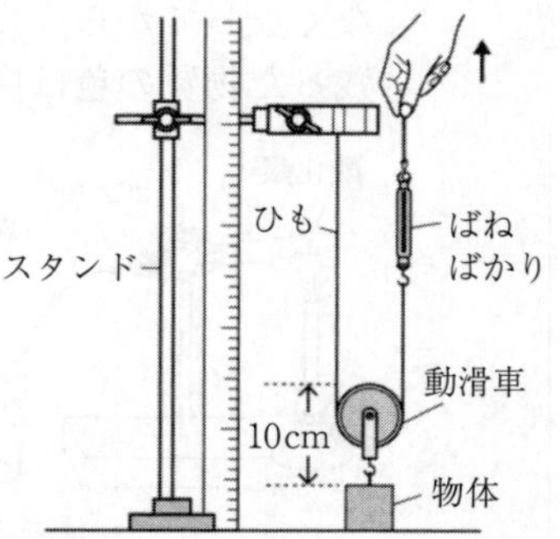

図２

実験２　図２のように，物体をつけた動滑車にひもをかけてスタンドに固定し，ひもの一端をばねばかりにとりつけた。ばねばかりの目盛りが一定になるように力を加え，矢印↑の向きに物体を10秒かけて10cm引き上げた。

実験３　図３のように，物体をばねばかりにとりつけ，摩擦力のはたらかないなめらかな斜面にそって，ばねばかりの目盛りが一定になるように力を加え，A点に置いた物体を高さ10cmのB点までゆっくりと一定の速さで引き上げた。

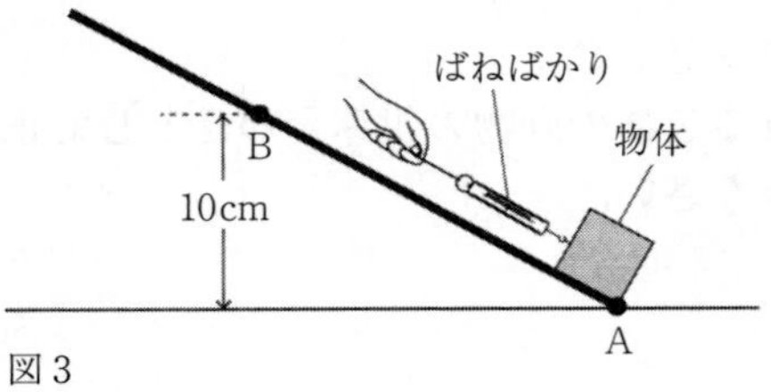

図3

① 実験1で，ひもが物体を引いた力の大きさとして正しいものを，次のア～エの中から一つ選んで，その記号を書きなさい。

ア 50N　イ 10N　ウ 5N　エ 2.5N

② 実験2で，手が物体にした仕事は何Jか，求めなさい。

③ 実験1，実験2のそれぞれで，物体を10cm引き上げるときの仕事の大きさと仕事率について正しいものを，次のア～エの中から一つ選んで，その記号を書きなさい。

ア 実験1に対して実験2では，仕事の大きさは半分になるが，仕事率は2倍になる。
イ 実験1に対して実験2では，仕事の大きさは2倍になるが，仕事率は半分になる。
ウ 実験1に対して実験2では，仕事の大きさは同じであるが，仕事率は半分になる。
エ 実験1に対して実験2では，仕事の大きさは同じであるが，仕事率は2倍になる。

④ 実験3で物体を引き上げているとき，ばねばかりの値は2Nであった。図3のAB間の距離は何cmか，求めなさい。

(3) 酸化銀とマグネシウムを用いて，次の実験1，2を行った。下の①～④の問いに答えなさい。

実験1　図1のように，黒色の酸化銀2.9gを加熱し，発生した気体を集めた。気体が発生しなくなってから，ガラス管を水そうから取り出し，加熱をやめた。このとき，試験管に残った物質の色は白色であり，その質量をはかると，2.7gであった。

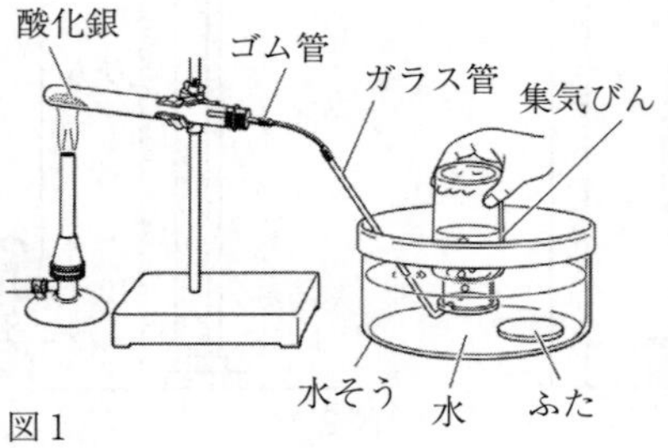

図1

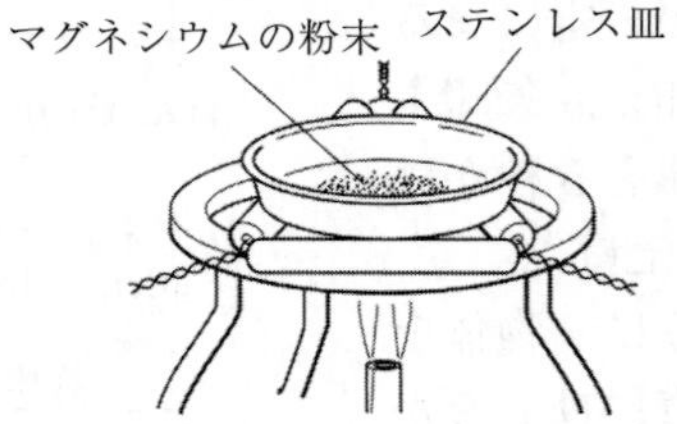

図2

実験2　図2のように，マグネシウムの粉末0.3gを，質量をはかっておいたステンレス皿にうすく広げ，皿全体の質量をはかってからガスバーナーで加熱し，よく冷やしてから加熱後の皿全体の質量をはかった。これを加熱後の質量の変化が見られなくなるまでくり返した。変化が見られなくなったときの皿の中の物質の質量は，0.5gであった。

① 実験1において，下線部のように，加熱をやめる前にガラス管を水そうから取り出したのはなぜか。その理由を簡単に説明しなさい。

② 次の文章は，実験1について考察したものである。文章中の あ ， い に当てはまる言葉を書きなさい。

酸化銀を加熱すると，加熱後の物質の色は，加熱前の酸化銀の色とは異なっていた。また，加熱後の物質の質量は，加熱前の酸化銀の質量より小さくなっていた。質量が小さくなったのは，気体が発生したためだと考えられる。このように，酸化銀は，２種類以上の別の物質に変化したことが考察できる。このような化学変化を［　あ　］という。このとき，集めた気体に線香《せんこう》の火を近づけると［　い　］ことから，発生した気体は酸素と考えられる。

③　実験２における化学変化を化学反応式で書きなさい。

④　実験１と実験２の結果から，同じ質量の酸素と結びつく銀とマグネシウムの質量比を求め，最も簡単な整数の比(銀：マグネシウム)で書きなさい。

3　電熱線《でんねつせん》を用いて次の実験を行った。あとの(1)～(5)の問いに答えなさい。

実験　図１のように，電熱線の両端に加わる電圧と電熱線に流れる電流を同時に調べることのできる回路をつくり，電熱線の両端に加わる電圧を2.0V，4.0V，6.0V，8.0V，10.0Vに変えて，それぞれのときに流れる電流の大きさを調べた。表は，実験の結果をまとめたものである。

表

電圧(V)	0	2.0	4.0	6.0	8.0	10.0
電流(A)	0	0.1	0.2	0.3	0.4	0.5

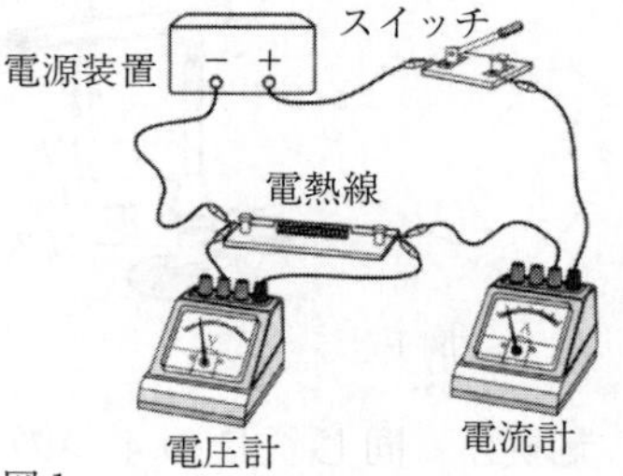

図１

(1)　流れる電流の大きさが予測できないとき，最初に選ぶ電流計の－端子として正しいものを，次のア～エの中から一つ選んで，その記号を書きなさい。

ア　50mA端子　　イ　500mA端子

ウ　５A端子　　エ　どの端子でもよい

(2)　実験の結果より，電熱線の抵抗は何Ωか，求めなさい。

(3)　この電熱線の両端に8.0Vの電圧を５分間加え続けた。電熱線で消費された電力量は何Ｊか，求めなさい。

(4)　図１の電熱線と抵抗の値が同じ電熱線を，図２のように並列に２個接続した回路をつくった。図２の電熱線の両端に加わる電圧の値が4.0Vのとき，電流計に流れる電流は何Aか，求めなさい。

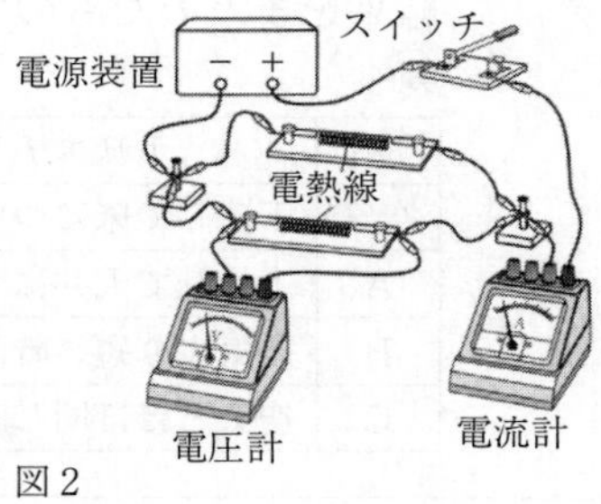

図２

(5)　家庭にある電気器具を調べたところ，こたつには100V－600W，テレビには100V－300W，アイロンには100V－650W，パソコンには100V－200W，電気ストーブには100V－800Wという表示がついていた。これらの中から３つの電気器具を，図３のような100Vのコンセントに接続して，同時に使うとき，電流の合計が15Aをこえない組み合わせとして正しいものを，次のア～エの中から一つ選んで，その記号を書きなさい。

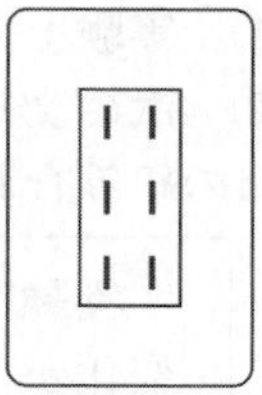
図３

ア　こたつ，テレビ，電気ストーブ

イ　こたつ，テレビ，パソコン

ウ　アイロン，テレビ，電気ストーブ

エ　電気ストーブ，こたつ，パソコン

4　Ｊさんは，気体の性質について調べるために，次の実験１，２を行った。あとの(1)～(4)の問いに答えなさい。

実験１　図１のように，塩化アンモニウムと水酸化カルシウムの混合物を加熱してアンモニアを発生させ，乾いた丸底フラスコに集めて色やにおいを調べた。

次に，アンモニアを集めた丸底フラスコにゴム栓をつけ，図２のような装置を組み立てた。フェノールフタレイン液を加えた無色の水にガラス管の先を入れ，水の入ったスポイトを用いて水を丸底フラスコの中に入れ，丸底フラスコ内の変化を観察した。

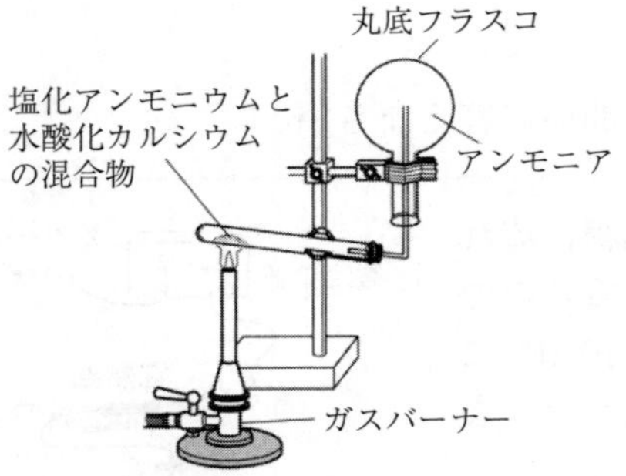

図１

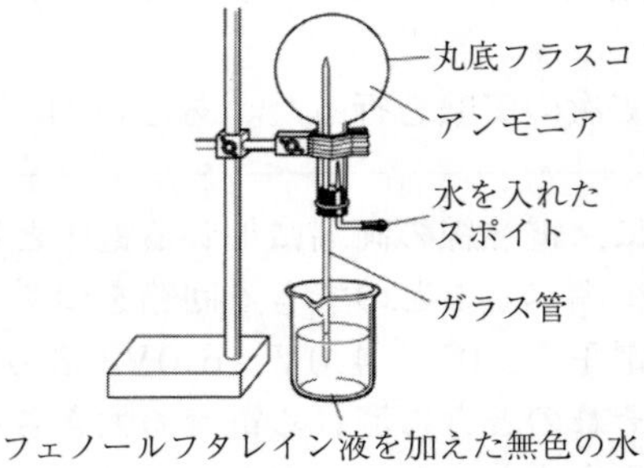

図２

実験２　同じ質量の４つのポリエチレンのふくろに，空気(密度0.0012g/cm^3)と気体Ａ～Ｃを同じ体積ずつそれぞれ入れて密閉《みっぺい》した。その後，風の影響のない室内で図３のように，ふくろの口の部分を棒ではさみ，２人が同時に棒をはなしたときのようすを調べた。表は，そのときの結果をまとめたものである。

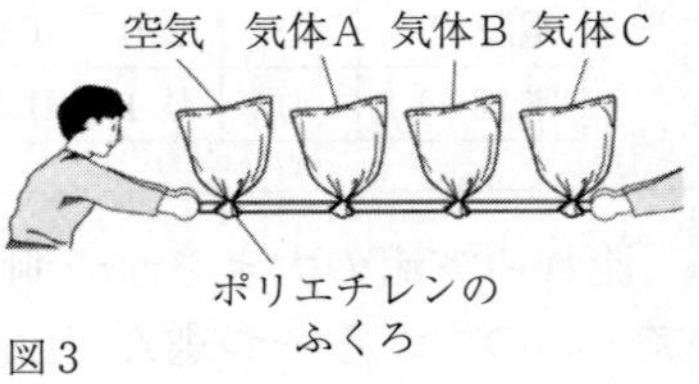

図３

表

気体	ポリエチレンのふくろのようす
空気	下降して床についた。
Ａ	上昇して天井についた。
Ｂ	空気より短い時間で下降して床についた。
Ｃ	空気とほぼ同じ時間で下降して床についた。

(1)　実験１で発生するアンモニアは化合物である。化合物とは何かを簡単に説明しなさい。

(2)　次の文章は，実験１の結果について述べたものである。文章中の［あ］，［い］に当てはまる言葉の組み合わせとして正しいものを，下のア～エの中から一つ選んで，その記号を書きなさい。

> 実験１では，丸底フラスコ内に［あ］の噴水ができた。フェノールフタレイン液の色の変化から，アンモニアの水溶液は，［い］であるといえる。

ア　あ：青色　い：酸性　　　イ　あ：青色　い：アルカリ性
ウ　あ：赤色　い：酸性　　　エ　あ：赤色　い：アルカリ性

(3)　実験１で，丸底フラスコに水を入れると噴水ができたのはなぜか。その理由を簡単に説明しなさい。

(4)　実験２について，次の①，②の問いに答えなさい。

① ポリエチレンのふくろに空気を700cm^{3}入れたときの空気の質量は何ｇか，求めなさい。

② Ｊさんは，表から，気体の密度のちがいについて次のように考えた。Ｊさんの考えが正しくなるように，[う]に当てはまる内容を，「密度」という語を用いて簡単に書きなさい。

> 実験２の結果から，気体によって密度がちがうと考えられる。気体Ａは明らかに空気や気体Ｂ，Ｃと比べて[　う　]といえる。

5　タマネギの根の細胞分裂《ぶんれつ》のようすを調べるために，次の観察を行った。下の⑴～⑸の問いに答えなさい。

> 観察　図１のＰ～Ｒのうち，細胞分裂を観察するのに適した部分を切りとり，スライドガラスの上に置き，柄《え》つき針で細かくくずした。この根に５％の塩酸を１滴落とし，５分間待ち，塩酸をろ紙で十分吸いとったあと，[　X　]を１滴落とし，さらに５分間待った。その上にカバーガラスをかけ，根を指でゆっくりと押しつぶしてプレパラートをつくった。このプレパラートを顕微鏡で観察し，図２のように細胞の大きさと核のようすをスケッチした。

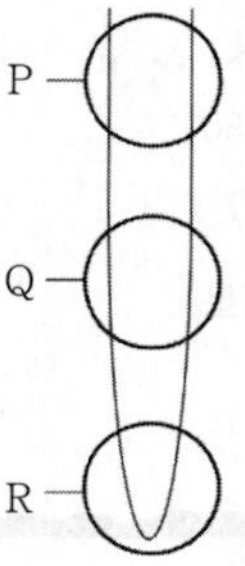

図１

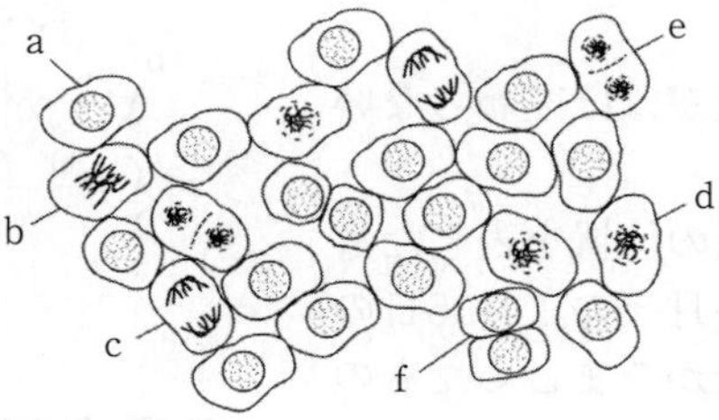

図２

⑴ 細胞分裂を観察するのに適した部分として正しいものを，図１のＰ～Ｒの中から一つ選んで，その記号を書きなさい。

⑵ 下線部の操作をする目的を簡単に説明しなさい。

⑶ 文中のＸに当てはまる染色液《せんしょくえき》は何か。その名称を書きなさい。

⑷ 図２のａ～ｆは，細胞分裂の過程における異なる段階の細胞のようすである。ａ～ｆについてａを最初，ｆを最後として細胞分裂が進む段階の順に左から並べ，記号で書きなさい。

⑸ タマネギの体細胞の染色体の数は16本である。タマネギの精細胞と受精卵《じゅせいらん》の染色体の数はそれぞれ何本か，求めなさい。

6 茨城県のある地点で，10月15日の午後６時から午後10時まで，２時間ごとに３回，カシオペヤ座と北極星を観察し，それぞれの位置を記録した。図１は，その観察記録である。また，図２は，10月15日の１か月後の11月15日の午後10時に，同じ地点で観察したカシオペヤ座と北極星の位置を記録したものである。下の⑴～⑸の問いに答えなさい。

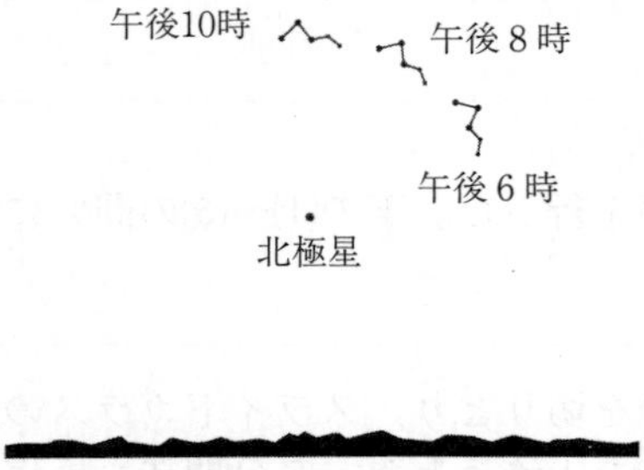

図１

図２

⑴ 10月15日の観察で見られたカシオペヤ座の動きのように，１日の間で時間がたつとともに動く，星の見かけの動きを何というか。その名称を書きなさい。

⑵ ⑴のような星の見かけの動きが起こる理由を簡単に説明しなさい。

⑶ 10月15日に観察している間，北極星の位置がほぼ変わらないように見えた理由を簡単に説明しなさい。

⑷ 図３のＸは，図２に記録したカシオペヤ座の位置を表したものである。また，次の文は，11月15日の２か月後の１月15日の午後10時にカシオペヤ座がどの位置にあったかをまとめたものである。[あ] に当てはまる漢字２字の語を書きなさい。また，[い] に当てはまるものを，図３のａ～ｄの中から一つ選んで，その記号を書きなさい。

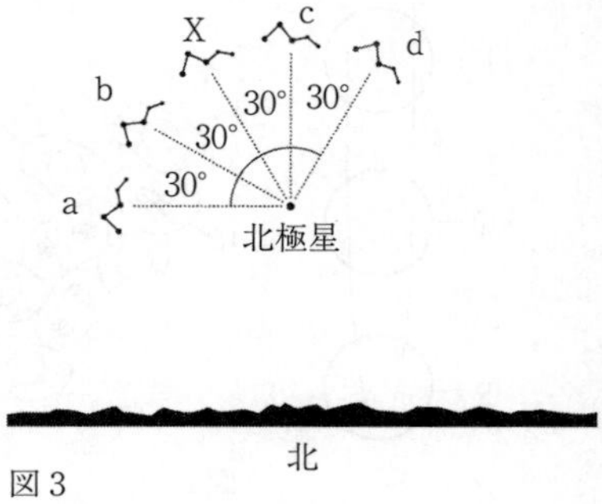

図３

> １月15日の午後10時に見えたカシオペヤ座は，地球が [あ] していることから [い] の位置にあったといえる。

⑸ １月15日の午後10時に見えたカシオペヤ座が，図３のＸの位置にあった時刻は午後何時か，求めなさい。

四 次の㈠～㈢の問いに答えなさい。

㈠ 次の(1)～(6)の――線部について、片仮名の部分を漢字で、漢字の部分の読みを平仮名で書きなさい。

(1) 日本語科目をリシュウする。
(2) つぼみがフクらむ。
(3) コクソウ地帯について学ぶ。
(4) 畑の土を肥やす。
(5) ほこりが浮遊する。
(6) 事件の真相に迫る。

㈡ 次の行書で書かれた漢字を楷書で書くときの総画数と同じ総画数である漢字を、1～4の中から選んで、その番号を書きなさい。

1 扱
2 母
3 阻
4 医

㈢ 次の【文章】の――線部について、品詞が異なる言葉を、1～4の中から一つ選んで、その番号を書きなさい。

【文章】

十三夜とは、十五夜[1]に次いで月がきれい[2]に見えるとされる夜のことだ。十三夜は、中国から伝わった十五夜と違い、日本で生まれた風習だと言われている。十五夜にあたる旧暦の八月十五日ごろ、日本は長雨や台風で月が雲[3]に隠れてしまうことがよくあったため、晴れることの多い旧暦の九月十三日に、月を見るならわしをつくったそうだ。十三夜は、日本の気候[4]に合わせてつくられたものなのである。

(五)　【Ⅱ】の［　　］に入る最も適切な言葉を、本文中から五字で抜き出して書きなさい。

(六)　【Ⅱ】の中里さんの発言は、どのような役割を果たしているか。その説明として、最も適切なものを、次の1～4の中から選んで、その番号を書きなさい。

1　これまでの話し合いで出た意見に自分の意見を加えて、議論を深める役割。
2　これまでの話し合いで出た意見を分析して、話し合いの結論を出す役割。
3　これまでの話し合いで出た意見を整理して、話し合いの方向づけをする役割。
4　これまでの話し合いで出た意見について、疑問点を洗い出して確認する役割。

(七)　本文と【Ⅰ】・【Ⅱ】を参考にして、情報伝達では要点を簡潔に伝えることと、本題や結論から伝えることのどちらに気をつけたらよいと考えるか、あなたの意見を書きなさい。ただし、以下の条件に従うこと。

1　百六十字以上、二百字以内で書くこと。（句読点を含む。）
2　二段落構成とし、第一段落には、情報伝達で大事だと考えることとして、要点を簡潔に伝えることと本題や結論から伝えることとのいずれかを選び、その理由とともに書くこと。第二段落には、予想される反論に対する考えを、自分の経験や見聞に基づいて書くこと。
3　正しい原稿用紙の使い方をすること。ただし、題名と氏名は書かないこと。また、｛や＝等の記号（符号）を用いた訂正もしないこと。
4　文体は、常体「だ・である」で書くこと。

中里　なるほど。二人とも、相手が理解しやすいようにしているんだね。

夢野　でも【Ｉ】②を見ると、相手の伝えたかったことと自分の受け取ったことが食い違っていた、という経験をした人は多いよ。私たちが読んだ文章には、省略される部分が多くなると相手にはわかりにくくなると書いてあったね。

山岡　要点だけを簡潔に伝えることで、相手は内容を理解しやすくなると思っていたけれど、相手には内容を補充するという作業が必要になるなんて驚いたな。

横田　うん。要約したりまとめたりした内容を伝えることが、必ずしもいいというわけではないんだね。

夢野　そうだね。情報を受け取る側の［　　］が足りないと、齟齬《そご》が生じやすくなってしまうからね。情報を要約したりまとめたりして伝えることは、相手に依存した方法とも言えるね。

中里　そのうえで、情報伝達で気をつけるべきことについて考えてみよう。

山岡　相手が内容を補充するということを意識するだけでも違ってくるんじゃないかな。

横田　私もそう思うな。情報の取捨選択に今まで以上に気をつけるようになると思う。

山岡　うん。これまでは相手が理解しやすいようにまとめていたけれど、相手がこちらの意図に沿った補充をしてくれるように、内容を意識してまとめるようになると思うな。

夢野　私は、相手が省略部分を補充することで食い違いが起こるのなら、なるべく省略せずに伝えた方がいいと思うな。要点だけに絞らずに伝えると情報量は多くなってしまうけれど、相手が内容を補充する部分は少なくなるよ。

中里　どちらの意見も、相手がこちらと食い違う補充の仕方をしない工夫をするという点は同じだね。夢野さんは、山岡さんや横田さんと違って、要点だけに絞らずに伝えるという意見だけれど、この点についても考える必要があるね。

(四)　本文と【Ｉ】から読み取れることとして、最も適切なものを、次の**１**～**４**の中から選んで、その番号を書きなさい。

１　ことばでは表現するモノゴトの一部分しか伝えられないが、ことばによる情報伝達でわかりやすさや正確さを重視している生徒は多い。

２　食い違いを経験したことがない生徒がいるのは、受け手が想像をはたらかせて補充することから知的快感を得ているためである。

３　ことばの性質上、文章で思った通りに表現するのは不可能なのに、相手の伝え方に問題があると感じている生徒が半数近くいる。

４　食い違いを自分の伝え方のせいだと感じている生徒は多いため、書きことばよりも省略的でなく伝達性の高い話しことばを使うべきである。

㈢　本文の特徴として、最も適切なものを、次の**1**～**4**の中から選んで、その番号を書きなさい。

1　言語表現に関する問題提起を行い、それを具体例で詳しく説明する文章になっている。

2　異なる観点から自説の考察を積み重ねていきながら、結論を導く文章になっている。

3　複数の具体的な事例を根拠として示すことで、自説の妥当性を強める文章になっている。

4　言語で表現されたものを引き合いに出して、自説を繰り返し説明する文章になっている。

【Ⅰ】　中里さんが通う北中学校の生徒対象のアンケート結果

①

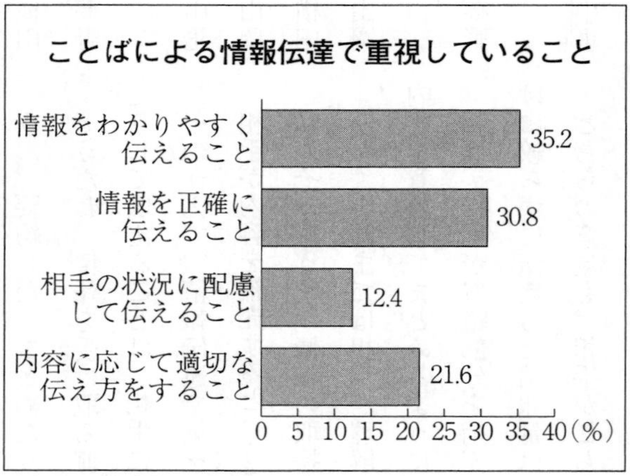

対象：北中学校の生徒 229 人

②

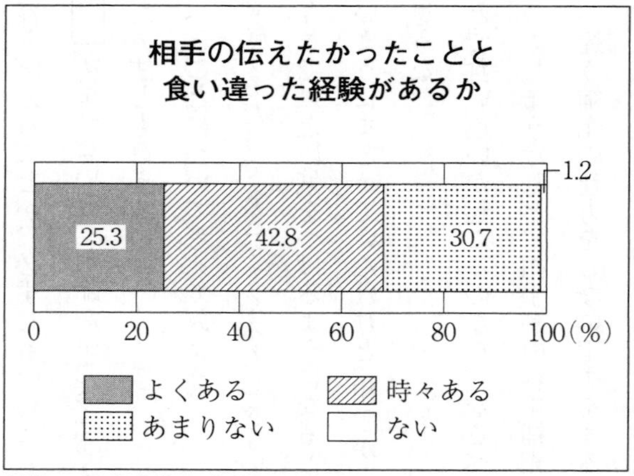

対象：北中学校の生徒 229 人

③

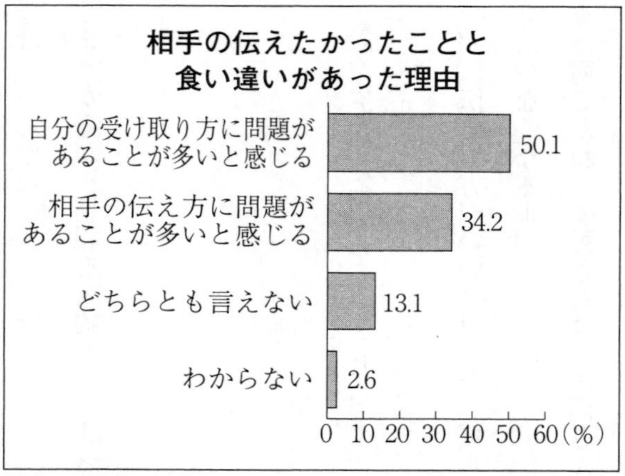

対象：相手の伝えたかったことと食い違った経験があると回答した生徒

【Ⅱ】　グループでの話し合いの一部

中里　情報伝達で何か気をつけていることはあるかな。
山岡　私は、要点を簡潔に伝えるようにしているよ。
横田　私は、本題や結論から伝えるように気をつけているよ。

〈 4 〉歴史が過去を忠実に、少なくとも、うまく再現しているという前提に立つからである。もし文章が創作であるとするならば、文章の集合体である歴史もまた創作だということになる。フィクションなら、同じ時代にまったく違った歴史がいくらあってもおかしくない。同じような歴史が複数あると、むりにも優劣をつけて正史[※2]をこしらえようとするが、〝正しい〟歴史はない。ひとつひとつの歴史はどれも創作だから完全な記録ではない。

文章は創作である。歴史も意図されない創作だ。

（外山滋比古『「忘れる」力』による。）

※1　妙味＝すぐれた味わい。
※2　正史＝正統の歴史書。

(一) 中里さんは、「文章」についてノートにまとめた。[ア]と[イ]に入る最も適切な語句を、本文中から[ア]は六字、[イ]は十一字で抜き出して書きなさい。（句読点を含む。）

> 文章 ≠ 表現対象
> 文章 > 表現対象
> 文章で対象の[ア]することはできない。（要約・まとめになる）
> ↓
> 文章は、ことばで対象を再構築したもの。
> ＝
> 文章とは、[イ]。

(二) 次の一文は、本文中の〈 1 〉～〈 4 〉のどこに入るか。最も適切な箇所の番号を書きなさい。

> つまり、ことばはモノゴトと不可分な関係にあり、ことばはモノゴトを忠実に反映している、と信じられている。

である。文字より声の方が伝達性が高いけれども、いくらすぐれた話し方のできる人でも、思ったことの半分も伝えられたら大したもの。言われない部分が多くなるにつれて、聴いている人にはわかりにくくなる。多くの部分が切り捨てられると、受け手は自らの責任で欠損部と思われるものを補充しようとし、それがかえって受け手に快感として意識される。話すことばに比べて、書く文字はいっそう省略的であるから文字、文章にすることのできる部分は話しことばよりさらに小さい。それだけに受け手は解釈と理解を求められる。

俳句は世界一短い詩である。言わんとするところのごくごく一部しか表現できないで、大部分が切り落とされざるを得ない。読む側は活発な想像をはたらかせて自分の意味を創らなくてはならない。この妙味[※1]に気がつけば、外国人にだっておもしろくなるのである。

作者は俳句という表現を創る。それはどうしても不完全な表現にならざるを得ないから、受け手にとっては大幅な増補が求められる。これがすなわち創造になる。俳句は作者側でも読者側でも創造的で、そこから二重の多義性が生じ、独特な知的快感を生ずるのである。

一般に、ことばはモノゴトなどを表現することができる、というように考えられている。〈 2 〉どうやらこれが、一種の迷信であると疑われ始めたのは世界的にも、近年のことである。

その新しい考えによると、ことばは決して対象をあるがままに表現することはない。ことばはそれを表現しようとするモノゴトのごく小さな一部を不完全にしか伝えることができないのだというのである。

こういう考えによれば、文章がモノゴトをあるがままに表現できるというこれまでの常識は根底からくつがえされることになる。

文章はそれが表そうとしている事柄と、もちろん関係はあるけれども、完全に同じではない。両者は別々に独立したものである。

ことばでモノゴトを表現するのは、忠実に複写、コピーをつくるということではない。ことばという記号を使って対象をまとめることである。

「あるがままを書く」というのは、ことばとしても妥当ではない。

文章を書くというのは、ことばを用いて、なるべく忠実に対象を再構築することにほかならない。〈 3 〉はっきり言えば、創作である。いわゆるフィクション、すべての文章は、創造であり、創作であるということになる。

文章を書くのが、面倒であり、思うようにいかないのは、こういう事情にもとづくのである。どんなに短いはがき一枚書くのにも、ときとしてたいへんな時間を要し、しかも、納得がいかなくて破ってしまう、というようなことがあるのも、創作をしているのだと考えればいくらかわけがわかる。

文章を書くのは、文章を創ること、創作であるということを承認すれば、いろいろおもしろいことがわかってくる。

われわれは歴史によって過去を知ることができると思っている。

㈠ 【Ⅱ】の ア と イ に入る最も適切な語句を、【Ⅰ】の古典の文章中からそれぞれ三字で抜き出して書きなさい。

㈡ 【Ⅲ】の坪内さんの質問に対する答えを、二十五字以内の現代語で書きなさい。（句読点を含む。）

㈢ 【Ⅲ】の小泉さんの感想にある「徳」という言葉の意味として、最も適切なものを、次の１～４の中から選んで、その番号を書きなさい。

１ 神仏からの恵み　２ 道理にかなったこと
３ 人を導く教え　４ 周囲からの信頼

㈣ 【Ⅲ】の堀さんの感想の □ に入る内容として、最も適切なものを、次の１～４の中から選んで、その番号を書きなさい。

１ 「石の上にも三年」という言葉を思い出し、つらくても根気よく続けていれば、最後には報われるのだ
２ 「いわしの頭も信心から」という言葉を思い出し、信じることで、どのようなものも尊いものになるのだ
３ 「禍《わざわい》を転じて福となす」という言葉を思い出し、災難をうまく利用すれば、幸福への足がかりになるのだ
４ 「塵《ちり》も積もれば山となる」という言葉を思い出し、毎日努力を続けることで、大きな成果が得られるのだ

三　中里さんは、国語の授業で、次の文章やアンケート結果をもとに、グループでの話し合いを行い、意見文を書くことになりました。次の文章と【Ⅰ】・【Ⅱ】について、後の㈠～㈦の問いに答えなさい。

文を作る、創る、造る――は、いずれも文章は表現しようとしているモノゴトと同じではない。コピーではない。要約であり、まとめである。

文章は、それが表そうとしているモノゴトよりも小さいのが普通である。モノゴトを、そのままことばに移すことはできない。要点のみを文章にして、そうでない部分は捨てる。すべてを表現しようとすれば、大混乱を起こして、何も伝えることができなくなってしまう。〈 １ 〉

〝思ったことを思った通り〟書くのは、こういうわけで不可能

【Ⅱ】葉山さんの発表原稿の一部

この古典は、兼好法師によって書かれた『徒然草』の一節です。『徒然草』の魅力は、作者の鋭いものの見方にあります。
この話で作者は、敵に襲われた押領使が助かったのは、押領使の行いによるものだと捉えています。押領使の行いがあったからこそ、［ア］が［イ］となって現れたと考えているのです。
こうした考え方は現代にも残っていますし、実感したことのある人もいるのではないでしょうか。

【Ⅲ】葉山さんの発表について、クラスで出た質問や感想の一部

坪内さん

押領使の行いとは、どのようなことですか。

小泉さん

古典の最後にある「徳」という言葉の意味がわかりました。これは押領使が助けられたことを指しているのですね。

堀さん

私は、この古典や葉山さんの発表から、［　　　］と思いました。

(五) 国木田さんは、【Ⅲ】のポップの、この物語は、あまいお菓子と一緒に味わってもらいたいです。という箇所を、相手に提案する表現で書き直すことにした。「あまいお菓子と」という書き出しに続けて、同じ言葉を繰り返さないように、二十五字以上、三十字以内で書きなさい。（句読点を含む。）

二 葉山さんは、国語の授業で、【Ⅰ】の古典を読んだ感想を発表することになりました。次の【Ⅰ】～【Ⅲ】について、後の(一)～(四)の問いに答えなさい。

【Ⅰ】古典の文章

※1筑紫《つくし》に、なにがしの※2押領使《あふりやうし》などいふやうなるもののありけるが、※3土大根《つちおほね》を万《よろづ》にいみじき薬（すべての病に効く薬）とて、朝ごとに二つづつ焼きて食ひける事、年久しくなりぬ。ある時、※4館《たち》の内に人もなかりける隙《ひま》をはかりて、敵《かたき》襲ひ来《きた》りて囲み攻めけるに、館の内に※5兵《つはもの》二人出《い》で来て、命を惜しまず戦ひて、皆追ひかへしてげり。いと不思議に覚えて、「日ごろここにものし給《たま》ふとも見ぬ人々の（おいでなさるとも思われない人々が）、かく戦ひし給ふは、いかなる人ぞ」と問ひければ、「年来《としごろ》頼みて（長年頼りにして）、朝な朝な召しつる土大根らにさぶらふ（大根らでございます）」といひて失《う》せにけり。

深く信をいたしぬれば、かかる徳もありけるにこそ。

（「徒然草」による。）

※1　筑紫＝現在の九州地方。
※2　押領使＝役職の一つ。
※3　土大根＝大根の古称。
※4　館＝屋敷。
※5　兵＝武士。

【Ⅱ】国木田さんのポップの構想

●あらすじをわかりやすく伝える。

中学生の伊藤風味は、老舗《しにせ》和菓子屋の娘。

家族のことや部活動のことなど上手くいかないことが多く悶々《もんもん》とする日々。

ある日、お菓子コンテストへの出場を誘われる。
出場条件は「新製品」を出品すること。
コンテスト出場を決めた風味たちは、新作和菓子を作ろうと奮闘するが……。

●本の雰囲気を感じられるようにする。

・新作和菓子「風味◎」がどのようなものか伝わるようにする。
・温かみや「和」を感じられる素材を使う。

●図書委員からのメッセージを載せる。

・「風味◎」を手に取ってもらえるようなものにする。
・本の内容を絡《から》めた表現にする。

【Ⅲ】構想をもとにした「風味◎」のポップ

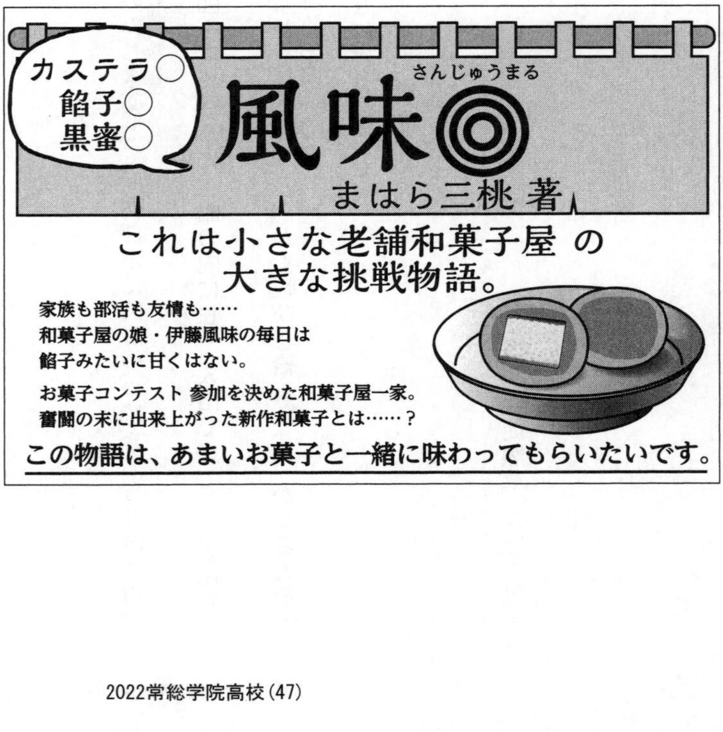

(四) 国木田さんは、【Ⅱ】の構想をもとにして、【Ⅲ】のようにポップを作った。作った際に気をつけた点として、適切でないものを、次の1～4の中から一つ選んで、その番号を書きなさい。

1　キャッチコピーやイラストを用いることで、見る人の視覚に訴えるデザインにした。
2　体言止めや省略法などを使って表現を工夫することで、見る人の印象に残るようにした。
3　それぞれの情報を簡潔な表現で記すことで、伝えたいことが明確になるようにした。
4　図書委員の感想を語り口調で書くことで、この本の魅力が伝わりやすいようにした。

(一)【Ⅰ】に おじいさんがこの言葉を提案した理由 とあるが、【Ⅰ】の□の中で、その理由として、**適切でない**発言をしている人物は誰か。次の1〜4の中から一人選んで、その番号を書きなさい。

1 野間　2 大江　3 国木田　4 徳永

(二)「さんじゅうまる、ですか？」、「風味さんじゅうまる」とあるが、「風味さんじゅうまる」という名前に対する風味の印象の変化を、本文中の言葉を使って、三十五字以上、四十五字以内で書きなさい。（句読点を含む。）

(三)【Ⅰ】の□に入る、本文の表現の特徴として、最も適切なものを、次の1〜4の中から選んで、その番号を書きなさい。

1 会話文に方言を用いることで、登場人物一人一人の人物像や物語の舞台を印象的に描き出している

2 風味の視点から物語を進めることで、登場人物の言動に心を動かされる風味の姿を鮮明に描き出している

3 登場人物の穏やかなやり取りを通して、筑豊の土地柄やそこに暮らす人々の思いを描き出している

4 一つのお菓子が誕生する過程を通して、先人の思いを継承しようとする家族の決意を描き出している

【Ⅰ】図書委員の話し合い

国木田　今月のおすすめ本を紹介する図書室のコーナーで、「風味◎」をポップ※で紹介しようと思うんだ。どんな内容にしたらいいかな。

徳永　「風味さんじゅうまる」という言葉に着目して考えてみたらどうかな。タイトルにもなっているしね。

高見　そうだね。まずはおじいさんがこの言葉を提案した理由から考えてみよう。

1　野間　おじいさんは、炭鉱の仕事とこのお菓子は、どちらも三つの要素でできていると考えているよ。このお菓子は、自分が苦労して掘り出した石炭と同じくらいすばらしいものだと感じて、この名前を提案したんじゃないかな。

2　大江　炭鉱の仕事は「三重苦」だったけれど、このお菓子はどの素材も「良し」と話しているよ。つまり、石炭に似たお菓子のおかげで、つらかった仕事の思い出がいいものに塗りかえられたんじゃないかな。そのことへの感謝を表したかったんだと思う。

3　国木田　おじいさんは石炭とこのお菓子を重ねているよね。だから、このお菓子を「さんじゅうまる」と表現したら、自分の仕事を評価することができると考えたんだと思うよ。

4　徳永　石炭に似たお菓子に丸をつけて肯定することで、自分がしてきた炭鉱の仕事での苦労をねぎらいたかったんじゃないかな。

高見　なるほど、みんなの意見とおじいさんの言葉を合わせて、もう少し考えてみるね。

国木田　次は風味の心情について考えよう。風味がこの名前を口にしたのは、おじいさんが提案したときの「さんじゅうまる、ですか？」と、「風味さんじゅうまる」とつぶやいた最後の場面の二回だね。

徳永　二つの場面を見てみると、「風味さんじゅうまる」という名前に対する風味の印象が変わっていることがわかるね。

高見　うん。読む人には、こうした風味の心情やおじいさんの思いを感じてもらいたいよね。

野間　それから「風味◎」は［　　］小説だと思うから、その雰囲気が伝わるポップがいいと思う。

国木田　いい案だね。ここまでの内容をもとに、ポップの作成に取りかかろう。

※　ポップ＝ここでは、あらすじをキャッチコピーで表したり、目を引くイラストを使ったりして本を紹介するもの。

カンミも深くうなずいた。

「炭鉱の仕事あっての今ですきね」

カンミはいつもそう言うのだ。今の人の生活は、昔の人が積み重ねた上にある。便利になったいいところも、おかげで都合が悪くなったところもあるけれど、いいところの裏には、必ず苦労した昔の人がいるのだと。

「やけん、炭鉱の人たちには、感謝せんといかんとよ」

「うん」

いつもなら、「うざっ」と返すところだが、風味は神妙な返事をした。おじいさんの話をきいたせいか、ずっと和志の苦労を見ていたせいか、すんなり胸に入ってきた。

「そうやな。※6筑豊《ちくほう》のこれからに願いもこめてな。過去、現在、未来、みんな丸のさんじゅうまるやな」

和志がうなずくと、典子がメモ帳を出してきた。

「こうしたらいいんやないかしら」

風味◎、と記号を書く。

「おう、そりゃいいな。なんかしらん、しゃれとる」

と和志は手を打った。

風味は、

「風味さんじゅうまる」

とつぶやいてみた。胸の中で、さんじゅうまるが転がる音が鈴のようにきこえた。

（まはら三桃「風味◎」による。）

※1　和志＝風味の父親。
※2　おじいさん＝三島さんの父親。三島さんと一緒に店に来ていた。
※3　ハイカラ＝しゃれていること。
※4　典子＝風味の母親。
※5　3K＝ここでは、過酷な労働環境での仕事のこと。
※6　筑豊＝福岡県と大分県にまたがる地域のこと。炭田があった。

二〇二二年度 常総学院高等学校

【国語】（五〇分）〈満点：一〇〇点〉

一　次の文章と【Ⅰ】～【Ⅲ】について、後の㈠～㈤の問いに答えなさい。

中学生の伊藤風味《いとうふうみ》の家は、「菓匠《かしょう》・一斗餡《いっとあん》」という和菓子屋を営んでいる。お菓子のコンテストに出場することになり、風味の父親は亡《な》くなった祖父のノートを参考にして、黒くて丸いお菓子を完成させる。風味たちはそのお菓子を、祖母のカンミや客の三島《みしま》さんたちと試食している。

カンミは、

「やっと食べられた」

と、顔いっぱいに笑い、

「上出来やね！」

と、特大の太鼓判を捺《お》した。

「そうやろう、そうやろう」

みんなの満足を確かめて、※1和志《かずし》は達成感をみなぎらせた。

「で、これは、なんというお菓子かね」

※2おじいさんがたずねた。湯のみのお茶が減っていないのは、口の中のおいしさをそのままにしておきたいのだろう。

「そうやった。それが、まだ決まってないんですよ」

和志がはっとしたように答える。

「娘の、風味っていう名前からとろうとは思っとるんですけどね」

「風味ケーキがいいんやないね。※3ハイカラで」

カンミが言い、

「アン風味はどうかしら。餡はカタカナでね」

※4典子《のりこ》も言った。

「そうねえ」

どちらも悪くはないと、風味は思う。

そのとき、おじいさんが口を開いた。

「風味さんじゅうまるっちゅうのは、どうやろうか」

「さんじゅうまる、ですか？」

和菓子の名前にしては、とっぴな感じの名前を風味は繰り返した。

「ああ。カステラ良し、餡子良し、黒蜜良しのさんじゅうまる。今から考えりゃあ、炭鉱の仕事は三重苦やったきな。危なくて、暗くて、汚かった。わしら毎日、汗まみれの黒狸《くろだぬき》みたいになって、穴から出てきよった」

「※5 3Kの元祖みたいな仕事やったね」

三島さんが同意すると、おじいさんは、

「このお菓子は、あのころの石炭みたいに輝いとる。わしゃ、自分のしてきた仕事に丸をいっぱいつけちゃりたいんよ」

ふっと優しい顔をした。

「それはいいですね」

英語解答

1 (1) No.1 ウ　No.2 ア　No.3 エ
No.4 イ　No.5 エ
(2) No.1 ウ　No.2 エ　No.3 ウ
No.4 エ
(3) No.1 ウ　No.2 イ
(4) ① イ
② (例) I would like to write English stories.

2 (1) ① wrote　② meeting
③ nicest
(2) ④ wait　⑤ how　⑥ since

3 (1) ウ　(2) イ→ウ→ア

4 (1) ①…エ　②…ア　③…エ　④…ウ
⑤…ウ
(2) can we go there on March 12

5 (1) イ，オ，キ　(2) 3
(3) ① people in some countries are so poor that they can't buy enough food to eat
② he will make a school newspaper about food problems of the world
(4) ① (例) I agree with him because I think people in poor countries can buy more food.
② (例) I think we can tell them how to grow fruit and vegetables so they can eat more.

6 (例) The most important person for me is my brother. He is a good soccer player, and I want to be a player like him. He always practices with me and teaches how to play soccer to me. (37語)

1 〔放送問題〕解説省略

2 〔長文読解総合―Eメール〕

≪全訳≫A．こんにちは，シンディ。／元気？　4月2日のフードフェスティバルについて伝えるね。先日，君はメールに日本食が好きだって書いていたね。それを聞いてうれしいよ。フェスティバルは10時に始まるから，9時半に駅で会うのはどう？　君は料理が好きで，君の夢はイングランドで一番すてきな日本食レストランを持つことだよね？　だから，君がフードフェスティバルを楽しめるといいな。早くメールを書いてね。

B．こんにちは，ユウタ。／メールをありがとう。フードフェスティバルをとても楽しみにしているわ。その日が待ちきれないな。いろいろな種類の日本食を試すことができるから，うれしいわ。私にとって，すばらしい経験になると思う。今，私は毎日一生懸命に日本語を勉強しているの。料理教室にも通って，日本食のつくり方を習っているわ。日本食レストランを持つことは，小さい頃からの私の夢なの。じゃあ，またね！

(1)＜語形変化＞①冒頭の The other day「先日」より，過去形にする。　write－wrote－written　②how about ～ing？で「～するのはどうですか」という‘提案・勧誘’を表す。　③前に the，後ろに of all「全ての中で」があるので，最上級にする。

(2)＜適語補充＞④直前の「フードフェスティバルをとても楽しみにしている」より，「待ちきれない」のだとわかる。　look forward to ～「～を楽しみにして待つ」　⑤how to ～「～する方法，～の仕方」の形。　⑥文の動詞が has been と現在完了形(‘継続’用法)になっていることに注目。since は現在完了形とともに使われて「～以来(ずっと)」という意味を表す。

3 〔長文読解総合〕

(1)＜**要旨把握―新聞記事**＞≪**全訳**≫あなたは夜，よく眠れるだろうか。もし眠れないなら，これを知っておくとよい。朝起きたら，太陽の光を浴びるとよい。太陽の光を浴びると，私たちの「体内時計」が脳にメッセージを送る。このメッセージを受け取ると，約14時間後に眠くなる。だから，朝6時に起きて，部屋で太陽の光を浴びると，夜の8時くらいに眠くなる。今日，私たちは，日中も夜もやることがたくさんある。しかし，それぞれの活動をするのにはそれに適した時間がある。だから，朝早く起きて，太陽の光を浴びよう。

＜**解説**＞早起きして太陽の光を浴びれば約14時間後の夜8時頃に眠くなってよく眠れるという内容。この内容に合うのは，ウ.「夜，よく眠りたいなら，早起きして太陽の光を浴びることが大切だ」。ア.「太陽の光を浴びてから起きる方がよいということを，私たちは知っておくべきだ」　イ.「私たちが健康でいるためには，約14時間の睡眠が必要だ」　エ.「今日，私たちは日中も夜も忙しいので，長く眠ることが難しくなっている」

(2)＜**文整序**＞≪**全訳**≫コンタクトレンズは，普通のメガネよりも高価で面倒なものだ。／→イ．しかし，良い点もいくつかある。／→ウ．コンタクトレンズは壊れにくく，目にフィットするためによく見える。／→ア．何よりも，それをつけている人の見た目がいい。よりハンサムに，またはより美しく見えるために，より多くのお金と時間を費やす人もいるだろう。

＜**解説**＞選択肢は全てコンタクトレンズの長所について述べている。まず，But「しかし」で始まるイを置いて，コンタクトレンズの短所について述べている第1文と‘逆接’の関係をつくる。この後はアのBest of all「何よりも，とりわけ」に着目すれば，ウ→アの順になるとわかる。

4〔**長文読解総合―対話文**〕

≪**全訳**≫❶**ヒロシ(H)**：ルーシー，サクラ歴史博物館のパンフレットをもらったよ。❷**ルーシー(L)**：あら，いいわね。私は歴史にとても興味があるの。❸**H**：両親と妹2人と一緒にそこへ行く予定なんだ。君も来る？❹**L**：もちろん！　私は17歳だから，200円払う必要があるんだよね？❺**H**：うん。僕の年齢は君と同じだ。僕の両親は2人とも48歳なんだ。妹のユキは14歳で，エミは9歳。だから，僕たち家族は合計で①1100円を払う必要があるな。❻**L**：ねえ…，博物館の会員にならない？❼**H**：いい考えだね。会員になるには1500円払わないといけないけど，その後1年間は無料で博物館に来られるんだ。❽**L**：うん，それに，②毎月歴史に関する雑誌ももらえるよ！❾**H**：そうだね。会員になろう。❿**L**：うん。いつ行く？⓫**H**：2月19日か26日に行くのはどう？　イベントが楽しめるよ。⓬**L**：ねえ，3月12日に行くことはできる？⓭**H**：もちろん，その日に行ってもいいけど，どうして？⓮**L**：私のおじいちゃんが日本の歴史に興味があるから，博物館に連れていってあげたいの。3月6日に日本に来るの。⓯**H**：なるほど。きっと喜んでくれると思うよ。それに，その日のイベントで，③鎌倉時代について学ぶことができるし。⓰**L**：ありがとう，ヒロシ。どうやって行くの？⓱**H**：電車とバスだよ。まずミナミ線に乗って，その後④アオバ駅から博物館までバスに乗るんだ。⓲**L**：わかったわ。何時に行く？⓳**H**：イベントは朝の10時に始まるから，9時に電車に乗るよ。駅から50分くらいだよ。⓴**L**：⑤博物館のギフトショップにも行きたいな。おじいちゃんがそこで私たちにお土産を買ってくれるわ。㉑**H**：わかった。午後4時まで開いているよ。昼食を食べた後，そこに行こう。

サクラ歴史博物館／開館時間／・博物館　午前9時～午後5時／・博物館ギフトショップ　午前10時～午後4時／・博物館ライブラリー　午前10時～午後4時／・博物館レストラン　午前11時～午後4時／料金／大人(18歳以上)：300円／子ども(13～17歳)：200円／子ども(5～12歳)：100円／子ども(5歳未満)：無料／シニア(60歳以上)：150円／★会員：無料／※休館日…毎週月曜日／12月28日～1月4日／イベント／●歴史教室(2月19日午前10時30分～11時30分)―昔の歴史についての映画を見よう。／●ササキ先生による講演(2月26日午前10時～11時)―この街の歴史が学べます。／●歴史教室(3月5日午前10時～11時)─江戸時代のこの街の地図をつくろう。／●ハヤシ先生による講演(３月12日午前10時～11時)─鎌倉時代について学ぶことができます。／─お知らせ─／1500円で，当博物館の会員になってください。会員になると，１年間無料で当博物館へお越しいただけます。毎月雑誌がもらえて，歴史に関するニュースが楽しめます！

⑴＜**適文・適語(句)選択**＞①パンフレットのFee欄参照。両親は大人の300円，ヒロシとユキは子ども(13～17歳)の200円，エミは子ども(５～12歳)の100円。　②パンフレットのNoticeの最終文参照。　③直前のやり取りから，３月６日以降のイベントについて話しているとわかる。パンフレットのEvent欄より，これに該当するのは３月12日のイベントのみなので，この日のイベントの内容が入る。　④パンフレットのMap参照。ヒロシは空所の直前で「まずミナミ線に乗る」と言っているので，アオバ駅からバスに乗るとわかる。　⑤直後で「祖父がそこでお土産を買ってくれる」と言っている。　souvenir「お土産」

⑵＜**適文補充**＞ヒロシの応答から，ルーシーは，ヒロシが提示した日とは違う別の日に行くことができるか尋ねたのだと判断できるので，Can we go there で始める。ルーシーが提案した日は，この後の内容から３月12日であることが読み取れる。

5〔**長文読解総合─物語**〕

≪**全訳**≫❶タクマは中学生だ。ある土曜日，彼は食糧不足に関するテレビのニュースを見た。彼は，世界中の多くの人が十分な食糧を得ることができないことを知った。タクマは，食糧が十分にある国もあることを知っている。彼は「なぜこんなに多くの国の人々が飢えているのだろう」と思った。❷その日の晩，タクマはインターネットで食糧不足について調べた。彼は，食糧不足の原因の１つが悪天候であることを知った。雨があまり降らない国もあれば，雨がたくさん降りすぎる国もある。そのような国に住む人々は，十分な食糧を得ることができないのだ。雨が降らないと，農作物はうまく育たない。雨が降りすぎると，農作物が傷んでしまう。人々が食べ物を手に入れるのは容易ではないのだ。❸翌日，タクマは食糧不足についてもっと知るために，家の近くの図書館に行った。彼は食糧問題についての本を何冊か読んだ。ある本で，彼はもう１つの理由があることを知った。いくつかの国の人々はとても貧しいために，人々が食べるのに十分な量の食糧を買うことができないのだ。それを知って，彼は悲しかった。❹その晩，タクマは両親と祖母に，そのことについて話した。祖母は「タクマ，日本には食べるものがたくさんあることは知っているね。私たちは毎日，十分なものを食べることができる。家で夕食を食べるとき，お母さんはよく『お皿の上のものは全部食べなさい』とお前に言っているね」と言った。彼は，祖母の言うとおりだと思った。彼は母親に「わかったよ，お母さん。僕は食べ物を無駄にしたくないから，お皿の上の食べ物を全部食べるようにするよ」と言った。❺月曜日，学校の授業で彼は食糧不足についてスピーチをした。彼は言った。「世界中の飢えた人々を助けるために，僕たちに何ができるだろうか。彼らを助ける方法はある。例えば，日本にはたくさんの食べ物があるから，それを送ることができる。みんなは，食べ物を送るのは簡単じゃないと思うでしょ？　それならもっとできることがある。それは，お金を送ることだ。お金を送るのは，食べ物を送るより簡単だ。インターネットや本で，世界中の飢えた人たちを助ける他の方法を探すことができる。それに，食糧問題の原因も学ぼうとするべきだ」❻今，タクマは世界の食糧問題により関心を持っている。彼は，学校の生徒たちに，彼と一緒にこの問題について考えてほしいと思っている。彼は，学校新聞をつくり，それについて書くことにした。彼はこう考えている。「学校新聞でこの問題について読めば，学校のもっと多くの生徒が関心を持ち始めるだろう。そして，貧しい国の飢えた人々を助けられたらいいなと思う。僕たちは，彼らを助けるために多くのことができるんだ」

⑴＜**内容真偽**＞ア.「タクマは，世界の多くの人々が十分な食糧を得られないことを学校で学んだ後，

家のテレビでその話題に関するニュースを見た」…×　第１段落第２，３文参照。先にテレビのニュースで知った。　イ．「タクマはインターネットで，食糧不足の原因の１つが悪天候であることを知った」…○　第２段落第１，２文に一致する。　ウ．「タクマは土曜日に図書館で，食糧不足についてより多くのことを学んだ」…×　第１段落第２文および第３段落第１文参照。図書館に行ったのは土曜日ではなく日曜日。　エ．「タクマが家で夕食を食べるとき，祖母はよく彼に，皿の上の全てのものを食べるように言う」…×　第４段落第４文参照。祖母ではなく母。　オ．「授業で，タクマは世界中の飢えた人々を助ける方法があると言った」…○　第５段落第１～３文に一致する。　カ．「世界中の飢えた人々にお金を送ることは食べ物を送るよりも難しいとタクマは言った」…×　第５段落最後から３文目参照。　キ．「タクマはクラスメートに，食糧問題の原因を学ぼうとするように言った」…○　第５段落最終文に一致する。　ク．「タクマはクラスメートに，貧しい国の飢えた人々を助けるためにできることはほとんどないと言った」…×　最終段落最終文参照。 few「ほとんどない」

(2)**＜適所選択＞**脱落文の意味は，「それなら，私たちはもっとできる」。空所３の後の sending money to them が「もっとできること」の具体的内容になっている。

(3)**＜英問英答＞**①「タクマは図書館で，食糧不足のどんな原因を学んだか」―「とても貧しいために，食べるのに十分な量の食糧を人々が買うことができない国もある，ということを学んだ」　第３段落第４文参照。　②「この話の後，タクマはどうすると思うか」―「世界の食糧問題に関する学校新聞をつくると思う」　最終段落第１～３文参照。

(4)**＜条件作文＞≪全訳≫ユウコ(Y)**：タクマのスピーチはよかったと思うわ。食べ物ではなくお金を送るというタクマのアイデアについて，あなたの意見を聞かせて。／**ビル(B)**：①(例)僕は賛成だよ。貧しい国の人々がより多くの食べ物を買えると思うからね。／**Y**：わかったわ。じゃあ，世界中の飢えた人々を助けるために，私たちには何ができるかな？／**B**：②(例)彼らがもっとたくさん食べられるように，彼らに果物や野菜の育て方を教えられると思う。／**Y**：あっ，それはタクマのとは違うアイデアね。

＜解説＞①タクマのアイデアについてきかれているので，賛成か反対かを示し，その理由を続けるとよいだろう。　②世界の飢えた人々を助ける方法について，具体的に書くとよい。タクマと同じアイデアを書かないように注意すること。

6　**〔テーマ作文〕**

≪全訳≫こんにちは。この前の水曜日，英語のグリーン先生が生徒に「あなたにとって一番大切な人は誰ですか？」って尋ねたんだ。まず，先生は自分自身について話してくれたよ。先生にとって一番大切な人は，おじいさんだ。おじいさんも英語の先生で，ずいぶん前に日本で働いていたんだ。先生は小さい頃に何度もおじいさんの話を聞いて，日本で英語の先生として働くことに興味を持つようになった。おじいさんの話が彼女の人生に大きな影響を与えたんだ。僕にとって一番大切な人は，ギターの先生だよ。僕はミュージシャンになりたいから，先生のレッスンやサポートは僕にはとても大切なんだ。君にとって一番大切な人は誰？　そして，なぜそう思うの？

＜解説＞まず，The most important person for me is ～. などと，自分にとって一番大切な人を示し，その後でなぜその人が自分にとって大切なのかについて説明する。解答例は「僕にとって一番大切な人は兄だ。兄はサッカーが上手で，僕は兄のような選手になりたい。兄はいつも僕と一緒に練習をして，僕にサッカーの仕方を教えてくれる」。

2022年度／常総学院高等学校

数学解答

1 (1) -7

(2) $\sqrt{6}$

(3) ア

(4) 右図

(例)

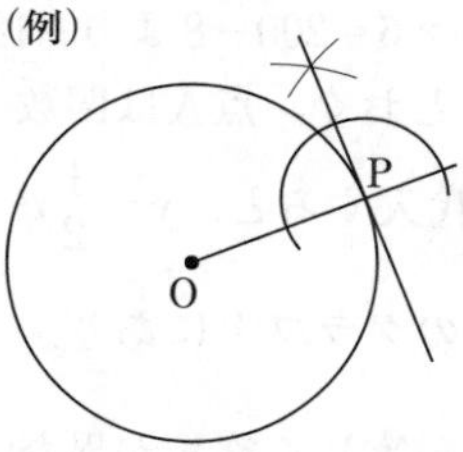

2 (1) ア $10m+n$ イ $m+n$ ウ m

(2) ア 192 イ $18x-12y$

(3) ア 4 イ 8

(4) (例)80回以上90回未満の階級の相対度数は，A中学校が0.38，B中学校が0.28なので，A中学校の方が大きいから。

3 (1) 16

(2) (例)△ABDと△AFDで，共通な辺だから，AD＝AD……① 線分ADは∠CABの二等分線だから，∠BAD＝∠FAD……② ABは円の直径だから，∠ADB＝90°……③ ∠ADF＝180°－∠ADB＝180°－90°＝90°……④ ③，④から，∠ADB＝∠ADF……⑤ ①，②，⑤から，1組の辺とその両端の角がそれぞれ等しいので，△ABD≡△AFD

(3) $\dfrac{28}{5}$

4 (1) 4600円 (2) 70m^3

(3) 62.5m^3 以上 77.5m^3 以下

5 (1) 24通り (2) $\dfrac{1}{24}$ (3) $\dfrac{1}{4}$

6 (1) ア C イ JF (2) ㋒

(3) $54+18\sqrt{3}$

1 〔独立小問集合題〕

(1)＜一次方程式の応用＞表の㋐に当てはまる数を x とする。5日間の水位の平均が51cmであるとき，50cmを基準とした値の平均は，$51-50=1$ だから，$\dfrac{(+5)+x+(+4)+(+6)+(-3)}{5}=1$ が成り立つ。これを解くと，$\dfrac{x+12}{5}=1$，$x+12=5$，$x=-7$ となる。

(2)＜二次方程式の応用＞右図1の台形の面積が 108cm^2 であることより，$\dfrac{1}{2}\times(3a+6a)\times4a=108$ が成り立つ。これを解くと，$\dfrac{1}{2}\times9a\times4a=108$，$18a^2=108$，$a^2=6$，$a=\pm\sqrt{6}$ となるが，$a>0$ だから，$a=\sqrt{6}$ である。

図1

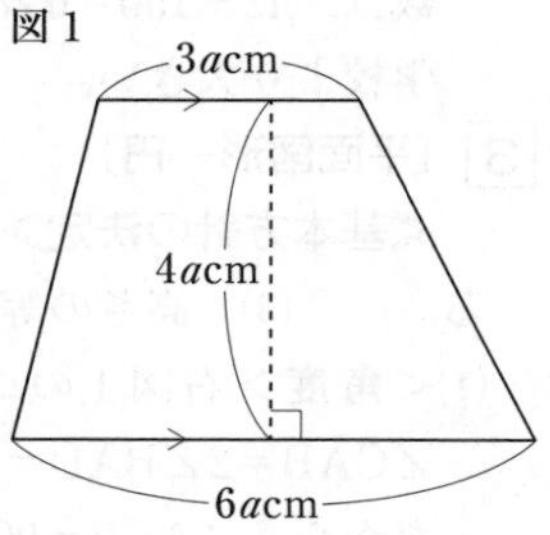

(3)＜文字式の利用―不等式＞a 枚の折り紙を1人9枚ずつ b 人に配ると，全部で，$9\times b=9b$(枚)配ることになるから，余りは，$a-9b$ 枚である。よって，余りが20枚以上であることより，$a-9b\geqq20$ が成り立つ。したがって，最も適切なものはアである。

(4)＜平面図形―作図＞円の接線は接点を通る半径に垂直だから，右図2のように半直線OPを引き，点Pを通り半直線OPに垂直な直線を引けばよい。

図2

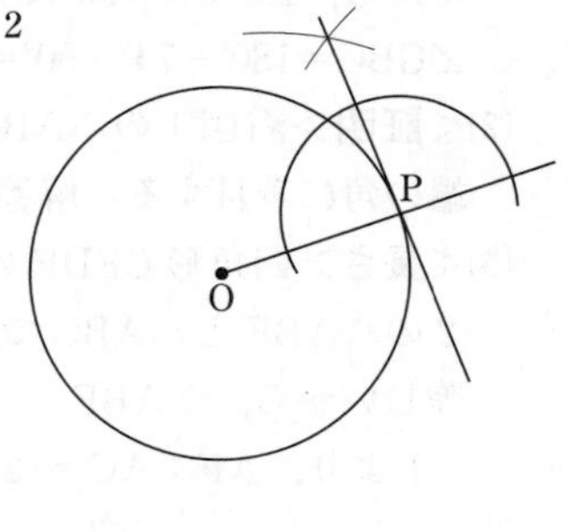

2 〔独立小問集合題〕

(1)＜文字式の利用―説明＞2けたの自然数の十の位の数を m，一の位の数を n とすると，2けたの自然数は，$10\times m+n=\underline{10m+n}_{ア}$ と表され，十の位の数と一の位の数の和は，$\underline{m+n}_{イ}$ と表される。このとき，2けたの自然数から，この自然数の十の位の数と一の位の数の和をひいた差は，$(10m+n)-(m+n)=10m+n-m-n=9\times\underline{m}_{ウ}$ となる。ここで，m は整数だから，$9\times m$ は9の倍数である。

(2)＜連立方程式の応用＞容積が 200m^3 のプールに 8m^3 の水が入った状態から，毎分 $x\text{m}^3$ ずつ給水す

ると同時に毎分 y m^{3}ずつ排水すると，24分後に満水になるから，$x\times24-y\times24=200-8$ より，$24x-24y=\underline{192}_{\text{ア}}$ が成り立つ。また，はじめの状態から，毎分 $3x$m^{3}ずつ給水すると同時に毎分 $2y$m^{3}ずつ排水すると，6分後に満水になるから，$3x\times6-2y\times6=200-8$ より，$\underline{18x-12y}_{\text{イ}}=192$ が成り立つ。

(3)＜**関数—x座標，長さ**＞右図で，点Aの x 座標を t とおく。点Aは関数 $y=\frac{1}{2}x^2$ のグラフ上にあるから，$y=\frac{1}{2}x^2$ に $x=t$ を代入すると，$y=\frac{1}{2}t^2$ となり，$\mathrm{A}\left(t,\ \frac{1}{2}t^2\right)$ である。点Bは関数 $y=-\frac{1}{2}x^2$ のグラフ上にあり，関数 $y=\frac{1}{2}x^2$ と関数 $y=-\frac{1}{2}x^2$ は比例定数の絶対値が等しく符号が異なるので，これらのグラフは x 軸について対称である。よって，AB∥〔y 軸〕より，点Bは x 軸について点Aと対称だから，$\mathrm{B}\left(t,\ -\frac{1}{2}t^2\right)$ となり，$\mathrm{AB}=\frac{1}{2}t^2-\left(-\frac{1}{2}t^2\right)=\frac{1}{2}t^2+\frac{1}{2}t^2=t^2$ である。また，点Cは関数 $y=-\frac{1}{2}x^2$ のグラフ上にあって，BC∥〔x 軸〕より，y 軸について点Bと対称だから，$\mathrm{C}\left(-t,\ -\frac{1}{2}t^2\right)$ となり，$\mathrm{BC}=t-(-t)=t+t=2t$ である。したがって，$\mathrm{AB}-\mathrm{BC}=8$ だから，$t^2-2t=8$ が成り立つ。これを解くと，$t^2-2t-8=0$，$(t+2)(t-4)=0$ より，$t=-2$，4 となるが，$t>0$ だから $t=4$ である。よって，点Aの x 座標は4であり，線分BCの長さは，$2t=2\times4=8$ である。

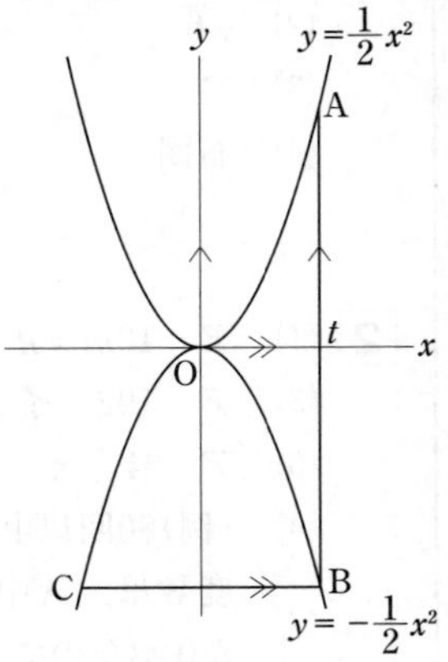

(4)＜**データの活用—相対度数**＞表より，A中学校の生徒100人のうちシャトルランの記録が80回以上90回未満の生徒は38人だから，この階級の相対度数は，$38\div100=0.38$ である。一方，B中学校の生徒150人のうちシャトルランの記録が80回以上90回未満の生徒は42人だから，この階級の相対度数は，$42\div150=0.28$ である。よって，80回以上90回未満の階級の相対度数はA中学校の方がB中学校より大きい。

3〔平面図形—円〕

≪**基本方針の決定**≫(1)，(2)　線分ABが円Oの直径であることに着目する。　(3)　高さの等しい三角形の面積比は，底辺の比と等しい。

図1

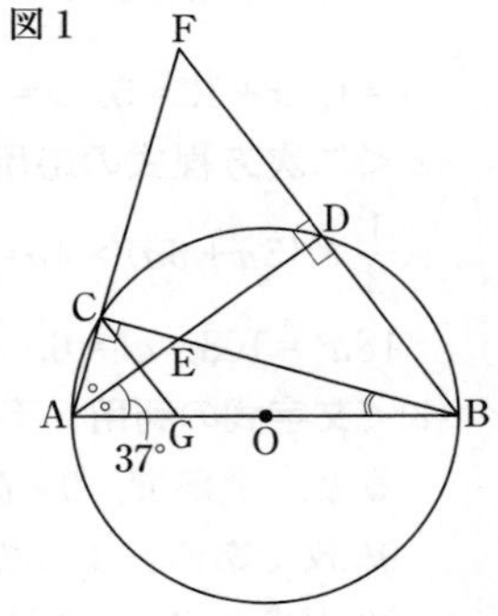

(1)＜**角度**＞右図1の△ABCで，線分ADは∠CABの二等分線だから，∠CAB＝2∠BAD＝2×37°＝74°である。また，線分ABは円Oの直径だから，∠ACB＝90°である。よって，△ABCの内角の和は180°だから，∠GBC＝180°－74°－90°＝16°となる。

(2)＜**証明**＞右図1の△ABDと△AFDで，辺ADが共通だから，その両端の角に着目する。解答参照。

図2

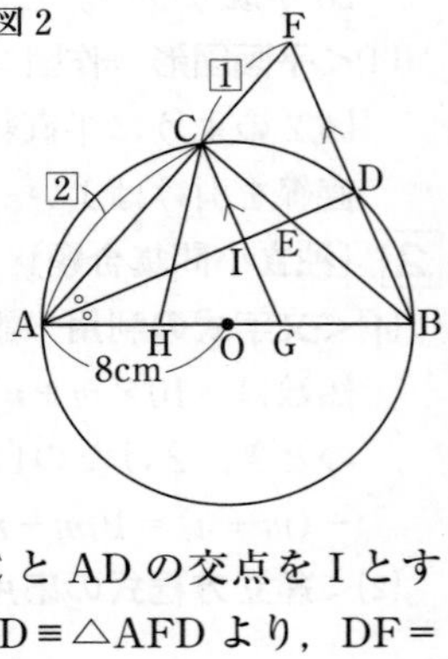

(3)＜**長さ**＞四角形CEDFの面積が△ABCの面積の何倍かを求める。右図2の△ABFと△ABCで，AF，ACをそれぞれの底辺とすると高さは等しいから，△ABF：△ABC＝AF：ACである。ここで，AC：CF＝2：1より，AF：AC＝(2＋1)：2＝3：2だから，△ABF：△ABC＝3：2であり，$\triangle\mathrm{ABF}=\frac{3}{2}\triangle\mathrm{ABC}$ となる。よって，(2)より△ABD≡△AFDだから，$\triangle\mathrm{AFD}=\frac{1}{2}\triangle\mathrm{ABF}$ であり，$\triangle\mathrm{AFD}=\frac{1}{2}\times\frac{3}{2}\triangle\mathrm{ABC}=\frac{3}{4}\triangle\mathrm{ABC}$ となる。また，図2の△AECと△ABCでEC，BCをそれぞれの底辺とすると，△AEC：△ABC＝EC：BCである。ここで，図2のようにGCとADの交点をIとすると，△AFDで，IC∥DFより，IC：DF＝AC：AF＝2：3であり，△ABD≡△AFDより，DF＝

DB だから，IC：DB＝2：3 である。これと，IC∥DB より，△ECI∽△EBD だから，EC：EB＝IC：DB＝2：3 である。これより，EC：BC＝EC：(EC＋EB)＝2：(2＋3)＝2：5 となり，△AEC：△ABC＝2：5 だから，△AEC＝$\frac{2}{5}$△ABC である。以上より，〔四角形 CEDF〕＝△AFD－△AEC＝$\frac{3}{4}$△ABC－$\frac{2}{5}$△ABC＝$\frac{7}{20}$△ABC となり，△CHG＝〔四角形 CEDF〕だから，△CHG＝$\frac{7}{20}$△ABC である。したがって，△CHG と△ABC で，HG，AB をそれぞれの底辺とすると高さは等しく，底辺の比は面積の比と等しいから，HG：AB＝△CHG：△ABC＝$\frac{7}{20}$△ABC：△ABC＝7：20 より，HG＝$\frac{7}{20}$AB＝$\frac{7}{20}$×(8×2)＝$\frac{28}{5}$(cm) となる。

4〔関数―一次関数〕

≪基本方針の決定≫(2)，(3)　グラフに着目する。

(1)**＜料金＞**表より，プランAの基本料金は1800円，1 m³当たりの使用料金は，0 m³から40m³までは60円，40m³を超えた分は40円だから，プランAで使用量が50m³のとき，40m³を超えた分は 50－40＝10(m³) である。よって，このときの利用料金は，1800＋60×40＋40×10＝4600(円) である。

(2)**＜使用量＞**右図のように，プランAのグラフとプランBのグラフの交点をPとし，その x 座標を p とする。また，2点 M(40，4200)，N(40，3600) を定める。プランBの利用料金がプランAの利用料金より安くなるのは，ガスの使用量が p m³より少ないときである。そこで，2直線 MP，NP の式を求める。表より，使用量が40m³を超えた分の1 m³当たりのガスの使用料金は，プランAが40円，プランBが60円だから，2直線 MP，NP の傾きはそれぞれ40，60である。直線 MP の式を $y=40x+b$ とおくと，点Mを通ることより，$4200=40\times40+b$，$b=2600$ となる。よって，直線 MP の式は $y=40x+2600$ である。直線 NP の式を $y=60x+c$ とおくと，点Nを通ることより，$3600=60\times40+c$，$c=1200$ となる。よって，直線 NP の式は $y=60x+1200$ である。点Pはこれら2直線の交点だから，2式から y を消去して，$40x+2600=60x+1200$ より，$x=70$ となる。よって，$p=70$ だから，プランBの利用料金がプランAの利用料金より安くなるのは，ガスの使用量が70m³より少ないときである。

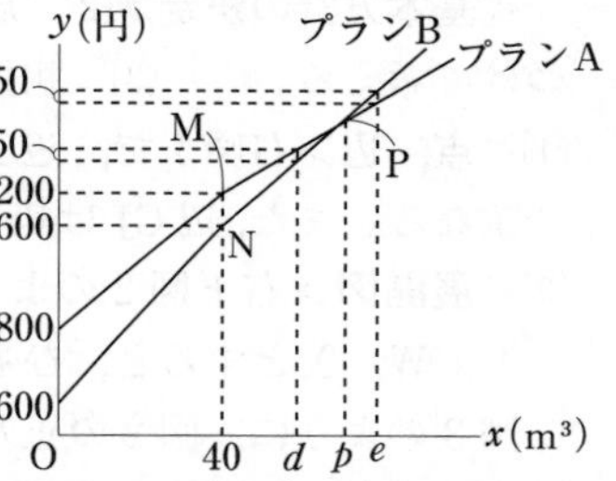

(3)**＜変域＞**右上図のように，プランAの利用料金がプランBの利用料金より150円高いときのガス使用量を d m³とし，プランBの利用料金がプランAの利用料金より150円高いときのガス使用量を e m³とする。2つのプランの利用料金の差が150円以下になるのは，ガスの使用量が d m³以上 e m³以下のときである。(2)より，直線 MP，NP の式はそれぞれ $y=40x+2600$，$y=60x+1200$ だから，$x=d$ のときの y の値の差について，$(40d+2600)-(60d+1200)=150$ が成り立ち，$x=e$ のときの y の値の差について，$(60e+1200)-(40e+2600)=150$ が成り立つ。これらを解くと，$40d+2600-60d-1200=150$ より，$d=62.5$ となり，$60e+1200-40e-2600=150$ より，$e=77.5$ となるから，2つのプランの利用料金の差が150円以下になるのは，ガスの使用量が62.5m³以上77.5m³以下のときである。

5〔データの活用―確率―カード〕

(1)**＜場合の数＞**$\boxed{1}$，$\boxed{2}$，$\boxed{3}$，$\boxed{4}$の4枚のカードが入った袋から，カードを順に1枚ずつ取り出すとき，1枚目の取り出し方は$\boxed{1}$～$\boxed{4}$の4通りある。そのそれぞれの場合について，2枚目は残りの3枚から取り出すから，3通りの取り出し方がある。同様にして，3枚目の取り出し方は2通り，4枚目の取り出し方は1通りあるから，カードの取り出し方は全部で，4×3×2×1＝24(通り) ある。カードは取り出した順に，1，2，3，4の枠の上に1枚ずつ置いていくから，カードの置き方も全部で24通りある。

(2)＜確率＞(1)より，カードの置き方は全部で24通りある。そのうちカードに書かれた数字とカードが置かれた枠の数字が全て同じになる場合は，1の枠に[1]，2の枠に[2]，3の枠に[3]，4の枠に[4]が置かれる1通りである。よって，カードに書かれた数字とカードが置かれた枠の数字が全て同じになる確率は$\frac{1}{24}$である。

(3)＜確率＞1の枠に[1]，2の枠に[2]が置かれる場合，カードに書かれた数字とカードが置かれた枠の数字が同じである枚数が2枚であるとき，3の枠に[4]，4の枠に[3]のカードが置かれ，カードの置き方は1通りである。よって，カードに書かれた数字とカードが置かれた枠の数字が等しくなる2枚のカードの組は，[1]と[2]，[1]と[3]，[1]と[4]，[2]と[3]，[2]と[4]，[3]と[4]の6通りあるから，カードに書かれた数字とカードが置かれた枠の数字が同じである枚数が2枚である場合の数は6通りとなる。したがって，求める確率は$\frac{6}{24}=\frac{1}{4}$である。

6 〔空間図形―正八面体〕

≪基本方針の決定≫(2)　展開図の頂点にP，Q，……，Uの記号をつけて考える。　(3)　相似を利用する。

図1

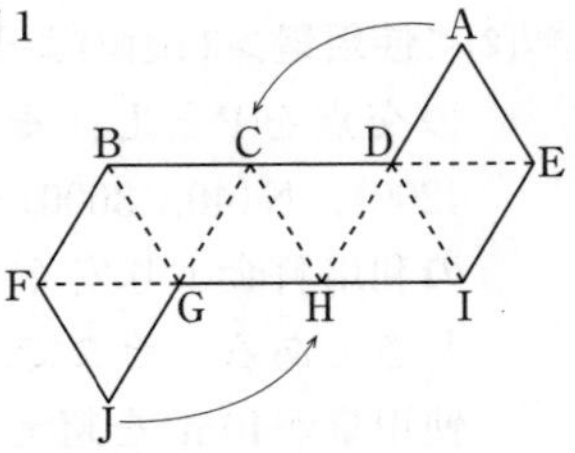

(1)＜点，辺＞右図1で，辺ADは辺CDと重なるから，点Aは点Cと重なる。また，辺GJは辺GHと重なるから，辺HIは辺JFと重なる。

(2)＜展開図＞右下図2のように，辺PR，RS，SUの中点をそれぞれV，W，Xとすると，ひもは太線のようにかけられる。また，右下図3のように，図2の正八面体の展開図に頂点の記号を書き込む。図2の面PQR，PRS，RUS，STUはそれぞれ図3の面PQR，P′R′S，R′U′S，ST′U′だから，展開図上にひもを表すと図3のようになる。

図2

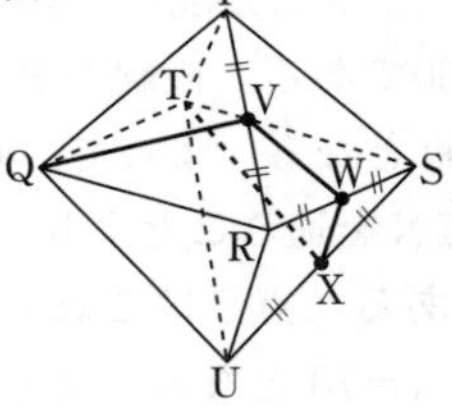

図3

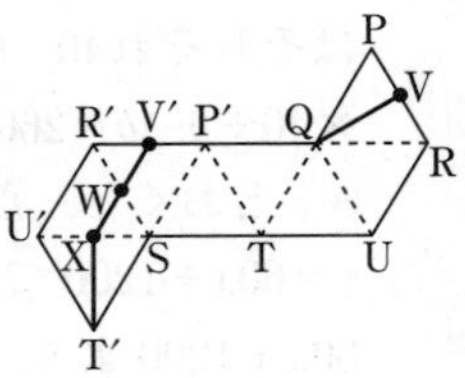

(3)＜面積＞右下図4のように，正八面体の5つの頂点をP～Tとし，辺PQ，PR，PS，PT，QRの中点をそれぞれV～Zとする。正八面体の各辺の中点を頂点とする太線で表される立体には，四角形VWXYと合同な四角形の面が6個と，△VWZと合同な三角形の面が8個ある。まず，四角形VWXYの面積を求める。PV：PQ＝PW：PR＝PX：PS＝PY：PT＝1：2だから，四角錐P-VWXYと四角錐P-QRSTは相似であり，相似比は1：2である。四角錐P-QRSTは正四角錐で，四角形QRSTは正方形だから，四角形VWXYも正方形で，$VW=\frac{1}{2}QR=\frac{1}{2}\times 6=3$より，〔四角形VWXY〕$=3^2=9$である。次に，△VWZの面積を求める。VW＝3より，WZ＝VZ＝3だから，△VWZは正三角形である。このとき，図4のように頂点Zから辺VWに垂線ZOを引くと，△VZOは3辺の比が$1:2:\sqrt{3}$の直角三角形となるから，$ZO=\frac{\sqrt{3}}{2}VZ=\frac{\sqrt{3}}{2}\times 3=\frac{3\sqrt{3}}{2}$である。これより，$\triangle VWZ=\frac{1}{2}\times 3\times\frac{3\sqrt{3}}{2}=\frac{9\sqrt{3}}{4}$となるから，求める立体の表面積は，$9\times 6+\frac{9\sqrt{3}}{4}\times 8=54+18\sqrt{3}\,(\mathrm{cm}^2)$である。

図4

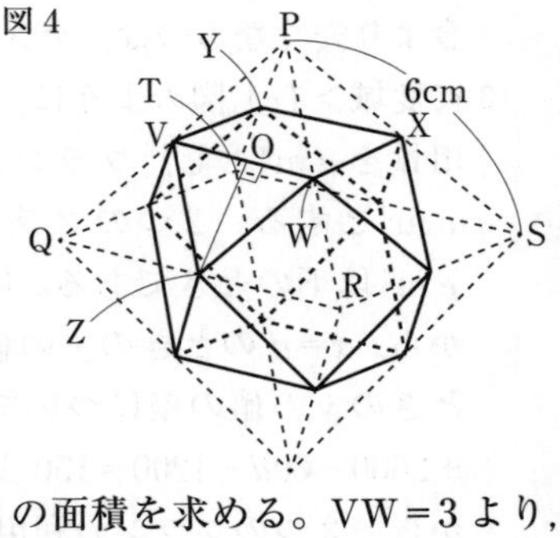

社会解答

1 1 (1) 山陰　(2) イ

(3) (例)雨や雪を降らせる雲を中国山地や四国山地がさえぎるため，降水量が少ない(34字)

2 (1) (例)沿岸部とその他の地域との間で経済格差が広がっている(25字)

(2) ア

3 (1) ウ　(2) 過疎

(3) 記号…イ　語…瀬戸内

(4) E

2 1 (1) 高床倉庫

(2) (例)蓄えた食料を巡り，むらどうしで争いが起こるようになった(27字)

(3) ウ　(4) イ

(5) 大正デモクラシー　(6) ア

2 (1) (例)仏教の力で国家を安定させるためだった

(2) 武家諸法度　(3) ウ

3 1 (1) 記号…エ　語…死票　(2) ウ

(3) (例)内閣総理大臣によって任命され，その過半数は国会議員でなければならない。(35字)

(4) イ

2 (1) 製造物責任法〔PL法〕

(2) (例)利潤に応じて配当を得る

(3) イ

4 1 (1) (例)東北地方や北陸地方の年貢米や特産物を江戸や大阪に運ぶ(26字)

(2) エ　(3) ア

2 (1) 日米修好通商条約　(2) ウ

(3) イ

3 (1) 対馬　(2) 日清戦争

(3) イ　(4) プライバシー

1〔地理―総合〕

1(1)＜**中国，四国地方**＞中国・四国地方は，日本海に面した中国山地の北側の山陰地方，中国山地と四国山地の間の瀬戸内地方，太平洋に面した四国山地の南側の南四国地方に分けることができる。また，中国地方の中国山地の南側，瀬戸内海に面した地域を山陽地方ともいう。

(2)＜**太平洋側の気候**＞太平洋に面した南四国地方は，夏の南東季節風の影響を受けて，夏の降水量が多い。高知市はこの地域に位置している。なお，香川県の高松市は，瀬戸内地方に位置している。

(3)＜**瀬戸内の気候**＞資料1のYの瀬戸内地方は，夏の南東季節風が四国山地によって，冬の北西季節風が中国山地によってさえぎられるので，夏は南四国地方に雨を降らせた後の乾燥した風が，冬は山陰地方に雨や雪を降らせた後の乾燥した風が吹き込むため，年間を通して降水量が少ない。

2(1)＜**中国の産業**＞資料4から，中国では内陸部に比べて沿岸部の地域の方が一人当たりの総生産額が高いこと，資料5と資料6から，沿岸部の経済特区では都市化が進み，内陸部は農村となっていることがわかる。これらのことから，中国では内陸部と沿岸部との経済格差が広がっていると判断できる。

(2)＜**資料の読み取り**＞4か国のうち，貿易額が最も多いウがアメリカ合衆国，人口密度が低く，首都の年間平均気温が低いエがロシア連邦を表している。残るアとイのうち貿易額の多いアがドイツを，少ないイが大韓民国を表している。

3(1)＜**地形図の読み取り**＞市役所(◎)から見て，鳥取駅は地形図上の左下にある。特にことわりのないかぎり地形図では左は西，下は南を表すので，鳥取駅は市役所の南西にあたる(ウ…○)。なお，美術館(博物館)(🏛)は鳥取駅の北側にある(ア…×)。縮尺が２万５千分の１の地形図では，地形図上の１cmが実際の250mの距離を表すので，地形図上の2.5cmが表す実際の距離は625mである(イ…×)。地形図上に，小・中学校(文)が見られる(エ…×)。

(2)＜**過疎化**＞山間部や離島などで，人口が著しく減少して地域社会の機能が維持できなくなる現象のことを，過疎化という。

(3)＜**瀬戸内工業地域**＞山口県では，岩国市などで石油化学工業が，宇部市などでセメント工業が盛んである。したがって化学工業や石油・石炭製品の割合が高く，よう業・土石も見られるイが山口県を表している。なお，輸送用機械の割合が高いアは自動車工業が盛んな広島県を，石油・石炭製品，化学，鉄鋼の割合が高いウは倉敷市に製鉄所や石油化学コンビナートがある岡山県を，非鉄金属に次いで食料品が多いエは香川県を表している。また，山口県，広島県，香川県，岡山県が含まれるのは，瀬戸内工業地域である。

(4)＜**資料の活用**＞本州四国連絡橋のルートは資料10のＡからわかる。このルートの開通によって，中国地方と四国地方の間の移動時間が短縮されたことはＤから，両地方間の通勤・通学者数が増加したことはＢから，フェリーの輸送人員が減少したことはＣから読み取れる。Ｅの山陽新幹線の主な停車駅の資料は，三郎さんのまとめではふれられていない。

2〔**歴史―古代から近代の日本と世界**〕

1(1)＜**高床倉庫**＞弥生時代には，日本各地で本格的な稲作が始まった。収穫した稲は，湿気やネズミによる害を防ぐために，高床倉庫に蓄えられた。

(2)＜**国々の誕生**＞弥生時代になると，水田稲作のための条件のよい土地や，収穫して蓄えられた農作物を巡って，集団どうしの争いが見られるようになった。人々は堀をつくるなどして集落を守ろうとし，これが国に発展していった。

(3)＜**土一揆**＞資料２は「正長元年以前の借金は神戸四か郷では帳消しにする」という文が刻まれた，1428年に起こった正長の土一揆を記録した碑文である。

(4)＜**島原・天草一揆**＞資料３は，江戸時代初期の1637年に起こった島原・天草一揆の原城での戦いの様子を描いたものである。この一揆は資料４のイの長崎県の島原地方と熊本県の天草地方で起こった。

(5)＜**大正デモクラシー**＞護憲運動や普通選挙運動の高まり，本格的な政党内閣の誕生など，民主主義の制度の進展が見られた大正時代の風潮を，大正デモクラシーという。

(6)＜**ラジオ放送の開始**＞大正時代末の1925年に，ラジオ放送が始まった(ア…○)。なお，太陽暦の採用やランプ，ガス灯の普及は明治時代初めのこと(イ，ウ…×)，冷蔵庫や洗濯機の普及は昭和20年以降で，第二次世界大戦後のことである(エ…×)。

2(1)＜**奈良時代の仏教**＞奈良時代の前半，貴族の対立や感染症の流行などによって社会不安が広まった。聖武天皇は仏教の力で社会を安定させようとして，東大寺や国分寺の建立，東大寺の大仏の造立などを行った。

(2)＜**武家諸法度**＞江戸幕府は，大名を統制するために，1615年，武家諸法度を出した。第３代将軍の徳川家光は新たな武家諸法度を出し，参勤交代を制度化した。

(3)＜**義和団事件**＞ウの義和団事件が起こったのは，日清戦争と日露戦争の間の1900年，明治時代後半のことである。なお，アの世界恐慌が始まったのは，昭和初期の1929年のこと，イの第一次世界大戦が始まったのは，大正初期の1914年のこと，エの国際連盟がつくられたのは，第一次世界大戦後の1920年のことである。

3〔**公民―総合**〕

1(1)＜**一票の格差，死票**＞資料1は，衆議院議員選挙の小選挙区と，その有権者数を示している。小選挙区制では選挙区ごとに1名の議員を選出するので，議員定数1名に対する有権者数が多いほど，有権者の一票の価値が低くなる。また，選挙において，落選者に投じられた票は政治に反映されないという意味で，死票と呼ばれる。

(2)＜**国会**＞国会の種類のうち，毎年1月に召集され，150日間の会期で，主に予算を審議する国会を，常会〔通常国会〕という。また，衆議院解散後に行われる総選挙の日から30日以内に召集され，内閣総理大臣の指名が行われる国会を，特別会〔特別国会〕という。

(3)＜**国務大臣**＞日本国憲法第68条では，国務大臣は内閣総理大臣が任命するが，その過半数は国会議員から選ばなければならないと定めている。

(4)＜**裁判員裁判**＞資料3には「裁判員席」があることから，この法廷で行われる裁判は，裁判員制度が導入されている重大な犯罪についての刑事裁判である。したがって，この刑事裁判では，イのような強盗や殺人といった犯罪行為について裁判が行われる。なお，アとエは民事裁判，ウは行政裁判について述べている。

2(1)＜**製造物責任法**＞製品の欠陥によって消費者が被害を被った場合，被害者はその製品を製造した企業の過失を証明する必要がなく，損害賠償を求めることができる。このことを定めた法律を，製造物責任法〔PL法〕という。

(2)＜**株主**＞株式会社が発行する株式を購入することでその会社の出資者となった者を株主という。株主は株主総会に出席して保有する株式の数に応じた議決権を行使する権利と，株式会社の利潤の一部を配当として受け取る権利を保障されている。

(3)＜**資料の読み取り**＞資料6から，2018年のコンビニエンスストアの事業所数がスーパーマーケットの事業所数の10倍以上になっていることがわかる。また，資料5から，2018年の年間商品販売額はコンビニエンスストアよりスーパーマーケットの方が多い。一般に，コンビニエンスストアはスーパーマーケットより店舗面積が狭く，客1人当たりの購入額も安い。

4〔**三分野総合―日本の港町を題材にした問題**〕

1(1)＜**江戸時代の海運**＞江戸時代に開かれた東廻り航路や西廻り航路は，日本海側の地域から年貢米や特産物を江戸や大阪に運ぶためのものだった。

(2)＜**資料の読み取り**＞漁獲量が3000tを超えた2010年から2017年では，漁業者数はいずれの年も250人を超えていた(エ…○)。なお，漁獲量は増加している年もある(ア…×)。2018年以降，漁業者数は250人を下回っている(イ…×)。漁業者数は減少し続けている(ウ…×)。

(3)＜**行政機関**＞国土交通省などの中央省庁は，内閣の下に置かれている行政機関である。気象庁は国土交通省の外局である。なお，林野庁は農林水産省の外局である。

2(1)＜**日米修好通商条約**＞1858年に結ばれた日米修好通商条約で，函館，新潟，兵庫(神戸)，長崎とともに開港することが定められた港が神奈川だった。この約束に基づいて開港されたのが横浜港である。

(2)＜**グローバル化**＞現在は，人や物，資金，情報などが国境を越えて移動しており，世界の一体化が進んでいる。このような動きをグローバル化という。また，食料品の輸入が増加すると，消費する食料に占める国産の食料の割合を表す食料自給率は低下する。なお，リテラシーとは読み書きの能力のことで，与えられた情報を正しく分析して活用する能力を指している。

(3)＜**横浜港の輸出品目**＞横浜港のある神奈川県には自動車工場があり，横浜港からの輸出品の内訳では，自動車の占める割合が最も高い。

3(1)＜**対馬海流**＞山口県の下関港の沖合には，日本海を北上する暖流である対馬海流が流れている。

(2)＜**下関条約**＞1895年に結ばれた下関条約は，1894～95年に起こった日本と清(中国)の戦争である日清戦争の講和条約である。

(3)＜**自由権**＞日本国憲法が保障する基本的人権のうち，自由権には思想や学問の自由のほかに信教の自由などが含まれる。なお，教育を受ける権利や，団結権，勤労の権利はいずれも社会権に分類される。

(4)＜**新しい人権**＞日本国憲法制定後の社会の変化に応じて認められるようになった新しい人権の１つに，プライバシーの権利がある。知られたくない私生活上の秘密や個人に関する情報は，他人に知られないように保護されるという権利である。この権利を守るために2003年に個人情報保護法が制定された。

理科解答

1 (1) ウ　(2) ア　(3) ア　(4) イ

2 (1) ① 脊椎動物　②…カ　③…イ
④…ウ
(2) ①…ウ　② 0.5J　③…ウ
④ 25cm
(3) ① (例)試験管内に水が逆流するのを防ぐため。
② あ…分解　い…激しく燃えた
③ $2Mg+O_2 \longrightarrow 2MgO$
④ 9：1

3 (1) ウ　(2) 20Ω　(3) 960J
(4) 0.4A　(5) イ

4 (1) (例)2種類以上の元素〔原子〕からできている物質。
(2) エ
(3) (例)アンモニアは水に溶けやすい性質を持つから。
(4) ① 0.84g　② 密度が小さい

5 (1) R
(2) (例)細胞どうしを離れやすくするため。
(3) 酢酸カーミン液〔酢酸オルセイン液〕
(4) a→d→b→c→e→f
(5) 精細胞…8本　受精卵…16本

6 (1) 日周運動
(2) (例)地球が自転しているから。
(3) (例)北極星が地軸の延長線上にあるから。
(4) あ…公転　い…a　(5) 午後6時

1 〔小問集合〕

(1)＜真空放電＞図のように，蛍光面に金属板の影ができたのは，電極Aから飛び出した電子が，金属板によってさえぎられ，蛍光面に届かなかったためである。電子は－の電気を持っているため，－極から飛び出し，＋極に入る。よって，電極Aが－極，電極Bが＋極で，電子は真空放電管内を電極Aから電極Bへ流れる。

(2)＜植物のなかま＞図の植物のうち，維管束がない植物は，Aのコケ植物だけである。コケ植物は葉・茎・根の区別がなく，水分を体の表面全体から吸収する。

(3)＜中和＞pHは，数値が7で中性，数値が7より小さいほど酸性が強く，大きいほどアルカリ性が強い。純粋な水は中性なので，pHは7である。また，うすい硫酸(溶液A)は強い酸性なので，pHは7より小さい。溶液Aにうすい水酸化バリウム水溶液を加えると中和が起こるが，溶液Bにさらにうすい水酸化バリウム水溶液を加えると新たに沈殿が生じたことから，溶液Bには反応していない硫酸が残っている。つまり，溶液Bは酸性だが，酸性の強さは溶液Aより弱いから，pHの大きさは7より小さく，溶液Aより大きい。よって，pHの大きさは，溶液A＜溶液B＜純粋な水となる。

(4)＜初期微動継続時間＞初期微動継続時間はP波が到着してからS波が到着するまでの時間で，震源からの距離に比例する。表より，震源からの距離が60kmの地点での初期微動継続時間は$31-26=5$(秒)なので，震源からの距離が110kmの水戸市の初期微動継続時間をx秒とすると，$110:x=60:5$が成り立つ。これを解くと，$x\times60=110\times5$より，$x=9.16\cdots$となるから，約9秒である。

2 〔小問集合〕

(1)＜動物のなかま，示準化石＞①背骨がある動物を脊椎動物，背骨がない動物を無脊椎動物という。脊椎動物は，魚類，両生類，は虫類，鳥類，哺乳類の5つに分類される。　②まず，ハトがaに分類されることから，Aの分類基準は鳥類の特徴について述べたⅢである。次に，脊椎動物のうち，「卵生である」に「いいえ」で分類されるeは哺乳類だから，「一生陸上で生活する」に「はい」，Ⅲ.「体表は羽毛で覆われている」に「いいえ」で分類されるbはは虫類になる。さらに，「一生陸上で生活する」に「いいえ」で分類されるcとdは両生類と魚類のいずれかになるから，これらを分類するBの分類基準は，呼吸方法について述べたⅡである。以上より，無脊椎動物を分類するCの分類基準は，残りの外骨格について述べたⅠである。　③②より，bにはは虫類のトカゲ，cには両生類のイモリ，dには魚類のフナ，eには哺乳類のイヌ，fには節足動物のカマキリ，gには節足動物を除く無脊椎動物で，ここでは軟体動物のイカが当てはまる。　④アンモナイトは中生代，フズリナは古生代，ビカリアは新生代の示準化石である。よって，生息した時期が古い順に，フズリナ→アンモナイト→ビカリアとなる。

⑵＜**仕事**＞①500gの物体にはたらく重力は，$500 \div 100 \times 1 = 5$(N)である。図1のように，物体を重力に逆らって真上に引き上げるときの力の大きさは，物体にはたらく重力の大きさと等しいから，5Nである。　②実験2のように，動滑車を使って500gの物体を10cm，つまり，$10 \div 100 = 0.1$(m)引き上げるとき，手がひもを引いた力の大きさは，物体にはたらく重力5Nの$\frac{1}{2}$で，$5 \times \frac{1}{2} = 2.5$(N)，ひもを引く距離は0.1mの2倍で，$0.1 \times 2 = 0.2$(m)である。よって，このときの仕事の大きさは，〔仕事(J)〕＝〔力の大きさ(N)〕×〔力の向きに動かした距離(m)〕より，$2.5 \times 0.2 = 0.5$(J)である。　③実験1，実験2では，500gの物体を10cm引き上げているので，仕事の原理より，仕事の大きさは同じである。また，同じ仕事をするのに，実験1では5秒，実験2では10秒と，実験2では実験1の2倍かかっている。よって，〔仕事率(W)〕＝$\frac{〔仕事(J)〕}{〔仕事に要した時間(s)〕}$より，実験2での仕事率は実験1の半分になる。　④実験3では，実験1，実験2と同様，500gの物体が0.1m引き上げられているので，仕事の原理より，仕事の大きさは0.5Jである。実験3では，斜面に沿って引く力の大きさは2Nだから，AB間の距離をx mとすると，仕事について，$2 \times x = 0.5$が成り立つ。これを解くと，$x = 0.25$(m)となるから，求める距離は25cmである。

⑶＜**化学変化と質量**＞①実験1で，加熱をやめると，試験管の中の気体が冷えて収縮する。そのため，加熱をやめる前にガラス管を水そうから取り出さず，水に入れたままにしておくと，水が試験管に逆流して加熱部分が急に冷やされ，試験管が割れるおそれがある。　②酸化銀を加熱すると，銀と酸素に分かれる。このように，1種類の物質が2種類以上の別の物質に分かれる化学変化を分解という。また，集めた気体は酸素であり，酸素には他の物を燃やすはたらき(助燃性)がある。よって，集めた酸素に線香の火を近づけると，線香は激しく燃える。　③マグネシウムの粉末を空気中で加熱すると，マグネシウム(Mg)が酸素(O_2)と結びついて酸化マグネシウム(MgO)ができる。化学反応式は，矢印の左側に反応前の物質の化学式，右側に反応後の物質の化学式を書き，矢印の左右で原子の種類と数が等しくなるように化学式の前に係数をつける。　④実験1より，2.7gの銀に結びつく酸素の質量は$2.9 - 2.7 = 0.2$(g)であり，実験2より，0.3gのマグネシウムに結びつく酸素の質量は$0.5 - 0.3 = 0.2$(g)である。よって，同じ0.2gの酸素に結びつく銀とマグネシウムの質量比は，2.7：0.3＝9：1となる。

3〔**電流とその利用**〕

⑴＜**電流計の端子**＞電流計に流れる電流が，選んだ－端子の値より大きいと，針が振り切れて電流計

が壊れるおそれがある。そのため，流れる電流の大きさが予測できないときは，最も大きい値の電流がはかれる５Ａの－端子を選ぶ。針の振れが小さい場合は，５Ａから，500mA→50mAの－端子につなぎかえる。

⑵＜抵抗＞表より，電熱線には，2.0Vの電圧で0.1Aの電流が流れている。よって，オームの法則〔抵抗(Ω)〕=〔電圧(V)〕÷〔電流(A)〕より，電熱線の抵抗は，2.0÷0.1=20(Ω)となる。

⑶＜電力量＞表より，8.0Vの電圧を加えたときに流れる電流は0.4Aである。このとき，〔電力(W)〕=〔電圧(V)〕×〔電流(A)〕より，電力は8.0×0.4=3.2(W)で，５分は60×5=300(秒)だから，〔電力量(J)〕=〔電力(W)〕×〔時間(s)〕より，求める電力量は3.2×300=960(J)となる。

⑷＜並列回路＞図２の並列回路では，両方の電熱線にそれぞれ4.0Vの電圧が加わり，電流計に流れる電流の大きさは，それぞれの電熱線に流れる電流の和になる。よって，表より，電熱線１本に流れる電流は0.2Aなので，電流計に流れる電流は，0.2+0.2=0.4(A)である。

⑸＜電流の合計＞こたつの100V－600Wの表示は，100Vのコンセントに接続すると600Wの電力を消費するということだから，このときに流れる電流は，600÷100=6(A)である。同様に，100Vのコンセントに接続したときに流れる電流は，テレビが３Ａ，アイロンが6.5A，パソコンが２Ａ，電気ストーブが８Ａである。よって，ア～エの電流の合計は，アが6+3+8=17(A)，イが6+3+2=11(A)，ウが6.5+3+8=17.5(A)，エが8+6+2=16(A)となるから，15Aを超えない組み合わせはイである。

4 〔物質のすがた〕

⑴＜化合物＞化合物とは，２種類以上の元素(原子)が結びついた物質である。なお，１種類の元素(原子)からできている物質を単体という。

⑵＜アンモニア＞アンモニアの水溶液はアルカリ性を示すため，無色のフェノールフタレイン液を赤色に変える。

⑶＜アンモニアの性質＞図２で，スポイトの水を丸底フラスコに入れると，アンモニアは非常に水に溶けやすいため，水に急激に溶ける。このとき，丸底フラスコ内の圧力が急に下がるため，ビーカーから水が吸い上げられ，ガラス管の先から噴出する。つまり，実験１で噴水ができたのは，アンモニアが水に非常に溶けやすいためである。

⑷＜気体の密度＞①空気の密度が0.0012g/cm^3より，空気700cm^3の質量は，0.0012×700=0.84(g)である。　②空気より密度が小さい気体は上昇する。よって，表より，気体Ａを入れたふくろだけが上昇しているので，気体Ａの密度は，空気や気体Ｂ，気体Ｃと比べて小さいと考えられる。

5 〔生命・自然界のつながり〕

⑴＜細胞分裂の観察＞根で，細胞分裂が盛んに行われているのは，先端に近い部分である。よって，図１で，細胞分裂を観察するのに適した部分はＲとなる。

⑵＜塩酸処理＞切りとった根に塩酸を落として５分間待ったのは，細胞壁を溶かして，細胞どうしを離れやすくするためである。

⑶＜染色液＞細胞分裂を観察するときに用いる染色液は，酢酸カーミン液，または酢酸オルセイン液である。これらを使うと，核や染色体が赤く染まり，観察しやすくなる。

⑷＜細胞分裂＞ａは分裂する前の細胞で，分裂が始まると，核の中に染色体が現れ(ｄ)，染色体が細胞の中央に並ぶ(ｂ)。その後，染色体が２つに分かれ，それぞれ細胞の両端に移動し(ｃ)，細胞の

中央にしきりができて(ｅ)，２個の新しい細胞ができる(ｆ)。

⑸＜**染色体の数**＞生殖細胞である精細胞や卵細胞がつくられるときには，染色体の数が半分になる減数分裂が行われる。よって，精細胞の染色体の数は，体細胞の半分の８本である。また，受精卵は，精細胞と卵細胞の核が合体することによってできる。したがって，受精卵の染色体の数は，精細胞と卵細胞がそれぞれ持つ８本の染色体が合わさって，16本になる。

6〔**地球と宇宙**〕

⑴＜**日周運動**＞星が時間とともに天球上を１日で１回転するように動く，見かけの動きを，星の日周運動という。

⑵＜**日周運動の原因**＞夜空の星が天球上を１日で１回転するように動いて見えるのは，地球が自転しているからである。

⑶＜**北極星**＞星が動いて見えるのは，地球が地軸を中心に自転しているためである。北極星の位置がほぼ変わらないのは，北極星が地球の地軸のほぼ延長線上に位置しているためである。

⑷＜**地球の公転と星座の動き**＞地球が公転しているため，同じ時刻に見える北の空の星は，北極星を中心に１か月で360°÷12＝30°ずつ，反時計回りに動く。よって，図３で，11月15日の午後10時にＸの位置にあったカシオペヤ座は，２か月後の１月15日の午後10時には，反時計回りに30°×２＝60°動いたａの位置にある。

⑸＜**カシオペヤ座の動き**＞星は24時間で反時計回りに１回転(360°)するから，１時間に360°÷24＝15°動いて見える。よって，⑷より，図３で，カシオペヤ座は１月15日の午後10時にａの位置にあるから，同じ日にＸの位置にあったのは，60°÷15°＝４(時間)前の午後６時である。

国語解答

一 ㈠ 2

㈡ 最初はとっぴな名前だと思ったが，みんなの話を聞いて，すんなり胸に入るようになった。(41字)

㈢ 3　㈣ 4

㈤ ［あまいお菓子と］一緒に，この物語を味わってみませんか。(26字)

二 ㈠ ア 土大根　イ 兵二人

㈡ 毎朝二本ずつ大根を焼いて食べていたこと。

㈢ 1　㈣ 2

三 ㈠ ア すべてを表現

イ 創造であり，創作である

㈡ 2　㈢ 4　㈣ 1

㈤ 解釈と理解　㈥ 3

㈦ (例)私は，要点を簡潔に伝えることが大事だと思う。なぜなら，要点がきちんと伝われば，大きな食い違いは起こらないからだ。／もちろん，これでは相手が補充する部分が多くなり齟《そ》齬《ご》が生じる。しかし，以前部活動で練習方法を提案した際に，伝えたいことを全て説明したところ，うまく理解してもらえず，何度も質問を受けた。このように，全てを伝えようとするとわかりにくくなるため，要点を簡潔に伝えるべきだと考える。(197字)

四 ㈠ (1) 履修　(2) 膨　(3) 穀倉

(4) こ　(5) ふゆう　(6) せま

㈡ 4　㈢ 2

一〔小説の読解〕出典；まはら三桃『風味◎』。

㈠＜文章内容＞おじいさんは，「自分のしてきた仕事に丸をいっぱいつけちゃりたいんよ」と言う。おじいさんは，「カステラ良し，餡子良し，黒蜜良しのさんじゅうまる」のお菓子から，「三重苦」ではあるが同じように三つの要素を持った「炭鉱の仕事」に思いをはせ(1…○)，「あのころの石炭みたいに輝いとる」菓子を「さんじゅうまる」と名づけることによって，自分のしてきた仕事にプラスの評価をしたいと思ったのである(2…×，3・4…○)。

㈡＜文章内容＞「さんじゅうまる」と聞いて，風味は，はじめは「和菓子の名前にしては，とっぴな感じの名前」だと考えた。しかし，おじいさんの話を聞くうちに，昔の人のおかげで今があるという祖母の話が「すんなり胸に入ってきた」風味には，「さんじゅうまる」が胸の中で鈴の鳴るような音を立てて転がるように思え，心地よい名前に感じられたのである。

㈢＜表現＞物語は第三者の視点から描かれ，風味の家族や三島さん，おじいさんとの会話から，和やかな雰囲気や，今の生活があるのは昔の炭鉱の人たちのおかげであるという筑豊の人々の思いが，読者に伝えられている。

㈣＜表現＞「これは小さな老舗和菓子屋の大きな挑戦物語。」というキャッチコピーや，イラストが視覚的な興味をひく(1…○)。「お菓子コンテスト参加を決めた和菓子屋一家。」や「家族も部活も友情も…」といった体言止めや省略法が用いられ，ポップを見る人の印象に残るようにする工夫がある(2…○)。「カステラ○／餡子○／黒蜜○」といった題名の意味などの情報も，簡潔に伝えられている(3…○)。

㈤＜**文の組み立て**＞「相手に提案する表現」にするので，終わりは，「味わってみませんか」などの形になる。「あまいお菓子と」という書き出しにつながるように，「この物語」と「一緒に」の部分を書き加えればよい。

二 〔**古文の読解―随筆**〕出典；兼好法師『徒然草』第六十八段。

≪**現代語訳**≫筑紫に，何とかという押領使などという者がいたが，大根を全ての病に効く薬として，毎朝二つずつ焼いて食べることが，長年続いていた。あるとき，屋敷の中に人がいなかった隙をついて，敵が襲ってきて周りを囲んで攻めたが，屋敷の内に武士が二人出てきて，命を惜しまず戦って，敵をみんな追い返した。(押領使は)とても不思議に思って，「ふだんここにおいでなさるとも思われない人々が，このように戦いなさるのは，どういうお方ですか」ときいたところ，「長年頼りにして，毎朝お召し上がりになっている大根らでございます」と言って消えうせてしまった。

深く信じていれば，このような恩恵もあるのである。

㈠＜**古文の内容理解**＞押領使が，大根を全ての病に効く薬だと信じて毎朝食べていたからこそ，「土大根」が，「兵二人」となって現れ，危機を救ってくれたのである。

㈡＜**古文の内容理解**＞押領使は，大根を全ての病に効く薬だと信じ，毎朝二本ずつ焼いて食べていた。そのため，大根が，二人の武士となって現れ，危機を救ってくれたのである。

㈢＜**古文の内容理解**＞押領使が大根を全ての病に効く薬だと信じ，毎朝二本ずつ焼いて食べていたから，大根が，二人の武士となって現れ，危機を救ってくれた。押領使が深く信じていたからこそ，神仏が助けてくれたのだと，作者は考えているのである。

㈣＜**ことわざ**＞「いわしの頭も信心から」は，いわしの頭のようにつまらないものでも，信仰の対象となるとありがたいものに思える，という意味。押領使が大根のことを深く信じていたから，大根が武士となって危機を救う恩恵を得られたのである。「石の上にも三年」は，つらくても我慢強く辛抱すれば，やがて報われること。「禍を転じて福となす」は，災難を逆に利用して幸せになるように取り計らう，という意味。「塵も積もれば山となる」は，ごくわずかなものでも数多く積み重ねると，広大なものになる，また，小さな努力を続けていくと，いつか大きな成果を得られる，という意味。

三 〔**論説文の読解―芸術・文学・言語学的分野―文章**〕出典；外山滋比古『「忘れる」力』。

≪**本文の概要**≫文章は，表現しようとしている物事と同じではなく，要約であり，まとめである。我々は，要点のみを文章にして，そうでない部分は捨てる。全てを表現しようとすれば大混乱を起こし，何も伝えることができなくなってしまう。多くの部分が切り捨てられると，受け手は，自らの責任で欠損部と思われるものを補充しようとし，それがかえって快感として意識される。受け手は，解釈と理解を求められるのである。俳句は，言わんとするところのごくごく一部しか表現できないが，読む側は，活発な想像をはたらかせ自分の意味を創る。俳句は，作者も読者も創造的になり，独特な知的快感を生ずるのである。言葉は，決して対象をあるがままに表現することはない。言葉で物事を表現するのは，言葉という記号を使って対象をまとめるということなのである。全ての文章は，創造であり，創作である。文章が創作であるなら，文章の集合体である歴史もまた，創作だということになる。歴史は，完全な記録ではないのであり，意図されない創作なのである。

㈠＜**文章内容**＞ア．文章は，それが表そうとしている物事よりも小さく，「すべてを表現」することはできないのである。　イ．「ことばでモノゴトを表現する」ということは，「ことばという記号を使って対象をまとめること」なのである。文章を書くというのは，言葉という記号を使って「なるべく忠実に対象を再構築すること」であり，「すべての文章は，創造であり，創作」なのである。

㈡＜**文脈**＞一般的に，「ことばはモノゴトなどを表現することができる」と考えられている。「つまり，ことばはモノゴトと不可分な関係にあり，ことばはモノゴトを忠実に反映している」と信じられているのだが，近年は「ことばは決して対象をあるがままに表現することはない」と考えられている。

㈢＜**表現**＞自説を裏づけるための参考として，俳句や「はがき」の文章などを挙げながら，文章は対象の全てを「あるがまま」に表現するものではないことが，繰り返し述べられている。

㈣＜**文章内容**＞本文では，「ことばは決して対象をあるがままに表現すること」はなく，表現する物事の「ごく小さな一部を不完全にしか伝えることができない」ことが述べられている。しかし，「ことばによる情報伝達で重視していること」として，「情報をわかりやすく伝えること」や「情報を正確に伝えること」を挙げる生徒は，全体で6割以上いる。

㈤＜**文章内容**＞「ことばは決して対象をあるがままに表現することはない」のである。言いたいことのごく一部しか表現できずに，大部分が切り落とされる。そのため，「受け手は自らの責任で欠損部と思われるものを補充」しなければならない。受け手は，「解釈と理解を求められる」のである。

㈥＜**表現**＞情報伝達で気をつけるべきこととして，話し合いの中で「相手が内容を補充するということを意識」して内容をまとめる必要があるという意見と，「なるべく省略せずに伝えた方がいい」という意見が出た。中里さんは，そのどちらの意見も，情報の受け手が，発信する側の意図と「食い違う補充の仕方をしない」ための工夫だと整理したうえで，「要点だけに絞らずに伝えるという意見」について検討しようと，話し合いの方向を提案している。

㈦＜**作文**＞要点を簡潔にまとめたとしても，受け手の状況によっては食い違いが生じることもあるし，結論を先に伝えることによって理由や細部が誤解されることもあるかもしれない。そうした反論を意識したうえで，自分の体験に基づいた意見を，四つの条件に従ってまとめる。

四〔国語の知識〕

㈠＜**漢字**＞⑴「履修」は，規定の学科や科目を習い修めること。　⑵音読みは「膨張」などの「ボウ」。　⑶「穀倉地帯」は，穀物を多く産出する地域のこと。　⑷他の訓読みは「こ(える)」「こえ」。音読みは「肥料」などの「ヒ」。　⑸「浮遊」は，空中や水面などに浮かんで漂うこと。　⑹音読みは「迫真」などの「ハク」。

㈡＜**漢字の知識**＞行書で書かれている「花」は，楷書では七画。「扱」は六画。「母」は五画。「阻」は八画。「医」は七画。

㈢＜**品詞**＞「きれいに」の「に」は，形容動詞「きれいだ」の連用形の活用語尾。「十五夜に」と「雲に」と「気候に」の「に」は，全て格助詞。

2021年度 常総学院高等学校(推薦)

【英　語】（50分）〈満点：100点〉

1 次の(1)，(2)の英文を読んで，指示に従って答えなさい。

(1) 次の対話文を読んで，あとの質問の答えとして最も適切なものを一つ選び，記号で答えなさい。

No. 1

Kota : Mary, you stayed in Okinawa this weekend, right? How was it?

Mary : The weather wasn't good. It was sunny when we got there Friday evening, but the next morning it was cloudy. And it started raining about noon, and it rained until we left for the airport on Sunday.

Kota : Oh, that's too bad. Was it windy?

Mary : No.

Question : How was the weather in Okinawa on Saturday afternoon?

ア It was sunny.
イ It was cloudy.
ウ It was rainy.
エ It was windy.

No. 2

Sister : Tom, what do you have in your hands?

Tom : I don't have anything in my hands.

Sister : Then show me your hands. You took some chocolate from the table, right?

Tom : No, Sister. Here you are. This is something for you. Today is your birthday, so I bought some flowers for you.

Sister : Oh, Tom! Thank you!

Question : What did Tom have in his hands?

ア Nothing.
イ Chocolate.
ウ A birthday cake.
エ Some flowers.

No. 3

Jack：Hi, Yui. Do you know a new restaurant will open next Saturday?

Yui：Hi, Jack. Yes, I know that. My father will take me there for lunch the next day. Would you like to come with us?

Jack：Sure, but I will practice soccer from nine to eleven twenty in the morning.

Yui：I see, so come to my house at eleven forty. It's only a ten-minute walk from my house to get there.

Question：When will Jack get to the new restaurant?

ア At eleven forty next Saturday.

イ At eleven fifty next Saturday.

ウ At eleven forty next Sunday.

エ At eleven fifty next Sunday.

No. 4

Mother：Your grandmother sent us nice apples. You like them, right?

David：Yes, I love apples. How many apples did she send us?

Mother：I don't know. She sent us a box of apples.

David：Wow! Then, will you make apple juice? Father likes it, too.

Mother：OK.

Question：Who will make apple juice?

ア David's mother will.

イ David's father will.

ウ David's grandmother will.

エ David's grandfather will.

No. 5

Lucy：Do I need to bring anything for the party tomorrow?

Kenta：No, you don't have to. Ryota and I will make some Japanese food.

Lucy：Really? That's great! Will any other people join the party?

Kenta：Yes. Ryota will come with his sister, and my sister will come, too. That's all.

Lucy：Oh, that's nice!

Question：How many people will join the party tomorrow?

ア Four people.

イ Five people.

ウ Six people.

エ Seven people.

(2) スキー場で偶然リフトに乗り合わせた健(Ken)とキャサリン(Catherine)の二人の会話を読んで，①にキャサリンが北海道に滞在する日数を数字で書きなさい。②に健の年齢を数字で書きなさい。

Ken　　　：Nice to meet you. I'm Ken.
Catherine：Nice to meet you, too. I'm Catherine. Please call me Cathy.
Ken　　　：Where are you from, Cathy?
Catherine：I'm from Australia.
Ken　　　：Really? I have never been there. I hear it's hot there now.
Catherine：That's right. It's summer in my country. We have long summer vacation, so I came to Hokkaido with my parents to enjoy Japanese winter. My father and my mother like skiing. I can't ski well like them, so I'm practicing. Today is my second day in Hokkaido.
Ken　　　：Good. How long are you going to stay in Hokkaido?
Catherine：One more week. Then we'll go to Tokyo and stay there for three days. My mother's friend lives there.
Ken　　　：I see. I was born here in Hokkaido, so I started skiing when I was three. I have skied for twelve years.
Catherine：That's great.

【キャサリンが北海道に滞在する期間】　①(　　　日間)
【健の年齢】　②(　　　歳)

2 次のAとBの英文は，二人の中学生が，高校生になったらしたいことについて，英語の時間に発表したときのものです。それぞれの英文を読んで，(1)，(2)の問いに答えなさい。

A

My dream is to be a doctor and help people in poor ①(country). I want to *realize my dream by ②(study) hard. I especially want to study English very hard. During summer vacation I want to work as a volunteer, too. I have ③(work) as a volunteer a few times, and I like doing that. I'm looking forward to becoming a high school student.

＊realize～　～を実現する

B

I'm going to be a student at Wakaba High School. The school is ④(f　　) for its *brass band. I want to be a member of the band and become a great *flute ⑤(p　　). I hear that members in the band need to practice every morning and ⑥(a　　) school every day, and I want to try hard.

＊brass band　吹奏楽団　　flute　フルート

(1)　Aの英文が完成するように，文中の①〜③の（　　　）の中の語を，それぞれ1語で適切な形に直して書きなさい。

(2)　Bの英文が完成するように，文中の④〜⑥の（　　　）内に，最も適切な英語を，それぞれ1語ずつ書きなさい。なお，答えはすべて（　　　）内に示されている文字で書き始めるものとします。

3　次の英文は，中学生の拓(Taku)とカナダからの留学生のケイト(Kate)との対話です。この対話文を読んで，(1)〜(3)の問いに答えなさい。

Taku：Kate, I watched a very interesting *marathon race on TV last night.
Kate：Really? How was it?
Taku：The runners weren't people. The runners were robots. I enjoyed watching it very much.
Kate：I have never heard of robots running in a marathon race. Do they run like us?
Taku：No. But robots will run like people soon. Kate, you are trying to be a good runner, right? *Someday, you will have a race with them. That'll be very interesting.
Kate：Right, but I don't want to lose against robots.
Taku：Then, you have to practice harder. Do you know we have many kinds of robots in Japan? They can do many things for us.
Kate：Really? What do they do?
Taku：(A)For example, (ア help / イ working / ウ some robots / エ in / オ people) hospitals.
Kate：Oh, I have heard about that. On TV, I saw an old woman with a robot. She lived with it, and it was like her child. The woman also talked with it. She said, "I don't feel *lonely any more with this robot."

Taku : That's nice.
Kate : Yes. I want a robot, too.
Taku : Why do you want one?
Kate : Because I have many things I have to do. If I have a robot, I can ask it to do those things for me. (B) So I can do more of my favorite things.

*marathon race マラソン大会 someday いつか lonely 孤独な

(1) 下線部(A)の( )の中の語(句)を正しく並べかえて，記号で書きなさい。

(2) 下線部(B)を次のように言いかえたとき，( )に入る適切な英語1語を書きなさい。
So I'm ( ) to do more of my favorite things.

(3) 次の英文は，ケイトが友だちのジュディ(Judy)に送ったメールです。上の対話に合うように，(①)～(③)に入る適切な英語をそれぞれ1語ずつ書きなさい。
Hi, Judy,
I'm having a good time here in Japan. Today, I talked about the robots with my friend, Taku. (①) are many kinds of robots in Japan. I saw one of them on TV. An old woman lived with a robot, and they were like a (②). I think that's nice. I want to have a robot, too. How (③) you? Do you want a robot, too?

4 次の英文を読んで，(1)～(6)の問いに答えなさい。

You don't usually think about a *traffic light. It is a part of your *daily life. You stop when the light turns red and start moving when the light turns green. People around the world do the same. Red means "Stop" and green means "Go." This is one of the *common rules *throughout the world. Today, *nobody thinks white means "Go." But people did a long time ago.

The first traffic light was used in the U.K. about one hundred and fifty years ago. It was for trains. Train *companies used a light for *signals to drive trains at night. It was a white light. When drivers saw the light, they could move their trains forward.

①Then, (used / light / the / was / white / why)? Because the drivers could see it (②) of all colors. Other colors were needed for "Stop" and "*Caution," so red and green were used.

In those days, when a colored light was made, a colored *glass was put in front of the white light. ③So, when the glass was broken, a colored light ( ) like a white light. That sometimes became a big problem. The drivers couldn't know when to go or stop.

There was another problem. In the old days, there were not many houses near the station, but people started to build more houses. There were more (④) lights of houses, and it became difficult for drivers to find the right one. So, the companies stopped using the white lights and started to use the lights we see now.

When you see a traffic light next time, please look at it *carefully. Then you will understand why it was so (⑤) to choose *effective colors.

＊traffic light 信号機　daily 日常の　common 共通の
throughout ～ ～中で　nobody だれも～ない　companies 会社
signal(s) 合図　caution 警戒　glass ガラス　carefully 注意して
effective 有効な

(1) 下線部①が以下の日本語の意味になるように，(　)内の語を並べかえなさい。
「それでは，なぜ白色の光が使われたのでしょうか。」

(2) 文中の(②)に入る適切なものを，次のア～エの中から一つ選んで，その記号を書きなさい。
ア well　イ as good　ウ better　エ the best

(3) 下線部③が以下の日本語の意味になるように，(　)に入る最も適切な英語１語を書きなさい。
「それで，そのガラスが壊されたとき，色がついた光は白色の光のように見えました。」

(4) 文中の(④)に入る適切なものを，次のア～エの中から一つ選んで，その記号を書きなさい。
ア red　イ green　ウ white　エ yellow

(5) 文中の(⑤)に入る適切なものを，次のア～エの中から一つ選んで，その記号を書きなさい。
ア difficult　イ interesting　ウ popular　エ exciting

(6) 本文の内容に合う文を，次のア～クの中から三つ選んで，その記号を書きなさい。

ア The colors of traffic lights are different in each country.

イ A long time ago, a white light meant "Go."

ウ The first traffic lights were used for cars in the U.K.

エ Train companies don't use white lights because they are expensive.

オ In the old days, red and green were never used for traffic lights.

カ People in the old days put a colored glass in front of a white light.

キ In the old days, the train drivers sometimes couldn't know when to go or stop.

ク In the old days, the train drivers could find the stations easily because there were many houses around them.

5 次の英文を読んで，(1)～(4)の問いに答えなさい。

There was a boy who lived in a small town in America. His name was Harry Miller. When he was six, his parents died in a car *accident. After that, he started to live with his grandmother. She worked hard day and night, but it was difficult for her to support Harry and his little sister by herself. So Harry became a *paper boy to help her, but their lives were very hard.

One day, the boy *was delivering papers to each house as usual. After he delivered papers to some houses, he got very hungry. On that day, the only food he had was a small apple. [1] When he came to a *bakery, his *stomach started to *rumble. The *smell of bread made him even more hungry. Then a young woman came out from the door. She said, "Thank you for delivering papers every day." He was very surprised and *embarrassed because his stomach started to make a big noise again. Then the woman said, "Wait a minute," and went inside of the bakery. When she came out from the door again, she had a bag of something in her hands. She said, "Do you have sisters or brothers? Will you take these? We couldn't sell them today, and we will throw them away." The boy took the bag and looked inside. There were some *bread rolls in it. He took out one of them and ate it. [2] He thought, "I have never had such a delicious thing."

The next week, the same thing happened. When he got to the bakery, the woman came out from the door and gave him a bag. This continued *from time to time until the boy left the town to study at school. [3]

Many years *passed. The woman got sick. The doctor in her town thought he couldn't save her, so he sent her to a hospital in a big city. One of the doctors in that hospital was from her hometown, and they sometimes talked about it. The doctor [　　　] for months, and she got well. She said to him, "Thank you so much. You saved my life," and went back to her town.

A few days later, she received the *bill from the hospital. She couldn't open the *envelope at first because she didn't think she had enough money to pay the bill. After a while, she opened the envelope. [4] Then she found a letter in it. It said, "Your bill *was paid by the little boy who loved your bread rolls."

Then, she remembered the boy. She said, "Oh, the doctor was Harry!"

＊accident　事故　　paper boy　新聞配達の少年
was delivering ～　～を配達していた　　bakery　パン屋　　stomach　お腹
rumble　ゴロゴロ鳴る　　smell　におい　　embarrassed　恥ずかしく思って
bread roll(s)　ロールパン　　from time to time　ときどき　　passed　過ぎた
bill　請求書　　envelope　封筒　　was paid　払われた

(1)　本文の内容に合う文を，次のア～クの中から三つ選んで，その記号を書きなさい。

ア　Harry started to work for his parents when he was six years old.
イ　Harry's grandmother couldn't buy a paper, so he became a paper boy.
ウ　When Harry came to the bakery, a young woman came out from the door.
エ　The woman at the bakery knew Harry's sister liked her bread.
オ　Harry thought the bread rolls given by the woman were really delicious.
カ　The woman often gave bread to Harry even after he left the town.
キ　One of the doctors at the hospital in the big city remembered Harry.
ク　Harry remembered the woman and paid the bill for her.

(2)　次の①，②の質問に，それぞれ指定された語数の英文で答えなさい。ただし，符号(，．？！など)は，語数に含まないこととします。

①　Was Harry's family poor when Harry was a child?（３語以上）

②　Who sent the woman to a hospital in a big city?（６語以上）

(3)　次の文は[1]～[4]のどの位置に入るのが最も適切か，番号で答えなさい。

And that was many hours ago.

(4) 本文の内容から考えて，文中の□に入る最も適切なものを，次のア～エの中から一つ選んで，その記号を書きなさい。

ア　waited for her
イ　took good care of her
ウ　looked for her
エ　visited her house

6

次の日本語に合うように，各文の(　　)内を並べかえたとき，(　　)内の２番目と５番目に来る語(句)の記号を書きなさい。ただし，文頭に来るべき語も小文字にしてあります。

(1) 彼女が私に電話したとき，私はお風呂に入っていました。
I (ア　taking　イ　when　ウ　was　エ　a bath　オ　she) called me.

(2) もう朝食を食べてしまいましたか。
(ア　had　イ　yet　ウ　breakfast　エ　have　オ　you)?

(3) ブラウン先生は私たちの学校でいちばん人気のある先生です。
Ms. Brown (ア　popular　イ　the　ウ　teacher　エ　most　オ　is) in our school.

(4) このコンピュータの使い方を教えていただけませんか。
Would you (ア　to　イ　show　ウ　how　エ　me　オ　use) this computer?

(5) 私はあの男の人が撮った写真が好きです。
I like (ア　the pictures　イ　by　ウ　man　エ　that　オ　taken).

【数　学】（50分）〈満点：100点〉

1　次の各問に答えなさい。

(1)　下の**表**は，Ａさんがバスケットボールの試合で得点した記録である。[　]の中の数は，1試合前の得点に比べて何点高いかを表している。

このとき，**ア**に当てはまる数を求めなさい。

表

	1試合目	2試合目	3試合目	4試合目	5試合目
得点(点)	17	22［＋5］	19［－3］	21［＋2］	15［**ア**］

(2)　右の**図**の円の面積は$54\pi\,\mathrm{cm}^2$である。

このとき，円の半径の長さを求めなさい。

ただし，πは円周率を表すものとし，根号の中の数はできるだけ小さい自然数にすること。

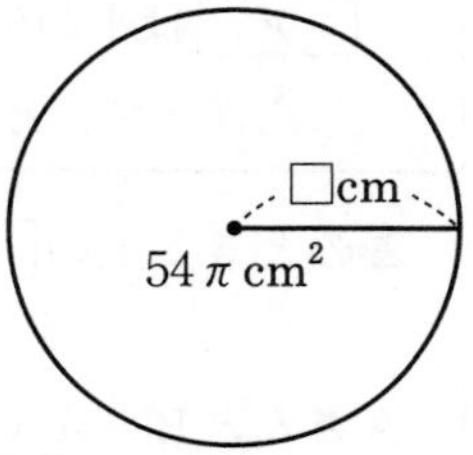

図

(3)　1個a円のおにぎり6個と，1個b円のパン5個を買い，1500円を出したらおつりがあった。

この数量の関係を表した不等式として正しいものを，次の**ア**～**エ**の中から一つ選んで，その記号を書きなさい。

ア　$5a+6b<1500$　　　**イ**　$6a+5b<1500$

ウ　$6a+5b>1500$　　　**エ**　$6(a+b)<1500$

(4)　下の**図**で，△ＡＢＣは鋭角三角形であり，辺ＢＣ上に点Ｄがある。辺ＡＣ上に点ＰをＡＰ＝ＤＰとなるようにとるとき，点Ｐを作図によって求めなさい。

ただし，作図に用いた線は消さずに残しておくこと。

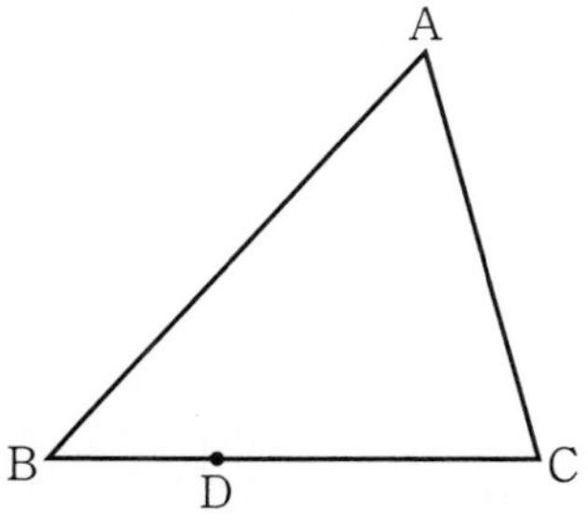

図

2 次の各問に答えなさい。

(1) a は，一の位の数が十の位の数より 1 だけ大きい 2 けたの整数である。また，b は a の十の位の数と一の位の数を入れ替えた 2 けたの整数である。

「a と 9 の和は b と等しくなる」

このことを次のように説明した。

> **（説明）**
> a の十の位の数を n とすると一の位の数は $\boxed{\text{ア}}$ だから，$a = 10n + (\boxed{\text{ア}})$ と表すことができる。
> ここで，$a + 9 = 10n + (\boxed{\text{ア}}) + 9 = 10(\boxed{\text{ア}}) + \boxed{\text{イ}}$
> $\boxed{\text{ア}}$ は十の位の数，$\boxed{\text{イ}}$ は一の位の数だから，これは b を表している。
> したがって，a と 9 の和は b と等しくなる。

このとき，上の $\boxed{\text{ア}}$，$\boxed{\text{イ}}$ に当てはまる式を，それぞれ書きなさい。

(2) A さんと B さんでじゃんけんを 20 回行った。

じゃんけんを 1 回するごとに，勝った方が 3 点，負けた方が－2 点の得点を得るゲームをする。このゲームの結果，A さんの得点の合計は 25 点であった。ただし，あいこ（引き分け）の場合はじゃんけんの回数に入れないものとする。

A さんと B さんがじゃんけんで勝った回数をそれぞれ求めるために，A さんが勝った回数を x 回，B さんが勝った回数を y 回として連立方程式をつくると，次のようになる。

$$\begin{cases} \boxed{\text{ア}} = 20 \\ \boxed{\text{イ}} = 25 \end{cases}$$

このとき，上の $\boxed{\text{ア}}$，$\boxed{\text{イ}}$ に当てはまる式を，それぞれ書きなさい。

(3) 関数 $y = ax^2$ において，x の変域が $-3 \leqq x \leqq 2$ のとき，y の変域は $0 \leqq y \leqq 6$ となる。a の値を求めなさい。

(4) 下の**図**のように，１から５までの数が１つずつ書かれた玉が入っている袋Ａと，６から10までの数が１つずつ書かれた玉が入っている袋Ｂがある。

袋Ａ，袋Ｂからそれぞれ１つずつ玉を取り出したとき，玉に書かれた数の積が５の倍数になる確率を求めなさい。

ただし，それぞれの袋において，どの玉を取り出すことも同様に確からしいものとする。

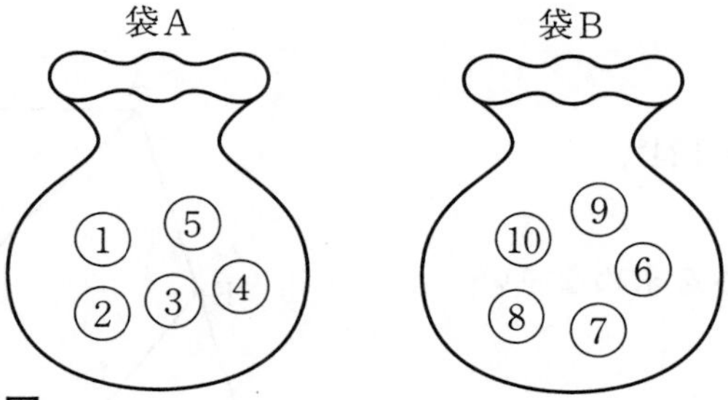

図

3 下の**図１**で，四角形ＡＢＣＤは平行四辺形である。Ｅは辺ＡＢの中点で，Ｆは辺ＢＣ上の点である。また，対角線ＡＣと線分ＤＦの交点をＧとする。

ただし，点Ｆは２点Ｂ，Ｃ上にはないものとする。

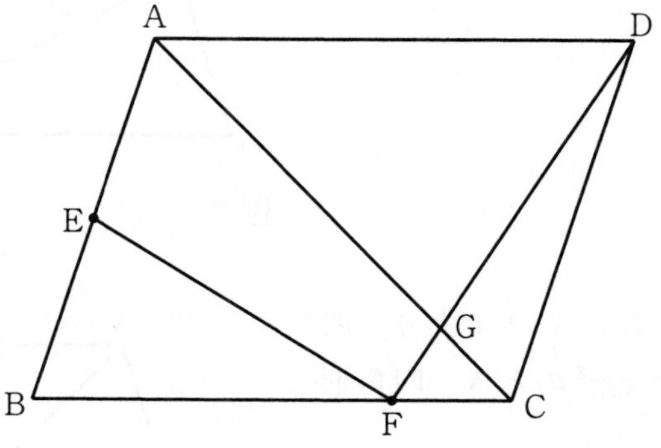

図１

太郎さんと花子さんの次の会話を読んで，あとの(1)〜(3)の問いに答えなさい。

(太郎さんと花子さんの会話)

太郎：**図１**の点Ｆをいろいろな位置に動かしていて気づいたことがあるよ。

花子：どんなことに気づいたの。

太郎：点Ｆをどこにとっても，△ＡＧＤと△ＣＧＦは相似になるんだ。

花子：本当だね。点Ｆが特定の位置にあるとき，相似になる三角形はないかな。
太郎：△ＡＣＤと△ＣＦＧはどうかな。相似になるときがありそうだよ。
花子：そうだね。でも相似になるためには，等しい辺の比とか，等しい角とか，何か条件が必要だね。
太郎：(a)∠ＣＤＡと∠ＦＧＣが等しいとき，△ＡＣＤ∽△ＣＦＧになると思うよ。

(1) 右の**図２**で，
∠Ｂ＝72°，∠ＡＥＦ＝124°，
∠ＣＤＦ＝29°
のとき，∠ＥＦＤの大きさを求めなさい。

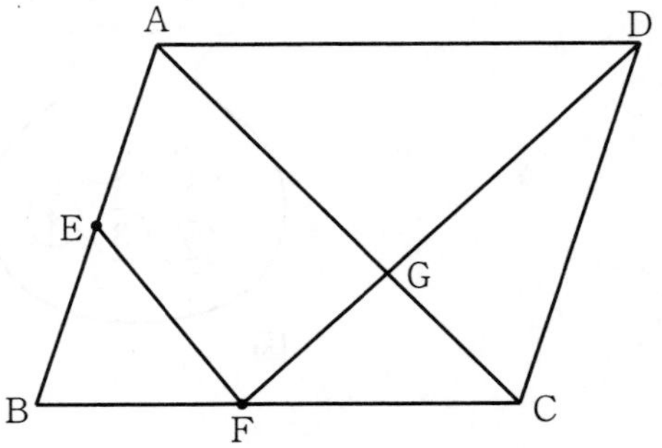

図２

(2) 右の**図３**は，会話文中の下線部(a)について考えるために，∠ＣＤＡ＝∠ＦＧＣとなるように点Ｆをとったものである。
このとき，△ＡＣＤ∽△ＣＦＧであることを証明しなさい。

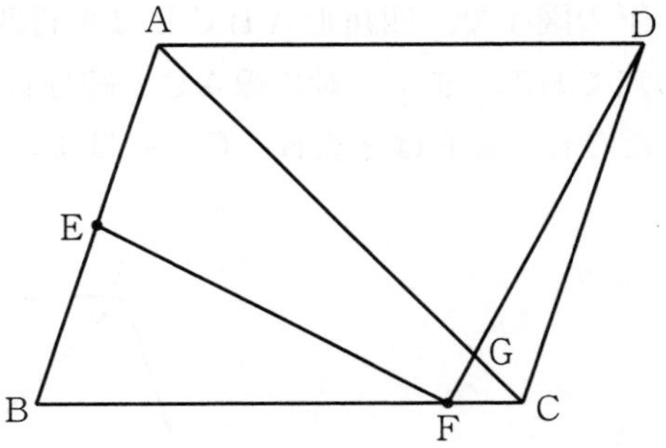

図３

(3) 右の**図４**で，ＢＦ：ＦＣ＝２：１であり，四角形ＡＢＣＤの面積が40cm^{2}のとき，四角形ＡＥＦＧの面積を求めなさい。

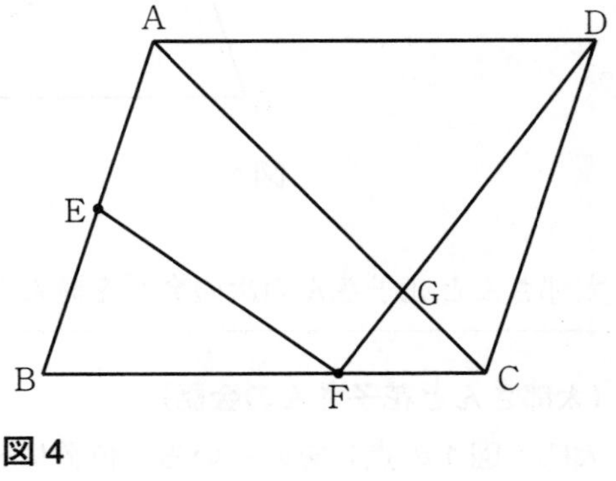

図４

4 あるビルには，レストラン街と展望台があり，1階の床面からレストラン街の床面までの高さは120m，1階の床面から展望台までの高さは150mである。このビルには，等しい一定の速さで動いている2台のエレベーターA，Bがあり，それぞれ**表1**，**表2**のように動いている。また，下の**図**は，ある日の午前10時にエレベーターAが動き始めてからx秒後のエレベーターAの高さをymとして，xとyの関係をグラフに表したものの一部である。

このとき，下の(1)〜(3)の問いに答えなさい。ただし，エレベーターの高さとは1階の床面からエレベーターの床面までの高さとする。

表1　エレベーターA

- 1階と展望台の間を往復し続け，レストラン街にも停止する。
- 1階，レストラン街，展望台で停止するときは，20秒間ずつ停止する。
- 午前10時ちょうどに展望台から下降し始める。

表2　エレベーターB

- 1階と展望台の間を往復し続け，レストラン街には停止しない。
- 1階，展望台で停止するときは，20秒間ずつ停止する。
- 午前10時にエレベーターAが動き始めてから10秒後に，1階から昇り始める。

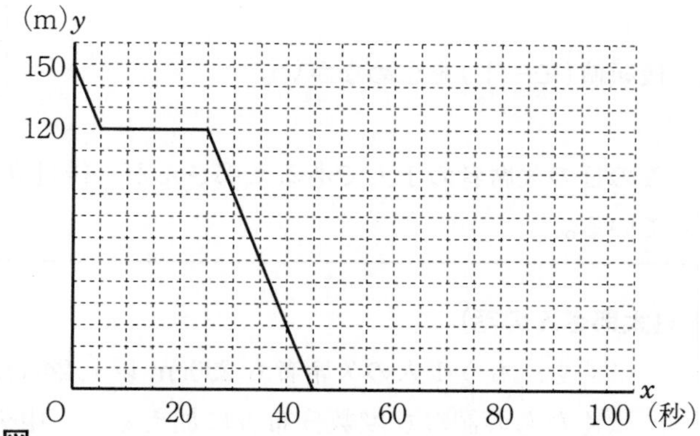

図

(1) エレベーターAについて，$25 \leqq x \leqq 45$のとき，xとyの関係を式で表しなさい。

(2) エレベーターAとBがはじめてすれ違うのは，午前10時にエレベーターAが動き始めてから何秒後か求めなさい。ただし，すれ違うとは，2台のエレベーターの高さが等しくなることとする。

(3) 午前10時にエレベーターAが動き始めてから70秒後のエレベーターBの高さは，エレベーターAよりも何m高いか求めなさい。

5 ある中学校の3年1組の生徒は27人おり，欠席者2人を除く25人が，立ち幅跳びを行った。右の**表**は，その記録を度数分布表に表したものである。

このとき，次の(1)～(3)の問いに答えなさい。

表

記録(cm)	度数(人)	相対度数
以上　未満 190 ～ 200	1	0.04
200 ～ 210	4	a
210 ～ 220	8	0.32
220 ～ 230	6	b
230 ～ 240	3	0.12
240 ～ 250	3	0.12
計	25	1.00

(1) a，b に当てはまる相対度数をそれぞれ求めなさい。

(2) 最頻値(モード)を求めなさい。

(3) この日の欠席者の1人である太郎さんが，後日立ち幅跳びを行ったあと，次のように話している。

> **(太郎さんの話)**
>
> ぼくも，もう1人の欠席者も230cm以上240cm未満の記録でした。
>
> ぼくたちの記録を度数分布表に加えると，中央値(メジアン)は，27人の記録を大きさの順に並べたときの［ア］番目の記録だから，中央値を含む階級の階級値は［イ］cmになります。

このとき，上の［ア］，［イ］に当てはまる数を，それぞれ書きなさい。

6 右の**図1**のように，底面が1辺の長さが6cmの正方形ABCDである正四角すいOABCDがある。

このとき，次の(1)，(2)の問いに答えなさい。

(1) 正四角すいOABCDの投影図として正しいものを，次の**ア**～**エ**の中から一つ選んで，その記号を書きなさい。

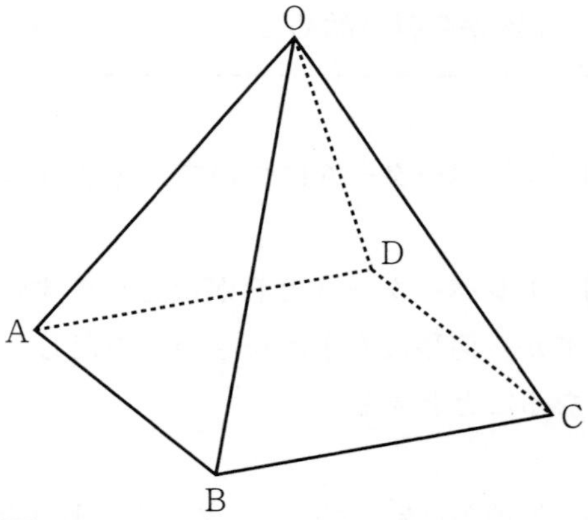

図1

ア

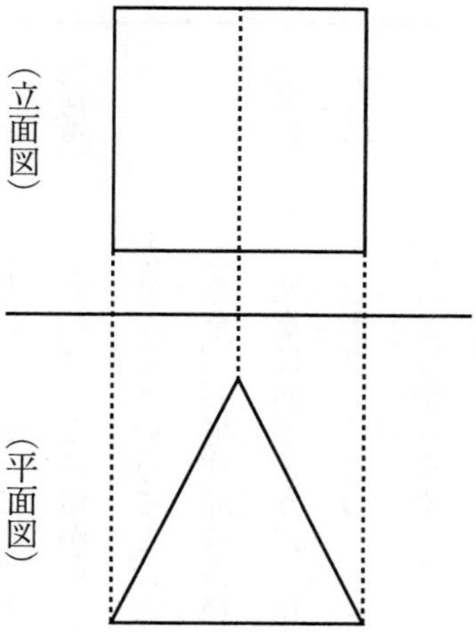

イ

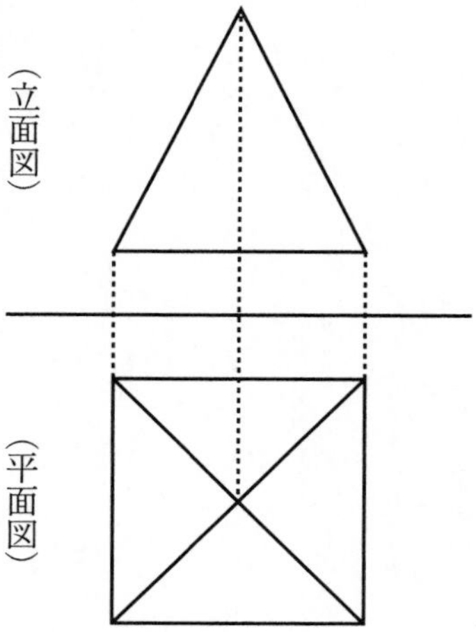

ウ

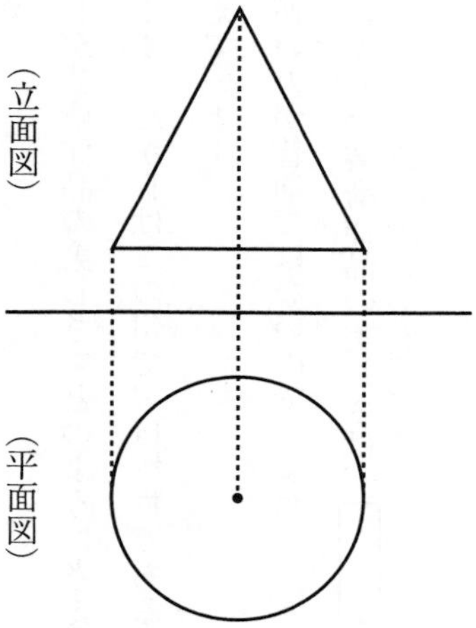

エ

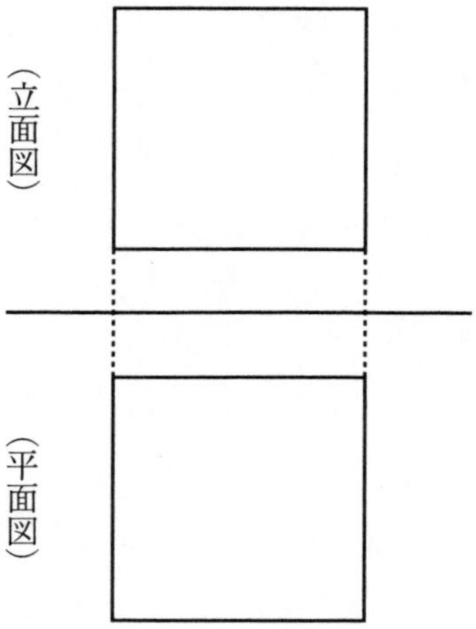

(2) 正四角すいＯＡＢＣＤの体積が60cm³のとき，次の①，②に答えなさい。

① 正四角すいＯＡＢＣＤの高さを求めなさい。

② 右の**図２**のように，正四角すいＯＡＢＣＤにおける辺ＯＢ，ＯＣ上にそれぞれ点Ｅ，ＦをＯＥ：ＥＢ＝ＯＦ：ＦＣ＝１：２となるようにとる。この正四角すいＯＡＢＣＤを，４点Ａ，Ｄ，Ｅ，Ｆを通る平面で切ったとき，点Ｂを含む方の立体の体積を求めなさい。

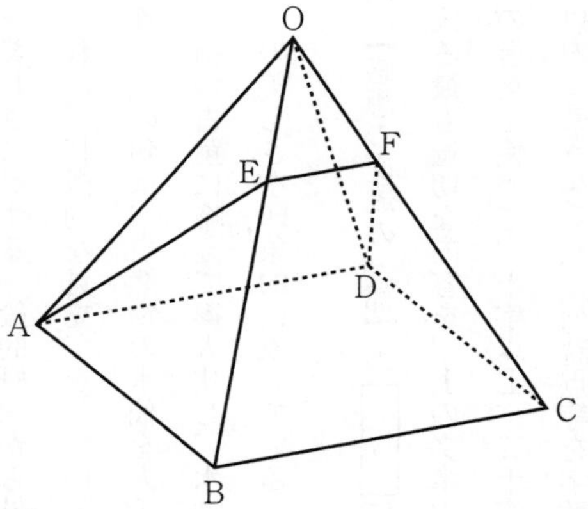

図２

【感想の交流の一部】

（夏目）　文章を読むと、この句には、「たかしの内面が発露している」とあります。これはどういうことでしょうか。

（有島）　それは、この句から、たかしが芸術作品の美しさをどのように考えていたかが分かるということだと思います。たかしはこの句で、自然物である水仙の美しさを、芸術作品の古鏡に喩えています。

（夏目）　文章にあるように、比喩の使い方が普通ではないのですよね。

（有島）　そうです。このことから、たかしが芸術作品の美しさは、□と考えていたと分かります。

4　少し高い時計を買う。

㈤　上の文章の内容に合っているものとして、最も適切なものを、次の1〜4の中から選んで、その番号を書きなさい。

1　この句は、単純な句意と単純な見立てによって、普通とは異なる比喩の使い方が強調されている。

2　この句は、奇抜な見立てから、美しさの概念を否定しようとする作者の意図を読み取ることができる。

3　この句は、自然物と人工物との美しさに対する一般的概念から外れた、特徴的な見立てをしている。

4　この句は、自然物の水仙を人工物の古鏡に喩えて擬人化し、水仙の美しさを印象的に表している。

㈥　【感想の交流の一部】の□に入る最も適切な内容を、上の文章中の言葉を使って、十字以上、二十字以内で書きなさい。（句読点等を字数に含む。）

四 次の文章は、能役者の名家に生まれながらも、病のために能の道を断念した俳人、松本《まつもと》たかしについての文章である。次の文章と【感想の交流の一部】を読んで、下の㈠〜㈥の問いに答えなさい。

水仙や古鏡の如《ごと》く花をかゝぐ

この句はたかしの代表句ということで、よく引かれます。句意は単純で、水仙の花が古い鏡のようだという、ただそれだけです。古鏡というのは、銅鏡のことでしょうね。あの、歴史の教科書によく出てくる、装飾を凝らした古代の鏡です。

この句は一見単純な見立ての句ですが、水仙という生きた花に対して、古鏡という［A］的な美しさを配したところが、かなり奇抜です。

というのも、普通比喩を使う場合、人工物に対して自然物をあてがうんですよね。たとえば「この城はまるで白鷺《しらさぎ》のように美しい」とか「あなたはまるで花のようだ」とかね。もちろん、自然物を人工物に喩《たと》えることもありますが、それは自然を称《たた》えるというより擬人化するという気分の方が強くなります。つまり人間（ア）の頭の中には、自然物には根源的な美しさがあり、人工物は［B］という概念があるのです。

ところがこの句においてたかしは、水仙の美しさを語るのに「まるで古い鏡を掲げているようだ」と述べている。つまり、古鏡を水仙の美しさと少なくとも同等以上のものとしてみている。

古鏡というのは、たかしにとって古き良き藝術《げいじゅつ》をあらわしていると、わたしは思います。もっ（イ）と言えばそれは彼が得ることのできなかった能につながっていると思います。彼にとって藝術作品は、自然物に拮抗《きっこう》する根源的な美しさをたたえているのです。

その意味でこの句は期せずしてたかしの内面が発露していると、わたしは思うのです。

（小林恭二「これが名句だ！」による。）

㈠ ［A］に入る最も適切な言葉を、上の文章中から二字で抜き出して書きなさい。

㈡ 次の1〜4の行書で書かれた漢字を楷書で書く場合、間（ア）と同じ部首のものを一つ選んで、その番号を書きなさい。

1 閉　2 図　3 術　4 円

㈢ ［B］に入る最も適切な言葉を、次の1〜4の中から選んで、その番号を書きなさい。

1 それを引き立てるにすぎない
2 それとは質を異にする
3 それを表現し得ない
4 それに及ばない

㈣ もっと（イ）と品詞が異なる言葉を、次の1〜4の中から選んで、その番号を書きなさい。

1 しばらく雨の日が続く。
2 あらゆる可能性を考える。
3 はっきり意見を言う。

(四) 上の文章の内容に合っているものとして、最も適切なものを、次の1～4の中から選んで、その番号を書きなさい。

1 怒ってはいけないと言ったそばから怒っているように、凡夫は人の教えを覚えられないものだ。

2 指摘されたことに怒って助言を聞かないように、凡夫は感情的になって軽率な行動をとるものだ。

3 いくら修行を積んでも怒ってしまうように、凡夫が聖人になるまでの道のりは長く険しいものだ。

4 怒ったことがないと主張しながら怒っているように、凡夫は自分の誤りを覚えていないものだ。

三　次の文章を読んで、下の㈠～㈣の問いに答えなさい。

ある遁世《とんせい》の上人《しやうにん》の、学生なるが庵室《あんじつ》へ(仏門に入った僧で、学問の修行をしている人の住まいに)、修行者常に来《きた》る。中にある修行者の云《い》はく、「法師(私は)は生まれてより後、すべて腹を立て候《さぶら》はぬ」と云ふを、上人の云はく、「凡夫※1は、※2貪瞋痴《とんじんち》の三毒を具せり(備えている)。ア たとひ浅深厚薄こそあれ(程度に差はあっても)、いかでか(どうして)イ 腹立ち給《たま》はざらむ。縁※3にあはぬ時こそ立たね、また立つを覚え給はぬか。聖人《しやうにん》にておはしまさば、さもあるべし。凡夫ながらかく宣《のたま》ふ、※4虚事《そらごと》と覚ゆるなり」と云へば、「立たぬと云はば、立たぬにておはしませかし(お思いになればよいでしょう)。人を虚事の者になし給ふは、いかにとて候ふぞ」と、顔を赤めて、首をねぢて叱りければ、ウ「さては、さこそは」(それでは、そういうことにしておきましょう)とてやみけり。嗚呼《をこ》がましく侍《はんべ》り(おろかなことです)。凡夫の習ひ、我が非は覚えぬとこそ。

(「沙石集」による。)

※1　凡夫＝仏教の悟りに達していない者。達した者が「聖人」。

※2　貪瞋痴の三毒＝「貪《むさぼ》ること」「怒ること」「道理を知らないこと」という、克服が難しい三つの障害。

※3　縁＝きっかけ。

※4　虚事＝うそ。

㈠　ア たとひ　の読み方を現代仮名遣いに直して、全て平仮名で書きなさい。

㈡　イ 腹立ち給はざらむ　の上の文章中の意味として、最も適切なものを、次の１～４の中から選んで、その番号を書きなさい。

1　お怒りにならないことがあるでしょうか

2　お怒りを受けたことがあるのでしょうか

3　お怒りになったことを忘れているのでしょう

4　お怒りになることは決してないのでしょう

㈢　ウ さては、さこそは　とあるが、これは誰の言葉か。上の文章中から抜き出して書きなさい。

つも自然と共にあること、これが日本人の自然に対する対し方である。自然と共にいるというよりも、「自然」と溶け合い、「自然」に対して自と他という、はっきりした区別を持たない。

　若いうちには、いろいろな活動をした人でも、日本人は年をとると、山の麓《ふもと》の静かな所に小屋を建て、そこにひっそりと生きたいと願う人が少なくない。人々はそれを、よいことのように思う。「隠棲《いんせい》する」という言葉がある。人間が、自然の風景――大きな林、水の流れ、広々とした草原、そこに立つ一本の大樹――その中に自分を持って行き、その自然の一つの風物となって生きること、それが隠棲である。それは日本人が「自然」と「人生」に対して持つ、根深いこころざしの一つの姿であると言えるように思う。

　これには、他のさまざまの原因もあろう。しかし私は、これを、言葉の問題に引きつけて考えている。日本語のヤマト言葉に「自然」という単語がないこと。日本人が自然を利用の対象と見ず、自然と人間との間を明瞭に分けずに、融《と》け合おうとすること。それら二千年前のあり方が、長い歴史の時代を通じて日本人の間に生きており、今日も依然として尾を引いて、イそのような姿をとって現《あら》われるもののように私は見る。

（大野晋「日本語の年輪」による。）

※　箱庭＝小さい橋を作ったり草木を植えたりして、庭園を模したもの。

(五)　国語の授業で上の文章を読み、筆者の考えについてまとめることになった。次は、ある生徒の【ノートの一部】である。［　　］に入る最も適切な言葉を、上の文章中から十八字で抜き出して書きなさい。（句読点等を字数に含む。）

【ノートの一部】

○筆者の考えについて

どのような言葉を持つかは、物事の捉え方に深く関わっている。

日本人は、「自然」を一つの物と捉えていなかった。

・「利用の対象」と見ない
・人間が「溶け込むところ」
・「自と他という、はっきりした区別を持たない」

←［　　］。

それは、古代の日本人が、「自然」を人間に対立する一つの物として、対象として捉えていなかったからであろうと思う。自分に対立する一つの物として、意識のうちに確立していなかった「自然」が、一つの名前を持たずに終《おわ》ったのは当然ではなかろうか。「申す」と「言う」の観念の区別がない所では、その言葉の区別がない。「自然」が一つの対象として確立されなければ、そこにはその名前がない。

「自然」が「人間」に対立する一つの物として捉えられなかったのは、日本民族においては、深い遠い由来を持つ事柄である。だから、「自然」という中国語を学んだ後でも、長い間、日本人は「自然」を一つの物と見る考え方を身につけずに来た。それは、単に遠い歴史の時代だけでなく、現代の日本人の間でも、根強いことのように見える。

ヨーロッパ人にとって、自然は、人間がそれに働きかけ、(1)変革し、破壊し、人間に役立つものを作り出す素材である。山の形を変えて水をため、しっかりした道路をつけて人間の(2)往来に役立てる。自分の住んでいる地球を動かすにはどの位の力がいるかを計算し、この地球から脱《ぬ》け出して、その回りをめぐろうと考える。その根本には、地球を自分に対立する一つの物と見る考えがはっきりと存在している。

この頃は、日本でもヨーロッパに倣《なら》って、川の水をせき止めて湖を作り、(3)港湾を埋め立てて、それを大いに利用しようとする風が起《おこ》っている。それにもかかわらず、基本的には、日本人は自然を、人間に対立する物、利用すべき対象と見ていない。むしろ、自然は人間がそこに溶け込むところである。自分と自然との間に、はっきりした境が無く、人間はいつの間にか自然の中から出て来て、いつの間にか自然の中へ帰って行く。そういうもの、それが「自然」だと思っているのではなかろうか。

日本人は自然を徹底的に人間のために利用しようとするよりも、自分の生活の中に自然を持ち込んでこようとする。石で堂々とした家を建てるよりも、自然の木を使い、自然の土を使って家を建てる。建てた家の中に、小さい箱庭※のような庭を作り、自然をそこに移し入れる。い

(四) イそのような姿とは、どのような姿か。解答欄に合うかたちで、上の文章中から十七字で抜き出して書きなさい。（句読点等を字数に含む。）

二　次の文章を読んで、下の㈠～㈤の問いに答えなさい。

人に物を与え、渡すことを敬意をこめて言うには、日本語では、物を上にあげ、下にくださるという言葉を使う。それは日本人の社会の構造が、絶えず上下関係に深い注意を払う社会である結果である。子供はそれを、アゲル、クダサルという言葉とともに、知らず知らずのうちに理解する。子供は自分で言葉を作ることも、稀《まれ》にあるが、それよりも、すでに出来ていて、大人によって受けつがれて来た言葉の体系を教え込まれ、その言葉全体のワクの中に入れられて、それが使いこなせるようにと仕向けられる。その結果、子供はその単語や文法のワクに従って、自然界や、人間界の、あらゆる物事を区別し、判断するようになる。

ア この言葉のワクは、どこの国でも同じというわけではない。例えば、日本語では、「子供が申しますには……」と「子供が言いますには……」とで、はっきり違う。「子供が申しますには……」という言葉から、人々は、母親が先生と話している場面を想像する。「子供が言いますには……」と母親が先生と話しているなら、その母親は言葉に対する心づかいが細かくないということになろう。 A 、この「申す」と「言う」の相違にぴったりあたる言い方を、英語・ドイツ語に求めても、それを引き出すことはできない。英語・ドイツ語には、日本語にあるこの区別が無く、「申す」も「言う」も一つの単語で表現する。それは、英語・ドイツ語の社会に「申す」と「言う」にあたる観念の区別がないからである。

もちろん、日本語の方がいつも言葉の数が多く、ヨーロッパ語の方がいつも少ないというのではない。ヨーロッパ語にあって、日本語に欠けている言葉もある。 B 、英語には、「自然」という言葉がある。ネイチュア nature がそれである。このネイチュアにあたる言葉は、日本語では「自然」という他、何も言いようがない。中国《ちゅうごく》語やヨーロッパ語から借り入れたものではない、もともとの日本語をヤマト言葉と呼べば、ヤマト言葉に「自然」を求めても、それは見当《みあた》らない。何故《なぜ》、ヤマト言葉に「自然」が発見できないのか。

㈠　上の文章中の(1)――～(3)――の漢字の読みを平仮名で書きなさい。

㈡　上の文章中の A と B に入る言葉の組み合わせとして、最も適切なものを、次の1～4の中から選んで、その番号を書きなさい。

1　A　あるいは　　B　なぜなら
2　A　しかし　　B　例えば
3　A　なお　　B　つまり
4　A　ところが　　B　さて

㈢　ア言葉のワクは、どこの国でも同じというわけではない　とあるが、「言葉のワク」に違いがあるのはなぜか。その理由について述べた次の文中の　 に入る内容を、三十字以上、四十字以内で書きなさい。（句読点等を字数に含む。）

社会によって　　　から。

「みんな、こないじゃないか」

信夫はいった。

「うん」

「どんなことがあっても集まるって約束したのにな」

信夫はもう、自分は約束を守ってここにきたような気になっていた。

「雨降りだから、仕方がないよ」

吉川がいった。その声に俺は約束を守ったぞというひびきがなかった。信夫は吉川をほんとうにえらいと思った。

（三浦綾子「塩狩峠」による。）

※1　高等科＝現在の中学校に相当する教育機関。

※2　菊＝信夫（ぼく）の母親。

※3　貞行＝信夫（ぼく）の父親。

※4　待子＝信夫（ぼく）の妹。

※5　四、五丁＝五五〇メートルに満たない距離。一丁は、約一〇九メートル。

※6　歩きなずんだ＝なかなか歩みを進められなかった。

※7　級長＝学級を代表する児童。

とはいいながら、ずぶ濡《ぬ》れになった体が冷えてきた。

（約束というものは、こんなにまでして守らなければならないものだろうか）

わずか四、五丁の道が、何十丁もの道のりに思われて、信夫は泣きたくなった。

やっと校庭にたどりついたころは、さいわい雨が小降りになっていた。暗い校庭はしんとしずまりかえって、何の音もしない。だれかきているかと耳をすましたが話し声はなかった。ほんとうにどこからか女のすすり泣く声がきこえてくるような、無気味なしずけさだった。集合場所である桜の木の下に近づくと、

「誰だ」

と、ふいに声がかかった。信夫はぎくりとした。

「永野《ながの》だ」

「何だ、信夫か」

信夫の前の席に(3)ナラんでいる吉川修《よしかわおさむ》の声だった。吉川はふだん目だたないが、落ちついて学力のある生徒だった。

「ああ、吉川か。ひどい雨なのによくきたな」

だれもくるはずがないと決めていただけに、信夫はおどろいた。

「だって約束だからな」

淡々とした吉川の言葉が大人っぽくひびいた。

（約束だからな）

信夫は吉川の言葉を心の中でつぶやいてみた。するとふしぎなことに、「約束」という言葉の持つ、ずしりとした重さが、信夫にもわかったような気がした。

（ぼくはおとうさまに行けといわれたから、仕方なくきたのだ。約束だからきたのではない）

ウ信夫は急にはずかしくなった。吉川修が一段えらい人間に思われた。日ごろ、級長※7としての誇りを持っていたことが、ひどくつまらなく思われた。

(五) 国語の授業で上の文章を読み、「信夫は吉川をほんとうにえらいと思った」理由について考えることになった。次は、ある生徒の【ノートの一部】である。□に共通して入る内容を、三字で書きなさい。

【ノートの一部】

○吉川の態度が、自分とはまったく違ったから。

〈信夫の態度〉

・「みんな、こないじゃないか」

↓自分は約束を守ったと思い、みんなのことを□いる。

〈吉川の態度〉

・「だって約束だからな」

・「雨降りだから、仕方がないよ」

↓約束を守るのは当然だと考えているが、その考えを押し付けず、みんなのことを□いない。

貞行の声がきびしかった。

「いいえ。雨が降った時はどうするか決めていなかったの」

イ信夫はおずおずと貞行をみた。

「約束を破るのは、犬猫に(1)オトるものだよ。犬や猫は約束などしないから、破りようもない。人間よりかしこいようなものだ」

信夫は不満そうに口をとがらせた。

(だけど、大した約束でもないのに)

「信夫。守らなくてもいい約束なら、はじめからしないことだな」

信夫の心を見通すように貞行はいった。

「はい」

しぶしぶと信夫はたちあがった。

「わたくしもいっしょにまいります」

菊も立ちあがった。待子※4はすでに夕食の途中でねむってしまっている。

「菊。信夫は四年生の男子だ。ひとりで行けないことはあるまい」

学校までは四、五丁※5ある。菊は困ったように貞行をみた。

外に出て、何歩も歩かぬうちに、信夫はたちまち雨でずぶぬれになってしまった。まっくらな道を、信夫は爪先でさぐるように歩いていった。思ったほど風はひどくはないが、それでも雨にぬれた、まっくらな道は歩きづらい。四年間歩きなれた道ではあっても、ひるの道とは全く勝手がちがった。

(つまらない約束をするんじゃなかった)

信夫はいくども(2)コウカイしていた。

(どうせだれもきていないわけはないのに)

信夫は貞行の仕打ちが不満だった。ぬかるみに足をとられて、信夫は歩きなずんだ※6。春の雨

(三) イ信夫はおずおずと貞行をみた とあるが、この時の信夫の心情として、最も適切なものを、次の1～4の中から選んで、その番号を書きなさい。

1 雨の中を学校に行くのがどうしても嫌で、何とか父親を説得しようと懸命になっている。

2 つまらない約束にこだわる父親の考えが理解できず、どうしたらいいか途方に暮れている。

3 父親の態度がきびしくなり、父親に素直に従わずに言い返したことを反省している。

4 父親は約束を破ろうとしていることをとがめているのだと気づき、おじ気づいている。

(四) ウ信夫は急にはずかしくなった とあるが、その理由を、四十五字以上、五十五字以内で書きなさい。(句読点等を字数に含む。)

ただし、「吉川」「父親」「重さ」という三つの言葉を用いること。

二〇二一年度　常総学院高等学校（推薦）

【国　語】〈五〇分〉〈満点：一〇〇点〉

一　次の文章を読んで、下の(一)～(五)の問いに答えなさい。

「※1高等科の便所に夜になると女の泣き声がするんだって。みんなで今夜集まって、それがおばけかどうかみるんだって」

「まあ、おばけなんて、この世にいるわけがありませんよ。そんなことで、こんな雨ふりに出かけることはありませんよ。ねえ、あなた」

※2菊《きく》はおかしそうに笑った。※3貞行《さだゆき》は腕を組んだまま、少しむずかしい顔をしていた。

「ええ、ア ぼく、いかないよ。こんなに雨が降ってきたらだれも集まらないのに決まっているから」

「そうか。やめるのはいいが、信夫《のぶお》はいったい、みんなとどんな約束をしたんだね」

「今夜、八時に桜の木の下に集まるって」

「そう約束したんだね。約束したが、やめるのかね」

貞行はじっと信夫をみつめた。

「約束したことはしたけれど、行かなくてもいいんです。おばけがいるかどうかなんて、つまらないから」

こんな雨の中を出ていかなければならないほど、大事なことではないと信夫は考えた。

「信夫、行っておいで」

貞行がおだやかにいった。

「はい。……でも、こんなに雨が降っているんだもの」

「そうか。雨が降ったら行かなくてもいいという約束だったのか」

(一)　上の文章中の(1)――～(3)――の片仮名の部分を漢字で書きなさい。

(二)　ア ぼく、いかないよ　とあるが、信夫がこのように言った理由を説明した次の文中の（Ⅰ）・（Ⅱ）に入る最も適切な言葉を、上の文章中からそれぞれ抜き出して書きなさい。ただし、（Ⅰ）は五字、（Ⅱ）は九字で抜き出すこと。

> 雨ならみんな（　Ⅰ　）はずだし、約束の内容もそれほど（　Ⅱ　）ので、行かなくても問題ないと思ったから。

2021年度／常総学院高等学校（推薦）

英語解答

1 (1) No.1　ウ　No.2　エ　No.3　エ
　　No.4　ア　No.5　イ
(2) ①…9　②…15

2 (1) ①　countries　②　studying
　　③　worked
(2) ④　famous　⑤　player
　　⑥　after

3 (1) ウ→ア→オ→イ→エ　(2) able
(3) ①　There　②　family
　　③　about

4 (1) why was the white light used
(2) エ　(3) looked　(4) ウ
(5) ア　(6) イ，カ，キ

5 (1) ウ，オ，ク
(2) ①　Yes, it was.／Yes, they were.
　　②　The doctor in her town did.
(3) 1　(4) イ

6 (1) 2番目…ア　5番目…オ
(2) 2番目…オ　5番目…イ
(3) 2番目…イ　5番目…ウ
(4) 2番目…エ　5番目…オ
(5) 2番目…オ　5番目…ウ

1〔対話文総合〕

(1)＜英問英答＞

No.1．コウタ（K）：メアリー，この週末，沖縄に滞在したんだよね？　どうだった？／メアリー（M）：天気はよくなかったわ。金曜の夕方，そこに着いたときは晴れていたんだけど，翌朝は曇りだったわ。そして正午頃には雨が降り始めて，日曜日に空港へ向かうまでずっと雨だったの。／K：ああ，それはお気の毒に。風は強かった？／M：いいえ。∥「土曜日の午後，沖縄の天気はどうだったか」―ウ．「雨だった」

No.2．姉（S）：トム，両手に何を持っているの？／トム（T）：手には何も持ってないよ。／S：じゃあ両手を見せて。テーブルからチョコレートを取ってきたんでしょう？／T：ううん，お姉ちゃん。はい，どうぞ。これはお姉ちゃんへのものだよ。今日はお姉ちゃんの誕生日だから，お花を買ったんだ。／S：まあ，トム！　ありがとう！∥「トムは両手に何を持っているか」―エ．「花」

No.3．ジャック（J）：やあ，ユイ。今度の土曜日に新しいレストランがオープンするって知ってる？／ユイ（Y）：こんにちは，ジャック。ええ，知ってるわ。お父さんがその翌日に，そこへ昼食に連れていってくれるの。あなたも私たちと一緒に来ない？／J：もちろん，でも午前中は9時から11時20分までサッカーの練習があるんだ。／Y：わかったわ，じゃあ11時40分に私の家に来て。家からそこへ行くのは，歩いてほんの10分なの。∥「ジャックはいつ新しいレストランへ行くか」―エ．「今度の日曜日の11時50分」

No.4．母親（M）：おばあちゃんが私たちにおいしいリンゴを送ってくれたわ。あなた，リンゴは好きよね？／デイビッド（D）：うん，リンゴは大好きだよ。おばあちゃんはリンゴをいくつ送ってくれたの？／M：わからないわ。1箱送ってくれたのよ。／D：やったあ！　じゃあ，リンゴジュースをつくってくれる？　お父さんもそれが好きなんだ。／M：いいわよ。∥「誰がリンゴジュースをつくるか」―ア．「デイビッドの母親」

No.5．ルーシー（L）：明日，パーティーに何か持ってくる必要があるかしら？／ケンタ（K）：いや，必要ないよ。リョウタと僕が日本食をつくるからね。／L：本当？　すごいわ！　他の人もパーティーに参加するの？／K：うん。リョウタは妹〔お姉さん〕と来るし，僕の妹〔姉〕も来るよ。それで全部だ。／L：まあ，いいわね！〃「明日，何人の人がパーティーに参加するか」―イ．「5人」

(2)＜**要旨把握**＞

≪全訳≫❶健(K)：初めまして。僕は健だよ。**❷キャサリン(C)**：こちらこそ初めまして。私はキャサリンよ。キャシーって呼んでね。**❸K**：君はどこの出身なの，キャシー。**❹C**：オーストラリアよ。**❺K**：本当？　そこは行ったことがないよ。今，そこは暑いらしいね。**❻C**：そのとおりよ。私の国は夏なの。私たちの夏休みは長いから，両親と日本の冬を楽しむために北海道に来たの。父と母はスキーが好きなのよ。私は彼らのようにスキーが上手にできないから，練習しているの。今日が北海道での2日目なの。**❼K**：いいね。北海道にはどのくらい滞在する予定なんだい？**❽C**：あと1週間よ。それから東京に行って，そこに3日間滞在するの。母の友達がそこに住んでいるのよ。**❾K**：なるほど。僕はここ北海道で生まれたから，3歳のときにスキーを始めたんだ。12年間スキーをしているよ。**❿C**：すごいわね。

＜**解説**＞①第6～8段落参照。すでに2日滞在し，さらにもう1週間滞在するので，合計で9日間となる。　②第9段落参照。3歳で始めたスキーを12年続けている。

2〔**長文読解総合―スピーチ**〕

≪全訳≫A．私の夢は医者になって貧しい国々の人々を助けることです。一生懸命勉強することで，夢を実現したいです。特に，英語を一生懸命勉強したいです。夏休みの間に，ボランティアとして働くこともしたいです。ボランティアとして数回働いたことがあり，それをするのが好きです。高校生になるのを楽しみにしています。

B．私はワカバ高校の生徒になる予定です。その学校は吹奏楽団で有名です。私はその楽団のメンバーになって，すばらしいフルート奏者になりたいです。楽団のメンバーは毎日，朝と放課後に練習する必要があると聞いているので，一生懸命やりたいです。

(1)＜**語形変化**＞①country は‘数えられる名詞’。poor の前に a がついていないことから，複数形にする。country は語尾が‘子音字＋y’なので y を i に変えて es をつける。　②by などの前置詞の後に動詞がくるときは，動名詞(～ing)にする。by ～ing で「～することによって」という意味になる。　③前に have があるので‘have/has＋過去分詞’の現在完了にする。「～したことがある」という意味を表す‘経験’用法。

(2)＜**適語補充**＞④be famous for ～「～で有名である」　⑤「吹奏楽団」「フルート」というキーワードから，話し手がなりたいと思っているものは，player「演奏者」。　⑥after school「放課後」

3〔**長文読解総合―対話文**〕

≪全訳≫❶拓(T)：ケイト，僕は昨夜，テレビでとてもおもしろいマラソン大会を見たよ。**❷ケイト(K)**：本当？　どんなふうだったの？**❸T**：ランナーが人じゃなかったんだ。ロボットだったんだよ。とても楽しかったよ。**❹K**：マラソン大会を走るロボットなんて聞いたことがないわ。私たちと同じように走るの？**❺T**：ううん。でもロボットはもうすぐ人と同じように走るようになるよ。ケイト，君はいいランナーになろうとしているよね？　いつか，ロボットと競走することになると思うよ。それはとてもおもしろいだろうな。❻K：そうね，でもロボットに負けたくないな。❼T：じゃあ，もっと一生懸命練習しなくちゃね。日本には多くの種類のロボットがあるって知ってる？　それらは僕たちのために多くのことをすることができるんだ。❽K：本当？　何をしてくれるの？❾T：(A)例えば，病院で働く人々を助けるロボットもいるよ。❿K：ああ，それについて聞いたことがあるわ。テレビで，ロボットと一緒のお年寄りの女性を見たの。彼女はロボットと暮らしていて，それは彼女の子どものようだった。女性はロボットと話もしていたわ。彼女は「このロボットがいるからもう寂しくないわ」って言っていたのよ。⓫T：それはいいね。⓬K：うん。私もロボットが欲しいな。⓭T：どうしてそれが欲しいの？⓮K：しなければならないことがたくさんあるからよ。ロボットがいたら，私のためにそれらのことをしてもらうように頼めるわ。そうすれば，好きなことをもっとたくさんできるもの。

(1)＜**整序結合**＞「それら(ロボット)は何をしてくれるの？」という質問を受けて，その例を述べようとしているので，some robots を主語にし，動詞に help，その目的語に people を置く。残りは working in (hospitals)とまとめて，people を後ろから修飾する('名詞＋現在分詞(～ing)＋語句'「～している…」の形)。　For example, some robots help people working in hospitals.

(2)＜**書き換え―適語補充**＞can「～できる」は，be able to で書き換えられる。

(3)＜**内容一致**＞「こんにちは，ジュディ。私は日本で楽しい時を過ごしているわ。今日，友達の拓とロボットについて話したの。日本には多くの種類のロボットがあるわ。テレビでそれらの1つを見たの。お年寄りの女性がロボットと暮らしていて，まるで家族のようだったわ。いいことだと思う。私もロボットが欲しいわ。あなたはどう？　あなたもロボットが欲しい？」　①There is/are ～「～がある」の文。　②主語の they はお年寄りの女性とロボットを指す。空所直前の like は「～のような」という意味の前置詞。第10段落に「それ(ロボット)は彼女の子どものようだった」とあることから考える。　③How about you?「あなたはどうですか」

4〔**長文読解総合―説明文**〕

≪**全訳**≫❶ふだん信号について考えることはしない。それは日常生活の一部だからだ。信号が赤になれば止まり，青になれば動き出す。世界中の人々が同じことをする。赤は「止まれ」，青は「進め」を意味する。これは世界中で共通のルールの1つだ。今日，誰も白を「進め」だとは思わない。しかし，昔の人はそう考えていた。❷最初の信号は約150年前，イギリスで使われた。それは列車のためのものだった。鉄道会社は夜に列車を運行するため，合図用に光を使っていた。それは白色だった。運転手はその光が見えると，列車を前に進めることができた。❸①では，なぜ白色の光が使われたのだろうか。運転手には，全ての色の中で白が一番よく見えたからだ。「止まれ」と「注意」には他の色が必要だったので，赤と青が使われた。❹当時，色のついた光がつくられるときは，色のついたガラスが，白色の光の前に置かれた。だから，そのガラスが壊されると，色がついた光は白い光のように見えた。ときに，それは大きな問題となった。運転手は，いつ進み，いつ止まればよいかわからなかったのだ。❺別の問題もあった。昔，駅の近くにあまり多くの家はなかったが，人々はより多くの家を建て始めていた。家の白い光が増え，運転手が正しい光を見つけるのが難しくなった。それで，鉄道会社は白色の光を使うのをやめ，今私たちが見ている信号を使い始めたのだ。❻次に信号を見るときは，注意して見てみるといい。そうすれば，なぜ有効な色を選ぶことがそれほど難しかったかがわかるだろう。

(1)＜**整序結合**＞まず疑問詞 why「なぜ」をはじめに置く。「使われたのか」という過去形の受け身の疑問文なので，'was/were＋主語＋過去分詞?' の語順にする。

⑵＜**適語句選択**＞空所直後に of all colors「全ての色の中で」とあるので，‘最上級＋of all ～’で「全ての～の中で最も…」の形にする。この best は副詞 well「よく」の最上級。

⑶＜**適語補充**＞look like ～「～のように見える」

⑷＜**適語選択**＞家々から漏れる光によって，列車の運転手が正しい光を見つけにくくなったのは，家の明かりが，当時鉄道で信号として使われていた色と同じ色だったからである。

⑸＜**適語選択**＞空所を含む文の it 以下は‘it is ～ to …’「…することは～だ」の形式主語構文。かつては有効だとされていた白色の信号が使えなくなって，現在の色に変更された，という本文の流れから，「有効な色を選ぶことはとても難しかった」とする。

⑹＜**内容真偽**＞ア．「信号の色は各国で違う」…×　第１段落参照。　イ．「昔は，白い信号が『進め』を意味した」…○　第２段落後半に一致する。　ウ．「イギリスでは，最初の信号は車に使われた」…×　第２段落第１，２文参照。　エ．「白い信号は高価なので，鉄道会社はそれを使わない」…×　「白い信号は高価」だという記述はない。　オ．「昔，信号に赤と青は使われなかった」…×　第３段落最終文参照。　カ．「昔の人々は，白色の光の前に色のついたガラスを置いた」…○　第４段落第１文に一致する。　キ．「昔，列車の運転手はいつ進んでいつ止まればよいかわからないことがあった」…○　第４段落最終文に一致する。　ク．「昔は，駅の周りに家がたくさんあったので，列車の運転手は駅を簡単に見つけることができた」…×　このような記述はない。

５〔**長文読解総合―物語**〕

≪全訳≫❶アメリカのある小さな町に，１人の男の子が住んでいた。彼の名は，ハリー・ミラーといった。彼が６歳のとき，両親が車の事故で亡くなった。その後，彼は祖母と暮らし始めた。彼女は昼夜懸命に働いたが，ハリーと彼の妹を１人で養うのは彼女には難しかった。それで，ハリーは彼女を助けるため，新聞配達員になったが，彼らの生活はとても厳しかった。❷ある日，少年はいつものように各戸に新聞を届けていた。何軒かの家に新聞を配った後，とてもおなかがすいた。その日，彼が食べた食べ物は小さなリンゴだけだった。１そして，それは何時間も前のことだった。パン屋に来ると，おなかがゴロゴロ鳴り始めた。パンのにおいは，彼をさらに空腹にさせた。すると，若い女性がドアから出てきた。彼女は「毎日新聞を届けてくれてありがとう」と言った。彼はとても驚き，恥ずかしかった。というのも，おなかがまた大きな音を出し始めたからだ。すると，女性は「ちょっと待って」と言い，パン屋の中へ入っていった。再びドアから出てきたとき，両手に何かの袋を抱えていた。彼女は「兄弟か姉妹はいるの？　これを持っていってくれない？　今日売れなかったから，捨てるつもりなの」と言った。少年は袋を手に取って，中を見た。その中にはロールパンがいくつか入っていた。彼はそれらの１つを取り出して，食べた。彼は「こんなにおいしいものは食べたことがない」と思った。❸その翌週，同じことが起きた。パン屋に着くと，女性がドアから出てきて，彼に袋をくれたのだ。これは，少年が学校で勉強するために町を離れるまで，ときどき続いた。❹それから何年もたった。女性は病気になった。町の医師は，彼女を助けられないと思ったので，大都市の病院へ彼女を送った。その病院の医師の１人は，彼女の生まれ故郷の出身で，彼らはときどきそれについて話した。その医師は数か月間，彼女によい治療を施し，彼女は回復した。彼女は彼に「どうもありがとうございました。あなたは私の命を救ってくださいました」と言い，町へ戻った。❺数日後，彼女は病院から請求書を受け取った。請求された金額を支払うのに十分なお金があるとは思えず，最初，彼女は封筒を開けることができなかった。

しばらくして，彼女は封筒を開けた。そして，そこに書かれた文字を見つけた。そこには，「請求された金額は，あなたのロールパンが大好きだった少年によって支払われました」と書かれていた。❻それから，彼女は少年のことを思い出した。彼女は「まあ，あのお医者さんはハリーだったのね！」と言った。

(1)＜**内容真偽**＞ア．「ハリーは6歳のとき，両親のために働き始めた」…×　第1段落第3文参照。イ．「祖母は新聞を買うことができなかったので，ハリーは新聞配達員になった」…×　第1段落最後の2文参照。　ウ．「ハリーがパン屋に来ると，若い女性がドアから出てきた」…○　第2段落第5～7文および第3段落に一致する。　エ．「パン屋の女性は，ハリーの妹が彼女のパンを好きなことを知っていた」…×　第2段落後半の女性の言葉を参照。女性はハリーに妹がいることを知らなかった。　オ．「ハリーは，女性にもらったロールパンは本当においしいと思った」…○　第2段落最終文に一致する。　カ．「ハリーが町を出てからも，女性はよくハリーにパンをあげた」…×　第3段落参照。　キ．「大都市の病院に勤務する医師の1人は，ハリーを覚えていた」…×　第6段落参照。この医師がハリーだった。　ク．「ハリーは女性のことを覚えていて，彼女のために請求金額を支払った」…○　第5段落最終文に一致する。

(2)＜**英問英答**＞①「ハリーが子どものとき，家族は貧しかったか」―「はい」　第1段落参照。family は単数扱いが一般的だが，家族の一人ひとりに焦点がある場合は複数扱いされることもあるので they were としても可。　②「誰が女性を大都市の病院へ送ったか」―「彼女の町の医師」　第4段落第3文参照。‘Who＋一般動詞…?’ の疑問文には，‘主語＋did/do/does.’ の形で答える。

(3)＜**適所選択**＞脱落文の意味は「そして，それは何時間も前のことだった」。脱落文の that が受けている内容を考える。この that は，空所1の直前の「その日，彼が食べた食べ物は小さなリンゴだけだった」という内容を受けている。

(4)＜**適語句選択**＞空所の後，「彼女は回復した」のだから，十分な治療を施したのだと判断できる。take good care of ～「～をしっかり世話する」

6〔**整序結合**〕

(1)「～したとき」は ‘when＋主語＋動詞’ で表す。「～していた」は ‘was/were＋～ing’ の過去進行形。　take a bath「風呂に入る」　I was taking a bath when she called me.

(2)‘完了’ を表す現在完了の疑問文（‘Have/Has＋主語＋過去分詞…＋yet ?’）をつくる。　Have you had breakfast yet ?

(3)「いちばん～な…」は ‘the＋最上級＋名詞’ の語順。popular のように長い語の最上級は，前に most を置き，語尾に est はつけない。　Ms. Brown is the most popular teacher in our school.

(4)‘show＋人＋物’「〈人〉に〈物〉を教える」の ‘物’ の部分に ‘how to＋動詞の原形’「～の仕方」を置く。Would you ～？は「～していただけませんか」というていねいな依頼を表す。　Would you show me how to use this computer ?

(5)taken という過去分詞があるので，「あの男の人が撮った写真」を「あの男の人によって撮られた写真」と読み換えて，‘名詞＋過去分詞＋語句’「～された…」の形で表す。　I like the pictures taken by that man.

数学解答

1 (1) −6　(2) $3\sqrt{6}$cm　(3) イ

(4) (例)

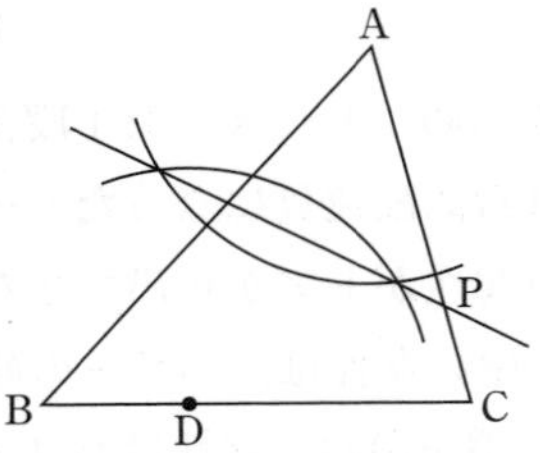

2 (1) ア…$n+1$　イ…n

(2) ア…$x+y$　イ…$3x-2y$　(3) $\frac{2}{3}$

(4) $\frac{9}{25}$

3 (1) 85°

(2) (例)△ACD と△CFG で，仮定より，∠CDA＝∠FGC……①　AD∥BC より，錯角は等しいから，∠DAC＝∠GCF……②　①，②から，2組の角がそれぞれ等しいので，△ACD∽△CFG

(3) $\frac{35}{3}\mathrm{cm}^2$

4 (1) $y=-6x+270$　(2) $\frac{55}{2}$秒後

(3) 30m

5 (1) $a=0.16$，$b=0.24$　(2) 215cm

(3) ア…14　イ…225

6 (1) イ　(2) ①　5 cm　②　$\frac{140}{3}\mathrm{cm}^3$

1 〔独立小問集合題〕

(1)＜**数の計算**＞4試合目の得点は21点，5試合目の得点は15点なので，5試合目の得点は4試合目の得点より，$21-15=6$(点)低い。よって，アに当てはまる数は−6である。

(2)＜**図形—長さ**＞円の半径を r cm とすると，円の面積は $\pi r^2\mathrm{cm}^2$ と表せる。これが $54\pi\mathrm{cm}^2$ であることから，$\pi r^2=54\pi$ が成り立つ。これを解くと，$r^2=54$，$r=\pm3\sqrt{6}$ となり，$r>0$ だから，$r=3\sqrt{6}$(cm)である。

(3)＜**文字式の利用—不等式**＞1個 a 円のおにぎり6個と1個 b 円のパン5個の代金は，$6a+5b$ 円と表せる。1500円を出すとおつりがあったことから，この代金は1500円より少ないので，$6a+5b<1500$ という関係が成り立つ。

(4)＜**図形—作図**＞右図で，AP＝DP だから，点Pは線分 AD の垂直二等分線上にある。よって，線分 AD の垂直二等分線と辺 AC の交点が点Pとなる。作図は，まず，2点A，Dをそれぞれ中心とする半径の等しい円の弧をかく。次に，この2つの円の弧の交点を通る直線を引き，辺 AC との交点をPとする。解答参照。

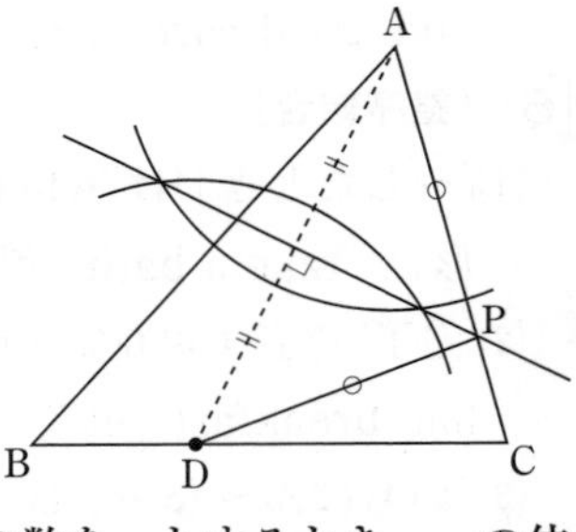

2 〔独立小問集合題〕

(1)＜**式の利用**＞a の一の位の数は十の位の数より1大きいから，十の位の数を n とするとき，一の位の数は $n+1$ と表せる(ア…$n+1$)。これより，a と9の和は，$a+9=10n+(n+1)+9=10n+n+1+9=10n+10+n=10(n+1)+n$ となる(イ…n)。これは，$n+1$ が十の位の数，n が一の位の数である整数を表しているから，b となる。

(2)＜**連立方程式の応用**＞あいこの場合はじゃんけんの回数に入れないから，Aさんと Bさんがじゃんけんを20回したとき，Aさんが勝った回数とBさんが勝った回数の合計は20回である。Aさんが勝った回数が x 回，Bさんが勝った回数が y 回だから，$x+y=20$ が成り立つ(ア…$x+y$)。このとき，Aさんは x 回勝ち，y 回負けたことになる。勝つと3点，負けると−2点だから，Aさんの得点の合計が25点であったことより，$3x+(-2y)=25$，$3x-2y=25$ が成り立つ(イ…$3x-2y$)。

(3)＜**関数―比例定数**＞関数 $y=ax^2$ において，y の変域が $0\leqq y\leqq 6$ となることより，$a>0$ である。これより，x の変域が $-3\leqq x\leqq 2$ においては，x の絶対値が最大の $x=-3$ のとき，y は最大で $y=6$ となる。よって，$y=ax^2$ に $x=-3$，$y=6$ を代入して，$6=a\times(-3)^2$ より，$a=\frac{2}{3}$ である。

(4)＜**確率**＞まず，袋A，Bには5個ずつ玉が入っているから，袋A，Bから1つずつ玉を取り出すとき，袋Aからは5通り，袋Bからも5通りの取り出し方があり，玉の取り出し方は全部で $5\times5=25$(通り)ある。このうち，取り出した玉に書かれた数の積が5の倍数になるのは，袋Aから5の玉を取り出すか，袋Bから10の玉を取り出す場合である。このような場合は，(A，B)＝(1，10)，(2，10)，(3，10)，(4，10)，(5，6)，(5，7)，(5，8)，(5，9)，(5，10)の9通りある。よって，求める確率は $\frac{9}{25}$ である。

3 〔平面図形―平行四辺形〕

≪基本方針の決定≫(3)　四角形AEFGを線分AFで2つの三角形に分けて考える。

(1)＜**角度**＞右図1で，四角形ABCDは平行四辺形だから，$\angle ADC=\angle ABC=72^\circ$ となり，$\angle ADF=\angle ADC-\angle CDF=72^\circ-29^\circ=43^\circ$ となる。AD//BCより錯角は等しいから，$\angle DFC=\angle ADF=43^\circ$ である。また，△BFEで内角と外角の関係より，$\angle BFE=\angle AEF-\angle EBF=124^\circ-72^\circ=52^\circ$ である。よって，$\angle EFD=180^\circ-\angle DFC-\angle BFE=180^\circ-43^\circ-52^\circ=85^\circ$ となる。

図1

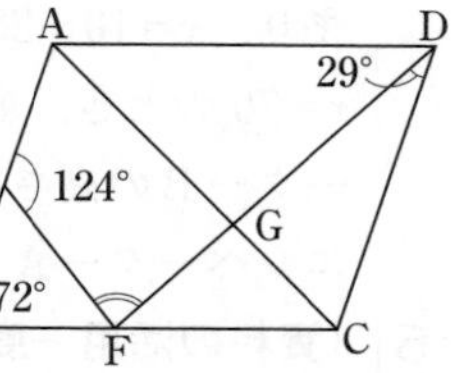

(2)＜**論証**＞右図2の△ACDと△CFGにおいて，∠CDA＝∠FGCなので，相似であることを証明するには，あと1組の角が等しいことを示せばよい。AD//BCより，錯角が等しいから，∠DAC＝∠GCFである。解答参照。

図2

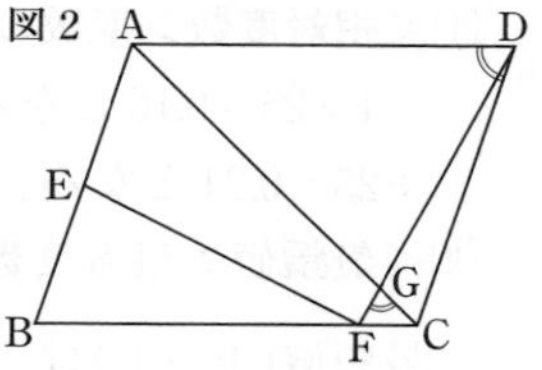

(3)＜**面積**＞右図3で，〔四角形AEFG〕＝△AEF＋△AFGと考える。まず，△ABC≡△CDAだから，$\triangle ABC=\frac{1}{2}\square ABCD=\frac{1}{2}\times40=20$ である。△ABF，△AFCの底辺をそれぞれBF，FCと見ると，高さが等しいから，△ABF：△AFC＝BF：FC＝2：1となり，$\triangle ABF=\frac{2}{2+1}\triangle ABC=\frac{2}{3}\times20=\frac{40}{3}$，$\triangle AFC=\frac{1}{3}\triangle ABC=\frac{1}{3}\times20=\frac{20}{3}$ となる。また，AE＝EBより，$\triangle AEF=\triangle EBF=\frac{1}{2}\triangle ABF=\frac{1}{2}\times\frac{40}{3}=\frac{20}{3}$ となる。次に，△AGD∽△CGFであり，相似比はAD：CF＝BC：CF＝(2＋1)：1＝3：1だから，AG：CG＝3：1となり，△AFG：△CGF＝3：1である。これより，$\triangle AFG=\frac{3}{3+1}\triangle AFC=\frac{3}{4}\times\frac{20}{3}=5$ である。以上より，〔四角形AEFG〕$=\frac{20}{3}+5=\frac{35}{3}$(cm²)となる。

図3

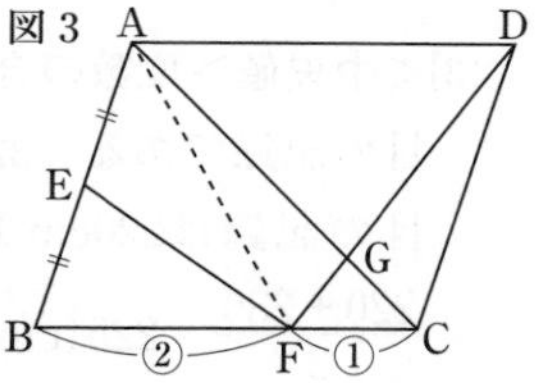

4 〔関数―関数の利用〕

(1)＜**直線の式**＞問題の図で，エレベーターAの $25\leqq x\leqq 45$ におけるグラフは，2点(25，120)，(45，0)を結ぶ線分である。これより，この2点を通る直線の傾きは $\frac{0-120}{45-25}=-6$ となるから，その式は $y=-6x+b$ とおける。点(45，0)を通るから，$0=-6\times45+b$ より，$b=270$ となり，求める式は $y=-6x+270$ である。

(2)＜**時間**＞(1)より，エレベーターAの $25\leqq x\leqq 45$ におけるグラフの傾きは -6 だから，2台のエレベーターA，Bの速さは毎秒6mである。エレベーターBは，エレベーターAが動き始めてから10秒後に1階から昇り始めるから，$y=6(x-10)$より，$y=6x-60$と表せる。$x=25$のとき，エレベーターBは$y=6\times25-60=90$，このときエレベーターAは$y=120$なので，エレベーターA，Bが初めてすれ違うのは，エレベーターAがレストラン街から下降しているときである。エレベーターAがレストラン街から下降しているとき，(1)より，$y=-6x+270$だから，2式からyを消去して，$6x-60=-6x+270$，$x=\dfrac{55}{2}$である。したがって，エレベーターA，Bが初めてすれ違うのは，エレベーターAが動き始めてから，$\dfrac{55}{2}$秒後である。

(3)＜**高さ**＞$x=70$のときのエレベーターA，Bのそれぞれの高さを求める。エレベーターAは$x=45$のとき1階に着き，その後20秒間停止して，$x=45+20=65$のとき毎秒6mの速さで昇り始める。よって，$x=70$のときのエレベーターAの高さは，$6\times(70-65)=30$(m)である。一方，エレベーターBは，$x=10$のとき1階から昇り始め，その後，高さ150mの展望台に$150\div6=25$(秒)後，つまり，$x=10+25=35$のときに着く。さらにその後，20秒間停止して展望台から下降し始めるから，$x=70$のとき，展望台から$6\times(70-35-20)=90$(m)下降している。よって，$x=70$のときのエレベーターBの高さは，$150-90=60$(m)である。したがって，$x=70$のとき，エレベーターBの高さは，エレベーターAよりも$60-30=30$(m)高い。

5 〔資料の活用―度数分布表〕

(1)＜**相対度数**＞度数の合計が25人，200cm以上210cm未満の階級の度数が4人なので，相対度数は$a=4\div25=0.16$となる。また，220cm以上230cm未満の階級の度数が6人なので，相対度数は$b=6\div25=0.24$となる。

(2)＜**最頻値**＞最も度数が大きい階級は，度数が8人の210cm以上220cm未満の階級である。よって，最頻値(モード)は，この階級の階級値であり，$\dfrac{210+220}{2}=215$(cm)となる。

(3)＜**中央値**＞度数の合計が27人だから，中央値(メジアン)は，記録を大きさの順に並べたときの14番目の記録である。220cm未満は$1+4+8=13$(人)，230cm未満は$13+6=19$(人)となるから，14番目の記録は220cm以上230cm未満の階級に含まれる。よって，中央値を含む階級の階級値は$\dfrac{220+230}{2}=225$(cm)となる。

6 〔空間図形―正四角錐〕

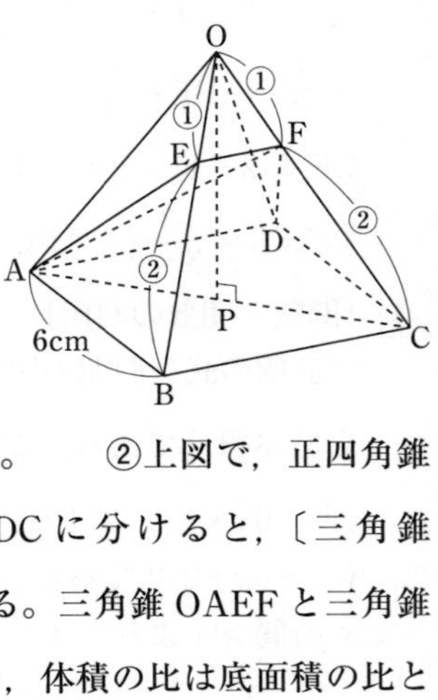

(1)＜**投影図**＞右図で，正四角錐OABCDは，側面が二等辺三角形，底面が正方形だから，正面から見ると二等辺三角形，真上から見ると正方形となる。よって，立面図は二等辺三角形，平面図は正方形となるから，投影図はイのようになる。

(2)＜**長さ，体積**＞①右図のように，頂点Oから底面ABCDに垂線OPを引くと，線分OPの長さが正四角錐OABCDの高さとなる。よって，$\mathrm{OP}=h$(cm)とおくと，正四角錐OABCDの体積が60cm^{3}より，$\dfrac{1}{3}\times6\times6\times h=60$が成り立つ。これを解くと，$h=5$(cm)となる。　②上図で，正四角錐OABCDを3点O，A，Cを通る平面で2つの三角錐OABC，OADCに分けると，〔三角錐OABC〕=〔三角錐OADC〕$=\dfrac{1}{2}$〔正四角錐OABCD〕$=\dfrac{1}{2}\times60=30$となる。三角錐OAEFと三角錐OABCの底面をそれぞれ△OEF，△OBCと見ると，高さが等しいから，体積の比は底面積の比と等しくなり，〔三角錐 OAEF〕：〔三角錐 OABC〕＝△OEF：△OBC となる。OE：EB＝OF：FC＝1：2 より，OE：OB＝OF：OC＝1：(1＋2)＝1：3 となり，∠EOF＝∠BOC だから，2組の辺の比とその間の角がそれぞれ等しくなり，△OEF∽△OBC である。よって，相似比が 1：3 より，△OEF：△OBC＝1^2：3^2＝1：9 となるから，〔三角錐 OAEF〕：〔三角錐 OABC〕＝1：9 となり，〔三角錐 OAEF〕＝$\frac{1}{9}$〔三角錐 OABC〕＝$\frac{1}{9}\times30=\frac{10}{3}$ である。また，三角錐 OADF と三角錐 OADC の底面をそれぞれ△ODF，△ODC と見ると，高さが等しいから，〔三角錐 OADF〕：〔三角錐 OADC〕＝△ODF：△ODC＝OF：OC＝1：3 となり，〔三角錐 OADF〕＝$\frac{1}{3}$〔三角錐 OADC〕＝$\frac{1}{3}\times30=10$ である。以上より，点Bを含む方の立体の体積は，〔正四角錐 OABCD〕－〔三角錐 OAEF〕－〔三角錐 OADF〕＝$60-\frac{10}{3}-10=\frac{140}{3}$ (cm^3) となる。

＝読者へのメッセージ＝

1(4)では，線分の垂直二等分線を作図しました。線分の垂直二等分線は，その線分の両端の点から等距離にある点の集まりということもできます。角の二等分線も，その角をつくる2本の直線から等距離にある点の集まりということができます。

国語解答

一 (一) (1) 劣 (2) 後悔 (3) 並

(二) Ⅰ 集まらない

Ⅱ 大事なことではない

(三) 4

(四) 父親に言われてしかたなく来た自分とは違い，吉川は約束の重さを理解したうえで来ているということがわかったから。(54字)

(五) 責めて

二 (一) (1) へんかく (2) おうらい

(3) こうわん

(二) 2

(三) 観念の区別の有無や，ある物を一つの対象として確立するかどうかに違いがある(36字)

(四) 自然の一つの風物となって生きること[を望む姿。]

(五) ヤマト言葉に「自然」という単語がない

三 (一) たとい (二) 1 (三) 上人

(四) 4

四 (一) 人工 (二) 1 (三) 4

(四) 2 (五) 3

(六) 自然物に拮抗する根源的な美しさをたたえる

一〔小説の読解〕出典；三浦綾子『塩狩峠』。

(一)＜漢字＞(1)音読みは「優劣」などの「レツ」。　(2)「後悔」は，前にしたことを後になって悔いること。　(3)音読みは「並列」などの「ヘイ」。

(二)＜文章内容＞Ⅰ.「こんなに雨が降ってきたらだれも集まらないのに決まっている」と，信夫は思った。　Ⅱ. 約束の内容も，「こんな雨の中を出ていかなければならないほど，大事なことではない」と，信夫は思ったのである。

(三)＜心情＞父は，信夫に対して，「約束したが，やめるのかね」「雨が降ったら行かなくてもいいという約束だったのか」と，「約束」という言葉を厳しい声で繰り返した。信夫は，「約束」を破ることを父がとがめているのだと気づいて，困ったのである。

(四)＜文章内容＞信夫は，「約束だからきたのでは」なく，「おとうさまに行けといわれたから，仕方なくきた」のである。しかし，吉川は，「約束だから」来たと言う。信夫は，吉川が「『約束』という言葉の持つ，ずしりとした重さ」を理解しているからこそ，ここにいるのだということに気づいて，恥ずかしくなったのである。

(五)＜文章内容＞信夫は，自分が約束を守って校庭に来たような気になって，「どんなことがあっても集まるって約束したのに」と，他のみんなが来ないことを責めた。しかし吉川は，「雨降りだから，仕方がない」と，決して他のみんなを責めてはいず，その声には「俺は約束を守ったぞ」という響きがなかったのである。

二〔論説文の読解―芸術・文学・言語学的分野―言語〕出典；大野晋『日本語の年輪』「人間を作る言葉　言葉を作る人間」。

≪本文の概要≫子どもは，受け継がれてきた言葉の体系を教え込まれ，使いこなせるように仕向けられる。その結果，私たちは，その単語や文法の枠に従って，自然界や人間界のあらゆる物事を区別し判断するようになる。単語や文法の枠は国によって違う。観念の区別がなければ，言葉の区別はないし，一つの対象として確立されていなければ，その単語自体が存在しない。ヤマト言葉に「自然」

という語が発見できないのは，古代の日本人が，「自然」を人間に対立するものとして意識のうちに確立していなかったからである。ヨーロッパ人にとって，自然は，人間がはたらきかけ，変革し，破壊し，人間に役立つものをつくり出す素材であるが，日本人は，自然の中に溶け込もうとする。「隠棲する」とは，人間が自然の風景の中で，自然の一部になって生きるということであり，それは日本人が自然と人生に対して持つ，深い志の一つの姿といえる。日本のヤマト言葉に「自然」という語がないことといった，自然と人間とが溶け合おうとする二千年前のあり方が，長い歴史の時代を通じて私たちの中に生きており，今日も依然として私たちの文化に表れているということなのである。

㈠＜**漢字**＞⑴「変革」は，社会や制度などを変え改めること。　⑵「往来」は，行ったり来たりすること。　⑶「港湾」は，船舶が発着し，客の乗降や荷物の積み降ろしができる設備のある水域のこと。

㈡＜**接続語**＞A．日本語では，「言う」という語と「申す」という語を使い分けることが当然であるが，英語やドイツ語では，この二つの語の相違にぴったり当たる語を発見できない。　B．ヨーロッパ語にあって，日本語に欠けている言葉の例として，「自然」が挙げられる。

㈢＜**文章内容**＞「『申す』と『言う』の観念の区別がない所では，その言葉の区別がない」し，「『自然』が一つの対象として確立されなければ，そこにはその名前がない」のである。社会によって，観念の区別のあるなしや，一つの対象として確立されているか否かは違うため，言葉の枠は異なってくるのである。

㈣＜**指示語**＞「自然の一つの風物となって生きること」は，日本人が自然と人生に対して持つ，「根深いこころざしの一つの姿」であるといえる。今日も依然として「自然と人間との間を明瞭に分けずに，融け合おう」としてきた姿が，日本人の中に生きていると「私」には感じられるのである。

㈤＜**要旨**＞一つの対象として確立されているか否かによって，言葉の枠は異なってくる。日本人が，「自然を利用の対象と見ず，自然と人間との間を明瞭に分けずに，融け合おう」としてきたために，「日本語のヤマト言葉に『自然』という単語がない」のだと考えられるのである。

三　〔**古文の読解―説話**〕出典；無住法師『沙石集』巻第八ノ二。

≪**現代語訳**≫ある仏門に入った僧で，学問の修行をしている人の住まいに，修行者が常にやってくる。その中のある修行者が言うには，「私は生まれてこの方，全く怒ったことがありません」と言うので，上人は，「仏教の悟りに達していない者は，貪ること，怒ること，道理を知らないこと，という克服が難しい三つの障害を備えている。たとえ程度に差はあっても，どうしてお怒りにならないことがあるでしょうか。きっかけがないときなら腹は立たないだろうし，または腹が立つとも自覚なさらないのだろうか。（悟りに達した）聖人でいらっしゃるならば，そういうこともあるでしょう。（しかし，）悟りに達していない者でありながらこうおっしゃるとは，うそだと思われます」と言ったところ，（修行者が）「腹が立たないと言ったら，立たないのだとお思いになればよいでしょう。人をうそつきだとおっしゃるのは，どういうことですか」と，顔を赤くして，首をねじってとがめたので，（上人は，）「それでは，そういうことにしておきましょう」と言ってやめておいた。愚かなことだ。悟りに達していない者の定めとして，自分の誤りはわからないものなのだろう。

㈠＜**歴史的仮名遣い**＞歴史的仮名遣いの語頭以外のハ行は，現代仮名遣いでは，原則として「わいうえお」になる。

㈡＜**現代語訳**＞「給ふ」は補助尊敬語で，～なさる，などの意味を添える。「ざら」は，打ち消しの助動詞「ず」の未然形，「む」は，推量を表す助動詞「む」の連体形で，反語の意味を表す「いかでか」を受けて，〜なさらないことがあるだろうか(，いや，ない)，という意味。上人は，自分は腹を立てたことがないと言う修行者に対して，悟りに達していないあなたが，どうして，お怒りにならないことがあるでしょうかと，反論したのである。

㈢＜古文の内容理解＞悟りに達していない者が怒らないということはないと，反論した上人に対して，修行者は，自分をうそつきだと言うのかと腹を立てた。腹を立てた修行者を見て，上人は，それでは，そういうことにしておきましょうと，なだめたのである。

㈣＜古文の内容理解＞自分は生まれてこの方腹を立てたことがないと主張した修行者は，上人に反論されて，うそつき呼ばわりをするのかと腹を立てた。やはり仏教の悟りに達していない者にとって，自分の誤りに気づくことは難しいものなのである。

四〔説明文の読解―芸術・文学・言語学的分野―文学〕出典；小林恭二『これが名句だ！』。

≪本文の概要≫松本たかしの代表句「水仙や古鏡の如く花をかゝぐ」は，水仙の花が古い鏡のようだという単純な句意である。一見単純な見立ての句ではあるが，水仙という自然物に対して，古鏡という人工的な美しさを配したところが，かなり奇抜であるといえる。普通，私たちが比喩を用いる場合は，人工物に対して自然物をあてがう。自然物には根源的な美しさがあると考えているからである。しかしこの句では，たかしは，古鏡の美しさを水仙の美しさと同等以上のものと見なしているのである。古鏡とは，たかしにとって，古き良き芸術，たかしが得ることができなかった能という芸術につながっているのではないだろうか。たかしにとって芸術作品は，自然物に拮抗する根源的な美しさをたたえているのである。

㈠＜文章内容＞普通比喩を使う場合，私たちは，「人工物に対して自然物をあてがう」のであるが，たかしの句では，「水仙という生きた花」，つまり自然物に対して，「古鏡」という人工物が配されているのである。

㈡＜漢字の知識＞「間」と1の「閉」の部首は，「門」(もんがまえ)。2は「因」で，部首は「囗」(くにがまえ)，3は「術」で，部首は「行」(ぎょうがまえ)，4は「円」で，部首は「冂」(どうがまえ)。

㈢＜文章内容＞「この城はまるで白鷺のように美しい」とか「あなたはまるで花のようだ」というように，人工物に対して自然物をあてがってたとえるのは，私たちの頭の中では，「自然物には根源的な美しさが」あり，人工物は，自然物の持つ根源的な美には及ばない，ととらえられているからである。

㈣＜品詞＞「もっと」「しばらく」「はっきり」「少し」は，それぞれ「言えば」「続く」「言う」「高い」という用言を修飾している副詞。「あらゆる」は，「可能性」という体言を修飾している連体詞。

㈤＜要旨＞一般的に比喩を用いる場合，私たちは「人工物に対して自然物をあてがう」のであるが，それは，「自然物には根源的な美しさが」あるという概念があるからである。しかし，たかしの句は，「水仙」という自然物を，「古鏡」という人工物でたとえ，「古鏡を水仙の美しさと少なくとも同等以上」としており，独自の感性が表現されている。

㈥＜文章内容＞たかしは，「古鏡を水仙の美しさと少なくとも同等以上のもの」として見ている。たかしにとって，古鏡に象徴される芸術作品は，「自然物に拮抗する根源的な美しさをたたえている」のである。

2021年度 常総学院高等学校

【英　語】（50分）〈満点：100点〉

1　次の(1)～(4)は，放送による問題です。それぞれの放送の指示にしたがって答えなさい。

(1)　これから，No. 1 から No. 5 まで，五つの英文を放送します。放送される英文を聞いて，その内容に合うものを選ぶ問題です。それぞれの英文の内容に最もよく合うものを，ア，イ，ウ，エの中から一つ選んで，その記号を書きなさい。

No. 1

No. 2

No. 3

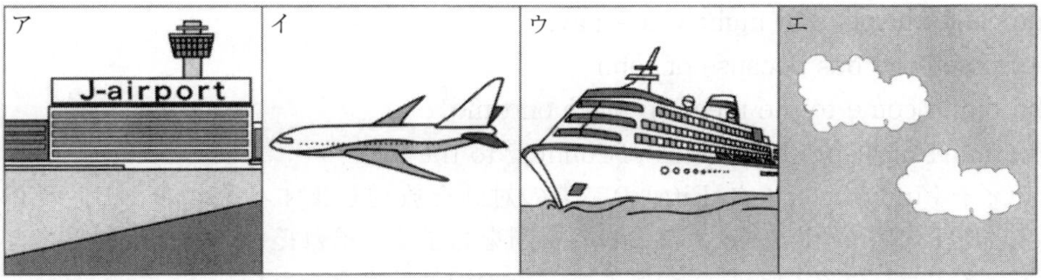

No. 4

ア	イ	ウ	エ
水戸　→　東京	水戸　→　東京	東京　→　水戸	東京　→　水戸
8月10日(11:33発)	8月10日(11:33発)	8月10日(11:33発)	9月10日(11:33発)
(13:03着)	(12:46着)	(13:03着)	(12:46着)
10号車5-B席	10号車5-B席	10号車5-B席	10号車5-B席

No. 5

ア

時間割

	木	金
1	理科	英語
2	英語	数学
3	音楽	理科

イ

時間割

	木	金
1	英語	理科
2	数学	音楽
3	理科	英語

ウ

時間割

	木	金
1	英語	美術
2	理科	英語
3	音楽	数学

エ

時間割

	木	金
1	美術	英語
2	英語	理科
3	数学	音楽

(2)　これから，No. 1からNo. 4まで，四つの対話を放送します。それぞれの対話のあとで，その対話について一つずつ質問します。それぞれの質問に対して，最も適切な答えを，ア，イ，ウ，エの中から一つ選んで，その記号を書きなさい。

No. 1

ア　He is three years old.　　イ　He is seven years old.

ウ　He is eight years old.　　エ　He is ten years old.

No. 2

ア　She told him to study English harder.

イ　She told him to read a lot of books about American culture.

ウ　She told him to learn a lot of things about Japanese culture or history.

エ　She told him to ask many American people questions about their country.

No. 3

ア　She will do science homework with Akira at the school library.

イ　She will go to the library to look for Akira.

ウ　She will ask Akira where they will play tennis tomorrow.

エ　She will send Akira an e-mail about tomorrow's plan.

No. 4

ア　Because John called her late at night yesterday.

イ　Because she missed the bus because of John.

ウ　Because John didn't come to the meeting place on time.

エ　Because John didn't agree with her idea of running to the hall.

(3)　これから，ジュディー(Judy)とエイタ(Eita)の二人の対話を放送します。そのあとで，その内容についてQuestion No. 1とQuestion No. 2の二つの質問をします。それぞれの質問に対して，最も適切な答えを，ア，イ，ウ，エの中から一つ選んで，その記号を書きなさい。

No. 1

ア　For six years.　　イ　For seven years.　　ウ　For nine years.　　エ　For eleven years.

No. 2

ア　He was in his mother's car around one yesterday afternoon.

イ　He went to a stadium, and he was seen by Judy on the way there yesterday.

ウ　He is on the soccer team of his school and is a good player.

エ　He often learns a lot of things about playing basketball from his father.

(4)　ヨシコ(Yoshiko)のクラスの授業で，インド出身のラージ(Raj)がスピーチをしています。これからその内容を放送します。ラージがクラスメートに伝えた内容について正しいものはどれですか。下のア，イ，ウ，エの中から一つ選んで，その記号を①に書きなさい。

また，あなたがヨシコの立場なら，ラージの質問に対して何と答えますか。英語１文で②に書きなさい。

① ラージがクラスメートに伝えた内容について正しいもの

ア　Raj's father wanted to have his own curry restaurant, and he finally opened it a week ago.

イ　Raj's mother likes Japanese music, but she doesn't have any Japanese music CDs.

ウ　Raj's brother teaches at a university and knows a lot of things about animals.

エ　Raj's sister is five years younger than Raj, and she is good at math.

② ラージの質問に対する答え

(　　　　　　　　　　　　　　　　　　　　　　　　　　　　　　　　　　　　)

これで，放送による聞き取りテストを終わります。続いて，問題**2**に進みなさい。

※**＜放送による問題台本＞**は英語の問題の終わりに付けてあります。

2　次のＡとＢの英文は，高校生の里美(Satomi)と，カナダにいる友だちのケビン(Kevin)がやり取りしたメールの一部です。それぞれの英文を読んで，下の(1)，(2)の問いに答えなさい。

A

> Hello, Kevin
> Thank you for sending me a picture of your school.　I can't believe that it was ①(build) one hundred years ago.　It looks nice!　I'm *attaching a picture of my school to this e-mail.　Please look at it.　My school is ②(new) than yours, but it's one of the oldest schools in our city.　My father also went to the school.　There is a big tree in the school *playground.　When my father was a student, he often ③(sit) under it and talked with his friends.　Actually, I also do that now!　That's interesting, right?　I like to talk with my friends.　How about you?　What do you like to do with your friends?

*　attaching ～ to …　…に～を添付している　　playground　運動場

B

> Hello, Satomi
> Thank you for your e-mail and the picture of your school.　Your school also looks nice and has a ④(l　　) history.　You asked me a question in your e-mail.　I'll write about it.　I'm ⑤(f　　) of dancing with my friends.　There is a park next to our school, and we often go there to dance after school.　Dancing ⑥(m　　) me excited because it is a lot of fun!

(1)　Ａの英文が完成するように，文中の①～③の(　)の中の語を，それぞれ１語で適切な形に直して書きなさい。

(2)　Ｂの英文が完成するように，文中の④～⑥の(　)内に，最も適切な英語を，それぞれ１語ずつ書きなさい。なお，答えはすべて(　)内に示されている文字で書き始めるものとします。

3　次の(1)，(2)の問いに答えなさい。

(1)　次の英文は，新聞記事の一部です。この記事が伝えている内容として最も適切なものを，下のア～エの中から一つ選んで，その記号を書きなさい。

Today, many people use the Internet and do a lot of things.　There are many kinds of websites on the Internet, so we can learn a lot from them.　We can *communicate with people we don't know, and we can learn a lot of things from them. So, using the Internet is very useful. However, there are some people who write something bad about someone. Some people sometimes *disclose someone's *private information on the Internet. That's very dangerous because anyone can see the information on the Internet. We can write about anything on the Internet, but we must be careful when we do that. It's one of the most important things we have to remember when we use the Internet.

＊ communicate with ～　～と連絡を取る　disclose ～　～を公開する　private　個人的な

ア　It's very useful for us to use the Internet because we can make websites to get a lot of information.

イ　We can communicate with people we don't know on the Internet, but we must not believe them.

ウ　It's important for us to choose the right information because some information is wrong.

エ　We must be careful about the information we show on the Internet because anyone can see it.

(2)　次の英文中の□には，下のア～ウの三つの文が入ります。意味の通る英文になるように，ア～ウの文を並べかえて，記号で答えなさい。

I'll talk about my good friend, Asami. She and I met when we were elementary school students. □ I'm sure that she also thinks so. I'm happy to have such a good friend.

ア　However, we will be good friends forever.

イ　We have been good friends since then.

ウ　After finishing junior high school, we are going to go to different high schools.

4　高校生のリョウタ(Ryota)と，家族と日本に住んでいるナンシー(Nancy)は，次のページのポスターを見ながら話をしています。下の対話文を読んで，(1)，(2)の問いに答えなさい。

Ryota：Look at this. It's a *poster for the English club. I'm in the club.

Nancy：Oh, the English club? That sounds nice. I'm interested in the club.

Ryota：Really? Then, please join us! My sister, Hana, is a *second-year student in our school, and she is in the club, too.

Nancy：That's good. Are there any of our classmates in the club?

Ryota：No. Actually, (　①　). There are only five students in total.

Nancy：Oh, really?

Ryota：Yes. As (　②　) says in the messages of the poster, we can make a lot of friends in this club. So, I think many students, especially, the first-year students should join us.

Nancy：I see. □

Ryota：We meet on Mondays, Wednesdays, the first Saturday and the third Saturday. But I can't (　③　).

Nancy：Oh, I see. Well, the members of the club have four events!

Ryota：Yes. I'm interested in (　④　)!

Nancy：That's nice. I'm interested in *producing an English drama at the school festival.

Ryota：Well, that sounds difficult, but I'm also interested in it! By the way, will you join our club next Saturday?

Nancy：Well, next Saturday is the third Saturday, right?

Ryota : (　⑤　). But why? Do you have any plans after that?
Nancy : Yes. My family and I are going to visit my father's friend's house that day.
Ryota : I see.

＊ poster　ポスター　　～-year student　～年生　　producing an English drama　英語の劇を上演すること

The English Club

We always enjoy learning English from Ms. Green in Room A. Why don't you join us?

Our members

	Boys	Girls
■ the first-year students	3	2
■ the second-year students	3	8
■ the third-year students	4	4

Our activities

◆ every Monday（4:30 p.m. − 6:00 p.m.）　・watch a short English movie
◆ every Wednesday（4:30 p.m. − 6:00 p.m.）　・play English games
◆ the first Saturday（9:30 a.m. − 11:30 a.m.）　・write an English speech
◆ the third Saturday（1:00 p.m. − 3:00 p.m.）　・make an English speech

Our events

● in May　・take part in Hikari English Speech Contest
● in August　・work as volunteers at Kaede International Festival
● in November　・produce an English drama at the school festival
● in February　・take part in Aozora English Speech Contest

Messages from members

Daiki
Some of you may not be good at English, but that's OK. At first, I was not good at it, but now, I'm good at it! Anyone who wants to learn English is welcome.

Yumi
Ms. Green is from America, and she often tells us about her country. We can learn English and American culture in our club.

Taro
I joined this club because I like English. All the members are very kind. I made a lot of good friends in our club. I think you can do that, too! I really enjoy learning English here with other members.

Ai
Before joining this club, I didn't know how to study English, but I was able to learn that from the members. Many of them are good at English, so we can learn a lot of things from them.

(1) 対話文中の(①)～(⑤)に入る最も適切なものを，ア～エの中から一つ選んで，その記号を書きなさい。

① ア The number of the second-year students is larger than that of the first-year students.

イ　The total number of the boy students is smaller than that of the girl students.
ウ　The number of the third-year students is the largest.
エ　The number of the first-year students is the smallest.

② ア　Daiki　　イ　Yumi　　ウ　Taro　　エ　Ai

③ ア　play English games in the club because I go to a piano school every Monday
イ　play English games in the club because I go to a piano school every Wednesday
ウ　write an English speech in the club because I go to a piano school every Monday
エ　make an English speech in the club because I go to a piano school every Wednesday

④ ア　taking part in Aozora English Speech Contest in May
イ　taking part in Aozora English Speech Contest in August
ウ　joining the international festival and working as a volunteer in May
エ　joining the international festival and working as a volunteer in August

⑤ ア　Yes, so we will finish our activity at three
イ　Yes, so we will have our activity for one hour and thirty minutes
ウ　No, but we will have our activity for one hour and thirty minutes
エ　No, but we will finish our activity at three

(2)　対話の流れに合うように，文中の［　　］に入る適切な英文を，**4語以上9語以内**で書きなさい。なお，符号（, . ? ! など）は，語数には含まないものとします。

5　次の英文を読んで，下の(1)～(4)の問いに答えなさい。

Nightingale was born in a rich family in the U.K. in 1820. Her family lived a *wealthy life, but she *felt guilty about that because she knew there were many poor people. She often thought, "I can live a wealthy life, but there are many poor people who can't even see a doctor when they get sick." She didn't think it was good for her to live a wealthy life. She always thought about what she could do for the poor people. Her family often enjoyed *attending parties, but she thought studying was more interesting than attending them. Actually, she enjoyed studying a lot.

When Nightingale was twenty-four years old, she decided something and told her parents. She said to them, "I want to be a nurse and help people in need." At that time, nursing was not a good job. ［　1　］ Women in the lower *classes worked as nurses. So, Nightingale's parents didn't agree with her. However, she continued to study hard to be a nurse.

When Nightingale was thirty years old, she finally became a nurse. Her father finally *acknowledged her great effort.

At that time, hospitals were very *dirty, and sick people could not receive *medical treatment there. Nightingale tried to change this bad situation. She rebuilt hospitals and changed the way of taking care of sick people.

One year later, the war started on *the Crimean Peninsula, and many *soldiers in the U.K. were taken there. In hospitals, many soldiers didn't receive *adequate medical treatment, so they died there. Nightingale learned of the bad situation by reading a newspaper and decided to go there with other nurses. ［　2　］ She bought some nice food for the soldiers with her own money.

When Nightingale and other nurses arrived at the hospital on the Crimean Peninsula, they were very surprised. The hospital was very dirty, and there were only a few beds at the hospital, so many *injured soldiers *were lying on the floor. So, she and other nurses cleaned the hospital.

After that, they took good care of the injured soldiers. At first, the doctors of the hospital didn't think the nurses could help them and the injured soldiers. [3] They acknowledged the great work of the nurses because many soldiers were helped a lot.

After the war, Nightingale was sad because many soldiers died in the war. She often thought, "How many people was I able to help ?" People in the U.K. learned of Nightingale's great work on the Crimean Peninsula and looked forward to seeing her. [4] She didn't think she did anything important. So, she thought they *overestimated her, and she didn't like that. She went back to the U.K. *secretly.

Nightingale hoped that everyone could receive medical treatment when he or she was sick. She *appealed to her country. Many people agreed with her ideas and *donated a lot of money to her. Then, she *established a school in London. The students of the school studied hard, and from the school they became good nurses. So, people around the world started to understand that nursing was an important job helping people.

Nightingale died in 1910. She worked hard for so many people in her life. Thanks to her, the job of nursing was acknowledged all over the world. We must not forget her great work.

* wealthy 裕福な　felt guilty 罪悪感を抱いた　attending～ ～に参加すること　class(es) 階級
acknowledged～ ～を認めた　dirty 汚い　medical treatment 治療
the Crimean Peninsula クリミア半島　soldier(s) 兵士　adequate 適切な　injured 負傷した
were lying 横たわっていた　overestimated～ ～を過剰評価した　secretly こっそりと
appealed 訴えた　donated～ ～を寄付した　established～ ～を設立した

(1) 本文の内容に合う文を，次のア～クの中から三つ選んで，その記号を書きなさい。

ア Nightingale was born in the U.K., and she tried to help poor people around her because she was from a poor family.

イ Nightingale's parents didn't want her to become a nurse because they didn't think nursing was a good job.

ウ In the hospital on the Crimean Peninsula, many soldiers received medical treatment, but they died because the doctors there were not good.

エ Nightingale was very surprised to see the hospital on the Crimean Peninsula because it had many beds there.

オ Nightingale was very happy because many people in her country acknowledged her great work on the Crimean Peninsula and looked forward to seeing her.

カ Nightingale thought everyone had to receive medical treatment, and many people in her country agreed with her idea.

キ Many people donated money to Nightingale, and she bought some nice food for the injured soldiers with the money.

ク The students from the school established in London by Nightingale became good nurses after finishing the school.

(2) 次の文は，文中の [1] ～ [4] のどこに入るのが最も適切か，番号で答えなさい。

However, they soon changed their minds.

(3) 次の①，②の質問に，それぞれ指定された語数の英文で答えなさい。ただし，符号（, . ? ! など）は，語数には含まないものとします。

① What did Nightingale enjoy more than attending parties ? （３語以上）

② How did Nightingale learn of the bad situation on the Crimean Peninsula ? （6語以上）

(4) 次の対話文は，本文を読んだ先生と生徒とのものです。①，②に入る英文をあなたの立場で，それぞれ**15語以上20語以内**で書きなさい。なお，記入例にならい，符号(, . ? ! など)は，その前の語につけて書き，語数には含まないものとします。

記入例	Are	you	Ms.	White ?
	No,	I'm	not.	

Teacher : What do you think about Nightingale ?

Student : （ ① ）

Teacher : I see. She studied very hard, and I think you also study hard. Why do you study hard ?

Student : （ ② ）

Teacher : I understand that. Thank you.

6 あなたは，ALTのブラウン先生(Mr. Brown)から次のようなメールをもらいました。ブラウン先生からの宿題について，英語**30語以上**で書きなさい。なお，記入例にならい，符号(, . ? ! など)は，その前の語につけて書き，語数には含まないものとします。

【あなたがブラウン先生からもらったメール】

Hello. I'm writing to tell you about the homework for the next class. In the next class, you are going to talk about something with your classmates. The *topic is "the way of getting books." Some people borrow books from libraries, and some people buy them at bookstores. Which way of getting books do you like ? Please choose your favorite way and write about that with reasons.

* topic 話題

記入例	Are	you	Ms.	Brown ?
	No,	I'm	not.	

30

60

＜放送による問題台本＞

ただいまから 1 番の，放送による聞き取りテストを行います。問題は，(1)から(4)までの四つです。放送中メモをとってもかまいません。

それでは(1)の問題から始めます。

(1) これから，No. 1 からNo. 5 まで，五つの英文を放送します。放送される英文を聞いて，その内容に合うものを選ぶ問題です。それぞれの英文の内容に最もよく合うものを，ア，イ，ウ，エの中から一つ選んで，その記号を書きなさい。

それぞれの英文は，２回放送します。

では，はじめます。

No. 1　Saki is drawing a picture of the dog eating food.

繰り返します。　(英文を繰り返す。)

No. 2　The boy wearing a T-shirt is walking at the beach.

繰り返します。　(英文を繰り返す。)

No. 3　We use this to go to many places.　We sometimes see it in the sky.

繰り返します。　(英文を繰り返す。)

No. 4　Yuri's brother lives in Tokyo, and she went to Tokyo from Mito on August tenth by train. The train left Mito at eleven thirty-three in the morning, and it arrived in Tokyo an hour and thirty minutes later.　Then she went to her brother's house by bus, and she got there at two in the afternoon.

繰り返します。　(英文を繰り返す。)

No. 5　Shota is a junior high school student, and he lives in Ibaraki.　He likes English the best, and he also likes music and science.　He is happy on Friday because he has a music class after his English and science classes.

繰り返します。　(英文を繰り返す。)

これで，(1)の問題を終わります。

次に，(2)の問題に移ります。

(2) これから，No. 1 からNo. 4 まで，四つの対話を放送します。それぞれの対話のあとで，その対話について一つずつ質問します。それぞれの質問に対して，最も適切な答えを，ア，イ，ウ，エの中から一つ選んで，その記号を書きなさい。

対話と質問は，２回放送します。

では，はじめます。

No. 1

A :　My family and I are going to visit Osaka next month and stay there for three days, Taro. You are from Osaka, right ?　Can you tell me a good *okonomiyaki* restaurant there ?

B :　Sure, Emma.　You should go to Hikari Restaurant.　It opened ten years ago, and it's very popular.

A :　Oh, thank you.　My parents and I are going to have my brother's eighth birthday party on our second day.　We are thinking about the place to have it.　So, I'll tell them about the restaurant.

B :　That's good.

Question :　How old is Emma's brother ?

繰り返します。　(対話と質問を繰り返す。)

No. 2

A : I'm going to stay in America for two weeks, so I'm studying English hard. I'm also reading some books about American culture to understand it, Ms. Brown.

B : Oh, that's good, Yuto. Well, do you know about Japanese things like Japanese culture or history ?

A : No. Do I have to learn about them ?

B : Yes. The people in America will ask you a lot of things about them, so you'll be sad if you can't answer them. So, you should learn about them.

Question : What did Ms. Brown tell Yuto to do ?

繰り返します。 (対話と質問を繰り返す。)

No. 3

A : Hi, Kota. Do you know where Akira is ?

B : Well, I saw him in the school library about thirty minutes ago, Cathy. He was using the Internet to do his science homework there, but I don't think he is there now because he has a guitar lesson today. Why are you looking for him ?

A : Tomorrow, he and I are going to play tennis in Sakura Park, but we haven't decided what time we will start. So, I want to talk about that with him. OK, I'll write an e-mail to him. Thank you.

B : I see. You're welcome.

Question : What will Cathy do next ?

繰り返します。 (対話と質問を繰り返す。)

No. 4

A : John, what time is it now ? I told you to come here at ten, but now, it's already ten thirty !

B : Oh, sorry, Eri. Actually, I was studying until late at night yesterday, and I couldn't get up early this morning. Then, I missed the bus. I tried to call you, but I left my smartphone at home.

A : Oh, really ? OK. I understand. Anyway, let's run to the hall. The concert will start soon.

B : Yes, let's.

Question : Why was Eri angry ?

繰り返します。 (対話と質問を繰り返す。)

これで，(2)の問題を終わります。

次に，(3)の問題に移ります。

(3) これから，ジュディー(Judy)とエイタ(Eita)の二人の対話を放送します。そのあとで，その内容についてQuestion No. 1とQuestion No. 2の二つの質問をします。それぞれの質問に対して，最も適切な答えを，ア，イ，ウ，エの中から一つ選んで，その記号を書きなさい。

対話と質問は，2回放送します。

では，はじめます。

Judy : You were walking along the Kaede River with a boy around one yesterday afternoon, right ? I was in my host mother's car then, and I saw you from the window.

Eita : Yes, Judy. I was going to Minami Stadium to watch soccer games with my brother, Koji.

We like soccer very much.

Judy : That's nice. I like soccer, too. Do you play soccer ?

Eita : Yes. I started playing soccer when I was nine. So, I've played it for six years.

Judy : I see. Our school has a soccer team. Are you on the team at our school ?

Eita : No. My brother and I are on the soccer team in our city. He is a good player. I often learn a lot of things about playing soccer from him. Do you play any sports ?

Judy : Yes. I'm a basketball player. I became interested in basketball when I was seven years old after watching a basketball game on TV. Then I started to learn how to play basketball from my father. He was a good basketball player when he was young.

Eita : That's great. Then you have played basketball for eleven years, right ?

Judy : Right. I really like playing basketball. When I'm playing, I'm very happy.

Eita : I understand you. I'm also very happy when I'm playing soccer.

Questions :

No. 1 How long has Judy played basketball ?

No. 2 What can we say about Eita ?

繰り返します。 (対話と質問を繰り返す。)

これで，(3)の問題を終わります。

次に，(4)の問題に移ります。

(4) ヨシコ(Yoshiko)のクラスの授業で，インド出身のラージ(Raj)がスピーチをしています。これからその内容を放送します。ラージがクラスメートに伝えた内容について正しいものはどれですか。下のア，イ，ウ，エの中から一つ選んで，その記号を①に書きなさい。

また，あなたがヨシコの立場なら，ラージの質問に対して何と答えますか。英語１文で②に書きなさい。

英文は，２回放送します。

では，はじめます。

Hi, everyone. My name is Raj. I'm fifteen. I came to Japan from India a week ago. Now, I live with my parents, a brother and a sister. My father works at a curry restaurant in our city. He doesn't have his own restaurant yet, but he wants to have one in the future. My mother likes music, and she sings very well. She has some Japanese music CDs. My brother is nineteen. He is a university student. He likes animals, and he knows a lot of things about them. My sister is ten years old. She is an elementary school student. She is good at math. I like my family very much, and I like to watch movies at home with my family on Sundays. I have a good time with my family on Sundays. What do you usually do on Sundays ?

繰り返します。 (英文を繰り返す。)

これで，放送による聞き取りテストを終わります。

続いて 2 の問題に進みなさい。

【数　学】（50分）〈満点：100点〉

1　次の各問に答えなさい。

(1)　右の表は，ある店で，金曜日，土曜日，日曜日の３日間で売れた商品の個数を表したものである。前日との差は，売れた個数が前日より多い場合，その差を正の数で，少ない場合，その差を負の数で表す。

このとき，アに当てはまる数を求めなさい。

表

曜日	金	土	日
売れた個数(個)	146	172	164
前日との差(個)		＋26	ア

(2)　右の図のように，円Oの周上に４点A，B，C，Dがこの順に並んでおり，線分BCは円Oの直径である。

∠CBD＝23°，∠ADB＝38°のとき，∠ABDの大きさを求めなさい。

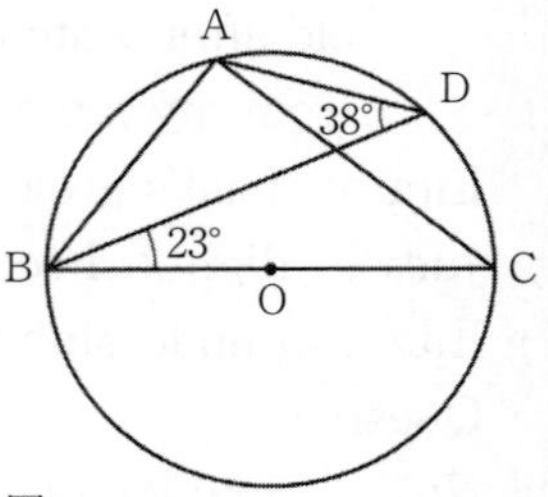

図

(3)　250ページある本を，はじめは１日にxページずつ８日間，その後，１日にyページずつ６日間読んだところ，ちょうど読み終えた。

この数量の関係を表した等式として正しいものを，次のア～エの中から一つ選んで，その記号を書きなさい。

ア　$6x+8y=250$　　イ　$8x+6y=250$

ウ　$8x-6y=250$　　エ　$14(x+y)=250$

(4)　下の図１のようなAD∥BCの台形ABCDの形をした紙がある。この紙を，図２のように頂点Aを通る線分を折り目として頂点Dが辺AB上にくるように折る。

このとき，折り目となる線分を作図によって求めなさい。

ただし，作図に用いた線は消さずに残しておくこと。

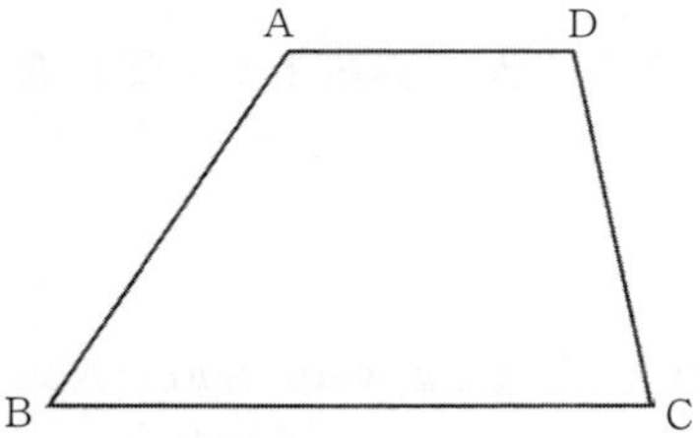

図１

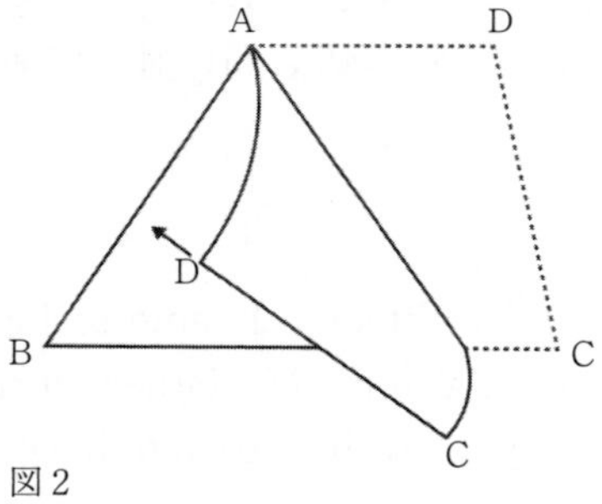

図２

2　次の各問に答えなさい。

(1)　右の表は，縦と横がともに５マスである正方形のそれぞれのマスに，左上から，自然数を１から順に１つずつ書いたものである。

表の中のマスを縦と横がともに２マスの正方形で囲み，上段の２マスに書かれた数の積をP，下段の２マスに書かれた数の積をQとする。

「Q－Pの一の位の数は必ず０になる」

このことを次のように説明した。

表

1	2	3	4	5
6	7	8	9	10
11	12	13	14	15
16	17	18	19	20
21	22	23	24	25

（説明）

４つの数のうち，左上の数をnとすると，

右上の数は$n+1$，左下の数は$n+5$，右下の数は［　ア　］と表すことができる。

$P=n^2+n$，$Q=n^2+11n+30$ だから，

$Q-P=n^2+11n+30-(n^2+n)$
$\quad=10n+30$
$\quad=10($［　イ　］$)$
［　イ　］は自然数だから，10(［　イ　］)は10の倍数である。
したがって，Q－Pの一の位の数は必ず0になる。

このとき，上の［ア］，［イ］に当てはまる式を，それぞれ書きなさい。

(2) 年齢の差が28歳の父と子がいる。今から6年後には父の年齢が子の年齢の3倍になるという。
今の父の年齢と子の年齢を求めるために，今の父の年齢を x 歳，子の年齢を y 歳として連立方程式をつくると，次のようになる。

$$\begin{cases} \boxed{\quad ア \quad}=28 \\ x+6=\boxed{\quad イ \quad} \end{cases}$$

このとき，上の［ア］，［イ］に当てはまる式を，それぞれ書きなさい。

(3) 右の図で，3点A，B，Cは関数 $y=\frac{1}{2}x^2$ のグラフ上の点であり，線分ABは x 軸に平行である。点Aの x 座標は負，点Bの x 座標は正であり，点Cの x 座標は点Aの x 座標よりも小さい。y 軸上に点Dをとったところ，四角形ABDCが平行四辺形になり，点Dの y 座標は8になった。
このとき，2点B，Cを通る直線の式を求めなさい。

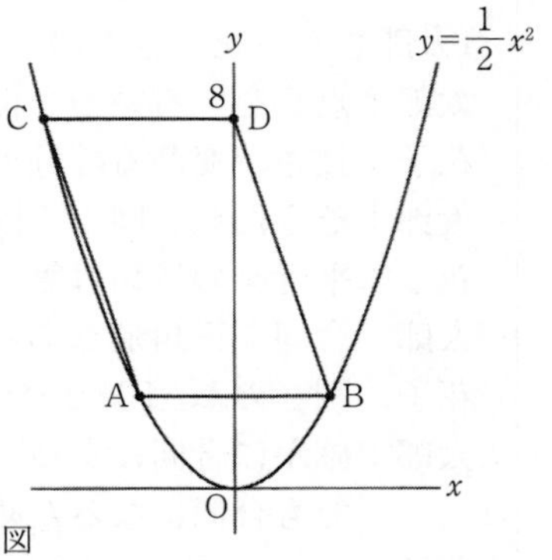

図

(4) 下の図のように，AからEまでのアルファベットが書かれたマスがあり，はじめにコマをAのマスに置く。1から5までの数字が1つずつ書かれた5枚のカードから同時に2枚のカードをひき，ひいたカードに書かれた数の積だけ，コマを1マスずつ右へ移動させる。Eまで移動させたあとは1マスずつ左のマスへ移動させ，Aまで移動させたあとは1マスずつ右のマスへ移動させ，以降は同じ操作を続ける。例えば，ひいた2枚のカードに書かれた数の積が12のとき，コマはAからB，C，D，E，D，C，B，A，B，C，D，Eの順に移動し，Eのマスに止まる。
このとき，コマがCのマスに止まる確率を求めなさい。
ただし，どのカードをひくことも同様に確からしいものとする。

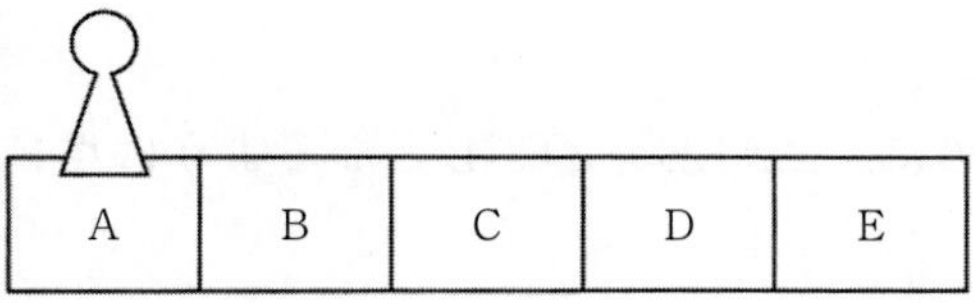

図

3　平行四辺形ABCDがあり，その頂点Aから対角線BDに垂線をひき，交点をEとする。辺AD上に点Fをとり，線分FCと対角線BDとの交点をGとする。

下の図１，図２は，点Fを辺AD上のいろいろな位置に動かして調べたときのようすがわかるコンピューターの画面である。ただし，点Fは２点A，D上にないものとする。

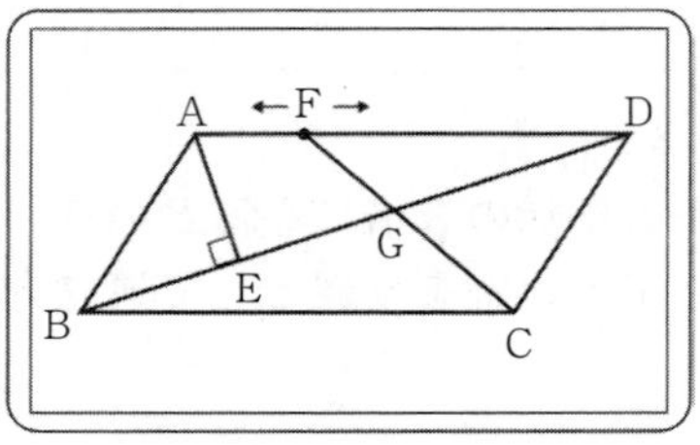

図１

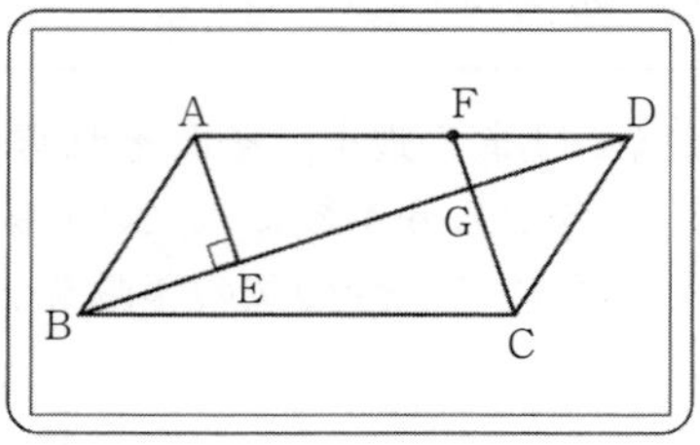

図２

太郎さんと花子さんの次の会話を読んで，あとの(1)～(3)の問いに答えなさい。

（太郎さんと花子さんの会話）
太郎：点Fをいろいろな位置に動かすと，大きさが変わる角があるね。
花子：長さが変わる線分もあるよ。
太郎：そうだね。図１，図２の中には平行な線分があるよ。
花子：平行線の錯角は等しいね。他にも等しい角が見つかりそう。
太郎：合同な三角形もありそうだね。
花子：図２の△ABEと△CDGは合同になっているように見えるよ。
太郎：確かに合同になっているように見えるね。
　　　でも合同になるためには，等しい角とか，何か条件が必要だよ。
花子：(a)<u>∠AEBと∠CGDが等しいときに</u>，△ABE≡△CDGになると思うよ。

(1)　下の図３のように，DC＝DG，∠EAB＝50°のとき，∠BGCの大きさを求めなさい。

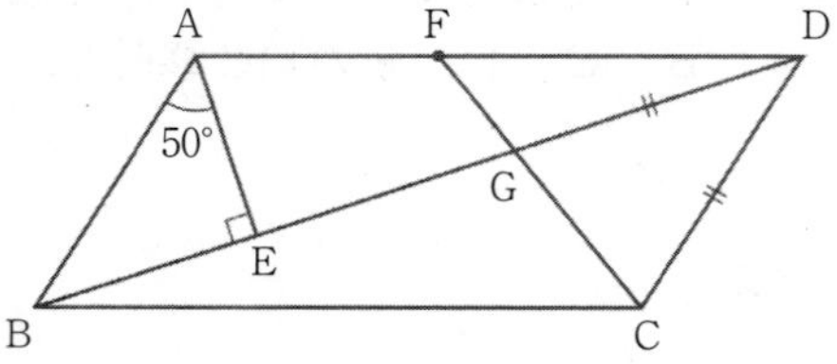

図３

(2)　下の図４は，会話文中の下線部(a)について考えるために，∠AEB＝∠CGDとなるように点Fをとったものである。

このとき，△ABE≡△CDGであることを証明しなさい。

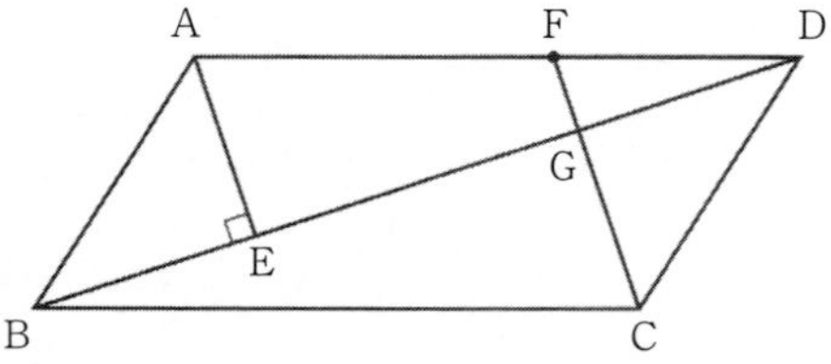

図４

(3) 下の図5のように，AB＝6cm，BC＝12cm，BF＝8cm，∠ABF＝∠DBCのとき，線分DGの長さを求めなさい。

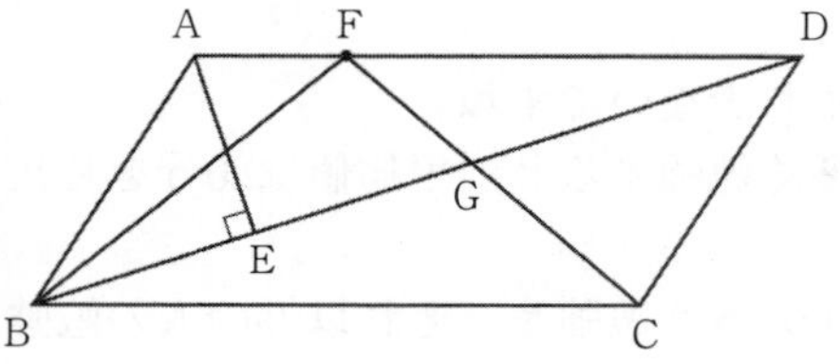

図5

4 太郎さんの家には，やかんAとやかんBがある。それぞれのやかんを火にかけて温めると，中の水の温度は一定の割合で上がり，温めるのをやめると中の水の温度は一定の割合で下がる。それぞれのやかんについて，中に入れた水の温度の上がり方と下がり方は下の表1，表2のようになっている。はじめにやかんAに16℃，やかんBに20℃の水を入れて同時に温め始め，やかんAの中の水の温度が100℃になるのと同時に，2個のやかんを温めるのをやめた。下の図は，温め始めてから x 分後のやかんAの中の水の温度を y ℃として，x と y の関係を表したグラフの一部である。

このとき，下の(1)〜(3)の問いに答えなさい。

表1 やかんA

中の水の温度の上がり方
・中の水は1分間に12℃ずつ温度が上がる。
中の水の温度の下がり方
・中の水は1分間に6℃ずつ温度が下がる。
・20℃まで下がると，それ以降は20℃のままである。

表2 やかんB

中の水の温度の上がり方
・中の水は1分間に8℃ずつ温度が上がる。
中の水の温度の下がり方
・中の水は1分間に3℃ずつ温度が下がる。
・20℃まで下がると，それ以降は20℃のままである。

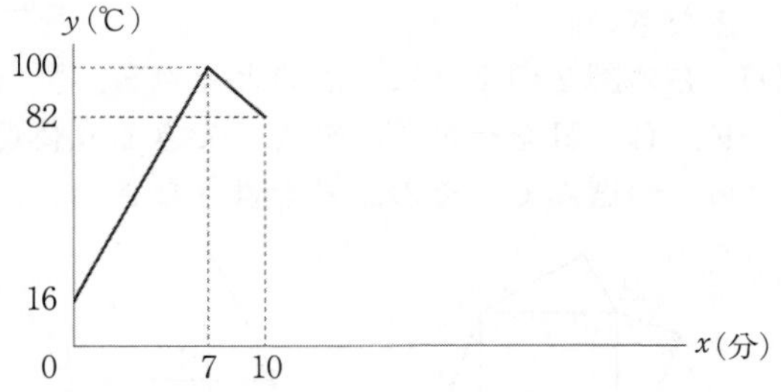

図

(1) やかんAについて，温め始めてから3分後の中の水の温度を求めなさい。

(2) 温め始めてから5分後の中の水の温度は，やかんAとBのどちらが何℃高いか求めなさい。

(3) 2個のやかんの中の水の温度が2度目に同じになるのは，温め始めてから何分後か求めなさい。

5 ある中学校の3年1組の生徒40人に，前の日の家庭学習の時間を聞いた。右の図はその結果をヒストグラムに表したものであり，平均値は76.5分であることがわかっている。

この図から，例えば，家庭学習の時間が150分以上180分未満の生徒は2人いたことがわかる。

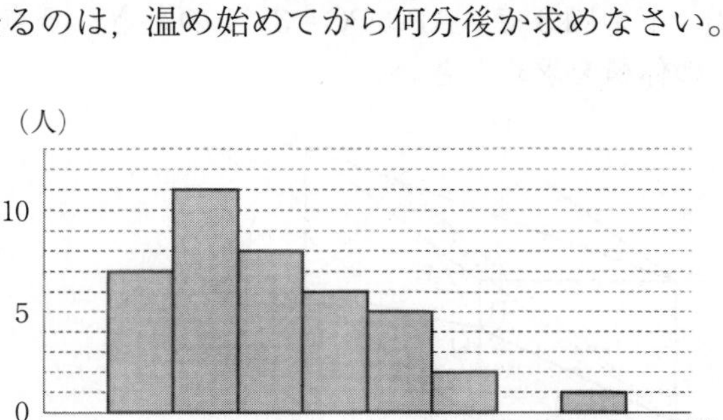

図

このとき，次の(1)〜(3)の問いに答えなさい。

(1) 階級の幅を求めなさい。

(2) 中央値(メジアン)を含む階級の階級値を求めなさい。

(3) このクラスの担任の先生と太郎さんは，上の結果について，次のように話している。

> (先生と太郎さんの会話)
> 太郎：平均値はクラスのみんなで決めた目標である80分より少ないですね。
> 先生：家庭学習の時間が30分未満の人全員が，あと30分多く勉強すると，平均値は80分を超えますよ。
> 太郎：家庭学習の時間が30分未満の人全員が前の日より30分多く勉強し，それ以外の人の勉強時間が変わらないとき，平均値は76.5分より ア 分多くなりますね。

このとき，上の ア に当てはまる数を書きなさい。

6 右の図1のように，AB＝8cm，AD＝12cm，AE＝6cmの直方体ABCDEFGHがある。Pは線分AC上の点，Qは辺BF上の点で，BQ：QF＝1：2である。

このとき，次の(1)～(3)の問いに答えなさい。

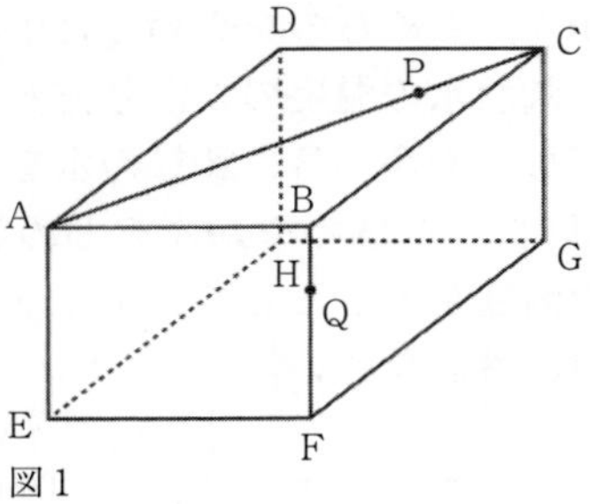

図1

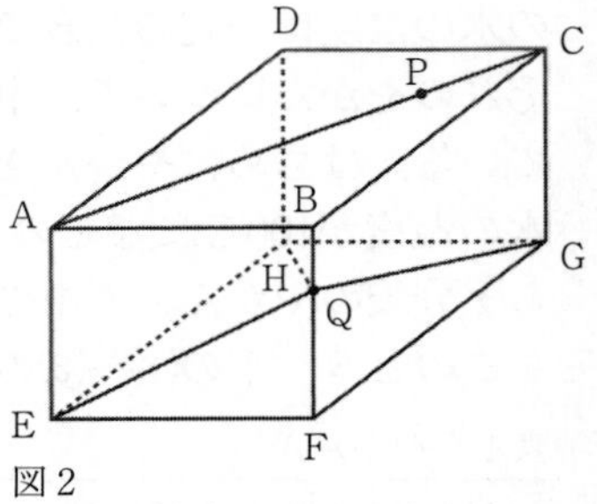

図2

(1) 右の図2のように，点Qと4点E，F，G，Hをそれぞれ結んでできる立体QEFGHの展開図として正しいものを，次のア～エの中から一つ選んで，その記号を書きなさい。

ア

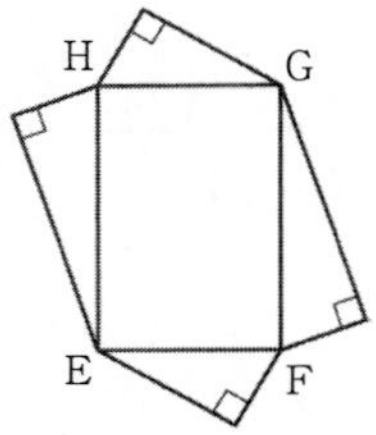

イ

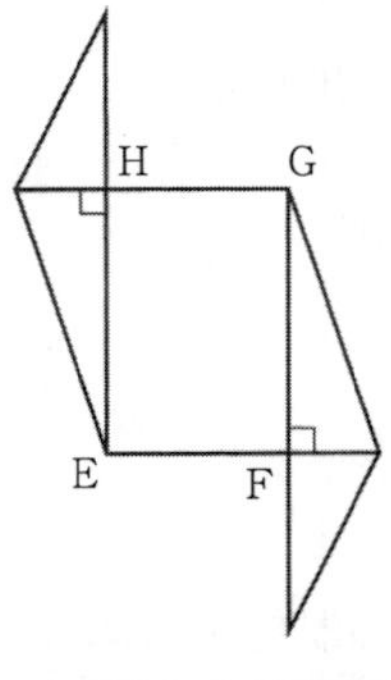

ウ

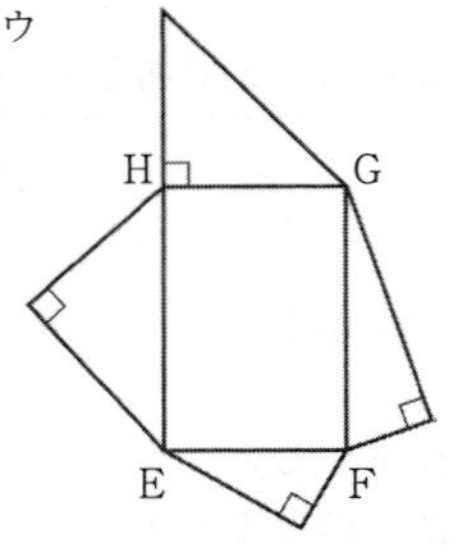

エ

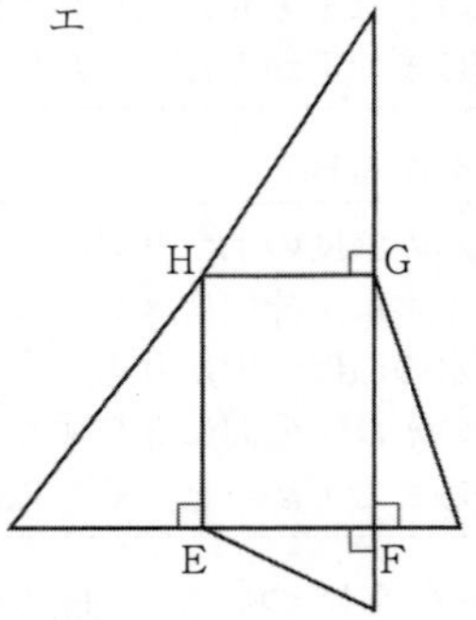

(2) AP：PC＝1：1のとき，△PBQの面積は△QFHの面積の何倍か求めなさい。

(3) 下の図3で，AP：PC＝3：1のとき，6点P，Q，E，F，G，Hを頂点とする立体PQEFGHの体積を求めなさい。

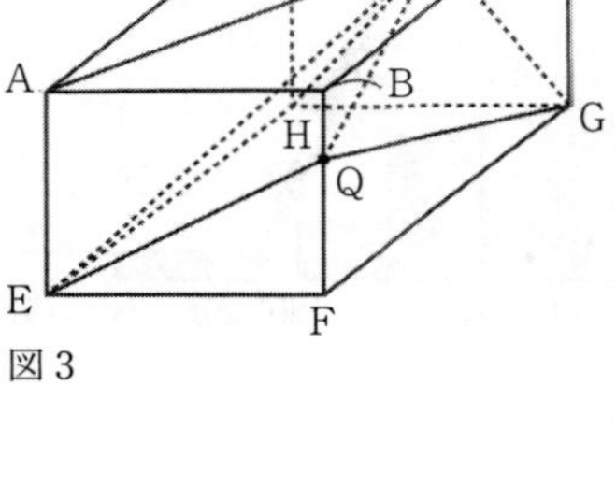

図3

【社　会】（50分）〈満点：100点〉

1　ある中学校の社会科の授業で，「世界の地域統合」というテーマで，班ごとに課題を設定し，学習しました。次の１～３に答えなさい。

1　A班では，「EU（ヨーロッパ連合）のつながり」という課題を設定し，EUとEUに関係する国について調べたことを次の資料１にまとめました。あとの(1)，(2)の問いに答えなさい。

資料１

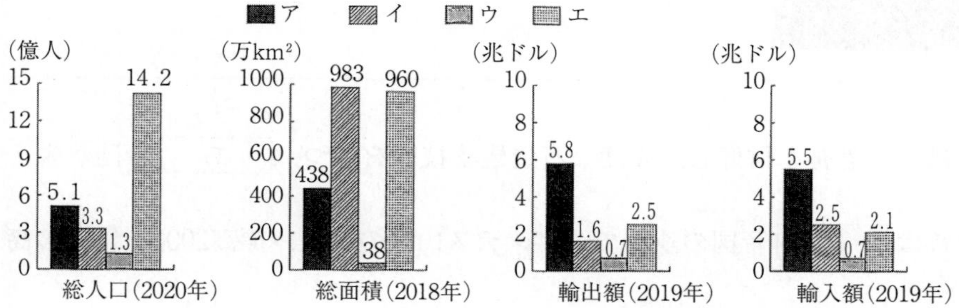

〔「世界国勢図会」2020/21年版より作成〕

(1)　資料１中のア～エはそれぞれ日本，中国，アメリカ合衆国，EUのいずれかを示しています。ア～エのうち，EUに当てはまるものを一つ選んで，その記号を書きなさい。

(2)　右の資料２は，現在EUに加盟している国で，1919年に出された［あ］です。［あ］は，生存権などの［い］を最初に定めたものとして知られています。［あ］，［い］に当てはまる語の組み合わせとして最も適切なものを，次のア～エの中から一つ選んで，その記号を書きなさい。

ア　〔あ　人権宣言　　　　い　社会権〕
イ　〔あ　人権宣言　　　　い　自由権〕
ウ　〔あ　ワイマール憲法　い　社会権〕
エ　〔あ　ワイマール憲法　い　自由権〕

資料２

> 第151条
> 　経済生活の秩序は，全ての人に人間に値する生存を保障することを目指す，正義の諸原則にかなうものでなければならない。
> （部分要約）

2　B班では，「メルコスール（南アメリカ州の地域連合）のつながり」という課題を設定し，加盟国や準加盟国について調べました。次の(1)～(3)の問いに答えなさい。

(1)　南アメリカ州の多くの国々がスペイン語を公用語とする中で，ポルトガル語を公用語とする国を，右の地図１中のア～エから一つ選んで，その記号を書きなさい。

地図１

(2)　B班は，南アメリカ州の歴史について調べ，次の資料３をもとに下のような<メモ>を作成しました。<メモ>の［あ］に当てはまる語を書きなさい。

資料3　マチュピチュ遺跡

＜メモ＞
・南アメリカ州には，太陽神を信仰し，高度な石造建築技術を持つ， あ 帝国が栄えていた。
・マチュピチュ遺跡は あ 帝国の遺跡で，アンデス山脈の尾根，標高2000m以上の高地に位置している。

(3)　B班は，南アメリカ州の気候について調べ，右の資料4を作成しました。資料4は，南アメリカ州のブラジルの都市であるマナウスの気温と降水量を示しています。資料4をもとに，マナウスの気候の特徴として最も適切なものを，次のア～エの中から一つ選んで，その記号を書きなさい。

資料4　マナウスの気温と降水量

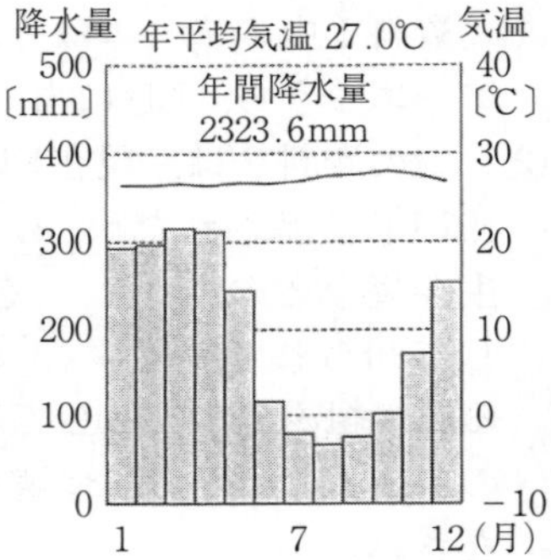

〔「理科年表」2020年版より作成〕

ア　同じ緯度の他の地域よりも気温が低い，標高が高い地域で見られる気候である。
イ　夏の時期に乾燥し，冬の時期に雨が降る地中海性気候である。
ウ　雨季と弱い乾季の2つの時期に分かれ，熱帯雨林が生いしげる気候である。
エ　雨が少なく気温が高く，たけの短い草原が見られるステップ気候である。

3　C班では，「ASEAN(東南アジア諸国連合)のつながり」という課題を設定し，調べました。次の(1)，(2)の問いに答えなさい。

(1)　東南アジアの国を示した右の地図2中のA～Eのうち，C，Eの国の説明として最も適切なものを，次のア～オの中からそれぞれ一つずつ選んで，その記号を書きなさい。

地図2

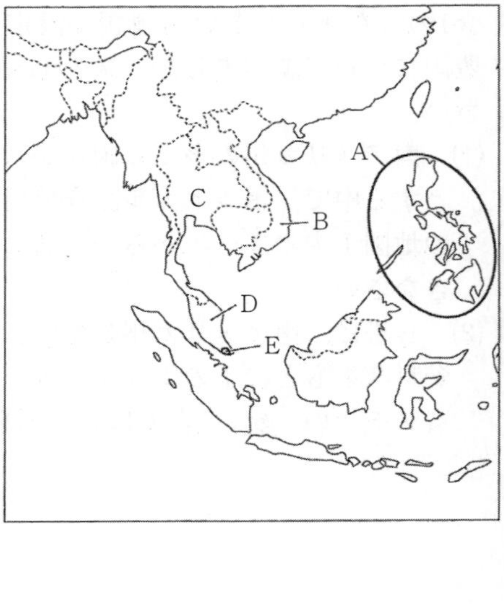

ア　島国であるこの国では，植民地の時代に天然ゴムやコーヒーなどのプランテーションが開かれた。
イ　インドシナ半島に位置する国で，かつて冷戦(冷たい戦争)の影響により戦争がおこった。
ウ　世界有数の米の輸出国で，首都のバンコクではスラムが問題化している。
エ　1980年代は石油が主な輸出品であったが，近年は機械類の輸出が増えている。
オ　ほぼ赤道直下に位置し，韓国や台湾などとともにアジアNIESに数えられる。

(2)　C班では，ASEAN加盟国の一つであるインドネシアで，1955年にアジア・アフリカ会議が開かれたことを知り，アジア・アフリカ会議について次のようにまとめました。＜まとめ＞の［い］に当てはまる内容を，あとのア～エの中から一つ選んで，その記号を書きなさい。また，［う］に当てはまる政党の名称を，**漢字５字**で書きなさい。

資料５　アジア・アフリカ会議

＜まとめ＞
　資料５で示したアジア・アフリカ会議には，インドなどの提案で29か国が参加した。インドネシアのバンドンで開催され，［い］などが決議された。また，同年には日本で55年体制が始まり，その後［う］が38年間にわたって政権をとり続けた。

ア　貿易の自由化　　イ　温室効果ガスの削減
ウ　核兵器の廃絶　　エ　植民地支配への反対

2　ある中学校の社会科の授業で，「人間の権利と法律」というテーマで，課題を設定し，学習しました。次の１，２に答えなさい。

1　太郎さんたちは，「権利と法律」について話し合いました。あとの(1)～(3)の問いに答えなさい。

太郎：日本国憲法では，基本的人権の尊重が保障されているよね。
花子：そうだね。憲法で定められた基本的人権にもとづいて，a さまざまな法律が制定されているよ。
太郎：日本国憲法に記載がない b 新しい人権についても，保障されることが大切だよね。これからも新しい人権が増えていくかもしれないね。
花子：基本的人権の尊重以外にも，国民主権や c 三権分立など，憲法についての理解を深めることが必要だね。

(1)　下線部 a について，日本国憲法の理念にもとづいた，人権保障に関する法律が制定されています。基本的人権と法律の組み合わせとして最も適切なものを，次のア～エの中から一つ選んで，その記号を書きなさい。
ア　自由権―教育基本法
イ　社会権―個人情報保護法
ウ　平等権―男女共同参画社会基本法
エ　参政権―生活保護法

(2)　下線部 b について，新しい人権の一つで，個人が自分の生き方を自由に決定する権利の名称を，**漢字５字**で書きなさい。

(3)　下線部 c について，右の資料１は，三権分立のうち司法を担当する裁判所での裁判のしくみを示したものです。日本の裁判が，資料１のような三審制をとっている目的を，次のア～エの中から一つ選んで，その記号を書きなさい。
ア　有罪となる人を増やすため。
イ　裁判をより慎重に行うため。
ウ　短い期間で審議を行うため。

資料１

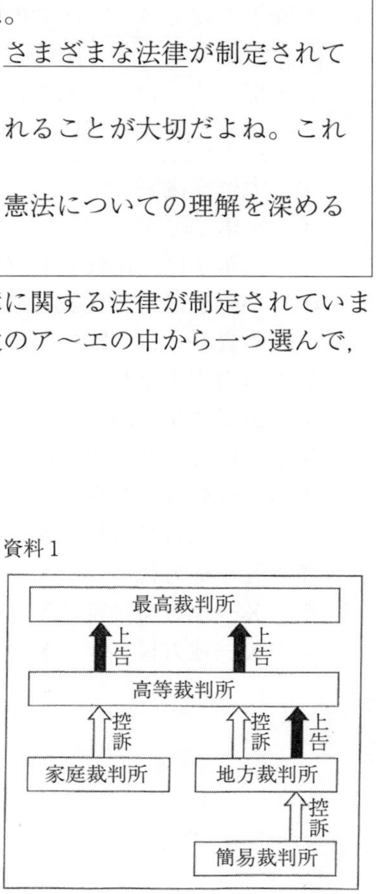

エ　裁判員が参加をしやすくするため。

2　花子さんは，「地方公共団体の権利の拡大」という課題を設定し，学習しました。次の(1)～(3)の問いに答えなさい。

(1)　右の資料２は，内閣府が発行している，仕事や財源を国から地方に移すことを目的とした［　あ　］改革の提案募集についてのハンドブックを示しています。［あ］に当てはまる語を，**漢字４字**で書きなさい。また，内閣が持つ権限として最も適切なものを，次のア～エの中から一つ選んで，その記号を書きなさい。

ア　最高裁判所長官の指名を行う。

イ　弾劾裁判所の設置を行う。

ウ　法律の違憲審査を行う。

エ　裁判官の国民審査を行う。

資料２　［　あ　］改革・提案募集方式

〔内閣府ホームページより作成〕

(2)　花子さんは，太郎さんと，地方議会と国会について話し合いました。次の文中の［い］に当てはまる語を，**算用数字**で書きなさい。また，［う］に当てはまる内容として最も適切なものを，あとのア～エの中から一つ選んで，その記号を書きなさい。

> 花子：地方議会と国会の議員は，いずれも選挙によって選ばれるね。地方議会議員の被選挙権は［　い　］歳以上で，衆議院議員と共通しているよ。
> 太郎：そうだね。ただ，衆議院議員は［　う　］の選挙で選ばれるという点で，地方議会議員と異なっているね。

ア　大選挙区制

イ　小選挙区制

ウ　大選挙区比例代表並立制

エ　小選挙区比例代表並立制

(3)　右の資料３は，2018年度における茨城県の歳入の内訳を示しています。資料３中のＸ，Ｙに当てはまる語の組み合わせとして最も適切なものを，次のア～エの中から一つ選んで，その記号を書きなさい。

ア　Ｘ－地方交付税　Ｙ－地方債

イ　Ｘ－地方税　Ｙ－地方債

ウ　Ｘ－地方交付税　Ｙ－地方税

エ　Ｘ－地方税　Ｙ－地方交付税

資料３　茨城県の歳入（2018年度）

			国庫支出金	
Ｘ 34.3％	Ｙ 16.7％	Ｚ 10.7％	11.5％	その他 26.8％

〔茨城県ホームページより作成〕

3　ある中学校の社会科の授業で，「九州地方」というテーマで，班ごとに課題を設定し，学習しました。次の１～３に答えなさい。

1　Ａ班では，「九州地方の自然環境と農業の特徴」という課題を設定し，九州地方の自然環境や農業に関連する資料１～資料４を集めました。あとの(1)～(3)の問いに答えなさい。

資料１

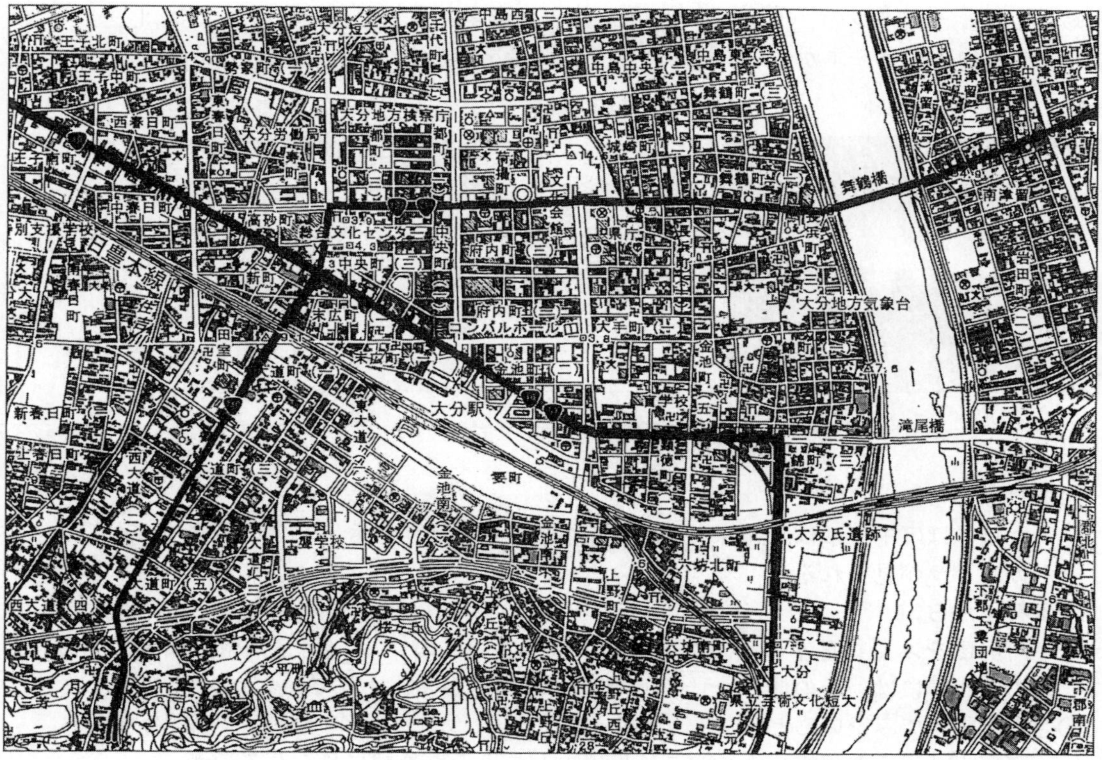

〔国土地理院発行２万５千分の１地形図「大分」より作成〕

(1)　資料１の地形図について述べた文として最も適切なものを，次のア～エの中から一つ選んで，その記号を書きなさい。

ア　川の東側の線路沿いに，工場が見られる。

イ　舞鶴《まいづる》橋と滝尾《たきお》橋の中間に，大分地方気象台がある。

ウ　市役所は，大分駅から見ると南西の方角にある。

エ　大分地方裁判所は，日豊《にっぽう》本線より南に位置している。

(2)　Ａ班では，九州地方の宮崎県や鹿児島県でさかんな豚の飼育に注目しました。太郎さんは，世界の豚の飼育に興味を持ち，右の資料２を見つけて，次のような＜メモ＞を作成しました。＜メモ＞の［あ］に当てはまる内容を，あとのア～エの中から一つ選んで，その記号を書きなさい。

資料２　州別の豚飼育頭数(2018年)

州名	飼育頭数(万頭)
アジア州	55941
ヨーロッパ州	18825
アフリカ州	4032
北アメリカ州	11590
南アメリカ州	6771
オセアニア州	539

〔「世界国勢図会」2020/21年版より作成〕

＜メモ＞
州別で見るとアジア州の豚飼育頭数が最も多いが，［　あ　］ため，西アジアの豚飼育頭数はほぼゼロに近いほど少ない。

ア　気候が豚の飼育に不向きな
イ　ヨーロッパからの輸入に頼っている
ウ　1990年代以降工業化が進んだ
エ　イスラム教を信仰する人が多い

(3)　A班では，九州地方の自然について，次の資料3，資料4をもとにあとのような<メモ>にまとめました。<メモ>の[い]に当てはまる語を，**漢字4字**で書きなさい。また，[う]に当てはまる山脈を，下のア～エから一つ選んで，その記号を書きなさい。

資料3　カルデラのようす

資料4　世界の造山帯

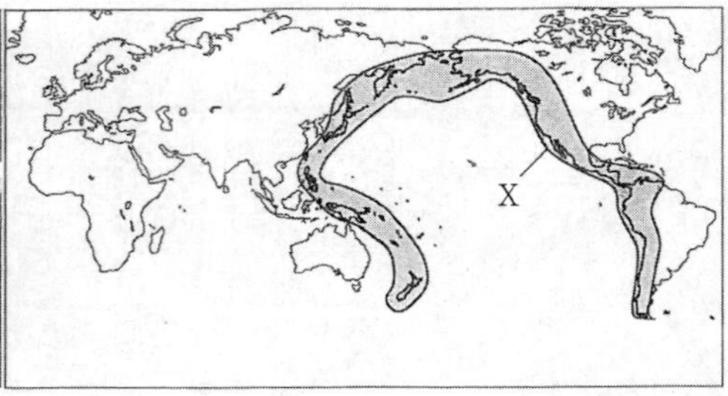

<メモ>
○資料3から
・九州のほぼ中心には，阿《あ》蘇《そ》山の噴火で溶岩や火山灰が吹き出したあとがくぼんでできたカルデラが見られる。
○資料4から
・阿蘇山をふくむ日本の山地や山脈は，資料4のXの[い]造山帯に属している。この造山帯には，その他[う]山脈などの山脈がふくまれている。
○さらに調べてみたいこと
・阿蘇山のような規模のカルデラは世界のどのような地域に見られるのか。

ア　ウラル　　イ　アンデス　　ウ　アパラチア　　エ　ヒマラヤ

2　B班では，「九州地方の工業の発展と取り組み」という課題を設定し，資料5，資料6をもとに話し合いました。あとの(1)～(4)の問いに答えなさい。

資料5　九州地方北部

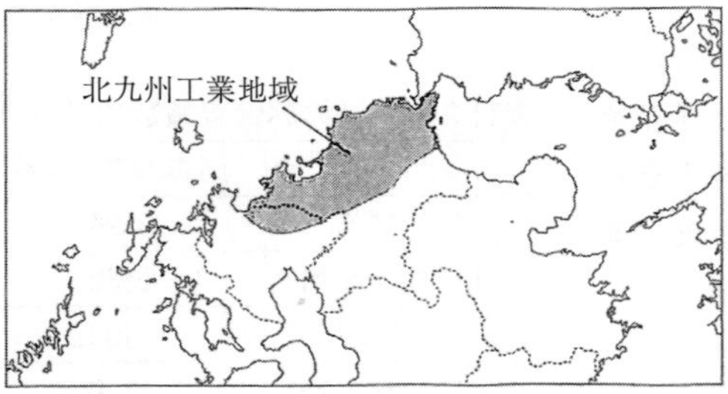

資料6　北九州市の工業について

北九州市では，明治時代に本格的な製鉄所が建設され，鉄鋼業が発展したが，環境問題が発生したことにより，現在ではエコタウンが形成されている。

太郎：資料5を見ると，九州の北部では $_a$北九州工業地域が広がっていることがわかるね。
花子：そうね。資料6にある $_b$北九州市は，北九州工業地域の中心の都市だよね。現在はエコタウンとして，環境都市のモデルになっているよね。
太郎：九州地方では他の地域でも $_c$公害問題が発生したことがあるし，[え]な社会を実現するためにも，環境への配慮はとても大切なことだね。

(1) 下線部aについて，右の資料7は，北九州工業地域の工業生産の割合の変化を示したものです。資料7中のW，Xに当てはまる工業製品の組み合わせとして最も適切なものを，次のア～エから一つ選んで，その記号を書きなさい。

ア W―機械 X―金属
イ W―金属 X―化学
ウ W―金属 X―機械
エ W―食料品 X―機械

資料7 北九州工業地域の工業生産の割合の変化

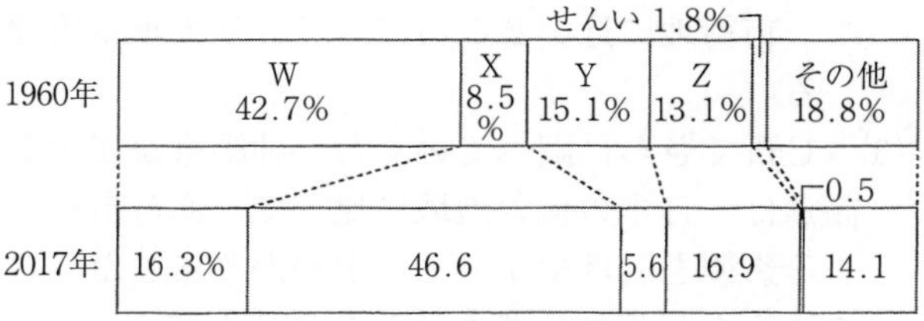

〔「日本国勢図会」2020/21年版などより作成〕

(2) 下線部bについて，明治時代に，現在の北九州市に建設された日本初の本格的な製鉄所の名称を，**漢字**で書きなさい。

(3) 下線部cについて，かつて日本でおこった四大公害病のうち，九州地方でおこった公害病の名称を，**漢字**で書きなさい。また，その公害病がおこった都市を，右の地図中のア～エから一つ選んで，その記号を書きなさい。

地図

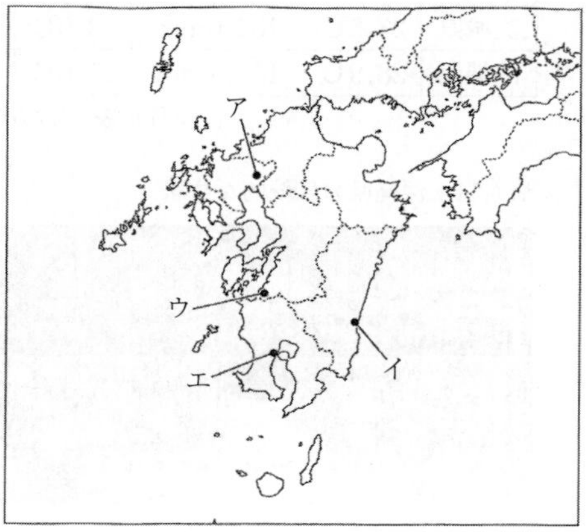

(4) 文中の[え]に当てはまる，未来の人々に良い社会を残しつつ，現在の開発を進めていくことを示す語を，**漢字4字**で書きなさい。

3 C班では，「沖縄県の自然環境と土地利用の特徴」という課題を設定し，調べたことをまとめました。あとの(1)～(3)の問いに答えなさい。

<まとめ>
$_d$沖縄県では，独自の文化が形成されており，自然環境も日本列島の他の地域とは異なっている。沖縄の $_e$土地利用については，現在も議論が続いている。

(1) 下線部dについて，沖縄県の県庁所在地名を，**漢字**で書きなさい。また，右の資料8は，青森県，東京都，愛知県，沖縄県の産業別人口割合を示しています。沖縄県に当てはまるものを，資料8中のア～エから一つ選んで，その記号を書きなさい。

資料8 4都県の産業別人口割合

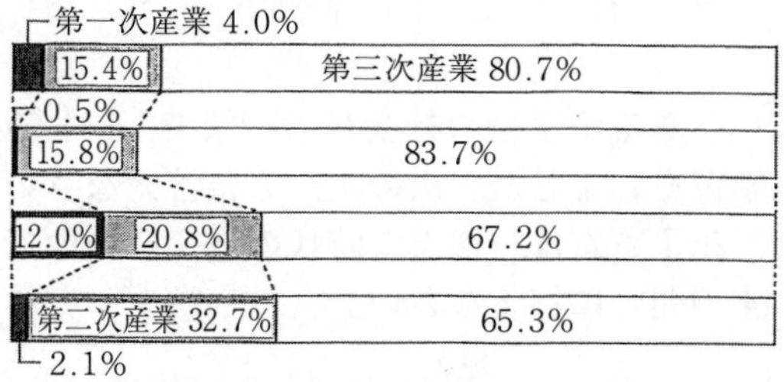

※四捨五入の関係で100%にならないことがある。
〔「データでみる県勢」2020年版より作成〕

(2) 下線部eについて，右の資料9は，沖縄の土地利用を示しています。沖縄の土地利用の特徴について述べた文として最も適切なものを，次のア～エの中から一つ選んで，その記号を書きなさい。

資料9　沖縄の土地利用

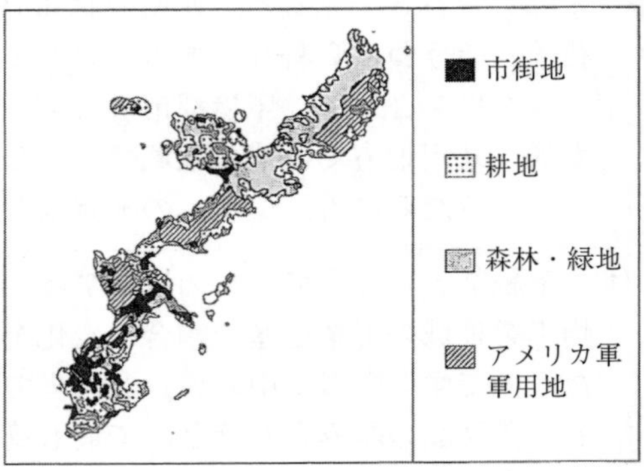

ア　耕地は，島の北部のみに分布している。
イ　市街地は，島の全体に点在している。
ウ　南部には，森林・緑地が広がっている。
エ　市街地に近いところに，アメリカ軍軍用地がある。

(3) C班でさらに調べていくと，沖縄県が属する南西諸島は，日本の他の地域に比べて，ある自然災害による影響を受けやすいことがわかりました。C班では，次の資料10，資料11を参考にして，あとのような＜追加のまとめ＞を作成しました。＜追加のまとめ＞の[お]，[か]に当てはまる語の組み合わせとして最も適切なものを，下のア～エの中から一つ選んで，その記号を書きなさい。

資料10　茨城県と沖縄県の県庁所在地の気温と降水量

	7月		1月	
	気温	降水量	気温	降水量
茨城県	23.5℃	134.0mm	3.0℃	51.0mm
沖縄県	28.9℃	141.4mm	17.0℃	107.0mm

〔「理科年表」2020年版より作成〕

資料11　沖縄県の伝統的な住居

＜追加のまとめ＞
沖縄県は，[お]の気候帯に属している。また，沖縄県は[か]の被害を受けることが多いため，沖縄県の伝統的な住居は屋根が低くつくられている。

ア〔お　熱帯　か　津波〕　イ〔お　温帯　か　津波〕
ウ〔お　熱帯　か　台風〕　エ〔お　温帯　か　台風〕

4　ある中学校の社会科の授業で，「外交の歴史」というテーマにもとづき，時代の特色を考える学習をしました。次の1，2に答えなさい。

1　花子さんは，様々な時代の外交について調べ，カード1～カード3を作成しました。あとの(1)～(4)の問いに答えなさい。

カード1　a朝鮮《ちょうせん》半島から一族で移り住んだ人々が技術や文化を伝えた。また，百済《くだら》から仏教が伝わり，日本初の仏教文化が栄えた。

カード2　［あ］は，盲目《もうもく》になりながらも来日し，日本に正しい仏教の教えを広めた。また，b平清盛《たいらのきよもり》は，外国との貿易で大きな利益を得た。

カード3　安土《あづち》城などを代表とする豪華な城が建てられた。また，南蛮《なんばん》貿易によって，cヨーロッパの文化が数多く日本にもたらされた。

(1)　下線部aについて，このような人々の名称を，**漢字**で書きなさい。

(2)　カード2の［あ］に当てはまる，遣唐使《けんとうし》とともに日本を訪れた人物の名前を，**漢字**で書きなさい。

(3)　花子さんは，下線部bの人物について調べ，あとのようにまとめました。平清盛が整備した港の位置を，次の地図中のア～エから一つ選んで，その記号を書きなさい。また，あとの＜まとめ＞の［い］に当てはまる中国の王朝名を，**漢字1字**で書きなさい。

地図

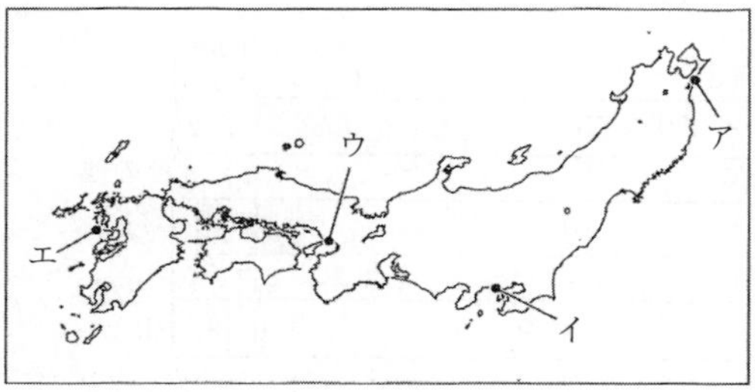

資料1　厳島神社《いつくしまじんじゃ》

＜まとめ＞
平清盛は，［い］との貿易の安全を祈り，上の資料1の厳島神社に参詣《さんけい》していた。

(4)　花子さんは，下線部cのころの文化の特徴について話をしています。次の文中の［う］に当てはまる内容を，あとのア～エから一つ選んで，その記号を書きなさい。

花子：この文化は，豪華ではなやかな印象があるね。
太郎：でも，［う］のもこの文化のころだね。大名たちが好んでいたそうだよ。

ア　千利休《せんのりきゅう》がわび茶を大成した
イ　兼好法師《けんこうほうし》が「徒然草《つれづれぐさ》」を書いた
ウ　雪舟《せっしゅう》が水墨画《すいぼくが》を大成した
エ　「新古今和歌集《しんこきんわかしゅう》」が編さんされた

2　太郎さんは，右の年表をもとに近現代の政治について調べました。次の(1)～(4)の問いに答えなさい。

西暦	できごと
	A
1858	d 日米修好通商条約を結ぶ
	B
1902	e 日英同盟を結ぶ
	C
1945	f ポツダム宣言を受諾する
	D

(1)　年表中のA～Dと，その時期におこったできごとの組み合わせとして最も適切なものを，次のア～エの中から一つ選んで，その記号を書きなさい。

ア　A―ロシア革命がおこった。

イ　B―三・一独立運動がおこった。

ウ　C―甲午《こうご》農民戦争がおこった。

エ　D―日ソ共同宣言が出された。

(2)　太郎さんは，下線部dの条約が結ばれたあとの，日本と外国との貿易について調べました。次の資料2中の［え］に当てはまる貿易品名を書きなさい。また，次の資料3について，1860年から1865年にかけて，アメリカの割合が大きく減っているのは，ある戦争がおこったことが原因です。その戦争の名称を，**漢字**で書きなさい。

資料2　日本の貿易品(1865年)

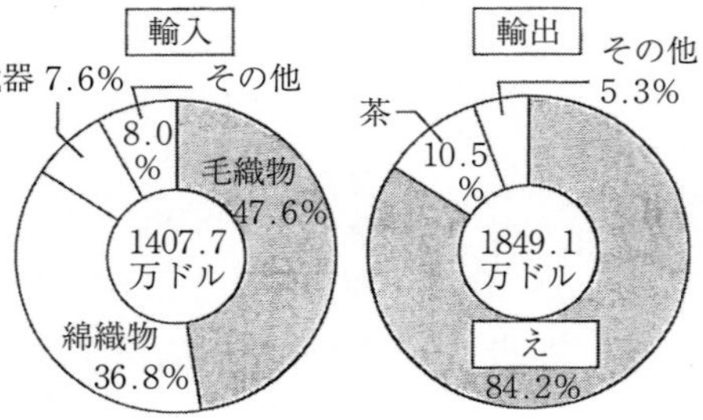

資料3　貿易相手国の推移

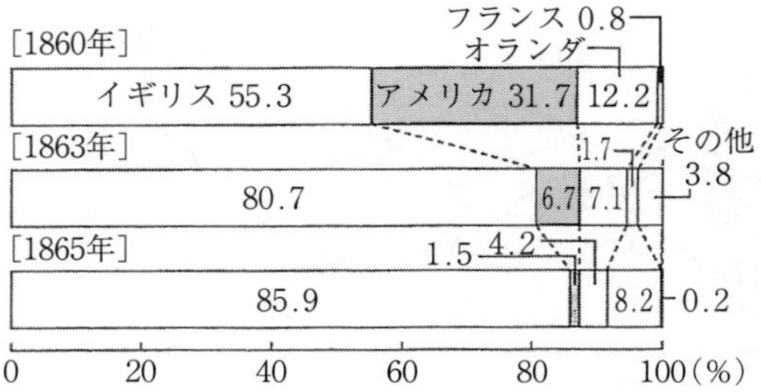

〔「近代日本経済史要覧」より作成〕

(3)　太郎さんは，日本が，下線部eの同盟を理由に第一次世界大戦に参戦したことを知り，第一次世界大戦について調べました。下の資料4中のXに当てはまる国名を書きなさい。また，第一次世界大戦終戦後，世界平和のために設立された国際機関の名称を，**漢字4字**で書きなさい。

資料4　三国協商と三国同盟

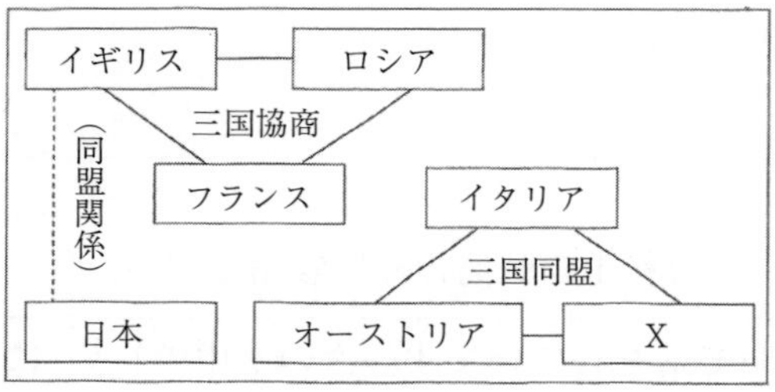

資料5　有権者数の推移

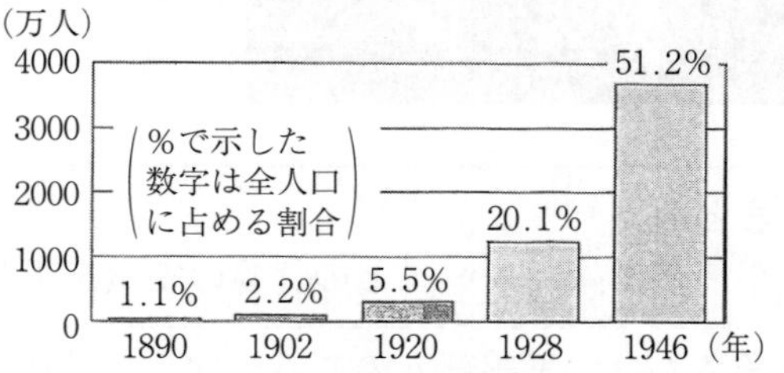

〔「衆議院議員選挙の実績」より作成〕

(4)　太郎さんは，下線部fを受諾したあとの民主化政策について調べ，上の資料5を見つけました。資料5において，1946年に有権者数が大きく増えている理由を書きなさい。

【理　科】（50分）〈満点：100点〉

1　次の(1)～(4)の問いに答えなさい。

(1)　図1のように，石灰石とうすい塩酸を入れた a 容器全体の質量をはかる。次に，図2のように，容器を傾《かたむ》けて気体を発生させたあと，b 容器全体の質量をはかる。さらに，図3のように，容器のふたをとったあと，c 容器全体の質量をはかる。

下線部a，b，cの容器全体の質量の関係を，等号や不等号を使って表したものとして最も適当なものを，下のア～エの中から一つ選んで，その記号を書きなさい。

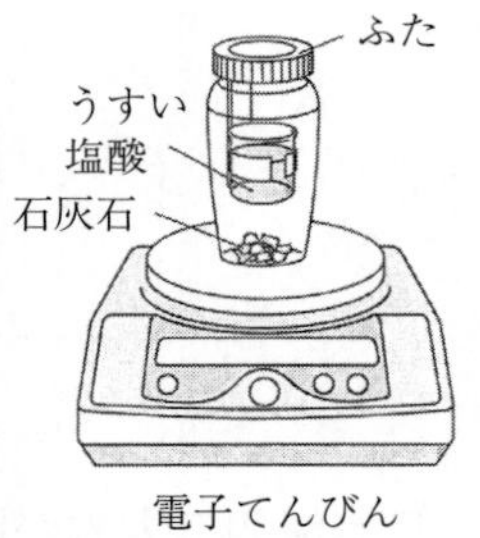

図1

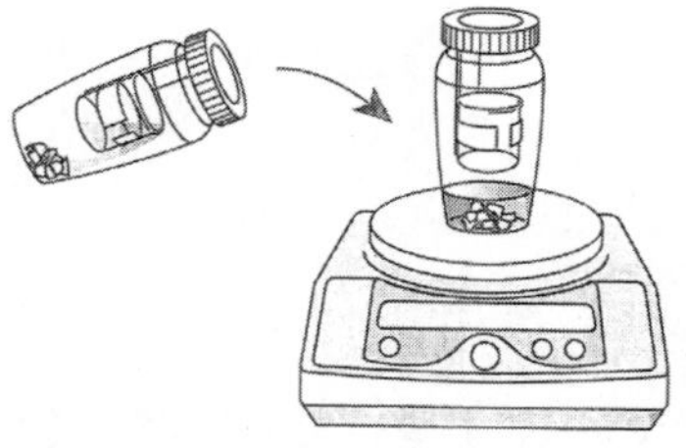
図2

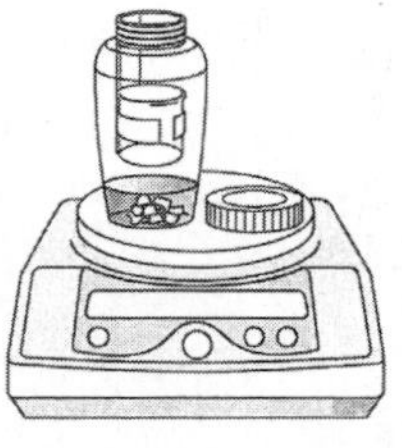
図3

ア　a＞b＝c　　イ　a＞b＞c
ウ　a＝b＝c　　エ　a＝b＞c

(2)　右の図のように，棒磁石のN極を下にして持ち，すばやくコイルの上から近づけたところ，検流計の針は＋《プラス》側に振《ふ》れた。

次に，棒磁石のS極を下にして持ち，すばやくコイルの上から近づけて静止させたのち，再びすばやく引き上げた。このときの検流計の針の動きとして最も適当なものを，次のア～エの中から一つ選んで，その記号を書きなさい。

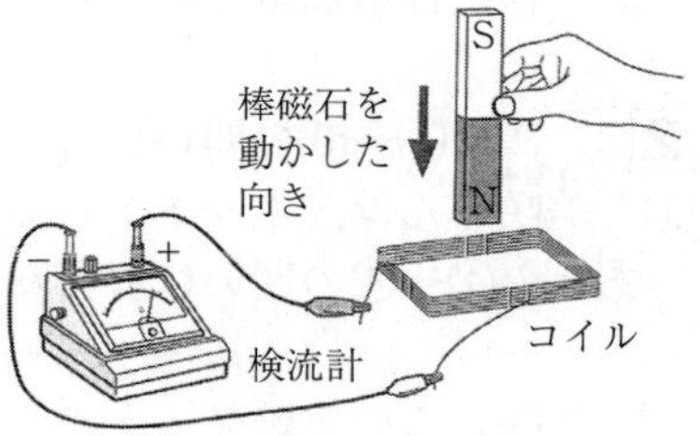

図

ア　＋側→0→＋側
イ　＋側→0→－《マイナス》側
ウ　－側→0→－側
エ　－側→0→＋側

(3)　図は，ある生態系における生物どうしの「食べる・食べられる」という食物連鎖《しょくもつれんさ》の観点を数量関係で表したピラミッドである。

あるとき，草食動物の数量が，何らかの理由で急に減少したとき，数量関係を表すピラミッドは，一時的にどのように変化するか。最も適当なものを，次のア～エの中から一つ選んで，その記号を書きなさい。

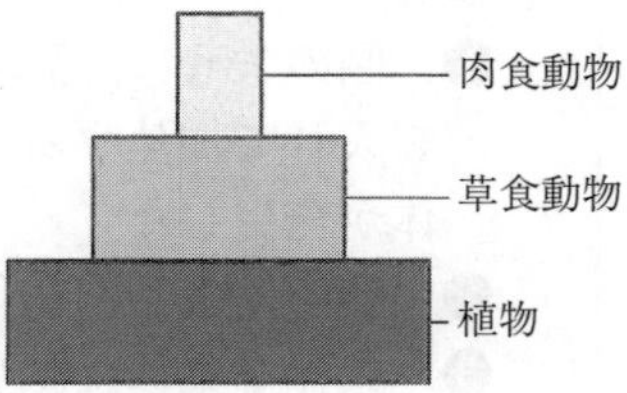

図

ア
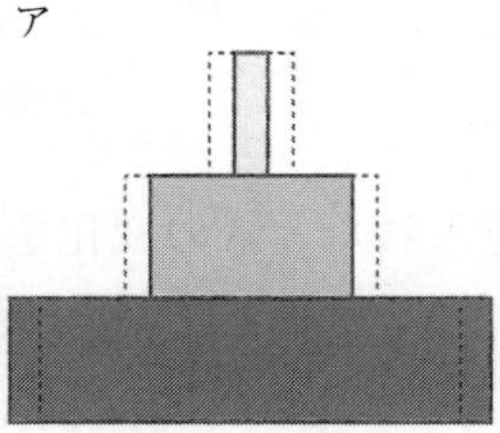
肉食動物の数が減少し，植物の数が増加する。

イ
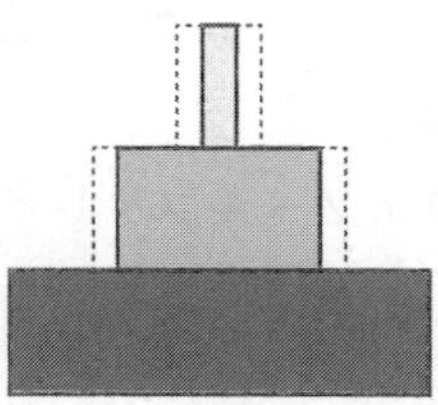
肉食動物の数だけが減少する。

ウ
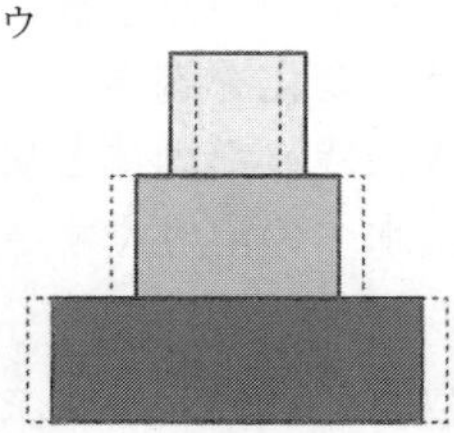
肉食動物の数が増加し，植物の数が減少する。

エ
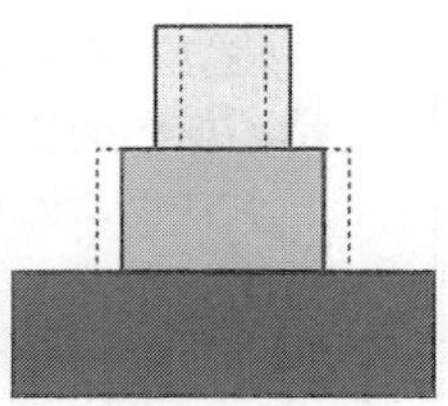
肉食動物の数だけが増加する。

(4) 図は，日本の典型的な冬型の気圧配置を示した天気図である。この天気図からわかることとして最も適当なものを，次のア～エの中から一つ選んで，その記号を書きなさい。

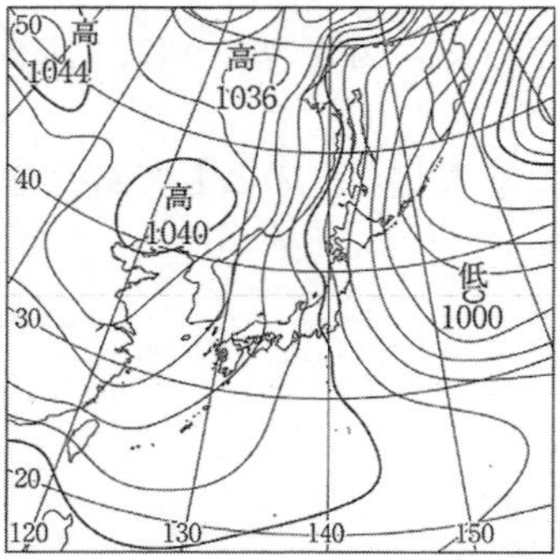

図

ア　日本列島上に梅雨前線が停滞しているため，ぐずついた天気が続く。

イ　大陸上に高気圧，太平洋上に低気圧があるため，西高東低の気圧配置で，日本海側で大雪が降る。

ウ　太平洋上に高気圧，大陸上に低気圧があるため，湿った南東の季節風がふく。

エ　移動性の高気圧が，次々と西から東へ通り過ぎていくため，温暖で乾燥した晴天になる。

2　次の(1)～(3)の問いに答えなさい。

(1) 美咲《みさき》さんは，ホットケーキを焼くとふくらむことに興味をもち，実験を行い，ノートにまとめた。あとの①～④の問いに答えなさい。

美咲さんの実験ノートの一部

【課題】 ホットケーキを焼くとなぜふくらむのだろうか。

【事前に調べたこと】 ホットケーキは，卵や牛乳を混ぜた生地《きじ》に重曹《じゅうそう》(炭酸水素ナトリウム)を加えて焼くとふくらむ。

【実験】

❶ 図のように，試験管Aに炭酸水素ナトリウムを入れて加熱すると，液体が生じるとともに気体が発生した。

❷ ❶で発生した気体を試験管Bに集めた。

❸ 気体を集めた試験管Bに石灰水《せっかいすい》を加えて振《ふ》り，変化を調べた。

❹ ❶で試験管Aの口元についた水滴に青色の塩化コバルト紙をつけ，変化を調べた。

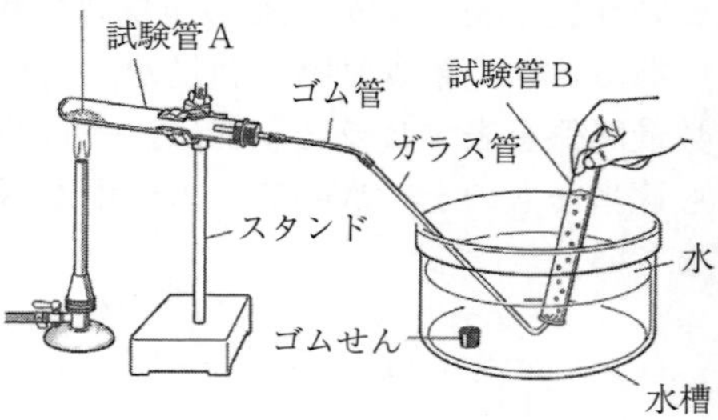

図

❺ 加熱後に試験管Aに残った固体と炭酸水素ナトリウムについて，水への溶《と》けやすさと，フェノールフタレイン液を入れたときの変化を比べた。

【結果】 実験❸で，a 石灰水は白くにごった。

実験❹で，b 塩化コバルト紙は赤色に変化した。

実験❺の結果を下の表にまとめた。

表

	水への溶けやすさ	フェノールフタレイン液を入れたときの変化
試験管Aに残った固体	よく溶けた	濃い赤色に変化した
炭酸水素ナトリウム	溶け残りがあった	うすい赤色に変化した

【考察】 ホットケーキがふくらむのは，炭酸水素ナトリウムが熱せられて分解したときに，［　あ　］からである。

① 図のように，気体を試験管Bに集める方法を何というか。その名称を書きなさい。

② 【結果】の下線部a，下線部bより，それぞれで生じた物質の組み合わせとして最も適当なものを，次のア～エの中から一つ選んで，その記号を書きなさい。

ア　a：酸素　　　　b：水
イ　a：酸素　　　　b：炭酸水
ウ　a：二酸化炭素　b：水
エ　a：二酸化炭素　b：炭酸水

③ 炭酸水素ナトリウムが分解すると，何種類の物質に変化するか。数字を書きなさい。

④ 【考察】の文中の［あ］に当てはまる内容を書きなさい。

(2) 斜面上や水平面上を運動する台車について，あとの①～④の問いに答えなさい。

【実験1】 一輝《かずき》さんの所属する理科クラブでは，斜面を下る台車の運動のようすを調べる実験を行った。一輝さんは，図1のような水平面と斜面とがなめらかにつながった装置をつくり，斜面上のP点に記録テープを取り付けた台車を置いた。次に，記録タイマーのスイッチを入れ，台車を静かにはなして，運動のようすを記録テープに打点した。ただし，実験に使った記録タイマーは，1秒間に50回打点し，斜面と水平面は摩擦がないものとする。

【実験2】 図1の斜面の角度を変えて，同様の実験を行い，運動のようすを記録した。

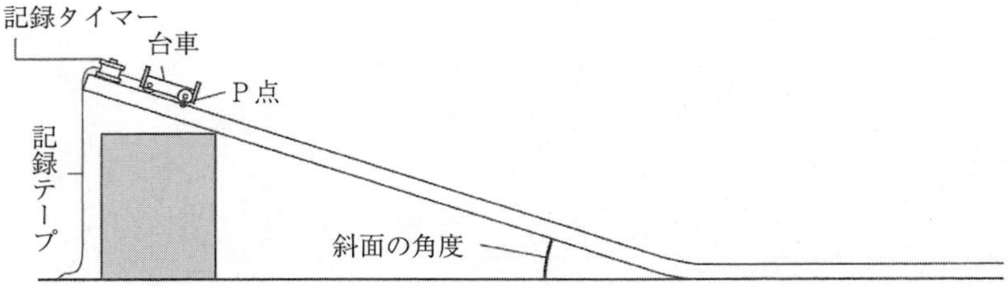

図1

【結果】 実験1の斜面上を台車が運動するようすを記録したテープを5打点ごとに切って，図2のa～dのように貼り付けた。また，図3は，実験2の記録テープを同様に切って貼り付けたものである。

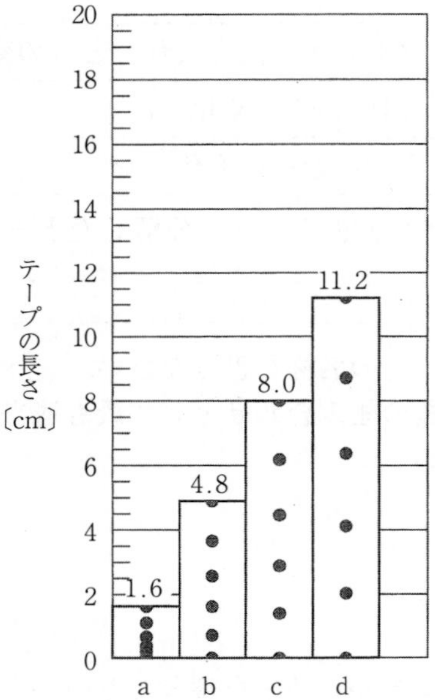

図２

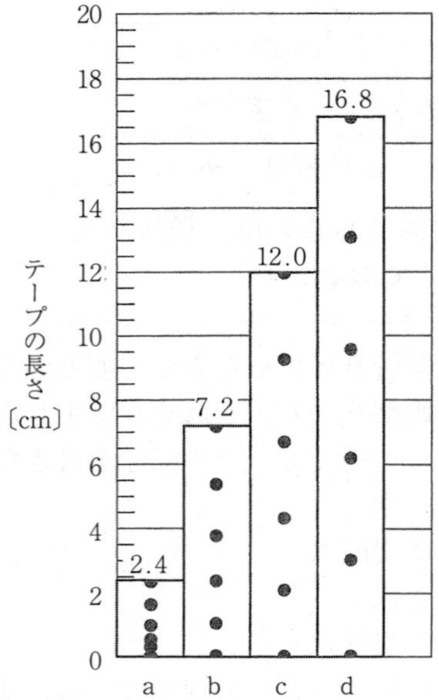

図３

①　実験１において，台車が図２のａ～ｄの４枚のテープを記録した区間を運動するときの平均の速さは何cm/sか，求めなさい。

②　実験１において，台車が斜面上を運動するとき，台車にはたらく重力の大きさと，重力の斜面に平行な分力の大きさは，時間とともにどのように変化するか。最も適当な組み合わせを，次のア～ケの中から一つ選んで，その記号を書きなさい。

	重力の大きさ	重力の斜面に平行な分力の大きさ
ア	しだいに大きくなる	しだいに大きくなる
イ	しだいに大きくなる	しだいに小さくなる
ウ	しだいに大きくなる	変化しない
エ	しだいに小さくなる	しだいに大きくなる
オ	しだいに小さくなる	しだいに小さくなる
カ	しだいに小さくなる	変化しない
キ	変化しない	しだいに大きくなる
ク	変化しない	しだいに小さくなる
ケ	変化しない	変化しない

③　実験１において，台車が斜面上から水平面上にかけて運動するときの時間と速さの関係を表すグラフとして最も適当なものを，次のア～エの中から一つ選んで，その記号を書きなさい。

ア

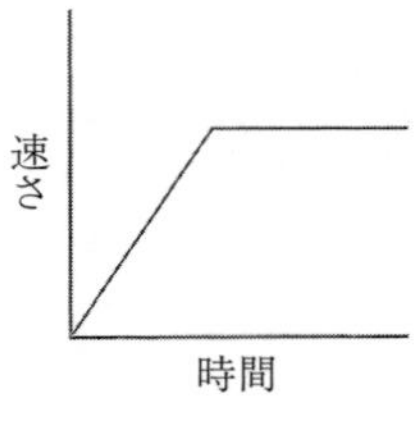

イ

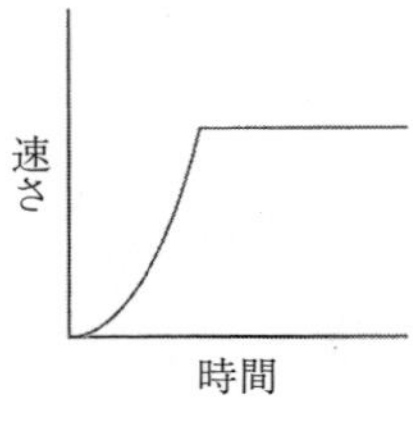

ウ

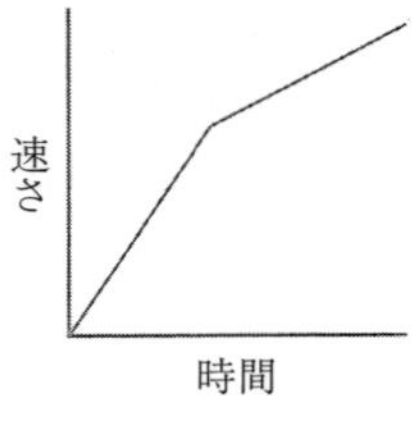

エ

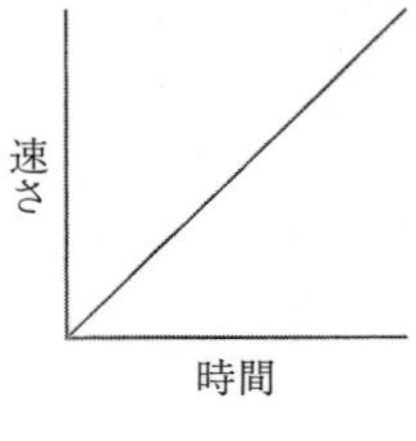

④　次の文は，実験２において，斜面の角度と台車の運動の関係についてまとめたものである。文中の[あ]，[い]に当てはまる語の組み合わせとして最も適当なものを，下のア～エの中から一つ選んで，その記号を書きなさい。

> 【結果】から，実験１よりも実験２のほうが台車の速さの変化する割合が[あ]ので，実験２のほうが実験１よりも斜面の角度が[い]といえる。

ア　あ：大きい　い：小さい
イ　あ：大きい　い：大きい
ウ　あ：小さい　い：小さい
エ　あ：小さい　い：大きい

(3)　一輝さんと美咲さんは，植物のふえ方について調べるために，次の実験をした。あとの①～④の問いに答えなさい。

【実験】

❶　図１のように，ショ糖水溶液《すいようえき》をホールスライドガラスに１滴《てき》落とした。
❷　❶でつくったホールスライドガラスの上に，図２のように筆につけたホウセンカの花粉をまいた。
❸　一定時間ごとに，100倍の倍率にした顕微鏡で花粉のようすを観察した。
❹　観察しないときは，試料がかわかないように，図３のように，ペトリ皿に入れておいた。

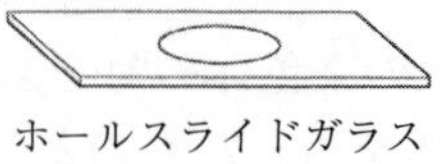

図１

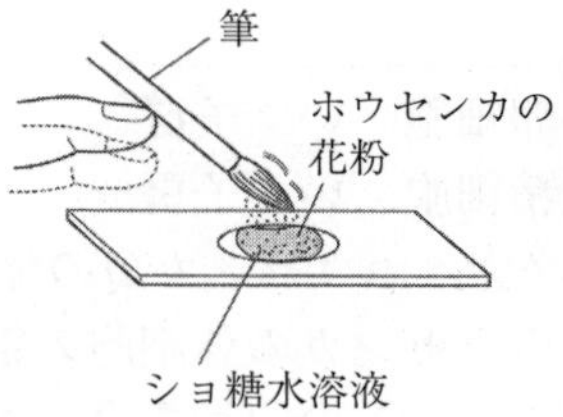

図２

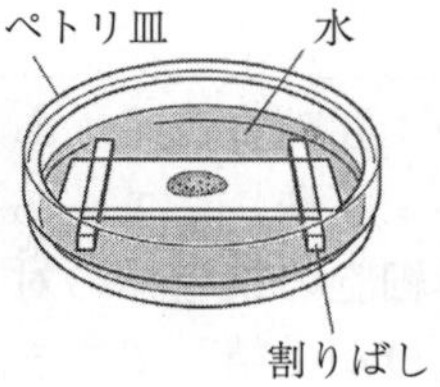

図３

【観察結果】　０分後，2.5分後，10分後に観察して記録すると，図４のように，花粉から時間とともにXがのびていった。

図４

①　【実験】に用いたホウセンカは，被子植物の双子葉類に分類される。ホウセンカの茎の断面と根のつくりを模式的に示した図として最も適当なものを，次のア～エの中から一つ選んで，その記号を書きなさい。

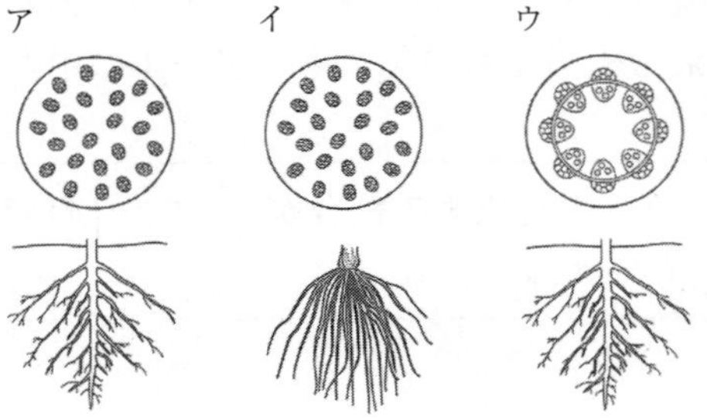

② 【観察結果】において，花粉からのびた図4のXを何というか。その名称を書きなさい。

③ 図5は，ホウセンカの花粉がめしべの柱頭についた後の状態を模式的に示したものである。また，次の文は，受粉してから種子ができるまでの過程を説明したものである。文中の[あ]，[い]に当てはまる語の組み合わせとして最も適当なものを，下のア～エの中から一つ選んで，その記号を書きなさい。

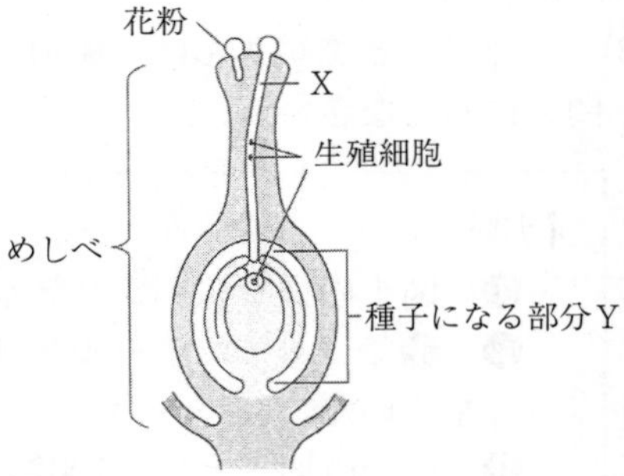

図5

> ホウセンカが受粉すると，花粉から柱頭の内部へXがのびる。その後，Xの中にある[あ]という生殖細胞と，将来種子になる部分Yの中にある生殖細胞が受精する。この，将来種子になる部分Yを[い]という。

ア　あ：卵細胞　い：胚珠　　イ　あ：卵細胞　い：子房
ウ　あ：精細胞　い：胚珠　　エ　あ：精細胞　い：子房

④ ホウセンカPの体細胞の染色体の対《つい》をAA，ホウセンカQの体細胞の染色体の対をaaで表すとき，ホウセンカPとQが受精してできるホウセンカの体細胞の染色体を表したものとして最も適当なものを，次のア～エの中から一つ選んで，その記号を書きなさい。

ア　A　　イ　a　　ウ　AAaa　　エ　Aa

3 一輝《かずき》さんと美咲《みさき》さんは，アルカリ性や酸性を示すものの正体を調べる実験を次のように計画した。その後，実験結果について予想し，先生と話し合いながら実験を行った。あとの(1)～(5)の問いに答えなさい。

実験の計画

【課題】 うすい水酸化ナトリウム水溶液《すいようえき》やうすい塩酸に電圧を加えて電流を流したとき，リトマス紙の色はどのように変化するのだろうか。

【手順】

❶ 図のように，スライドガラスに塩化ナトリウム水溶液をしみこませたろ紙を置き，クリップでとめる。

❷ ❶のろ紙の上に，赤色リトマス紙AとB，青色リトマス紙CとDを置く。

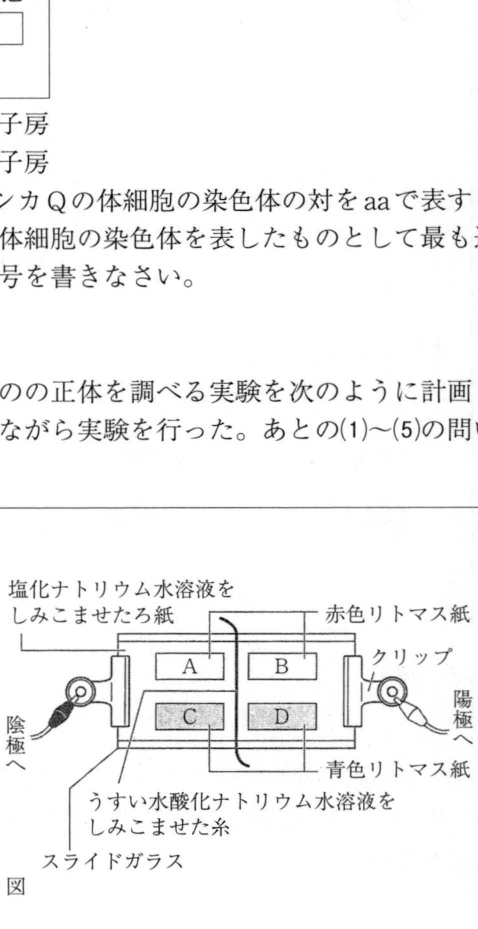

図

❸　❷の装置の中央にうすい水酸化ナトリウム水溶液をしみこませた糸を置く。

❹　一方のクリップを電源装置の陰極《いんきょく》に，もう一方のクリップを陽極につないで，9.0Vの電圧を加え，リトマス紙の色の変化を調べる。

❺　❶，❷と同じ装置を用意し，装置の中央にうすい塩酸をしみこませた糸を置き，同様の操作を行う。

一輝さんと美咲さんは，実験前に先生と次のような会話をした。

先生：水酸化ナトリウムのように，水に溶《と》かしたとき，水溶液に電流が流れる物質を何といいますか。

一輝：授業で習いました。電解質といいます。

先生：そのとおりですね。では，電解質が水に溶けて陽イオンと陰イオンに分かれることを何といいますか。

美咲：それは，[あ]といいます。

先生：では，水に溶けて陽イオンと陰イオンに分かれている水溶液に電圧を加えるとどのようになると思いますか。

一輝：陽イオンは＋《プラス》の電気を帯びた粒子《りゅうし》だから，陰極に引き寄せられると思います。

美咲：一方，陰イオンは－《マイナス》の電気を帯びた粒子だから，陽極に引き寄せられると思います。

先生：そうすると，陽イオンや陰イオンが移動するのは，どのようにして確認すればよいのでしょうか。実際に組み立てた装置に電流を流してみましょう。

一輝さんと美咲さんは，実験後に先生と次のような会話をした。

一輝：手順❹で１つだけ色が変化したリトマス紙がありました。

美咲：そうですね。[い]のリトマス紙の色が変化しました。

先生：なぜ，そのリトマス紙の色が変化したのだと思いますか。

一輝：それは，[う]が電極に引き寄せられて移動したからだと思います。

先生：そのとおりです。ところで，水酸化ナトリウム水溶液は，酸性・中性・アルカリ性のうち，どの性質を示しますか。

美咲：以前，緑色のBTB溶液を水酸化ナトリウム水溶液に加えたとき，青色に変化したので，水酸化ナトリウム水溶液はアルカリ性といえます。

一輝：そうすると，アルカリ性を示すものの正体は[う]といってよいですね。

先生：二人ともよくできました。つまり，アルカリとは，水に溶けて[う]を生じる物質といえますね。次は，うすい塩酸を使った実験についてもまとめておきましょう。

(1)　文中の[あ]に当てはまる語を書きなさい。

(2)　実験の手順❶において，ろ紙に塩化ナトリウム水溶液をしみこませた理由を「電流」という語を用いて書きなさい。

(3)　文中の[い]に当てはまるリトマス紙の記号と，[う]に当てはまるイオン式の組み合わせとして最も適当なものを，次のア～クの中から一つ選んで，その記号を書きなさい。

	い	う
ア	A	Na^+
イ	A	OH^-
ウ	B	Na^+
エ	B	OH^-
オ	C	Na^+
カ	C	OH^-
キ	D	Na^+
ク	D	OH^-

(4) 下線部のうすい塩酸が，水に溶けて陽イオンと陰イオンに分かれるようすを，化学式とイオン式を使って書きなさい。

(5) 装置の中央にうすい塩酸をしみこませた糸を置いて，同様の実験を行ったとき，色が変化するリトマス紙として最も適当なものを，A～Dの中から一つ選んで，その記号を書きなさい。

4 次は，美咲《みさき》さんがヒトの血液の成分とその循環《じゅんかん》について図書館で調べ，まとめたノートの一部である。あとの(1)～(5)の問いに答えなさい。

美咲さんのノートの一部

〈ヒトのからだの血液循環〉

【調べ学習１】 ヒトの血液にはどのような成分があるのだろうか。

【わかったこと１】 ヒトの血液には，次の表のような，固形成分と液体成分がある。

表

	成分	はたらき
固形成分	赤血球	酸素をからだ中の細胞に運搬《うんぱん》する。
	白血球	からだに入った細菌《さいきん》などをとらえる。
	血小板	出血したときに血液を固まらせる。
液体成分	血しょう	栄養分をからだ中の細胞に運搬し， 二酸化炭素や不要物を運び去る。

【調べ学習２】 血液はヒトのからだをどのように循環するのだろうか。

【わかったこと２】 ヒトのからだには，血液が心臓から出て肺に送られ，再び心臓にもどる肺循環と，心臓から肺以外の全身に送られ，再び心臓にもどる体循環の２つの経路がある。

次の図１は，血液の循環経路を模式的に示したものであり，図２は，図１の心臓を拡大して示したものである。

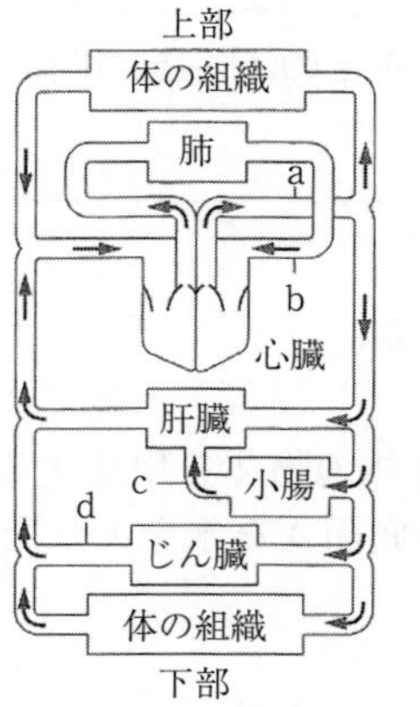

→は血液が流れる
図１　向きを表している。

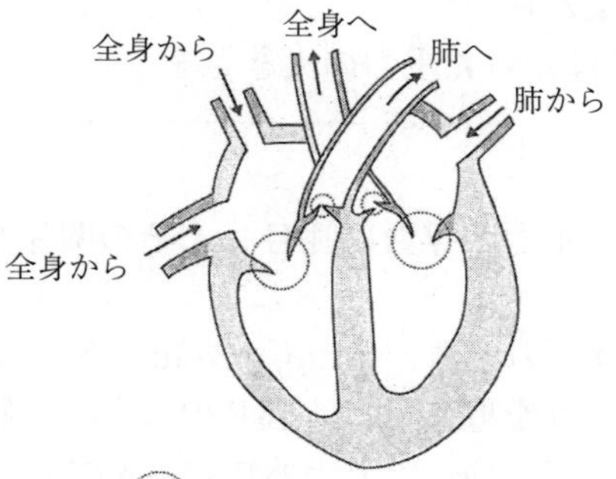

○は弁を表している。

図２

(1)　次の文は，表の赤血球が酸素を運搬するしくみについてまとめたものである。文中の［あ］に当てはまる語をカタカナで書きなさい。また，［い］に当てはまる内容を，「酸素」という語を用いて，赤血球のまわりにある酸素の量にもふれながら書きなさい。

> 赤血球には［　あ　］という物質がふくまれている。
> この物質は，［　　い　　］という性質をもっている。そのため，赤血球は酸素を運搬することができる。

(2)　表の血しょうのはたらきの下線部について，栄養分をもっとも多くふくむ血液が流れている血管として最も適当なものを，図１のａ～ｄの中から一つ選んで，その記号を書きなさい。

(3)　図１の肝臓は，タンパク質が分解されたときにできる有害なアンモニアを，無害な物質に変えるはたらきがある。その後，この無害な物質は，血液によってじん臓へと送られる。この無害な物質の名称を書きなさい。

(4)　【わかったこと２】の下線部の肺循環について，血液の流れとして最も適当なものを，次のア～エの中から一つ選んで，その記号を書きなさい。

ア　心臓→肺動脈→肺→肺静脈→心臓
イ　心臓→大動脈→肺→大静脈→心臓
ウ　心臓→肺静脈→肺→肺動脈→心臓
エ　心臓→大静脈→肺→大動脈→心臓

(5)　図２に示したように，心臓には，心房と心室の間や，心室から送り出される血液が流れる血管に弁がついている。この弁のはたらきを説明しなさい。

5　一輝《かずき》さんと美咲《みさき》さんは，物体にはたらく力について調べる実験を行い，次のように記録した。また，その記録をもとに，実験結果からわかることを先生と話し合った。あとの(1)〜(5)の問いに答えなさい。ただし，100 g の物体にはたらく重力の大きさを 1 N とする。

一輝さんと美咲さんの実験の記録

【目的】　物体にはたらく力のうち，重力と浮力に注目し，その関係を調べる。

【手順】

❶　図 1 のような，各辺の長さがそれぞれ，4 cm，3 cm，5 cm の直方体の物体を用意する。

❷　図 1 の物体の A 面にばねばかりを取り付け，図 2 のように，物体の底面 A を水を入れた水《すい》槽《そう》の水面と平行になるようにして，ゆっくりと水中に沈めていった。

❸　❷のとき，ばねばかりの示す値《あたい》を読みとった。

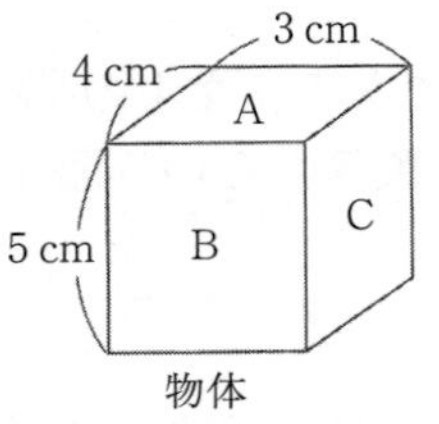

図 1

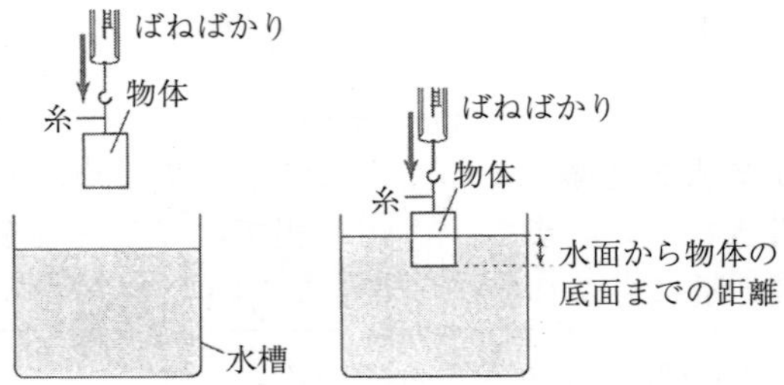

図 2

【結果】

水面から物体の底面までの距離と，ばねばかりの値は，次の表のようになった。

表

水面から物体の底面までの距離〔cm〕	0	1	2	3	4	5	6	7
ばねばかりの値〔N〕	1.62	1.50	1.38	1.26	1.14	1.02	1.02	1.02

一輝さんと美咲さんは，実験結果について，先生と次のような会話をした。

一輝：実験で用いた直方体の物体は，何でできているのですか。

先生：では，物質固有の値である<u>密度</u>を計算してみましょう。

美咲：密度がわかると，物質を特定する手がかりにできますね。

一輝：ところで，水面から物体の底面までの距離が，0 cm〜5 cm までは，ばねばかりの値は少しずつ小さくなっていますね。

美咲：それは物体に浮力がはたらいているからだと思います。

先生：そのとおりです。ですから，物体に浮力がはたらく分だけ，ばねばかりの示す値は小さくなるのです。

一輝：水面から物体の底面までの距離が，5 cm 以上のときは，ばねばかりの値は変化しませんね。

先生：それには，物体にはたらく浮力の大きさが関係しています。

(1)　下線部について，実験に用いた物体の密度は何 g/cm^3 か，求めなさい。

(2)　物体がすべて水中にあるとき，物体にはたらく水圧のようすを表した図として最も適当なものを，次のア～エの中から一つ選んで，その記号を書きなさい。ただし，図中の矢印の向きと長さはそれぞれの水圧がはたらく向きと水圧の大きさを示している。

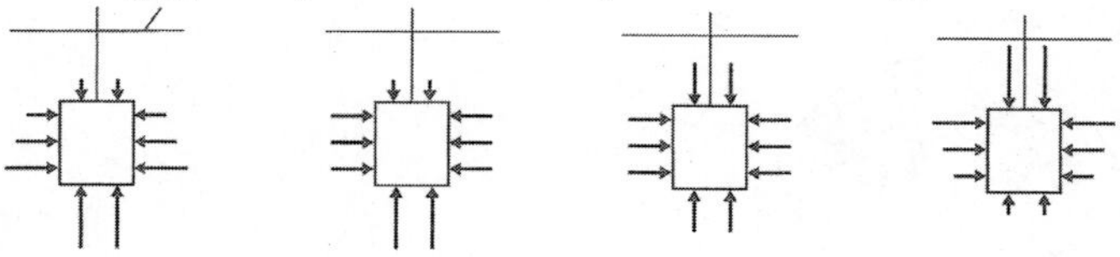

(3)　水面から物体の底面までの距離が 2 cm のとき，物体にはたらく浮力の大きさは何Nか，求めなさい。

(4)　ばねばかりの値が1.20Nのとき，水面から物体の底面までの距離は何cmか，求めなさい。

(5)　結果の表からわかることとして最も適当なものを，次のア～エの中から一つ選んで，その記号を書きなさい。

ア　浮力の大きさは，物体の水中における深さによっては変わらないが，水中にある物体の体積が小さいほど大きい。

イ　浮力の大きさは，物体の水中における深さによっては変わらないが，水中にある物体の体積が大きいほど大きい。

ウ　浮力の大きさは，物体の水中における深さが浅いほど大きくなるが，水中にある物体の体積の大きさによっては変わらない。

エ　浮力の大きさは，物体の水中における深さが深いほど大きくなるが，水中にある物体の体積の大きさによっては変わらない。

6　一輝《かずき》さんは修学旅行で訪れた長崎の雲仙普賢岳《うんぜんふげんだけ》について，レポートにまとめた。あとの(1)～(5)の問いに答えなさい。

一輝さんのレポートの一部

〈おもな火山の形〉

①　火山の形は，おもに図1のような3種類に分類できる。そのうち，雲仙普賢岳はPに分類できる。

②　火山の形のちがいは，aマグマのねばりけのちがいによるところが大きく，その結果，火山のb噴火にも影響《えいきょう》を与える。

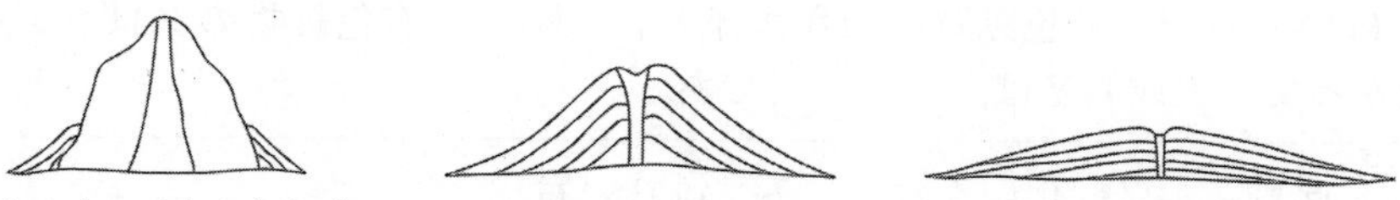

図1

〈マグマが冷え固まった岩石〉

①　マグマが冷え固まってできる岩石を火成岩という。

②　火成岩は，cマグマが冷やされる場所や時間によってつくりがことなり，図2の火成岩X，Yのようなつくりをもつ2種類に分類できる。

③　火成岩Xは，d大きく成長した鉱物の結晶《けっしょう》が，e細かな鉱物の集まりやガラス質の部分

に散らばっている。一方，火成岩Ｙは，$_{f}$大きな鉱物の結晶がすきまなく組み合わさってできている。

火成岩Ｘ　　　　　　　　　　火成岩Ｙ

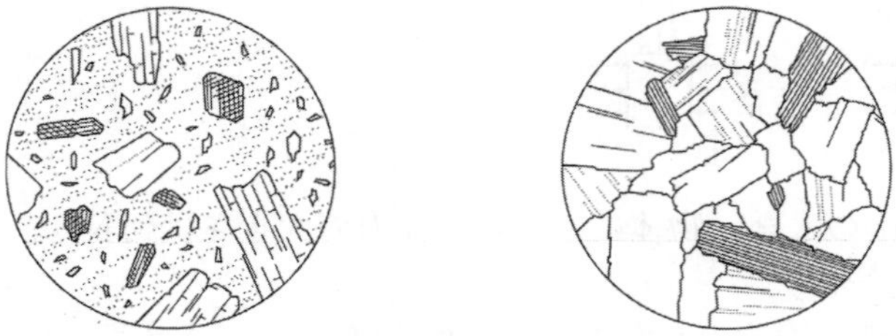

図２

(1)　下線部ａの「マグマのねばりけのちがい」やｂの「噴火」について，雲仙普賢岳のようすとして最も適当なものを，次のア～エの中から一つ選んで，その記号を書きなさい。

ア　マグマのねばりけは弱く，噴火のようすはおだやかである。

イ　マグマのねばりけは強く，噴火のようすはおだやかである。

ウ　マグマのねばりけは弱く，噴火のようすは爆発的で激しい。

エ　マグマのねばりけは強く，噴火のようすは爆発的で激しい。

(2)　火成岩Ｘはどのようにしてできたか。下線部ｃの冷やされる場所や時間について説明しなさい。

(3)　火成岩Ｘと同じようにしてできた火成岩の名称と，下線部ｄ，下線部ｅの名称の組み合わせとして最も適当なものを，次のア～エの中から一つ選んで，その記号を書きなさい。

	Ｘと同じようにしてできた火成岩	ｄ	ｅ
ア	深成岩	石基	斑晶
イ	深成岩	斑晶	石基
ウ	火山岩	石基	斑晶
エ	火山岩	斑晶	石基

(4)　下線部ｆのように，火成岩Ｙに見られるつくりを何というか。その名称を書きなさい。

(5)　次の文は，火成岩Ｙの鉱物を観察した結果をまとめたものである。文中の[あ]に当てはまる語を書きなさい。また，[い]に当てはまる語を，あとのア～エの中から一つ選んで，その記号を書きなさい。

火成岩Ｙは白っぽい岩石で，無色鉱物のセキエイと[　あ　]，有色鉱物のクロウンモからできていた。したがって，火成岩Ｙは，[　い　]である。

ア　流紋《りゅうもん》岩　　イ　玄武《げんぶ》岩　　ウ　花こう岩　　エ　斑《はん》れい岩

【Ⅲ】 男子バレーボール部の今年の目標について、三年生の話し合いで出た案

○今年の目標の案

A 「点滴穿石《てんてきせんせき》」（小さなことでも、続ければ大きなことを成し遂げられるという意味。）

B 「一致団結」（多くの人が心を一つに合わせて、固く結ばれるという意味。）

1 百六十字以上、二百字以内で書くこと。（句読点等を字数に含む。）

2 二段落構成とし、第一段落には、あなたが希望する目標とその理由を書くこと。第二段落には、自分が希望する目標に賛成を得られるような内容を、自分の経験や見聞に基づいて、選ばなかったもう一つの目標の言葉と比較して書くこと。

3 題名と氏名は書かないこと。

4 正しい原稿用紙の使い方をすること。

5 ｛や＝＝＝の記号（符号）を用いた訂正はしないこと。

6 文体は、「です・ます」体で書くこと。

【Ⅱ】三年生の話し合い

（川端）今日は、古典の文章を参考にして、男子バレーボール部の今年の目標について話し合います。

（谷崎）古典の文章には、李白と小野道風の名が知られるようになった話が書かれていますね。老人や蛙がそのきっかけになっているようです。

（志賀）二人はどうして成功することができたのでしょうか。

（永井）きっかけになった老人と蛙は、どちらも一つのことを地道に続けています。そうした姿を見て、二人も努力を続けるようになったのですね。文章にも、李白については「□」と、小野道風については「学んでやまず」と書いてあります。

（志賀）何かを成し遂げるには、努力を続けることが大切なのですね。

（川端）他に意見はありますか。

（谷崎）昨年は僅差で負ける試合が多かったですよね。あと一歩のところで勝利を逃してしまうのは、イ技術などの問題ではなく、チームとしてのまとまりが足りないからではないでしょうか。

（志賀）私も、チーム一丸となることはとても大切だと思います。

（中略……この後も話し合いは続いた。）

（川端）みなさんから出た意見は、大きく二つに分けられますね。一つは「努力を続けること」、もう一つは「チーム一丸となること」です。では、話し合いで出た意見を参考にして、部会で発表するための意見文を書いてみましょう。

(四)【Ⅱ】の文章中の□に入る最も適切な言葉を、【Ⅰ】の文章中から十字以内で抜き出して書きなさい。（句読点等を字数に含む。）

(五)上の話し合いの後、今年の目標を決める部会が行われることになっています。部会では、希望する目標について、それぞれが意見を発表した後、話し合いによって今年の目標を決定します。あなたが希望する目標を【Ⅲ】の中から一つ選び、【Ⅰ】と【Ⅱ】を参考にして、あなたの考えを書きなさい。

ただし、次のページの条件に従うこと。

四　男子バレーボール部の三年生は、今年の目標について話し合う際に、国語の授業で読んだ次の古典の文章を用いて話し合い、そこで出た意見をもとにして、今年の目標について意見文を書くことになりました。次の【Ⅰ】～【Ⅲ】について、下の㈠～㈤の問いに答えなさい。

【Ⅰ】古典の文章

むかし李白《りはく》書を匡山《きやうざん》によむ。ア やうやくうみて他行《たげう》せし時（疲れて他の場所に行った時）、道にして老人の石にあてて斧《をの》をする（こする）にあふ。是《これ》をとへば針となすべきとてすりしと云《い》ひけるに感じて、勧めて書をよみ、終《つひ》にその名をなせり（名声を得た）。小野道風《おののだうふう》は、本朝名誉の能書なり（我が国の有名な書の達人である）。わかかりしとき手をまなべども、進まざることをいとひ（書の技法を学んだが、上達しないことを嫌に思い）、後園にたちやすらひけるに（裏庭で休んでいる時に）、蛙《かへる》の泉水のほとりの枝垂《しだ》れたる柳にとびあがらんとしけれどもとどかざりけるが、次第次第に高く飛んで、後には終に柳の枝にうつりけり。道風是より芸のつとむるにある事をしり、学んでやまず、其《そ》の名今に高くなりぬ（広く知られるようになった）。

（「梅園叢書」による。）

㈠　ア やうやく の読み方を現代仮名遣いに直して、全て平仮名で書きなさい。

㈡　イ 技術 とあるが、この熟語と同じ構成のものを、次の1～4の中から一つ選んで、その番号を書きなさい。

1　因果　　2　激痛
3　帰還　　4　延期

㈢　上の【Ⅰ】の文章で述べられている内容に合致しないものを、次の1～4の中から一つ選んで、その番号を書きなさい。

1　老人は、石で斧をこすって針にしようとしていた。
2　老人は、自分の作業を見せることで李白を諭した。
3　李白は、途方もないことをしている老人の姿に感動した。
4　小野道風は、蛙の姿から努力を継続する大切さを知った。

関わり合う中で生まれるので、照応するものを見つける必要がある。

3　物の真実や核心をつかむには、物を見るときにそれに関わっている何かを捉える見方をするとよい。

4　あらゆる物は関係し合っており、その関係を捉えることが物の真実や核心をつかむということである。

㈥【感想の交流の一部】の□に入る適切な内容を、上の文章中の言葉を使って、二十字以上、三十字以内で書きなさい。（句読点等を字数に含む。）

るようにするのがいい。向うに桜の木か何か見える、それと何か関係し合っているものがある。それを引き立てるかあるいはそれに意味を与えているものが何かある。そういうものをつかむような物の見方をするのがいい。たいていのものは、そういうように相対的な関係で成立っている。

（佐藤佐太郎『短歌を作るこころ』による。）

【感想の交流の一部】

（三島）　この文章を読むと、この歌は二つのものが照応する形になっていることが分かりますね。

（幸田）　二つのものとは、遠い沼の真菰の茂っている方に□のことですね。

（三島）　そうですね。両者の関係が分かると、この歌の情景をより味わえるようになると思いました。

（幸田）　文章にも、二つのものの照応によって情景に深みが出るとあります。関係し合っているものを見ることが大切なのですね。

4　④の部分は、左払いから横画へ連続して書かれている。

(三)　イ ない　と品詞が異なるものを、次の1～4の中から一つ選んで、その番号を書きなさい。

1　この二つに違いはない。
2　秘密は人に教えられない。
3　彼はまだ来ていない。
4　明日の天気は分からない。

(四)　上の文章中の B に入る最も適切な言葉を、上の文章中から六字で抜き出して書きなさい。

(五)　上の文章の内容に合っているものとして、最も適切なものを、次の1～4の中から選んで、その番号を書きなさい。

1　物を見るときに一つの物を多角的に見るようにすることで、物の真実や核心が捉えやすくなる。
2　物の真実や核心は二つのものが

三　次の文章と【感想の交流の一部】を読んで、下の㈠～㈥の問いに答えなさい。

短歌のようなものは、ただ一つのことをいって一つの歌が成立《なりた》つ。だけども、短歌といえども相対的な関係を見ることによって出来ている歌がかなりある。二つのものを相対的に考えることによって物の［A］とか秩序というものを捉えている。そういう歌が相当ア に多い。

斎藤茂吉《さいとうもきち》の作品について一つ二つ例を言う。

春の雲かたよりゆきし昼つ方とほき真菰《まこも》に雁《がん》しづまりぬ　（「白桃」）

飛んでいた雁が、向《むこ》うの遠い沼の真菰の茂っているところに降りて静かになったという、心の和《なご》むような情景である。だけども「とほき真菰に雁しづまりぬ」だけでは少し単調だ。そういう一つの情景も、春の雲がかたよって行った昼という、春の雲が動いて一方に、若《も》しかしたら、遠い真菰のある方角に沈むように片寄って行ったのであろう。雁もその方へ向《むか》って行って、降りて静かになったという。この「春の雲かたよりゆきし昼つ方」というものと、雁が照応するような形になっていることによって、情景に深みというものが出て来る。つまり二つのものの照応によって形成される味わいというものを含んだ歌である。

私達が物を見る場合でも、そういうふうに、ただ一つのものだけ見るのではなくて、それと関係し合っているものがある、それを見ることが必要である。技術的な言い方でいえば、「捉える」というのがそれだ。そういうものを見つけることによって、美しさとか、物の核心のようなものをつかむことが出来る場合が多い。

物の真実とか核心というものはなかなか見えないイ。深みがあるとか、いいところを見ることは困難な場合が多い。殊に作歌をはじめたばかりの人においてはそうである。それで実際的な一つの行き方としていえば、物の対照するような、照応するような、［B］というものを見

㈠　上の文章中の［A］に入る最も適切な言葉を、次の**1**～**4**の中から選んで、その番号を書きなさい。

1　価値　　**2**　構造
3　調和　　**4**　主体

㈡　次の文字は、上の文章中の相当ア を行書で書いたものである。この文字の○で囲んだ①から④の部分に表れている行書の特徴の説明に合っているものとして、最も適切なものを、あとの**1**～**4**の中から選んで、その番号を書きなさい。

1　①の部分は、点画を省略せずに形を変えて書かれている。
2　②の部分は、横画から縦画へ連続して書かれている。
3　③の部分は、左払いからの筆脈を意識して書かれている。

なければ、維持することの難しい関係でもある。特定の相手との抜けがけは許されず、つねに仲間全体の動向を気にかけていなければならない。［ B ］、その道具としてネットが駆使されるようになって、イツメンとの社交の場が学校での対面状況に限定されなくなった。その結果、(3)皮肉なことに、腹を割って話せるような親友を見つけることが、今日ではかえって難しくなっている。一日中イツメンへの配慮から逃れられなくなったからである。

仲間とけっして衝突することなく、このような人間関係を営みつづけるのは容易なことではない。そこで昨今の若者たちは、互いにキャラをたて、それを演じあうことで、この関係の困難さを乗り越えようとしている。ハローキティやミッフィーなどを想起すればわかるように、最小限の線で描かれた単純な造形であるキャラは、私たちに強い印象を与え、全体像の把握も容易である。それは生身の人間の場合も同様であって、あえて人格の多面性を削《そ》ぎ落とし、最小限の要素だけで性格を描き出したキャラは、単純明瞭で※2デフォルメされたものであるがゆえに、周囲の人びとに自らの存在を強く印象づけられる。また、単純なイメージで人格を固定してやれば、互いの反応が予想しやすくなり、人間関係の見通しもよくなる。

このように、複雑化した人間関係に安定した枠組みを与えるために、関係の同質化とともに駆使されるものがキャラである。それは、人間関係の先行きが不透明化し、不確実性が増している中で、それでも人間関係を破綻させることなく、滑らかに運営していくためのシンボル操作の一つである。また、集団のなかに自分の居場所を確保するための工夫でもある。いわばコミュニケーションをスムーズに回していくための相互作用の技法の一つなのである。

（土井隆義「ネット・メディアと仲間関係」による。）

※1　セーフティ・ネット＝安全網。

※2　デフォルメ＝おおげさに表現すること。

(五)　国語の授業で上の文章を読み、昨今の若者たちの人間関係について考えることになった。次は、ある生徒の【ノートの一部】である。［　　］に入る最も適切な言葉を、上の文章中から十一字で抜き出して書きなさい。

【ノートの一部】

人間関係は移ろいやすくなり、複雑化している。

↓

仲間との円滑な［　　］ために、関係の同質化やキャラを駆使する。

〈キャラの効果〉

・自分の存在を強く印象づけられる。

・互いの反応が予想しやすくなり、人間関係の見通しがよくなる。

二　次の文章を読んで、下の㈠～㈤の問いに答えなさい。

本来、学校という枠の中には多種多様な価値観をもった生徒がいるはずである。［A］、クラスや部活といった制度的な枠組みに人間関係が縛られなくなり、自分と気の合う相手だけとしか付きあわなくなると、異なった価値観の人間と出会う機会は逆に減ってくる。人間関係の流動性を促したはずのネット・メディアの発達も、人間関係の幅を逆に狭(1)め、価値観の共有できる相手だけと同質性を強めていくことに寄与(2)するようになっているのである。

昨今の若者たちは、人間関係の流動性が増していく中で、こうして人間関係を分節化し、同質化することで、少しでも安全な居場所(ア)を確保しようとしている。その結果、彼らの生活圏は逆に狭くなっている。（中略）選択的な関与が広がった結果、共通点がない相手との関係は逆に疎遠になっているのである。この点に着目すれば、希薄化という指摘が当たっている面もあるといえるかもしれない。

このように価値観の似通った者どうしでつながり、つねに行動を共にしている仲間は、友人の獲得競争が熾烈《しれつ》を極める今日の学校で、その日常を何とか無事に生き抜いていくためのセー※1フティ・ネットとしての色彩が強い。彼らは、そのような仲間をイツメン（いつも一緒のメンバー）と呼ぶ。それは、学校の中でけっして独りにならないように掛けておく保険のようなもので、心を許しあえる間柄であるとは必ずしもかぎらない。青少年研究会の調査によれば、友人と意見が合わなかったときに納得のいくまで話しあいをする若者は、二〇〇二年の約五〇%から二〇一二年の約三五%へと大幅に減少しており、互いに深入りをしない若者が増えている(イ)。もし人間関係が軋《きし》みでもしたら、もう後がないと考えるからである。かつてのように組織や制度が人間関係の修復のための後ろ盾にならないため、なるべく深入りは避けたほうが無難と考えるのである。

自分だけが孤立しないための保険であるイツメンは、日頃から掛金《かけきん》ならぬ配慮を払っておか

㈠　上の文章中の(1)——～(3)——の漢字の読みを平仮名で書きなさい。

㈡　上の文章中の［A］と［B］に入る言葉の組み合わせとして、最も適切なものを、次の1～4の中から選んで、その番号を書きなさい。

1　A　けれども　B　だから
2　A　すると　B　つまり
3　A　しかし　B　さらに
4　A　たとえば　B　そして

㈢　安全な居場所(ア)とあるが、この内容を比喩を用いて表現した言葉を、上の文章中から一語で抜き出して書きなさい。

㈣　互いに深入りをしない若者が増えている(イ)とあるが、深入りをしない理由を、三十五字以上、四十五字以内で書きなさい。（句読点等を字数に含む。）

老人の表情は、かたい。

俊一郎は、高校生時代まで眼にした蛍がほとんど町に見られなくなり、東京の生活をはなれて帰郷した自分には、蛍を眼にできぬのは堪えがたいことだ、と言った。

「ただ、見たいというだけですか」

「その通りです。川筋を蛍が光って飛ぶのを眼にできれば、と願っています」

老人が、口もとをゆるめた。

「あの記事が新聞に出ましたら、翌日、大きなホテルの支配人という男が来ましたよ。ホテルの庭に蛍を放して、子供連れの客に団扇《うちわ》をもたせ捕《とら》えさせる(3)モヨオしを企画したいというのです。蛍を客集めに使おうというのです。断《こと》わりました」

老人は、顔をしかめた。

「考えそうなことですね」

俊一郎は、苦笑した。

「呆《あき》れたものです。苦労をして産み出した蛍を金銭の代償にされ、団扇でたたき落《おと》されてはたまりませんよ。蛍をなんだと思っているんでしょうかね」

老人の眼に、憤《いきどお》りの色が浮かんだ。

ウ俊一郎は、口をつぐんでいた。蛍の生命をよみがえらせようと努めている老人が、それを金銭を得るための道具に利用しようとする人間に対して激しい怒りをいだくのは当然だ、と思った。

「あなたには、教えてさしあげてもよさそうだ。この年になると、人の見分けもつく。私もあなたと同じように、蛍の光が舞うのを見たいだけの目的ではじめたことです。新聞の記事にされるのも、実は迷惑でしてね。自分が好きでやっているにすぎないことなのですから……」

老人の顔に、やわらいだ表情が浮かんだ。

（吉村昭「蛍の舞い」による。）

※1　醸造家＝ここでは、酒などをつくる家。

※2　国鉄＝日本国有鉄道の略称。以前は、国が鉄道の運営をしていた。　※3　孟宗竹＝竹の一種。

(五)　上の文章に描かれている老人の心情として、最も適切なものを、次の1～4の中から選んで、その番号を書きなさい。

1　蛍に対する俊一郎の熱意や愛情を感じて安心し、知識や経験を伝えることに意欲的になっている。

2　俊一郎が自分の気持ちを理解して寄り添ってくれたことに満足し、すっきりした気持ちになっている。

3　同じ目的を持つ俊一郎に親近感を覚え、一緒に蛍を飼育できることが楽しみになっている。

4　俊一郎の願いは自分と同じだと分かって彼を受け入れることができ、穏やかな気持ちになっている。

ていた情景が思い起された。蛍は町とともにあったが、それもほとんど見られなくなっている。

もしも、川筋に蛍の光が舞うようになったら、とかれは思った。数は少《すくな》くとも、それらが闇を明るませれば、町は自分の故郷として、一層強く自分の内部に根を張るにちがいなかった。

数日後、かれは、ボストンバッグを手に家を出た。※2国鉄の駅から普通列車に乗り、小駅で降りてバスでイ老人の住む町に行った。

町は、旧街道に面した古い宿場で、明治時代に鉄道が通ることに反対したためさびれたことで知られている。由緒《ゆいしょ》正しい寺があり、古い家並も残っていた。

俊一郎《しゅんいちろう》は、道をたずねながら老人の家の前に立った。門がまえの大きな家だったが、土塀の壁土ははがれ、瓦《かわら》も落ちていた。

かれは、門をくぐった。家の背後は※3孟宗竹《もうそうちく》の繁《しげ》る高みになっていて、藁《わら》ぶきの屋根には苔《こけ》と雑草がのっている。前庭に、(2)ミキの太い欅《けやき》が枝葉をひろげていた。

老人が、庭石に腰をおろして空に眼をむけていた。髪は白く、体格は逞《たくま》しい。

俊一郎は近づくと、

「本堂《ほんどう》さんでしょうか」

と、言った。

老人は立つと、さようでございます、と折目《おりめ》正しい言葉で答えた。

俊一郎は、新聞記事のことを口にし、自分も蛍の人工飼育をしてみたいと思い、教えを乞いに来た、と言った。

老人は、黙っていた。その表情に、俊一郎はそうした用件で訪れた自分に好感をいだいていないらしいことに気づいた。

「お教えいただけませんでしょうか」

かれは、恐るおそるたずねた。

「蛍などを、なぜ……」

(四) ウ俊一郎は、口をつぐんでいた とあるが、このときの俊一郎の様子として、最も適切なものを、次の1～4の中から選んで、その番号を書きなさい。

1 利益だけを考えて蛍の生命を軽《かろ》んじる人たちがいるという事実を聞かされて、怒りに震えている。

2 蛍をよみがえらせるために苦労したことを理解してもらえずに嘆く老人に同情し、胸を痛めている。

3 蛍で金もうけしようとする人間への老人の怒りに、蛍への老人の思いの純粋さを感じ取っている。

4 蛍をただの道具と見なされ自身の行為を愚弄された老人の怒りの激しさに、戸惑いを隠せずにいる。

二〇二一年度 常総学院高等学校

【国語】（五〇分）〈満点：一〇〇点〉

一　次の文章を読んで、下の㈠～㈤の問いに答えなさい。

帰郷した翌年の初夏、かれは、川筋におりて石の上に腰をおろした。

対岸の醸※1造家の土塀に沿って、一筋の光がゆるやかに飛んで消えた。蛍にちがいなかった。

かれは、眼《め》をこらしていたが、闇の中に再び光は湧かなかった。

(1)ヨウショウ時代に乱れ飛んでいた蛍の光が思い起《おこ》された。町と蛍はかたくむすびついたものであったが、その光が絶えていることに淋《さび》しさを感じた。

翌朝、姉と二人で食事をしている折《おり》、そのことを口にすると、姉は、

「蛍ね、もう長い間、見ることもなくなったわ」

と、言った。

秋が深まった頃、かれは、県内紙の小さな記事に眼をとめた。隣接した県の川沿いの町に住む老人が、ほとんど絶滅した蛍の人工飼育につとめ、ようやくその夏、五十匹近い蛍を産み出すことに成功し、来年にはさらに多くの蛍を誕生させる期待が寄せられている、と書かれていた。

かれは、その記事にア不思議な感動をおぼえた。蛍を飼育し増殖させてみても、金銭の対象にはならない。食料になる動植物などのように、人間の実生活を利するものではなく、わずかな期間、その光が人の眼を楽しませてくれるにすぎない。

蛍の飼育方法は、おそらく微妙なものにちがいなく、なんの実質的な報いもないのに蛍の光をよみがえらせようと努力している人間が実在していることに、興味をいだいた。

近くの小都市が空襲で焼かれた夜、炎に染まった空の反映で、朱色をおびた蛍の光が飛び交っ

㈠　上の文章中の(1)――～(3)――の片仮名の部分を漢字で書きなさい。

㈡　ア不思議な感動をおぼえた　とあるが、なぜ感動したのか。その理由にあたる言葉を、「～から。」につながる形で、上の文章中から四十字程度で抜き出し、その初めと終わりの五字を書きなさい。（句読点等を字数に含む。）

㈢　イ老人の住む町に行った　とあるが、俊一郎（「かれ」）が「老人の住む町に行った」理由を、四十字以上、五十字以内で書きなさい。（句読点等を字数に含む。）

2021年度／常総学院高等学校

英語解答

1 (1) No.1　エ　No.2　ウ　No.3　イ
No.4　ア　No.5　エ
(2) No.1　イ　No.2　ウ　No.3　エ
No.4　ウ
(3) No.1　エ　No.2　イ
(4) ①…エ
② I usually clean my room.

2 (1) ① built　② newer　③ sat
(2) ④ long　⑤ fond　⑥ makes

3 (1) エ　(2) イ→ウ→ア

4 (1) ①…エ　②…ウ　③…イ　④…エ
⑤…ア
(2) When do the members〔you〕meet ?

5 (1) イ，カ，ク　(2) 3
(3) ① She enjoyed studying (more).
② She learned of it by reading a newspaper.
(4) ① (例)I think she is great because she worked hard to help a lot of poor people.
② (例)Because I want to go to a university and study science to be a scientist.

6 (例)I like to get books by borrowing from libraries because I don't need to use money. I want to read a lot of books, but I don't want to use much money for that.(34語)

1〔放送問題〕解説省略

2〔長文読解総合―Eメール〕

≪全訳≫A．こんにちは，ケビン。／あなたの学校の写真を送ってくれてありがとう。それが100年前に建てられたなんて信じられないわ。すてきに見えるもの！　私の学校の写真をこのメールに添付しているわ。見てちょうだいね。私の学校はあなたの学校より新しいけれど，私たちの市では最も古い学校の１つなの。父もこの学校に通っていたわ。校庭には大きな木があるの。父は生徒だったとき，よくその下に座って友達と話したのよ。実は，私も今そうしているの！　おもしろいでしょう？　私は友達と話すのが好きだわ。あなたはどう？　友達と何をするのが好き？

B．やあ，里美。／メールと君の学校の写真をありがとう。君の学校もすてきだし，長い歴史があるんだね。君はメールで僕に質問をしていたね。そのことについて書くよ。僕は友達と踊るのが好きなんだ。学校の隣に公園があって，僕たちはよく放課後にそこへ踊りに行くよ。踊るのはとても楽しいから，僕はわくわくするんだ。

(1)＜**語形変化**＞①直前の it は your school を受けている。'be動詞＋過去分詞' の受け身形で「学校は建てられた」とする。　build－built－built　②直後に than「～よりも」があるので，比較級にする。　③「父が生徒だったとき」という過去のことについて話しているので，過去形にする。この後の and で結ばれている動詞 talked が過去形になっていることからも判断できる。
sit－sat－sat

(2)＜**適語補充**＞④Aのメールの内容から，里美の学校は里美の市では最も古い学校の１つであることがわかる。これは「長い歴史がある」と言い換えられる。　⑤be fond of ～ing「～するのが好きだ」　⑥‘make＋人＋形容詞’「〈人〉を〜(の状態)にする」の形。現在の文で，主語になる動名詞(〜ing)は３人称単数扱いなので，３単現のｓを忘れないこと。

3 **〔長文読解総合〕**

⑴**＜要旨把握―エッセー＞≪全訳≫**今日，多くの人々がインターネットを使って多くのことをする。インターネットには多くの種類のウェブサイトがあるので，私たちはそれらから多くを学ぶことができる。知らない人と連絡を取ることができ，彼らから多くのことを学べる。だから，インターネットを使うことはとても役に立つ。しかし，誰かについてよくないことを書く人もいる。ときには，誰かの個人情報をインターネット上に公開する人もいる。インターネットの情報は誰でも見ることができるので，それはとても危険だ。インターネットにはどんなことについても書くことができるが，そうするときには気をつけなければならない。それは，私たちがインターネットを使うときに覚えておかなければならない最も大切なことの１つだ。

＜解説＞記事が伝えたいことは後半部分に書かれている。その内容に一致するのは，エ.「誰でも見ることができるので，インターネット上で見せる情報には気をつけなければならない」。　ア.「私たちは多くの情報を得るためにウェブサイトをつくることができるので，インターネットを使うことは私たちにとって大変役に立つ」　イ.「私たちはインターネット上で知らない人と連絡を取ることができるが，彼らを信じてはならない」　ウ.「誤っている情報もあるので，正しい情報を選ぶことは私たちにとって大切だ」

⑵**＜文整序―スピーチ＞≪全訳≫**親友のアサミについてお話しします。彼女と私は小学生のときに出会いました。／**→イ**．私たちはそれ以来，よい友達です。／**→ウ**．中学校を卒業後，私たちは違う高校に進む予定です。／**→ア**．でも，私たちはずっと仲の良い友達でしょう。きっと彼女もそう思っていると思います。こんなよい友達がいて，私は幸せです。

＜解説＞イにある since then「それ以来」は，「小学校のとき以来」と考えられるので，これを最初に置く。次に，アにある‘逆接’の However「しかしながら」に注目すれば，「別々の高校に進む」→「しかし，ずっと友達だ」という流れになると判断できる。

4 **〔長文読解総合―対話文〕**

≪全訳≫❶リョウタ(R)：これを見て。英語クラブのポスターだよ。僕はそのクラブに入ってるんだ。**❷ナンシー(N)**：まあ，英語クラブですって？　いいわね。そのクラブに興味があるわ。**❸R**：本当？じゃあ，入ってよ！　姉のハナは僕たちの学校の２年生で，彼女もクラブに入ってるんだ。**❹N**：いいわね。クラブに私たちのクラスメートは誰か入ってるの？**❺R**：ううん。実は，①1年生の数が一番少ないんだ。全部で５人しかいないんだよ。**❻N**：まあ，本当？**❼R**：うん。②タロウがポスターのメッセージでいっているように，僕たちはこのクラブでたくさん友達をつくることができるよ。だから，多くの学生，特に１年生は参加するべきだと思うんだ。**❽N**：なるほどね。メンバーはいつ集まるの？**❾R**：月曜日，水曜日，第１・第３土曜日に集まるよ。でも僕は③毎週水曜日にピアノの学校に行くから，クラブで英語のゲームができないんだ。**❿N**：あら，そうなのね。えっと，クラブのメンバーにはイベントが４つあるのね！**⓫R**：うん。僕は，④8月に国際フェスティバルへ参加してボランティアとして働くことに興味があるんだ！**⓬N**：いいわね。私は文化祭での英語劇の上演に興味があるわ。**⓭R**：えっと，それは難しそうだけれど，僕も興味があるな！　ところで，今度の土曜日，クラブに参加しない？14N：うーん，今度の土曜日は第３土曜日よね？15R：⑤うん，だから活動は３時に終わるよ。でもどうして？　その後，何か予定があるの？16N：ええ。その日，家族と私は父の友達の家を訪ねる予定なの。17R：なるほど。

英語クラブ／私たちはいつもＡ教室でグリーン先生から英語を学ぶのを楽しんでいます。あなたも参加しませんか？／メンバー／男子／女子／■１年生／３人／２人／■２年生／３人／８人／■３年生／４人／４人／活動／◆毎週月曜日(午後４時30分～６時)・英語の短編映画を見る／◆毎週水曜日(午後４時30分～６時)・英語のゲームをする／◆第１土曜日(午前９時30分～11時30分)・英語のスピーチを書く／◆第３土曜日(午後１時～３時)・英語のスピーチをする／イベント／●５月・ヒカリ英語スピーチコンテストに参加する／●８月・カエデ国際フェスティバルでボランティアとして働く／●11月・文化祭で英語劇を上演する／●２月・アオゾラ英語スピーチコンテストに参加する／メンバーからのメッセージ／ダイキ　皆さんの中には，英語が得意ではない人もいるかもしれませんが，大丈夫です。僕も最初は英語が得意ではありませんでしたが，今は得意です！　英語を学びたい人なら誰でも歓迎します。／ユミ　グリーン先生はアメリカ出身で，よく自分の国について私たちに話してくれます。私たちのクラブでは，イギリスとアメリカの文化を学べます。／タロウ　僕は英語が好きなので，このクラブに入りました。メンバーはみんなとても親切です。僕はクラブでたくさんいい友達ができました。皆さんもそうすることができると思います！　僕はここで，他のメンバーたちと一緒に英語を学ぶのを本当に楽しんでいます。／アイ　このクラブに入る前は，英語の勉強の仕方がわかりませんでしたが，メンバーからそれを学ぶことができました。彼らの多くは英語が得意なので，私たちは彼らから多くのことを学べます。

(1)＜**適文・適語(句)選択**＞①この後「全部で５人」と言っている。ポスターより，１年生の人数が５人であることがわかる。１年生の人数について述べているのはエだけ。　②空所を含む文の後半に，「このクラブで，私たちはたくさん友達をつくることができる」とある。ポスターでこのように述べているのはタロウ。空所の前の as は，「～するように」という意味。　③ピアノのある日は，リョウタは英語クラブに参加できないと考えられるので，ピアノのある曜日とその日の英語クラブの活動内容がポスターの記述と一致するものを選ぶ。　④イベントの内容と時期がポスターの記述と一致するものを選ぶ。　⑤ナンシーの「次の土曜日は第３土曜日か」という質問に対する返答。ポスターから，第３土曜日は３時に活動が終わることがわかるので，Yes と答えてその内容を伝えるアが適切。

(2)＜**適文補充**＞この後リョウタは集まる曜日を答えているので，「(英語クラブの)メンバー〔あなたたち〕はいつ集まるのか」と尋ねる文にする。

5 〔長文読解総合─伝記〕

≪**全訳**≫1ナイチンゲールは1820年，イギリスで裕福な家族のもとに生まれた。彼女の家族は裕福な暮らしをしていたが，彼女はそのことに罪悪感を抱いていた。というのも，貧しい人がたくさんいることを知っていたからだ。彼女はよく，「私は裕福な暮らしができるけど，病気になったときに医者に診てもらうことすらできない貧しい人がたくさんいるわ」と思っていた。彼女は，自分が裕福な暮らしをすることをよいことだとは思わなかった。彼女はいつも，貧しい人のために自分ができることについて考えていた。彼女の家族はよくパーティーに参加するのを楽しんでいたが，彼女はパーティーに参加するよりも勉強する方がおもしろいと思った。実際，彼女は勉強するのをとても楽しんだ。❷24歳のとき，ナイチンゲールはあることを決意して，両親に告げた。彼女は彼らに，「私は看護師になって困っている人々を助けたいの」と言った。当時，看護はよい仕事ではなかった。下層階級の女性が看護師として働いていたのだ。そのため，ナイチンゲールの両親は彼女に同意しなかった。しかし，彼女は看護師になるために熱心に勉強し続けた。❸30歳のとき，ナイチンゲールはついに看護師になった。彼女の父親はついに彼女のすばらしい努力を認めた。❹当時，病院はとても汚く，病人はそこで治療を受けられなかった。ナイチンゲールはこのひどい状況を変えようとした。彼女は病院を建て直し，病人を世話する方法を変えたのだ。❺１年後，クリミア半島で戦争が始まり，イギリスの多くの兵士がそこに連れてこられた。病院では，多くの兵士が適切な治療を受けられなかったので，彼らはそこで亡くなった。ナイチンゲールは新聞を読んでそのひどい状況について知り，他の看護師たちとともにそこへ行くことに決めた。彼女は自分のお金で兵士たちによい食べ物を買った。❻ナイチンゲールと他の看護師たちがクリミア半島の病院に着いたとき，彼女たちはとても驚いた。病院はとても汚く，病院にはベッドがほんの少ししかなかったので，多くの負傷した兵士たちは床に横たわっていた。それで，彼女と他の看護師たちは病院を掃除した。その後，彼女たちは負傷した兵士たちをよく世話した。最初，病院の医者たちは，その看護師たちには彼らや負傷した兵士たちを助けられないだろうと思っていた。3しかし，彼らはすぐに考えを改めた。彼らは看護師たちのすばらしい仕事ぶりを認めたのだ。というのも，多くの兵士たちが大いに助けられたからだ。❼戦争の後，多くの兵士たちが戦争で亡くなったので，ナイチンゲールは悲しかった。彼女はよく，「私は何人の人を助けることができたんだろう」と考えた。イギリスの人々はクリミア半島でのナイチンゲールのすばらしい仕事ぶりについて知り，彼女に会うのを楽しみにした。彼女は自分が重要なことをしたとは思っていなかった。だから，彼女は彼らが自分を過大評価していると思い，それを好まなかった。彼女はこっそりとイギリスに戻った。❽ナイチンゲールは，病気になったときに誰もが治療を受けられることを望んだ。彼女は自分の国の人々に訴えた。多くの人々が彼女の考えに同意し，彼女に多くのお金を寄付した。その後，彼女はロンドンに学校を設立した。その学校の生徒たちは熱心に勉強し，その学校から，彼女たちはよい看護師になった。それで，世界中の人々が，看護は人々を助ける大切な仕事だということを理解し始めた。❾ナイチンゲールは1910年に亡くなった。彼女は人生でとても多くの人のために必死に働いた。彼女のおかげで，看護の仕事は世界中で認められた。私たちは，彼女のすばらしい功績を忘れてはならない。

(1)**＜内容真偽＞**ア.「ナイチンゲールはイギリスで生まれ，周りの貧しい人々を助けようとした。というのは，彼女は貧しい家族の出身だったからだ」…×　第１段落第１文参照。　イ.「ナイチンゲールの両親は看護をよい仕事だと思わなかったので，彼女に看護師になってほしくなかった」…○　第２段落に一致する。　ウ.「クリミア半島の病院では多くの兵士たちが治療を受けていたが，そこの医者がよくなかったので，亡くなった」…×　第５段落第１，２文参照。　エ.「ナイチンゲールはクリミア半島の病院を見てとても驚いた。というのは，ベッドがたくさんあったからだ」…×　第６段落第１，２文参照。　オ.「ナイチンゲールの国の多くの人がクリミア半島での彼女のすばらしい仕事ぶりを認めて彼女に会うのを楽しみにしたので，ナイチンゲールはとてもうれしかった」…×　第７段落第３～５文参照。　カ.「ナイチンゲールは誰もが治療を受けなければならないと思い，彼女の国の多くの人々が彼女の考えに同意した」…○　第８段落第

１～３文に一致する。　キ.「多くの人がナイチンゲールにお金を寄付し，彼女はそのお金で負傷した兵士たちによい食べ物を買った」…×　第５段落最終文および第８段落第３，４文参照。

ク.「ナイチンゲールによってロンドンに設立された学校出身の生徒たちは，その学校を卒業した後，よい看護師になった」…○　第８段落最後から２文目に一致する。

⑵＜**適所選択**＞脱落文の「しかし，彼らはすぐに考えを改めた」という意味から，空所の前後で考えが変わっているところを探す。空所３の直前で医者たちは，看護師は役に立たないと考えているが，空所３の直後では，看護師たちの仕事ぶりを認めている。they は the doctors of the hospital を受けている。

⑶＜**英問英答**＞①「ナイチンゲールは，パーティーに参加すること以上に何を楽しんだか」―「勉強するのを楽しんだ」　第１段落最後の２文参照。　②「ナイチンゲールはクリミア半島のひどい状況についてどうやって知ったか」―「新聞を読んでそれについて知った」　第５段落第３文参照。

⑷＜**条件作文**＞≪**全訳**≫**先生(Ｔ)**：ナイチンゲールについてどう思う？／**生徒(Ｓ)**：①(例)たくさんの貧しい人々を助けるために必死に働いたのですばらしいと思います。／**Ｔ**：なるほど。彼女はとても一生懸命勉強したし，私は君も一生懸命勉強していると思うよ。どうして君は一生懸命勉強しているんだい？／**Ｓ**：②(例)大学に行って，科学者になるために科学を勉強したいからです。／**Ｔ**：わかった。ありがとう。

＜**解説**＞①本文を読んでナイチンゲールについて思ったことを書く。　②一生懸命勉強する理由をできるだけ具体的に書くとよい。Why ～? できかれているので，Because ～.「～だからです」で答えるのが一般的。どちらも自分に書きやすい内容をできるだけ正確な英語で書くこと。

6〔テーマ作文〕

≪**全訳**≫こんにちは。次の授業のための宿題について伝えるために(メールを)書いています。次の授業で，あなたはあることについてクラスメートたちと話す予定です。話題は「本を手に入れる方法」です。図書館で借りる人もいれば，書店で買う人もいます。あなたは本を手に入れるどの方法を好みますか。好きな方法を選び，理由を添えてそのことについて書いてください。

＜**解説**＞解答例は「お金を使う必要がないので，図書館で借りて本を手に入れるのを好みます。本をたくさん読みたいのですが，それにあまりお金を使いたくありません」。方法については，ブラウン先生のメールで挙げられている borrow books from libraries と buy them(＝books) at bookstores のほかに，borrow books from my friend(s)「友達から借りる」なども考えられる。

数学解答

1 (1) -8　(2) $29°$　(3) イ

(4) (例)

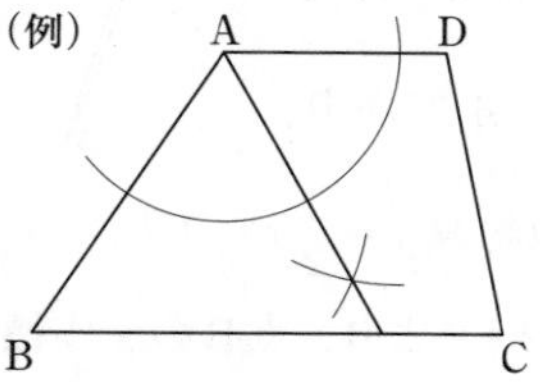

2 (1) ア…$n+6$　イ…$n+3$

(2) ア…$x-y$　イ…$3(y+6)$

(3) $y=-x+4$　(4) $\frac{3}{10}$

3 (1) $110°$

(2) (例)△ABEと△CDGで，仮定より，$\angle AEB=\angle CGD=90°$……①　四角形ABCDは平行四辺形だから，$AB=CD$……②　$AB/\!/DC$より，錯角は等しいから，$\angle ABE=\angle CDG$……③　①，②，③から，直角三角形の斜辺と１つの鋭角がそれぞれ等しいので，$\triangle ABE\equiv\triangle CDG$

(3) $\frac{48}{7}$cm

4 (1) 52℃　(2) やかんAが16℃高い

(3) 15分後

5 (1) 30分　(2) 75分　(3) 5.25

6 (1) エ　(2) $\frac{1}{4}$倍　(3) 256cm^3

1 〔独立小問集合題〕

(1)＜数の計算＞売れた個数は，土曜日が172個，日曜日が164個だから，日曜日の前日との差は$164-172=-8$(個)となる。

(2)＜図形―角度＞右図１で，線分BCは円Oの直径だから，$\angle BAC=90°$である。また，$\overset{\frown}{AB}$に対する円周角だから，$\angle ACB=\angle ADB=38°$である。よって，△ABCの内角の和より，$\angle ABC=180°-\angle BAC-\angle ACB=180°-90°-38°=52°$となるから，$\angle ABD=\angle ABC-\angle CBD=52°-23°=29°$である。

図１

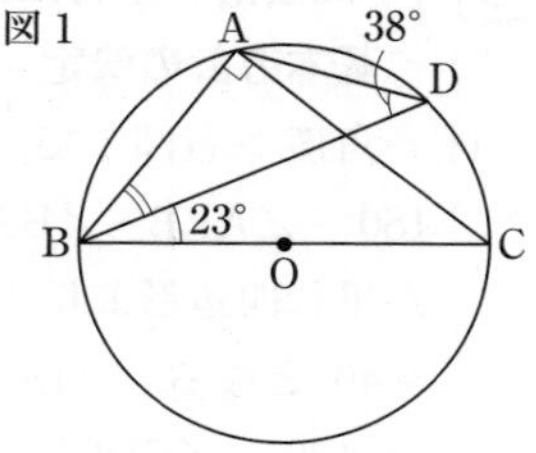

(3)＜文字式の利用＞１日にxページずつ８日間読むと，読んだページは$8x$ページ，１日にyページずつ６日間読むと，読んだページは$6y$ページとなる。読んだページの合計が250ページになるから，$8x+6y=250$が成り立つ。

(4)＜図形―作図＞右図２で，折った後に点Cが移る点をC′，点Dが移る辺AB上の点をD′とし，折り目となる線分をAEとする。折る前の図形と折った後の図形は合同だから，四角形ADCEと四角形AD′C′Eは合同である。よって，$\angle DAE=\angle D'AE$となるから，折り目となる線分は∠BADの二等分線上にある。∠BADの二等分線を，点Aから辺BCと交わるまで引けばよい。解答参照。

図２

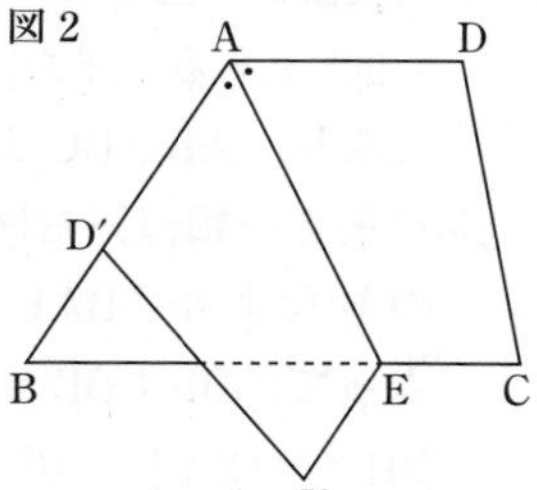

2 〔独立小問集合題〕

(1)＜文字式の利用―論証＞右下の数は左下の数より１大きいから，左下の数が$n+5$より，右下の数は，$(n+5)+1=n+6$である(ア…$n+6$)。また，$10n+30=10(n+3)$となり，$n+3$は自然数だから，$10(n+3)$は10の倍数である(イ…$n+3$)。

(2)＜連立方程式の応用＞今の父の年齢はx歳，子の年齢はy歳で，その差が28歳だから，$x-y=28$が成り立つ(ア…$x-y$)。また，$x+6$は６年後の父の年齢である。６年後の子の年齢は$y+6$歳で，父の年齢が子の年齢の３倍になるので，$x+6=3(y+6)$が成り立つ(イ…$3(y+6)$)。

(3)＜**関数—直線の式**＞右図で，AB∥〔x 軸〕であり，四角形ABDCが平行四辺形よりCD∥ABだから，CD∥〔x 軸〕となる。よって，点Dの y 座標が8より，点Cの y 座標は8となる。点Cは放物線 $y=\frac{1}{2}x^2$ 上にあるから，$8=\frac{1}{2}x^2$ より，$x^2=16$　$\therefore x=\pm4$　したがって，点Cの x 座標は -4 であり，C$(-4,\ 8)$である。また，AB＝CD＝4であり，2点A，Bが放物線 $y=\frac{1}{2}x^2$ 上にあることより，2点A，Bは y 軸について対称だから，$4\div2=2$ より，点Bの x 座標は2であり，$y=\frac{1}{2}\times2^2=2$ より，B$(2,\ 2)$である。以上より，直線BCの傾きは $\frac{2-8}{2-(-4)}=-1$ であり，その式は $y=-x+b$ とおける。これが点Bを通るから，$2=-2+b$，$b=4$ となり，直線BCの式は $y=-x+4$ である。

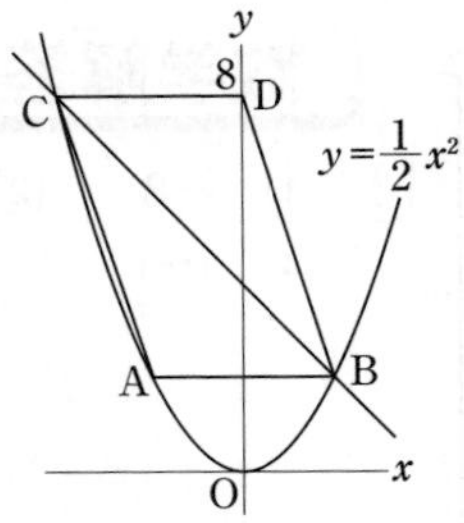

(4)＜**確率—カード**＞5枚のカードから同時に2枚のカードを引くとき，2枚のカードの引き方は(1，2)，(1，3)，(1，4)，(1，5)，(2，3)，(2，4)，(2，5)，(3，4)，(3，5)，(4，5)の10通りある。コマが移動するマスは最小で $1\times2=2$，最大で $4\times5=20$ だから，コマがCのマスに止まるのは，引いた2枚のカードの数の積が2，6，10，14，18のときである。このようになるのは(1，2)，(2，3)，(2，5)の3通りだから，求める確率は $\frac{3}{10}$ となる。

3 〔平面図形—平行四辺形〕

≪**基本方針の決定**≫(3)　三角形の相似を利用する。

(1)＜**角度**＞右図1で，△ABEの内角の和は180°だから，∠ABE＝180°－∠AEB－∠BAE＝180°－90°－50°＝40°である。四角形ABCDが平行四辺形より，AB∥DCだから，錯角より，∠CDG＝∠ABE＝40°となる。△DGCはDC＝DGの二等辺三角形だから，∠DGC＝(180°－∠CDG)÷2＝(180°－40°)÷2＝70°となり，∠BGC＝180°－∠DGC＝180°－70°＝110°となる。

図1

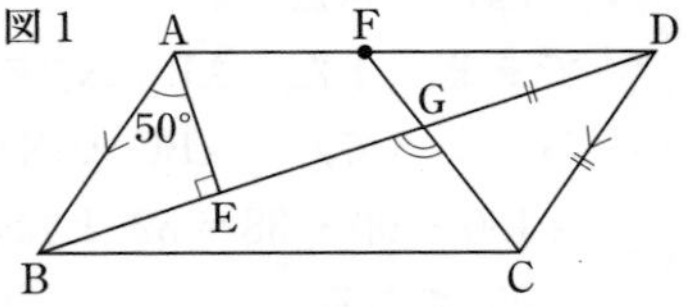

(2)＜**論証**＞右図2の△ABEと△CDGで，仮定より，∠AEB＝∠CGD＝90°である。また，四角形ABCDが平行四辺形より，AB＝CDとなり，AB∥DCより，∠ABE＝∠CDGである。解答参照。

図2

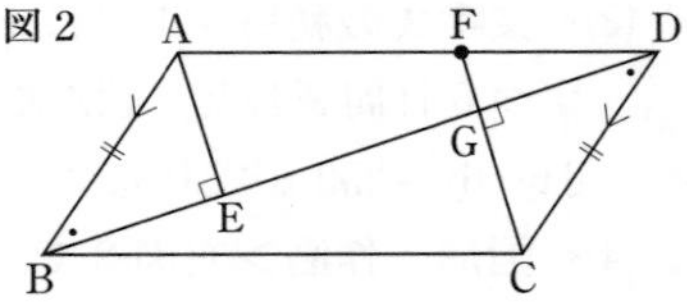

(3)＜**長さ—相似**＞右図3で，∠ABF＝∠CBDであり，平行四辺形の対角より∠BAF＝∠BCDだから，△ABF∽△CBDである。よって，BF：BD＝AB：CBだから，8：BD＝6：12が成り立ち，BD×6＝8×12，BD＝16である。また，AF：CD＝AB：CBであり，CD＝AB＝6だから，AF：6＝6：12が成り立ち，AF×12＝6×6，AF＝3となる。AD＝BC＝12より，DF＝AD－AF＝12－3＝9となる。次に，∠DGF＝∠BGCであり，AD∥BCより∠GDF＝∠GBCだから，△GDF∽△GBCである。これより，DG：BG＝DF：BC＝9：12＝3：4となるから，DG＝$\frac{3}{3+4}$BD＝$\frac{3}{7}\times16=\frac{48}{7}$(cm)となる。

図3

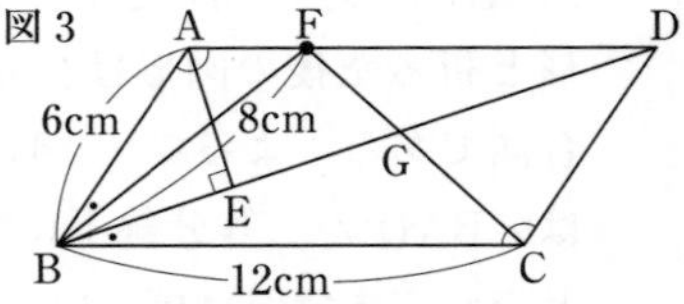

4 〔関数—関数の利用〕

(1)＜**温度**＞やかんAの中の水の温度は1分間に12℃上がるので，3分間で12×3＝36(℃)上がる。はじめに16℃の水を入れたから，温め始めてから3分後の水の温度は，16＋36＝52(℃)である。

(2)＜**温度の差**＞温め始めて5分後のやかんAの水の温度は，$16+12\times5=76$(℃)である。また，やかんBの中の水は，はじめは20℃で，1分間に8℃上昇するから，温め始めてから5分後の水の温度は $20+8\times5=60$(℃)である。よって，$76-60=16$ より，やかんAの方が16℃高い。

(3)＜**時間**＞問題の図より，やかんAの中の水の温度が100℃になるのは，温め始めてから7分後である。このとき，やかんBの中の水の温度は $20+8\times7=76$(℃)である。やかんA，やかんBには，それぞれ，はじめに16℃，20℃の水が入っていたので，温め始めてから7分後までの間に1度水の温度が同じになることがある。7分後に温めるのをやめると，やかんAの中の水は1分間で6℃下がるので，$y=100-6(x-7)$ より，$y=-6x+142$ と表せる。やかんBの中の水は1分間で3℃下がるので，$y=76-3(x-7)$ より，$y=-3x+97$ と表せる。やかんA，やかんBの中の水の温度が下がっているときに水の温度が同じになるとすると，$-6x+142=-3x+97$ が成り立つ。これを解くと，$x=15$ となる。$x=15$ のとき，$y=-6\times15+142=52$(℃)より，水の温度は20℃まで下がっていないので適する。よって，水の温度が2度目に同じになるのは，温め始めてから15分後である。

5〔**資料の活用―ヒストグラム**〕

(1)＜**階級の幅**＞各階級は，0分以上30分未満，30分以上60分未満，60分以上90分未満，……となっているから，$30-0=30$，$60-30=30$，$90-60=30$，……より，階級の幅は30分である。

(2)＜**中央値**＞生徒が40人だから，中央値は，家庭学習の時間を小さい順に並べたときの20番目と21番目の平均値である。60分未満は $7+11=18$(人)，90分未満は $18+8=26$(人)だから，20番目と21番目はともに60分以上90分未満の階級に含まれている。よって，中央値もこの階級に含まれるから，求める階級値は $\frac{60+90}{2}=75$(分)である。

(3)＜**平均値**＞30分未満の人が30分多く勉強すると，家庭学習の時間は30分以上60分未満となるから，0分以上30分未満の階級の7人が30分多く勉強すると，この階級は0人となり，30分以上60分未満の階級が $7+11=18$(人)になる。各階級の階級値は，階級が小さい方から，15分，45分，75分，105分，135分，165分，195分，225分だから，平均値は，$(45\times18+75\times8+105\times6+135\times5+165\times2+195\times0+225\times1)\div40=3270\div40=81.75$(分)となる。よって，$81.75-76.5=5.25$ より，平均値は5.25分多くなる。

≪別解≫0分以上30分未満の階級の7人が全員30分多く勉強するので，$30\times7=210$ より，クラスの勉強時間の合計は210分増える。よって，$210\div40=5.25$ より，平均値は5.25分多くなる。

6〔**空間図形―直方体**〕

≪**基本方針の決定**≫(2)　点Pは，線分AC，BDの交点と一致することに気づきたい。　(3)　いくつかの立体に分けて考える。

図1

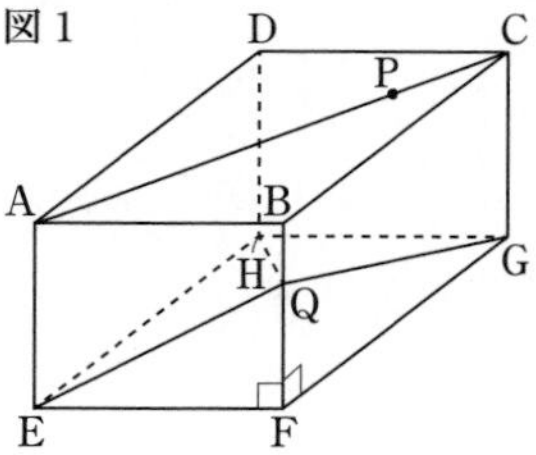

(1)＜**展開図**＞右図1で，∠EFQ＝∠GFQ＝90°だから，アとウは正しくない。また，HE⊥〔面AEFB〕，HG⊥〔面BFGC〕より，∠HEQ＝∠HGQ＝90°だから，イも正しくない。よって，正しい展開図はエである。

図2

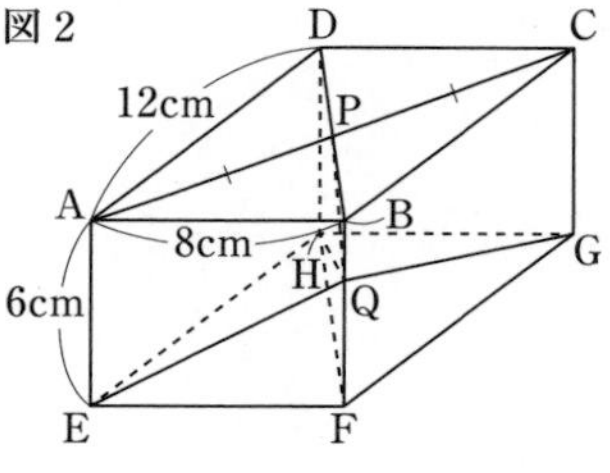

(2)＜**面積比**＞右図2で，AP：PC＝1：1より，点Pは線分ACの中点だから，長方形ABCDの対角線ACとBDの交点に一致する。よって，BP＝$\frac{1}{2}$BD＝$\frac{1}{2}$FHである。また，BF⊥〔面ABCD〕，BF⊥〔面EFGH〕より，∠PBQ＝∠QFH＝90°であり，BQ：QF＝1：2より，BQ＝$\frac{1}{1+2}$BF＝$\frac{1}{3}\times6=2$，QF＝BF－BQ＝$6-2=4$ である。

したがって，$\triangle PBQ : \triangle QFH = \frac{1}{2} \times BQ \times BP : \frac{1}{2} \times QF \times FH = \frac{1}{2} \times 2 \times \frac{1}{2}FH : \frac{1}{2} \times 4 \times FH = 1 : 4$となるから，△PBQの面積は△QFHの面積の$\frac{1}{4}$倍である。

(3)**＜体積＞**右図3で，点Pと点Fを結ぶと，立体PQEFGHは，四角錐P-EFGH，三角錐P-EFQ，三角錐P-QFGの3つの立体に分けられる。四角錐P-EFGHの体積は，$\frac{1}{3}$×〔長方形EFGH〕×AE＝$\frac{1}{3} \times 8 \times 12 \times 6 = 192$である。点Pから辺ABに垂線PIを引くと，PI∥CBとなり，CB⊥〔面AEFB〕だから，PI⊥〔面AEFB〕となる。これより，三角錐P-EFQは，底面を△EFQとすると，高さはPIとなる。△AIP∽△ABCより，PI：CB＝AP：AC＝3：(3＋1)＝3：4だから，$PI = \frac{3}{4}CB = \frac{3}{4} \times 12 = 9$となり，三角錐P-EFQの体積は，$\frac{1}{3} \times \triangle EFQ \times PI = \frac{1}{3} \times \frac{1}{2} \times 8 \times 4 \times 9 = 48$となる。同様に考えて，点Pから辺BCに垂線PJを引くと，PJ⊥〔面BFGC〕となるから，三角錐P-QFGは，底面を△QFGとすると，高さはPJとなる。△PJC∽△ABCより，PJ：AB＝PC：AC＝1：(3＋1)＝1：4だから，$PJ = \frac{1}{4}AB = \frac{1}{4} \times 8 = 2$となり，三角錐P-QFGの体積は，$\frac{1}{3} \times \triangle QFG \times PJ = \frac{1}{3} \times \frac{1}{2} \times 12 \times 4 \times 2 = 16$となる。以上より，求める立体の体積は，〔四角錐P-EFGH〕＋〔三角錐P-EFQ〕＋〔三角錐P-QFG〕＝192＋48＋16＝256(cm^3)である。

図3

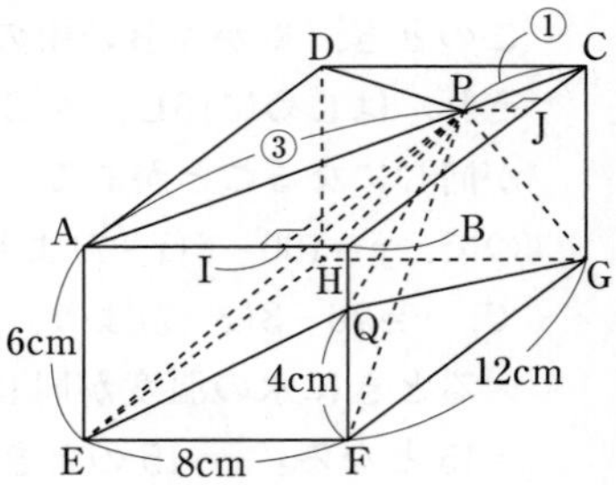

社会解答

1 1 (1) ア　(2) ウ

2 (1) イ　(2) インカ　(3) ウ

3 (1) C…ウ　E…オ

(2) い…エ　う…自由民主党

2 1 (1) ウ　(2) 自己決定権

(3) イ

2 (1) 語…地方分権　記号…ア

(2) い…25　う…エ　(3) エ

3 1 (1) イ　(2) エ

(3) い…環太平洋　う…イ

2 (1) ウ　(2) 八幡

(3) 名称…水俣病　記号…ウ

(4) 持続可能

3 (1) 名称…那覇　記号…ア

(2) エ　(3) エ

4 1 (1) 渡来人　(2) 鑑真

(3) 記号…ウ　王朝名…宋

(4) ア

2 (1) エ

(2) 貿易品…生糸　名称…南北

(3) 国名…ドイツ　機関…国際連盟

(4) (例)選挙権が与えられる年齢が20歳以上に引き下げられ，女性の参政権が認められたから。

1〔三分野総合―世界の地域統合を題材にした問題〕

1(1)＜EU＞総人口が14億人を超えているエは中国，総人口が約1億3千万人のウが日本，総人口が3億人を超えているイがアメリカ合衆国なので，アにEU〔ヨーロッパ連合〕が当てはまる。

(2)＜ワイマール憲法＞資料2は，第一次世界大戦終結後の1919年にドイツで出されたワイマール憲法の一部である。ワイマール憲法は，生存権などの社会権を初めて保障した憲法として知られる。なお，人権宣言は1789年にフランスで出され，人が生まれながらに自由権や平等権を持つと宣言された。

2(1)＜ブラジル＞南アメリカ州の国々の多くはスペインの植民地だったので，現在でもスペイン語を公用語としているが，南アメリカ州最大の国であるブラジルはポルトガルの植民地だったため，ポルトガル語を公用語としている。なお，地図1のアはコロンビア，ウはチリ，エはウルグアイを示している。

(2)＜インカ帝国＞スペインによって滅ぼされる16世紀まで，南アメリカ大陸のアンデス山脈を中心に栄えていたのはインカ帝国で，アンデス山脈中の高地にあるマチュピチュ遺跡は，インカ帝国の都市遺跡である。

(3)＜資料の読み取り＞マナウスの気候の特色は，年間を通して高温であることと，降水量の多い季節と少ない季節があることである。これは，年中高温で雨季と乾季がある熱帯のサバナ気候の特色を表している。

3(1)＜東南アジア＞Cは世界有数の米の輸出国として知られるタイで，首都はバンコクである。Eはシンガポールで，赤道直下に位置し，韓国，台湾，香港とともにアジアNIESに数えられる。なお，アはインドネシア，イはBのベトナム，エはDのマレーシアについて述べている。また，Aはフィリピンである。

(2)＜アジア・アフリカ会議＞1955年にインドネシアのバンドンで開催されたアジア・アフリカ会議では，反植民地主義を含む平和十原則が発表された。また，日本では1955年，自由民主党を与党，日本社会党を野党第一党とする55年体制が始まった。

2〔公民―総合〕

1 (1)＜**基本的人権と法律**＞男女共同参画社会基本法は，男女が平等で対等に活躍できる社会づくりを目指す法律である。なお，教育基本法は，社会権に分類される教育を受ける権利に関連する。個人情報保護法は，新しい人権に含まれるプライバシーの権利を保障するための法律である。生活保護法は，社会権に分類される生存権を保障するための制度に関する法律である。

(2)＜**自己決定権**＞個人が自分の生き方を自由に決定する権利を自己決定権といい，環境権，知る権利，プライバシーの権利とともに，日本国憲法に直接規定されていない新しい人権として認められるようになっている。

(3)＜**三審制**＞判決に不服がある場合に裁判を３回まで受けることができる三審制は，裁判を慎重に行い，国民の人権を守ることを目的として採用されている。

2 (1)＜**地方自治，三権分立**＞仕事や財源を国から地方に移すことを，地方分権という。また，内閣は最高裁判所長官を指名する(ア…○)。なお，弾劾裁判所の設置は国会の持つ権限(イ…×)，法律の違憲審査は裁判所の持つ権限(ウ…×)で，最高裁判所の裁判官に対する国民審査は国民が行う(エ…×)。

(2)＜**選挙制度**＞地方議会議員の被選挙権は，衆議院議員，市町村長と同じで25歳以上である。なお，参議院議員と都道府県知事の被選挙権は30歳以上である。また，衆議院議員選挙では小選挙区比例代表並立制が採用されており，定数465人のうち，１選挙区から１人を選出する小選挙区制で289人，全国を11のブロックに分けた比例代表制で176人を選出する。

(3)＜**地方財政**＞地方自治体の歳入は，地方税，地方債，地方交付税交付金，国庫支出金などで構成されている。茨城県では，地方税の割合が最も大きく，地方交付税交付金がそれに次ぐ。

3 〔地理―総合〕

1 (1)＜**地形図の読み取り**＞地形図の右側を流れる河川(大分川)にかかる舞鶴橋と滝尾橋の間に，大分地方気象台がある(イ…○)。なお，川の東側の線路沿いに見られる☼は発電所等の地図記号である(ア…×)。市役所(◎)は大分駅の北の方角にある(ウ…×)。大分地方検察庁の近くにある⏃が大分地方裁判所を指しており，ここは日豊本線の北側にあたる(エ…×)。

(2)＜**イスラム教**＞西アジアでは，イスラム教を信仰する人々が多い。イスラム教では，豚は不浄なものとされ，豚肉を食べることが禁じられているため，西アジアでは豚飼育頭数が少ないと考えられる。

(3)＜**環太平洋造山帯**＞日本列島は，アンデス山脈，ロッキー山脈，フィリピン，ニュージーランドなどとともに太平洋を取り囲む環太平洋造山帯の一部に位置している。なお，ヒマラヤ山脈はアルプス＝ヒマラヤ造山帯に含まれる。また，ウラル山脈やアパラチア山脈は，火山や地震が多い造山帯ではなく，地震や火山活動などがほとんど見られない安定大陸に位置している。

2 (1)＜**北九州工業地域**＞北九州工業地域では，かつては製鉄を中心とする金属工業が盛んだったが，近年は，自動車工業などを中心とする機械工業が盛んになっている。

(2)＜**八幡製鉄所**＞明治時代後半，現在の福岡県北九州市に，初めての本格的な製鉄所として八幡製鉄所が建設され，1901年に操業を開始した。

(3)＜**水俣病**＞日本の四大公害病のうち，九州地方の熊本県水俣市(地図中のウ)では，化学工場の排水が海に流れ込んだことで，水俣病と呼ばれる公害病が発生した。

(4)＜**持続可能な社会**＞有限な資源の枯渇を防ぎ，環境にできるだけ負担をかけずに資源を循環させる産業を育てることのできる社会を，持続可能な社会という。

3(1)＜沖縄県の県庁所在地名と産業別人口割合＞沖縄県の県庁所在地は那覇市である。また，観光業が盛んな沖縄県は，東京都に次いで第三次産業人口の割合が高いアが当てはまる。なお，第三次産業人口の割合が最も高いイは東京都，第一次産業人口の割合が高いウは青森県，第二次産業人口の割合が高いエは愛知県に当てはまる(2017年)。

(2)＜資料の読み取り＞日米安全保障条約に基づく日本国内のアメリカ軍施設の面積のうち，約70%が沖縄県に集中しており(2018年現在)，普天間飛行場など，市街地に近い場所にもアメリカ軍軍用地がある(エ…○)。なお，耕地は島の南部にも分布している(ア…×)。市街地は島の南部に集中している(イ…×)。森林・緑地は島の北部に広がっている(ウ…×)。

(3)＜沖縄県の気候＞沖縄県を含む南西諸島は，日本の他の地域に比べて温暖だが，気候帯の区分では大部分が温帯に含まれる。また，沖縄県は台風の進路にあたり，その被害を受けることが多いので，伝統的な住居では暴風から家屋を守る工夫が見られる。なお，津波は，海底地震の発生などによって生じる，非常に波長の長い波のことである。

4〔歴史─古代から現代の日本と世界の歴史〕

1(1)＜渡来人＞古墳時代を中心とした時期に，朝鮮半島から日本列島に移り住み，日本に大陸の進んだ技術や文化を伝えた人々は渡来人と呼ばれる。

(2)＜鑑真＞鑑真は唐の僧で，奈良時代に，盲目になるなどの不運を乗り越えて来日し，正しい仏教の教えを日本に伝えた。

(3)＜日宋貿易＞平安時代後期に武士として初めて太政大臣となった平清盛は，大輪田泊(現在の神戸港の一部)を整備して，宋(中国)との間で日宋貿易を行った。

(4)＜桃山文化＞カード3は，安土桃山時代の様子を述べている。この時代には，千利休がわび茶を大成した。なお，『徒然草』と『新古今和歌集』は鎌倉時代の作品，雪舟が活躍したのは室町時代である。

2(1)＜日ソ共同宣言＞第二次世界大戦後の1956年に日ソ共同宣言が出されたことで日本とソ連の国交が回復し，日本の国際連合加盟が実現した(エ…○)。なお，ロシア革命が起こったのは，第一次世界大戦中の1917年のこと(ア…×)，日本の植民地だった朝鮮で三・一独立運動が起こったのは，第一次世界大戦終戦直後の1919年のこと(イ…×)，甲午農民戦争をきっかけに日清戦争が起こったのは，1894年のことである(ウ…×)。

(2)＜幕末の貿易＞1858年に日米修好通商条約が結ばれて貿易が開始されてから昭和時代初期まで，日本の主要な輸出品は生糸だった。また，アメリカは日本を開国させたが，1861年から1865年まで国内で南北戦争が行われたため，日本の貿易相手国としての割合が大きく減少した。

(3)＜第一次世界大戦，国際連盟＞第一次世界大戦が起こった背景には，イギリスを中心とする三国協商と，ドイツを中心とする三国同盟の対立があった。三国同盟は，ドイツとイタリアとオーストリアの間で結ばれた。また，第一次世界大戦終結後，アメリカのウィルソン大統領の提案に基づいて，1920年に世界平和のための国際組織である国際連盟が設立された。

(4)＜戦後の民主化政策＞1945年に日本がポツダム宣言を受諾して第二次世界大戦が終結すると，日本は，アメリカを中心とする連合国に占領され，GHQ〔連合国軍最高司令官総司令部〕の指令に基づいて民主化政策が進められた。それまで，1925年に制定された普通選挙法で25歳以上の全ての男子に与えられていた選挙権は，1945年に衆議院議員選挙法が改正されたことで，20歳以上の全ての男女に拡大された。

理科解答

1 (1) エ　(2) エ　(3) ア　(4) イ

2 (1) ① 水上置換〔水上置換法〕 ②…ウ
③ 3種類
④ (例)気体〔二酸化炭素〕が発生する

(2) ① 64cm/s ②…ケ ③…ア
④…イ

(3) ①…ウ ② 花粉管 ③…ウ
④…エ

3 (1) 電離
(2) (例)電流を流しやすくするため。
(3) エ　(4) $HCl \longrightarrow H^{+} + Cl^{-}$
(5) C

4 (1) あ…ヘモグロビン
い…(例)酸素が多い所では酸素と結びつき，酸素が少ない所では酸素をはなす
(2) c　(3) 尿素　(4) ア
(5) (例)血液の逆流を防ぐはたらき。

5 (1) 2.70g/cm^3　(2) ア
(3) 0.24N　(4) 3.5cm　(5) イ

6 (1) エ
(2) (例)マグマが地表や地表付近で急に冷やされてできた。
(3) エ　(4) 等粒状組織
(5) あ…チョウ石　い…ウ

1〔小問集合〕

(1)＜**化学変化と質量**＞密閉された容器の中で化学変化が起こっても，容器全体の質量は変化しないため，ａとｂは等しい。また，容器のふたをとると，発生した気体が空気中に出ていくため，その分だけ質量が小さくなる。よって，ｃはａやｂよりも小さい。

(2)＜**電磁誘導**＞コイルにＳ極を近づけるときは，Ｎ極を近づけるときと逆向きに電流が流れるから，検流計の針は－側に振れる。また，Ｓ極を遠ざけるときは，Ｓ極を近づけるときと逆向きに電流が流れるから，検流計の針は＋側に振れる。

(3)＜**生物の数量関係**＞草食動物の数量が急に減少すると，肉食動物はえさが減るためその数量は減少し，植物は食べられる量が減るためその数量は増加する。

(4)＜**日本の天気**＞日本の典型的な冬型の気圧配置は，日本列島の西の大陸上に高気圧，東の太平洋上に低気圧が分布する，西高東低の気圧配置である。このとき，日本海側は雪，太平洋側は乾燥した晴れになることが多い。

2〔小問集合〕

(1)＜**炭酸水素ナトリウムの分解**＞①図は水に溶けにくい気体を集める方法で，水上置換法という。②石灰水を白くにごらせる気体は二酸化炭素である。また，塩化コバルト紙を赤色に変える液体は水である。　③炭酸水素ナトリウムを加熱すると，炭酸ナトリウム，二酸化炭素，水の３種類の物質に分解する。　④ホットケーキの生地がふくらむのは，炭酸水素ナトリウムが分解して気体(二酸化炭素)が発生するためである。

(2)＜**台車の運動**＞①５打点ごとに切ったテープ１枚の長さは，0.1秒間に台車が移動した距離を表している。よって，図２のａ～ｄの４枚のテープを記録した時間は0.4秒，台車の移動距離は$1.6 + 4.8 + 8.0 + 11.2 = 25.6$(cm)となる。したがって，平均の速さは，$25.6 \div 0.4 = 64$(cm/s)となる。　②台車にはたらく重力の大きさは，常に一定で，変化しない。また，重力の斜面に平行な分力の大きさは，重力の大きさと斜面の角度によって決まる。よって，重力の大きさと斜面の角度は時間とともに変化しないので，重力の斜面に平行な分力の大きさも変化しない。　③台車が斜面を下ると

き，台車の速さは時間に比例して大きくなる。また，台車が水平面上を運動しているとき，速さは一定になる。よって，求めるグラフはアのようになる。　④図３のａ～ｄのテープの長さは，それぞれ図２のａ～ｄのテープの長さに比べて長くなっている。これは，台車の速さが増加する割合が実験２の方が大きいことを表している。台車の速さが増加する割合が大きくなるのは，台車にはたらく運動方向の力が大きいとき，つまり，台車が斜面を下るときにはたらく重力の斜面に平行な分力が大きくなるときである。よって，斜面の角度は，実験２の方が実験１よりも大きかったことがわかる。

(3)**＜植物の有性生殖＞**①ホウセンカのような双子葉類では，茎の断面の維管束は輪状に並んでいて，根は主根と側根からなる。　②花粉からのびるＸは，花粉管である。　③花粉が柱頭につくと，花粉は胚珠（Ｙ）に向かって花粉管（Ｘ）をのばす。そして，花粉管の中を精細胞が送られ，胚珠の中の卵細胞と受精する。　④ホウセンカＰの生殖細胞が持つ染色体はＡ，ホウセンカＱの生殖細胞が持つ染色体はａとなるから，これらが受精してできたホウセンカが持つ染色体の組み合わせはAaとなる。

3 〔化学変化とイオン〕

(1)**＜電離＞**電解質が水に溶けて陽イオンと陰イオンに分かれることを，電離という。電解質は，水に溶けて電離する物質である。

(2)**＜実験操作＞**この実験では，ろ紙に電流が流れる必要がある。そこで，塩化ナトリウム水溶液などの電解質の水溶液をしみ込ませて，電流を流しやすくする。

(3)**＜アルカリとイオン＞**水酸化ナトリウム水溶液がアルカリ性を示すのは，水溶液中に水酸化物イオン（OH^-）が含まれているためである。OH^-は陰イオンであるため，電圧を加えると陽極へ引かれて移動する。また，アルカリ性の水溶液は，赤色リトマス紙を青色に変化させる。よって，図の陽極側の赤色リトマス紙Ｂが青色に変化する。

(4)**＜塩化水素の電離＞**うすい塩酸は，塩化水素（HCl）の水溶液である。塩化水素は水に溶けると，水素イオン（H^+）と塩化物イオン（Cl^-）に電離する。電離の式は，矢印の左側に化学式，右側にイオン式を書き，矢印の左右で原子の数が等しくなるようにイオン式の前に係数をつける。また，矢印の右側の＋と－の数が等しいことを確認する。

(5)**＜酸とイオン＞**塩酸が酸性を示すのは，水溶液中に水素イオン（H^+）が含まれているためである。H^+は陽イオンであるため，電圧を加えると陰極へ引かれて移動する。また，酸性の水溶液は，青色リトマス紙を赤色に変化させる。よって，陰極側の青色リトマス紙Ｃが赤色に変化する。

4 〔動物の生活と生物の変遷〕

(1)**＜赤血球＞**赤血球には，赤色のヘモグロビンという物質が含まれている。ヘモグロビンは，肺のように酸素の多い所では酸素と結びつき，組織のように酸素の少ない所では酸素をはなすという性質がある。この性質によって，酸素の多い所から酸素の少ない所へ，酸素を運搬することができる。

(2)**＜栄養分を含む血液＞**栄養分は，小腸で血液中に吸収され，最初に肝臓へ運ばれる。肝臓では，運ばれたブドウ糖の一部がグリコーゲンという物質につくり変えられて貯蔵される。よって，栄養分を最も多く含む血液が流れているのは，小腸から肝臓へ向かう血液が流れる血管ｃである。

(3)**＜不要物の排出＞**細胞の活動でできた有害なアンモニアは，肝臓で無害な尿素に変えられる。尿素は，じん臓に運ばれて血液中からこし出され，尿として排出される。

(4)**＜肺循環＞**肺循環では，血液は心臓から肺に流れ，肺で二酸化炭素を放出し，酸素を取り入れて心臓に戻る。心臓から肺へ向かう血液が流れる血管を肺動脈，肺から心臓へ戻る血液が流れる血管を肺静脈といい，肺動脈には静脈血が，肺静脈には動脈血が流れている。

(5)**＜弁のはたらき＞**弁には，血液の逆流を防ぐはたらきがある。なお，弁は，静脈にもついている。

5 〔身近な物理現象〕

(1)**＜密度＞**表で，水面から物体の底面までの距離が0cmのときのばねばかりの値1.62Nは，物体の重さを示している。よって，100gの物体にはたらく重力の大きさが1Nより，この物体の質量は1.62×100＝162(g)である。したがって，〔密度(g/cm^3)〕＝〔質量(g)〕÷〔体積(cm^3)〕より，物体の体積が4×3×5＝60(cm^3)だから，この物体の密度は，162÷60＝2.70(g/cm^3)となる。

(2)**＜水圧＞**水圧の大きさは，水の深さが深い所ほど大きくなる。よって，上面よりも下面にはたらく水圧の方が大きくなり，側面にはたらく水圧は，深さが深くなるほど大きくなる。

(3)**＜浮力の大きさ＞**表より，水面から物体の底面までの距離が2cmのとき，ばねばかりの値は1.38Nである。よって，このときの浮力の大きさは，1.62－1.38＝0.24(N)である。

(4)**＜水面から物体の底面までの距離＞**表より，水面から物体の底面までの距離が0cmから5cmまでの間は，距離が1cm増えるごとに，ばねばかりの値は0.12Nずつ減少しているから，浮力の大きさは水面から物体の底面までの距離に比例していることがわかる。よって，ばねばかりの値が1.20Nのとき，浮力の大きさは，1.62－1.20＝0.42(N)であるから，このときの水面から物体の底面までの距離は，0.42÷0.12＝3.5(cm)となる。

(5)**＜浮力の大きさ＞**表より，水面から物体の底面までの距離が0cmから5cmまでの間はばねばかりの値が減少していて，5cm以上になるとばねばかりの値は一定になっている。つまり，水中にある物体の体積が大きくなるほど浮力は大きくなり，物体全体が水中に入り，水中にある体積が一定になると浮力も一定になる。よって，浮力の大きさは，水中にある物体の体積が大きいほど大きいことがわかる。

6 〔大地のつくりと変化〕

(1)**＜火山の特徴＞**図1のPのように，おわんをふせたような形になる火山は，マグマのねばりけが強い。また，マグマのねばりけが強いと，爆発的で激しい噴火をする。

(2)**＜火成岩のでき方＞**図2の火成岩Xには，結晶が大きく成長できずに細かいままになっている部分がある。これは，マグマが急に冷えたためにできた部分である。マグマが急に冷えるのは，地表や地表付近である。

(3)**＜火山岩＞**図2の火成岩Xで，大きく成長した鉱物の結晶の部分を斑晶，細かな鉱物の集まりやガラス質の部分を石基といい，このようなつくりを斑状組織という。火成岩のうち斑状組織を持つのは，マグマが地表や地表付近で急に冷え固まってできた火山岩である。

(4)**＜深成岩＞**図2の火成岩Yのような大きな鉱物の結晶が組み合わさったつくりを，等粒状組織という。なお，等粒状組織を持つのは，マグマが地下深くでゆっくり冷え固まってできた深成岩である。

(5)**＜火成岩と鉱物＞**無色鉱物には，無色透明のセキエイと白色のチョウ石がある。また，火成岩Yのように等粒状組織をしているのは深成岩で，深成岩のうちセキエイ，チョウ石，クロウンモを含んでいるのは花こう岩である。なお，流紋岩と玄武岩は火山岩で，斑れい岩は深成岩だがセキエイやクロウンモをほとんど含んでいない。

国語解答

一 ㈠ ⑴ 幼少 ⑵ 幹 ⑶ 催

㈡ なんの実質～在している

㈢ 老人に人工飼育を学び，故郷に蛍の光を取り戻すことで，自分の内部に故郷を根づかせたいと考えたから。（48字）

㈣ 3 ㈤ 4

二 ㈠ ⑴ せば ⑵ きよ ⑶ ひにく

㈡ 3 ㈢ 保険

㈣ 人間関係がきしみ，孤立しても，組織や制度が人間関係の修復の助けにならないから。（39字）

㈤ 人間関係を営みつづける

三 ㈠ 2 ㈡ 4 ㈢ 1

㈣ 相対的な関係

㈤ 3

㈥ 片寄って行った春の雲と，同じ方に向かい，降りて静かになった雁（30字）

四 ㈠ ようやく ㈡ 3 ㈢ 2

㈣ 勤めて書をよみ

㈤ （例）私が希望する目標は「点滴穿石」です。なぜなら，勝つためには努力を続けて確実に力をつけることが大切だと思うからです。／私が所属していた野球部では，部員たちがそれぞれ課題を決めて努力していました。その結果，個々の力が高まり，三年生最後の大会で優勝することができました。確かに仲間を信じて一致団結することは大切ですが，気持ちだけでは勝てません。地道な努力を続けることが勝利につながるのだと思います。（199字）

一〔小説の読解〕出典；吉村昭『蛍の舞い』。

㈠＜**漢字**＞⑴「幼少」は，幼いこと。 ⑵音読みは「根幹」などの「カン」。 ⑶音読みは「開催」などの「サイ」。

㈡＜**文章内容**＞「蛍を飼育し増殖させてみても，金銭の対象にはならない」し，「人間の実生活を利するもので」もないのである。それにもかかわらず，「なんの実質的な報いもないのに蛍の光をよみがえらせようと努力している人間が実在している」ので，俊一郎は，感動したのである。

㈢＜**文章内容**＞俊一郎は，「自分も蛍の人工飼育をしてみたいと思い，教えを乞いに」老人のもとを訪ねた。俊一郎にとって，「町と蛍はかたくむすびついたもの」であったため，蛍が「闇を明るませれば，町は自分の故郷として，一層強く自分の内部に根を張るに」違いないと，俊一郎には思われたからである。

㈣＜**文章内容**＞老人は，「なんの実質的な報いもないのに蛍の光をよみがえらせようと努力している」のである。だから，俊一郎は，蛍を愛して「蛍の生命をよみがえらせようと努めている老人が，それを金銭を得るための道具に利用しようとする人間に対して激しい怒りをいだくのは当然だ」と感じた。

㈤＜**心情**＞老人は俊一郎に，蛍の生命をよみがえらせようとするのは，「自分が好きでやっているにすぎないこと」で，「あなたと同じように，蛍の光が舞うのを見たいだけの目的ではじめたこと」だと語った。老人は，俊一郎が同じ思いの持ち主であることがわかり，老人の顔に，「やわらいだ表情が浮かんだ」のである。

二〔論説文の読解─社会学的分野─コミュニケーション〕出典；土井隆義「ネット・メディアと仲間関係」(『岩波講座教育変革への展望３　変容する子どもの関係』所収)。

≪本文の概要≫学校の中でクラスや部活などの制度的な枠組みに縛られず，自分と気の合う仲間だけとつき合うようになると，異なった価値観の人間と出会う機会は減ってくる。ネット・メディアの発達も，価値観を共有できる相手だけと同質性を強めていくことに寄与している。若者たちは，人間関係を分節化，同質化することで，少しでも安全な生活圏を確保しようとする。価値観が似通い，常に行動をともにしている仲間は，イツメンと呼ばれる。それは，自分が孤立しないための保険であり，その分，配慮が必要である。ネットが駆使され，イツメンとの社交の場が学校での対面上に限定されなくなって，若者たちは，一日中イツメンへの配慮から逃れられなくなった。仲間と衝突することなくこのような人間関係を営み続けるために，若者たちは，あえて人格の多様性をそぎ落とし，キャラを演じ合うようになった。単純明快にデフォルメされた人格は，互いの反応が予想しやすいのである。人間関係を破綻させることなく滑らかに運営していくためのシンボル操作がキャラであり，キャラは，集団の中に自分の居場所を確保するための工夫なのである。

㈠**＜漢字＞**⑴「狭める」は，せまくする，という意味。　⑵「寄与」は，社会や人のために力を尽くして役に立つこと。　⑶「皮肉」は，物事が予想や期待に相違した結果になること。

㈡**＜接続語＞**A．本来，学校には多種多様な価値観を持った生徒がいるはずであるのに，自分と気の合う相手だけとしかつき合わなくなると，異なった価値観の人間と出会う機会は逆に減ってくるのである。　B．自分が孤立しないための保険であるイツメンは，日頃から配慮を払って維持していかなければならない存在であるうえに，現在はイツメンへの配慮を払う道具として，ネットを駆使することによって，イツメンとの社交の場が，学校での対面の場だけに限らなくなってしまったのである。

㈢**＜表現＞**若者たちは，イツメンという「学校の中でけっして独りにならないように掛けておく保険のようなもの」を準備して，安全な居場所を確保しようとするのである。

㈣**＜文章内容＞**若者たちは，人間関係に問題が生じたら「後がない」と思う。若者たちは，「かつてのように組織や制度が人間関係の修復のための後ろ盾にならないため，なるべく深入りは避けたほうが無難」と考えるのである。

㈤**＜文章内容＞**人間関係の流動性が増していく中で，仲間と決して衝突することなく，円滑に「人間関係を営みつづける」のは，容易なことではない。若者たちは，あえて人格の多面性をそぎ落とし，互いにキャラを立ててそれを演じ合うことで，円滑な人間関係の運営の困難さを乗り越えようとしているのである。

三〔説明文の読解─芸術・文学・言語学的分野─文学〕出典；佐藤佐太郎『短歌を作るこころ』。

㈠**＜文章内容＞**ものを見る場合，ただ一つのものだけを見るのではなく，それと関係し合っているものを見ることが必要である。関係し合っているものを見つけることによって，「美しさとか，物の核心のようなもの」をつかむことができる場合が多いのである。そうしたいくつかのものの成り立ちや関係をとらえることによって，情景に深みが出てくるのである。

㈡**＜漢字の知識＞**①の部分は，楷書の三画目と四画目が連続して書かれ，四画目は省略されている(１…×)。②の部分は，横画から横画へ連続して書かれている(２…×)。③の部分は，楷書の二画目が三画目へ連続して書かれ，はねが生じている(３…×)。

㈢＜**品詞**＞「見えない」「教えられない」「来ていない」「分からない」の「ない」は，打ち消しの助動詞で，動詞や助動詞の未然形に接続する。「違いはない」の「ない」は，存在しない，という意味の形容詞。

㈣＜**文章内容**＞あるものと関係し合っている別の何かを見ることで，「美しさとか，物の核心のようなもの」をつかむことができる場合が多い。作歌の場合，実際的な方法としては，たいていのものは，「相対的な関係で成立っている」ので，ものの対照するような，照応するような，「相対的な関係」というものを見るようにするのがよいのである。

㈤＜**要旨**＞ものを見る場合，ただ一つのものだけを見るのではなく，それと関係し合っているものを見ることが大切で，関係し合っているものを見つけることによって，「美しさとか，物の核心のようなもの」をつかむことができる場合が多いのである（3…○，1・2…×）。作歌の実際的な方法としては，たいていのものは，「相対的な関係で成立っている」ので，ものの対照するような，照応するような，「相対的な関係」というものを見るようにすると，「美しさとか，物の核心のようなもの」をつかむことができる場合が多いのである（4…×）。

㈥＜**文章内容**＞茂吉の短歌は，二つのものの照応によって深みが生まれた作品である。具体的には，遠い沼の真菰の茂っている方に，春の雲が沈むように片寄って行ったことと，雁が同じようにその方へ向かって行って，降りて静かになったという，二つのものの照応による深みである。

四〔**古文の読解―随筆**〕出典；三浦梅園『梅園叢書』。

≪**現代語訳**≫昔李白は匡山で読書をしていた。長い時間の後疲れて他の場所へ行ったとき，道中で老人が石に当てて斧をこすっているのに出会った。何をしているのか問うと針にするためにこすっているのだと（老人が）言うのを（聞いて，李白は）感動し，一生懸命読書をして，ついに名声を得た。小野道風は，我が国の有名な書の達人である。若いときに書の技法を学んだが，上達しないことを嫌に思い，裏庭で休んでいるときに，蛙が泉のほとりのしだれ柳に飛びつこうとして届かなかったが，しだいに高く飛んで，とうとう柳の枝に飛び移った。道風はこれを見てから芸は努力することが大切なのだということを知り，学んで休まず，その名声は今でも広く知られるようになった。

㈠＜**歴史的仮名遣い**＞歴史的仮名遣いの「au」の音は，現代仮名遣いでは「ou」と読む。

㈡＜**熟語の構成**＞「技術」と「帰還」は，いずれも似た意味の漢字を重ねた熟語。「因果」は，反対の意味の漢字を重ねた熟語。「激痛」は，上の漢字が下の漢字を修飾している熟語。「延期」は，下の漢字が上の漢字の目的語となる熟語。

㈢＜**古文の内容理解**＞李白は，石で斧をこすって針をつくろうというあきれるような行動をしている老人の姿を見て，感動した（1・3…○）。老人の姿から，李白は，休まず努力を続ける姿勢を学び，懸命に読書をした（2…×）。小野道風は，柳の枝に何度も飛びつく蛙を見て，休まず努力することの大切さを学んだ（4…○）。

㈣＜**古文の内容理解**＞書を読むことに疲れていた李白は，「一つのことを地道に続けて」いる老人の姿を見て感動し，「勤めて書をよみ」，ついには名声を得たのである。

㈤＜**作文**＞「努力を続けること」と「チーム一丸となること」という二つの意見から出た目標の案のうち一つを選び，もう一つの案の考え方と比較しながら論を展開していく。条件に留意しつつ，自分の部活動の体験なども加味しながら意見をまとめる。

●要点チェック●　図形編―相似と平行線

◎**相似な図形**

相似……一方の図形を拡大または縮小して，他方の図形と合同となるとき，２つの図形は相似である。

• **相似な図形の性質**

1．対応する線分の長さの比はすべて等しい。

2．対応する角の大きさはそれぞれ等しい。

• **三角形の相似条件**

２つの三角形は次のどれかが成り立つとき相似である。

1．３組の辺の比がすべて等しい。

2．２組の辺の比とそのはさむ角がそれぞれ等しい。

3．２組の角がそれぞれ等しい。

1.

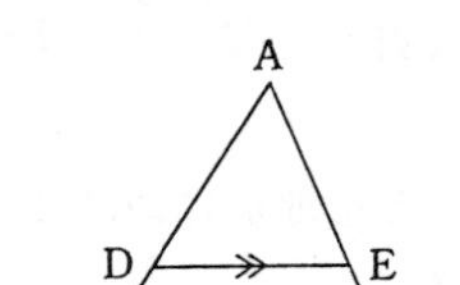

AB：DE＝BC：EF＝AC：DF

2.

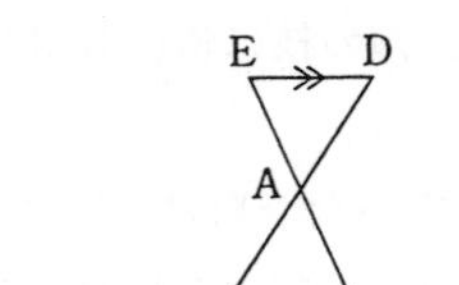

AB：DE＝BC：EF
∠ABC＝∠DEF

3.

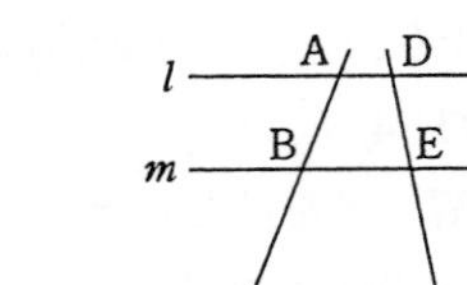

∠ABC＝∠DEF
∠ACB＝∠DFE

• **平行線と線分の比**

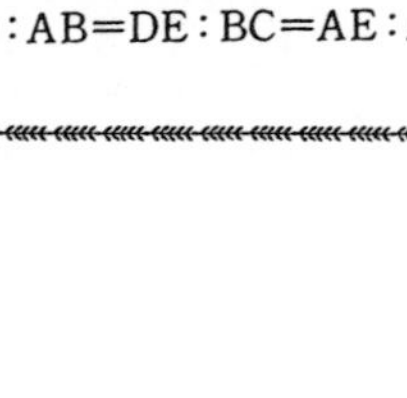

(DE//BC)
AD：DB＝AE：EC
AD：AB＝DE：BC＝AE：AC

(ED//BC)
AD：AB＝DE：BC＝AE：AC

(l // m // n)
AB：BC＝DE：EF

●要点チェック●　図形編―合同

◎図形の合同

合同……一方の図形を移動させて（ずらしたり《平行移動》，回したり《回転移動》，裏返したり《対称移動》して），他方の図形に重ね合わせることのできるとき，この２つの図形は合同である。

- **合同な図形の性質**

１．対応する線分の長さは等しい。

２．対応する角の大きさは等しい。

- **三角形の合同条件**

２つの三角形は次のどれかが成り立つとき合同である。

１．３組の辺がそれぞれ等しい。

２．２組の辺とそのはさむ角がそれぞれ等しい。

３．１組の辺とその両端の角がそれぞれ等しい。

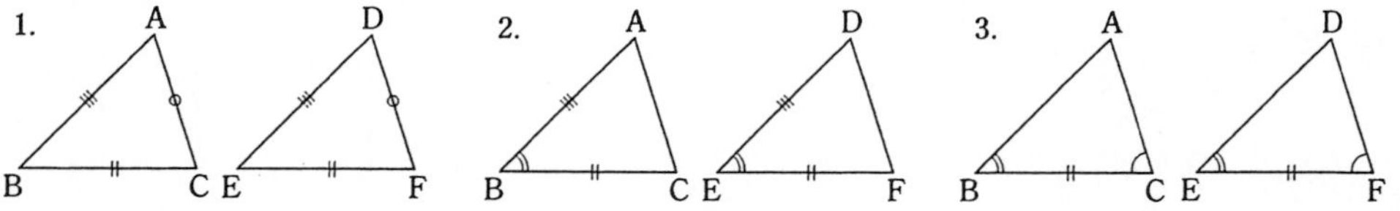

AB＝DE
BC＝EF
AC＝DF

AB＝DE
BC＝EF
∠ABC＝∠DEF

BC＝EF
∠ABC＝∠DEF
∠ACB＝∠DFE

- **直角三角形の合同条件**

２つの直角三角形は次のどちらかが成り立つとき合同である。

１．斜辺と１鋭角がそれぞれ等しい。

２．斜辺と他の１辺がそれぞれ等しい。

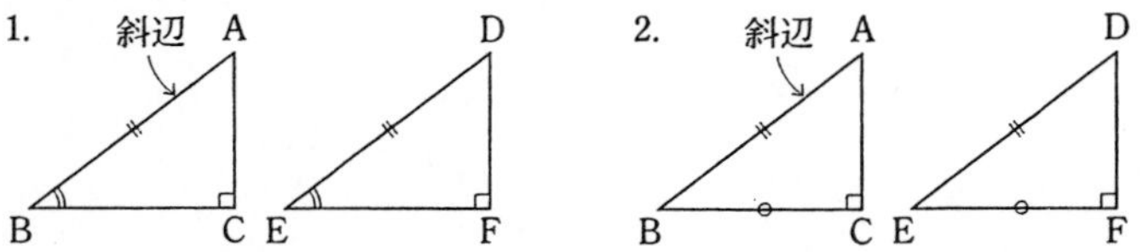

∠ACB＝∠DFE＝90°
AB＝DE
∠ABC＝∠DEF

∠ACB＝∠DFE＝90°
AB＝DE
BC＝EF

Memo

当社発行物の無断使用は固くお断りいたします。御使用の前はまずご相談ください。

当社発行物には500点余の首都圏中・高過去問をはじめ、6点の学校案内、そのほかいくつかの情報誌などがございます。その多くが年度版で、限られたスタッフが来るべき受験シーズン前に余裕を持って受験生へ届けられるよう、日夜作業にあたり出版を重ねております。

最近、通塾生ご父母や塾内部からの告発によって、いくつかの塾が許諾なしに当社過去問を複写（コピー）し生徒に配布、授業等にも使用していることが発覚し、その一部が紛争、係争に至っております。過去問には原著作者や管理団体、代行出版等のほか、当社に著作権がございます。当社としましては、著作権侵害の発覚に対しては著作権を有するこれらの著作権関係者にその事実を開示して、マスコミにリリースする場合や法的な措置を取る場合がございます。その事例としましては、毎年当社過去問の発行を待って自由にシステム化使用していたＡ塾、個別教室でコピーを生徒に解かせ指導していたＢ塾、冊子化していたＣ社、生徒の希望によって書籍の過去問代わりにコピーを配布していたＤ塾などがあります。

当社発行物の全部もしくは一部を無断使用することは固くお断りいたします。

当社コンテンツの中にはリーズナブルな設定で紙面の利用を許諾している塾もたくさんございますので、ご希望の方は、お気軽にご相談くださいますようお願いします。同時に、当社発行物を無断で使用している会社などにつきましての情報もお寄せいただければ幸いです。

株式会社 声の教育社

2025年度用

高校スーパー過去問

■編集人 声の教育社・編集部

■発行所 株式会社 声の教育社

〒162-0814 東京都新宿区新小川町8-15

☎03-5261-5061㈹ FAX03-5261-5062

https://www.koenokyoikusha.co.jp

カコを追いかけ
ミライをつかめ
「今の説明、もう一回」を何度でも
web過去問
ストリーミング配信による入試問題の解説動画
声の教育社
詳しくはこちらから

常総学院高等学校

別冊解答用紙

丁寧に抜きとって、別冊としてご使用ください。

★教科別合格者平均点

推薦

年度		英語	数学	国語
2024	全平均	42.1	51.9	57.2
2023	全平均	50.6	53.5	57.5
2022	全平均	51.1	51.0	55.3
2021	全平均	53.0	55.0	56.2

一般

年度		英語	数学	社会	理科	国語
2024	全平均	69.0	62.7	68.5	67.8	67.5
2023	全平均	58.7	56.0	62.9	65.2	66.2
2022	全平均	61.6	58.9	74.9	71.2	60.4
2021	全平均	59.9	59.7	70.1	77.3	64.2

注意

○ 解答用紙は、収録の都合により縮小したものや、小社独自に作成したものもあります。
○ 学校配点は学校発表のもの、推定配点は小社で作成したものです。
○ 無断転載を禁じます。
○ 解答用紙を拡大コピーする場合、表示した拡大率に対応する用紙サイズは以下のとおりです。
101%～102%＝B5　103%～118%＝A4　119%～144%＝B4　145%～167%＝A3
（タイトルと配点表は含みません）

2024年度　常総学院高等学校・推薦

英語解答用紙

番号		氏名		評点	/100

1

(1)	No.1	No.2	No.3	No.4
	No.5			
(2)	No.1	No.2	No.3	No.4
(3)	No.1	No.2		
(4)	①			
	→ → →			
	②			

2

(1)	①	②
	③	
(2)	④	⑤
	⑥	

3

(1)	
(2)	→ →

4

(1)	①	②	③
	④	⑤	
(2)			

5

(1)			
(2)			
(3)	①	②	
(4)			
(5)	①		
	②		

6

①	→ → → →
②	→ → → →
③	→ → → →
④	→ → → →

(注)この解答用紙は実物を縮小してあります。A３用紙に149%拡大コピーすると、ほぼ実物大で使用できます。(タイトルと配点表は含みません)

推定配点

1 (1)、(2) 各２点×９ (3)、(4) 各３点×４
2 各２点×６ 3 (1) ３点 (2) ４点
4 (1) 各２点×５ (2) ３点
5 (1)〜(3) 各３点×６ (4)、(5) 各４点×３
6 各２点×４

計	100点

2024年度　常総学院高等学校・推薦

数学解答用紙

番号		氏名		評点	/100

1

(1)	①		②	
	③		④	
(2)				

2

(1)				
(2)	$n=$			
(3)	$a=$			
(4)	ア		イ	

3

(1)	
(2)	
(3)	

4

(1)			cm
(2)	①	ア	
		イ	
		ウ	
		エ	
		オ	
	②		倍

5

(1)	$a=$	(2)	
(3)	E(　　　,　　　)		

6

(1)		
(2)		cm
(3)		cm^3

(注)　この解答用紙は実物を縮小してあります。Ｂ４用紙に139%拡大コピーすると、ほぼ実物大で使用できます。(タイトルと配点表は含みません)

推定配点

1 各4点×5

2、3 各5点×7〔2(4)は完答〕

4 (1) 5点　(2) ① 各1点×5　② 5点

5 (1) 4点　(2) 5点　(3) 6点

6 (1) 4点　(2) 5点　(3) 6点

計
100点

二〇二四年度　常総学院高等学校・推薦

国語解答用紙

番号　　氏名　　評点　／100

一

(一)

(二)　40　50　と思った。

(三)

(四)

(五)

二

(一)

(二)

(三)

(四)

(五)　20　25　ことが分かった。

三

(一)

(二)

(三)　初め　終わり

(四)　25　35

(五)

(六)　↓　↓　↓　↓

(七)　F　G

四

(一)　(1)　(2)

(二)　(1)　(2)　る　(3)　ける　(4)

(三)

（注）この解答用紙は実物を縮小してあります。Ｂ４用紙に135％拡大コピーすると、ほぼ実物大で使用できます。（タイトルと配点表は含みません）

推定配点	
一	(一) 4点　(二) 10点　(三)～(五) 各4点×3
二	(一)、(二) 各4点×2　(三)、(四) 各5点×2　(五) 6点
三	(一) 3点　(二)、(三) 各4点×2　(四) 10点　(五)、(六) 各4点×2
(七)	各2点×2
四	(一) 各3点×2　(二) 各2点×4　(三) 3点
計	100点

2024年度 常総学院高等学校

英語解答用紙

番号　　氏名

評点 /100

1
- (1) No.1 No.2 No.3 No.4 No.5
- (2) No.1 No.2 No.3 No.4
- (3) No.1 No.2
- (4) ① → → → ②

2
- (1) ① ② ③
- (2) ④ ⑤ ⑥

3
- (1)
- (2) → →

4
- (1) ① ② ③ ④ ⑤
- (2)

5
- (1)
- (2)
- (3) ① ②
- (4)
- (5) ① ②

6
- ① → → → →
- ② → → → →
- ③ → → → →
- ④ → → → →

（注）この解答用紙は実物を縮小してあります。Ａ３用紙に147%拡大コピーすると、ほぼ実物大で使用できます。（タイトルと配点表は含みません）

推定配点

1 (1)、(2) 各2点×9 (3)、(4) 各3点×4
2 各2点×6 3 (1) 3点 (2) 4点
4 (1) 各2点×5 (2) 3点
5 (1)〜(3) 各3点×6 (4)、(5) 各4点×3
6 各2点×4

計 100点

２０２４年度　常総学院高等学校

数学解答用紙

番号		氏名		評点	/100

1

(1)	①		②	
	③		④	
(2)				

2

(1)				
(2)	個			
(3)	$a=$　　　　, $x=$			
(4)	ア		イ	

3

(1)				
(2)	①		②	

4

(1)		cm
(2)	①	ア
		イ
		ウ
	②	cm^2

5

(1)	①	$a=$	②	
(2)				

6

(1)	cm^3
(2)	
(3)	cm

（注）この解答用紙は実物を縮小してあります。Ｂ４用紙に132%拡大コピーすると、ほぼ実物大で使用できます。（タイトルと配点表は含みません）

推定配点

1 各4点×5

2 (1)、(2) 各5点×2　(3) aの値 2点　もう1つの解 3点　(4) 5点

3 各5点×3

4 (1) 5点　(2) ① ア 2点　イ 1点　ウ 2点　② 5点

5 (1) ① 4点　② 5点　(2) 6点

6 (1) 4点　(2) 5点　(3) 6点

計	100点

2024年度　常総学院高等学校

社会解答用紙

番号		氏名	

評点
/100

1

1	(1)		(2)	
	(3)	月　日　午前・午後　時		
	(4)	①	②	③
2	(1)		(2)	
	(3)	ア　イ　ウ　エ		

2

1	(1)		(2)	
	(3)		(4)	
2	(1)	①	②	
	(2)	①	②	③

3

1	(1)		(2)	(3)
2	(1)		(2)	(3)
3	(1)		(2)	ア　イ　ウ　エ
	(3)		(4)	

4

1	(1)		(2)	
	(3)	→　→　→	(4)	
2	(1)		(2)	(3)

（注）この解答用紙は実物を縮小してあります。Ｂ４用紙に143％拡大コピーすると、ほぼ実物大で使用できます。（タイトルと配点表は含みません）

推定配点	
1 1 (1) 2点　(2)、(3) 各3点×2　(4) ① 2点　②、③ 各3点×2　2 (1)、(2) 各3点×2　(3) 4点 2 各3点×9 3 1 (1) 3点　(2)、(3) 各2点×2　2 (1) 3点　(2)、(3) 各2点×2　3 (1) 2点　(2) 4点　(3)、(4) 各3点×2 4 1 (1)、(2) 各2点×2　(3)、(4) 各4点×2　2 各3点×3	
計	100点

2024年度　常総学院高等学校

理科解答用紙

番号　　　氏名　　　評点　／100

1

(1)		(2)		(3)		(4)	
(5)		(6)		(7)		(8)	

2

(1)

(2)

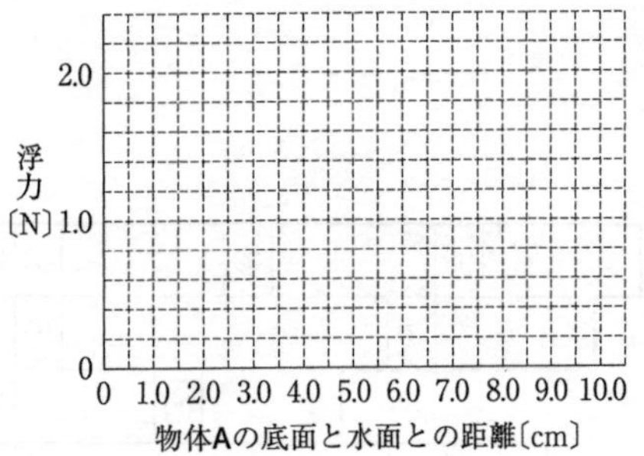

図3

(3)　　(4)

3

(1)　　(2)

(3)

(4)　　(5) 酸化銅：炭素＝　　：

4

(1)　　(2)　　(3)

(4) ア…　イ…　ウ…　エ…　オ…

5

(1) あ…　い…

(2)　　(3)

(4)

6

(1) ①　　②

(2) ①　　②

（注）この解答用紙は実物を縮小してあります。Ａ３用紙に154%拡大コピーすると、ほぼ実物大で使用できます。（タイトルと配点表は含みません）

推定配点

1 各3点×8　2 各4点×4　3 (1)～(4) 各3点×4　(5) 4点　4 (1) 4点　(2) 3点　(3) 4点　(4) 各1点×5　5 (1)～(3) 各3点×4　(4) 4点　6 各3点×4

計　100点

二〇二四年度　常総学院高等学校

国語解答用紙

番号		氏名		評点	/100

一

(一)

(二)

(三)

(四)

(五)　と考えている。

二

(一)

(二)

(三)

(四)

(五)　人について書かれている。

三

(一)

(二)

(三)　初め　↓　終わり

(四)

(五)

(六)　↓　↓　↓　↓

(七)　F　G

四

(一)　(1)　(2)

(二)　(1)　(2)　る　(3)　される　(4)

(三)

（注）この解答用紙は実物を縮小してあります。B4用紙に135％拡大コピーすると、ほぼ実物大で使用できます。（タイトルと配点表は含みません）

推定配点	
一	(一) 4点　(二) 10点　(三)〜(五) 各4点×3
二	(一)、(二) 各4点×2　(三)、(四) 各5点×2　(五) 6点
三	(一) 3点　(二)、(三) 各4点×2　(四) 10点　(五)、(六) 各4点×2　(七) 各2点×2
四	(一) 各3点×2　(二) 各2点×4　(三) 3点
計	100点

２０２３年度　常総学院高等学校・推薦

英語解答用紙

番号　　氏名

評点　／100

1

(1)	No.1	No.2	No.3	No.4
	No.5			
(2)	No.1	No.2	No.3	No.4
(3)	No.1	No.2		
(4)	①			
	②			
	③			

2

(1)	①	②	③
(2)	④	⑤	⑥

3

(1)	
(2)	→ →

4

(1)	①	②	③
	④	⑤	
(2)			

5

(1)	①	②	③	(2)
(3)				
(4)				
(5)				

6

(1)	2番目	5番目
(2)	2番目	5番目
(3)	2番目	5番目
(4)	2番目	5番目
(5)	2番目	5番目

(注)　この解答用紙は実物を縮小してあります。Ａ３用紙に152％拡大コピーすると、ほぼ実物大で使用できます。（タイトルと配点表は含みません）

推定配点

1 (1)、(2) 各2点×9　(3)、(4) 各3点×5

2 各2点×6　3 (1) 3点　(2) 4点

4 (1) 各2点×5　(2) 3点

5 (1) 各3点×3　(2)～(5) 各4点×4

6 各2点×5

計	100点

2023年度 常総学院高等学校・推薦

数学解答用紙

番号	
氏名	

評点
/100

3

(1) 度

(2)

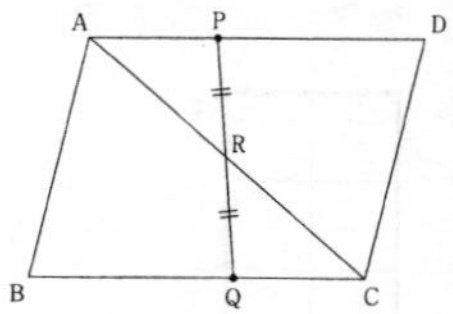

(3) 倍

4

(1) ① mL ② 時間後

(2) 時間 分後

5

(1) ① 分 ②

(2)

6

(1) (2) cm^3 (3) cm^2

1

(1) ① ② ③ ④

(2) $x =$

2

(1) ア イ

(2) 度 (3)

(4) ア イ

(注) この解答用紙は実物を縮小してあります。Ａ３用紙に161%拡大コピーすると、ほぼ実物大で使用できます。(タイトルと配点表は含みません)

推定配点

1 各4点×5 2 各5点×4

3 (1) 4点 (2) 5点 (3) 6点

4 (1) ① 4点 ② 5点 (2) 6点

5 (1) ① 4点 ② 5点 (2) 6点

6 (1) 4点 (2) 5点 (3) 6点

計 100点

二〇二三年度　常総学院高等学校・推薦

国語解答用紙

番号		氏名	

評点	/100

一

(一)

(二)（50字 ～ 40字）

(三)

(四)

(五)

二

(一)

(二)

(三)

(四)（25字 ～ 35字）

(五)

三

(一)

(二)

(三)

(四)

(五)

(六) B　C　D

四

(一)

(二)

(三) (1)　(2)

(四) (1) い　(2)　(3) う

(注) この解答用紙は実物を縮小してあります。A３用紙に154%拡大コピーすると、ほぼ実物大で使用できます。(タイトルと配点表は含みません)

推定配点	計
一 (一) 5点 (二) 6点 (三)～(五) 各5点×3 二 各4点×5 三 (一) 5点 (二) 4点 (三) 5点 (四) 4点 (五)、(六) 各5点×4 四 (一)、(二) 各3点×2 (三)、(四) 各2点×5	100点

2023年度 英語解答用紙 No. 1

常総学院高等学校

番号		氏名		評点	/100

1

(1)	No.1	No.2	No.3	No.4
	No.5			
(2)	No.1	No.2	No.3	No.4
(3)	No.1	No.2		
(4)	①			
	②			

2

(1)	①	②	③
(2)	④	⑤	⑥

3

(1)	
(2)	→ →

4

(1)	①	②	③
	④	⑤	
(2)	Why ( )?		

5

(1)			(2)	
(3)				
(4)	We should ( ).			
(5)	①	5		
	②	6		
	③	10		

2023年度　常総学院高等学校

英語解答用紙　No. 2

6

I think it's important.

(30)

(60)

（注）この解答用紙は実物を縮小してあります。Ｂ４用紙に141％拡大コピーすると、ほぼ実物大で使用できます。（タイトルと配点表は含みません）

推定配点	
1 (1)、(2) 各2点×9　(3)、(4) 各3点×4　2 各2点×6　3 (1) 3点　(2) 4点　4 (1) 各2点×5　(2) 3点　5 (1)〜(3) 各3点×4　(4)、(5) 各4点×4　6 10点	
計	100点

2023年度 常総学院高等学校

数学解答用紙

番号	
氏名	
評点	/100

3

(1)

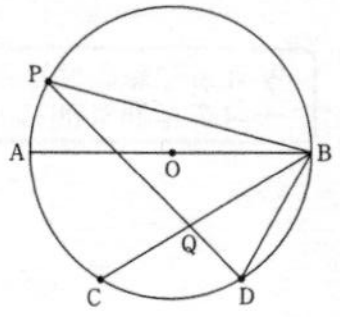

(2) 度 (3) cm

4 (1) ① L ② (2) 分後

5 (1) ① ℃ ②

(2) 記号（　　　）

説明

6 (1) cm^3 (2) cm^2 (3) cm

1 (1) ① ② ③ ④

(2) $x=$

2 (1) $a=$

(2) ア イ

(3) (4) D（　　,　　）

（注）この解答用紙は実物を縮小してあります。Ａ３用紙に161%拡大コピーすると、ほぼ実物大で使用できます。（タイトルと配点表は含みません）

推定配点

1 各4点×5　2 各5点×4

3 (1) 5点 (2) 4点 (3) 6点

4 (1) ① 4点 ② 5点 (2) 6点

5 (1) ① 4点 ② 5点 (2) 6点

6 (1) 4点 (2) 5点 (3) 6点

計	100点

2023年度

社会解答用紙

常総学院高等学校

番号		氏名		評点	/100

1

1	(1)		(2) A	B
	(3) 記号	語		
2	(1) 河川名 川	記号	(2)	
	(3)	(4) 記号	県名	県
	(5)			

2

1	(1) 県	メモ1	
	(2)	(3)	
	(4)		
2	(1)		
	(2)		
	(3)		

3

(1)	(2)	
(3) 語	記号	
(4)	(5)	
(6) 記号	語	
(7)		

4

1	(1)	(2)		
	(3)			
2	(1)	(2)		
	(3) 人名	記号か	記号き	
	(4) → → →			
3				

（注）この解答用紙は実物を縮小してあります。A３用紙に152％拡大コピーすると、ほぼ実物大で使用できます。（タイトルと配点表は含みません）

推定配点

1 1 (1)、(2) 各2点×3 (3) 記号 3点 語 2点 2 (1) 河川名 2点 記号 3点 (2)、(3) 各3点×2 (4) 記号 3点 県名 2点 (5) 4点
2 1 (1) 県 2点 メモ1 3点 (2) 2点 (3) 3点 (4) 4点 2 (1) 2点 (2) 4点 (3) 3点
3 (1) 3点 (2) 4点 (3) 各2点×2 (4)、(5) 各3点×2 (6)、(7) 各2点×3
4 1 (1) 3点 (2)、(3) 各2点×2 2 (1)、(2) 各2点×2 (3) 人名 2点 記号か・記号き 3点 (4) 3点 3 4点

計	100点

2023年度 常総学院高等学校

理科解答用紙

番号 | 氏名 | 評点 /100

1

(1) (2) (3) (4)

(5) (6)

(7) (8)

2

(1) (2)

(3)

(4)

3

(1)

(2)

(3) (4)

4

(1) (2) g (3)

(4) 記号…

理由…

5

(1) (2)

(3)

(4)

(5)

6

(1) (2) あ… い…

(3)

(4)

(注) この解答用紙は実物を縮小してあります。A３用紙に156%拡大コピーすると、ほぼ実物大で使用できます。(タイトルと配点表は含みません)

推定配点

1 各３点×８ 2 (1)、(2) 各３点×２ (3) ５点 (4) ３点
3 (1) ３点 (2) ５点 (3)、(4) 各３点×２
4 (1)〜(3) 各３点×３ (4) ５点
5 (1)、(2) 各３点×２ (3)、(4) 各５点×２ (5) ３点
6 各３点×５

計 100点

二〇二三年度　常総学院高等学校

国語解答用紙

番号

氏名

評点　/100

一

(一)

(二)

(三)　40　50

(四)

(五)

二

(一)

(二)

(三)

(四)　20　30

(五)

三

(一)　40　50

(二)

(三)

(四)

(五)

(六)

(七)　C　D

四

(一)

(二)

(三)　(1)　(2)

(四)　(1)　った　(2)　(3)　す

(注)　この解答用紙は実物を縮小してあります。Ａ３用紙に161％拡大コピーすると、ほぼ実物大で使用できます。（タイトルと配点表は含みません）

推定配点

一　(一)、(二)　各4点×2　(三)　10点　(四)、(五)　各4点×2

二　各4点×5

三　(一)　10点　(二)～(七)　各4点×7

四　(一)、(二)　各3点×2　(三)、(四)　各2点×5

計　100点

2022年度 常総学院高等学校・推薦

英語解答用紙 No. 1

番号		氏名		評点	/100

1

(1)	No. 1	No. 2	No. 3	No. 4
	No. 5			
(2)	①			
	合計			か月
	②			
	週			日

2

(1)	①	②	③
(2)	④	⑤	⑥

3

(1)	→	→	→	→	
(2)					
(3)	①	②	③		

4

(1)				
(2)	①			
	②			
(3)		(4)		

2022年度 常総学院高等学校・推薦

英語解答用紙 No. 2

5

	①	②	③
(1)			

(2)		(3)	
(4)			
(5)			

6

	2番目	5番目
(1)		
(2)		
(3)		
(4)		
(5)		

(注) この解答用紙は実物を縮小してあります。B４用紙に143%拡大コピーすると、ほぼ実物大で使用できます。(タイトルと配点表は含みません)

推定配点	
1 (1) 各2点×5 (2) 各3点×2 2 各2点×6 3 (1) 4点 (2)、(3) 各3点×4 4 (1) 各3点×3 (2) 各4点×2 (3)、(4) 各3点×2 5 (1)、(2) 各3点×4 (3)、(4) 各4点×2 (5) 3点 6 各2点×5	
計	100点

2022年度　常総学院高等学校・推薦

数学解答用紙

番号		氏名		評点	/100

3

(1)	ア　　度	
(2)	イ	
(3)	ウ　　cm^2	

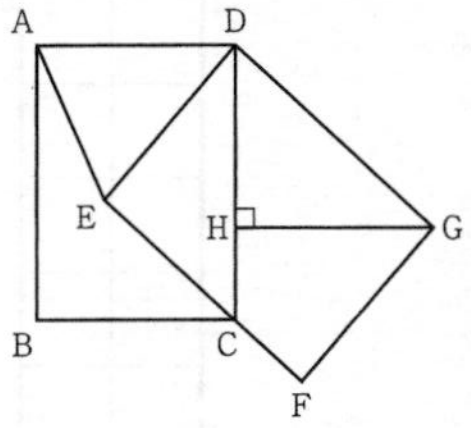

4

(1)	(2)	(3)
分後	m	分間

5

(1)	(2)	(3)
通り		

6

(1)	ア　　m^3	(2)	イ　　m
(3)	ウ　　倍　エ　　m^2　オ　　m		

（注）この解答用紙は実物を縮小してあります。Ａ３用紙に159％拡大コピーすると、ほぼ実物大で使用できます。（タイトルと配点表は含みません）

1

(1)	ア	(2)	cm^2
(3)			
(4)			

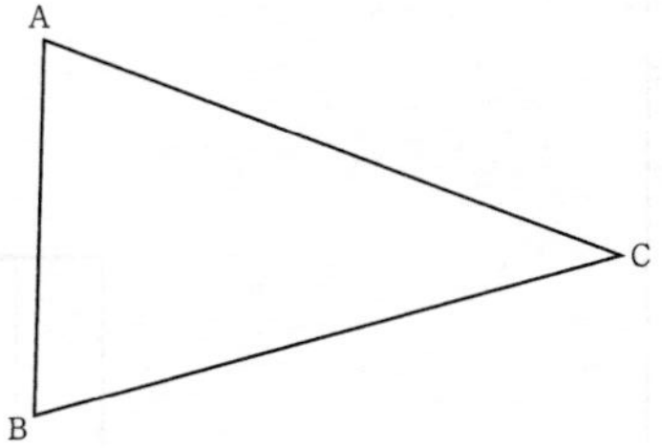

2

(1)	ア　　イ
(2)	ア　　イ　　ウ
(3)	ア　　イ
(4)	選んだチーム（　　　） 理由

推定配点	
1 各4点×4 2 各6点×4 3 (1) 4点 (2) 5点 (3) 6点 4 (1) 4点 (2) 5点 (3) 6点 5 (1) 4点 (2) 5点 (3) 6点 6 (1) 4点 (2) 5点 (3) 6点	
100点	計

二〇二二年度　常総学院高等学校・推薦

国語解答用紙

番号		氏名		評点	/100

一

(一) Ⅰ　Ⅱ

(二)

(三)

(四) 30　40

(五)

二

(一)

(二) 15　25

(三)

(四) 10　15

三

(一)

(二)

(三) 40　50

(四)

(五)

(六)

四

(一) (1)　(2) える　(3)

(4) う　(5)　(6) る

(二)

(三)

(注) この解答用紙は実物を縮小してあります。A３用紙に145%拡大コピーすると、ほぼ実物大で使用できます。（タイトルと配点表は含みません）

推定配点	計
一 (一)〜(三) 各５点×３　(四) ７点　(五) ６点 二 (一) ３点　(二)〜(四) 各４点×３ 三 (一)、(二) 各５点×２　(三) ８点　(四)〜(六) 各６点×３ 四 (一) (1)〜(3) 各３点×３　(4)〜(6) 各２点×３　(二)、(三) 各３点×２	100点

2022年度 常総学院高等学校

英語解答用紙 No. 1

番号	
氏名	
評点	/100

1

	No.1	No.2	No.3	No.4
(1)				
	No.5			
(2)	No.1	No.2	No.3	No.4
(3)	No.1	No.2		
(4)	①			
	②			

2

(1)	①	②	③
(2)	④	⑤	⑥

3

(1)	
(2)	→ →

4

(1)	①	②	③
	④	⑤	
(2)			

5

(1)		
(2)		
(3)	①	He learned that ( ).
	②	I think that ( ).
(4)	①	
	②	

2022年度 常総学院高等学校

英語解答用紙 No. 2

6

30

60

(注) この解答用紙は実物を縮小してあります。Ｂ４用紙に141％拡大コピーすると、ほぼ実物大で使用できます。(タイトルと配点表は含みません)

推定配点
1 (1)、(2) 各2点×9 (3)、(4) 各3点×4 2 各2点×6 3 (1) 3点 (2) 4点 4 (1) 各2点×5 (2) 3点 5 (1)、(2) 各3点×4 (3)、(4) 各4点×4 6 10点
計 100点

2022年度　常総学院高等学校

数学解答用紙

番号		氏名		評点	/100

推定配点

1 各4点×4　2 各6点×4

3 (1) 4点　(2) 5点　(3) 6点

4 (1) 4点　(2) 5点　(3) 6点

5 (1) 4点　(2) 5点　(3) 6点

6 (1) 4点　(2) 5点　(3) 6点

計	100点

1

(1) ア　　(2) $a=$

(3)

(4)

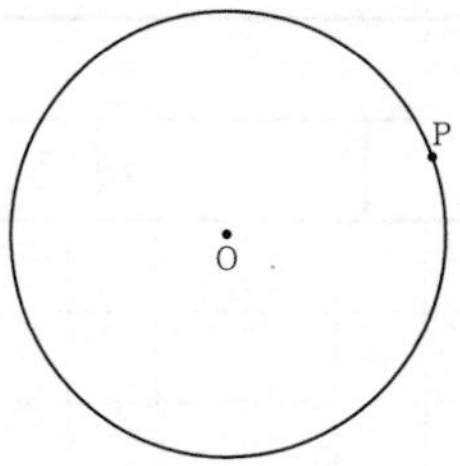

2

(1) ア　イ　ウ

(2) ア　イ

(3) ア　イ

(4)

3

(1) ア　度

イ

(2)

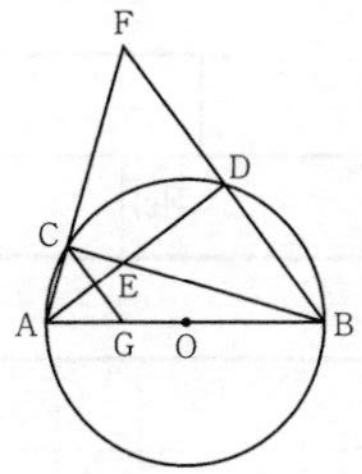

(3) ウ　cm

4

(1) 円　(2) m^3

(3) m^3 以上　m^3 以下

5

(1) 通り　(2)　(3)

6

(1) ア　イ

(2) ウ　(3) エ　cm^2

(注) この解答用紙は実物を縮小してあります。A３用紙に159%拡大コピーすると、ほぼ実物大で使用できます。(タイトルと配点表は含みません)

2022年度 常総学院高等学校

社会解答用紙

番号		氏名		評点	/100

1

1	(1)	(2)
	(3)	
2	(1)	
	(2)	
3	(1)	(2) 化
	(3) 記号	語 工業地域
	(4)	

2

1	(1)	
	(2)	
	(3)	(4)
	(5)	(6)
2	(1)	
	(2)	(3)

3

1	(1) 記号	語
	(2)	
	(3) 国務大臣は,	
	(4)	
2	(1)	
	(2)	
	(3)	

4

1	(1)		
	(2)	(3)	
2	(1)	(2)	(3)
3	(1) 海流	(2)	
	(3)	(4)	

(注) この解答用紙は実物を縮小してあります。Ａ３用紙に149%拡大コピーすると、ほぼ実物大で使用できます。(タイトルと配点表は含みません)

推定配点

1　1 (1)、(2) 各2点×2　(3) 4点　2 (1) 4点　(2) 2点　3 (1)～(3) 各2点×4　(4) 3点

2　1 (1) 2点　(2) 4点　(3)、(4) 各3点×2　(5) 2点　(6) 3点　2 (1) 3点　(2) 2点　(3) 3点

3　1 (1)、(2) 各3点×3　(3) 4点　(4) 3点　2 各3点×3

4　1 (1) 4点　(2)、(3) 各3点×2　2 (1) 3点　(2)、(3) 各2点×2　3 各2点×4

計
100点

2022年度 常総学院高等学校

理科解答用紙

番号		氏名		評点	/100

1

(1)		(2)		(3)		(4)	

2

(1)	①					
	②		③		④	
(2)	①		②	J		
	③		④	cm		
(3)	①					
	②	あ	い			
	③					
	④					

3

(1)		(2)	Ω
(3)	J		
(4)	A	(5)	

4

(1)			
(2)			
(3)			
(4)	① g	②	

5

(1)			
(2)			
(3)		(4)	a→ → → → →f
(5)	精細胞 本	受精卵 本	

6

(1)		
(2)		
(3)		
(4)	あ	い
(5)	午後 時	

(注) この解答用紙は実物を縮小してあります。A３用紙に159%拡大コピーすると、ほぼ実物大で使用できます。(タイトルと配点表は含みません)

推定配点	
1 各3点×4 2 各2点×12〔(3)②は完答〕 3 (1)、(2) 各3点×2 (3) 4点 (4)、(5) 各3点×2 4 各4点×4〔(4)は完答〕 5 (1)～(3) 各3点×3 (4) 4点 (5) 3点 6 (1)～(3) 各3点×3 (4) 4点 (5) 3点	
100点	計

二〇二二年度　常総学院高等学校

国語解答用紙

番号

氏名

評点　/100

一

(一)

(二)

(三)

(四)

(五) あまいお菓子と

二

(一) ア　イ

(二)

(三)

(四)

三

(一) ア　イ

(二)

(三)

(四)

(五)

(六)

(七)

四

(一) (1)　(2) らむ　(3)　(4) やす　(5)　(6) る

(二)

(三)

(注) この解答用紙は実物を縮小してあります。172%拡大コピーすると、ほぼ実物大で使用できます。(タイトルと配点表は含みません)

推定配点	
一	(一) 5点　(二) 6点　(三)、(四) 各5点×2　(五) 6点
二	(一) 各2点×2　(二)～(四) 各4点×3
三	(一) 各2点×2　(二)～(六) 各4点×5　(七) 10点
四	(一) (1)～(3) 各3点×3　(4)～(6) 各2点×3　(二)、(三) 各3点×2
計	100点

2021年度　常総学院高等学校・推薦

英語解答用紙

番号		氏名		評点	/100

1

	No.1	No.2	No.3	No.4
(1)				
	No.5			

(2)	
①	日間
②	歳

2

	①	②	③
(1)			
	④	⑤	⑥
(2)			

3

(1)	→ → → →		
(2)			
(3)	①	②	③

4

(1)	Then, ( )?
(2)	
(3)	
(4)	
(5)	
(6)	

5

(1)		
(2)	①	
	②	
(3)		
(4)		

6

	2番目	5番目
(1)		
(2)		
(3)		
(4)		
(5)		

（注）この解答用紙は実物を縮小してあります。179％拡大コピーすると、ほぼ実物大で使用できます。（タイトルと配点表は含みません）

推定配点

1 (1) 各2点×5　(2) 各3点×2

2 各2点×6

3、4 各3点×13

5 (1) 各3点×3　(2) 各4点×2　(3)、(4) 各3点×2

6 各2点×5

計	100点

2021年度　常総学院高等学校・推薦

数学解答用紙

番号		氏名		評点	/100

1

(1)		(2)	cm
(3)			
(4)			

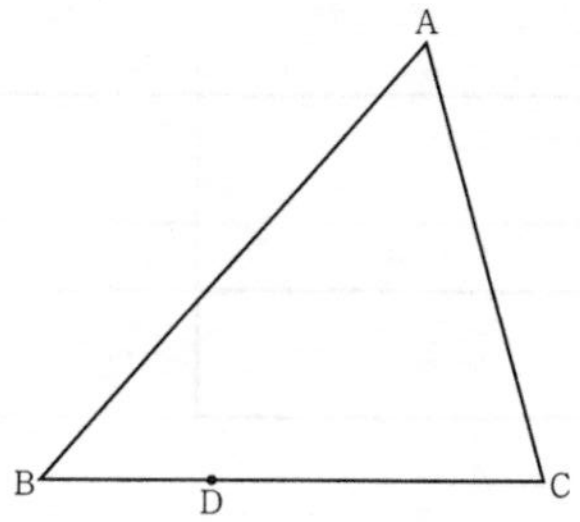

2

(1)	ア	イ
(2)	ア	イ
(3)	$a=$	(4)

3

(1)	度
(2)	
(3)	cm^2

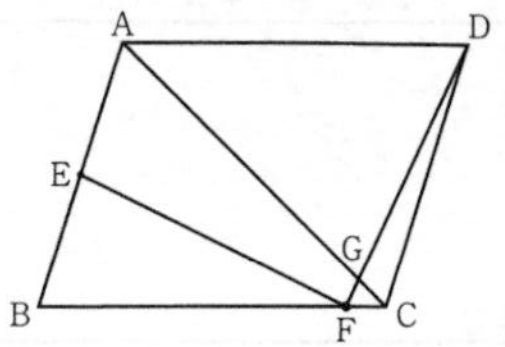

4

(1)	$y=$	(2)	秒後	(3)	m

5

(1)	a	b	(2)	cm
(3)	ア	イ		

6

(1)		(2) ①	cm	②	cm^3

（注）この解答用紙は実物を縮小してあります。Ａ３用紙に154%拡大コピーすると、ほぼ実物大で使用できます。（タイトルと配点表は含みません）

推定配点

1 各4点×4
2 各6点×4
3 (1) 4点　(2) 5点　(3) 6点
4 (1) 4点　(2) 5点　(3) 6点
5 (1) 4点　(2) 5点　(3) 6点
6 (1) 4点　(2) ① 5点　② 6点

計　100点

二〇二一年度　常総学院高等学校・推薦

国語解答用紙

番号　　氏名　　評点 ／100

一

(一) (1)　　る　(2)　　(3)　　んで

(二) Ⅰ　　Ⅱ

(三)

(四)

(五)

二

(一) (1)　　(2)　　(3)

(二)

(三)

(四)　　を望む姿。

(五)

三

(一)

(二)

(三)

(四)

四

(一)

(二)

(三)

(四)

(五)

(六)

（注）この解答用紙は実物を縮小してあります。B4用紙に135%拡大コピーすると、ほぼ実物大で使用できます。（タイトルと配点表は含みません）

推定配点	計
一 (一) 各3点×3　(二)、(三) 各4点×3　(四) 7点　(五) 5点 二 (一) 各2点×3　(二) 4点　(三) 6点　(四)、(五) 各5点×2 三 各4点×4 四 (一)～(五) 各4点×5　(六) 5点	100点

2021年度　常総学院高等学校

英語解答用紙　No. 1

番号		氏名		評点	/100

1

	No.1	No.2	No.3	No.4	No.5
(1)					
(2)					
(3)					

(2): No.1 No.2 No.3 No.4

(3): No.1 No.2

(4) ①　②

2

(1)	①	②	③
(2)	④	⑤	⑥

3

(1)

(2) →　→

4

	①	②	③	④	⑤
(1)					

(2)

5

(1)　(2)

(3) ①　②

(4) ①　15

②　15

2021年度　常総学院高等学校

英語解答用紙　No. 2

6 （30字・60字の解答欄）

（注）この解答用紙は実物を縮小してあります。Ｂ４用紙に133%拡大コピーすると、ほぼ実物大で使用できます。（タイトルと配点表は含みません）

推定配点	
1	(1)、(2) 各2点×9　(3)、(4) 各3点×4
2	各2点×6
3	各4点×2
4	(1) 各2点×5　(2) 3点
5	(1) 各2点×3　(2)、(3) 各3点×3　(4) 各5点×2
6	12点
計	100点

2021年度 常総学院高等学校

数学解答用紙

番号		氏名	

評点
/100

1

(1) (2) 度

(3)

(4)

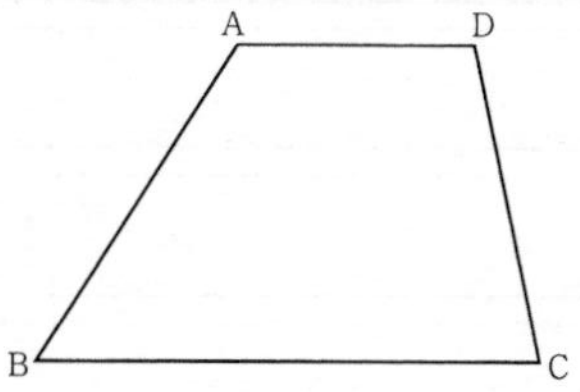

2

(1) ア　イ

(2) ア　イ

(3) $y =$　(4)

3

(1) 度

(2)

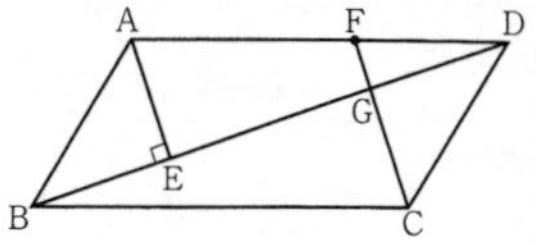

(3) cm

4

(1) ℃　(2) やかん　が　℃高い

(3) 分後

5

(1) 分　(2) 分　(3)

6

(1)　(2) 倍　(3) cm^3

(注) この解答用紙は実物を縮小してあります。Ａ３用紙に154%拡大コピーすると、ほぼ実物大で使用できます。（タイトルと配点表は含みません）

推定配点	
1	各4点×4
2	各6点×4
3	(1) 4点　(2) 5点　(3) 6点
4	(1) 4点　(2) 5点　(3) 6点
5	(1) 4点　(2) 5点　(3) 6点
6	(1) 4点　(2) 5点　(3) 6点
計	100点

２０２１年度　常総学院高等学校

社会解答用紙

番号		氏名		評点	/100

1

1	(1)		(2)		
2	(1)		(2)	帝国	
2	(3)				
3	(1)	C		E	
3	(2)	い		う	

2

1	(1)		(2)		
1	(3)				
2	(1)	語		記号	
2	(2)	い	歳以上	う	
2	(3)				

3

1	(1)		(2)					
1	(3)	い	造山帯	う				
2	(1)		(2)	製鉄所				
2	(3)	名称		記号				
2	(4)	な社会						
3	(1)	名称	市	記号		(2)		(3)

4

1	(1)		(2)				
1	(3)	記号		王朝名		(4)	
2	(1)		(2)	貿易品		名称	戦争
2	(3)	国名		機関			
2	(4)						

（注）この解答用紙は実物を縮小してあります。Ａ３用紙に156％拡大コピーすると、ほぼ実物大で使用できます。（タイトルと配点表は含みません）

推定配点

1　1 (1) 3点　(2) 2点　2 (1)、(2) 各2点×2　(3) 3点　3 各2点×4
2　1 (1)、(2) 各2点×2　(3) 3点　2 (1) 各3点×2　(2) 各2点×2　(3) 3点
3　1 (1) 3点　(2)、(3) 各2点×3　2 (1) 3点　(2)、(3) 各2点×3　(4) 3点　3 (1) 名称 2点　記号 3点　(2)、(3) 各2点×2
4　1 (1)～(3) 各2点×4　(4) 3点　2 (1)～(3) 各3点×5　(4) 4点

計	100点

2021年度　常総学院高等学校

理科解答用紙

番号
氏名
評点 /100

1 (1) (2) (3) (4)

2
- (1) ① ② ③ 種類 ④
- (2) ① cm/s ② ③ ④
- (3) ① ② ③ ④

3 (1) (2) (3) (4) (5)

4
- (1) あ い
- (2) (3) (4)
- (5)

5 (1) g/cm^3 (2) (3) N (4) cm (5)

6 (1) (2) (3) (4) (5) あ い

推定配点

1 各3点×4
2 各2点×12
3 (1)〜(3) 各3点×3 (4) 4点 (5) 3点
4 (1) あ 2点 い 4点 (2)〜(4) 各2点×3 (5) 4点
5 (1) 4点 (2)〜(5) 各3点×4
6 (1) 3点 (2) 4点 (3) 3点 (4)、(5) 各2点×3

計　100点

二〇二一年度　常総学院高等学校

国語解答用紙

番号
氏名
評点 /100

一
- (一) (1) (2) (3) し
- (二) 〜
- (三)
- (四)
- (五)

二
- (一) (1) め (2) (3)
- (二)
- (三)
- (四)
- (五)

三
- (一)
- (二)
- (三)
- (四)
- (五)
- (六)

四
- (一)
- (二)
- (三)
- (四)
- (五)

推定配点

一 (一) 各3点×3 (二) 4点 (三) 6点 (四)、(五) 各4点×2
二 (一) 各2点×3 (二)、(三) 各5点×2 (四) 6点 (五) 5点
三 (一)〜(五) 各3点×5 (六) 6点
四 (一) 3点 (二)〜(四) 各4点×3 (五) 10点

計　100点